高等院校"十三五"规划教材

U0653354

仲裁法学

马德才　编　著

南京大学出版社

图书在版编目(CIP)数据

仲裁法学 / 马德才编著. — 南京：南京大学出版
社，2016.8
高等院校"十三五"规划教材
ISBN 978-7-305-17061-4

Ⅰ. ①仲… Ⅱ. ①马… Ⅲ. ①仲裁法－法的理论－高
等学校－教材 Ⅳ. ①D915.701

中国版本图书馆 CIP 数据核字(2016)第 128594 号

出版发行　南京大学出版社
社　　　址　南京市汉口路 22 号　　　邮　编　210093
出 版 人　金鑫荣
丛 书 名　高等院校"十三五"规划教材
书　　　名　仲裁法学
编　　著　马德才
责任编辑　曹　芳　王抗战　　　　编辑热线　025－83597087
照　　排　南京南琳图文制作有限公司
印　　刷　南京鸿图印务有限公司
开　　本　787×1092　1/16　印张 21.75　字数 543 千
版　　次　2016 年 8 月第 1 版　2016 年 8 月第 1 次印刷
ISBN 978-7-305-17061-4
定　　价　48.00 元

网址：http://www.njupco.com
官方微博：http://weibo.com/njupco
官方微信号：njupress
销售咨询热线：(025)83594756

前　言

作为解决民商事争议的方式之一,仲裁可谓历史悠久,源远流长。早在人类社会的原始阶段,就出现了仲裁的雏形和萌芽。而法律意义上的仲裁则起源于奴隶制社会的古希腊和古罗马时代,著名的古罗马《十二铜表法》中就有多处关于仲裁的记载。从14世纪开始,世界各国逐渐对仲裁进行立法,赋予仲裁以一种法律制度的性质。从此时起,仲裁作为一种社会的调整器在其发展的历程中,进入了一个全新的阶段,即现代仲裁制度时期。现代仲裁制度进入19世纪末20世纪初之后,仲裁制度本身又发生了新的飞跃性发展和创新,即现代仲裁的成熟和完善阶段。在此阶段,各国逐渐开始修改和制定仲裁立法,专门规定国际商事仲裁中的有关问题,设立常设性仲裁机构,并且为了适应国际商事仲裁实践的需要,缓和各国仲裁立法的冲突,国际社会开始了统一各国仲裁立法的国际仲裁立法工作。此后,对国际商事仲裁进行国际立法的国家条约逐渐增多。此外,一些重要国际组织的示范法在统一和协调各国国际商事仲裁立法方面也起到了关键的作用。综上,仲裁的历史发展大致经历了三个阶段,即14世纪之前的早期仲裁阶段、14世纪至19世纪的现代仲裁制度时期和19世纪末20世纪初之后现代仲裁的成熟与完善阶段。在现代仲裁的成熟与完善阶段,仲裁表现出十分明显的自愿性和国际性。

我国仲裁制度的正式建立始于20世纪初。新中国成立以后,我国分别建立了国内仲裁制度和涉外仲裁制度。其中,涉外仲裁制度基本上是按照国际惯例设立和运行的,但国内仲裁制度经历了一个较为曲折的发展过程。具体而言,大体经历了如下四个阶段:只裁不审阶段、先裁后审阶段、可裁可审阶段与或裁或审和一裁终局阶段。其中,第四阶段以1991年《民事诉讼法》和1994年《仲裁法》的颁布施行为标志,这表明我国的仲裁制度才真正和国际接轨。当然,相比仲裁制度比较发达国家或地区的仲裁法而言,我国《仲裁法》尚存在一定差距,需要加以弥补。本书沿着仲裁法的上述发展脉络,阐述了包括我国在内的仲裁法的理论发展和立法进程以及司法实践的景象。

本书在编排体系上分为九章,涵盖了仲裁法的各个领域。本书在编写过程中,针对仲裁法学是一门理论性与实务性结合紧密的学科,坚持理论和实务并重,具有前沿性、实务性和体例上的创新性等突出特点。

(1)前沿性。本书的撰写过程恰好与《最高人民法院关于适用〈中华人民共和国民事诉讼法〉的解释》2015年修正案的起草、讨论和最终通过同步进行,所以本书能够及时、全面反映2014年12月18日最高人民法院审判委员会第1636次会议通过并自2015年2月4日起施行的上述民事诉讼法司法解释所涉及仲裁的36个条文,同时也充分吸纳了近年仲裁法学的最新理论研究成果和各仲裁机构最新修改的仲裁规则,力求做到在现有基础上有所创新和突破。

(2)实务性。仲裁是解决商事争议的一种方式,而仲裁法则是以仲裁关系为调整对象的法律部门,不言而喻具有较强的实务性,所以,本书在对基础理论进行阐述的同时,也特别关注对实务问题的提炼和解决:一方面,以短小精炼的案例作为辅助工具和分析素材,以求原理叙述与案例解说并进和互补;另一方面,在有关仲裁领域辅之以真实仲裁案例,并结合基本理论和原理对之进行评析,使理论和实际进一步相结合,也有利于增强学生的实务感;再一方面,在仲裁申请书、仲裁调解书、仲裁裁决书等仲裁文书方面,附具了仲裁委员会的各种仲裁文书的样本,从而增加学生的仲裁实务认识和经验。

(3)体例上的创新性。本书首先在每章开头对本章基本内容进行概括,同时对其重要性和地位作说明,引导学生进入本章主要知识点的学习;其次,在有关仲裁领域辅之以真实仲裁案例,并结合基本理论和原理对之进行评析;再次,每章后设置"司法考试真题链接",为学生提供检验其学习成效的处所,引导学生有目标地跟进阅读。

总之,本书采用法学理论与司法实务相结合的模式,紧密结合司法考试的要求,较为全面、系统、准确地阐述了仲裁法的基本理论、基础知识、基本规则和有关司法实践,适合高等学校法学本科教学,也可作为法学专业研究生、国内和涉外法律工作者的参考书。该书的编辑出版,将会使我国仲裁法教科书的整体水平进一步提升,同时将为培养既具有仲裁法基本理论素养,又具备一定司法实践操作能力的仲裁法学人才提供有益的帮助。

本书由马德才教授编著,其提纲、初稿、统稿和定稿一并由本人完成。尽管本人做出了很大的努力,但不完善之处仍在所难免,尚祈读者批评指正。

本教材得以出版,承蒙江西省法学会、南京大学出版社及责任编辑的大力支持,在此表示感谢。

马德才

2016 年 5 月于江西财经大学法学院

教学资源下载

目　录

第一章　仲裁基本问题

作为解决民商事争议的方式之一,仲裁可谓历史悠久,源远流长。从仲裁的历史进程来看,仲裁从无到有、从小到大,发展非常迅速,这是由仲裁相比诉讼和其他争议解决方式具有的特质亦即优势所决定的。那么,仲裁有哪些特征或优势呢? 仲裁和诉讼的关系表现在哪些方面呢? 这是仲裁法学的初学者首先需要了解的基本仲裁知识,对此,本章将加以详述。另外,本章还将对仲裁的性质、分类及仲裁的历史沿革等内容作深入的论述。

第一节　仲裁的概念和特征

在人类社会各个不同的历史发展时期,人们都要基于这样或那样的原因进行交往,在交往的过程中,不可避免地会产生这种或那种争议,而争议的存在自然会妨碍人们彼此之间的交往,甚至可能危及整个社会生活与秩序,因此争议必须得到解决。这样,争议的解决方式就显得至关重要。而争议不同,其解决的方式也各异。例如,关于国家分歧的国际公法争议自然要通过国际公法有关和平解决国际争端的规则来解决,其方式包括谈判、调查、调停、和解、公断、司法解决、区域办法等①;WTO 成员之间的争议解决方式包括磋商、专家组、上诉机构、仲裁程序等②。其中,民商事争议的解决方式主要有协商、调解、仲裁和诉讼等,而仲裁③又以其独有的特点或优势④成为一种非常普遍且行之有效的争议解决方式。

何谓仲裁? 这是我们首先要明了的一个最基本的问题。从字面上看,汉语的"仲裁"包含"仲"和"裁"两层意思。其中,"仲"是"居中"的意思;"裁"是"衡量、裁判"的意思。因此,《现代汉语词典》对"仲裁"解释为"争执双方同意的第三者对争执事项做出决定。"⑤在英语中,"仲裁"是"arbitration",其汉语意思是"居中裁决"。所以,综合仲裁的汉语和英语字面上的意思,仲裁又称公断。从法律专业名词的角度而言,所谓仲裁一般是指争议当事人在争议发生前或争议发生后自愿达成协议,将争议提交非司法机关的第三者审理,由第三者居中裁断,并做出对争议当事人具有约束力的裁决,以解决当事人之间争议的方式

---

①　见《联合国宪章》第 33 条。
②　见《WTO 关于争议解决规则与程序的谅解》第 4 条、第 17 条、第 21 条、第 22 条、第 25 条。
③　仲裁有广义、狭义之分。广义的仲裁包括国际仲裁、劳动争议仲裁、人事争议仲裁、农业承包合同纠纷仲裁和民商事仲裁等;狭义的仲裁仅限于民商事仲裁。本书取其狭义,并为简便起见,将"民商事仲裁"简称为"仲裁"。
④　关于仲裁的特点或优势见本章本节"仲裁的特征"部分。
⑤　中国社会科学院语言研究所词典编辑室编:《现代汉语词典》(增补本),商务印书馆 2002 年修订第 3 版。

或方法。简言之,仲裁是指通过中立第三者对双方当事人的争议作出裁决的过程①。

可见,相对于协商而言,仲裁是由第三者参与解决争议的方式,而协商是由当事人自己解决争议的方式,无须第三者参与;相对于调解②和诉讼而言,仲裁和它们均是由第三者参与解决争议的方式,只不过第三者不同,其中仲裁的第三者是仲裁员,调解的第三者是调解员,诉讼的第三者是审判员;相对于协商和调解而言,仲裁裁决的结果对双方当事人均具有拘束力,而协商的结果对双方当事人无拘束力,调解的结果对双方当事人一般也无拘束力。

相比其他民商事争议解决方式,特别是诉讼方式,仲裁有其独特之处,这也正是仲裁的优势所在。

一、自愿性

争议发生前或者争议发生后,当事人完全可以协商决定是否将争议提交仲裁、提交给哪个仲裁机构仲裁、仲裁庭如何组成、仲裁适用何种程序规则以及实体法等。所以,相比其他争议解决方式,仲裁充分体现了当事人的意思自治,具有自愿性。这正是仲裁法基本原则之一的当事人自愿原则③的集中体现。1994 年 8 月 31 日由第八届全国人民代表大会常务委员会第九次会议通过,经 1994 年 8 月 31 日中华人民共和国主席令第 31 号公布,自 1995 年 9 月 1 日起施行的《中华人民共和国仲裁法》(以下简称《仲裁法》)有关条款规定体现了仲裁的自愿性特点。例如,《仲裁法》第 4 条规定:"当事人采用仲裁方式解决纠纷,应当双方自愿,达成仲裁协议。"《仲裁法》第 6 条规定:"仲裁委员会应当由当事人协议选定。"当然,实践中经常有强制仲裁的做法,例如我国的劳动争议仲裁就属强制仲裁,但是它的存在并不能因此而否定仲裁的自愿性,因为强制仲裁一般不存在于民商事领域而存在于其他领域。

二、专业性

以仲裁方式解决的争议,常常涉及复杂的法律、经济贸易和技术性问题,而这些问题只有有关领域的专家才能处理好,因此各个仲裁机构均备有专业的仲裁员名册,以供当事人根据自己的需要选择作为某一领域专家的仲裁员。即使是有些仲裁机构不设仲裁员名册或进行临时仲裁时,当事人也会从所涉领域的专家中选定仲裁员。只有这样,才能保证仲裁的专业性和权威性。一些国家的仲裁法对仲裁员资格条件的规定也体现了仲裁的专业性④。例如,《仲裁法》第 13 条⑤的规定即如此。

---

① 樊堃:《仲裁的全球本土化——国际标准和本土文化的挣扎》,载《北京仲裁》第 86 辑(2013 年第 4 辑)。

② 调解,是指通过中立第三者协助双方当事人达成一个双方都能接受的解决办法的过程。参见樊堃:《仲裁的全球本土化——国际标准和本土文化的挣扎》,载《北京仲裁》第 86 辑(2013 年第 4 辑),第 106 页。

③ 关于"当事人自愿原则"见本书第二章第三节"仲裁法的基本原则"部分。

④ 参见黄进等著:《仲裁法学》,中国政法大学出版社 2008 年版,第 51 - 52 页。

⑤ 《仲裁法》第 13 条规定:仲裁员应当符合下列条件之一:① 从事仲裁工作满八年的;② 从事律师工作满八年的;③ 曾任审判员满八年的;④ 从事法律研究、教学工作并具有高级职称的;⑤ 具有法律知识、从事经济贸易等专业工作并具有高级职称或者具有同等专业水平的。仲裁委员会按照不同专业设仲裁员名册。

三、保密性

诉讼以公开审理为原则,而仲裁则正好相反,以不公开审理为原则,案情不公开,裁决不公开,这是仲裁保密性的表现之一。《仲裁法》第 40 条对此作了规定,即"仲裁不公开进行。当事人协议公开的,可以公开进行,但涉及国家秘密的除外。"同时,《仲裁法》第 54 条规定:"裁决书应当写明仲裁请求、争议事实、裁决理由、裁决结果、仲裁费用的负担和裁决日期。当事人协议不愿写明争议事实和裁决理由的,可以不写。"此外,仲裁的保密性还表现在各国仲裁法律和仲裁规则都规定了仲裁员及仲裁秘书人员的保密义务。例如,2014年 11 月 4 日中国国际贸易促进委员会、中国国际商会修订并通过,自 2015 年 1 月 1 日起施行的《中国国际经济贸易仲裁委员会仲裁规则》(2015 年版)(以下简称《贸仲规则》)第38 条第 2 款规定:"不公开审理的案件,双方当事人及其仲裁代理人、仲裁员、证人、翻译、仲裁庭咨询的专家和指定的鉴定人,以及其他有关人员,均不得对外界透露案件实体和程序的有关情况。"因而,当事人的商业秘密和经贸活动一般不会因仲裁活动而泄露。正是因为如此,仲裁乐于为商人所采用。不过,仲裁的保密性并非绝对,存在除外情况,这些除外情况包括:双方同意、法院指令、法院批准披露、合理的需要、公正利益、仲裁法容许的情况。[1]

四、独立性

诉讼具有独立性,但相比之下,仲裁显示出更大的独立性。对此,各国有关仲裁的法律均规定,仲裁机构独立于行政机关,各种仲裁机构之间也没有隶属关系;仲裁可以独立进行,不受其他机关、团体和个人的干涉,具有完全的独立性;甚至在机构仲裁的情况下,仲裁庭审理和裁决案件时也不受仲裁机构的干涉。例如,《仲裁法》第 8 条规定:"仲裁依法独立进行,不受行政机关、社会团体和个人的干涉。"该法第 14 条规定:"仲裁委员会独立于行政机关,与行政机关没有隶属关系。仲裁委员会之间也没有隶属关系。"显然,此种规定体现了仲裁的独立性。

五、灵活性

诉讼程序法定,具有较严格的程式,灵活性不足,而仲裁的灵活性则较强,程序较民事诉讼简单,当事人享有较大的自主权,可以协商选择仲裁规则,即使在机构仲裁的情形下也是如此。例如,《贸仲规则》第 4 条第 3 款规定:"当事人约定将争议提交仲裁委员会仲裁但对本规则有关内容进行变更或约定适用其他仲裁规则的,从其约定,但其约定无法实施或与仲裁程序适用法强制性规定相抵触者除外。当事人约定适用其他仲裁规则的,由仲裁委员会履行相应的管理职责。"当事人享有在仲裁程序方面较大的自主权还体现在可以协商确定仲裁审理的方式,例如《仲裁法》第 39 条规定:"仲裁应当开庭进行。当事人协议不开庭的,仲裁庭可以根据仲裁申请书、答辩书以及其他材料作出裁决。"可见,当事人

---

[1]　参见杨良宜等著:《仲裁法——从 1996 年英国仲裁法到国际商务仲裁》,法律出版社 2006 年版,第 1083 - 1095 页。

有权自主协商确定仲裁书面审理方式。当事人甚至还可以自定程序,同时当事人委托的代理人可以不必具有本国律师的身份,而且在管辖上也不实行级别管辖和地域管辖,对此《仲裁法》第6条规定:"仲裁不实行级别管辖和地域管辖。"

六、快捷性

诉讼实行两审终审甚至三审终审,而仲裁则实行一裁终局,即当事人不得对仲裁裁决上诉,因此仲裁较之诉讼更为快捷、高效,有利于当事人迅速、及时地解决争议。《仲裁法》第9条的规定就体现了这一特点。该法第9条第1款规定:"仲裁实行一裁终局的制度。裁决作出后,当事人就同一纠纷再申请仲裁或者向人民法院起诉的,仲裁委员会或者人民法院不予受理。"这正好符合了商事主体选择仲裁作为争议解决方式,所寻求的正是仲裁是一种快速、低成本且可靠的争议解决方式。[①]

七、经济性

仲裁的经济性主要表现在以下三个方面:(1)仲裁方式解决争议的快捷性使得各项费用相应减少;(2)仲裁的收费标准一般低于民事诉讼;(3)由于仲裁具有自愿性和保密性的特点,因此当事人之间通常没有像诉讼那样激烈对抗的态度,而且商业秘密不必公之于众,对当事人之间今后的商业机会影响较小。[②] 所以,采用仲裁方式解决争议更符合经济原则。

八、民间性

法院在性质上属于国家机关,而仲裁机构在性质上则属于民间组织,它不受国家机关的行政干预,也不是代表国家解决争议,因而仲裁具有民间性。

正是因为仲裁具有上述优势,当事人在缔结合同时或在争议发生后寻求第三者参与的争议解决方法时,常常选择仲裁,较少诉诸司法诉讼或其他第三者参与的争议解决方法。于是,仲裁便成为一种非常普遍且行之有效的争议解决方式。实践证明,仲裁作为一种行之有效的解决民商事争议的方法,已被广泛用于解决民商事交往中的各种争议。[③]

第二节　仲裁的性质

仲裁的性质既是仲裁理论中不能回避且较复杂的问题,又是和仲裁实务直接相关联的问题,因此长期以来一直受到国内外学者的关注,并进行过广泛研究,但是却众说纷纭,无法形成共识。概括起来,主要有四种观点,即司法权论、契约论、混合论和自治论。

---

① 参见芮安牟著,陈宛宁、张然译:《迈向有竞争力和符合成本效益的争议解决制度》,载《北京仲裁》第86辑(2013年第4辑),第121页。

② 参见黄进等著:《仲裁法学》,中国政法大学出版社2008年版,第13页。

③ 参见韩德培、黄进:《〈国际商事仲裁丛书〉总序》,载宋连斌著:《国际商事仲裁管辖权研究》,法律出版社2000年版,第1—2页。

一、司法权论

司法权论认为,国家具有控制和管理发生在其管辖领域内的所有仲裁的权力。该理论一方面认为仲裁源于当事人之间的仲裁协议,但又认为仲裁员作出裁决、仲裁协议的效力以及仲裁员的权力和裁决的执行,其权威完全有赖于执行地国的法律。除非国内法承认当事人有权提交仲裁,授权仲裁员审理和裁决争议,并使仲裁员的裁决具有强制性,否则仲裁是毫无意义也是无效的。仲裁的权限和效力是执行地国法的一种让与。① 因此,仲裁具有司法权性质。在仲裁实践中,采此观点的国家主要有德国、意大利、奥地利和埃及等。

该理论的主要根据是:裁判权是一国司法主权的一部分,一般只能由一国法院行使;没有仲裁地国法律的许可和主管机关的授权,仲裁员就没有受理争议并作出裁决的权力,否则仲裁员即使作出裁决也无法律约束力。② 因此,仲裁员与法官相似,二者都有义务依法作出裁定,都必须尊重和确认本地法的基本原则。法官和仲裁员之间的不同之处仅在于法官的任命和权力直接来自于国家主权,而仲裁员的权力虽然也来自于国家主权,但是仲裁员的任命是由当事人作出的。既然仲裁员的权力和权威与法官极为相似,仲裁庭作出的裁决就应该具有与普通法院作出的判决同样的效力。③

司法权论有两大派别。一派被称为"判决论",它认为仲裁员的任务是判案,所作出的裁决是行使司法权的产物。另一派则进一步认为仲裁员的权威来源于其履行职责地的国家,其中,一些学者认为这是仲裁员代行判案职责的必然结果,故被称为"代表论";另一些学者则认为这是因为仲裁员所享有的每一项权利或权力无疑都是由国内法赋予或来源于国内法体系,故被称为"国内法论"。④

司法权论反映了人们早期对于仲裁作为一种法律制度的本能认识,对仲裁发展过程中的最重要变化作出了积极的反应。⑤ 同时,司法权论揭示了仲裁的司法属性,这种司法属性主要体现在有关仲裁的法律制度中,因为各国在承认仲裁作为解决争议方式的时候,均以成文法的形式认可并规定仲裁权的取得、行使及其实现的保障,即仲裁权来源于国家法律授权;仲裁程序受到国家法律的约束;仲裁裁决是与法院判决具有同等效力的法律文书。⑥ 但是,司法权论的缺陷也是明显的:第一,它对仲裁协议的重视不够,过分强调仲裁地法的作用,仲裁员在适用实体法时不能比法官有更大的自由,从而对当事人和仲裁员的自主权作出了较大的限制;第二,这种理论不适当地把仲裁与司法主权连在一起,忽视了仲裁的民间性和它作为一种解决争议的独特性,对仲裁的国际性造成了危害。⑦

① 韩健著:《现代国际商事仲裁法的理论与实践》(修订版),法律出版社 2000 年版,第 34－35 页。
② 朱克鹏著:《国际商事仲裁的法律适用》,法律出版社 2000 年版,第 2－3 页。
③ 韩健著:《现代国际商事仲裁法的理论与实践》(修订版),法律出版社 2000 年版,第 35 页。
④ 参见宋连斌著:《国际商事仲裁管辖权研究》,法律出版社 2000 年版,第 11－13 页。
⑤ 参见王生长著:《仲裁与调解相结合的理论与实务》,法律出版社 2001 年版,第 64 页。
⑥ 参见乔欣主编:《比较商事仲裁》,法律出版社 2004 年版,第 14－15 页。
⑦ 黄进等著:《仲裁法学》,中国政法大学出版社 2008 年版,第 8 页。

二、契约论

契约论认为,仲裁是一种契约,具有契约的属性和特征,即仲裁是基于双方当事人之间的协议而设定的,仲裁程序也是基于当事人在协议中的约定而确定的,仲裁就是履行当事人之间所订立的关于解决争议的协议的结果。这种理论之所以强调仲裁的契约性,是认为仲裁员的权力不是来自于法律的规定,而是来自于当事人之间的协议。[①] 法国学者尼波耶(Niboyet)就持此观点。他认为:"仲裁裁决具有契约性质,这是因为仲裁员权力的取得不是来自于法律或司法机构,而是来自于当事人之间的协议。仲裁员是按照当事人在协议中的意愿去裁定争议的。当事人让仲裁员以公断人的身份仲裁裁决是一种真正的委托,由此,裁决也被注入了契约性……如同所有协议一样,裁决必然具有法定效力,而且具有终审判决的权威。"[②]在仲裁实践中,采纳此观点的国家有法国、荷兰和斯堪的纳维亚半岛的各个国家。

该理论又有传统契约论和现代契约论。前者认为仲裁裁决是仲裁员当事人的代理人或代表所订立或完成的合同,因而仲裁被看作是合同性质的关系。后者认为仲裁权利属私法或债法而非民事诉讼法的范畴,本质上仍属私权,合同性质的仲裁协议和裁决均属于合同约束力的范畴即"合同必须信守"。同时,摒弃了传统契约论的仲裁员是当事人的代理人的论调。[③]

契约论的主要根据是:(1)仲裁是基于当事人之间的协议而设定的。当事人之间如果没有仲裁协议,则无仲裁可言,任何一方当事人不能强迫另一方当事人参与仲裁。(2)仲裁的组成体系是双方当事人通过协议自己确定的。(3)当事人承认仲裁员的裁决,并自动履行裁决,乃是由于仲裁协议的约束力。[④]

契约论反映了仲裁的另一个深层次的本质特征,即仲裁来源于当事人之间的协议和合意,同时,仲裁作为解决争议的一种手段,也不过是当事人自由处分其民事权利的一个方面,属于当事人契约自由的范畴,因此,契约论具有它的正确性和现实意义。但是,契约论也存在其不足之处,它忽视了国家法律对于仲裁的强大影响;即使当事人有权处分其民事权利,但当事人的处分权并不是无限延伸的,要受到法律的限制和影响,特别是不能违反法律的基本原则和公共政策;此外,仅有当事人的意思自治还不足以使得仲裁能够成为一种强有力的解决争议的机制,要保证裁决书的实现,由国家司法机关利用国家机器的强制手段来支持和监督是必不可少的。[⑤]

三、混合论

混合论的倡导者是法国学者索瑟-霍尔(Sauser-Hall)。他认为,仲裁起源于私人契约,仲裁员的人选和支配仲裁程序的规则的确定,主要取决于当事人之间的协议。但是,

---

① 乔欣主编:《比较商事仲裁》,法律出版社 2004 年版,第 14 - 15 页。
② [法]Niboyet,Traite de droit international prive francais, 1950, paara. 1284.
③ 参见宋连斌著:《国际商事仲裁管辖权研究》,法律出版社 2000 年版,第 14 - 16 页。
④ 韩健著:《现代国际商事仲裁法的理论与实践》(修订版),法律出版社 2000 年版,第 36 页。
⑤ 参见王生长著:《仲裁与调解相结合的理论与实务》,法律出版社 2001 年版,第 65 - 66 页。

仲裁却不能超越所有的法律体系,实际上总是存在着一些能够确定仲裁协议的效力和裁决可执行性的法律。因此,仲裁契约和司法因素相互关联,不可分割。他提出,仲裁是一种混合性的特殊的司法制度,它来自于当事人之间的协议,同时又从民事法律中获取司法上的效力。[1]

可见,混合论认为仲裁具有混合性,既具有司法权的属性,又具有契约权的属性,是当事人的意志和仲裁地法的一种协调。这是因为:一方面,仲裁庭的权限取决于当事人之间的协议;另一方面,仲裁庭在裁决争议的过程中应遵守仲裁地国家的法律。

混合论的根据是:国家司法权和当事人的契约权并不是相互对立的,而是可以调和的。亦即当事人有权在法律规定的范围内订立契约,自然也有权在法律规定的范围内构建仲裁的形式和内容,反之,当事人依法约定的仲裁形式,必然会得到法律的支持。这种互动关系保证了仲裁能够符合当事人意愿的契约性特征或体现国家意志的司法权特征,也保证了仲裁的生命力。[2]

混合论较有吸引力,因为从一般国际实践来看,的确如此:没有当事人的协议就没有仲裁,但仲裁过程一旦展开,法院尤其仲裁地法院的干预也随之而来,有时还是必不可少的。比如,没有法院强制执行仲裁裁决,仲裁所涉及的主要争议很难说已彻底解决。但是,在理论上,混合论并没有解释清楚仲裁协议与国家对合同的规制以及和仲裁中的法院干预之间的关系,仲裁中的各种因素是否等量齐观也令人怀疑,毕竟没有仲裁协议就没有仲裁存在的基础。[3]

四、自治论

自治论的提出者是法国学者拉伯林·戴维丝(Rubellin·Devichi)女士。她认为,仲裁制度是一种独创的制度,它摆脱了契约权和司法权的观念,因此是一种超国家的自治体系;不能把仲裁绝然分为司法的和契约的,仲裁也不是一种混合制度。"问题是应当知道仲裁是否在这两种构成之外形成了一种自治体系。确定该体系的性质不应参照合同或司法体系,而应根据仲裁的目的以及不愿诉诸国家法院的当事人所作的保证或许诺对仲裁的法律权威进行论证。"[4]

可见,自治论的主要观点是:为求得仲裁应有的发展,同时对它施以必要的限制,人们应当认识到仲裁的性质既非司法性、契约性,亦非混合性,而是自治性的。仲裁是法律秩序的诸多机制之一,研究的重点应当放在其目的和作用上,仲裁法应以满足当事人的愿望为目标,其功能是发展商人法;尽管还应保留最低限度的公共政策为限制,完全的当事人意思自治是仲裁充分发展所必需的。[5]

---

[1] [法]Sauser-Hall, L'arbitrage en droit international prive, Annuaire L'institut de droit international, 1952, p. 469.

[2] 参见王生长著:《仲裁与调解相结合的理论与实务》,法律出版社2001年版,第67页。

[3] 黄进等著:《仲裁法学》,中国政法大学出版社2008年版,第11页。

[4] [法]Rubellin·Devichi, L'arbitrage. Nature Juridigue. Droit interne et droit international prive, 1965, para. 14.

[5] 宋连斌著:《国际商事仲裁管辖权研究》,法律出版社2000年版,第20-21页。

从强调仲裁的目的和功用及当事人意思自治这个角度来说,自治论有合理的元素,反映了仲裁某个方面的发展趋势;而且,自治论者强调注重仲裁的实际功能而不是其结构的性质,重视仲裁能创造商业和社会机遇的作用,值得法律界和经济界关注。但是,自治论也有其不合理的地方。具体表现在它的一些看法未免过于理想化和简单化。这些看法是把商事仲裁的发展归结于商人注重实效的实践结果,是商人们首先在法律之外发展了仲裁,而后才得到法律的承认;仲裁协议和裁决之所以有拘束力,既不是因为它们是契约,也不是因为执行仲裁协议和裁决是国家的特许,而是各国商人顺利处理商事关系所必须遵守的惯例。同时,离开社会和经济制度的背景就仲裁而论仲裁,方法论上存在疑问。实际上,自治论要求仲裁非仲裁地化,使仲裁具有超国家的特性,这或许反映了商业界的愿望和某种非仲裁地化现象,但与当前的国际实践不符。法院介入仲裁过程,有时可能会对自由而宽松的仲裁环境造成一些威胁,有时却是必要的,如法院强制执行仲裁协议、代指定仲裁员、采取保全措施、指示合并审理等,缺少这些环节,仲裁程序有时无法有效进行,或者对当事人的权益保护不够。不断改进仲裁地法使其更适合仲裁的发展是必要的,但因此全面否定仲裁地法的作用总体上尚不可行。此外,按照自治论,仲裁和其他诉讼外争议解决方式也很难区分。[1]

综上所述,在仲裁性质问题上的各种观点的侧重点不同,既有可取之处,也不同程度地存在其片面性。所以我们认为,应当综合理解仲裁的性质,即仲裁是一种兼具司法性、契约性、自治性和民间性的争议解决方式,因为只有这样才更能符合仲裁制度的发展历史及其本身的特质。

第三节　仲裁的分类

根据不同的标准,仲裁可作多种分类。仲裁的分类,无论是对双方当事人正确选择仲裁机构而言,还是对仲裁机构正确运用法律和仲裁规则来讲,都至关重要。

一、国内仲裁和国际仲裁

这是以仲裁解决的争议案件是否具有涉外因素为标准所作的分类。

国内仲裁,是指一国仲裁机构对本国当事人之间的国内民商事争议而非涉外民商事争议进行的仲裁,即国内仲裁解决的争议案件是不具有涉外因素的案件。例如,南昌仲裁委员会受理的双方当事人均为中国人且发生在国内的合同纠纷即为国内仲裁。

国际仲裁,亦称涉外仲裁,是指具有涉外因素的民商事争议或国际性民商事争议的仲裁。例如,中国国际经济贸易仲裁委员会(以下简称"贸仲委")受理的一方当事人是中国公司,另一方当事人是外国公司的仲裁即为国际仲裁。《贸仲规则》第3条第2款第1项明确规定,贸仲委受理国际或涉外争议案件。值得一提的是,国际仲裁的范围要比涉外仲裁的范围广,它包括但不限于涉外仲裁。

---

① 黄进等著:《仲裁法学》,中国政法大学出版社 2008 年版,第 11 页。

二、临时仲裁和机构仲裁

这是以是否有仲裁机构参与为标准所作的分类。

临时仲裁，是指没有仲裁机构的参与，双方当事人根据其达成的仲裁协议，将争议直接交给临时组成的仲裁庭进行审理并作出裁决的仲裁。一旦仲裁结束，仲裁庭即自行解散。它是最早的仲裁形式，机构仲裁也是从临时仲裁逐渐演化而来的。尽管现今机构仲裁占据主导地位，但是临时仲裁仍然具有相当大的影响，这是由临时仲裁所具有的优势所决定的。临时仲裁具有如下优势：更充分地体现当事人的自主性；具有更多的灵活性；效率可能更高；更节省费用。[①] 正是因为如此，临时仲裁仍为相当多的国家所采用，但是我国却不承认临时仲裁。

机构仲裁，又称制度性仲裁、常设仲裁，是指双方当事人根据其达成的仲裁协议，将争议提交给某一常设仲裁机构所进行的仲裁。机构仲裁虽是从临时仲裁演化而来，但是它却能克服临时仲裁的诸多缺陷[②]，具有较大的优势，所以指定适当的仲裁机构解决商事争议是比较普遍的做法。机构仲裁具有如下优势：便于当事人进行仲裁；使仲裁程序的效率具有保障；仲裁裁决的质量更具可信性；所涉仲裁费用明确而合理；服务水平较高。[③] 因此，现在除西班牙、挪威等少数国家外，几乎所有的国家都承认这种形式的仲裁。[④]

三、依法仲裁和友好仲裁

这是以仲裁庭是否必须严格依据法律规则作出裁决为标准所作的分类。

依法仲裁，是指仲裁庭经过庭审后，必须严格依据一定的法律规则对当事人之间的争议进行裁决。由于依法仲裁必须有明确的法律依据，必须严格遵守由法律认可的仲裁规则所确定的仲裁程序，因此，这种仲裁方式的当事人对仲裁程序和仲裁结果具有可预见性，其仲裁裁决也容易为当事人所接受并得到其自觉履行。所以，在仲裁实践中，无论是国内仲裁还是国际仲裁，无论是临时仲裁还是机构仲裁，都主要表现为依法仲裁。故而，依法仲裁为各国所普遍适用，依法仲裁也因此而成为一种最主要的仲裁类型。

友好仲裁，又称友谊仲裁、依原则仲裁，是指仲裁庭不必严格依据法律规定，而是依据当事人的授权，并按照它所认可的公允及善良原则和商业惯例对当事人之间的争议进行仲裁。由于友好仲裁制度具有诸多优点，即友好仲裁的设立是仲裁制度意思自治原则的体现、友好仲裁克服了依法仲裁的缺陷、友好仲裁具有"友好性"，[⑤]因此，现今友好仲裁已为德国、西班牙、法国、瑞典等大陆法系国家以及英国、美国等国家的立法所明确肯定，例如1998年德国《民事诉讼法》（第十编）第1051条第3款规定，只有在当事人明确授权的情况下，仲裁庭才能按照公平合理原则或作为友好调解人解决争议，当事人应当在仲裁庭

---

① 参见康明著：《商事仲裁服务研究》，法律出版社2005年版，第14-16页。

② 参见张斌生主编：《仲裁法新论》，厦门大学出版社2010年版，第137-138页。

③ 参见江伟主编：《仲裁法》，中国人民大学出版社2009年版，第24页。

④ 参见丁建忠编著：《外国仲裁法实践》，中国对外经济贸易出版社1992年版，第345-367页。

⑤ 参见石育斌著：《国际商事仲裁研究》（总论篇），华东理工出版社2004年版，第103-105页；马育红：《"友好仲裁"制度在我国的借鉴与完善》，载《法学杂志》2010年第1期。

作出决定之前予以授权。同时,友好仲裁也为有关国际公约和仲裁机构的仲裁规则所承认,前者如 1965 年《关于解决国家与他国国民之间的投资争端的公约》(简称《华盛顿公约》)第 42 条第 3 款规定:"仲裁庭在双方当事人同意下,有权以公平和善良的原则对争议作出决定。"后者如《伦敦国际仲裁院仲裁规则》第 22 条第 4 款规定:"只有在当事各方书面明示同意的情况下,才能按'公平合理'、'友好公断人'或'善意'等原则和方式解决争议的实体问题。"可见,无论是有关仲裁的国内立法和国际公约,还是仲裁机构的仲裁规则,都确立了友好仲裁作为一种仲裁方式的合法地位。① 但是,相比依法仲裁,友好仲裁有其自身的缺陷,诸如友好仲裁所作裁决主观性较强、缺乏依法仲裁的客观性和公正性等,正因为如此,包括我国在内的一些国家没有明文规定,甚至排斥友好仲裁,而且即使是承认友好仲裁的国家,也都对友好仲裁的适用进行了一定程度的限制。

四、民间仲裁和行政仲裁

这是以仲裁机构是否是民间组织为标准所作的分类。

民间仲裁,是指仲裁机构作为非官方的民间组织根据双方当事人之间的仲裁协议对争议所进行的仲裁。这种仲裁的突出优点是强调当事人的意思自治,充分尊重当事人的意愿,它遂成为一种最普遍的仲裁类型。一般而言,我们所说的仲裁指的就是民间仲裁。

行政仲裁,所指由行政机关或附设于行政机关的专门机构并非根据双方当事人之间的仲裁协议而是根据或主要根据其行政权力对争议所进行的仲裁。它不同于民间仲裁,其主要表现为:(1) 行政仲裁不具有民间性,而是一种具有官方性质的仲裁制度;(2) 行政仲裁机构属于行政机关,其仲裁管辖权并非源于当事人之间的仲裁协议而是由法律明文规定,具有完全的强制性;(3) 行政争议发生后,当事人无须签订仲裁协议,而是可以直接向法律所规定的特定的行政机构提请仲裁;(4) 行政仲裁裁决不具有一裁终局性,它不能终结有关行政争议的所有程序,如果当事人对行政仲裁裁决有异议,那么他们就可以向人民法院提起行政诉讼程序,以便最终解决有关争议。我国《仲裁法》颁布以前,在各级工商行政管理机关和经济委员会设立的经济合同仲裁委员会以及在科委和房地产主管部门设立的技术合同仲裁委员会和房地产合同仲裁委员会等进行的仲裁活动,其性质均属行政仲裁。而《仲裁法》则确定的是民间仲裁。

第四节　仲裁和民事诉讼的关系

一、仲裁和民事诉讼的相同点

(一) 所属程序体系相同

仲裁和民事诉讼都是民事程序的重要组成部分。因为,作为解决平等主体之间的民

---

① 参见石育斌著:《国际商事仲裁研究》(总论篇),华东理工出版社 2004 年版,第 101－102 页。

商事争议的程序、规则和方法的民事程序其体系一般由公证、民间调解、仲裁和民事诉讼等程序组成,所以仲裁和民事诉讼两者同属民事程序体系,所属程序体系相同。而且,仲裁和民事诉讼都必须遵循法定程序进行,同时仲裁程序和民事诉讼程序均由若干阶段组成。

（二）主管范围基本相同

仲裁和民事诉讼都是解决平等主体当事人之间的争议,即当事人之间发生的合同争议和其他财产权益争议,当事人既可以选择仲裁的方式解决,也可以选择民事诉讼的方式解决。对此,《仲裁法》第2条规定:"平等主体的公民、法人和其他组织之间发生的合同纠纷和其他财产权益纠纷,可以仲裁。"1991年4月9日第七届全国人民代表大会第四次会议通过,并根据2007年10月28日第十届全国人民代表大会常务委员会第三十次会议《关于修改〈中华人民共和国民事诉讼法〉的决定》第一次修正,且根据2012年8月31日第十一届全国人民代表大会常务委员会第二十八次会议《关于修改〈中华人民共和国民事诉讼法〉的决定》第二次修正的《中华人民共和国民事诉讼法》(以下简称《民事诉讼法》)第3条规定:"人民法院受理公民之间、法人之间、其他组织之间以及他们相互之间因财产关系和人身关系提起的民事诉讼,适用本法的规定。"可见,仲裁和民事诉讼的主管范围基本相同。不过,法院主管的范围显然比仲裁主管的范围更广泛一些,当然仲裁机构可仲裁事项的范围也在不断扩大。[①]

（三）解决争议的主体相同

仲裁和民事诉讼两者都是由第三方作为争议的公断人来解决争议的方式,只不过解决仲裁争议的第三方是仲裁庭和仲裁员,解决诉讼争议的第三方则是法院和法官。无论是仲裁庭和仲裁员,还是法院和法官,他们都是以公正解决争议为己任,其权力和职责都是由法律赋予的,都是对当事人之间的争议从事实上予以认定,并从法律上予以评判,进而明确双方当事人的权利和义务,使当事人之间的争议最终得以解决。

（四）遵循的某些原则、规则和制度相同

无论是在仲裁程序中,还是在民事诉讼程序中,都应当遵循当事人地位平等原则,独立原则,以事实为根据、以法律为准绳原则,处分原则,辩论原则和调解原则等;都应当遵循回避制度、保全制度和时效制度等;对当事人适格标准、举证责任分担、证据的审查和判断等规则的运用亦相同。

（五）遵循"不告不理"原则相同

在法学理论上,仲裁和民事诉讼一样,两者均须遵循"不告不理"原则。即在仲裁程序中,当事人有权确定仲裁机构审理和裁决的范围;在民事诉讼程序中,当事人也有权确定法院审理和判决的范围。亦即仲裁机构审理和裁决的范围不能超过当事人仲裁请求的范围,法院审理和判决的范围也不能超过当事人诉讼请求的范围。

（六）当事人的权利大体相同

在仲裁程序中,申请人有申请仲裁、放弃和变更仲裁请求的权利,被申请人有提出反

[①] 参见黄进、马德才:《国际商事争议可仲裁范围的扩展趋势之探析——兼评我国有关规定》,载《法学评论》2007年第3期。

请求、放弃和变更反请求的权利;双方当事人都有申请回避的权利,提供证据的权利,申请财产保全和证据保全的权利,请求调解的权利等。在民事诉讼程序中,原告有起诉、放弃和变更诉讼请求的权利,被告有提出反诉、放弃和变更反请求的权利;双方当事人都有申请回避的权利,提供证据的权利,申请财产保全和证据保全的权利,请求调解的权利等。①

(七) 仲裁裁决和民事诉讼判决的法律效力相同

仲裁裁决和民事诉讼中的判决一样,具有确定性和既判力。对此,不少国家的法律都规定仲裁裁决和民事诉讼终局判决一样具有法律效力。例如,根据我国《仲裁法》②的规定,我国仲裁机构依据其仲裁程序作出的仲裁裁决书、仲裁调解书和人民法院依据民事诉讼程序作出的民事判决书、民事调解书具有同等的法律效力,它们都具有强制执行力,双方当事人都必须自觉履行。亦即它们对其作出机构、双方当事人、当事人以外的其他人和机构均具有约束力,一方当事人不履行仲裁裁决书、仲裁调解书和民事判决书、民事调解书时,对方当事人都可以向人民法院申请强制执行。

此外,仲裁和解、调解、财产保全、证据保全与民事诉讼和解、调解、财产保全、证据保全有相同之处,仲裁裁决和民事判决等也有相同之处。

二、仲裁和民事诉讼的不同点

(一) 性质不同

仲裁属民间性的居中裁决,是私权处分权的授予,具有民间性质;而民事诉讼审判则是国家司法权的体现,具有浓郁的司法性质,故民事诉讼是具有司法性质的争议解决方式。

(二) 仲裁机构和法院的性质不同

在我国,仲裁机构是仲裁委员会。根据《仲裁法》的规定③,仲裁委员会是民间性质的组织,它是通过行使仲裁权来解决当事人之间的经济、贸易等方面的争议。同时,仲裁员不经过国家权力机关的任命,一般可由双方当事人自己选定。而法院则是国家的审判机关,它是通过行使国家赋予的民事审判权来解决当事人之间的民事争议的。同时,审判人员是由国家权力机关任命的,当事人没有选择审判人员的权利。

(三) 受案范围不同

根据《仲裁法》第 2 条和第 3 条的规定,仲裁的受案范围是平等主体之间的合同纠纷和其他财产权益纠纷,但婚姻、收养、监护、扶养、继承纠纷和由行政机关处理的行政争议则不属于仲裁的受案范围;而根据《民事诉讼法》第 3 条的规定,法院对一切因私权发生的纠纷均可受理。可见,仲裁的受案范围要比民事诉讼的受案范围窄一些。

(四) 受案方式不同

申请仲裁必须有双方当事人事前或事后达成的仲裁协议,否则仲裁机构不予受理;④

---

① 参见李政等编著:《仲裁法学》,中国政法大学出版社 2009 年版,第 19 页。
② 见《仲裁法》第 51 条、第 52 条、第 57 条。
③ 见《仲裁法》第 14 条、第 15 条。
④ 见《仲裁法》第 4 条。

而民事诉讼只要具备起诉的条件，任何一方当事人都可以向法院起诉，无须获得另一方当事人的同意。

（五）案件管辖不同

根据《仲裁法》第 4 条和第 6 条的规定，仲裁无级别管辖、地域管辖和专属管辖的限制，实施的是协议管辖；而根据《民事诉讼法》第 2 章第 1 节和第 2 节的规定，民事诉讼有级别管辖、地域管辖和专属的强制性管辖。

（六）审级制度不同

仲裁实行一裁终局，当事人不服仲裁裁决时不能上诉，也不能请求其他仲裁机构重新仲裁，只能向法院申请撤销仲裁裁决或不予执行仲裁裁决；而民事诉讼则实行四级二审终审，一般两审终审，还可以申请再审。

（七）审判庭组成不同

仲裁中，仲裁庭的组成方式和仲裁庭组成人员由当事人选定，如果当事人没有约定仲裁庭的组成方式或者选定仲裁员的，则由仲裁委员会主任指定；[1]裁决权由仲裁庭行使；当仲裁庭遇到疑难案件时，可以请求仲裁委员会专家咨询机构发表咨询意见，但该咨询意见仅供仲裁庭参考，不具有约束力。而民事诉讼中，审判庭和审判庭组成人员则由法院指定；审判权由法院行使；有的案件还要交审判委员会讨论，且审判委员会的决议对合议庭有约束力，合议庭必须服从。

（八）审理方式不同

仲裁以不公开审理为原则，不允许旁听和采访，除非当事人协议公开的，可以公开进行，但却要受到保守国家秘密的限制，同时经当事人同意可以书面审理；[2]而民事诉讼案件则以公开审理为原则，允许旁听和采访，只有涉及国家秘密、个人隐私、当事人申请不公开审理的离婚案件和涉及商业秘密的案件除外，同时在民事诉讼中，一审人民法院适用普通程序审理案件时必须开庭审理，除非法律另有规定，只有在二审程序中，合议庭认为不需要开庭审理的，才可以实行书面审理。

（九）监督方式不同

仲裁和民事诉讼的监督方式虽然都包括内部监督和外部监督，但是两者的内部监督和外部监督均不同。其中，仲裁内部由中国仲裁协会监督，外部由法院监督；而法院内部则有审判委员会监督和上级法院监督，外部有人大监督、检察机关监督、社会大众监督和新闻舆论监督。

此外，仲裁和解、调解、财产保全、证据保全与民事诉讼和解、调解、财产保全、证据保全有所不同，仲裁裁决与民事判决、裁定的作出也有所不同。

三、仲裁和民事诉讼的联系

（一）法律渊源上的联系

在一些国家，仲裁程序规定在民事诉讼法中，如德国。在我国，虽然制定了单行的《仲

---

[1] 见《仲裁法》第 30 条、第 31 条、第 32 条。
[2] 见《仲裁法》第 39 条、第 40 条。

裁法》,但是《民事诉讼法》的有关条款对仲裁也作了规定①;同时,《仲裁法》的有关条款对仲裁和民事诉讼的联系与衔接问题也作了规定②。这体现了仲裁和民事诉讼在法律渊源上的联系,而这种法律渊源上的联系反映了两种程序之间的一致性。仲裁程序的某些事项准用民事诉讼法的规定,不仅大陆法系的国家如此,英美法系的国家亦然。③

(二) 司法对仲裁的支持

司法对仲裁的支持表现为仲裁程序中的某些事项需要由法院按照诉讼的规定协助办理。具体而言,包括:④

1. 仲裁员的指定

虽然仲裁员由当事人指定,但是在当事人不能指定仲裁员时,各国一般都规定可由当事人委托法院指定。例如,1999 年《瑞典仲裁法》第 14 条规定,一方当事人未在规定期限内指定仲裁员的,经另一方当事人请求,由地方法院指定仲裁员。不过,我国在此方面却有所不同,我国基本上采取法院不干预主义,将仲裁员的指定授予仲裁委员会主任。⑤

2. 仲裁财产保全和仲裁证据保全

根据《仲裁法》第 28 条、第 46 条、第 68 条及《民事诉讼法》第 272 条的规定,仲裁机构无权采取财产保全和证据保全措施,在仲裁程序中,当需要采取此种措施时,必须由当事人申请,仲裁机构应当将当事人的申请提交有管辖权的人民法院,如当事人的财产保全和证据保全申请符合条件的,由人民法院裁定采取财产保全和证据保全措施。

3. 仲裁裁决的承认与执行

根据《仲裁法》第 62 条的规定,具有给付内容的仲裁裁决生效之后,在仲裁义务人拒不履行义务时,仲裁权利人可以向有关法院申请执行仲裁裁决。

(三) 司法对仲裁的监督

所谓仲裁监督,是指相关监督主体对仲裁组织及其实施的仲裁活动以及仲裁的结果进行的监督。综观世界各国的仲裁立法,对仲裁的监督机制主要包括三种形式:仲裁内部监督、仲裁行业监督和仲裁司法监督。其中,仲裁司法监督处于最核心和最关键的地位。⑥ 从仲裁的性质、仲裁的价值目标、法院的角度和历史的客观选择方面来看,司法对仲裁的监督有其必然性。⑦ 在我国,仲裁监督也包括上述三种形式,仲裁司法监督同样处于核心和关键的地位。具体来说,司法对仲裁的监督主要表现在以下方面:⑧

1. 审查仲裁协议的效力

我国《仲裁法》第 20 条赋予了人民法院审查仲裁协议效力的职权,而且当双方当事人分别向仲裁委员会和人民法院提出请求时,人民法院具有最终裁定权。不过,根据 2005

---

① 见《民事诉讼法》第 81 条、第 101 条、第 237 条、第 271 条—第 275 条、第 280 条、第 283 条等。
② 见《仲裁法》第 63 条、第 15 条第 3 款、第 73 条、第 75 条等。
③ 参见张斌生主编:《仲裁法新论》,厦门大学出版社 2010 年版,第 41 页。
④ 参见张斌生主编:《仲裁法新论》,厦门大学出版社 2010 年版,第 43 页。
⑤ 见《仲裁法》第 32 条。
⑥ 参见谭兵主编:《中国仲裁制度的改革与完善》,人民出版社 2005 年版,第 380 - 382 页。
⑦ 参见赵健著:《国际商事仲裁的司法监督》,法律出版社 2000 年版,第 2 - 9 页。
⑧ 关于本部分的详尽内容见本书第四章、第六章和第七章的相关部分。

年 12 月 26 日由最高人民法院审判委员会第 1375 次会议通过,并于 2006 年 8 月 23 日公布,且自 2006 年 9 月 8 日起施行的《最高人民法院关于适用〈中华人民共和国仲裁法〉若干问题的解释》(以下简称《仲裁法解释》)第 13 条的规定,如果当事人在仲裁庭首次开庭前没有对仲裁协议的效力提出异议,而后向人民法院申请确认仲裁协议无效的,人民法院不予受理;仲裁机构对仲裁协议的效力作出决定后,当事人向人民法院申请确认仲裁协议效力的,人民法院也不予受理。

2. 撤销仲裁裁决

撤销仲裁裁决包括撤销国内仲裁裁决和撤销涉外仲裁裁决两个方面。其中,前者是当事人认为仲裁裁决具有可撤销情形的,可以向人民法院申请撤销,对此,《仲裁法》第 58 条作了规定;后者是当事人提出证据证明涉外仲裁裁决有《民事诉讼法》第 274 条第 1 款规定的情形之一的,经人民法院组成合议庭审查核实,裁定撤销,对此,《仲裁法》第 70 条作了规定。

3. 不予执行仲裁裁决

不予执行仲裁裁决包括不予执行国内仲裁裁决和不予执行涉外仲裁裁决两个方面。其中,前者是人民法院在仲裁裁决具有不应当执行的情形下,裁定不予执行,对此,《仲裁法》第 63 条和《民事诉讼法》第 237 条作了规定;后者是被申请人提出证据证明涉外仲裁裁决有《民事诉讼法》第 274 条第 1 款规定的情形之一的,经人民法院组成合议庭审查核实,裁定不予执行,对此,《仲裁法》第 71 条作了规定。

第五节　仲裁的历史沿革

一、国外仲裁的起源和发展

仲裁作为解决民商事争议的方式之一可谓历史悠久,源远流长。早在人类社会的原始阶段,氏族或村庄中出现争议时通常请其年长者加以裁断,这就是仲裁的雏形和萌芽。[①] 但一般认为,法律意义上的仲裁则起源于奴隶制社会的古希腊和古罗马时代,著名的古罗马《十二铜表法》中就有多处关于仲裁的记载,如第七表规定:"土地疆界发生争执时,由长官委任仲裁员三人解决之。"[②]再如,罗马法《民法大全》"论告示"第二编中,有古罗马五大法学家之一保罗的论述:"为解决争议,正如可以进行诉讼一样,也可以进行仲裁。"[③]

1347 年英国一部年鉴中就有关于仲裁的记载。14 世纪中叶瑞典的某些地方法典中已有关于仲裁的规定。16 世纪、17 世纪英国东印度公司的章程中出现了仲裁条款。1697

---

① 黄进等著:《仲裁法学》,中国政法大学出版社 2008 年版,第 13 页。
② 宋连斌著:《国际商事仲裁管辖权研究》,法律出版社 2000 年版,第 1 页。
③ 参见全国人大常委会法制工作委员会民法室、中国经济贸易仲裁委员会秘书局编著:《中华人民共和国仲裁法全书》,法律出版社 1995 年版,第 5 页。

年英国议会正式承认仲裁,制定了第一个仲裁法案,并于1889年制定了《仲裁法》。瑞典于1887年制定了第一个仲裁法令。法国在大革命期间国民议会在1790年视仲裁为解决国民之间争议的最合理方法,其后在法国的1800年《法院组织法》第3条中规定:"公民有权选择将其争议交由仲裁员裁判,对此项权利不得加以限制。除另有明示规定外,仲裁员所作的决定不受任何审查。"再后来,法国在其1809年的《民事诉讼法典》中对仲裁作了专编规定。1879年的德国《民事诉讼法典》对仲裁制度的具体内容作了较为全面的规定。阿根廷于1887年颁布了诉讼法典,其中有对仲裁的详细规定。日本在1890年的《民事诉讼法典》中对仲裁以专章的形式加以规定。因而,我们可以看到,从14世纪开始,世界各国逐渐开始对仲裁进行立法,赋予仲裁以一种法律制度的性质。亦是从这时起,仲裁作为一种社会的调整工具在其发展的历程中,进入了一个全新的阶段,即现代仲裁制度时期。[①]

现代仲裁制度进入19世纪末20世纪初之后,仲裁制度本身又发生了新的飞跃性发展和创新,即现代仲裁的成熟和完善阶段。从这时起,各国逐渐开始修改和制定仲裁立法,专门规定国际商事仲裁中的有关问题,设立常设性仲裁机构。[②] 例如,瑞典于1919年对其原仲裁法令进行了重要的修改,1929年除了在1919年修改后的1887年法令的基础上通过了《瑞典仲裁法》以外,还同时通过了《瑞典关于外国仲裁协议和仲裁裁决的条例》,专门就国际商事仲裁中的有关问题作了规定。并且,为了适应国际商事仲裁实践的需要,缓和各国仲裁立法的冲突,国际社会开始了统一各国仲裁立法的国际仲裁立法工作。例如,1889年南美的一些国家在乌拉圭首都蒙得维的亚签订了《蒙得维的亚国际民事诉讼程序公约》,开创了国际商事仲裁国际立法之先河,该公约规定了承认与执行外国仲裁裁决的条件和程序问题。1928年《布斯塔曼特法典》也具有类似的规定。此后,对国际商事仲裁进行国际立法的国际条约逐渐增多,比较重要的有:1923年《关于仲裁条款的日内瓦议定书》、1927年《关于执行外国仲裁裁决的日内瓦公约》、1958年《承认与执行外国仲裁裁决公约》(简称《纽约公约》)、1961年《关于国际商事仲裁的欧洲公约》、1965年《华盛顿公约》和1975年《美洲国家间关于国际商事仲裁的公约》等。此外,一些重要国际组织的示范法在统一和协调各国国际商事仲裁立法方面也起到了关键的作用,其中最为著名的是1985年联合国国际贸易法委员会在维也纳召开的第18次会议主持制定的《国际商事仲裁示范法》(以下简称《示范法》)。[③] 该《示范法》于2006年修订,它已经成为各国制定或修改本国仲裁法的范本。

二、我国仲裁的起源和发展

我国仲裁制度正式建立始于20世纪初。国民政府建立后,1912年颁布了《商事公断处章程》,1913年颁布了《商事公断处办事细则》。该章程和细则规定,商事公断处在商会

---

① 石育斌著:《国际商事仲裁研究》(总论篇),华东理工出版社2004年版,第9-10页。
② 例如,英国于1892年成立了伦敦仲裁会(伦敦国际仲裁院的前身)、瑞典于1917年成立了斯德哥尔摩商会仲裁院、美国于1922年成立了美国仲裁协会、1922年在法国成立了国际商会仲裁院等。参见黄进等著:《仲裁法学》,中国政法大学出版社2008年版,第14-15页。
③ 石育斌著:《国际商事仲裁研究》(总论篇),华东理工出版社2004年版,第12-14页。

内设立,"对于商人间商事之争议,立于仲裁地位,以息讼和解纷为主旨"。1921 年又颁布了《民事公断暂行条例》,并规定设立公断处。1927 年,国民党政府暂准援用北洋政府颁布的 1912 年《商事公断处章程》和 1913 年《商事公断处办事细则》,商事公断处虽然按照规定附设于其所在地的各商会,但是实际上只相当于一种调解机构。[①] 1933 年《中华苏维埃共和国劳动法》中也有关于仲裁的规定。1943 年,晋察冀边区颁布的《晋察冀边区租佃债息条例》及其实施条例以及晋察冀边区行政委员会颁布的《关于仲裁委员会工作指示》中,规定了仲裁委员会的性质、任务和权限及其与政府、专署等方面的关系。1949 年天津市政府公布的《天津市调解委员会暂行组织条例》、1949 年上海军管会颁布的《关于私营企业劳资争议调处暂行办法》中都有关于仲裁的规定。[②]

新中国成立以后,我国分别建立了国内仲裁制度和涉外仲裁制度。其中,涉外仲裁制度是在中国国际贸易促进委员会(即中国国际商会)的推动下逐渐建立和完善起来的,该会分别于 1956 年和 1959 年设立了中国国际经济贸易仲裁委员会(其前身为对外贸易仲裁委员会)和中国海事仲裁委员会。这两个涉外仲裁机构基本上是按照国际惯例设立和运行的。[③]

相比之下,我国国内仲裁制度经历了一个较为曲折的发展过程。具体而言,大体经历了如下四个阶段:[④]

1. 只裁不审阶段

此阶段为新中国成立后到十一届三中全会的召开。具体情形是:社会组织之间发生经济纠纷后,只能报有关主管机关裁决,而不得向法院起诉。当事人不服仲裁裁决的,可以向上一级行政机构申请再仲裁。故这一阶段又称为"两裁终局"制。

2. 先裁后审阶段

此阶段为十一届三中全会后到 1981 年《中华人民共和国经济合同法》(以下简称《经济合同法》)的颁布。具体情形是:经济合同纠纷发生后,当事人只能先提交仲裁,对仲裁机关的裁决不服的,才可向法院起诉。可见,仲裁是诉讼的前置程序。例如,1979 年 9 月 8 日,国家经委、工商行政管理总局、中国人民银行发布的《关于管理经济合同若干问题的联合通知》规定,一切经济争议都必须首先通过仲裁解决。仲裁当事人不服仲裁裁决的,可在规定期限内申请上一级合同管理机关复议,对复议仍不服时,才能向人民法院起诉。1980 年 5 月工商行政管理总局发布了《关于工商行政管理部门合同仲裁程序的试行办法》,它明确规定工商行政部门对经济合同实行二级仲裁制。加之我国法院实行两审终审制,故这一阶段实际上是"两裁两审"制。

3. 可裁可审阶段

此阶段为《经济合同法》颁布后到 1991 年《民事诉讼法》颁布前。具体情形是:《经济合同法》废止了对经济合同纠纷实行仲裁前置的做法,规定经济合同纠纷发生后,任何一

[①] 胡康生主编:《中华人民共和国仲裁法全书》,法律出版社 1995 年版,第 7-8 页。

[②] 参见河山、肖水著:《仲裁法概要》,中国法制出版社 1995 年版,第 6-11 页。

[③] 关于涉外仲裁制度的具体内容见本书第八章。

[④] 参见张斌生主编:《仲裁法新论》,厦门大学出版社 2010 年版,第 36-37 页;赵生祥主编:《海峡两岸商务仲裁制度比较研究》,法律出版社 2010 年版,第 277-279 页。

方当事人既可向法律规定的经济合同仲裁委员会申请仲裁,也可向法院起诉。但该法同时又规定,当事人一方或双方对仲裁裁决不服的,可在收到裁决书之日起 15 天内,向法院起诉。1983 年,国务院发布了《经济合同仲裁条例》。该条例规定经济合同仲裁机关是国家和地方各级工商行政管理局设立的经济合同仲裁委员会,对经济合同实行一次裁决,从而建立了"裁审自择,一裁两审"的制度。故这一阶段实际上是"裁审自择"或"一裁两审"制。这种制度的建立,虽然废止了仲裁是诉讼的前置程序的做法,但是却使仲裁和诉讼实行了不合理的"接轨",当事人不服仲裁裁决仍然可以向法院起诉,从而使仲裁依附于诉讼,仲裁无法做到真正的独立。不过,值得指出的是,1987 年至 1991 年期间《中华人民共和国技术合同法》、《中华人民共和国著作权法》和《中华人民共和国铁路法》先后对技术合同纠纷、著作权合同纠纷和铁路运输合同纠纷实行了"或裁或审",即对此三类合同纠纷,当事人可以根据合同中的仲裁条款或者事后达成的仲裁协议申请仲裁,没有仲裁条款或仲裁协议的,才能向法院起诉;仲裁机关作出裁决后,当事人即使不服,也不能再提起诉讼;一方不履行裁决时,另一方可申请法院予以强制执行。

4. 或裁或审和一裁终局阶段

此阶段为 1991 年《民事诉讼法》颁布到《仲裁法》的颁布施行。具体情形是:1991 年《民事诉讼法》的实施,结束了经济合同纠纷"先裁后审"的格局,从而进入了"或裁或审"和"一裁终局"的新阶段。《仲裁法》则进一步明确了除劳动争议和农村集体经济组织内部的农业承包合同纠纷的仲裁外,仲裁一律实行或裁或审和一裁终局。从而进一步巩固和强化了仲裁或裁或审和一裁终局的新格局。这集中体现在《仲裁法》第 5 条和第 9 条第 1 款的规定中。《仲裁法》第 5 条规定:"当事人达成仲裁协议,一方向人民法院起诉的,人民法院不予受理,但仲裁协议无效的除外。"该法第 9 条第 1 款规定:"仲裁实行一裁终局的制度。裁决作出后,当事人就同一纠纷再申请仲裁或者向人民法院起诉的,仲裁委员会或者人民法院不予受理。"其中,在或裁或审制度下,当事人如果选择仲裁解决纠纷,就必须在合同中订入仲裁条款或者在纠纷发生后订立仲裁协议,将纠纷提交仲裁,仲裁机构根据仲裁协议受理案件。法院只受理当事人之间没有仲裁协议的案件。在一裁终局制度下,仲裁机关作出的裁决,对双方当事人均有拘束力,双方当事人必须自动履行,而不得要求该仲裁机构或其他仲裁机构再次仲裁裁决或向法院起诉。这一阶段中的或裁或审和一裁终局制度是国际上普遍实行的仲裁制度。直到 1991 年《民事诉讼法》和《仲裁法》的颁布施行,我国的仲裁制度才真正和国际接轨。

【司法考试真题链接】

1. 下列有关仲裁与民事诉讼两者的关系的表述中哪些是正确的?(2002 年司法考试真题)

A. 各类民事纠纷既可以用仲裁的方式解决,也可以用诉讼的方式解决

B. 请求仲裁机构解决纠纷,应当以双方当事人之间有仲裁协议为条件,而进行民事诉讼则不一定要求双方当事人之间有进行民事诉讼的协议

  C. 仲裁案件,通常情况下不公开审理,而法院审理民事案件通常情况下应公开审理

  D. 审理案件的仲裁员可以由双方当事人选定或仲裁委员会主任指定,审理案件的法院审判员则原则上不可以由当事人选定,除非经人民法院院长同意

2. 法院对仲裁活动支持表现在下列哪些方面?(2002 年司法考试真题)

  A. 当事人在仲裁中申请财产保全且符合条件的,由人民法院裁定采取财产保全措施

  B. 在仲裁过程中,出现妨害仲裁秩序的情形,仲裁委员会可以向法院请求排除妨碍

  C. 具有给付内容的仲裁裁决生效后,在义务人拒不履行义务时,权利人可以向有关法院申请执行仲裁裁决

  D. 法院可以以适当的方式对仲裁委员会的仲裁业务进行业务指导

3. 海云公司与金辰公司签订了一份装饰工程合同。合同约定:金辰公司包工包料,负责完成海云公司办公大楼的装饰工程。事后双方另行达成了补充协议,约定因该合同的履行发生纠纷,由某仲裁委员会裁决。在装饰工程竣工后,质检单位鉴定复合地板及磁砖系不合格产品。海云公司要求金辰公司返工并赔偿损失,金辰公司不同意,引发纠纷。假设某法院受理了海云公司的起诉,金辰公司应诉答辩,海云公司在首次开庭时,向法院提交了仲裁协议,对此,该法院应如何处理?(2005 年司法考试真题)

  A. 裁定驳回海云公司的起诉

  B. 裁定不予受理,告知当事人通过仲裁方式解决

  C. 裁定将案件移送仲裁机构处理

  D. 继续审理本案

4. 海云公司与金辰公司签订了一份装饰工程合同。合同约定:金辰公司包工包料,负责完成海云公司办公大楼的装饰工程。事后双方另行达成了补充协议,约定因该合同的履行发生纠纷,由某仲裁委员会裁决。在装饰工程竣工后,质检单位鉴定复合地板及磁砖系不合格产品。海云公司要求金辰公司返工并赔偿损失,金辰公司不同意,引发纠纷。假设某法院受理本案后,金辰公司在答辩中提出双方有仲裁协议,法院应如何处理?(2005 年司法考试真题)

  A. 裁定驳回起诉

  B. 裁定不予受理

  C. 审查仲裁协议,作出是否受理本案的决定书

  D. 不审查仲裁协议,视为人民法院有管辖权

5. 下列关于民事诉讼和仲裁异同的哪一表述是正确的?(2006 年司法考试真题)

  A. 法院调解达成协议一般不能制作判决书,而仲裁机构调解达成协议可以制作裁决书

  B. 从理论上说,诉讼当事人无权确定法院审理和判决的范围,仲裁当事人有权确定仲裁机构审理和裁决的范围

  C. 对法院判决不服的,当事人有权上诉或申请再审,对于仲裁机构裁决不服的可

以申请重新仲裁

  D. 当事人对于法院判决和仲裁裁决都有权申请法院裁定不予执行

  6. 民事诉讼与民商事仲裁都是解决民事纠纷的有效方式,但两者在制度上有所区别。下列哪些选项是正确的?(2008年司法考试真题)

  A. 民事诉讼可以解决各类民事纠纷,仲裁不适用与身份关系有关的民事纠纷

  B. 民事诉讼实行两审终审,仲裁实行一裁终局

  C. 民事诉讼判决书需要审理案件的全体审判人员签署,仲裁裁决则可由部分仲裁庭成员签署

  D. 民事诉讼中财产保全由法院负责执行,而仲裁机构则不介入任何财产保全活动

  7. 关于法院对仲裁的司法监督的说法,下列哪一选项是错误的?(2010年司法考试真题)

  A. 仲裁当事人申请财产保全,应当向仲裁机构申请,由仲裁机构将该申请移交给相关法院

  B. 仲裁当事人申请撤销仲裁裁决被法院驳回,此后以相同理由申请不予执行,法院不予支持

  C. 仲裁当事人在仲裁程序中没有提出对仲裁协议效力的异议,此后以仲裁协议无效为由申请撤销或不予执行,法院不予支持

  D. 申请撤销仲裁裁决或申请不予执行仲裁裁决程序中,法院可通知仲裁机构在一定期限内重新仲裁

  8. 关于民事仲裁与民事诉讼的区别,下列哪一选项是正确的?(2011年司法考试真题)

  A. 具有给付内容的生效判决书都具有执行力,具有给付内容的生效裁决书没有执行力

  B. 诉讼中当事人可以申请财产保全,在仲裁中不可以申请财产保全

  C. 仲裁不需对案件进行开庭审理,诉讼原则上要对案件进行开庭审理

  D. 仲裁机构是民间组织,法院是国家机关

  9. 关于法院与仲裁庭在审理案件有关权限的比较,下列哪些选项是正确的?(2012年司法考试真题)

  A. 在一定情况下,法院可以依职权收集证据,仲裁庭也可以自行收集证据

  B. 对专门性问题需要鉴定的,法院可以指定鉴定部门鉴定,仲裁庭也可以指定鉴定部门鉴定

  C. 当事人在诉讼中或仲裁中达成和解协议的,法院可以根据当事人的申请制作判决书,仲裁庭也可以根据当事人的申请制作裁决书

  D. 当事人协议不愿写明争议事实和判(裁)决理由的,法院可以在判决书中不予写明,仲裁庭也可以在裁决书中不予写明

第二章 仲裁法一般问题

作为规范仲裁的仲裁法和作为规范民事诉讼的民事诉讼法既一样又不一样：一样的是两者都属于程序法性质的范畴；不一样的是仲裁法属于非讼程序法性质的范畴，而民事诉讼法则属于诉讼程序法性质的范畴。综观各国仲裁立法，其立法体例包括一元立法体例和二元立法体例，我国仲裁法的立法体例有其特色。仲裁法的适用范围广泛，包括对人的适用范围、对事的适用范围、时间上的适用范围和空间上的适用范围。为了使案件能够公正、及时和有效地得到解决，仲裁活动既应符合仲裁法的基本原则，即当事人自愿原则、独立仲裁原则、根据事实符合法律规定的原则、公平合理原则、遵守国际条约和尊重国际惯例原则，还应遵循仲裁法的基本制度，即协议仲裁制度或裁或审制度、不公开审理制度、一裁终局制度和法院监督制度。

第一节 仲裁法的性质及立法体例

一、仲裁法的界定

仲裁法，是指调整仲裁关系的法律规范的总称。它规定仲裁的范围，仲裁机构的地位和设立，仲裁员和仲裁庭的组成，仲裁参与人，仲裁程序的进行，仲裁参与人和仲裁员在仲裁程序中的权利和义务，仲裁裁决的效力等内容。其可分为狭义的仲裁法和广义的仲裁法。

狭义的仲裁法，是指专门调整仲裁关系的单行仲裁法或仲裁法典，如我国《仲裁法》就是狭义的仲裁法。该法共8章80条，具体章节分别为：第一章总则；第二章仲裁委员会和仲裁协会；第三章仲裁协议；第四章仲裁程序（第一节申请和受理，第二节仲裁庭的组成，第三节开庭和裁决）；第五章申请撤销裁决；第六章执行；第七章涉外仲裁的特别规定；第八章附则。

广义的仲裁法，是指有关仲裁的法律、法规的总称。它除了包括狭义的仲裁法之外，还包括所有涉及仲裁制度的法律规范，具体包括：

1. 《民事诉讼法》中有关仲裁的规范

《民事诉讼法》第6章证据、第9章保全和先予执行、第12章第一审普通程序、第20章执行的申请和移送、第26章仲裁和第27章司法协助的有关条文规定了仲裁规范。例如，《民事诉讼法》第81条第2款规定："因情况紧急，在证据可能灭失或者以后难以取得的情况下，利害关系人可以在提起诉讼或者申请仲裁前向证据所在地、被申请人住所地或者对案件有管辖权的人民法院申请保全证据。"第101条规定："利害关系人因情况紧急，不立即申请保全将会使其合法权益受到难以弥补的损害的，可以在提起诉讼或者申请仲裁前向被保全财产所在地、被申请人住所地或者对案件有管辖权的人民法院申请采取保全措施。申请人应当提供担保,不提供担保的,裁定驳回申请。人民法院接受申请后,必须在四十八小时内作出裁定;裁定采取保全措施的,应当立即开始执行。申请人在人民法院采取保全措施后三十日内不依法提起诉讼或者申请仲裁的,人民法院应当解除保全。"第 124 条第 2 项规定:"依照法律规定,双方当事人达成书面仲裁协议申请仲裁不得向人民法院起诉的,告知原告仲裁机构申请仲裁。"第 237 条第 1 款规定:"对依法设立的仲裁机构的裁决,一方当事人不履行的,对方当事人可以向有管辖权的人民法院申请执行。受申请的人民法院应当执行。"第 272 条规定:"当事人申请财产保全的,中华人民共和国的涉外仲裁机构应当将当事人的申请,提交被申请人住所地或者财产所在地的中级人民法院裁定。"第 283 条规定:"国外仲裁机构的裁决,需要中华人民共和国人民法院承认和执行的,应当由当事人直接向被执行人住所地或者其财产所在地的中级人民法院申请,人民法院应当依照中华人民共和国缔结或者参加的国际条约,或者按照互惠原则办理。"

2.《中华人民共和国合同法》等民商事实体法中有关仲裁的规范

由中华人民共和国第九届全国人民代表大会第二次会议于 1999 年 3 月 15 日通过并公布,且自 1999 年 10 月 1 日起施行的《中华人民共和国合同法》(以下简称《合同法》)以及 1990 年 9 月 7 日第七届全国人民代表大会常务委员会第十五次会议通过,并根据 2001 年 10 月 27 日第九届全国人民代表大会常务委员会第二十四次会议《关于修改〈中华人民共和国著作权法〉的决定》第一次修正,且根据 2010 年 2 月 26 日第十一届全国人民代表大会常务委员会第十三次会议《关于修改〈中华人民共和国著作权法〉的决定》第二次修正的《中华人民共和国著作权法》(以下简称《著作权法》)等民商事实体法中也有关于仲裁的规范。例如,《合同法》第 57 条规定:"合同无效、被撤销或者终止的,不影响合同中独立存在的有关解决争议方法的条款的效力。"第 128 条规定:"当事人可以通过和解或者调解解决合同争议。当事人不愿和解、调解或者和解、调解不成的,可以根据仲裁协议向仲裁机构申请仲裁。涉外合同的当事人可以根据仲裁协议向中国仲裁机构或者其他仲裁机构申请仲裁。当事人没有订立仲裁协议或者仲裁协议无效的,可以向人民法院起诉。当事人应当履行发生法律效力的判决、仲裁裁决、调解书;拒不履行的,对方可以请求人民法院执行。"《著作权法》第 55 条规定:"著作权纠纷可以调解,也可以根据当事人达成的书面仲裁协议或者著作权合同中的仲裁条款,向仲裁机构申请仲裁。当事人没有书面仲裁协议,也没有在著作权合同中订立仲裁条款的,可以直接向人民法院起诉。"此外,1979 年《中华人民共和国中外合资经营企业法》(2001 年修订)第 15 条、1988 年《中华人民共和国中外合作经营企业法》(2000 年修订)第 25 条、1988 年国务院《关于鼓励台湾同胞投资的规定》第 20 条等也规定有关合营纠纷、合作纠纷和涉台地区的经济贸易纠纷可采用仲裁方式解决。

3. 我国缔结或加入的国际条约中有关仲裁的规范

我国与其他国家缔结了许多双边贸易协定、双边投资协定和双边民商事司法协助协定,这些双边国际条约大多规定了通过仲裁解决争议及相互承认与执行仲裁裁决的内容。同时,我国还加入了有关仲裁的国际公约,主要是 1958 年《纽约公约》和 1965 年《华盛顿公约》。其中,《纽约公约》是我国于 1986 年 12 月 2 日加入的,《华盛顿公约》是我国于

1992年7月11日加入的。我国缔结或加入的国际条约中有关仲裁的规范均属于广义仲裁法的范畴。

在我国，广义的仲裁法除了包括上述仲裁规范外，还包括最高人民法院关于仲裁的司法解释中的仲裁规范，它们主要是1987年《关于执行我国加入的〈承认及执行外国仲裁裁决公约〉的通知》（以下简称《执行通知》）、2014年12月18日由最高人民法院审判委员会第1636次会议通过，并于2015年1月30日公布，且自2015年2月4日起施行的《最高人民法院关于适用〈中华人民共和国民事诉讼法〉的解释》（以下简称《民事诉讼法解释》）和2005年《仲裁法解释》等司法解释中的仲裁规范。

二、仲裁法的性质

（一）属法律性质

《仲裁法》于1994年8月31日由第八届全国人民代表大会常务委员会第九次会议通过。而1982年12月4日第五届全国人民代表大会第五次会议通过，1982年12月4日全国人民代表大会公告公布施行，且根据1988年4月12日第七届全国人民代表大会第一次会议通过的《中华人民共和国宪法修正案》、1993年3月29日第八届全国人民代表大会第一次会议通过的《中华人民共和国宪法修正案》、1999年3月15日第九届全国人民代表大会第二次会议通过的《中华人民共和国宪法修正案》和2004年3月14日第十届全国人民代表大会第二次会议通过的《中华人民共和国宪法修正案》修正的《中华人民共和国宪法》（以下简称《宪法》）第67条第2项规定："全国人民代表大会常务委员会行使下列职权：（二）制定和修改除应当由全国人民代表大会制定的法律以外的其他法律。"同时，2000年3月15日第九届全国人民代表大会第三次会议通过并公布，且根据2015年3月15日第十二届全国人民代表大会第三次会议《全国人民代表大会关于修改〈中华人民共和国立法法〉的决定》修正的《中华人民共和国立法法》（以下简称《立法法》）第8条第10项规定："下列事项只能制定法律：（十）诉讼和仲裁制度。"所以，毫无疑问，《仲裁法》当属法律性质，而且处于我国法律渊源的第二层次，即其效力低于宪法，但高于行政法规、地方性法规等。

（二）属程序法性质

以法律所规定的内容不同为标准，法律可分为实体法和程序法。其中，实体法是指规定法律关系主体的实体权利和义务或职权和职责为主的法律；程序法是指以保证实体权利和义务得以实施或职权和职责得以履行的方式和手续为主要内容的法律。而仲裁法就是保证当事人的民事实体权利和义务得以实施的法律，且包括我国在内的许多国家在民事诉讼法中规定仲裁问题，而民事诉讼法属典型的程序法范畴，因此仲裁法当属程序法性质，并且当属民事程序法性质。

（三）属非讼程序法性质

前已述及，民商事争议的解决方式主要有协商、调解、仲裁和诉讼等，由此作为解决平等主体之间的民商事争议的程序、规则和方法的民事程序其体系一般由公证、民间调解、仲裁和民事诉讼等程序组成，这是由民商事纠纷的多元化解决和预防所决定的。在此基础上，遂形成了包含公证法、人民调解法、仲裁法和民事诉讼法等在内的民事程序法体系，其中民事诉讼法和刑事诉讼法、行政诉讼法一样,由于其调整诉讼关系故属诉讼程序法的范畴,而公证法、人民调解法、仲裁法等却与民事诉讼法不一样,并非调整诉讼关系而是调整非讼关系,故皆不属于诉讼程序法而属于非讼程序法的范畴。可见,仲裁法属非讼程序法性质。

(四) 属非讼程序部门法性质

部门法,即法律部门,是根据一定的标准和原则划分的同类法律规范的总和。我国法学界一般认为,法律部门划分的标准有两个,即法律规范的调整对象和调整方法,且以法律规范的调整对象为主要的划分标准。那么,按照法律规范的调整对象这一划分标准,仲裁法具有独特的调整对象即仲裁关系,因此仲裁法属独立的法律部门。又由于仲裁法的调整对象——仲裁关系是仲裁当事人在仲裁程序中形成的,仲裁当事人在其间享有仲裁程序性权利和承担仲裁程序性义务,所以仲裁法当属程序部门法。而程序部门法因其调整的关系是诉讼关系还是非讼关系分为诉讼程序部门法和非讼程序部门法,显然仲裁关系不是诉讼关系而是非讼关系,故仲裁法当属非讼程序部门法性质。

三、仲裁法的立法体例

(一) 一元立法体例

仲裁法的一元立法体例,是指不分国内仲裁和涉外仲裁而由一套仲裁法律制度来规范的仲裁法立法体例。这种立法体例的特点是:在这类国家中,只有一套仲裁法律制度,它既适用于国内仲裁又适用于涉外仲裁,而且这套仲裁法律制度比较宽松。可见,仲裁法一元立法体例的优点在于同样的法律可以很好地服务于国内仲裁和涉外仲裁,可以解决一个合同因其国内或涉外性质而适用不同的仲裁法律规则所带来的弊端。这种立法体例适用于经济发展水平较高和仲裁发展较快的国家。

仲裁法的一元立法体例因其仲裁法律制度是规定在民事诉讼法典还是仲裁法典中,又有规定在民事诉讼法典中的一元立法体例和规定在仲裁法典中的一元立法体例之分。其中,前者为具有成文法传统且现代仲裁发展较早的欧洲大陆法系的国家所采用,例如1983年《奥地利民事诉讼法》、1986年《荷兰民事诉讼法》、1998年《德国民事诉讼法》等设专编规定了仲裁制度。由于这种立法体例并非以单独的仲裁法来表现,而是使仲裁制度依附于民事诉讼法,因而又可称之为依附性仲裁法立法体例,采用这种立法体例的国家如奥地利、荷兰、德国、法国、日本等国家。后者为缺乏成文法传统的普通法系国家和现代仲裁起步较晚的国家所采用,如1925年《美国联邦仲裁法》、1986年《加拿大商事仲裁法典》、1994年《匈牙利仲裁法》、1994年《埃及仲裁法》、1995年《斯里兰卡仲裁法》、1995年《危地马拉仲裁法》、1996年《英国仲裁法》、1996年《巴西仲裁法》、1997年《新西兰仲裁法》、1997年《阿曼仲裁法》、1999年《瑞典仲裁法》等专门规定了仲裁制度。由于这种立法体例以单独的仲裁法来表现,因而又可称之为单独性仲裁法立法体例,采用这种立法体例的国家如美国、英国、巴西、加拿大、瑞典、新西兰、斯里兰卡等国家。这两种立法体例各有利弊:①前者的优势在于在立法程序上简便易行,仲裁和诉讼之间的联系能较好地显现,

---

① 参见谭兵主编:《中国仲裁制度研究》,法律出版社1995年版,第75-79页。

其缺陷在于将仲裁依附于民事诉讼法中，难以突出仲裁的特点，使仲裁和诉讼相混淆；后者的优点在于易于突出仲裁的特点和独立性，其缺点是不利于仲裁和诉讼的衔接，不易形成逻辑严密的法律制度，容易造成仲裁法和民事诉讼法规定的冲突。

（二）二元立法体例

仲裁法的二元立法体例，是指对国内仲裁和涉外仲裁区别对待，国内仲裁和涉外仲裁适用不同的法律规则，对涉外仲裁适用较国内仲裁较为宽松的法律规则的一种仲裁法立法体例。这种立法体例的特点是：在这类国家中，有两套仲裁法律制度，分别适用于国内仲裁和涉外仲裁，其中涉外仲裁法律制度比国内仲裁法律制度较为宽松。可见，仲裁法二元立法体例的合理性在于国内仲裁和涉外仲裁存在差异即涉外仲裁比国内仲裁更具灵活性和意思自治就需要有与之相匹配的两套不同的仲裁法律制度，可以解决不同的国内仲裁和涉外仲裁而适用相同的仲裁法律规则所带来的弊端。这种立法体例适用于经济发展水平不高和仲裁发展较慢的国家。

采用仲裁法二元立法体例的国家其情形有所不同：有的国家在民事诉讼法中对仲裁作单编规定，在仲裁编中对涉外仲裁作单章规定，如法国、意大利等国家；有的国家制定单独的仲裁法，在仲裁法中对涉外仲裁作单编规定，如尼日利亚、秘鲁、突尼斯、印度、马耳他等国家；有的国家制定单独的涉外仲裁法，如保加利亚、澳大利亚、俄罗斯、新加坡、伊朗、爱尔兰等国家；有的国家在国际私法法典中对涉外仲裁作出规定，如瑞士等国家。[①]

我国仲裁法的立法体例有其特色。从我国制定了单行的《仲裁法》的角度来看，我国采取的是单独性仲裁法立法体例，不过，同时又在《民事诉讼法》、《合同法》、《著作权法》等法律中规定了有关仲裁制度；而从我国《仲裁法》针对国内仲裁和涉外仲裁适用不同的仲裁制度的角度来讲，我国采取的又是仲裁法二元立法体例。

第二节　仲裁法的适用范围

仲裁法的适用范围，又称仲裁法的效力，是指仲裁法对哪些人、哪些事、在什么时间和空间范围内发生效力。可见，仲裁法的适用范围包括对人的适用范围、对事的适用范围、时间上的适用范围和空间上的适用范围。

一、对人的适用范围

所谓仲裁法对人的适用范围，是指仲裁法对哪些人可以适用，即哪些人要受仲裁法的约束。在此方面，主要应根据属人原则和属地原则加以确定。依照属人原则，仲裁法对本国人可以适用；依照属地原则，仲裁法对本国人和外国人都可以适用。凡是在中华人民共和国领域内的仲裁机构进行仲裁活动的当事人，不管是中国人还是外国人，都必须遵守我国的《仲裁法》，而根据我国《仲裁法》第 2 条的规定，无论是中国人还是外国人均取其广

---

① 参见于喜富著：《国际商事仲裁的司法监督与协助——兼论中国的立法与司法实践》，知识产权出版社 2006年版，第 28－31 页。

义,既包括公民又包括法人和其他组织。因此,我国《仲裁法》对人的适用范围非常广泛,不仅适用于中国公民、法人和其他组织,而且也适用于外国人、无国籍人、外国企业和其他组织。

二、对事的适用范围

所谓仲裁法对事的适用范围,是指仲裁法对何种事可以适用,即仲裁机构可以受理的提交仲裁解决的争议事项的范围。在此方面,各国或地区仲裁法的立法体例主要有三种:①

1. 概括式

仲裁法的概括式立法体例,是立法上并不具体列举可仲裁或不可仲裁的争议事项,只是对仲裁事项作概括性的规定。它可分为肯定性概括式和否定性概括式两种,其中前者规定的仲裁范围比后者宽泛。瑞士、韩国、泰国、比利时等国采肯定性概括式立法体例,如1987年《瑞士联邦国际私法法规》第177条第2款规定:"一切具有财产性质的争议均可提交仲裁。"《韩国仲裁法》第1条、第2条规定:"私法中的争议可提交仲裁。"《泰国仲裁法》第5条规定:"已发生或将要发生的民事纠纷可提交仲裁。"《比利时司法法典》第1676条第1款规定:"允许和解的有关特定法律关系的任何争议可成为仲裁协议的标的。"阿根廷、埃及等国则采否定性概括式立法体例,如阿根廷《国家民商事诉讼法典》第737条规定:"法律不准许和解与调解解决的争端,不能提交仲裁,否则仲裁无效。"《埃及国际商事仲裁法案》第9条规定:"不能和解的争议不允许仲裁。"

2. 列举式

仲裁法的列举式立法体例,是立法上具体列举可仲裁或不可仲裁的争议事项。它也可分为肯定性列举式和否定性列举式两种。其中,前者以加拿大不列颠哥伦比亚省1986年《国际商事仲裁法案》为典型代表,如该法案第1条第6款列举了16种可仲裁的商事争议。后者并不多见,例如1984年《秘鲁民法》第1913条将涉及个人法律能力和地位的争端、国家及其财产的某些争端、道德情感和可接受的标准的争端排除在仲裁范围之外。《意大利民事诉讼法》第806条规定:"当事人可以将他们之间产生的法律争议提交仲裁解决,但与个人身份和分居有关的争议及不能成为调解对象的争议除外。"相比概括式,列举式较为明确具体,有利于判断一个争议有无可仲裁性,但其范围较窄,其中肯定性列举式尤其如此。这种立法体例多为仲裁业不太发达的国家或地区采用。

3. 结合式

仲裁法的结合式立法体例,是立法上兼采概括式和列举式来界定可仲裁或不可仲裁的争议事项。这种立法体例通常以肯定性概括式为主,否定性列举式为辅,瑞典、葡萄牙、希腊等国家的立法即是如此。亦有既作肯定性概括和否定性概括,又作肯定性列举的立法,如《荷兰民事诉讼法典》第1020条规定:"当事人可将契约性和非契约性争议提交仲裁;仲裁协议不应用于确定当事人不能自由处分的法律后果;当事人可协议将仅确定货物的品质或状况、仅确定损害的数量或金钱债务等争议交付仲裁。"当然,还有既作否定性概

---

① 参见宋连斌著:《国际商事仲裁管辖权研究》,法律出版社2000年版,第119-121页。

括，又作否定性列举的立法，如《澳门内部仲裁法》第2条规定："不涉及不可处分权利之任何争议均可成为仲裁标的；已经裁判或解决的争议，引致检察院参与诉讼之争议尤其不得为仲裁标的。"相比概括式和列举式，结合式既反映了逐渐拓宽仲裁范围的态势，又避免了概括式的模糊，是立法技术上的进步。

对此，我国《仲裁法》采用以肯定性概括式为主，否定性列举式为辅的立法体例，它集中体现在《仲裁法》第2条和第3条的规定中。其中，《仲裁法》第2条属肯定性概括式规定，即"平等主体的公民、法人和其他组织之间发生的合同纠纷和其他财产权益纠纷，可以仲裁"。《仲裁法》第3条属否定性列举式规定，即"下列纠纷不能仲裁：(1)婚姻、收养、监护、抚养、继承纠纷；(2)依法应当由行政机关处理的行政争议"。根据《仲裁法》第2条的规定，在我国下述争议可以仲裁：[1](1)合同纠纷。具体包括：① 买卖合同、建设工程合同、承揽合同等合同纠纷；② 技术合同纠纷；③ 著作权合同纠纷；④ 商标合同使用纠纷；⑤ 房地产合同纠纷；⑥ 涉外经济贸易合同纠纷；⑦ 海事、海商合同纠纷。(2)其他财产权益纠纷。主要指侵权纠纷，包括：① 海事侵权纠纷；② 房地产侵权纠纷；③ 因产品质量引发的侵权纠纷；④ 涉及工业产权的专利、商标侵权纠纷；⑤ 涉及著作权的侵权纠纷。这些纠纷之所以属可仲裁解决的争议事项，是因为争议双方当事人的地位平等以及争议内容具有财产性；《仲裁法》第3条中的"婚姻、收养、监护、抚养、继承纠纷"之所以不能以仲裁方式解决，是因为这些纠纷属身份关系方面的纠纷，当事人不能自由处分；《仲裁法》第3条中的"依法应当由行政机关处理的行政争议"之所以不能以仲裁方式解决，是因为此类争议主体之间的地位不平等。可见，我国《仲裁法》确定对事的适用范围的标准为：[2](1)仲裁主体的平等性，即当事人的地位应当平等，亦即非平等主体之间的纠纷如行政争议排除在仲裁范围之外，只有平等主体之间的民商事纠纷才能仲裁；(2)仲裁事项的可处分性，即仲裁事项必须是当事人有权处分的民事实体权利，亦即双方当事人在法律规定的范围内，可以随意行使、主张、变更或者放弃自己的民事实体权利，因此，凡当事人无权自由处分的事项如《仲裁法》第3条第1款列举的婚姻、收养、监护、抚养、继承纠纷因涉及不能由当事人自由处分的身份关系而不能以仲裁的方式解决；(3)争议内容的财产性，即可以提交仲裁的纠纷须为民事经济纠纷，主要是合同纠纷，也包括一些非合同财产权益纠纷，因此，凡不具备财产性的身份权纠纷或虽涉及当事人的财产权益但建立在身份关系基础上的民事纠纷不能以仲裁的方式解决。例如，某市刘老汉早年丧妻，有四个子女。2010年8月15日，刘老汉因病去世。他的四个子女因分割遗产发生争议。因为争执较大无法协商解决，于是他们想通过诉讼解决，但是又转念一想，诉讼以公开审理为原则，他们又不想将自己的家务事公之于众，所以就想到了仲裁的方式，因为仲裁以不公开审理为原则，具有为当事人保密的特点，他们遂签订了仲裁协议，准备将他们遗产分割争议交付仲裁。2010年11月20日他们向本市的仲裁委员会申请仲裁。仲裁委员会进行审查后，以该案是遗产继承案件，不属于仲裁范围为由决定不予受理。本案仲裁委员会不予受理的决定

① 参见赵健著：《国际商事仲裁的司法监督》，法律出版社2000年版，第190页。
② 黄进、马德才：《国际商事争议可仲裁范围的扩展趋势之探析——兼评我国有关规定》，载《法学评论》2007年第3期。

是正确的,因为按照《仲裁法》第 3 条的规定,遗产继承纠纷不能仲裁。[①]

三、时间上的适用范围

所谓时间上的适用范围,是指仲裁法何时生效以及有无追溯既往的效力。我国《仲裁法》于 1994 年 8 月 31 日,由第八届全国人民代表大会常务委员会第九次会议通过,并于 1994 年 8 月 31 日由中华人民共和国主席令第 31 号公布,自 1995 年 9 月 1 日起施行。可见,我国《仲裁法》生效的日期是 1995 年 9 月 1 日。那么,《仲裁法》生效前制定的一切有关仲裁的规定与《仲裁法》相抵触的,均以《仲裁法》为准。显然,《仲裁法》对 1995 年 9 月 1 日以后发生的事件和行为有效。

四、空间上的适用范围

所谓空间上的适用范围,是指仲裁法在多大的地域范围内适用。根据国家主权原则,仲裁法一般在本国的领域范围内适用,即在其领陆、领水、领空及底土适用,而在本国领域之外不予适用。可见,我国《仲裁法》应在我国领域内适用,在我国领域之外则不予适用,亦即凡在我国领域内的仲裁机构进行仲裁活动,都要适用我国的《仲裁法》。不过,我国与其他国家有所不同的是,包括《仲裁法》在内的法律并不适用于作为我国领土一部分的香港、澳门和台湾地区,即凡在香港、澳门和台湾进行仲裁活动,并不适用《仲裁法》而是适用香港、澳门和台湾当地的仲裁法,这是因为我国实行"一国两制"原则,香港、澳门高度自治,享有独立的立法权和司法终审权;由于特殊历史原因,中央政府长时期对台湾没有行使统治权。所以,我国《仲裁法》在空间上的适用范围具体而言:除香港、澳门和台湾地区外,凡在中华人民共和国领域内的仲裁机构进行仲裁活动,都要适用我国的《仲裁法》,而我国的《仲裁法》在我国领域之外则不发生法律效力。

第三节　仲裁法的基本原则

和其他部门法有其基本原则与具体原则之分一样,仲裁法也有其基本原则与具体原则之分。所谓仲裁法的基本原则,是指在仲裁活动中具有普遍意义、适用于仲裁一切效力范围并构成仲裁法基础的那些原则。它对仲裁程序具有较大的意义。根据我国《仲裁法》的规定,仲裁法的基本原则主要包括:当事人自愿原则;独立仲裁原则;根据事实,符合法律规定的原则;公平合理原则;遵守国际条约和尊重国际惯例原则。

一、当事人自愿原则

当事人自愿原则,又称当事人意思自治原则,是指争议发生前或者争议发生后是否提交仲裁、提交哪个仲裁机构仲裁、仲裁庭如何组成、仲裁适用何种程序规则以及实体法等,完全由当事人协商决定的原则。它是仲裁法的首要基本原则,是整个仲裁制度赖以存在

---

① 参见马德才主编:《仲裁法》,厦门大学出版社 2014 年版,第 23 页。

和发展的基石。《仲裁法》所规定的当事人自愿原则主要体现在以下方面：

1. 当事人是否以仲裁的方式解决纠纷，由当事人自愿决定

前已述及，民商事争议的解决方式主要有协商、调解、仲裁和诉讼等多种方式，而当事人是否决定以仲裁的方式解决纠纷则完全建立在当事人自愿的基础上，即当事人完全有权自由决定以仲裁的方式解决相互之间的争议，也完全有权自由决定不以仲裁的方式而以其他方式解决彼此之间的争议。如果当事人选择以仲裁的方式解决纠纷，他们就必须事先签订仲裁协议，即当事人将选择争议的仲裁方式的自由意志体现在他们所订立的仲裁协议中，而且当事人在签订仲裁协议时，任何一方当事人都不能将自己的意志强加于另一方，也不允许一方利用自己的优势地位迫使对方签订仲裁协议。一旦当事人签订了有效的仲裁协议，该仲裁协议不仅对双方当事人有效，而且对仲裁委员会和人民法院也具有拘束力。在此方面，《仲裁法》第4条和第5条作了规定。前者规定："当事人采用仲裁方式解决纠纷，应当双方自愿，达成仲裁协议。没有仲裁协议，一方申请仲裁的，仲裁委员会不予受理。"后者规定："当事人达成仲裁协议，一方向人民法院起诉的，人民法院不予受理，但仲裁协议无效的除外。"

2. 当事人将争议提交哪一个仲裁委员会仲裁解决，由当事人自愿决定

仲裁不同于民事诉讼，不因当事人的住所、争议发生地不同而受到地域管辖的限制，也不因争议标的额的大小、案件的复杂程度、是否涉外、是否有很大社会影响而受到级别管辖的限制，当事人向哪一个仲裁委员会申请仲裁、在哪里仲裁，完全由当事人自愿决定，这真正体现了当事人自愿原则。对此，《仲裁法》第6条规定："仲裁委员会应当由当事人协议选定。仲裁不实行级别管辖和地域管辖。"相比之下，民事诉讼当事人虽然也有协议选择管辖法院的权利，但是要受到诸多限制，具体为：（1）对当事人的范围作了限制。即只有合同或者其他财产权益纠纷的当事人才有协议选择管辖法院的权利。（2）对当事人选择法院的范围作了限制。即当事人只能选择与争议有实际联系的地点的法院管辖，如被告住所地法院、合同履行地法院、合同签订地法院、原告住所地法院、标的物所在地法院等。（3）对当事人选择法院管辖权的范围作了限制。即当事人只能在法院任意管辖权的范围内进行选择，当事人选择中国人民法院管辖的，不能违反《民事诉讼法》有关专属管辖的规定。（4）对当事人选择中国人民法院时的管辖权级别作了限制。即当事人选择中国人民法院管辖的不能违反《民事诉讼法》关于级别管辖的规定，亦即如果有关民事案件只能由基层人民法院管辖，当事人就不能选择中级人民法院或高级人民法院作为管辖法院。（5）对当事人选择法院的形式作了限制。即当事人协议选择管辖法院时只能采取书面形式。这些限制规定在《民事诉讼法》第34条中，即"合同或者其他财产权益纠纷的当事人可以书面协议选择被告住所地、合同履行地、合同签订地、原告住所地、标的物所在地等与争议有实际联系的地点的人民法院管辖，但不得违反本法对级别管辖和专属管辖的规定。"

3. 仲裁庭采取何种组成形式和仲裁庭由哪个或哪些仲裁员组成，由当事人自愿决定

《仲裁法》第30条规定："仲裁庭可以由三名仲裁员或者一名仲裁员组成。由三名仲裁员组成的，设首席仲裁员。"采取何种形式的仲裁庭，当事人有权自愿选择。如果当事人选择仲裁庭组成形式为三名仲裁员组成的合议仲裁庭，那么这三名仲裁员均由当事人自

愿决定,对此《仲裁法》第31条第1款作了规定,即"当事人约定由三名仲裁员组成仲裁庭的,应当各自选定或者各自委托仲裁委员会主任指定一名仲裁员,第三名仲裁员由当事人共同选定或者共同委托仲裁委员会主任指定。第三名仲裁员是首席仲裁员。"如果当事人选择仲裁庭组成形式为一名仲裁员组成的独任仲裁庭,那么这一名仲裁员也由当事人自愿决定,对此《仲裁法》第31条第2款作了规定,即"当事人约定由一名仲裁员成立仲裁庭的,应当由当事人共同选定或者共同委托仲裁委员会主任指定仲裁员。"而无论是当事人自主选定仲裁员,还是委托仲裁委员会主任指定仲裁员,都体现了当事人自愿原则。

4. 当事人将何种争议提交给仲裁委员会仲裁解决,由当事人自愿决定

《仲裁法》第16条第2款规定:"仲裁协议应当具有下列内容:(一)请求仲裁的意思表示;(二)仲裁事项;(三)选定的仲裁委员会。"可见,当事人应将有关争议事项记载在仲裁协议中。而当事人在仲裁协议中约定何种争议事项,则由当事人自愿决定。不过,当事人的这种自愿权利应受《仲裁法》第2条和第3条的限制。根据《仲裁法》第2条和第3条的规定,当事人只能将合同纠纷和其他财产权益纠纷提交仲裁。一旦当事人在仲裁协议中约定提交仲裁解决的争议事项,仲裁庭只能就此争议事项进行审理并作出裁决,无权对当事人在仲裁协议中没有约定提交仲裁解决的争议事项进行审理并作出裁决,即使作出了裁决,当事人也有权申请人民法院撤销或不予执行仲裁裁决。

5. 仲裁庭采取何种审理方式,当事人也有权决定

《仲裁法》第39条规定:"仲裁应当开庭进行。当事人协议不开庭的,仲裁庭可以根据仲裁申请书、答辩书以及其他材料作出裁决。"该法第40条又规定:"仲裁不公开进行。当事人协议公开的,可以公开进行,但涉及国家秘密的除外。"可见,当事人对仲裁案件是开庭审理还是书面审理以及仲裁是否公开进行均有权自主决定。

此外,当事人自愿原则还体现在其他方面,例如仲裁庭对专门性问题认为需要鉴定的,可以交由当事人约定的鉴定部门鉴定[①];裁决书应当写明仲裁请求、争议事实、裁决理由等,当事人协议不愿写明争议事实和裁决理由的,可以不写[②],等等。

二、独立仲裁原则

根据《仲裁法》第8条和第14条的规定,所谓独立仲裁原则,既指仲裁委员会在设立上的独立,不依附于任何机关和团体,又指仲裁庭在审理仲裁案件时的独立,依法独立进行审理并作出裁决,不受任何机关、团体和个人的干涉。它具体体现在以下几个方面:

1. 仲裁独立于行政

前已述及,我国国内仲裁制度经历了四个不同的历史发展阶段,其中在《仲裁法》颁布之前的几个阶段中,仲裁机构大多设置在行政机关内部,仲裁行政化倾向非常明显,仲裁机构是国家行政机构的一个职能部门,当然无法独立行使仲裁权。显然,这与仲裁民间性的性质和国际惯例相去甚远,严重影响了仲裁在我国的发展,因此,为了建立一个适应我国改革开放和社会主义市场经济体制需要的、与国际惯例接轨的仲裁法律体系,规范我国

---

① 见《仲裁法》第44条。
② 见《仲裁法》第54条。

国内仲裁,同时促进我国涉外仲裁走向国际化和现代化的道路,保证公正、及时地仲裁经济纠纷,保护当事人的合法权益,保障社会主义市场经济健康发展,1994 年 8 月 31 日第八届全国人民代表大会常务委员会第九次会议颁布了《仲裁法》。根据《仲裁法》第 10 条的规定,仲裁委员会可以在直辖市和省、自治区人民政府所在地的市设立,也可以根据需要在其他设区的市设立,并由其人民政府组织有关部门和商会统一组建,不按行政区划层层设立。《仲裁法》第 8 条规定:"仲裁依法独立进行,不受行政机关、社会团体和个人的干涉。"《仲裁法》第 14 条规定:"仲裁委员会独立于行政机关,与行政机关没有隶属关系。"可见,仲裁机构独立于行政机关,不再是国家行政机构的一个职能部门。那么,这是否表明《仲裁法》颁布以后仲裁行政化就不复存在了呢?当然不是,《仲裁法》颁布以后仲裁行政化倾向仍然存在,而且其种种表现已经严重威胁了仲裁民间化的发展方向,[①]所以仲裁的民间化在我国仍然任重而道远。

2. 仲裁组织系统之间相对独立

仲裁组织系统由中国仲裁协会、各仲裁委员会和仲裁庭组成。其中,中国仲裁协会是社会团体法人,仲裁委员会是中国仲裁协会的会员;中国仲裁协会是仲裁委员会的自律性组织,其职责是根据章程对仲裁委员会及其组成人员、仲裁员的违纪行为进行监督,依照仲裁法和民事诉讼法的有关规定制定仲裁规则。[②] 所以,中国仲裁协会和各仲裁委员会之间并非行政意义上的领导和被领导的关系,它不能干预或参与各仲裁委员会的仲裁活动,故他们之间是相对独立的。同时,《仲裁法》第 14 条规定,仲裁委员会之间也没有隶属关系。这表明,各仲裁委员会之间没有上下级之分,彼此相对独立。另外,仲裁委员会的主要职责是根据当事人的委托或者依法指定仲裁员;根据法律规定的条件并结合实际情况聘任仲裁员;依法对违法的仲裁员予以除名;依法决定是否受理案件;从事其他有关仲裁的管理和事务性工作。可见,仲裁委员会不得介入仲裁案件的审理和裁决工作,而对仲裁案件的审理和裁决则完全由仲裁庭独立进行,因此仲裁委员会和仲裁庭之间也是相对独立的。

3. 仲裁庭独立行使仲裁权

根据《仲裁法》的规定,在仲裁程序中,仲裁委员会受理案件后,应组建仲裁庭;一旦仲裁庭组建完毕,则由仲裁庭负责对案件进行审理并作出裁决,仲裁委员会不得干预,任何社会团体和公民个人也不得干涉。例如,《仲裁法》第 53 条规定:"裁决应当按照多数仲裁员的意见作出,少数仲裁员的不同意见可以记入笔录。仲裁庭不能形成多数意见时,裁决应当按照首席仲裁员的意见作出。"此外,当仲裁庭遇到疑难案件时,可以请求仲裁委员会专家咨询机构发表咨询意见,但该咨询意见仅供仲裁庭参考,不具有约束力。这表明,相较于民事诉讼,独立仲裁原则是完全独立的,因为在民事诉讼中,当合议庭对案件的处理不能形成多数意见时,判决并不按照审判长的意见作出;当合议庭遇到重大、疑难案件时,要交审判委员会讨论,且审判委员会的决议对合议庭有约束力,合议庭必须服从。

---

① 参见王红松著:《铸造公信力》,法律出版社 2010 年版,第 38-45 页。
② 见《仲裁法》第 15 条。

三、根据事实,符合法律规定的原则

所谓事实,是指发生纠纷的时间、地点、原因、后果、因果关系等一系列客观情况,它是进行仲裁活动的前提。如果事实不清,责任就难以分清,仲裁庭也就无法根据有关法律规定对争议作出正确的裁决;如果事实清楚,仲裁庭所作出的裁决只要符合法律规定,该裁决必然是公正的裁决。所以,不仅我国的《仲裁法》[①]对事实清楚、符合法律作为一项基本原则作出规定,而且各国的仲裁立法也均要求仲裁裁决应在事实清楚的基础上,符合本国的法律规定作出。[②]

根据事实,是指仲裁当事人和仲裁参与人参加仲裁活动应当尊重客观事实,仲裁庭对争议作出裁决只能以查证属实的案件事实为基础。根据我国《仲裁法》的规定和仲裁实践,仲裁庭主要可通过以下途径查明事实:

(1)申请人和被申请人对案件事实的书面陈述。根据《仲裁法》第23条的规定,申请人提出仲裁申请时,应当在仲裁申请书中写明仲裁请求所根据的事实、理由以及证据和证据来源、证人姓名和住所。同时,《仲裁法》第25条规定被申请人应当提交答辩书,同样地,被申请人在仲裁答辩书中也应当写明答辩所根据的事实、理由以及证据和证据来源、证人姓名和住所。这样,仲裁庭就可以依据当事人的书面陈述和证据材料来了解有关案件事实。

(2)仲裁庭通过开庭审理对事实进行调查。一般而言,光靠当事人的书面陈述尚不足以查明案件事实,因为当事人可能在书面材料中没有陈述、没有陈述清楚以及双方当事人的陈述相互之间存在矛盾,因此仲裁庭必须通过开庭审理来对有关事实进行调查。在开庭审理时,仲裁庭可以要求申请人和被申请人对争议事实做出详细的口头陈述,并通过询问的方式以及申请人和被申请人之间相互质证的方式,以查明案件事实。

(3)仲裁庭通过实地调查的方式查明事实。一般来说,仲裁庭通过上述两种途径就可以查明案件事实,但是对于那些案情复杂、当事人提交的证据相互矛盾或者当事人无法取证而该证据又对定案起关键作用的仲裁案件,显然仲裁庭只通过上述两种途径不可能查明案件事实,此时需要仲裁庭通过实地调查的方式来查明事实。为此,《仲裁法》第43条赋予了仲裁庭收集证据的权力,即仲裁庭认为有必要收集的证据,可以自行收集。那么,在上述情况下,仲裁庭应当到争议发生地、标的物所在地、当事人住所地以及有关部门进行查证,以查明全部案件事实,为日后公正裁决打下坚实的基础。

符合法律规定,是指仲裁庭在查明案件事实的基础上,应当根据法律的规定以确认双方当事人的权利和义务。仲裁庭要想作出公正的裁决,一方面需查明案件事实,另一方面需符合法律规定,两者不能偏废,亦即仲裁庭只有在查清案件事实的基础上,根据法律规定作出的裁决才属公正裁决。为此,仲裁中的符合法律规定原则要求仲裁庭应当依据法律的规定作出裁决,以保护双方当事人的合法权益,公正合理地解决争议。当然,与民事诉讼有所不同的是,仲裁不须严格地"以法律为准绳",只要仲裁裁决公正合理,不违反法

---

① 见《仲裁法》第7条。
② 参见宋朝武著:《中国仲裁制度:问题与对策》,经济日报出版社2002年版,第40页。

律强制性规定即可,而且对于法律没有明文规定的,仲裁庭可以参照在实践中被普遍接受的做法如行业惯例等作出裁决,此外仲裁庭还可经过双方当事人协商授权无须严格依照法律规定进行友好仲裁。

四、公平合理原则

公平合理原则,是指仲裁庭应在仲裁活动中保持中立,平等地对待双方当事人,依据事实公平合理地对仲裁案件作出裁决。我国《仲裁法》第7条对该项原则作了规定,即"仲裁应当根据事实,符合法律规定,公平合理地解决纠纷"。可见,公平合理原则与根据事实、符合法律规定的原则两者关系密切,仲裁庭只有遵循根据事实、符合法律规定的原则,其作出的裁决才能符合公平合理原则,亦即根据事实、符合法律规定的原则是前提,公平合理原则是结果。根据我国《仲裁法》的规定和仲裁实践,公平合理原则主要体现在以下几个方面:

1. 仲裁委员会所聘的仲裁员应能保证案件的公正裁决

《仲裁法》第13条规定了仲裁委员会聘任仲裁员的条件是品行条件和业务条件,其中对品行条件的规定是"仲裁委员会应当从公道正派的人员中聘任仲裁员"。同时,《仲裁法》第34条规定:"仲裁员有下列情形之一的,必须回避,当事人也有权提出回避申请:本案当事人或者当事人、代理人的近亲属;与本案有利害关系;与本案当事人、代理人有其他关系,可能影响公正仲裁的;私自会见当事人、代理人,或者接受当事人、代理人的请客送礼的。"这些规定显然是为了维护仲裁员的公正地位,要求仲裁员在仲裁活动中保持中立,这是保证仲裁庭作出公正裁决的基础条件。

2. 仲裁庭对待双方当事人应当一律平等

根据当事人自愿原则,当事人有权自愿选择仲裁员,《仲裁法》第31条也确认了当事人的此项权利,但是仲裁员无论是哪一方当事人选定的,他都不是当事人的代理人,都不代表任何一方当事人的利益,而应当是平等地保障双方当事人行使权利,以保护双方当事人的利益。例如,《仲裁法》规定,仲裁庭在对案件事实的陈述、提供证据、开庭辩论等方面,都要对双方当事人给予均等机会和条件,不得有所偏向。再如,《仲裁法》第42条第2款规定:"被申请人经书面通知,无正当理由不到庭或者未经仲裁庭许可中途退庭的,可以缺席裁决。"即使是在此种缺席裁决的情形下,仲裁庭也不能只偏向申请人,作出有利于申请人的仲裁裁决,而应该是根据查明的有关事实和法律,作出公正的仲裁裁决。

3. 仲裁庭应当公正合理地作出裁决

仲裁庭应当在查明全部案件事实的基础上,正确地适用法律,公平合理地确认双方当事人之间的权利和义务关系,并作出裁决。而且,如果法律没有明文规定的,仲裁庭可以参照在实践中被普遍接受的做法如经济贸易惯例、行业惯例等,遵循公平合理的基本理念作出裁决。例如,中国某公司向美国某公司出售一批重晶石,其质量要求白度不得低于90度。中国商检局的出口检验结果是90.8度,但到岸后美国一商检机构的检验结果则为78.1度。两者相比,显然相差很远。根据合同,双方应共同推举第三家检验机构进行复查,作出权威性的结论。然而双方在复查问题上未能达成一致意见,其责任属谁,亦难以辨清。在此情况下,双方约定将争议提交给中国国际经济贸易仲裁委员会仲裁解决。

中国国际经济贸易仲裁委员会经审查受理了该案,并组建了仲裁庭。仲裁庭经审理认为,根据公平合理原则,取上述两个商检结果的平均值作为货物质量的依据,是在目前情况下唯一合理的解决问题的方法。根据这个计算方法,货物的白度推定为:$(90.8+78.1)/2=84.45$(度)。在此基础上,决定该货物的实际价值,从而使整个争议迎刃而解,争议的双方当事人也甚为满意。这表明,公平合理原则既是一个理论问题,又是一个实际问题。[1]

附:公平合理原则实例[2]及其评析

2004年3月31日,申请人某糖酒副食品有限公司与被申请人某美食有限责任公司及下属分支机构(以下称"美食分店")签订了一份红酒专场销售合同。合同约定在2004年5月1日至2005年5月1日期间,美食分店销售申请人提供的红酒数量不低于500件,申请人向其支付销售奖励人民币30 000元;若美食分店到期没有完成任务,则按比例退还奖励款。合同签订后,申请人一次性向美食分店支付了奖励款人民币30 000元。合同到期后,美食分店实际完成红酒118件,按约定应退还人民币22 920元。

2004年4月30日,申请人又与美食分店签订了奶制品专场销售合同。双方约定在2004年5月1日至2005年5月1日期间,美食分店销售申请人提供的奶制品数量1 500件,申请人向其支付人民币110 000元;若美食分店到期没有完成任务,则按比例退还奖励款。合同签订后,申请人一次性向美食分店支付了奖励款110 000元。合同到期后,美食分店实际完成销售奶制品640件,按约定应退还申请人人民币63 066.67元。另外美食分店尚差申请人货款人民币19 288元。

为此,申请人要求被申请人:(1)退还奖励折扣及专场专销费人民币85 986.67元;(2)支付拖欠申请人的货款人民币19 288元及逾期利息。

被申请人辩称:(1)申请人账务不清是导致双方争议的原因,此前申请人给被申请人的两次律师函和此次仲裁请求的欠款数均不一致,说明申请人自身账务不清混乱,不能证明被申请人欠其货款;(2)双方业务往来采取即时结算的方式,只要有单据证明款未付可以随时支付;(3)申请人未及时送货导致被申请人相应的损失,申请人存在违约行为;(4)被申请人开具的收款收据是收到赞助费,赞助费不存在退还问题,申请人对收据款项没有提出异议,要求退还相应比例的赞助费是不合理的,也不符合合同约定。为此,被申请人请求依法驳回申请人的仲裁请求。

被申请人向仲裁庭出具《情况说明》称:"美食分店是某美食有限责任公司下设的非独立核算的分支机构。未领取营业执照,不具备法人资格,不具备独立的民事主体资格,不能参与仲裁活动。"

仲裁庭就双方销售红酒及奶制品的件数问题组织双方进行了多次对账。申请人提供的销售明细表反映2004年5月至2005年5月卖给被申请人奶制品118件,2004年4月1日至2005年1月2日售给美食分店红酒640件。被申请人向仲裁庭提供了一份2004

① 马德才主编:《仲裁法》,厦门大学出版社2014年版,第35页。
② 资料来源:某仲裁委员会《仲裁案例选编》(第一辑),2008年12月。转引自马德才编著:《仲裁法案例研究》,世界图书出版公司2015年版,第24-27页。

年 4 月至 2005 年 11 月购买申请人商品的月综合表,用以证明所购红酒和奶制品的数量与申请人讲述的不一致。该表反映 2004 年 4 月至 2005 年 5 月共计购买申请人红酒 173 件,奶制品 764 件,退红酒 53 瓶。申请人认为该表与其提供的数据基本相符,但销售中有部分是合同外的品种和数量,应予以剔除。

仲裁庭经审理查明:2004 年 3 月 31 日申请人与美食分店签订了一份《销售合同》,约定申请人向美食分店提供烟台长城干红系列产品,被申请人将申请人提供的产品在被申请人所辖企业及营业场所内竭尽全力首推销售;结算方式为月结;合同还约定,申请人一次性提供人民币 30 000 元作为美食分店经营场所长城系列干红专场销售的奖励折扣,在此合同期内,除申请人专场促销外,其他红酒不得促销,同时申请人为唯一长城系列红酒供应商。被申请人自行承诺合同期内销售申请人提供产品不低于 500 件(以赤露珠为标准核算每件人民币 288 元),若未完成,则按比例退还申请人所提供奖励折扣。合同期为 2004 年 5 月 1 日至 2005 年 5 月 1 日。当日,申请人向美食分店支付长城系列产品专场促销费人民币 30 000 元。

2004 年 4 月 30 日,双方当事人又签订一份《销售合同》,约定:申请人向美食分店提供妙士系列产品,被申请人将申请人的产品在被申请人所辖企业及营业场所内竭尽全力首推销售;结算方式为月结;合同还约定:申请人一次性提供赞助折扣人民币 110 000 元,作为被申请人经营场所销售申请人奶制品的专场专销费用,其中被申请人自行承诺销售申请人奶制品 1 500 件(妙初乳 500 件,妙士新鲜屋 1 000 件),且申请人在合作期间是奶制品的唯一供应商。在此合同期内,如未完成承诺销量,被申请人应按照销售比例退还给申请人赞助折扣费用。合同执行期为 2004 年 5 月 1 日至 2005 年 5 月 1 日,2004 年 5 月 10 日申请人向被申请人支付妙士产品促销费人民币 110 000 元。

申请人在合同履行期内,向被申请人所属美食分店钟家村店和腰路堤店销售了一批红酒和妙士奶制品。双方交易方式为:申请人接被申请人通知后派业务人员送货,被申请人在申请人的调拨单(结算联)上签字,并给申请人出具一份入库单,申请人持本公司调拨单和被申请人的入库单即可到被申请人处结账。根据申请人向仲裁庭提供的未结算的调拨单和入库单显示的金额,被申请人尚有人民币 8 288 元货款未支付给申请人。

另查明,被申请人向仲裁庭声明,美食分店是其下属的非独立核算的分支机构,不具备独立的民事主体资格,不能参与民事仲裁活动,且该美食分店已被拆除。根据我国《民法通则》的有关规定,美食分店的民事行为应由其开办单位即本案被申请人承担责任。

仲裁庭经过审理,认为:(1) 被申请人应当按照合同约定向申请人返还奖励折扣款,且根据《合同法》的公平原则,对双方所提产品销量的相差部分由双方各自承担二分之一的责任。被申请人应按照完成红酒销量 145.5 件,完成奶制品销量 702 件及按合同约定的比例计算返还奖励折扣款。(2) 被申请人应当将货款人民币 8 288 元,利息人民币 1 230.31 元支付给申请人,至于申请人要求被申请人支付人民币 11 000 元欠款不属于本案合同争议内容,申请人应当另案解决。据此,仲裁庭作出如下裁决:

(1) 被申请人向申请人返还销售红酒的奖励折扣人民币 21 270 元;返还销售奶制品的奖励折扣人民币 58 493.4 元。

(2) 被申请人向申请人支付货款人民币 8 288 元,利息人民币 1 230.31 元。

（3）驳回申请人的其他仲裁请求。

（4）本案仲裁费人民币××元，由申请人承担人民币××元，被申请人承担人民币××元。

因仲裁费用已由申请人预缴，故被申请人应于本裁决书送达次日起10日内，将第(1)、(2)、(4)项裁决所列金额共计人民币××元一并支付给申请人。本裁决为终局裁决，自作出之日起生效。

评析：本案是一起销售合同纠纷案。从本案仲裁庭的组成、审理和裁决各方面来看，完全体现了《仲裁法》的公平合理原则。具体表现在以下方面：

（一）本案仲裁员能保证案件的公正裁决

本案仲裁员是仲裁委员会按照《仲裁法》第13条规定的聘任仲裁员的条件之品行条件和业务条件所聘任的，而且本案当事人没有根据《仲裁法》第34条规定提出仲裁员回避申请，这表明本案仲裁员不存在《仲裁法》第34条规定的必须回避的情形，从而具有了保证案件公正裁决的基础条件。

（二）本案仲裁庭对申请人和被申请人平等对待

本案仲裁庭完全按照《仲裁法》的规定，在对案件事实的陈述、提供证据、开庭辩论等方面，对申请人和被申请人都给予均等机会和条件，根本不存在任何偏向的问题，诸如在对案件事实的陈述方面，先是申请人陈述，后是被申请人陈述；在提供证据方面，先是申请人举证被申请人质证，后是被申请人举证申请人质证；在开庭辩论方面，先是申请人发表辩论意见，后是被申请人发表辩论意见；等等。不仅如此，本案仲裁庭在面临着申请人难以提供切实有效的原始证据证实其主张的销量，被申请人却声称账目凭证遗失，导致销量无法核查清楚，双方互不认可对方提供证据，各自所主张的销量数额又存在明显差距的难题的情况下，并没有采取有的仲裁庭可能会采取的最简单的办法，即认定被申请人自认的销量，虽然这种做法有其依据：既然申请人要求返还多余的返利，根据"谁主张谁举证"的原则，它就要承担举证责任；既然申请人所举证据无法被采信，就要承担举证不能的不利后果；而被申请人作出的明显对自己不利的自认，当然就成了解决难题，认定销量最便利的证据了。这是因为这种简单的做法没有体现对申请人和被申请人的平等对待，所以本案仲裁庭采取了一种创新的做法，即在申请人和被申请人主张的差额部分取其中间值，最终认定了销量，解决了难题。这更是从实体上体现了本案仲裁庭对申请人和被申请人平等对待，更是体现了公平合理原则。

（三）本案仲裁庭在查明全部案件事实的基础上，正确地适用法律，公平合理地作出裁决

在查明案件事实方面：首先，关于"奖励折扣费"和"赞助折扣费"的返还问题，本案仲裁庭查明的案件事实是，根据2004年3月31日签订的《销售合同》约定，申请人向被申请人一次性提供人民币30 000元，作为经营场所长城系列红酒专场销售的奖励折扣，被申请人自行承诺合同期内销售申请人产品不低于500件，若未完成，则按比例退还申请人所提供奖励折扣，合同期为2004年5月1日至2005年5月1日。双方在2004年4月30日签订的《销售合同》约定，申请人一次性提供赞助折扣人民币110 000元，作为被申请人经营场所销售申请人奶制品的专场销售费用，被申请人自行承诺销售申请人奶制品1 500

件,在合同期内,如未完成承诺销量,被申请人按照比例退还申请人赞助折扣费,合同期为2004年5月1日至2005年5月1日。从两份合同的约定来看,无论是奖励折扣还是赞助折扣或专场专销,都有被申请人承诺的销量和未完成销量按折扣比例返还的约定,双方当事人均应服从合同的约定。被申请人开具的收款收据虽然写的是赞助费,但书写收款收据是被申请人的单方行为,双方当事人对是否返还折扣款没有作出新的变更约定。并在此基础上认定:被申请人声称该款属于赞助费、促销费,已用于劳动补贴,不应当返还的理由不成立;被申请人应当按照合同约定向申请人返还奖励折扣款。而对于双方在合同期内销售红酒和奶制品数量,仲裁庭认为,当事人对自己的仲裁请求及答辩理由所依据的事实有责任提供证据加以证明,双方当事人在仲裁庭规定的期限内均没有向仲裁庭提供原始销售凭证。申请人提供的业务员工作记录本反映了业务员的工作量,但其记载的内容表述不明确,其性质不属于销售凭证。鉴于双方当事人均不否认交易事实的存在,被申请人收到申请人的奖励折扣款的事实亦存在,双方的主要分歧是销售数量不一致。双方当事人在管理上的失误是造成不能查明产品销售量的主要原因。其次,关于被申请人拖欠货款问题,本案仲裁庭查明的案件事实是,被申请人承认有人民币8 288元货款未支付给申请人;关于申请人要求被申请人支付人民币11 000元欠款问题,证人张某书面证明材料称该笔货款是2003年送给腰路堤店50件妙士奶,价款人民币11 000元,送货单已交给负责人,款一直未付。但此主张不属于本案合同争议内容。

在适用法律方面:首先,关于被申请人应当向申请人返还奖励折扣款多少的问题,本案仲裁庭根据《合同法》的公平原则,对双方所提产品销量的相差部分由双方各自承担二分之一的责任。被申请人应按照完成红酒销量145.5件、完成奶制品销量702件及合同约定的比例计算返还奖励折扣款,即被申请人向申请人返还销售红酒的奖励折扣人民币21 270元;返还销售奶制品的奖励折扣人民币58 493.4元。必须指出的是,公平原则作为一项法律原则,与其他所有的法律原则不一样,具有高度抽象的内涵及宽泛的外延,在被直接用作判案标准发挥作用的时候,往往会赋予裁判机构较大的自由裁量权,从而导致案件的审理结果具有不确定性和不可预测性。因此,不宜滥用,应当予以必要的限制,具体限制为,(1)目的限制。即除非是为了实现个案正义,否则不得舍弃法律规则而直接适用法律原则。(2)顺序限制。即只有在穷尽法律规则后才可以适用法律原则。(3)说理限制。即没有更强的理由,不得径直适用法律原则。本案中,仲裁庭适用公平原则严格遵循了上述限制:(1)零售商与供应商之间的现实关系,决定了实现公平交易的重要性,而适用公平原则体现了仲裁庭对公平交易的关注,实现了个案正义;(2)在认定销量方面,本案并无直接可适用的法律规则,才适用法律原则;(3)销量无法查明是双方的过错所致,双方均应对销量无法查明承担责任,完全按被申请人的自认来认定销量,将对申请人明显不公,这就构成了仲裁庭适用公平原则的充足理由。其次,关于被申请人是否应向申请人支付货款以及支付多少的问题,本案仲裁庭根据《合同法》第159条的规定,认定被申请人应当将该款支付给申请人。显然,本案仲裁庭正确地适用了法律。

所以,本案仲裁庭在查明全部案件事实的基础上,正确地适用法律,公平合理地作出了上述裁决。

综上,本案无论是仲裁庭的组成,还是仲裁庭的审理,亦或是仲裁庭的裁决,都完全体现了《仲裁法》的公平合理原则。既充分发挥了仲裁的灵活性,又体现了仲裁对公平交易和实现个案正义的关注,也为审理同类案件提供了指引和借鉴。①

五、遵守国际条约和尊重国际惯例原则

遵守国际条约和尊重国际惯例原则,是指一国在制定仲裁法律规范时,应考虑本国缔结或参加的国际条约与有关国际惯例;在处理有关仲裁案件时,应优先适用本国缔结或参加的国际条约的有关规定,如本国缔结或参加的国际条约与国内法没有规定的情况下,可以参照国际惯例对争议作出公正处理。该原则表明:一方面,一国立法机关在制定仲裁法律规范时应遵守国际条约和尊重国际惯例原则;另一方面,一国司法机关或仲裁机构在处理有关仲裁案件时也应遵守国际条约和尊重国际惯例原则。

关于一国立法机关在制定仲裁法律规范时应遵守国际条约和尊重国际惯例原则,既适用于那些现代仲裁起步较晚的国家,他们在制定仲裁法律规范时,由于有关仲裁的国际条约和国际惯例已经存在且较为成熟,因此可参照这些国际条约和国际惯例;又适用于那些现代仲裁起步较早的国家,它们在修改仲裁法律规范时,也就可以参照有关仲裁的国际条约和国际惯例。我国《仲裁法》是在仲裁日益国际化和现代化的背景下制定的,当然也参照了有关仲裁的国际条约和国际惯例。

关于一国司法机关或仲裁机构在处理有关仲裁案件时也应遵守国际条约和尊重国际惯例原则,不论是现代仲裁起步较早的国家还是现代仲裁起步较晚的国家,其司法机关或仲裁机构在处理有关仲裁案件时,如本国仲裁法与本国缔结或参加的有关仲裁国际条约相抵触时,应适用国际条约的规定;当本国仲裁法和本国缔结或参加的有关仲裁国际条约没有规定时,可以适用国际惯例。在此方面,由中华人民共和国第六届全国人民代表大会第四次会议于1986年4月12日通过并予公布,且自1987年1月1日起施行的《中华人民共和国民法通则》(以下简称《民法通则》)第142条规定:"中华人民共和国缔结或者参加的国际条约同中华人民共和国的民事法律有不同规定的,适用国际条约的规定,但中华人民共和国声明保留的条款除外。中华人民共和国法律和中华人民共和国缔结或者参加的国际条约没有规定的,可以适用国际惯例。"可见,我国人民法院或仲裁机构在处理涉外仲裁案件时,如果我国仲裁法律与我国缔结或参加的有关仲裁国际条约相抵触时,应适用国际条约的规定;当我国仲裁法律和我国缔结或参加的有关仲裁国际条约没有规定时,可以适用国际惯例。

第四节　仲裁法的基本制度

仲裁法除了规定仲裁活动应符合其基本原则之外,还确立了一系列应遵循的基本制度。所谓仲裁法的基本制度,是指仲裁机构、仲裁庭和仲裁参加人进行仲裁活动所应遵循

---

① 马德才编著:《仲裁法案例研究》,世界图书出版公司2015年版,第27-30页。

的基本行为规范和操作规程,是在仲裁程序的重要环节或问题上起主要作用的制度。它直接关系到双方当事人之间的争议事项能否通过仲裁公正、及时且有效地得到解决。根据我国《仲裁法》的规定,仲裁法的基本制度主要包括:协议仲裁制度;或裁或审制度;不公开审理制度;一裁终局制度;法院监督制度。

一、协议仲裁制度

协议仲裁制度,是强制仲裁制度的对称,是指仲裁机构只受理有仲裁协议的当事人提交的争议,而不受理没有仲裁协议的当事人提交的争议案件的一项仲裁法律制度。显然,协议仲裁制度建立在当事人有仲裁协议的基础之上,而仲裁协议又是当事人意思自治的结果,因此协议仲裁制度是当事人自愿原则的具体体现,也是现代仲裁制度的基石。正因为如此,协议仲裁制度是国际上的通行做法,我国《仲裁法》也顺应这种国际化潮流确立了协议仲裁制度,从此结束了我国过去强制仲裁的做法,使得我国的仲裁制度和国际仲裁制度完全接轨,从而可以更好地解决各类民商事争议。

在我国,协议仲裁制度集中体现在《仲裁法》第4条和第6条中。其中,第4条规定:"当事人采用仲裁方式解决纠纷,应当双方自愿,达成仲裁协议。没有仲裁协议,一方申请仲裁的,仲裁委员会不予受理。"第6条规定:"仲裁委员会应当由当事人协议选定。仲裁不实行级别管辖和地域管辖。"可见,仲裁协议①是仲裁制度的核心。当事人要想以仲裁的方式解决其争议,首先必须签订仲裁协议,而且是有效的仲裁协议,在仲裁协议中约定将争议提交给选定的仲裁委员会,这样选定的仲裁委员会才会受理,当事人的仲裁意愿才能得到实现,相反,如果当事人之间没有仲裁协议或者仲裁协议无效,那么当事人之间的争议也就无法通过仲裁的方式得以解决。这表明,是以仲裁的方式还是以诉讼的方式解决其争议,完全由当事人选择决定;一旦当事人选择以仲裁的方式解决其争议,当事人就应达成仲裁协议,在仲裁协议中约定将争议提交给选定的仲裁委员会,该仲裁委员会由此获得了仲裁管辖权,并非由法律规定按照当事人所在地和争议数额实行地域管辖和级别管辖,从而排除法院的管辖权。

二、或裁或审制度

或裁或审制度,是指当事人在争议发生之前或争议发生之后,有权选择以仲裁方式或诉讼的方式作为解决争议途径的仲裁法律制度。对此,我国《仲裁法》第5条规定:"当事人达成仲裁协议,一方向人民法院起诉的,人民法院不予受理,但仲裁协议无效的除外。"这是我国或裁或审制度的法律依据。它表明,当事人之间发生争议后,如果将争议提交仲裁解决,必须达成仲裁协议,人民法院不受理有仲裁协议的起诉;当事人如果未达成仲裁协议,就可以向人民法院起诉,仲裁机构也不受理没有仲裁协议的仲裁申请。《仲裁法》确定的或裁或审制度,改变了我国过去仲裁制度中实行的"先裁后审"、"一裁两审"等有缺陷的做法,使得我国的仲裁制度更加规范。或裁或审制度主要体现在以下方面:

---

① 关于仲裁协议的详细内容见本书第四章。

1. 当事人达成仲裁协议的,应当向仲裁机构申请仲裁,不能向人民法院起诉

仲裁协议既然是当事人自愿达成的协议,当然对当事人具有约束力,而仲裁协议对当事人的约束力表现之一就是当事人只能通过仲裁的方式解决争议,即只能将其争议提交给仲裁协议所约定的仲裁机构加以解决,不能向人民法院起诉。如果一方不遵守仲裁协议向人民法院起诉,人民法院不应受理;即使人民法院在不知情的情况下受理了起诉,另一方当事人也可依据《仲裁法》第 26 条①的规定,在首次开庭前向人民法院提交仲裁协议,人民法院应当驳回起诉。

2. 人民法院不应受理当事人之间有仲裁协议的起诉

当事人之间有效的仲裁协议不仅对当事人和仲裁机构有约束力,而且对法院也有约束力,对法院的约束力直接表现为仲裁协议可以排除法院的管辖权,所以当事人达成仲裁协议,一方向人民法院起诉的,人民法院不予受理。对此,不仅《仲裁法》第 5 条作了规定,而且《民事诉讼法》第 124 条第 2 项也作了规定,即依照法律规定,双方当事人达成书面仲裁协议的应申请仲裁,不得向人民法院起诉,并且人民法院应告知原告向仲裁机构申请仲裁。

3. 没有仲裁协议的争议案件之处理

对于没有仲裁协议的争议案件,当事人既可以在争议发生后签订仲裁协议向仲裁机构申请仲裁,也可以直接向人民法院提起诉讼。

当然,仲裁和诉讼并非完全隔离,在某些情况下可以相互转化,这些情况有:(1) 在仲裁协议无效或失效的情况下,根据《仲裁法》第 5 条和第 26 条的规定,可以采用诉讼的方式解决其有关争议,因为此类仲裁协议不具有排除法院管辖权的效力;(2) 当事人起初签订了有效的仲裁协议,但是后来当事人又协商一致地解除了该仲裁协议,该仲裁协议也因此失效,此时可通过诉讼的方式解决其有关争议,这是当事人意思自治原则的体现;(3) 当事人达成仲裁协议,一方向人民法院起诉未声明有仲裁协议,人民法院受理后,另一方在首次开庭前未对人民法院受理该案提出异议的,根据《仲裁法》第 26 条的规定,视为放弃仲裁协议,人民法院应当继续审理。

三、不公开审理制度

根据《仲裁法》第 39 条的规定,仲裁审理的方式包括开庭审理和书面审理,其中开庭审理是主要的仲裁审理方式。根据《仲裁法》第 40 条的规定,开庭审理的方式包括不公开审理和公开审理,其中不公开审理是主要的仲裁审理方式。这表明,相对于《民事诉讼法》确定的公开审理制度,《仲裁法》确立了不公开审理制度。

不公开审理制度,是指仲裁庭开庭审理案件时,只允许双方当事人及其仲裁代理人、证人、翻译、仲裁庭咨询的专家和指定的鉴定人以及其他有关人员参加,且既不向群众公开也不向社会公开,即对案件的审理不允许群众旁听,也不允许新闻媒体对审理情况进行报

---

① 《仲裁法》第 26 条规定:"当事人达成仲裁协议,一方向人民法院起诉未声明有仲裁协议,人民法院受理后,另一方在首次开庭前提交仲裁协议的,人民法院应当驳回起诉,但仲裁协议无效的除外;另一方在首次开庭前未对人民法院受理该案提出异议的,视为放弃仲裁协议,人民法院应当继续审理。"

道,这是仲裁保密性的体现和保障。不公开审理制度是现代国家仲裁法的重要审理制度,它的意义主要在于:(1) 有利于强化仲裁员和仲裁秘书人员的保密义务,加强他们的责任感;(2) 有利于维护双方当事人的利益,当事人的商业秘密和经贸活动一般不会因仲裁活动而泄露;(3) 有利于缓和双方当事人之间的冲突,对维持双方当事人的长期合作关系大有裨益。

当然,不公开审理制度并非绝对,也有例外。所谓不公开审理制度的例外,是指依照法律规定对有关案件可以公开审理,即对案件的审理允许群众旁听,允许新闻媒体对审理情况进行报道。它的意义主要在于:(1) 仲裁庭的庭审活动置于群众、社会的监督之下,有利于加强仲裁人员依法办案、公正裁决的责任意识,并对增强仲裁程序的"透明"度,避免仲裁过程的"暗箱操作",实现"阳光"仲裁和确保程序公正等大有裨益;(2) 将仲裁活动置于群众、社会的监督之下,有利于当事人和其他仲裁参与人正确行使仲裁权利和自觉履行仲裁义务,从而确保仲裁工作的顺利进行;(3) 仲裁庭的庭审活动对群众和社会公开,有利于对人民群众进行更为生动和现实的法制教育,并对普及法律知识,强化公民的法制观念都具有重要的现实意义。不过,仲裁公开审理只是仲裁不公开审理制度的一种例外,而且还必须满足《仲裁法》第 40 条规定的条件,即只有当事人协议公开审理的案件,仲裁庭才可以公开审理。同时,《仲裁法》第 40 条对当事人的这种协议权利也作了一定限制,即涉及国家秘密的案件即使当事人协议公开审理,仲裁庭也不能公开审理。

四、一裁终局制度

一裁终局制度,是指仲裁裁决一经作出即发生法律效力,当事人不能就同一争议再向原仲裁委员会或其他仲裁委员会申请仲裁,也不能向人民法院起诉。我国《仲裁法》第 9 条第 1 款确立了一裁终局制度,即"仲裁实行一裁终局的制度。裁决作出后,当事人就同一纠纷再申请仲裁或者向人民法院起诉的,仲裁委员会或者人民法院不予受理。"例如,甲公司与乙公司于 2007 年 3 月 25 日签订了一份购进三合板 2 万张每张 45 元的购销合同。合同中订有仲裁条款,约定由该合同引起的或与该合同有关的争议交由某仲裁委员会仲裁。在约定的交货日期临近之时,甲公司派员到乙公司看货,方知乙公司根本没有三合板。乙公司遂于当日通知甲公司无货源并要求退还甲公司预付的 30 万元定金。甲公司起初拒绝接受退还 30 万元定金的建议,坚持要货,后又要求双倍返还定金并赔偿甲公司因此而遭受的经济损失。2007 年 4 月 10 日甲公司依据合同中的仲裁条款向某仲裁委员会提交了仲裁申请。仲裁庭作出了对甲公司有利的裁决。乙公司不服,向人民法院提起了诉讼,人民法院以双方已经过仲裁为由不予受理。显然,人民法院的做法正确。因为,本案已由仲裁庭开庭审理并作出裁决,而《仲裁法》第 9 条第 1 款规定:"仲裁实行一裁终局的制度。裁决作出后,当事人就同一纠纷再申请仲裁或者向人民法院起诉的,仲裁委员会或者人民法院不予受理。"所以,人民法院以双方已经过仲裁为由不予受理有其法律根据,人民法院的做法正确无疑。[1]

包括我国《仲裁法》在内的各国仲裁法之所以确立一裁终局制度,是因为:首先,一裁

---

[1]　马德才主编:《仲裁法》,厦门大学出版社 2014 年版,第 38 - 39 页。

终局制度是仲裁程序简便、迅速的集中体现,它不仅排除了一裁两审的可能性,同时也否定了一裁复议和两裁终局的制度。根据《仲裁法》的规定,我国国内仲裁和涉外仲裁均实行一裁终局的制度,裁决书自作出之日起发生法律效力,当事人必须履行,一方不履行的,另一方当事人可以依照民事诉讼法的有关规定申请人民法院强制执行。其次,当事人自愿原则为一裁终局制度奠定了坚实的基础。再次,一裁终局制度也是由仲裁组织本身的性质所决定的。① 最后,一裁终局制度的确立也是缘于对仲裁裁决的公正性的信赖。

当然,由于这样或那样的原因,仲裁裁决有时也不可避免地发生错误,这时一裁终局制度的不足初显端倪,需要加以克服。对此,各国仲裁法都设置了司法对仲裁的监督制度,即当事人可以向法院申请撤销或不予执行仲裁裁决来对一裁终局制度加以救济。我国《仲裁法》第五章规定了申请撤销国内仲裁裁决;《仲裁法》第 63 条和《民事诉讼法》第237 条第 2 款规定了不予执行国内仲裁裁决;《仲裁法》第 70 条和《民事诉讼法》第 274 条规定了撤销涉外仲裁裁决;《仲裁法》第 71 条和《民事诉讼法》第 274 条规定了不予执行涉外仲裁裁决。

五、法院监督制度

法院监督制度,即法院对仲裁的监督制度或仲裁的司法监督制度,是指法院对仲裁组织及其实施的仲裁活动以及仲裁的结果进行监督的制度。它是仲裁监督制度的一种,处于最核心和最关键的地位。各国仲裁立法都确立了该项制度,我国《仲裁法》和《民事诉讼法》也不例外,确立了法院监督制度。②

由于仲裁组织相对独立,实行一裁终局制度,加之其他因素的影响,仲裁庭仲裁案件同样不能排除出错的可能性,影响仲裁的公正性,而法院对仲裁进行适度的监督有助于防止和减少出现错误裁决,保障仲裁的公正性,且法院对仲裁的监督是应当事人直接或间接的申请进行的,这样一方面并不违背司法的被动性特点,另一方面也与仲裁的民间性和独立性特点相一致,③因此,包括我国在内的各国均确立了法院监督制度。

法院监督制度的主要内容包括:(1) 审查仲裁协议的效力;(2) 撤销仲裁裁决;(3) 不予执行仲裁裁决。④

【司法考试真题链接】

1. 法院对仲裁裁决的监督主要表现在哪些方面?(2002 年司法考试真题)
   A. 当事人不服仲裁裁决的,可以到法院另行起诉
   B. 当事人认为仲裁裁决具有可撤销情形的,可以向有关法院申请撤销仲裁裁决

---

① 参见杨荣新主编:《仲裁法学案例教程》,知识产权出版社 2004 年版,第 40-41 页。
② 见《仲裁法》第五章、第 63 条、第 70 条、第 71 条;《民事诉讼法》第 237 条第 2 款、第 274 条。
③ 参见杨荣新主编:《仲裁法学案例教程》,知识产权出版社 2004 年版,第 29 页。
④ 关于本部分的详尽内容见本书第一章仲裁和民事诉讼的联系、第四章、第六章及第七章的相关部分。

C. 人民法院在仲裁裁决具有不应当执行的情形下，裁定不予执行仲裁裁决

D. 人民法院在执行仲裁裁决过程中，发现仲裁裁决有错误的，可依职权予以改变

2. 某仲裁机构对甲公司与乙公司之间的合同纠纷进行裁决后，乙公司不履行仲裁裁决。甲公司向法院申请强制执行，乙公司申请法院裁定不予执行。经审查，法院认为乙公司的申请理由成立，裁定不予执行该仲裁裁决。对此，下列哪一种说法是正确的？（2005年司法考试真题）

A. 甲公司可以就法院的裁定提请复议一次

B. 甲公司与乙公司可以重新达成仲裁协议申请仲裁

C. 甲公司与乙公司可以按原仲裁协议申请仲裁

D. 当事人不可以再就该纠纷重新达成仲裁协议，此案只能向法院起诉

3. 当事人在合同中约定了仲裁条款，出现下列哪些情况时，法院可以受理当事人的起诉？（2007年司法考试真题）

A. 双方协商拟解除合同，但因赔偿问题发生争议，一方向法院起诉的

B. 当事人申请仲裁后达成和解协议而撤回仲裁申请，因一方反悔，另一方向法院起诉的

C. 仲裁裁决被法院依法裁定不予执行后，一方向法院起诉的

D. 仲裁裁决被法院依法撤销后，一方向法院起诉的

4. 甲、乙因遗产继承发生纠纷，双方书面约定由某仲裁委员会仲裁。后甲反悔，向遗产所在地法院起诉。法院受理后，乙向法院声明双方签订了仲裁协议。关于法院的做法，下列哪一选项是正确的？（2010年司法考试真题）

A. 裁定驳回起诉

B. 裁定驳回诉讼请求

C. 裁定将案件移送某仲裁委员会审理

D. 法院裁定仲裁协议无效，对案件继续审理

5. 甲不履行仲裁裁决，乙向法院申请执行。甲拟提出不予执行的申请并提出下列证据证明仲裁裁决应不予执行。针对下列哪一选项，法院可裁定驳回甲的申请？（2011年司法考试真题）

A. 甲、乙没有订立仲裁条款或达成仲裁协议

B. 仲裁庭组成违反法定程序

C. 裁决事项超出仲裁机构权限范围

D. 仲裁裁决没有根据经当事人质证的证据认定事实

6. 甲公司因与乙公司的合同纠纷向某仲裁委员会申请仲裁，甲公司的仲裁请求得到仲裁庭的支持。裁决作出后，乙公司向法院申请撤销仲裁裁决。法院在审查过程中，甲公司向法院申请强制执行仲裁裁决。关于本案，下列哪一说法是正确的？（2011年司法考试真题）

A. 法院对撤销仲裁裁决申请的审查，不影响法院对该裁决的强制执行

B. 法院不应当受理甲公司的执行申请

C. 法院应当受理甲公司的执行申请，同时应当告知乙公司向法院申请裁定不予

执行仲裁裁决

D. 法院应当受理甲公司的执行申请,受理后应当裁定中止执行

7. 兴源公司与郭某签订钢材买卖合同,并书面约定本合同一切争议由中国国际经济贸易仲裁委员会仲裁。兴源公司支付 100 万元预付款后,因郭某未履约依法解除了合同。郭某一直未将预付款返还,兴源公司遂提出返还货款的仲裁请求,仲裁庭适用简易程序审理,并作出裁决支持兴源公司请求。

由于郭某拒不履行裁决,兴源公司申请执行。郭某无力归还 100 万元现金,但可以收藏的多幅字画提供执行担保。担保期满后郭某仍无力还款,法院在准备执行该批字画时,朱某向法院提出异议,主张自己才是这些字画的所有权人,郭某只是代为保管。

假设在执行过程中,郭某向法院提出异议,认为本案并非合同纠纷,不属于仲裁协议约定的纠纷范围。法院对该异议正确的处理方式是:(2013 年司法考试真题)

A. 裁定执行中止

B. 经过审理,裁定不予执行仲裁裁决的,同时裁定终结执行

C. 经过审理,可以通知仲裁委员会重新仲裁

D. 不予支持该异议

第三章　仲裁机构、仲裁员和仲裁庭

仲裁程序的顺利进行离不开仲裁机构、仲裁员和仲裁庭,因为当事人须向仲裁机构申请仲裁,由仲裁机构决定是否受理,仲裁机构如决定受理仲裁程序才开始,但仲裁机构并不审理仲裁纠纷案件而是由仲裁庭审理,所以,当仲裁机构受理案件后就应当着手组建仲裁庭,而仲裁庭又是由仲裁员组成的。由此可见,仲裁机构、仲裁员和仲裁庭的有关问题非常重要。本章将对仲裁机构、仲裁员和仲裁庭的诸多问题进行详述。

第一节　仲裁机构

一、仲裁机构的概念和特征

(一)仲裁机构的概念

所谓仲裁机构,是指依据有关国家的仲裁立法或者相关国际条约而设立的,供双方当事人以仲裁协议自由选定的,管理其日常仲裁事务性工作的,为仲裁活动的顺利进行提供场所以及相关事务上的服务,并具有其固定的名称、地址、组织形式和章程、仲裁规则、仲裁员名册以及完整的办事机构和管理制度的民间性组织。

(二)仲裁机构的特征

通常而言,仲裁机构具有以下方面的特征:[1]

1. 仲裁机构是依法设立的组织

仲裁机构作为具有管理其日常仲裁事务性工作职能的组织,必须依法设立。此处的"依法设立"既包括依据有关国家的仲裁立法而设立,又包括依据相关国际条约而设立。前者,例如瑞典斯德哥尔摩商会仲裁院、伦敦国际仲裁院、美国仲裁协会分别依据瑞典、英国、美国的仲裁立法而设立;后者,例如解决投资争端国际中心是依据《关于解决国家与他国国民之间投资争端公约》设立的。我国的各仲裁委员会均依据我国仲裁法而设立。[2]

2. 仲裁机构是民间性组织

虽然仲裁被确立为一种具有法律效力的争议解决方式,仲裁的结果——仲裁裁决具有与法院生效判决完全相同的效力,但是由于仲裁的前提是当事人的自愿,就必然决定了仲裁民间性的本质属性,因此,作为仲裁活动的组织者,仲裁机构和法院在性质上属于国

---

[1]　参见宋朝武主编:《仲裁法学》,北京大学出版社 2013 年版,第 39 - 40 页;马德才主编:《仲裁法》,厦门大学出版社 2014 年版,第 42 - 43 页。

[2]　关于我国仲裁委员会设立问题详见本书本章本节"仲裁委员会"部分。

家机关不同,只能是民间性机构,它不受国家机关的行政干预,也不是代表国家解决争议,其对争议案件的管辖权完全建立在当事人双方自愿达成的仲裁协议的基础上,没有任何强制的色彩。

3. 仲裁机构具有独立性

仲裁机构的独立性体现在仲裁机构在法律上是独立的,独立行使其仲裁职能,行政机关、法院均不能干预仲裁机构的独立运作。从世界上诸多著名的商事仲裁机构的仲裁活动来看,仲裁机构的独立性是不容置疑的。我国《仲裁法》第14条也明确规定:"仲裁委员会独立于行政机关,与行政机关没有隶属关系。仲裁委员会之间也没有隶属关系。"可见,我国法律对于仲裁机构的独立性也是认可的。

4. 仲裁机构是管理性机构

仲裁机构虽然并不直接行使仲裁权,但是为了保证当事人所提请的争议案件能够得到顺利解决,需要在各行各业中聘请符合仲裁法规定的仲裁员,即具有法定资格的优秀专业人士担任仲裁员,并对仲裁员进行适当的管理。此外,仲裁机构还应当管理其日常仲裁事务性工作,以保证仲裁机构各项工作的顺利进行。因此,仲裁机构是管理性机构。

5. 仲裁机构是服务性机构

虽然仲裁的民间性使其本身省却了当事人利用国家设立的法院等公共资源而具有公共服务的属性,但是当事人达成仲裁协议选择了无需占用国家公共资源的争议解决方式,仲裁机构由此获得了仲裁管辖权,有权接受当事人依据仲裁协议提出的仲裁申请,并在仲裁程序启动后,即应协助当事人选定仲裁员组成仲裁庭,为仲裁活动的顺利进行提供场所及相关事务上的服务。所以,对于仲裁机构而言,公益服务性永远是第一位的,仲裁机构的目的并非取得报酬,而是能更好地为当事人提供社会公共服务,取得报酬只是作为其提供公益性社会服务的客观结果。显而易见,仲裁机构是服务性机构。

6. 仲裁机构是非营利性组织

仲裁机构设立的目的不是为了盈利,所以仲裁机构不是营利性组织。不过,非营利性并不意味着仲裁机构没有收入或者入不敷出,而是指它的收入应当用于仲裁机构的自身发展,即仲裁机构的收费主要用于给付仲裁员的报酬以及维护仲裁机构的正常运作所必须的开支。对此,国务院办公厅1995年7月28日发布,并自1995年9月1日起施行的《仲裁委员会仲裁收费办法》第3条规定:"案件受理费用用于给付仲裁员报酬、维持仲裁委员会正常运转的必要开支。"这表明,仲裁委员会属于非营利性组织。

7. 仲裁机构是常设性组织

仲裁机构不同于仲裁庭,并不随着某一仲裁案件的审理和裁决而解散,它具有其固定的名称、地址、组织形式和章程、仲裁规则、仲裁员名册以及完整的办事机构和管理制度。可见,仲裁机构是常设性组织。而仲裁机构的常设性则具有其固有之优势:① 仲裁机构的仲裁规则便利于仲裁程序的顺利进行;② 仲裁机构所备的仲裁员名册可供当事人及时选择仲裁员组成仲裁庭,保证仲裁解决争议案件的效率与公正;③ 仲裁机构完整的办事机构和管理制度则便于取得当事人的信任,在仲裁领域树立良好的声誉;④ 仲裁机构有明确的收费标准,便于当事人进行合理的成本预算。

二、仲裁机构的设立

（一）仲裁机构的设立模式

仲裁机构的设立模式因各国具体国情、仲裁制度等不同而有所区别。综观有关国家及地区,关于仲裁机构的设立模式,大致有以下几种:[①]

1. 在商会内设立仲裁机构

这种设立模式是仲裁机构由商会设立,并附设于商会内部,它是多数国家所采取的较为常见的仲裁机构设立模式。此种模式又可分为以下几种具体情况:

（1）仅设一个全国性的仲裁机构,无分支机构。例如,瑞典的斯德哥尔摩商会仲裁院、瑞士的苏黎世商会仲裁院、韩国的大韩民国商事仲裁院等都设立在其商会内。

（2）设立几个全国性的仲裁机构,且各自设有分支机构。例如,日本国际商事仲裁协会设于日本工商会议所内,总部设在东京,并在神户、名古屋、大阪设有办事处;日本海事仲裁委员会设在日本海运集会所内,并在神户等地设有办事处。

（3）仅在一些城市的商会内设立仲裁机构,不设立全国性的仲裁机构。例如,法国只在巴黎、马赛的商会内设立仲裁机构。

2. 单独设立仲裁机构

这种设立模式是根据相关法律规定,按照一定程序设立仲裁机构。此种模式又可分为以下两种具体情况:

（1）设立一个全国性的仲裁机构,并下设分支机构。例如,美国设立一个全国性仲裁机构美国仲裁协会,其总部设在纽约,并在旧金山、洛杉矶、波士顿等30多个城市设有分会。

（2）在设立全国性仲裁机构的同时,又设立地方性仲裁机构。例如,我国既设立中国国际经济贸易仲裁委员会等全国性仲裁机构,又设立北京仲裁委员会、武汉仲裁委员会、南昌仲裁委员会、荆门仲裁委员会等地方性仲裁机构。

（3）既设立单独的仲裁机构,又在行业协会内设立仲裁机构。例如,英国既设有伦敦国际仲裁院,同时又在伦敦谷物商业协会、伦敦糖业协会等40多个专业机构、商会和贸易组织内设立行业性的仲裁机构。

（4）设立多个互不隶属的仲裁机构,并设立全国性的仲裁协调机构。这类国家对仲裁机构设立的要求较宽,因而形成各种常设仲裁机构并存的局面。为了协调、管理这些仲裁机构,这些国家往往又会设置统一的仲裁协调机关。例如,德国设有德国海事仲裁协会、法兰克福仲裁协会、汉堡商会仲裁院,以及其他城市商会中的仲裁机构等十几家仲裁机构。德国在波恩设有全国性的德国仲裁委员会,是该国十几家仲裁机构的协调者,订有统一的仲裁规则。但该仲裁机构不受理具体的仲裁案件,也无分支机构。

（二）仲裁机构的设立程序

1. 由政府批准或注册设立

此种仲裁机构的设立程序需要由政府批准或注册才能设立。例如,日本国际商事仲

[①] 参见宋朝武主编:《仲裁法学》,北京大学出版社2013年版,第40页;马德才主编:《仲裁法》,厦门大学出版社2014年版,第43-44页。

裁协会是由日本通商产业省批准设立的。再如,台湾地区的商务仲裁协会是报经"内政部"征得"法务部"、"经济部"同意后,呈报"行政院"征得"司法院"同意后核准设立的;省、市、县商务仲裁协会须报省、市、县政府征得该地区高等或地方法院同意后核准设立。

　　2. 无需政府批准或注册设立

　　此种仲裁机构的设立程序无需政府批准或注册就能设立。例如,瑞典的斯德哥尔摩商会仲裁院是设立在商会之内的,没有向政府部门登记注册。

三、仲裁机构的分类

　　根据不同的标准,仲裁机构可作多种分类。一般而言,仲裁机构可作如下分类:[①]

　　(一) 国际性仲裁机构、地区性仲裁机构和全国性仲裁机构

　　这是以仲裁机构的性质和影响范围为标准所作的分类。

　　国际性仲裁机构,是指根据某个国际条约或者某个国际组织的决议而成立的,用于处理国际商事仲裁争议的常设仲裁机构。这种仲裁机构并不隶属于任何一个特定的国家,不过它却可能附设于某一国际组织或者机构下,其影响范围涉及世界各国。例如,解决投资争端国际中心、国际商会仲裁院即属此类仲裁机构。

　　地区性仲裁机构,是指基于地区性的国际公约或者地区性的国际组织的决定而成立的,主要受理各成员国之间国际商事仲裁案件的常设仲裁机构。这种仲裁机构并不隶属于任何一个成员国,且其影响范围仅涉及成员国之间。例如,美洲国家间商业仲裁委员会即属此类仲裁机构。

　　全国性仲裁机构,是指基于一国的决定而设立的,用于处理国内和涉外仲裁争议的常设仲裁机构。这种仲裁机构大都附设在各国商会或者其他类似的工商团体之内,属于民间性质的组织。例如,中国、美国、英国、德国、日本等国家均设立了这一种类的仲裁机构。

　　(二) 单一性仲裁机构、专业性仲裁机构和综合性仲裁机构

　　这是以仲裁机构受理案件的性质为标准所作的分类。

　　单一性仲裁机构,是指只受理涉外仲裁案件、不受理国内仲裁案件或者只受理国内仲裁案件、不受理涉外仲裁案件的仲裁机构。

　　专业性仲裁机构,可分为开放性专业性仲裁机构和非开放性专业性仲裁机构。其中,开放性专业性仲裁机构是指既受理本专业或行业团体成员的争议案件,又受理本专业或行业非团体成员的争议案件的仲裁机构,例如英国伦敦海事仲裁员协会、中国海事仲裁委员会等即属此类仲裁机构;非开放性专业性仲裁机构,是指仅受理本专业或行业团体成员的争议案件的仲裁机构,例如英国伦敦橡胶交易所的仲裁机构、荷兰咖啡贸易仲裁委员会即属此类仲裁机构。

　　综合性仲裁机构,是指能够受理各种不同种类仲裁案件的仲裁机构。例如,英国伦敦国际仲裁院、美国仲裁协会、瑞典斯德哥尔摩商会仲裁院等即属此类仲裁机构。

　　(三) 全面管理型仲裁机构和宣传与协助型仲裁机构

　　这是以仲裁机构在仲裁程序中的不同作用和职能差异为标准所作的分类。

----

　　① 参见张斌生主编:《仲裁法新论》,厦门大学出版社 2010 年版,第 129－131 页。

　　全面管理型仲裁机构,是指其职能在于管理仲裁案件的仲裁机构,国际商会仲裁院和中国国际经济贸易仲裁委员即属此类仲裁机构。例如,在国际商会仲裁院中,当事人提交的所有材料或者仲裁庭向当事人发出的任何通知都必须给秘书处一份,且申请书应当具备一定的内容和格式。申请人只有提交了足够份数的仲裁申请且预交了确定的管理费,秘书处才会立案。此外,仲裁员的指定经过仲裁院秘书长确认,在案卷移送给仲裁员后,进行实体审查前,仲裁员应当拟定一份"审理事项",把争议的范围、仲裁请求的摘要及其他仲裁事项提交仲裁院。仲裁员依据仲裁程序、仲裁规则作出裁决书时,应当先将草案交给仲裁院,经批准后仲裁员才能签署。

　　宣传与协助型仲裁机构,是指其职能在于宣传仲裁或者在适当的时候给予仲裁案件当事人以协助的仲裁机构,香港国际仲裁中心和伦敦海事仲裁委员会即属此类仲裁机构。例如,香港国际仲裁中心的主要职能就是为了推广仲裁,并提供协助,诸如推荐和指定仲裁员、提供庭审地点、传递仲裁文件、提供文字或者同声传译等方面的服务。同时,该中心也可作为指定机构,根据当事人申请为临时仲裁指定仲裁员。再如,伦敦海事仲裁员协会的宗旨则清楚地表明,协会为推广伦敦海事仲裁,通过加强同业会员之间的交流来提高水平,确定同业会员的行为准则,提供会员意见,代表会员同外界接触,进而保护大家的利益。

四、著名仲裁机构纵览

(一)英国伦敦国际仲裁院(LCIA)

　　伦敦国际仲裁院(The London Court of International Arbitration,简称LCIA),是世界上最古老的常设仲裁机构。它成立于 1892 年 11 月 23 日,原名为"伦敦仲裁会"(London Chamber of Arbitration),1903 年 4 月 2 日改名为"伦敦仲裁院"(London Court of Arbitration),由一个伦敦城市和伦敦商会各派 12 名代表组成的联合委员会管理,1975年伦敦仲裁院与女王特许仲裁员协会合并,并于 1978 年设立了由来自 30 多个国家的具有丰富经验的仲裁员组成的"伦敦国际仲裁员名单",1981 年改为现名即"伦敦国际仲裁院"。现由伦敦市、伦敦商会和女王特许协会三家共同组成的联合管理委员会管理,仲裁院的日常工作由女王特许协会负责,仲裁协会的会长兼任仲裁院的主席。自 1986 年起,伦敦国际仲裁院改组成为有限责任公司,由董事会管理其活动。

　　伦敦国际仲裁院设在伦敦,在仲裁案件中其主要作用是指定仲裁员和对案件进行一些辅助性的管理。它也设有仲裁员名册,仲裁员的成分也是多种多样,可以适应各种类型案件的需要。伦敦国际仲裁院的职能是解决国际商事争议提供服务,它可以受理当事人依据仲裁协议提交的任何性质的国际争议。

　　伦敦国际仲裁院在组成仲裁庭方面确定了一项重要的原则,即在涉及不同国籍的双方当事人的商事争议中,独任仲裁员和首席仲裁员必须由 1 名中立国籍的人士担任。伦敦国际仲裁院于 1998 年 1 月 1 日起实施新的《伦敦国际仲裁院规则》,该规则赋予了当事人更大的自主权利,可以约定适用的仲裁规则、解决实体问题所适用的法律规范等。仲裁庭组成后,一般应当按照伦敦国际仲裁院的仲裁规则进行仲裁程序,同时,该仲裁院也允许当事人约定按《联合国国际贸易委员会仲裁规则》规定的程序仲裁。它是目前英国最主要的国际商事仲裁机构,可以审理任何性质的国际争议,尤其擅长国际海事案件的审理。由于其较高的仲裁质量,它在国际社会上享有很高的声望。

(二) 瑞典斯德哥尔摩商会仲裁院(SCC)

斯德哥尔摩商会仲裁院(The Arbitration Institute of the Stockholm Chamber of Commerce,简称 SCC),成立于 1917 年,是一个根据斯德哥尔摩商会仲裁院仲裁规则、斯德哥尔摩商会快速仲裁规则以及当事人约定的其他程序或规则负责为争议解决提供管理的机构,属于斯德哥尔摩商会的一部分,但其在行使纠纷管理职能时独立于商会。它由理事会和秘书处组成,本身并不裁决争议,其职能是:(1) 根据斯德哥尔摩商会仲裁院规则和当事人约定的其他程序或规则管理国内和国际争议;(2) 提供与仲裁和调解有关的信息。其总部设在瑞典首都斯德哥尔摩。

斯德哥尔摩商会仲裁院虽是商会的机构之一,但它却具有独立的地位和组织。斯德哥尔摩商会仲裁院设有由 3 名委员组成的委员会,委员由商会执行委员会任命,任期 2 年。在 3 名委员中,设主席 1 人,由对解决工商性质的争议案件富有经验的法官担任;另外 2 名委员,1 人是执业律师,1 人是商界享有声望的人。每一名委员配备 1 名由商会执行委员任命的助理,助理任期为 2 年,助理需具备与其所代表的委员相同的资格。委员会按照多数票决定有关事宜,如不能形成多数票,该委员会主席有投票决定权,该委员会的决定是终局的,商会不得复审。此外,仲裁院还设一个秘书处,由商会雇员组成,秘书处设秘书长 1 人,主持秘书处的工作,该秘书长应当是律师。

目前,瑞典斯德哥尔摩商会仲裁院可以受理世界上任何国家当事人所提交的商事争议。双方当事人之间发生争议时,如果要将该争议提交仲裁院仲裁,必须向仲裁院提出书面申请,并提供所依据的合同副本或者仲裁协议副本。仲裁院经过审查后,对于符合受理条件的争议案件,即协助当事人设立仲裁庭,以保证仲裁程序的顺利进行。仲裁庭在进行仲裁时,可以适用该仲裁院的仲裁规则,也可以适用当事人选定的其他仲裁规则,仲裁庭对争议案件经过审理后作出的仲裁裁决具有终局效力。同时,该仲裁院也允许当事人约定按《联合国国际贸易法委员会仲裁规则》规定的程序仲裁。瑞典斯德哥尔摩商会仲裁院仲裁规则最主要也最重要的一个特征就是其灵活性,而且为了适应国际商事仲裁制度的新发展和完善机构仲裁规则,斯德哥尔摩商会仲裁院不断对仲裁规则进行修订,最新的机构仲裁规则于 2010 年 1 月 1 日生效。新仲裁规则在结构和内容方面做了较大变动,增加了与临时性措施相关的应急仲裁员规则。

值得注意的是,斯德哥尔摩商会仲裁院没有仲裁员名单,当事人可自由指定任何国家,任何身份的人作为仲裁员。通常当事双方各自选择一位同胞作为仲裁员,并共同选择第三名仲裁员,组成三人仲裁庭。此举提高了仲裁的速度和效力,也便于在各个国家执行。

瑞典斯德哥尔摩商会仲裁院是瑞典最重要的常设仲裁机构,同时由于瑞典的仲裁历史悠久,体制完善,加上瑞典是中立国,因此斯德哥尔摩商会仲裁院也是受理国际经济争端的一个重要场所。

(三) 美国仲裁协会(AAA)

美国仲裁协会(American Arbitration Association,简称 AAA),成立于 1926 年,由

1922 年成立的美国仲裁会和 1925 年成立的美国基金会合并而成,是一个独立的、非政府性的、非营利性的民间组织,是美国最主要的国际仲裁常设机构。后来,其他有关组织也并入美国仲裁协会,如美国贸易协会。美国仲裁协会的成立是美国现代仲裁制度化的重要成果,也是美国现代化仲裁制度产生的主要标志之一,其在推动、参与美国仲裁立法和仲裁法学教育以及促进民众对仲裁的了解、认可方面发挥了十分重要的作用。其领导机构称董事局,由有关行业和社团组织中的知名人士组成并由从事法律和仲裁的专业人士负责管理工作。

美国仲裁协会的总部设在纽约,在旧金山、洛杉矶、波士顿等 30 多个城市设有分会,还有 2 家国际中心在纽约和都柏林。美国仲裁协会的仲裁员也来自很多国家,已达 6 万人,还雇用了 500 多名专职人员。美国仲裁协会内部设有一个负责教育与培训的部门,定期对仲裁员进行仲裁知识和技巧的培训,并召开研讨会,使这些既具有法律专业知识,又具有仲裁技能的仲裁员能够充分发挥在解决争议案件方面的作用。

美国仲裁协会的宗旨是:进行有关仲裁的研究,完善仲裁技术和程序,进一步发展仲裁科学,提供仲裁便利。为实现这一宗旨,美国仲裁协会受理全美各地的以及外国的各种当事人提交的除法律和公共政策禁止仲裁的事项以外的任何国际争议,包括国际经济贸易争议、劳动争议、消费者争议及证券争议等,特别是在国内争议方面,涉及人身伤害、商业纠纷、劳动、承包工程合同争议、证券争议等。与此相适应的是美国仲裁协会制定了许多类型的仲裁规则,分别适用于不同类型的争议。在处理争议案件的同时,美国仲裁协会还广泛发展与其他国家的仲裁机构和商业组织之间的业务联系,从而成为世界上最大的民间仲裁机构之一。

美国仲裁协会采用列名的方式向当事人推荐仲裁员,由当事人双方进行选择。不过,当事人对仲裁员的选择并不必然受其仲裁员名册的限制,也可以在其仲裁员名册之外选定仲裁员。同时,当事人还可以约定仲裁员人数,但如当事人各方对仲裁员人数未达成协议,则应委任 1 名仲裁员,除非协会根据案件的情况自行决定 3 名仲裁员组成仲裁庭是适宜的。当事人可以共同约定指定仲裁员的程序,并应将该程序通知协会行政管理人。当事人可以在有或没有协会行政管理人的协助下共同指定仲裁员。仲裁员一经指定,当事人应通知协会行政管理人,以便其将指定通知转告仲裁员,并附上规则的副本。如仲裁开始后 60 天内,各方当事人不能就指定仲裁员的程序共同达成一致,或不能共同指定仲裁员,协会行政管理人应在各方当事人书面要求下,指定仲裁员和首席仲裁员。如当事人共同约定了指定仲裁员的程序,但未在该程序规定的期限内指定仲裁员,协会行政管理人应在各方当事人的书面要求下,行使程序规定的职权。协会行政管理人在征询各方当事人的意见后,应尽可能选择合适的仲裁员,协会行政管理人得应任何一方当事人的要求,或自行指定一名与各方当事人国籍不同的仲裁员。除非当事人另有约定,根据其规则进行仲裁的仲裁员应是公正的和独立的。在接受指定前,未来的仲裁员应向协会行政管理人披露任何因其担任仲裁员而可能对其公正性和独立性产生正当怀疑的情况。仲裁员一经任命亦应向当事人和协会行政管理人披露任何这类情况。从某一仲裁员或一方当事人收到这类情况,协会行政管理人应即转告各方当事人和仲裁员。如存在对仲裁员的公正性和独立性产生正当怀疑的情况时,一方当事人得要求该仲裁员回避。对仲裁员要求回避的一方当事人应在收到该仲裁员任命通知后 15 天内,或在其知悉产生要求回避情况后 15 天内,将要求回避通知送交协会行政管理人。要求回避应以书面写成,并应说明提出要求回避的理由。一经收到要求回避通知,协会行政管理人应通知其他当事人有关该要求回避。一方当事人对仲裁员提出要求回避时,另一方当事人对要求回避可以表示同意接受,如同意,该仲裁员应当离职。没有这类同意,被提出要求回避的仲裁员也可以离职。这两种情况都不意味着承认提出要求回避的理由是正当的。如另一方当事人或各方当事人不同意要求回避,或被提出要求回避的仲裁员没有离职。协会行政管理人应自行对要求回避作出决定。[①]

美国仲裁协会以历史悠久、经验丰富、服务完备而著称,加之其又较少受司法干预,近年来受案数量呈持续上升之势,因而,它既成为美国国内最大、最具有影响力的非诉纠纷解决服务的提供者,也成为世界上最大的民间仲裁机构之一。

(四) 新加坡国际仲裁中心(SIAC)

新加坡国际仲裁中心(Singapore International Arbitration Center,简称 SIAC),成立于 1990 年 3 月,依新加坡共和国《公司法》成立的非营利性有限责任公司,其宗旨是:为国际和国内的商事法律争议进行仲裁和调解提供服务;促进仲裁和调解在解决法律争议中的广泛应用;培养一批熟知国际商事仲裁法律和实务的仲裁员和专家。成立的目的是在高速发展的亚洲为国际商业领域提供中立、高效、可信赖的纠纷解决服务。新加坡国际仲裁中心在成立之初由新加坡政府提供资金支持,现在则已完全实现了自给自足。经过几十年的发展,新加坡国际仲裁中心已经成为亚洲地区具有世界水平的仲裁机构。

新加坡国际仲裁中心受理国际商事及海事仲裁案件,是新加坡法定的仲裁员指定机构,也是新加坡仲裁裁决书的认证与登记服务机构。作为独立的、中立的、非营利的公共机构,除了管辖新加坡国际仲裁中心仲裁规则下的仲裁以外,新加坡国际仲裁中心还负责管理和监督由世界各地当事人提起的在联合国国际贸易法委员会仲裁规则下的仲裁程序,包括仲裁员指定、仲裁庭的财务管理以及行政服务等。该秘书处人员来自包括中国在内的亚洲不同国家,具有多种专业背景和行业经验,以满足不同国家和多元商业文化的当事人服务需要。

新加坡国际仲裁中心实行国际化的董事局领导。现任董事局成员均为世界上居于国际仲裁实务前沿的仲裁员,分别来自澳大利亚、瑞士、英国、美国、印度、韩国和新加坡。新加坡国际仲裁中心由此得到丰富的普通法和大陆法两大法系的国际仲裁经验。新加坡国际仲裁中心也成立了国际顾问理事会,作为董事局的咨询支持机构。理事成员均为各国(地区)国际仲裁界专家精英,可为董事局提供新加坡国际仲裁中心当前及今后发展的专业意见。新加坡国际仲裁中心秘书处负责日常工作。团队成员来自不同国家(包括普通法和大陆法系),其中有具有中国、新加坡、英国、美国、印度、韩国、加拿大、比利时和马来西亚等国家执业资格的律师。

新加坡国际仲裁中心在册国际仲裁员 370 余人,分布 32 个国家和地区。新加坡国际仲裁中心在册仲裁员由来自世界各地的行业专家组成,当事人也可选择名册以外的人士

---

① 见《美国仲裁协会国际仲裁规则》第 5—9 条。

作为仲裁员。仲裁员近年受理案件所属的行业或领域有：国际贸易、代理、分销、连锁、特许经营、投资、融资、银行、保险、公司法、合资、合伙人及股东纠纷、能源、工程、建筑、航空、海事、信息技术、知识产权等。

新加坡国际仲裁中心受理案件的85％属于国际仲裁案件。2011年,57％案件与新加坡没有任何联系。所有新加坡仲裁裁决(包括其他机构管辖的及非机构仲裁的裁决),凡在规定的时间内向新加坡国际仲裁中心登记备案的,当事人根据《纽约公约》在新加坡以外的国家申请强制执行时,可向执行地国法院提交新加坡国际仲裁中心签发的新加坡仲裁裁决正式认证书或证明书。

最新《新加坡国际仲裁中心仲裁规则》(第五版),自2013年4月1日起施行。该仲裁规则主要以联合国国际贸易法委员会国际商事仲裁示范法和伦敦国际仲裁院仲裁规则为基础而制定的,同时也作了相应修改和变通。该仲裁规则由世界上从事国际仲裁实务的领军者组成的委员会设计测试,并听取新加坡国际仲裁中心用户建议后,最终形成兼顾大陆法和普通法两大法系观点的现行仲裁规则。此外,还有《新加坡航运货物索赔程序》和《新加坡国际仲裁中心新加坡交易所衍生商品交易仲裁规则》。

新加坡国际仲裁中心受理案件的当事各方大部分来自新加坡以外的国家。这除了因为新加坡国际仲裁中心机构本身在国际上具有代表性外,还取决于新加坡所具有的诸多优势:高度廉洁的政府机构;中英双语通行的多元文化社会,聚集各类法律事务和技术专业人才;便利的航空交通及中心枢纽;开放的商业经济环境,世界大型跨国公司有七千余家落户新加坡;仲裁执行的便利性,是《承认和执行外国仲裁裁决公约》(1958年纽约公约)的成员国,新加坡裁决可在150余成员国执行;公正并高效的司法体系,亚洲最佳司法体制之一;充分尊重当事人意思自治,国际仲裁完全彻底地按照当事人意思自治进行,新加坡法院对仲裁实行"支持最大化,介入最小化"原则;自由选择国际仲裁代理人,没有国籍限制;完善的仲裁设施和服务能力,以及具有竞争力的仲裁经济成本。世界各国的企业商家及律师通常愿意选择新加坡作为相对中立的第三国进行仲裁。

(五)国际商会仲裁院(ICC)

国际商会仲裁院(The International Court of Arbitration of International Chamber of Commerce,简称ICC),成立于1923年,是附属于国际商会的一个国际性常设调解与仲裁机构,1989年更名为"国际仲裁院"。国际商会仲裁院是国际性民间组织,具有很大的独立性,该仲裁院总部和其秘书局设在法国巴黎。仲裁院成员独立于其他国家和地区行事。设立国际商会仲裁院的目的在于通过处理国际性商事争议,促进国际经济贸易合作与发展。该仲裁院最初受理的案件主要是有关货物买卖合同和许可证贸易的争议,后来其受案范围发生重大的变化,几乎包括因契约关系而发生的任何争议。从创立至今,国际商会仲裁院已办理了涉及全球170多个国家和地区的当事人之间的13 000多个案件,成为当今世界上处理国际仲裁案件最多的机构。同时,也是当今国际商事仲裁领域中最具影响力的仲裁机构。

国际商事仲裁院是根据法国法律设立的,但是它却与任何国家没有关系。其理事会由来自40多个国家和地区的具有国际法专长和解决国际争端经验的成员组成,其成员首先由国际商会各国委员会根据一国1名的原则提名,然后由国际商会大会决定,任期3

年。仲裁院成员独立于其国家和地区行事。仲裁院设主席 1 名,副主席 8 名。该仲裁院在国际商会总部设有秘书处,秘书处由来自 10 多个国家的人员组成,设秘书长 1 名,秘书处的工作由秘书长主持,秘书处分 5 个小组,每组由 3 人组成,1 名顾问、1 名助理,还有 1 名秘书。顾问一般是律师,并至少应当懂英语与法语。这 5 个小组负责处理案件管理中的日常事务。除以上 5 个小组以外,秘书处还设有 1 名特别顾问、1 名档案管理员、1 名行政助理和几名秘书。

国际商会仲裁院秘书局的工作人员来自不同的国家,能够使用多种语言进行工作。国际商会的仲裁员也来自世界各个国家,其仲裁的一个主要特点是可以在世界的任何一个地方进行仲裁程序。国际商会仲裁院对根据仲裁协议提请仲裁的当事人不作限制,任何国家的当事人,不论是自然人还是法人,甚至是国家、政府及其机构本身,都可以通过仲裁协议将其争议提交仲裁。

国际商会仲裁院的现行仲裁规则是于 2012 年 1 月 1 日生效的《国际商会仲裁规则》。2012 年仲裁规则忠实于国际商会的仲裁精神,保留了国际商会仲裁的基本特征,增加了针对涉及多项合同及多方当事人的争议等事项的新规定;更新了案件管理程序;规定了任命紧急仲裁员作出紧急措施裁令;并为推动解决投资条约及自由贸易协定项下所引起的争议作出了修改。依据该仲裁规则,当事人约定将有关争议提交国际商会仲裁院仲裁时,应当通过其所属国的国际商会国家委员会或者直接向仲裁院秘书处提交仲裁申请书。在后一种情况下,秘书处应当将申请人的仲裁申请通知有关国家的国际商会国家委员会。仲裁申请书的格式无专门要求和规定,但其主要内容应该包括:(1) 各方当事人名称全称、基本情况、地址和其他联系信息;(2) 在仲裁中代表申请人的任何人士的名称全称、地址和其他联系信息;(3) 请求仲裁的争议的性质及情况,以及提出请求的依据;(4) 所请求的救济,连同任何已量化的请求的数额,以及对其他任何请求可能得出的金额估值;(5) 列明任何有关协议,特别是仲裁协议;(6) 如果仲裁请求是按照多项仲裁协议提出的,应写明每项仲裁请求所依据的仲裁协议;(7) 对于根据规则第 12 条和第 13 条确定仲裁员人数及仲裁员选择方式的所有相关说明及任何意见或建议,以及根据上述条款提名的仲裁员人选;(8) 所有关于仲裁地、适用的法律规则和仲裁语言的相关说明、意见或建议。另外,申请人可以在提交申请书时,一并提交其认为适宜的或可能有助于有效解决争议的其他文件或信息。

当事人也可自由协商仲裁员的具体人选。但当事人协商选择的仲裁员需要由该仲裁员本人和秘书处的确认。与其他某些仲裁机构的不同之处在于,国际商会并未设置所谓的仲裁员名册,也不限制当事人必须在某种名册或某个范围内选择仲裁员,这会在仲裁庭的组成方面最大限度地赋予当事人自由自主地选择仲裁员的权利,也会在仲裁员的选择方面充分展示国际商会仲裁的国际性。在当事人无法协商选择仲裁员的情况下,则按国际商会仲裁规则由仲裁院指定。与众不同的是,当出现需要由仲裁院指定仲裁员的各种情形时,仲裁院则可请分布在全球 70 多个国家的国际商会国家委员会推荐人选。此时,仲裁院会将案情和所需人选的基本条件提交给相关的国家委员会。但仲裁院有权接受和拒绝国家委员会推荐的具体人选。在某些情况下,仲裁院也可从未设立国际商会国家委员会的国家去选择和指定仲裁员。但仲裁院指定的首席和独任仲裁员应是当事人以外国家的国民,但是在适当的情况下,若任何当事人均未在仲裁院规定的期限内提出异议,独任仲裁员或首席仲裁员也可以从任何当事人的国籍国选定。在三人组成仲裁庭的情况下,如果出现需要由仲裁院替代某一方指定仲裁员的情形时,仲裁院也会要求该方当事人所在国的国际商会国家委员会推荐人选。国际商会仲裁院的规章还明确规定,仲裁院的院长和秘书处的成员不得作为提交到国际商会仲裁的案件的仲裁员和代理律师。在个别情况下,如果当事人因质疑仲裁员本人的独立性和其他原因而要求仲裁员回避时,仲裁院将根据仲裁规则对此项回避申请作出决定,而且仲裁院的该项决定是终局的。

对大多数案件来说,仲裁时间一般需要持续一年时间。但仲裁院及秘书处会密切监督与仲裁进程相关的时间期限。当仲裁庭组成并且支付仲裁费用后,有两项重要的时间期限约束着仲裁的进程,即仲裁庭须在 2 个月内将审理条款提交给仲裁院并在此后 6 个月内作出最终裁决。仲裁院根据情况需要可以延长该期限。仲裁院还通过由秘书处定期提交的案件进程报告来跟踪每个案件。另外,当事人也可同意缩短某些期限。国际商会对仲裁员报酬制度的设计没有按照每小时和每日为基础向仲裁员付酬,而是以每个案件为单位计酬,这一制度显然也有利于鼓励仲裁员提高办案的时间效率。

仲裁院的一项重要职能便是对仲裁裁决书的核阅。与其他一些仲裁机构的规则有所不同的是,国际商会仲裁规则特别规定,仲裁庭在签署裁决前,应将其草案提交仲裁院。仲裁院可提出对裁决形式的修改意见。在不影响仲裁庭对案件实体问题作出决定的情况下,仲裁院也可提请仲裁庭对实体问题的注意。在仲裁院对裁决书的形式作出批准之前,仲裁庭不得签发裁决书。裁决书的核阅是国际商会仲裁中确保裁决质量的一项重要环节,有利于减少裁决被国内法院撤销或不予执行的可能性。由于仲裁裁决是终局的,不允许当事人上诉,所以裁决书的核阅无疑也为当事人增添了一项保护措施。这一独特的质量控制机制有利于确保国际商会仲裁的可靠性。

总体而言,国际商会仲裁院与其他仲裁机构相比,具有以下几个方面的优势:首先,它是一个不隶属于任何国家的机构,国际性是其最重要的特点;其次,当事人可以自由选择仲裁员、仲裁地点、适用的语言以及适用的法律等;再次,国际商会仲裁院仲裁规则中规定的质量控制以及秘书处和仲裁院应用过程中的质量跟踪,保证了争议仲裁的质量。然而,不可否认的是,由于它是第一次工业革命后期欧洲国家解决商事活动的产物,因此国际商会仲裁院深受欧洲法律和文化的影响,具有浓厚的"欧洲色彩"。[①]

(六) 解决投资争端国际中心(ICSID)

解决投资争端国际中心(The International Center for the Settlement of Investment Disputes,简称 ICSID),是 1966 年 10 月 14 日根据 1965 年 3 月在世界银行赞助下于美国华盛顿签署的、1966 年 10 月 14 日生效的《解决各国和其他国家国民之间投资争端的公约》(即 1965 年《华盛顿公约》)而建立的一个专门处理国际投资争议的国际性常设仲裁机构,是一个通过调解和仲裁方式,专为解决政府与外国私人投资者之间争端提供便利而设立的机构,是世界银行即复兴开发银行下属的一个独立机构,其总部设在美国华盛顿。解决投资争端国际中心的宗旨是:依照公约的规定为各缔约国的国民之间的投资争端提供

---

① 马德才主编:《仲裁法》,厦门大学出版社 2014 年版,第 48 页。

调停和仲裁的便利,促进相互信任的气氛,借以鼓励私人资本的国际流动。我国于 1990 年 2 月 9 日签署了《华盛顿公约》,并于 1993 年 1 月 7 日正式递交了批准书,1993 年 2 月 6 日成为公约和中心的成员国。

解决投资争端国际中心设有 1 个行政理事会,1 个秘书处、1 个调停人小组和 1 个仲裁人小组。其中,行政理事会的委员由各缔约国各委派代表 1 人组成。如无相反任命,缔约国所指派的银行董事和候补董事当然成为该国的代表和候补代表。世界银行行长是行政理事会的当然主席,但无表决权。行政理事会对中心的重要事项进行表决,如调停和仲裁的程序规则、确定秘书长和任何副秘书长的服务条件等。行政理事会可以设立它认为必要的委员会,同时,应当执行它确定为履行公约规定所必需的其他权利和任务。秘书处由秘书长 1 人、副秘书长 1 人或数人以及工作人员组成,负责中心的日常行政事务。秘书长和副秘书长均由行政理事会主席提名,经行政理事会 2/3 多数票选举产生,任期 6 年,可以连任。秘书长和副秘书长除经行政理事会批准外,不得受雇于任何人或从事任何其他职业,以保证中心的正常工作不受任何外来因素的影响。秘书长是中心的法定代理人和主要官员,负责中心的行政事务,包括任命工作人员。同时,他还执行书记的任务,并有权认证根据本公约作出的仲裁裁决并核证其副本。调停人小组和仲裁人小组,其成员由各缔约国和行政理事会主席指派。各缔约国指派的人员并不限于该缔约国国民,但该人员应当具有高尚的道德品质,在法律、商务、工业或金融方面有公认的资格。对仲裁人小组的人员而言,在法律方面的资格尤为重要。由行政理事会主席指派人员时,还要注意保证世界上各种主要法律体系和主要的经济活动方式在小组中具有代表。小组成员的服务期限为 6 年,可以连任,1 个成员可以在两个小组服务。[①]

解决投资争端国际中心具有不同于任何其他商事仲裁机构的特殊法律地位,即具有完全的国际法律人格;具有缔结契约、取得和处理动产和不动产及处理诉讼的能力;ICSID 在完成其任务时,在各缔约国领土内享有公约所规定的特权和豁免权;ICSID 及其财产享有豁免一切法律诉讼的权利;ICSID 的资产、财务和收入以及公约许可的业务活动和交易,应免除一切捐税和关税;ICSID 及其所有官员和工作人员,享有政府间国际组织及其人员所享有的特权和豁免权。而且,依据公约,作为当事人、代理人、法律顾问、律师、证人或专家以及在仲裁中出席的人在进行仲裁的往返途中或在仲裁地停留,也享有公约第 21 条规定的豁免权。[②]

解决投资争端国际中心的管辖权严格遵守属人管辖的原则,即只受理缔约国或缔约国向中心指定的该国的任何组成部分或机构,与另一缔约国国民之间直接因投资而产生并经双方书面同意提交给中心的任何法律争端。当事人双方一旦表示同意将争议交付中心后,任何一方不得单方面撤销其同意。秘书长在收到仲裁申请书后,经审查,如认为中心对该争议具有管辖权,在登记此项请求后,即可组成仲裁庭。仲裁庭应由双方同意任命的独任仲裁员或任何非偶数的仲裁员组成。如果双方对仲裁员的人数和任命的方法不能

---

① 谢石松主编:《商事仲裁法学》,高等教育出版社 2003 年版,第 67 页。

② 见《解决国家和他国国民投资争端公约》第 1 章第 1—4 节、第 6 节;参见国务院法制办公室政府法制协调司编:《中国仲裁机构概览》,中国物价出版社 2001 年版,第 74－76 页。

达成协议,仲裁庭应由三名仲裁员组成,由每一方各任命仲裁员一名,第三人由双方协议任命,并担任首席仲裁员。如果双方当事人不能在规定或者约定的期限内组成仲裁庭,行政理事会主席应当经任何一方当事人的请求,并尽可能与双方当事人磋商后,可任命尚未任命的仲裁员或数名仲裁员,但仲裁员必须是当事人所属缔约国以外的第三国国民。此外,行政理事会主席可以从仲裁员小组以外的人中任命仲裁员。

仲裁庭的权限由仲裁庭自行决定。不过,如果一方当事人提出反对意见,认为该争端不属于中心的管辖范围,或因其他原因不属于仲裁庭的权限范围,仲裁庭应加以考虑,并决定是否将其作为先决问题处理,或与该争端的是非曲直一并处理。在适用仲裁程序方面,除双方当事人另有协议外,依照双方当事人同意提交仲裁之日有效的仲裁规则进行。如果发生公约或仲裁规则或双方同意的任何规则未作规定的程序问题,则该问题应由仲裁庭决定。在适用法律方面,仲裁庭应依照双方当事人可能同意的法律规则对争端作出裁决。如果当事人没有此种协议,仲裁庭则应适用作为争端一方的缔约国的法律(包括其冲突法规则)以及可能适用的国际法规则。但是,仲裁庭不得借口法律无明文规定或含义不清而暂不作出裁决。同时,仲裁庭在双方当事人同意时,可以按公允及善良原则对争端作出裁决。在进行仲裁裁决时,仲裁庭应以其全体成员的多数票对问题作出决定。仲裁庭的裁决应以书面作成,并由仲裁庭投赞成票的成员签字。裁决应处理提交仲裁庭的每一个问题,并说明所根据的理由。仲裁庭的任何成员可以在裁决上附上他个人的意见(不论他是否同意多数人的意见),或陈述他的不同意见。中心未经双方当事人的同意不得公布裁决。仲裁裁决对双方当事人具有约束力,除依照公约的规定存在可以暂停执行或可以撤销的情况外,双方当事人均应遵守和履行。如果一方当事人拒不履行有关裁决所确定的义务,另一方当事人可以依法请求有关国家的法院协助予以强制执行。另外,具有联邦宪法的缔约国可以在联邦法院或通过该法院执行该裁决,并可规定联邦法院应把该裁决视为组成联邦的某一邦的法院作出的最后判决。任何缔约国对于它本国的国民和另一缔约国根据公约已同意提交或已提交仲裁的争议,不得给予外交保护或提出国际要求。①

五、仲裁委员会

在我国,仲裁机构被称为仲裁委员会。仲裁委员会是指根据法定条件和程序组成的,依当事人之间的仲裁协议受理并裁决法定范围内的民商或经济争议的常设性仲裁机构。仲裁法生效之前,我国曾设立了经济合同仲裁委员会、技术合同仲裁委员会等三十余种仲裁委员会,均隶属于行政机关,具有行政性和专门性。仲裁法生效后,我国仲裁机构发生了巨大的变化,绝大部分仲裁委员会都被统一为综合性的仲裁委员会,也和行政机关摆脱了隶属关系,成为真正民间性的仲裁机构,只有劳动争议仲裁委员会和农村承包合同仲裁委员会例外。

---

① 见《解决国家和他国国民投资争端公约》第25条、第37—42条、第5—6节。

（一）仲裁委员会的设立和注销

1. 仲裁委员会的设立

（1）仲裁委员会的设立地点。《仲裁法》第 10 条第 1 款规定："仲裁委员会可以在直辖市和省、自治区人民政府所在地的市设立，也可以根据需要在其他设区的市设立，不按行政区划层层设立。"可见，仲裁委员会的设立地点为直辖市和省、自治区人民政府所在地的市及其他设区的市。《仲裁法》如此规定仲裁委员会的设立地点，显然是基于商业贸易对仲裁需要的考虑，因为上述城市的商业贸易活动较为活跃、频繁，在此过程中又不可避免地产生其商业贸易争议，而仲裁委员会的设立则有助于以仲裁的方式解决此类争议。同时，仲裁委员会不按行政区划层层设立，各仲裁委员会之间是平行设立的，彼此相互独立、无隶属关系，这有利于保障仲裁委员会的民间性，进而有利于消除仲裁的行政化色彩。

（2）仲裁委员会的设立主体。《仲裁法》第 10 条第 2 款规定："仲裁委员会由前款规定的市人民政府组织有关部门和商会统一组建。"可见，仲裁委员会由设区的市人民政府组织有关部门和商会设立。至于《仲裁法》是否应当明确规定"有关部门"到底指哪些部门，1994 年 8 月 30 日全国人大法律委员会主任委员薛驹在第八届全国人民代表大会常务委员会第九次会议上在关于仲裁法(草案修改稿)修改意见的汇报中说："一些委员提出，'有关部门'指的是哪些部门，应当明确规定。这里的有关部门，主要指已经设立仲裁机构的一些部门，由于各地设立仲裁机构的情况不同，有关部门具体指哪些部门，宜由当地的市人民政府来确定，在仲裁法中可以不作规定。①"所以，《仲裁法》对此并未作出明确的规定。同时，这里的"有关部门"，通常指已经设立仲裁机构的部门，如工商行政管理局、房地产管理局、司法行政等部门。具体包括哪些部门，宜由当地的市人民政府来确定。根据国务院的有关规定，由各政府法制局(办)主持，司法、工商部门和贸促会、工商联参加共同承担重新组建国内仲裁委员会的任务。不过，仲裁委员会虽然由政府参与组建，但是根据《仲裁法》第 14 条的规定，所组建的仲裁委员会并不隶属于政府而是独立于政府，且仲裁依法独立进行，不受行政机关、社会团体和个人的干涉。

至于涉外仲裁委员会的设立，《仲裁法》第 66 条第 1 款规定："涉外仲裁委员会可以由中国国际商会组织设立。"可见，涉外仲裁委员会的设立主体是中国国际商会。

（3）仲裁委员会的设立条件。《仲裁法》第 11 条规定："仲裁委员会应当具备下列条件：有自己的名称、住所和章程；有必要的财产；有该委员会的组成人员；有聘任的仲裁员。"可见，仲裁委员会的设立应当具备下列条件：

① 有自己的名称、住所和章程。名称是仲裁委员会的名号，它既可使本仲裁委员会与其他仲裁委员会相区别，又可便于当事人协议选定解决纠纷的仲裁委员会。仲裁委员会对自己的名称享有专用权。根据国务院《重新组建仲裁机构方案》的规定，新组建的仲裁委员会的名称应当规范，一律在仲裁委员会之前冠以仲裁委员会所在市的地名，即"地名＋仲裁委员会"，如北京仲裁委员会、武汉仲裁委员会、南昌仲裁委员会、荆门仲裁委员会等。

---

① 参见薛驹：《关于仲裁法(草案修改稿)修改意见的汇报》，中国人大网：http://www.npc.gov.cn/wxzl/gongbao/2001－01/02/content_5003214.htm，访问日期：2015 年 5 月 1 日。

仲裁委员会作为法人也必须有自己的住所,其住所是仲裁委员会的管理机构和办事机构所在地,一般也是仲裁委员会从事仲裁活动的地点。仲裁委员会的住所应当设在相应的直辖市和省、自治区人民政府所在地的市及其他设区的市境内,以方便当事人参加仲裁活动。

仲裁委员会的章程是规定其宗旨、组成、机构且规范其行为的准则,是社会各界了解其职能的依据。它由仲裁委员会自行制定,应当载明仲裁委员会的名称、宗旨、资金来源、业务范围、组织机构及其职能、人员组成及其产生办法等。国务院于 1995 年 7 月 28 日批准发布了《仲裁委员会章程示范文本》,可供各仲裁委员会在制定其章程时参考。

② 有必要的财产。仲裁委员会作为行使仲裁权的组织,必须有其办公经费、办公设备、交通工具、通信设施等,这是仲裁委员会进行仲裁活动的物质前提。至于《仲裁法》是否应当明确规定设立仲裁委员会的经费来源问题,对此,1994 年 8 月 30 日,全国人大法律委员会主任委员薛驹在第八届全国人民代表大会常务委员会第九次会议上在关于仲裁法(草案修改稿)修改意见的汇报中说:“一些委员提出,应当明确规定设立仲裁委员会的经费来源。设立仲裁委员会需要有经费,特别是开办和设立初期。仲裁法已经规定仲裁委员会由市人民政府组织有关部门和商会统一组建,开办经费问题原则上应由组建单位予以解决,以后随着仲裁业务的发展,经费也不宜完全长期由政府解决。对经费来源,在仲裁法中可以不作规定。①”国务院《重新组建仲裁机构方案》规定,仲裁委员会设立初期,其所在地的市人民政府应当参照有关事业单位的规定,解决仲裁委员会的人员编制、经费、用房等。仲裁委员会应当逐步做到自收自支。

③ 有该委员会的组成人员。由于具备一定数量的组成人员是仲裁委员会开展正常工作的基本条件,因此,《仲裁法》第 12 条明确规定:“仲裁委员会由主任一人、副主任二至四人和委员七至十一人组成。仲裁委员会的主任、副主任和委员由法律、经济贸易专家和有实际工作经验的人员担任。仲裁委员会的组成人员中,法律、经济贸易专家不得少于三分之二。”这一规定,既符合国际通行的做法,能保证新组建的仲裁委员会具有较高的专业水平,同时又考虑到了我国仲裁事业发展的实际状况,妥善处理了新组建的仲裁委员会与原仲裁机构的衔接问题。②

关于仲裁委员会组成人员的产生程序,《仲裁法》并未作出明文规定,但是国务院《重新组建仲裁机构方案》及其推荐的《仲裁委员会章程示范文本》作了具体规定:第一届仲裁委员会的组成人员,由政府法制、经贸、体改、司法、工商、科技、建设等部门和贸促会、工商联等组织协商推荐,由市人民政府聘任。仲裁委员会每届任期 3 年。任期届满,更换 1/3 组成人员。仲裁委员会任期届满的 2 个月前,应当完成下届仲裁委员会组成人员的更换;有特殊情况不能更换的,应当在任期届满后 3 个月内完成更换。上一届仲裁委员会履行职责到新一届仲裁委员会组成为止。新一届仲裁委员会组成人员由上一届仲裁委员会主任会议商请市人民政府和有关商会后提名,由市人民政府聘任。仲裁委员会组成人员名

---

① 马德才主编:《仲裁法》,厦门大学出版社 2014 年版,第 50 页。
② 参见黄进等著:《仲裁法学》,中国政法大学出版社 2008 年版,第 35 页;宋朝武主编:《仲裁法学》,北京大学出版社 2013 年版,第 51 页。

单报中国仲裁协会备案。

④ 有聘任的仲裁员。在仲裁实践中，承担具体案件仲裁工作的是仲裁员，显然，没有仲裁员就无法进行仲裁工作。因此，仲裁委员会需聘任一定数量且符合法定条件的自然人担任其仲裁员，并按照所聘任仲裁员的专业特长制作仲裁员名册，供当事人选择，以便仲裁活动能够顺利进行。

（4）仲裁委员会的设立程序。设立仲裁委员会，应当按照法定程序进行登记。对此，《仲裁法》和《仲裁委员会登记暂行办法》作了规定。其中，前者第 10 条第 3 款规定："设立仲裁委员会，应当经省、自治区、直辖市的司法行政部门登记。"后者第 3 条第 2 款规定，设立仲裁委员会，应当向登记机关办理设立登记；未经设立登记的，仲裁裁决不具有法律效力。同时，根据《仲裁委员会登记暂行办法》第 3 条第 3 款规定，办理设立仲裁委员会登记，应当向登记机关提交下列文件：① 设立仲裁委员会申请书；② 组建仲裁委员会的市的人民政府设立仲裁委员会的文件；③ 仲裁委员会章程；④ 必要的经费证明；⑤ 仲裁委员会住所证明；⑥ 聘任的仲裁委员会组成人员的聘书副本；⑦ 拟聘任的仲裁员名册。此项申报工作由市政府法制局主持的仲裁委员会筹备组经办。

根据《仲裁委员会登记暂行办法》第 4 条的规定，登记机关应当在收到上述申请文件之日起 10 日内，对符合设立条件的仲裁委员会予以设立登记，并发给登记证书；对符合设立条件，但所提供的文件不符合本办法第 3 条第 3 款规定的，在要求补正后予以登记；对不符合本办法第 3 条第 1 款规定的，即不属于直辖市和省、自治区人民政府所在地的市以及设区的市申请成立仲裁委员会的，不予登记。

登记机关对仲裁委员会的设立登记，自作出登记之日起生效，予以公告，并报国务院司法行政部门备案。仲裁委员会登记证书，由国务院司法行政部门负责印制。①

另外，根据《仲裁委员会登记暂行办法》第 5 条的规定，经登记的仲裁委员会变更住所、组成人员，应当在变更后的 10 日内向登记机关备案，并向登记机关提交与变更事项有关的文件。

2. 仲裁委员会的注销

根据《仲裁委员会登记暂行办法》第 6 条的规定，仲裁委员会决议终止的，应当向登记机关办理注销登记。仲裁委员会办理注销登记，应当向登记机关提交下列文件或者证书：（1）注销登记申请书；（2）组建仲裁委员会的市人民政府同意注销该仲裁委员会的文件；（3）有关机关确认的清算报告；（4）仲裁委员会登记证书。

根据《仲裁委员会登记暂行办法》第 7 条的规定，登记机关应当自收到上述文件和证书之日起 10 日内，对符合终止条件的仲裁委员会予以注销登记，收回仲裁委员会登记证书。

登记机关对仲裁委员会的注销登记，自作出登记之日起生效，予以公告，并报国务院司法行政部门备案。仲裁委员会登记证书，由国务院司法行政部门负责印制。②

另外，《仲裁委员会登记暂行办法》第 9 条规定，《仲裁法》施行前在直辖市和省、自治

---

① 见《仲裁委员会登记暂行办法》第 8 条。
② 见《仲裁委员会登记暂行办法》第 8 条。

区人民政府所在地的市以及其他设区的市设立的仲裁机构,应当依照《仲裁法》和国务院的有关规定重新组建,并依照本办法申请设立登记;未重新组建的,自《仲裁法》施行之日起满1年时终止。《仲裁法》施行前设立的不符合《仲裁法》规定的其他仲裁机构,自《仲裁法》施行之日起终止。

（二）仲裁委员会的组织机构及其职权

1. 仲裁委员会会议和主任会议

仲裁委员会会议是仲裁委员会的管理机构,以其委员会制的形式行使其职权。《仲裁委员会章程示范文本》第7条规定,仲裁委员会会议由主任或主任委托的副主任主持,每次会议须有2/3以上的组成人员出席,方能举行。修改章程或者对仲裁委员会作出解散决议,须经全体组成人员的2/3以上通过,其他决议须经出席会议组成人员的2/3以上通过。关于仲裁委员会会议的职责,《仲裁委员会章程示范文本》第8条规定主要包括:(1)审议仲裁委员会的工作方针、工作计划等重要事项,并作出相应的决议;(2)审议、通过仲裁委员会秘书长提出的年度工作报告和财务报告;(3)决定仲裁委员会秘书长、专家咨询机构负责人人选;(4)审议、通过仲裁委员会办事机构设置方案;(5)决定仲裁员的聘任、解聘和除名;(6)仲裁委员会主任担任仲裁员的,决定主任的回避;(7)修改仲裁委员会章程;(8)决议解散仲裁委员会;(9)仲裁法、仲裁规则和章程规定的其他职责。

关于仲裁委员会主任会议,《仲裁委员会章程示范文本》第9条规定,由仲裁委员会主任、副主任和秘书长组成,在仲裁委员会会议闭会期间,负责仲裁委员会的重要日常工作。仲裁委员会主任会议也有其职责,大体包括:(1)仲裁委员会主任应当事人要求为其指定仲裁员;(2)按规则规定,仲裁委员会主任指定仲裁庭组成方式或仲裁员;(3)仲裁委员会主任决定仲裁员的回避问题;(4)主任会议决定聘用办事机构工作人员等。

2. 仲裁委员会的办事机构

根据《重新组建仲裁机构方案》和《仲裁委员会章程示范文本》的规定,仲裁委员会下设办事机构,即仲裁委员会秘书处。《重新组建仲裁机构方案》规定,仲裁委员会设秘书长1人,秘书长可以由驻会专职组成人员兼任。仲裁委员会办事机构日常工作由仲裁委员会秘书长负责。办事机构的设置和人员配备应当遵循精简、高效的原则。仲裁委员会设立初期,办事机构不宜配备过多的工作人员。以后随着仲裁工作量的增加,人员可以适当增加。办事机构工作人员应当具备良好的思想品质、业务素质,择优聘用。关于办事机构工作人员由谁聘用的问题,《仲裁委员会章程示范文本》第13条规定,办事机构工作人员,由仲裁委员会主任会议决定聘用。

关于仲裁委员会办事机构的职责,根据《仲裁委员会章程示范文本》第12条的规定,主要包括:(1)具体办理案件受理、仲裁文书送达、档案管理等程序性事务;(2)收取和管理仲裁费用;(3)办理仲裁委员会交办的其他事务。可见,办事机构主要处理仲裁中的一些程序性事务,它具体代表仲裁委员会处理日常一般性事务,是案件当事人与仲裁员之间的纽带。因为仲裁员不得私自会见当事人,有关材料的交接,有关事项的交代,必须由办事机构转交,以免由于程序上的原因,引起裁决执行过程中的非常情况出现而致裁决被撤销或不予执行。另外,对仲裁庭的所有合议及庭审进行记录,核校裁决书也应是办事机构职责的一部分。[①]

结合我国仲裁工作实践的探索,仲裁委员会的工作人员或办案秘书可以在仲裁委员会或仲裁庭的指导下办理以下"其他事务":(1)审查仲裁案件材料,提出仲裁争议要点,归纳摘录证据;(2)庭前组织证据交换;(3)代表仲裁庭或仲裁委员会进行庭前调解,达成调解协议,须经仲裁庭审核确认;(4)接待案件当事人、代理人的来信来访;(5)代表仲裁庭依法调查、收集、核对有关证据;(6)办理有关委托鉴定、评估、审计等事宜;(7)协助办理仲裁保全事宜;(8)准备仲裁案件程序管理的有关事务;(9)完成仲裁委员会或仲裁庭交办的其他与仲裁业务相关的辅助性工作。[②]

3. 专家咨询机构

由于专家咨询机构对仲裁委员会有着重要的作用,因此《仲裁委员会章程示范文本》第 10 条规定,仲裁委员会可以根据需要设立专家咨询机构。而专家咨询机构则由仲裁委员会在其组成人员和仲裁员中聘请若干名专家组成。专家咨询委员会的成员都是兼职的,它的设立并不影响精简和高效的原则。专家咨询机构设负责人 1 人,由仲裁委员会主任或副主任兼任,负责人的人选由仲裁委员会会议决定。

关于专家咨询机构的职责,根据《仲裁委员会章程示范文本》第 10 条的规定,主要是为仲裁委员会和仲裁员提供对疑难问题的咨询意见。但是,专家咨询委员会对具体仲裁案件的程序或实体的重大疑难问题所作的研究和提供的咨询意见,只能供仲裁委员会和仲裁庭参考,并不对仲裁委员会和仲裁庭具有约束力,否则就构成对仲裁员独立仲裁的干涉。此外,专家咨询机构还可以在以下方面发挥积极作用,例如组织仲裁员交流经验、对仲裁委员会的发展提出建议、对仲裁委员会仲裁规则的修改提出建议等。

4. 其他机构

仲裁委员会需要设立哪些其他机构,《仲裁法》并未作出明确的规定。从我国仲裁实践来看,一般来说,仲裁委员会只要设置了上述机构就可以正常地开展仲裁工作。但是,随着仲裁事业的发展,仲裁委员会与社会的关系会变得越来越复杂,仲裁委员会就有必要进一步设立和完善内部机构。例如,为了推行仲裁法律制度,进一步融入社会主义市场经济,各地仲裁委员会纷纷设立发展工作部门强化发展职能如仲裁发展委员会、发展处、宣传联络处等。[③] 再如,随着仲裁委员会受理的仲裁案件数量增加,仲裁委员会不仅要求增加仲裁员的数量,而且要对仲裁员的行为进行评价,仲裁员的聘任及管理的工作量就会增大,仲裁员资格审查管理机构也就应运而生了。同时,案件的增多,加上社会上一些不良习气的影响,仲裁员不能秉公办案甚至枉法裁决的可能性也在增大,仲裁员纪律检查机构的设立就成为必要。另外,为了总结办案经验,提高仲裁工作水平,对于一些比较典型的、有代表性的并且比较成功的案例,进行整理、编辑、出版,将是一项非常重要的工作,案例编辑机构的设立,将有利于完成此项工作。[④] 而且,随着仲裁委员会设立时间的逐渐增

---

① 参见黄进等著:《仲裁法学》,中国政法大学出版社 2008 年版,第 36 页。
② 参见马德才主编:《仲裁法》,厦门大学出版社 2014 年版,第 54 页。
③ 参见马德才主编:《仲裁法》,厦门大学出版社 2014 年版,第 54 页。
④ 黄进等著:《仲裁法学》,中国政法大学出版社 2008 年版,第 37 页。

长,仲裁案件的档案日益重要而突出,这就使得仲裁委员会档案管理机构的设立成为必要。[1]

第二节　仲裁员

一、仲裁员的资格条件

仲裁员,是指在仲裁程序中,对当事人的财产权益纠纷进行审理并作出裁决的人。它有广、狭义之分。广义上的仲裁员,是指符合仲裁法所规定的任职资格,并为仲裁机构聘任和列入名册的人,可以称为某一仲裁机构的仲裁员。狭义上的仲裁员,是指由当事人按照一定的程序直接或间接从广义仲裁员中依法选定的、对争议事项进行审理的人,可以称为某一案件的仲裁员。[2] 而被指定为审理某一特定案件的仲裁员,能否秉公断案,独立、公正地审理当事人所提交的争议,进而作出公正、合理的裁决,与该仲裁员的个人修养、道德、人品及相关业务、法律和独立解决争议的能力有着直接的关系。[3] 所以,要想成为某一案件裁判者的仲裁员,首先应当具备仲裁员的资格条件。对此,各国或各地区的仲裁法律都作了要求。

(一) 境外有关仲裁员资格条件的规定

1. 仲裁立法对仲裁员资格条件的规定

综观有关仲裁立法对仲裁员资格条件的规定,大体包括以下几种情形:

(1) 一般资格条件。作为仲裁员的一般资格条件,必须是具有完全民事行为能力、具有人身自由的自然人。而且,一般还要求必须是未曾受过刑事处罚或被开除公职的人。由此,未成年人、无民事行为能力人、限制民事行为能力人或被剥夺了人身自由的人,都不得担任仲裁员。仲裁员具有完全的民事行为能力,是其实施任何有效的民事行为的基本要求;未曾受过刑事处罚或被开除公职,则是其担任仲裁员在职业道德方面所必须具备的条件。[4] 例如,瑞典《1999 年仲裁法》第 9 条规定,任何对其行为及财产具有完全法律能力的人,均可担任仲裁员。1981 年法国《新民事诉讼法典》第 1451 条第 1 款也规定:"仲裁员的任务只能交由自然人独任。该自然人应能完全行使其民事权利。"再如,1998 年修订的《比利时司法法典》第 1680 条规定,能够订立合同者均得担任仲裁员,但未成年人即使不复在父母监护之下,受监护者以及永久或暂时被剥夺选举权者不能担任仲裁员。我国澳门特别行政区 1996 年《内部仲裁法》也只要求仲裁员是具备完全行为能力的自然人。

(2) 特别资格条件。一些国家的法律对仲裁员资格还有某些特别要求,归纳起来,大致包括:① 国籍方面的特别要求。对于外国人能否担任仲裁员这一问题,在 20 世纪 70

---

[1]　宋朝武主编:《仲裁法学》,北京大学出版社 2013 年版,第 53 页。
[2]　蔡虹等著:《仲裁法学》,北京大学出版社 2011 年版,第 44 页。
[3]　赵秀文著:《国际商事仲裁及其适用法律研究》,北京大学出版社 2002 年版,第 324 页。
[4]　陈治东著:《国际商事仲裁法》,法律出版社 1998 年版,第 147 页。

年代以前,许多国家的法律采取了否定的态度,不允许外国人担任仲裁员,但是目前大多数国家从尊重当事人意愿出发,都承认外国人担任仲裁员。尽管如此,仍然有少数国家如意大利、哥伦比亚、葡萄牙和拉美国家等禁止外国人担任仲裁员。另外,有些国家虽然允许任命外国人为仲裁员,但却采取"对等原则",例如原捷克斯洛伐克法律规定,如果某一国家允许任命捷克公民为仲裁员,捷克则也允许任命该国公民为仲裁员。在伊朗,可以任命外国人为仲裁员,但如果要求法院任命仲裁员,法院所任命的仲裁员必须是法院管辖区域内的公民。① ② 宗教信仰方面的特别要求。例如,《沙特阿拉伯仲裁条例》第 4 条和《沙特阿拉伯仲裁条例施行规则》第 3 条规定,仲裁员除要求有良好的行为准则和完全民事行为能力外,还必须是从事自由职业的穆斯林;如果仲裁员不止一名,第三仲裁员应懂得穆斯林规范、商业规则及在沙特阿拉伯适用的习惯和传统。③ 性别方面的特别要求。例如,《印度尼西亚民事诉讼法》第 617 条规定,能够担任代理人者即可担任仲裁员,但妇女和未成年人例外。不过,这种对妇女的歧视性规定现已取消。④ 职业方面的特别要求。首先表现在大部分国家原则上都允许法官担任仲裁员,如瑞典、英国、日本等国,也有部分国家在一定条件下允许法官担任仲裁员,如法国、美国等国,不过许多国家的法律却明令禁止现任法官在仲裁中担任仲裁员以解决当事人之间的纠纷,如奥地利、波兰、西班牙等。其次表现在部分国家的法律对律师担任仲裁员作出特别限制,如我国《仲裁法》第 13 条规定,从事律师工作满 8 年的才可以被聘任为仲裁员;而很多国家强制性地规定仲裁员必须是执业律师,如《西班牙仲裁法》第 12 条规定,"当争议需依法决定时,仲裁员必须是执业律师。"《瑞士联邦商事仲裁协约》第 7 条规定,"如果当事人在仲裁条款中约定,禁止律师在仲裁中担任仲裁员的,则该仲裁条款无效。"②

(3)专业资历条件。各国和各地区法律、有关仲裁机构的仲裁规则中对于仲裁员的专业资历也提出了程度不同的要求。例如,我国台湾地区 1998 年修订的"仲裁法"规定:仲裁员应是具有法律或其他各业专门知识或经验、信望素孚之公正人士,且具备下列资格条件之一:曾任实任推事、法官或检察官;曾任执行律师、会计师、建筑师、技师或其他与商务有关之专门职业人员业务 5 年以上;曾任"国内、外"仲裁机构仲裁事件之仲裁员;曾任"教育部"认可之"国内、外"大专院校助理教授以上职务 5 年以上;具有特殊领域之专门知识或技术,并在该特殊领域服务 5 年以上。③ 再如,一些国际标准合同,特别是航运与商品交易方面的格式合同的仲裁条款规定只有从事贸易的人或商人才能被选为仲裁员。④

2. 仲裁机构对仲裁员资格的限制

除立法对仲裁员资格条件作出了明确规定之外,仲裁机构往往会在仲裁规则中对受聘于本仲裁机构的仲裁员的资格条件作出进一步的限制。在立法没有明文规定仲裁员资格条件的国家,仲裁机构的限制规定可以作为其筛选仲裁员的统一标准,可有效防止在仲裁员资格问题上双方易发生争执的局面,避免仲裁程序的拖延。而在仲裁立法已对仲裁

---

① 参见乔欣主编:《比较商事仲裁》,法律出版社 2004 年版,第 67 页。
② 参见乔欣主编:《比较商事仲裁》,法律出版社 2004 年版,第 68-69 页。
③ 见我国台湾地区 1998 年"仲裁法"第 5—6 条。
④ 马德才主编:《仲裁法》,厦门大学出版社 2014 年版,第 59 页。

员资格条件作出限定的国家,仲裁机构的规定对仲裁员的资格条件则提出了比法律规定更高的要求,而这也是其提高仲裁机构自身公信力和竞争力的有效手段。[①]

3. 当事人对仲裁员资格的约定

由于仲裁以尊重当事人意愿为前提,在仲裁员资格的确定方面虽然各国仲裁立法和仲裁机构的仲裁规则往往会对仲裁员的资格作出一定的限制,但这并不排斥当事人在订立仲裁协议时对仲裁员资格作出约定的权利,尤其在一国仲裁立法未对仲裁员资格作出明确规定时或临时仲裁的情况下这种约定更为必要。如英国《1996 年仲裁法》虽没有关于仲裁员资格的规定,但要求法院尊重当事人对仲裁员资格的直接或间接约定。所谓的间接约定实际上是当事人在未直接约定仲裁员资格条件但约定了仲裁机构的情况下,遵从仲裁机构的仲裁规则中关于仲裁员资格的规定。需要指出的是,立法关于仲裁员资格条件的规定是强制性规范,当事人对仲裁员资格条件的约定不能违反这一最低限度的标准。实践中最为常见的是对仲裁员国籍的特别约定,如约定"首席仲裁员应当具备第三国国籍"。除国籍之外,当事人也可对解决争议的仲裁员资格设置诸如专业、经历等方面的限制。[②]

(二) 我国关于仲裁员资格条件的规定

1.《仲裁法》关于仲裁员资格条件的规定

《仲裁法》第 13 条规定:"仲裁委员会应当从公道正派的人员中聘任仲裁员。仲裁员应符合以下条件:(一) 从事仲裁工作满八年的;(二) 从事律师工作满八年的;(三) 曾任审判员满八年的;(四) 从事法律研究、教学工作并且有高级职称的;(五) 具有法律知识,从事经济贸易等工作并具有高级职称或者具有同等专业水平的。"从该条规定可以看出,我国《仲裁法》规定的仲裁员资格条件包括:

(1) 仲裁员品行条件。依据《仲裁法》第 13 条规定的仲裁委员会应当从公道正派的人员中聘任仲裁员,"公道正派"是《仲裁法》所规定的仲裁员的品行条件。因为,仲裁员只有做到办事公道,作风正派、严谨,不偏不倚,才能保证仲裁程序和结果的公正,维护仲裁裁决的权威。

(2) 仲裁员业务条件。根据《仲裁法》第 13 条的规定,担任仲裁员除了具备其品行条件之外,还必须满足其业务条件,以适应仲裁专业性的特点。该业务条件具体如下:

① 从事仲裁工作满 8 年的。这一规定主要是考虑到《仲裁法》颁布前后仲裁工作的衔接和仲裁事业的连续性以及有利于纠纷案件的仲裁解决。因为,案件的仲裁审理和裁决是由仲裁员组成的仲裁庭来进行的,而由《仲裁法》颁布前长期从事仲裁工作又富有仲裁经验的人员担任仲裁员,就能够保证仲裁审理和裁决的顺利进行,也有利于《仲裁法》颁布前后仲裁工作的衔接。从事仲裁工作满 8 年,既包括在《仲裁法》施行前设立的仲裁机构工作过 8 年,又包括在《仲裁法》施行前设立的仲裁机构工作和在《仲裁法》施行后组建的仲裁委员会工作共 8 年。

② 从事律师工作满 8 年的。这一规定主要是考虑到保证仲裁员队伍的业务水平。

---

① 　马德才主编:《仲裁法》,厦门大学出版社 2014 年版,第 60 页。

② 　马德才主编:《仲裁法》,厦门大学出版社 2014 年版,第 60 页。

因为,从事律师工作满 8 年的律师既具有较为广博的法律专业知识,又具有较为丰富的处理民商事纠纷的实务能力,因而让他们担任仲裁员可以充实仲裁员队伍,保证仲裁员队伍的业务水平,从而有利于纠纷案件的仲裁解决。

③ 曾任审判员满 8 年的。这一规定主要是考虑到促进我国仲裁事业的进一步发展。因为,曾任审判员满 8 年的法官不仅具有十分丰富的法律知识和审理各类纠纷案件的实践能力和经验,而且和仲裁员一样都是居中根据事实,适用法律解决纠纷案件,因此,由他们担任仲裁员能够有效公正及时地解决纠纷,有利于促进我国仲裁事业的进一步发展。该规定同时表明,我国《仲裁法》不承认现职法官的仲裁员资格,只有担任过审判员满 8 年后又离开法院工作的人员或者现职审判员辞职后,才有资格担任仲裁员。我国《仲裁法》之所以不承认现职法官的仲裁员资格,是为了使仲裁司法监督落到实处。对此,2004 年 7 月 13 日,最高人民法院发布的《关于现职法官不得担任仲裁员的通知》①也作了明确规定。

④ 从事法律研究、教学工作并具有高级职称的。这一规定主要是考虑到有利于仲裁过程中疑难问题的解决。因为,从事法律研究、教学工作并具有高级职称的教学科研人员,具有丰富、扎实的理论功底,同时能够独立处理各类法律问题,所以聘任其担任仲裁员,既可以充分发挥其理论方面的优势,又有利于他们运用其掌握的法学理论去解决仲裁过程中的各类问题,特别是仲裁过程中的一些疑难问题。

⑤ 具有法律知识,从事经济贸易等专业工作并具有高级职称或者具有同等专业水平的。这一规定主要是考虑到有利于发挥仲裁所具有的专业性强的优势。因为,以仲裁方式解决的争议,常常涉及复杂的法律、经济贸易和技术性问题,而这些问题只有有关领域的专家才能处理好,而具有法律知识,从事经济贸易等专业工作并具有高级职称或者具有同等专业水平的人就是这样的专家,所以聘请该领域的专家作为仲裁员,既有利于案件中所涉及的专业技术问题得以正确处理,同时又有利于充分发挥仲裁所具有的专业性强的优势。

（3）仲裁员国籍条件。关于仲裁员的国籍条件,我国《仲裁法》对国内仲裁和涉外仲裁要求有所不同。在国内仲裁方面,《仲裁法》并没有明确规定仲裁员的国籍条件,但是从其立法精神和语句表述来看,仲裁员应为中国籍公民。在涉外仲裁方面,《仲裁法》第 67 条明确规定:"涉外仲裁委员会可以从具有法律、经济贸易、科学技术等专门知识的外籍人士中聘任仲裁员。"可见,《仲裁法》对涉外仲裁中仲裁员的国籍条件没有作限定。

2. 我国仲裁机构关于仲裁员资格条件的规定

相比《仲裁法》,我国各仲裁机构对仲裁员的资格条件作出了更为详尽和具体的规定。例如,中国国际经济贸易仲裁委员会制定的《关于聘任仲裁员的规定》第 1 条"聘任仲裁员的条件"中,除了要求符合《仲裁法》的规定外,还规定聘任中国籍仲裁员的条件:(1) 热爱

---

① 最高人民法院发布的《关于现职法官不得担任仲裁员的通知》规定:"根据《中华人民共和国法官法》、《中华人民共和国仲裁法》的有关规定,法官担任仲裁员,从事案件的仲裁工作,不符合有关法律规定,超出了人民法院和法官的职权范围,不利于依法公正保护诉讼当事人的合法权益。因此,法官不得担任仲裁员;已经被仲裁委员会聘任,担任仲裁员的法官应当在本通知下发后一个月内辞去仲裁员职务,解除聘任关系。"

仲裁事业、公道正派，能坚持独立公正办案原则的；（2）从事仲裁工作或律师工作或曾任审判员满8年的，或从事法律研究、教学工作并具有高级职称的，或具有法律知识、从事经济贸易或海商海事等专业工作具有高级职称或同等专业水平的；（3）愿意遵守仲裁委员会仲裁规则、仲裁员守则及有关规定的；（4）熟练掌握或能够阅读英语的，但少数知名人士或掌握其他语种的人士可适当放宽；（5）年龄在70岁以下，但健康状况良好的少数有丰富经验的知名人士可适当放宽；（6）办理案件时间有保证，不常驻国外的。聘任外籍仲裁员的条件：（1）热爱仲裁事业，能坚持独立公正办案原则的；（2）具有法律、经济贸易、科学技术或海商海事等专业知识和实际工作经验的；（3）愿意遵守仲裁委员会仲裁规则、仲裁员守则及有关规定的；（4）具有良好的英文水平和一定的中文知识的，少数商事仲裁界知名人士可适当放宽。《北京仲裁委员会仲裁员聘用管理办法》第2条规定："北京仲裁委员会仲裁员应符合《中华人民共和国仲裁法》第十三条规定的条件，同时还应满足下列条件：（一）遵守《北京仲裁委员会仲裁规则》、《北京仲裁委员会仲裁员守则》、《北京仲裁委员会关于提高仲裁效率的若干规定》和本办法的有关规定；（二）诚实信用、认真勤勉、注重效率；（三）具有本办法第三条规定的学历、资历、知识、经验，熟悉《中华人民共和国仲裁法》、《北京仲裁委员会仲裁规则》、仲裁程序、证据规则和仲裁实务；（四）明察善断、善于学习，具有较强的语言文字表达能力，能够组织开庭审理、制作裁决，办案效果好；（五）身体健康、精力充沛，有相应的时间从事仲裁工作；（六）年龄不满66周岁。多次担任首席或独任仲裁员，经验丰富，办案效果好，或者为本会工作所需的特殊专业人才，年龄可适当放宽，但原则上不超过75周岁。"

此外，《北京仲裁委员会仲裁员聘用管理办法》第3条还规定了不同职业、专业领域的人担任仲裁员应满足的具体条件：

（1）法律教学、研究工作者：① 具有教授、研究员高级职称，或者具有副教授、副研究员高级职称，并具有博士学位，办案能力强、经验丰富；② 直接从事民商法律方面的教学或研究工作；③ 办理过仲裁或诉讼案件，具有相应办案经验。

（2）律师：① 具有法律专业硕士研究生或以上学历；或者具有法律专业大学本科学历，并多次任首席或独任仲裁员，办案能力强；② 从事或曾从事诉讼或仲裁业务，办案经验丰富；③ 在律师行业中具有较高的专业水准和良好信誉，无任何违纪行为或不良反映；④ 能够胜任首席或独任仲裁员工作。

（3）经济贸易工作者：① 具有大学本科或本科以上学历；② 具有本专业正高职称；或具有副高职称，并具有硕士研究生以上学历；或者担任处级或处级以上专业技术领导职务；或者担任副处级专业技术领导职务，具有较高专业技术水平；③ 从事经济贸易或专业技术工作满八年，具有相关法律知识、经验丰富。

（4）离职审判员：① 具有法律专业本科或本科以上学历；② 曾长期从事民事、经济审判或研究工作；③ 信誉良好，业务水平高，办案能力强，曾任审判长、副庭长或以上职务的资深法官；④ 退休或离开审判工作不满两年，或者退休或离开审判工作后一直从事教学或其他法律事务工作。

（5）其他法律事务工作者：① 具有法律专业本科或本科以上学历，或者具有法律大专学历，但通过司法考试取得律师资格；② 具有本专业正高职称，或者担任处级或处级以上有关立法、执法、法律事务工作领导职务;或者担任副处级领导职务,曾多次办理仲裁、诉讼案件,办案能力强;③ 从事立法、执法或法律事务工作满八年,经验丰富。港、澳、台及外籍人士除符合上述标准外,应具有丰富的仲裁实践经验,并且具有相应时间、精力承办案件。

二、仲裁员的聘任和指定

(一) 仲裁员的聘任

《仲裁法》第 11 条规定,仲裁委员会设立的条件之一是"有聘任的仲裁员"。《重新组建仲裁机构方案》规定,仲裁员由依法重新组建的仲裁委员会聘任。可见,我国的仲裁员采用的是聘任制,仲裁员由仲裁委员会从具有仲裁员资格的人员中予以聘任。同时,《仲裁法》第 13 条第 3 款、《重新组建仲裁机构方案》、《仲裁委员会章程示范文本》第 15 条第 1 款均规定,仲裁委员会要按照不同专业设置仲裁员名册①,以供当事人选择。例如,仲裁委员会可以按照合同、房地产、证券、知识产权等专业设立仲裁员名册。《仲裁委员会章程示范文本》第 15 条第 2 款规定,仲裁员名册报中国仲裁协会备案。

根据《重新组建仲裁机构方案》的规定,仲裁委员会不设专职仲裁员。仲裁委员会应当主要在本省、自治区、直辖市范围内符合规定的人员中聘任仲裁员。国家公务员及参照国家公务员制度的机关工作人员符合规定的条件,并经所在单位同意,可以受聘为仲裁员,但是不得因从事仲裁工作影响本职工作。仲裁员办理仲裁案件,由仲裁委员会依照仲裁规则的规定给付报酬。仲裁员没有办理仲裁案件的,不能取得报酬或者其他费用。

根据《仲裁委员会章程示范文本》第 14 条第 1 款的规定,仲裁员聘任的基本程序如下:(1) 仲裁员名单由仲裁委员会主任会议提出;(2) 由仲裁委员会会议对仲裁员名单进行审议通过;(3) 由仲裁委员会聘任,并发给仲裁员聘书。同时,根据《仲裁委员会章程示范文本》第 14 条第 2 款的规定,仲裁员的聘任期为 3 年,期满可以继续聘任。而且,随着仲裁事业的发展,仲裁委员会可根据需要随时增聘仲裁员。

在我国,仲裁员的聘任制度具有以下几个方面的特点:②

(1) 实行仲裁员机构聘任制。我国在法律上一直没有确认临时仲裁,所以没有与临时仲裁相适应的仲裁员制度,所有的候选仲裁员均为仲裁委员会所聘任。仲裁委员会按照仲裁法和本仲裁委员会仲裁规则的要求从符合仲裁员资格条件的人士中聘任仲裁员。仲裁员只能以受聘于某个仲裁委员会的方式参与具体案件的仲裁活动。

(2) 实行仲裁员强制名册制。根据在仲裁员名册中选定仲裁员的强制程度,仲裁员名册制可分为强制仲裁员名册制和推荐仲裁员名册制。其中,强制仲裁员名册制是指当事人必须从仲裁员名册中选择仲裁员审理仲裁纠纷案件,禁止在仲裁员名册之外选择仲裁员;推荐仲裁员名册制,是指当事人可以从仲裁机构提供的仲裁员名册中选定仲裁员,

---

① 所谓仲裁员名册制度,是指将候选仲裁员的姓名及其专长,有时还包括其经验和阅历要点编制成册,提供给当事人、仲裁机构或其他指定机构选择,以确定仲裁员的一种制度。韩健著:《现代国际商事仲裁法的理论与实践》(修订版),法律出版社 2000 年版,第 160 - 162 页。

② 参见马德才主编:《仲裁法》,厦门大学出版社 2014 年版,第 63 - 64 页。

也可以从仲裁员名册之外选择仲裁员来审理仲裁纠纷案件。① 根据《仲裁法》第 13 条第 3 款的规定,我国各仲裁委员会均制定了自己的仲裁员名册,并且要求当事人在其仲裁员名册中选定仲裁员。虽然《仲裁法》并未明文规定当事人只能从仲裁委员会制定的仲裁员名册中选定仲裁员,但从该法有关条文及各仲裁委员会仲裁规则看并不允许当事人选定或仲裁委员会主任指定仲裁员名册以外的人员作为仲裁员,例如,《贸仲规则》第 13 条第 2 款规定:"仲裁委员会仲裁院收到申请人的仲裁申请书及其附件后,经审查,认为申请仲裁的手续完备的,应将仲裁通知、仲裁委员会仲裁规则和仲裁员名册各一份发送给双方当事人;申请人的仲裁申请书及其附件也应同时发送给被申请人。"第 26 条第 1 款规定:"仲裁委员会制定统一适用于仲裁委员会及其分会/仲裁中心的仲裁员名册;当事人从仲裁委员会制定的仲裁员名册中选定仲裁员。"第 27 条第 1 款规定:"申请人和被申请人应各自在收到仲裁通知后 15 天内选定或委托仲裁委员会主任指定一名仲裁员。当事人未在上述期限内选定或委托仲裁委员会主任指定的,由仲裁委员会主任指定。"可见,我国的仲裁员名册制实际上实行的是仲裁员强制名册制。

　　仲裁员强制名册制有利于保证仲裁员的水平,从而有利于保障仲裁的公正性;而且,在仲裁程序中,仲裁员既从名册中选出,对方当事人不能抗辩仲裁员的资格条件,有利于减少拖延程序的可能。但是,仲裁员强制名册制的缺陷也是显而易见,具体包括:① 仲裁员强制名册制限制了仲裁当事人选择仲裁员的自由。这是仲裁员强制名册制的最大缺陷,因为从理论上说,仲裁的基础是当事人的合意和授权,根据当事人意思自治的原则,当事人应该享有自由选定仲裁员的权利。以现行贸仲委仲裁员名册为例,共有来自 27 个国家和地区的 500 名仲裁员,1999 年处理的案件涉及的当事人来自 43 个国家和地区,也就是说,至少有 16 个国家和地区的当事人无法选择本国人。而且,有些国家和地区被列入仲裁员名册的人数极少,甚至仅一人,这些国家和地区的当事人如想委任与自己来自同一国家和地区的仲裁员,几乎无可选择。② 仲裁员强制名册制不利于吸纳专业人才及培养仲裁人才。因为,仲裁员强制名册制使得仲裁员成为有限资源,与由谁及怎么设立仲裁员名册的问题相应,仲裁员队伍新陈代谢较为缓慢,难以适应当代经济、技术日新月异的发展,不利于广泛吸收各行各业的人才特别是后起之秀,使有潜质的年轻人失去积累仲裁经验的机会,压制仲裁人才的产生和成长。② 正是因为仲裁员强制名册制存在上述缺陷,所以从国际商事仲裁的实践来看,关于当事人是否只能从仲裁机构制定的仲裁员名册中选定仲裁员,并没有统一的规定。大多数国家的仲裁立法和仲裁规则都不对当事人选定仲裁员的范围进行限制。尽管有些仲裁机构如美国仲裁协会、新加坡国际仲裁中心等也为当事人提供备选的仲裁员名册,但是当事人既可以从仲裁员名册中选定仲裁员,也可以从仲裁员名册外选定仲裁员,仲裁机构提供仲裁员名册仅出于推荐的目的以供当事人参考。基于此,我国宜倡导推荐仲裁员名册制:一方面,鼓励当事人从仲裁机构的仲裁员名册上选定仲裁员;另一方面,当事人也可以另行推选仲裁员。实际上,近年来,我国也有少数仲裁机构有条件地实行推荐仲裁员名册制。例如,《贸仲规则》第 26 条第 2 款规定:"当事人

---

① 参见蔡虹等著:《仲裁法学》,北京大学出版社 2011 年版,第 45 页。
② 黄进等著:《仲裁法学》,中国政法大学出版社 2008 年版,第 56 页。

约定在仲裁委员会仲裁员名册之外选定仲裁员的,当事人选定的或根据当事人约定指定的人士经仲裁委员会主任确认后可以担任仲裁员。"

（3）存在内部仲裁员情形。我国各仲裁委员会普遍都拥有一定数量的内部仲裁员,即仲裁委员会的一些内部工作人员在担任程序管理工作的同时又具有本机构的仲裁员身份,经常在本机构受理的仲裁案件中担任仲裁员。这种做法与国际通行做法不相符,受到了诸多批评。虽然内部仲裁员比较熟悉仲裁流程,且有充足的时间处理仲裁程序中需要及时应对的事项,有利于保证仲裁的效率。但从长远来看,内部仲裁员的大量存在不利于仲裁业的发展。首先,在职业群体上,内部仲裁员与法官相类似,导致仲裁程序朝诉讼化方向倾斜,这不仅有悖于仲裁的民间性,更泯灭了仲裁的特点,抹杀了其优势。其次,相比其他仲裁员,内部仲裁员在获得指定的机会、发表意见方面具有潜在的优势,挫伤了其他仲裁员参与仲裁的积极性,也导致其独立性的丧失。最后,内部仲裁员缺乏必要的监督,难以保证仲裁的公正性,尤其该内部仲裁员在仲裁委员会中担任诸如主任、副主任的领导职务时,这种状况更为明显。基于此,学界多主张取消内部仲裁员。事实上,一些仲裁委员会已经注意到这一点并积极采取了相应的措施。例如,北京仲裁委员会根本未设内部仲裁员。贸仲委一般不允许当事人主动选定内部仲裁员,代为指定内部仲裁员也严格控制办案数量,并且注意对内部仲裁员的教育和监督。

（4）存在仲裁员地方化情形。根据《重新组建仲裁机构方案》的规定,仲裁委员会应当主要在本省、自治区、直辖市范围内符合规定的人员中聘任仲裁员。实践中,仲裁委员会多在本地区地理范围内或行政区划内选聘仲裁员,导致仲裁员地方化倾向明显,办理案件容易受人情和关系的干扰,可能影响案件的公正审理。因此,与仲裁所具有的自愿性、民间性、国际性的特点相适应,仲裁委员会可以适当聘任外地人员作为仲裁员,而当事人也可选择到外地仲裁委员会进行仲裁,这样就可以避免上述情况的发生,但是会导致仲裁成本的增加,损害仲裁的经济性和快捷性。这种两难境地需要仲裁委员会和当事人就具体案件进行利益权衡才能解决。

（二）仲裁员的指定

仲裁员经仲裁委员会聘任后,只是取得了仲裁案件的资格,并非意味着能够对具体案件进行仲裁审理,而是只有当纠纷当事人将纠纷提请仲裁并经仲裁机构受理,当事人选定他作本案仲裁员且组成仲裁庭后,他才能具体负责仲裁案件的审理工作。即仲裁员只有经当事人指定后,才能对仲裁案件进行审理并作出裁决。关于仲裁员的指定方式,境内外有关仲裁立法和仲裁规则对之均作了规定,只不过有所不同而已。

1. 境外关于仲裁员指定方式的规定[1]

（1）当事人选定。当事人选定仲裁员体现了仲裁对当事人意思自治的尊重,因而得到了最为普遍的采用。而当事人选定仲裁员的方式又因仲裁庭是独任仲裁庭还是合议仲裁庭的不同而有所区别。

① 独任仲裁庭中的当事人选定。各国规定产生独任仲裁员最普遍的方式是由当事人共同选定。例如,《联合国国际贸易法委员会仲裁规则》第 8 条和《美洲国家商事仲裁委

---

[1] 参见马德才主编:《仲裁法》,厦门大学出版社 2014 年版,第 65－66 页。

员会仲裁规则》第 6 条都明确规定,独任仲裁员应首先由双方当事人合意选定,只有当双方当事人在一定期限内未能就独任仲裁员的选定达成协议时,才能由有关机构基于当事人的授权代为指定一名仲裁员。不过,也存在不同规定,例如《国际商会仲裁规则》则要求当事人双方通过协议合意选定的独任仲裁员需报仲裁院确认。

　　② 合议仲裁庭中的当事人选定。在现代仲裁实践中,由三名仲裁员组成合议仲裁庭是最为普遍的仲裁庭的组织方式,但在仲裁员特别是首席仲裁员的选定上,各国仲裁立法和仲裁规则的规定则有所不同,归纳起来大致有三种情形:其一,由双方当事人各自选定一名仲裁员,然后由被选定的两名仲裁员共同推举第三名仲裁员担任首席仲裁员组成合议庭。例如,《瑞典仲裁法》、《联合国国际贸易法委员会仲裁规则》和《美洲国家商事仲裁委员会仲裁规则》都规定,在由当事人各自任命一名仲裁员后,由这两名仲裁员来选择担任仲裁庭首席仲裁员的第三名仲裁员。其二,双方当事人各自选定一名仲裁员,然后由仲裁机构在上述人员之外指定一名仲裁员担任首席仲裁员。例如,《斯德哥尔摩商会仲裁院仲裁规则》第 13 条第 3 款规定,如果仲裁庭由一名以上仲裁员组成,每一方当事人应指定同等人数的仲裁员,首席仲裁员由理事会指定。《国际商会仲裁规则》第 12 条第 5 款规定,如果争议由三人仲裁庭审理,担任首席仲裁员的第三名仲裁员由仲裁院任命,除非当事人约定另一种任命程序;通过当事人约定程序选定的第三名仲裁员应按照第 13 条由仲裁院确认。在前两名仲裁员得到确认或指定后 30 日内按照当事人约定程序未能提名第三名仲裁员的,或在当事人约定或仲裁院确定的任何其他期限内未能提名第三名仲裁员的,第三名仲裁员由仲裁院任命。其三,由双方当事人各自选定一名仲裁员,首席仲裁员由双方当事人协议选定。例如,1965 年《华盛顿公约》第 37 条第 2 款第 2 项规定,如双方对仲裁员的人数和任命的方法不能达成协议,仲裁庭应由三名仲裁员组成,由每一方各任命仲裁员一名,第三人由双方协议任命,并担任首席仲裁员。

　　(2) 仲裁机构指定。仲裁机构的仲裁规则中一般都规定仲裁机构在特定的情况下有指定仲裁员的职权,此方式常用于确定独任仲裁员和首席仲裁员。例如,《国际商会仲裁规则》第 12 条第 3 款规定,如果当事人约定由一名独任仲裁员解决争议,他们可以协商提名独任仲裁员供仲裁院确认。如果他们在申请人的仲裁申请书为对方当事人收到之日起 30 日内,或在秘书处许可的延长期内,未能提名一名独任仲裁员,仲裁院将任命一名独任仲裁员处理案件。该条第 4 款规定,如果当事人约定由三人仲裁庭解决争议,每一方当事人均应各自在其申请书或答辩书中提名一名仲裁员以供确认。当事人未提名仲裁员的,由仲裁院任命。

　　(3) 法院指定。在当事人无法就仲裁员的选定达成协议,又未明示授权某仲裁机构或某人作出这一选定时,一般由有管辖权的国内法院即仲裁地法院来指定。大多数国家和地区的仲裁立法规定法院在当事人请求时有权指定仲裁员。例如,英国《1996 年仲裁法》第 18 条规定,如委任协议未进行,且仅在无此类约定的范围内,仲裁协议的任一方当事人(经通知另一方当事人后)申请法院根据本条行使权力诸如指令作出任何必要之委任、指令仲裁庭应由已经委任的仲裁员(或其中之一或多名)组成、撤销任何已经作出的委任或自行作出必要之委任的权力。美国《联邦仲裁法》第 5 条规定,如果仲裁协议约定有选任仲裁员的方法,就按约定的方法执行,如果没有约定,法院应该依当事人的申请选任仲裁员,同仲裁协议中特别选定的仲裁员具有同样的权力。此外,德国、瑞典、荷兰、日本和拉丁美洲的一些国家,以及我国香港和澳门特别行政区的商事仲裁立法也有类似的规定。

2. 我国关于仲裁员指定方式的规定

(1)《仲裁法》关于仲裁员指定方式的规定。我国《仲裁法》关于仲裁员指定的方式,集中体现在该法第 30 条至第 32 条的规定中。其中,《仲裁法》第 30 条规定:"仲裁庭可以由三名仲裁员或者一名仲裁员组成。由三名仲裁员组成的,设首席仲裁员。"《仲裁法》第 31 条规定:"当事人约定由三名仲裁员组成仲裁庭的,应当各自选定或者各自委托仲裁委员会主任指定一名仲裁员,第三名仲裁员由当事人共同选定或者共同委托仲裁委员会主任指定。第三名仲裁员是首席仲裁员。当事人约定由一名仲裁员成立仲裁庭的,应当由当事人共同选定或者共同委托仲裁委员会主任指定仲裁员。"《仲裁法》第 32 条规定:"当事人没有在仲裁规则规定的限期内约定仲裁庭的组成的方式或者选定仲裁员的,由仲裁委员会主任指定。"

根据《仲裁法》上述规定可知,我国关于仲裁员的指定方式采取的是当事人选定与仲裁委员会主任指定相结合的方式,并因不同的仲裁庭组织形式而略有不同。具体来说:

① 关于独任仲裁庭仲裁员的指定方式。即当事人约定由一名仲裁员组成独任仲裁庭的,该名仲裁员应当由当事人共同选定或者共同委托仲裁委员会主任指定,如果当事人不能就独任仲裁员共同选定或者共同委托仲裁委员会主任指定,那么,该名仲裁员则由仲裁委员会主任指定。

② 关于合议仲裁庭仲裁员的指定方式。当事人约定由三名仲裁员组成合议仲裁庭的,双方当事人应当各自选定或者各自委托仲裁委员会主任指定一名仲裁员,第三名仲裁员即首席仲裁员由当事人共同选定或者共同委托仲裁委员会主任指定,如果当事人不能就首席仲裁员共同选定或者共同委托仲裁委员会主任指定,那么,该首席仲裁员则由仲裁委员会主任指定。

(2)仲裁规则关于仲裁员指定方式的规定。我国各仲裁委员会的仲裁规则和《仲裁法》一样规定了仲裁员的指定方式,并且所规定的仲裁员指定方式也和《仲裁法》规定的仲裁员指定方式相似,亦即采取的是当事人选定与仲裁委员会主任指定相结合的方式,并因不同的仲裁庭组织形式而略有不同。例如,关于合议仲裁庭仲裁员的指定方式,《贸仲规则》第 27 条规定:"(一)申请人和被申请人应各自在收到仲裁通知后十五天内选定或委托仲裁委员会主任指定一名仲裁员。当事人未在上述期限内选定或委托仲裁委员会主任指定的,由仲裁委员会主任指定。(二)第三名仲裁员由双方当事人在被申请人收到仲裁通知后 15 天内共同选定或共同委托仲裁委员会主任指定。第三名仲裁员为仲裁庭的首席仲裁员。(三)双方当事人可以各自推荐一至五名候选人作为首席仲裁员人选,并按照上述第(二)款规定的期限提交推荐名单。双方当事人的推荐名单中有一名人选相同的,该人选为双方当事人共同选定的首席仲裁员;有一名以上人选相同的,由仲裁委员会主任根据案件的具体情况在相同人选中确定一名首席仲裁员,该名首席仲裁员仍为双方共同选定的首席仲裁员;推荐名单中没有相同人选时,由仲裁委员会主任指定首席仲裁员。(四)双方当事人未能按照上述规定共同选定首席仲裁员的,由仲裁委员会主任指定首席仲裁员。"关于独任仲裁庭仲裁员的指定方式，《贸仲规则》第 28 条规定："仲裁庭由一名仲裁员组成的，按照本规则第二十七条第(二)、(三)、(四)款规定的程序，选定或指定独任仲裁员。"

三、仲裁员的权利和义务

（一）仲裁员的权利

为了保障仲裁程序的顺利进行，同时使案件得到公正解决，必须赋予仲裁员一定的权利。这种权利既包括作为集体的仲裁庭所享有的权利，也包括作为个体的仲裁员所享有的权利。其中，仲裁庭所享有的权利拟在本章第三节仲裁庭部分详述，此处仅就作为个体的仲裁员所享有的权利作阐述。

根据《仲裁法》和仲裁实践，作为个体的仲裁员享有以下权利：

（1）依法独立仲裁的权利。根据《仲裁法》的有关规定，仲裁具有独立性，这种独立性不仅表现为仲裁委员会对外的独立，即不受其他行政机关、社会团体和个人的干涉，独立于行政机关，与行政机关没有隶属关系；而且表现为仲裁委员会之间也没有隶属关系；还表现为仲裁庭作为具体负责仲裁案件的组织对内的独立性，即仲裁庭审理和裁决案件不受仲裁委员会的干涉；还表现为作为仲裁庭成员的仲裁员个体的独立性，既不受仲裁委员会的干涉，也不受仲裁庭其他成员的干涉，有权独立发表对案件处理的意见。

（2）依法拒绝在裁决书上签名的权利。《仲裁法》第 53 条规定："裁决应当按照多数仲裁员的意见作出，少数仲裁员的不同意见可以记入笔录。仲裁庭不能形成多数意见时，裁决应当按照首席仲裁员的意见作出。"该法第 54 条又规定："对裁决持不同意见的仲裁员，可以签名，也可以不签名。"可见，对裁决持不同意见的仲裁员，享有依法拒绝在裁决书上签名的权利。

（3）依规获得培训的权利。仲裁是一项专业性很强的工作，其专业性不仅体现在仲裁涉及经济贸易方面的专业技术问题，仲裁员往往也是各行各业的专家，同时仲裁作为一种准司法活动，仲裁员也必须熟悉相关的法律知识，包括民商事实体法和程序法的具体规定，尤其要熟悉仲裁法和仲裁规则的程序要求。因此，仲裁委员会应当经常组织仲裁员进行培训、研讨或经验交流，从而提高仲裁员的业务水平，提高办案质量和效率，维护仲裁委员会的良好声誉。虽然我国仲裁法并没有关于仲裁员培训制度的明确规定，但仲裁实践中一些仲裁委员会先后确立了自己的仲裁员培训制度，例如北京仲裁委员会的《北京仲裁委员会加强仲裁员培训、考核工作的决定》(2004 年)，贸仲委的《仲裁员培训规定》(2009 年)等。这表明，仲裁员享有依照仲裁委员会的有关规定获得培训的权利。

（4）依法获得报酬的权利。仲裁员受仲裁委员会的聘任，受当事人直接或间接的选定而担任某一案件的居中裁决者，付出了繁重复杂的脑力劳动，而付出了劳动理应得到相应的报酬。按照现行仲裁法的规定及各仲裁委员会的做法，向当事人收取仲裁费用和向仲裁员支付报酬都应由仲裁委员会统一进行，仲裁员不得另向当事人收取任何费用。仲裁员没有办理仲裁案件的，不能取得报酬或其他费用。

（二）仲裁员的义务

根据《仲裁法》和仲裁实践,仲裁员在享有权利的同时,也应承担如下义务:①

1. 独立公正地仲裁案件

独立仲裁既是《仲裁法》赋予仲裁员的一项权利,同时也是《仲裁法》要求仲裁员应该承担的一项义务,因为仲裁员要公正地仲裁案件,独立必不可少,甚至可以说是前提保障。为此,《仲裁法》从仲裁活动及组织保障的角度作了相应的规定,即《仲裁法》第7条规定:"仲裁应当根据事实,符合法律规定,公平合理地解决纠纷。"该法第8条又规定:"仲裁依法独立进行,不受行政机关、社会团体和个人的干涉。"该法第14条规定:"仲裁委员会独立于行政机关,与行政机关没有隶属关系。仲裁委员会之间也没有隶属关系。"从《仲裁法》和各仲裁委员会仲裁规则的规定来看,可以说,独立公正地仲裁案件是仲裁员最基本的义务。其他几项义务均是该项义务的保障。

2. 平等地对待当事人

仲裁员居中裁断案件,就必须平等地对待双方当事人,不代表、不偏袒、不歧视、不压制任何一方当事人。不管当事人的民族、职业、身份、社会地位、企业性质、所在地域及案件争议标的等情况有何区别,仲裁员均应确保当事人在仲裁中的法律地位平等,确保当事人行使各项仲裁权利平等,确保当事人平等地进行举证、质证、辩论。仲裁员的该项义务体现在程序权利和行为表现两个方面:在程序权利方面,仲裁员应当给予当事人同等的权利,例如,仲裁员给申请人提供证据材料的机会的同时,也给被申请人提供证据材料的同样机会;在行为表现方面,仲裁员不能在庭审以及其他与当事人接触的场合,表现出对一方热情而对另一方冷淡。

3. 不得私自接触当事人及其代理人

在仲裁过程中,仲裁员私自接触当事人、代理人,他们之间就会或多或少地谈及案件的有关情况,容易使仲裁员在一定程度上先入为主,自觉或不自觉地偏向某一方当事人;即使他们未谈及案件的具体情况,因为没有其他仲裁员和相对方当事人在场,也必然会使对方当事人对私自接触一方当事人及其代理人的仲裁员的公正性产生合理的怀疑。至于仲裁员接受当事人、代理人的请客送礼,甚至索贿受贿、徇私舞弊、枉法裁决的,就更不允许了。对此,《仲裁法》第34条规定,如果仲裁员私自会见当事人、代理人或者接受当事人、代理人的请客送礼的,必须回避,当事人也有权申请回避。第38条规定,以上情形严重的,或者仲裁员在仲裁案件时有索贿受贿、徇私舞弊、枉法裁决行为的,应当承担法律责任,仲裁委员会应当将其除名。显然,仲裁员此项义务的确立是为了保障仲裁员的公正性。

不过,不得私自接触当事人及其代理人也存在例外情形,即仲裁员在仲裁案件的调解过程中,为促使仲裁调解成功,仲裁员可以采取适当的方式与一方当事人或者代理人单独会见。当然,如果调解不成功,任何一方当事人均不得在其后的仲裁程序、司法程序和其他任何程序中援引对方当事人或仲裁庭在调解过程中曾发表的意见、提出的观点、做出的

---

① 参见黄进等著:《仲裁法学》,中国政法大学出版社2008年版,第60-61页;蔡虹等著:《仲裁法学》(第二版),北京大学出版社2011年版,第54-58页;宋朝武主编:《仲裁法学》,北京大学出版社2013年版,第63-65页。

陈述、表示认同或否定的建议或主张作为其请求、答辩或反请求的依据。①

4. 自觉披露可能有损公正审理的任何情况并回避

仲裁员的披露义务与仲裁员的回避制度紧密相连，其实行则有利于增强仲裁员情况的透明度，同时也有助于仲裁员回避制度的有效实施。关于仲裁员的披露义务，许多仲裁规则均作了相应的规定。例如，1985 年《联合国国际商事仲裁示范法》第 12 条第 1 款规定，仲裁员应该披露可能对其公正性或独立性引起正当怀疑的任何情况。仲裁员从被委任之时起直至在整个仲裁程序进行期间，应不迟疑地向当事各方披露任何此类情况，除非其已将此情况告知当事各方。2010 年《联合国国际贸易法委员会仲裁规则》等也有类似规定②。

根据各仲裁规则的规定，仲裁员应该披露的事项包括：① 与仲裁结果有任何直接或者间接的利害关系；② 可能在程序上造成双方当事人之间不公平的情形；③ 所有现存的或者以往的金钱、商业、职业、家庭和社会交往方面的关系；④ 与案件有利害关系或者其他可能影响案件的公正审理的情形，甚至包括一些师生关系、同学关系、上下级关系、过去的同事关系、邻里关系等。

我国《仲裁法》第 34 条规定了仲裁员的回避制度，但没有使用"披露"二字。而仲裁委员会的仲裁规则则规定了仲裁员的披露义务，例如 2014 年 7 月 9 日第六届北京仲裁委员会第四次会议讨论并通过，自 2015 年 4 月 1 日起施行的《北京仲裁委员会仲裁规则》（2015 年版）（以下简称《北仲规则》）第 21 条专条规定了"仲裁员信息披露"，即"（一）仲裁员任职后，应当签署保证独立、公正仲裁的声明书，声明书由秘书转交各方当事人。（二）仲裁员知悉与案件当事人或者代理人存在可能导致当事人对其独立性、公正性产生合理怀疑的情形的，应当书面披露。（三）当事人应当自收到仲裁员书面披露之日起 10 日内就是否申请回避提出书面意见。（四）当事人以仲裁员披露的事项为由申请仲裁员回避的，适用本规则第二十二条第（一）、（二）、（四）、（五）、（六）款的规定。（五）当事人在上述第（三）款规定的期限内没有申请回避的，不得再以仲裁员曾经披露的事项为由申请回避。"再如，《贸仲规则》也专条规定了仲裁员信息披露，即第 31 条规定："（一）被选定或被指定的仲裁员应签署声明书，披露可能引起对其公正性和独立性产生合理怀疑的任何事实或情况。（二）在仲裁程序中出现应披露情形的，仲裁员应立即书面披露。（三）仲裁员的声明书及/或披露的信息应提交仲裁委员会仲裁院并转交各方当事人。"而且，《贸仲规则》第 32 条第 1 款还规定了仲裁员披露制度与仲裁员回避制度的衔接，即"当事人收到仲裁员的声明书及/或书面披露后，如果以披露的事实或情况为理由要求该仲裁员回避，则应于收到仲裁员的书面披露后 10 天内书面提出。逾期没有申请回避的，不得以仲裁员曾经披露的事项为由申请该仲裁员回避。"

5. 勤勉审慎地履行其职责

仲裁员因其多为兼职，加之一般是各部门、各行业的高级专门人才，需承担较为繁重

---

① 见《贸仲规则》第 47 条第 9 款。

② 2010 年《联合国国际贸易法委员会仲裁规则》第 11 条规定："可能被指定为仲裁员的人，应在与此指定有关的洽谈中披露可能对其公正性和独立性产生有正当理由怀疑的任何情况。仲裁员应自其被指定之时起，并在整个仲裁程序期间，毫无延迟地向各方当事人以及其他仲裁员披露任何此种情况，除非此种情况已由其告知各方当事人。"

的本职工作,在被当事人选定或仲裁委员会主任指定担任某一纠纷案件的仲裁员时,就应当谨慎地根据自身专业特长、本职工作的具体情况及案件性质等因素来决定是否接受选定或指定,而不应当主动谋求选定或指定,一旦接受选定或指定,仲裁员还应当妥善调整和安排自己的工作计划,付出当事人合理期望的时间和精力,以保证仲裁审理和合议的顺利进行,不得随意在接受选定或指定后提出辞职。当然,如遇特殊情况,可以另当别论,但是也应当及时和仲裁委员会秘书处(局)联系,如不得已予以更换,被更换的仲裁员应当积极配合仲裁委员会秘书处(局)妥善解决遗留问题。

该项义务在仲裁程序过程中的具体表现为:仲裁员应当认真仔细地审阅仲裁案件的全部材料,开庭前应参与仲裁庭讨论,交换意见,商定仲裁审理方案;首席仲裁员还应在开庭前提出庭审方案,供仲裁庭讨论;独任仲裁员在开庭前应拟妥仲裁审理方案。庭审结束后,首席仲裁员应毫不迟疑地主持合议,仲裁庭应及时提出下一步程序进行的意见或者提出仲裁裁决书起草的意见,安排仲裁裁决书的起草事宜,在规定的审限内结案。独任仲裁员也应在规定的审限内结案。

6. 严格保守仲裁秘密

保密性是仲裁的一项重要特征,也是仲裁相比民事诉讼所具有的一大优势,因为各当事人的商业秘密和贸易活动不会在纠纷解决过程中泄露。其主要表现在:其一,仲裁以不公开审理为原则。对此,《仲裁法》第40条作了规定,"仲裁不公开进行。当事人协议公开的,可以公开进行,但涉及国家秘密的除外。"各仲裁委员会的仲裁规则也作了规定,例如《贸仲规则》第38条第1款规定:"仲裁庭审理案件不公开进行。双方当事人要求公开审理的,由仲裁庭决定是否公开审理。"《北仲规则》第25条第1款规定:"仲裁不公开审理。当事人协议公开的,可以公开,但涉及国家秘密、第三人商业秘密或者仲裁庭认为不适宜公开的除外。"其二,仲裁员、当事人等应当切实履行自己所担负的保密义务,不得向外界透露任何有关案件的实体和程序情况。各仲裁委员会的仲裁规则对此作了规定。例如,《贸仲规则》第38条第2款规定:"不公开审理的案件,双方当事人及其仲裁代理人、仲裁员、证人、翻译、仲裁庭咨询的专家和指定的鉴定人,以及其他有关人员,均不得对外界透露案件实体和程序的有关情况。"《北仲规则》第25条第2款规定:"不公开审理的案件,当事人及其代理人、证人、仲裁员、仲裁庭咨询的专家和指定的鉴定人、本会的有关人员,均不得对外界透露案件实体和程序进行的情况。"

四、仲裁员的回避

(一)仲裁员回避的概念

所谓仲裁员的回避,是指承办案件的仲裁员在具有可能影响对案件公正审理和裁决的情形时,依照《仲裁法》的规定,自行向仲裁委员会请求退出仲裁,或者根据当事人的申请退出仲裁的制度。《仲裁法》规定仲裁员回避制度,具有重要意义,具体为:(1)可以防止仲裁员先入为主,徇私舞弊,保证案件的公正处理;(2)可以消除当事人和其他公民不必要的疑虑,有利于维护仲裁组织的威信;(3)可以充分体现仲裁的民主性和执法的严肃性。①

（二）仲裁员回避的方式

《仲裁法》第34条规定："仲裁员有下列情形之一的，必须回避，当事人也有权提出回避申请……"可见，仲裁员回避的方式有以下两种：

1. 自行回避

自行回避，是指承办案件的仲裁员发现自己具有《仲裁法》规定的回避情形时，不经当事人及其代理人的申请而主动向仲裁委员会请求回避。仲裁员的自行回避既有利于保证仲裁的公正性和权威性，又有利于仲裁员维护其良好的个人声誉。

2. 申请回避

申请回避，是指当事人认为仲裁员具有《仲裁法》规定的回避情形时，有权向仲裁委员会提出要求该仲裁员回避的申请。申请回避是仲裁当事人享有的一项重要权利，当事人行使此项权利的方式既可以是口头方式，也可以是书面方式。申请回避对象的仲裁员是对方当事人指定的仲裁员和仲裁委员会主任所指定的仲裁员，而非当事人自己所指定的仲裁员，因为当事人事先不一定了解对方当事人指定的仲裁员和仲裁委员会主任所指定的仲裁员，那么当事人了解了该仲裁员的情况后，就可能行使申请回避的权利；反之，当事人对自己所指定的仲裁员则比较了解和信任，当然不会申请回避。同样地，当事人申请仲裁员回避也有利于保证仲裁的公正性。

（三）仲裁员回避的事由

关于仲裁员回避的事由，《仲裁法》第34条作了规定："仲裁员有下列情形之一的，必须回避，当事人也有权提出回避申请：（一）是本案当事人或者当事人、代理人的近亲属；（二）与本案有利害关系；（三）与本案当事人、代理人有其他关系，可能影响公正仲裁的；（四）私自会见当事人、代理人，或者接受当事人、代理人的请客送礼的。"可见，仲裁员回避的事由有以下几项：

1. 仲裁员是本案当事人或当事人、代理人的近亲属

首先，如果被指定的仲裁员是本案的当事人，那么他就只能以当事人的身份参加仲裁活动，而不能以仲裁员的身份参加仲裁活动，否则就会因其与案件有直接的利害关系不能保证仲裁裁决的公正。其次，如果被指定的仲裁员是本案当事人的近亲属，诸如当事人的父母、配偶、子女、兄弟、姐妹、祖父母、外祖父母、孙子女、外孙子女等。由于当事人的近亲属与当事人存在极为密切的身份关系或是利害关系，使得他难以保证案件的公正裁决，也难以使对方当事人对仲裁庭的公正性信服。再次，如果被指定的仲裁员是本案当事人的代理人的近亲属，由于他与代理人的特殊关系，造成他可能不自觉地在仲裁活动中偏向被代理人，从而不利于保护对方当事人的利益。所以，《仲裁法》明确规定上述人员在仲裁中必须回避。

2. 仲裁员与本案有利害关系

所谓仲裁员与本案有利害关系，是指本案的裁决结果直接或间接涉及仲裁员的某种利益。在这种情况下，也会影响案件的公正裁决。例如，1998年3月李某向陈某借钱2

---

① 参见杨荣新主编：《仲裁法学案例教程》，知识产权出版社2004年版，第55页。

万元,后来李某又将这笔钱借给本市的仲裁员何某。1999 年 5 月借款到期,陈某向李某索款未果,依据借款合同中的仲裁条款向本市仲裁委员会提请仲裁,双方未能协商选定仲裁员,后经仲裁委员会主任指定何某担任本案仲裁员。首次开庭后陈某知悉李某将借款转借给本案仲裁员何某,遂要求何某回避,仲裁委员会主任同意了陈某的回避请求。[①] 显然,本案中仲裁委员会主任的决定是正确的,仲裁员何某符合《仲裁法》第 34 条第 2 款规定的"与本案有利害关系"必须回避的情形。

3. 与本案当事人、代理人有其他关系,可能影响公正仲裁的

这种情形主要指的是仲裁员与当事人、代理人有近亲属关系之外的其他关系,诸如:(1) 对于承办的案件事先提供过咨询的;(2) 现任当事人的法律顾问或代理人,或者曾任当事人的法律顾问且离任不满两年的;(3) 与当事人或其代理人在同一单位工作,或者曾在同一单位工作且离开不满两年的;(4) 为本案当事人推荐、介绍代理人;(5) 担任过本案或与本案有关联的案件的证人、鉴定人、勘验人、辩护人、诉讼代理人的;(6) 其他可能影响公正仲裁的事项。[②] 这些关系简单地说,也就是老上级、老同学、老同事、老朋友或者个人之间的恩怨关系。不过,这种法定回避情形与其他几种回避情形有所不同的是,并非在仲裁员与本案当事人、代理人有其他关系的情形下仲裁员都应回避,而是只有这种关系的存在有可能影响公正仲裁的情况时,仲裁员才必须回避。

4. 仲裁员私自会见当事人、代理人或者接受当事人、代理人的请客送礼的

所谓私自会见当事人、代理人,是指不依照仲裁规则、仲裁员守则规定的程序会见当事人及其代理人。在这种情况下,往往会使仲裁员对案件产生先入为主的看法,同时会使仲裁程序的公开透明性受到质疑,进而影响公正仲裁。而接受当事人、代理人的请客送礼,往往会使仲裁员徇私仲裁,自然也会影响到仲裁的公正性。基于此,《仲裁法》第 34 条将此种情形列为仲裁员回避的法定事由之一,不仅如此,而且《仲裁法》第 38 条还将其规定为仲裁员除名的情形,即"仲裁员有本法第三十四条第四项规定的情形,情节严重的,或者有本法第五十八条第六项规定的情形的,应当依法承担法律责任,仲裁委员会应当将其除名。"不过,该种情形并非是说在任何情况下仲裁员都不能会见当事人、代理人,因为该种情形禁止的是仲裁员私自会见当事人、代理人,那么如果仲裁员在仲裁委员会所在的场所,依照其仲裁规则、仲裁员守则规定的程序会见当事人及其代理人,当然是允许的。

(四) 仲裁员回避申请提出的时间

《仲裁法》第 35 条规定:"当事人提出回避申请,应当说明理由,在首次开庭前提出。回避事由在首次开庭后知道的,可以在最后一次开庭终结前提出。"可见,当事人提出仲裁员回避申请的时间有两种情况:一是当事人提出回避申请,在首次开庭前提出。在仲裁实践中,通常情况下是开庭宣布仲裁庭组成人员及当事人权利后,首席仲裁员或独任仲裁员分别询问双方当事人是否申请仲裁员回避。二是回避事由在首次开庭后知道的,可以在最后一次开庭终结前提出。这种情况是考虑到当事人对《仲裁法》规定的仲裁员法定回避事由不尽熟悉,或者当事人只在案件首次开庭后才知道仲裁员有法定回避事由,为了保证

---

① 蒋新苗等编著:《仲裁法实例说》,湖南人民出版社 2003 年版,第 70 页。
② 见《南昌仲裁委员会仲裁规则》(2002 年)第 29 条。

公正仲裁,《仲裁法》准许当事人在最后一次开庭终结前提出仲裁员回避申请。当然,如果开庭审理已终结,那么当事人则不能再申请仲裁员回避了。

必须指出的是,当事人提出仲裁员回避申请,无论是在首次开庭前提出,还是在最后一次开庭终结前提出,根据《仲裁法》第35条的规定,都应当按照《仲裁法》第34条的规定说明其申请的理由,以防止当事人滥用申请回避的权利而拖延仲裁程序,同时也便于仲裁委员会审查决定仲裁员是否应当回避。

(五) 仲裁员回避的决定

不论是当事人申请回避还是仲裁员自行回避,对于是否具备法定的回避事由,仲裁员是否应当回避都必须由一定的有权主体来决定。从国外关于仲裁的立法规定来看,对于回避的决定权归属,大体有两种情况:一是由有管辖权的法院的法官作出决定;二是由仲裁机构或仲裁庭作出决定。显然,由有关法院来决定仲裁员的回避会导致仲裁程序失去独立性,同时也会降低仲裁的效率。而由仲裁庭来决定,尤其是在独任仲裁庭的情况下,就会出现"既是裁判员又是运动员"的情况,因此我国《仲裁法》第36条规定:"仲裁员是否回避,由仲裁委员会主任决定;仲裁委员会主任担任仲裁员时,由仲裁委员会集体决定。"①可见,在我国,仲裁员回避的决定权归属于仲裁委员会主任和仲裁委员会。具体为:无论是当事人申请回避还是仲裁员自行回避,如果仲裁委员会主任不是本案的仲裁员,则由仲裁委员会主任来决定仲裁员是否回避;如果仲裁委员会主任担任仲裁员时,则由仲裁委员会集体决定仲裁员是否回避。

(六) 仲裁员回避的法律后果

1. 仲裁庭延期开庭审理

根据《仲裁法》第36条的规定,无论是当事人申请回避还是仲裁员自行回避,都要由仲裁委员会主任或仲裁委员会集体对仲裁员是否回避作出决定,在此过程中应审查回避的事由是否存在并最终决定该仲裁员是否回避,这当然需要经过一定的期间,因此仲裁程序不得不延后进行,导致仲裁庭延期开庭审理。

2. 重新选定或者指定仲裁员

《仲裁法》第37条第1款规定:"仲裁员因回避或者其他原因不能履行职责的,应当依照本法规定重新选定或者指定仲裁员。"这是因为仲裁委员会主任或仲裁委员会集体一旦决定仲裁员回避,或者仲裁员因其他原因诸如死亡、辞职、生病等不能履行职责的,必将导致仲裁庭的组成不完整,当然需要重新选定或者指定仲裁员。而关于重新选定或者指定仲裁员,根据该条的规定应依照《仲裁法》关于仲裁员的选定或指定的规定进行,即依照《仲裁法》第31条和第32条的规定进行。其中,《仲裁法》第31条规定:"当事人约定由三名仲裁员组成仲裁庭的,应当各自选定或者各自委托仲裁委员会主任指定一名仲裁员,第三名仲裁员由当事人共同选定或者共同委托仲裁委员会主任指定。第三名仲裁员是首席仲裁员。当事人约定由一名仲裁员成立仲裁庭的,应当由当事人共同选定或者共同委托仲裁委员会主任指定仲裁员。"《仲裁法》第32条规定:"当事人没有在仲裁规则规定的期限内约定仲裁庭的组成方式或者选定仲裁员的,由仲裁委员会主任指定。"《贸仲规则》第

---

① 马德才主编:《仲裁法》,厦门大学出版社2014年版,第77页。

33 条第 3 款对此也作了规定,即"在仲裁员因回避或更换不能履行职责时,应按照原选定或指定仲裁员的方式在仲裁委员会仲裁院规定的期限内选定或指定替代的仲裁员。当事人未选定或指定替代仲裁员的,由仲裁委员会主任指定替代的仲裁员。"

3. 已进行的仲裁程序是否重新进行

《仲裁法》第 37 条第 2 款规定:"因回避而重新选定或者指定仲裁员后,当事人可以请求已进行的仲裁程序重新进行,是否准许,由仲裁庭决定;仲裁庭也可以自行决定已进行的仲裁程序是否重新进行。"可见,《仲裁法》仅规定因回避而重新选定或者指定仲裁员导致的法律后果是已进行的仲裁程序是否重新进行,而且赋予了当事人对已进行的仲裁程序是否重新进行的请求权,但是其决定权却赋予了仲裁庭,即当事人向仲裁庭提出请求将已进行的仲裁程序重新进行,是否准许,由仲裁庭决定;同时,该条还赋予了仲裁庭对已进行的仲裁程序是否重新进行的自行决定权,仲裁庭并非只有在当事人提出对已进行的仲裁程序提出重新进行的请求时才能被动地做出决定,而且仲裁庭有权依职权主动地对已进行的仲裁程序是否重新进行予以决定。至于仲裁员因其他原因诸如死亡、辞职、生病等不能履行职责而引起的仲裁员更换是否和仲裁员因回避而重新选定或者指定仲裁员导致的法律后果一样,根据《仲裁法》第 37 条第 2 款的规定仲裁员因其他原因诸如死亡、辞职、生病等不能履行职责而引起的仲裁员更换时,已进行的仲裁程序无需重新进行。

应当指出的是,在仲裁员回避决定作出之前,被请求回避的仲裁员能否继续履行其职责,对此《仲裁法》并未作明确规定,不过《贸仲规则》第 32 条第 7 款作了规定,并予以了肯定,即"在仲裁委员会主任就仲裁员是否回避作出决定前,被请求回避的仲裁员应继续履行职责。"

(七) 对《仲裁法》有关仲裁员回避规定之评析

由上可知,我国《仲裁法》有关仲裁员回避的规定较为全面和规范,但是并非完美无缺,仍然有一些需要改进的方面,具体言之,包括:[①]

(1) 仲裁员回避的事由范围较小,而且现行规定缺乏灵活性,过多地模仿民事诉讼法,而没有体现仲裁自身的特性。例如,对仲裁员不勤勉履职甚至故意拖延程序未作规定、当事人对自己选定的仲裁员可否要求回避也未作规定。再如,一个仲裁员即使存在必须回避的事由,如果全体当事人仍然同意他担任仲裁员,法律不必强求该仲裁员必须自行回避。

(2) 当事人可提出回避的时间值得商榷。例如,一方当事人知悉某仲裁员有必须予以回避的事由而不及时提出,直到最后一次开庭终结前才提出,根据《仲裁法》的规定,仲裁庭似乎可以继续仲裁直至作出裁决,但是仲裁庭通常不会这样冒险,只好等待对回避的决定;如果某仲裁员因此回避了,已进行的仲裁程序可能会重新进行,因为让新的仲裁员在对案件不甚了解的情况下作出裁决,也是不公平的。总之,无论什么结果,当事人事实上达到了拖延时间的目的。

(3) 没有规定相应的仲裁员披露制度,使得当事人申请回避的权利可能流于形式。

(4) 当事人一旦申请回避,仲裁员若自行回避,《仲裁法》没有明确规定,这种情况并

---

① 黄进等著:《仲裁法学》,中国政法大学出版社 2008 年版,第 116 页。

不意味着仲裁员或仲裁机构承认存在当事人所提出的回避事由。作出这样的规定,是提倡仲裁员在当事人对其独立性、公正性存在怀疑时自行退出,有利于减少仲裁员纠缠于回避理由成立与否,尤其在对某些事项是否是法定的回避理由存在争议时,有利于回避问题得到快速解决。

❋ 附:仲裁员回避实例①及其评析 ❋

申请人称:2001年元月18日,申请人与被申请人签订了一份房屋租赁合同,申请人将位于某市某路某号二楼830平方米及一楼112平方米的房屋租赁给被申请人使用,月租金26 800元;被申请人应自2001年2月16日起交纳房租,但一直未交分文。申请人找被申请人交涉,要求其交纳房租,被申请人拿出申请人出具的《承诺书》,声称一、二楼房屋全部交付之后才交房租,双方因此产生纠纷。庭审中,申请人又以被申请人在装修中擅自改变房屋结构,以及损坏了中央空调为由,增加仲裁请求。为此提出如下仲裁请求:(1)撤销申请人2001年元月18日出具给被申请人的承诺书;(2)裁决被申请人立即支付所承租二楼830平方米、一楼112平方米房屋的租金,每月19 800元,自2001年2月16日起到承租房屋交还给申请人之日止,并交纳承租期间的水电费。(3)裁决被申请人将改变结构的房屋恢复原状。(4)裁决解除申请人与被申请人订立的房屋租赁合约,将房屋归还出租人。(5)裁决被申请人将中央空调修复到正常运转后交付给申请人。(6)裁决由被申请人承担本案全部仲裁费用。

被申请人辩称:承诺书是申请人自愿所书,承诺书中的三项内容只有第一项是无效条款,同意撤销。第二项、第三项均不构成显失公平,不同意撤销。按照双方订立的《房屋租赁合约》,申请人应将约定的租赁房屋全部交给被申请人使用。一楼前间112平方米至今不交付,是申请人违约。申请人出具的承诺书中写明,租金从所租房屋全部交付实际使用时起算,但一楼前间店面至今未交付,因此被申请人不欠申请人一分钱租金。申请人未能全部交付出租的房屋给承租方使用,使被申请人无法经营;被申请人投资对二楼进行装修,并购置了相关设备和用具,由于申请人的违约给被申请人造成了巨大的损失,为此提出如下仲裁反请求:(1)裁决解除双方签订的非住宅租赁合同;(2)裁决申请人赔偿装修费用及设备用具费用72万元;(3)裁决申请人赔偿经营利润损失96万元;(4)裁决申请人赔偿被申请人装修费用及设备用具的借款利息49 000元;(5)裁决申请人赔偿被申请人为装修所请工程师及看守房屋的两名工人工资支出11 600元;(6)退回租房押金66 000元;(7)本案仲裁费用全部由申请人承担。

申请人针对被申请人的反请求辩称:由于被申请人违反双方订立的《房屋租赁合同》第8条之规定,在装修房屋时未事先报经申请人同意而擅自施工装修,且在装修施工时破坏房屋结构,属于被申请人自己违约,其损失应自行承担。被申请人从1997年起就开始承租申请人的房屋经营酒店,只是从2001年元月18日起才新增加一楼112平方米,被申

---

① 　资料来源:某仲裁委员会秘书处编:《裁决书选登》,2013年4月。转引自马德才编著:《仲裁法案例研究》,世界图书出版公司2015年版,第35-36页。

请人明知新增加租赁的房屋被别人使用，却一味等待而不正常开业营业，其损失应自行承担，故请求仲裁庭对被申请人的反请求不予支持。

本案由仲裁委员会所在地市中级人民法院发回重新仲裁后，申请人又向仲裁庭举证证明被申请人在承租期间存在擅自转租的违约事实，因而认为被申请人违反合同约定和法律规定，擅自装修、改变房屋结构造成安全隐患、非法转租等严重违约行为，构成本案的根本性违约，因此，除重申原全部仲裁请求外，更重申裁决被申请人赔偿 348 400 元租金损失的仲裁请求。

被申请人针对申请人主张的"擅自转租"辩称：被申请人在 2000 年 4 月 18 日授权郑某转让某某大酒店的旧设备和用具，根本没有授权其转租房屋；退一步说，根据代理的法律规定，即使郑某有转租行为，其越权代理权限的行为也是无效的。因而，被申请人重申其原答辩及仲裁反请求。2001 年 12 月 18 日，被申请人以原首席仲裁员王某某在庭审中未出示评估报告，亦未质证为由，向仲裁委员会提出请求首席仲裁员回避的申请。

评析：本案是一起房屋租赁合同纠纷案。本案除了涉及实体问题之外，还涉及程序问题，其中包括仲裁员的回避问题，即 2001 年 12 月 18 日，被申请人以原首席仲裁员王某某在庭审中未出示评估报告，亦未质证为由，向仲裁委员会提出请求首席仲裁员回避的申请。本会主任核实情况后，认为被申请人申请首席仲裁员回避的理由不成立，并于 2001 年 12 月 20 日作出 (2001) ×仲决字第××号决定书，决定驳回被申请人对首席仲裁员王某某的回避申请。那么，本案涉及仲裁员回避哪些方面的问题呢？对此，笔者拟结合《仲裁法》关于仲裁员回避的有关规定，试作如下评析：

（一）本案仲裁员回避的方式是申请回避

前已述及，《仲裁法》第 34 条规定了仲裁员回避的两种方式，即自行回避和申请回避。本案中的仲裁员回避方式是申请回避，即被申请人向仲裁委员会提出首席仲裁员王某某回避的申请，是当事人一方向仲裁委员会提出首席仲裁员王某某回避的申请而非首席仲裁员王某某自行向仲裁委员会请求回避。不过，应当注意的是，被申请人申请回避的理由并不是《仲裁法》第 34 条所列举的 4 个方面的事由，而是原首席仲裁员王某某在庭审中未出示评估报告，亦未质证，显然这个事由与《仲裁法》第 34 条规定的法定回避事由不符，对此笔者拟在下文中详述。由此可见，本案被申请人存在滥用申请回避的权利。所以，对当事人申请回避的权利加以限制是必要的。

（二）本案仲裁员回避的事由不符合《仲裁法》规定的回避法定事由

本案中，被申请人申请原首席仲裁员王某某回避的理由是原首席仲裁员王某某在庭审中未出示评估报告，亦未质证，而不是《仲裁法》第 34 条规定的仲裁员是本案当事人或者当事人、代理人的近亲属；仲裁员与本案有利害关系；仲裁员与本案当事人、代理人有其他关系，可能影响公正仲裁的；仲裁员私自会见当事人、代理人，或者接受当事人、代理人的请客送礼的四种情形。本案仲裁员回避的事由不符合《仲裁法》规定的回避法定事由。正是因为如此，仲裁委员会主任核实情况后，认为被申请人申请首席仲裁员回避的理由不成立，决定驳回被申请人对首席仲裁员王某某的回避申请。因为，只有在《仲裁法》第 34 条所列举的这四种情形下，才会影响公正仲裁，在其他情形下不一定会影响公正仲裁，这实际上是为了限制当事人滥用回避申请的权利。综上，本案仲裁委员会主任的决定是正确的。

（三）本案仲裁员回避申请提出的时间是首次开庭前

本案中，仲裁委员会根据申请人（被反请求人）与被申请人（反请求人）于 2001 年元月 18 日签订的《房屋租赁合同》中的仲裁条款，以及申请人于 2001 年 4 月 26 日向仲裁会提交的仲裁申请书，受理了申请人与被申请人因履行上述房屋租赁合同而产生的本争议仲裁案。被申请人于同年 5 月 28 日提交答辩状后，又于同年 6 月 22 日提交了反请求申请书，仲裁委员会于 6 月 22 日受理了该反请求申请，并决定仲裁申请与反请求申请合并审理。

申请人选定熊某担任本案仲裁员，被申请人选定王某担任本案仲裁员，仲裁委员会主任根据仲裁规则的规定，指定王某某担任本案首席仲裁员。上述三位仲裁员组成仲裁庭，共同审理了本案。仲裁庭先后四次开庭审理本案后，于 2001 年 10 月 10 日作出仲裁裁决，并将裁决书送达双方当事人。

被申请人对原裁决书的裁决内容不服，于 2001 年 11 月 1 日向本市中级人民法院提出撤销仲裁裁决的申请。本市中级人民法院经审查认为，仲裁裁决所依据的《某某大酒店评估报告》未在庭审中出示、质证，程序违法，因而于 2001 年 12 月 10 日裁定中止撤销仲裁委员会（2001）×仲裁字第××号裁决书的程序，发回仲裁委员会重新仲裁。

2001 年 12 月 18 日，被申请人以原首席仲裁员王某某在庭审中未出示评估报告，亦未质证为由，向仲裁委员会提出请求首席仲裁员回避的申请。原首席仲裁员亦因健康原因，向仲裁委员会请求不再担任本案首席仲裁员，仲裁委员会主任核实情况后，认为被申请人申请首席仲裁员回避的理由不成立，并于 2001 年 12 月 20 日作出（2001）×仲决字第××号决定书，决定驳回被申请人对首席仲裁员王某某的回避申请；鉴于首席仲裁员王某某的健康状况，同意其不再担任本案首席仲裁员。同时，仲裁委员会主任根据《仲裁法》及《仲裁暂行规则》的有关规定，指定刘某某担任本案首席仲裁员。同时，为了充分尊重双方当事人的意愿，首席仲裁员分别征求双方当事人是否需重新选定仲裁员，申请人、被申请人均表示不需重新选定，因而，新仲裁庭由首席仲裁员刘某某、仲裁员熊某某、王某某三人组成。

仲裁庭于 2001 年 12 月 26 日、2002 年元月 8 日、元月 20 日、3 月 6 日先后四次对本案进行了开庭审理。可见，本案仲裁员回避申请提出的时间是首次开庭前，符合《仲裁法》第 35 条的规定。

（四）本案仲裁员回避的决定是由仲裁委员会主任作出

本案中，被申请人于 2001 年 12 月 18 日以原首席仲裁员王某某在庭审中未出示评估报告，亦未质证为由，向仲裁委员会提出请求首席仲裁员回避的申请。本会主任核实情况后，认为被申请人申请首席仲裁员回避的理由不成立，并于 2001 年 12 月 20 日作出（2001）×仲决字第××号决定书，决定驳回被申请人对首席仲裁员王某某的回避申请。显然，本案仲裁员回避的决定由仲裁委员会主任作出，完全符合《仲裁法》第 36 条的规定，因为仲裁委员会主任不是本案仲裁员，而按照《仲裁法》第 36 条的规定这种情况下仲裁员是否回避，由仲裁委员会主任决定。

综上,仲裁委员会主任的决定符合《仲裁法》有关回避的规定,是正确的。①

五、仲裁员的法律责任

仲裁员的责任,是指仲裁员在履行其职责过程中应当遵循的准则和要求,以及仲裁员在履行其职责过程中因为存在法律规定的过错行为而对当事人或社会所应承担的责任。它一般包括其道德责任、行为责任和法律责任三种形式。② 其中,仲裁员的法律责任最为复杂,争议也最多。学者们虽然进行了广泛的研究,但是却并未形成定论;在立法、司法和仲裁实践中,各国及各仲裁机构的规定和具体做法也不尽相同。关于仲裁员的法律责任,理论上讲包括刑事责任、行政责任和民事责任。不过通常提到的仲裁员的法律责任,是指仲裁员是否对其在仲裁过程中的故意或过失行为而给当事人造成损失时承担相应的民事责任。

(一) 有关仲裁员法律责任的理论

1. 仲裁员责任论

这是以大陆法系为代表的国家所持的主张。它们基于仲裁是一种契约行为,认为仲裁员不仅承担着仲裁协议中双方当事人所约定的契约责任,而且还应当承担其相应的法律责任,其责任承担的形式为公正责任和专业谨慎责任。其中,仲裁员的公正责任要求仲裁员公正地履行其职责,平等地对待双方当事人,不得滥用职权,不得欺诈,更不得接受贿赂,否则仲裁员应当承担责任;仲裁员的专业谨慎责任则要求仲裁员在履行其职责时,应当同医生、建筑师、审计师和工程师等专业人员一样,在从事其专业行为的时候,应谨慎地履行其职责,否则,仲裁员如果因疏忽而给当事人造成损失,就应该承担相应的民事责任。这种理论实际上是参照法官的民事责任理论,用以说明仲裁员不应享有职务豁免,而应承担民事责任。

仲裁法律责任的实质是对仲裁员公正行为义务的约束。随着仲裁在解决各种争议中的运用不断发展,它已成为我们这个社会赖以公正地确定法律权利的司法制度的重要组成部分,因此,仲裁员不仅对仲裁当事人承担契约责任,作为崇尚正义、主持公道的理想人物化身,他们对于整个社会也负有重大的责任。在严格责任制度下,仲裁员的谨小慎微也许有助于保证裁决的质量,维护仲裁的权威,但是,这种严格的束缚无异于捆绑住了仲裁员的手脚,有违仲裁的自愿性、灵活性和快捷性,也会极大地挫伤仲裁员的积极性,长远来看并不利于整个仲裁业的发展。

2. 仲裁员责任豁免论

这是以英美法系为代表的国家所持的主张。它认为仲裁员的仲裁行为豁免于民事责任,仲裁员对于仲裁过程中因其过失或其他情况而导致的裁决不公及给一方当事人带来的损失不承担任何个人责任。该理论的主要依据是:(1) 仲裁员责任豁免论源自于法官的司法豁免论。仲裁是一种替代法院解决争议的方式,仲裁程序被认为是一种准司法程序,仲裁员履行的是一种准司法职能,既然国家出于保证诉讼程序独立进行和司法活动权

---

① 马德才编著:《仲裁法案例研究》,世界图书出版公司 2015 年版,第 39—42 页。
② 参见蔡虹等著:《仲裁法学》(第二版),北京大学出版社 2011 年版,第 50—64 页。

威性和严肃性的考虑,不要求法官对其职务行为承担民事责任,那么对于作为实施准司法活动的仲裁员,其行使的权利也应当像法官那样受到保护,使其不受任意干扰。(2)实行仲裁员责任豁免,有利于保证仲裁程序的完整性。如果确立仲裁员承担民事责任制度,允许当事人对仲裁员提起诉讼或指控,败诉一方当事人可能会滥用该项权利,对仲裁员的行为提出异议,随意指控仲裁员缺乏应有的注意,要求重新审理,这样可能会使仲裁员的行为甚至整个仲裁程序处于极为不确定的状态,客观上既不利于仲裁员独立地行使职权,也不利于保证仲裁程序的完整性。(3)实行仲裁员责任豁免,有利于排除仲裁员的心理顾虑。如果实行仲裁员责任制度,就会使仲裁员面临承担个人责任的风险,可能会导致仲裁员在仲裁过程中过于小心谨慎,甚至还可能导致一些有责任心和有能力的仲裁员对于一些较为复杂疑难的争议案件,因为担心个人责任而拒绝接受指定,从而引起仲裁质量的降低,无法迅速有效地解决纠纷,反而阻碍了仲裁事业的发展。[1]

豁免论的主要功效在于保证仲裁员不受当事人的不当影响和外界干扰,独立地审理仲裁案件,实现仲裁效益。然而,该理论显然表现出了对仲裁公正性保障的匮乏。因为,广泛的责任豁免会使仲裁责任人疏于防范义务,并可能会导致仲裁员滥用自由裁量权而使仲裁出现不公正的结果。

3. 仲裁员责任有限豁免论

这种理论是介于仲裁员责任论和仲裁员责任豁免论之间的一种理论。它认为仲裁员的仲裁行为仅在有限范围内豁免于民事责任,但是超出一定范围则不能免除其责任,而应当承担其相应的法律责任。该理论认为仲裁员享有豁免权,但是却不同于仲裁员责任豁免论,仲裁员并非享有完全豁免权而仅享有有限豁免权,即仲裁员仅享有有限的豁免权,亦即仲裁员所享有的豁免权被限制在一定范围之内,如超出此限定范围则应承担其相应的法律责任。显然,这种理论也不同于仲裁员责任论。那么,这个限定范围是什么? 一般认为,这个限定范围主要包括两方面:第一,程序上的限制。即仲裁程序不得有悖于自愿性、对抗性和自动的司法复议权。具体而言:(1)仲裁员的指定和仲裁协议必须有效,如果仲裁员积极参加因无效的仲裁协议引起的仲裁,特别是欺骗性地把当事人引入仲裁程序,则他就不能享受豁免,因为这样做违背了仲裁的自愿性,使当事人失去了寻求诉讼或其他方法解决争议的机会,而这种机会的失去可能使当事人遭受损失。(2)仲裁员在与其有利害关系的案件中应该回避,如果仲裁员明知自己与该案有利害关系而没有遵守有关回避的规定,则不能享受仲裁豁免,他必须对因此造成程序不当及可能作出不公裁决等情况以及对当事人的损失承担民事责任。(3)仲裁员必须遵守仲裁规则,如违反即构成过错。第二,契约上的限制。由于仲裁员和当事人之间存在特殊的契约关系,仲裁员负有契约法上诚实信用、实际履行等义务。具体而言:(1)仲裁员应该完成仲裁任务。仲裁员一旦接受委任,就被认为有依公正方式作出仲裁裁决的责任,如果他没有完成或拒绝继续参加正在进行的仲裁程序,则对因此产生的损失不能享受豁免。(2)仲裁员应及时作出裁决。如果仲裁员没有在规定的期限内作出裁决,则对由此而产生的损失,不享受豁免。(3)仲裁员应公正裁决。仲裁员在仲裁中如果有诸如接受贿赂等严重过错,受损方有权

---

[1]　杨秀清等著:《仲裁法学》,厦门大学出版社 2007 年版,第 77 - 78 页。

从过错的仲裁员那里得到赔偿。(4)违反保密义务。仲裁员因过错违反保密义务,致使当事人的商业活动受到影响,或受到其他损害,应当承担责任。①

无论是仲裁员责任理论还是仲裁员豁免理论不免都有剑走偏锋之嫌,因此,许多国家的仲裁立法在扬弃上述两种理论的基础上,采取了折中之解决办法,提出仲裁员有限责任论。在实行仲裁员责任豁免制的情况下,由于仲裁员不承担任何责任,常常导致其有意或无意地滥用权力,不利于保障仲裁质量;而在实行完全责任制度的情况下,常常会束缚仲裁员的手脚,挫伤其积极性。权衡利弊,实行仲裁员有限责任制可以在二者之间寻求一种平衡,有利于仲裁制度的良性发展。

(二) 有关仲裁员法律责任的立法和司法实践

与上述仲裁员法律责任的三种理论相对应,有关仲裁员法律责任的立法和司法实践也有三种情况。

1. 规定仲裁员应当承担完全的民事责任

作出此种规定的是一些大陆法系的国家。例如,《奥地利民事诉讼法》第 584 条规定,如果仲裁员不及时履行或不完全履行其在接受任命时所承担的职责,则要对由于他的错误拒绝或迟延给当事人造成的损失承担责任。《秘鲁民事诉讼法》第 577 条规定,仲裁员在接受任职后不在规定的期限内作出裁决的,应对当事人遭受的损失负责。澳大利亚、丹麦、南非、意大利等国的法律也有类似的规定,但较为缓和。② 而作为大陆法系代表国家之一的法国,在法律上并未明文规定仲裁员的责任,但是理论上普遍认为,由于法律没有为仲裁员提供责任豁免或旨在使仲裁员免除责任,因此仲裁员应对其行为承担全部责任。

2. 规定应当免除仲裁员的法律责任

作出此种规定的主要是英美法系国家。例如,2000 年《美国统一仲裁法》第 14 条明文规定,仲裁员或仲裁机构在履行其职能时,如同本州法院法官行使其司法职能时一样享有相同的豁免,不负民事责任。美国各州如加利福尼亚州、科罗拉多州和佐治亚州的有关仲裁立法,也规定了应当免除仲裁员的民事责任和刑事责任。再如,英国《1996 年仲裁法》第 29 条规定,仲裁员不对其在履行或试图履行其职责过程中的任何作为或不作为承担责任,除非该作为或不作为表明其违反了诚信原则。该法第 74 条规定:(1)应当事人指定或请求而委任或提名仲裁员的仲裁机构、其他机构或个人,对其履行或试图履行该职能时的作为或不作为均不承担责任,除非该作为或不作为表明其违反了诚信原则。(2)委任或提名仲裁员的仲裁机构、其他机构或个人,不因委任或提名而对该仲裁员(或其雇员或代理人)履行或试图履行仲裁员职责的作为或不作为承担任何责任。此外,新西兰、印度等国的仲裁立法也有类似规定,即仲裁员如同法官,行使着准司法职能,理应避免其职务行为的责任。③

3. 规定仲裁员应当承担有限度的民事责任

作出此种规定的是一些大陆法系的国家。德国、挪威、瑞士、日本等国法律,要求仲裁

---

① 黄进等著:《仲裁法学》,中国政法大学出版社 2008 年版,第 63－64 页。
② 参见陈敏:《仲裁员的行为规范》,载《仲裁与法律通讯》1994 年第 3 期,第 35 页。
③ 参见陈敏:《仲裁员的行为规范》,载《仲裁与法律通讯》1994 年第 3 期,第 35 页。

员承担有限的责任。例如,德国认为仲裁员和当事人之间存在合同关系,仲裁员应为没有完全履行合同义务应承担相应的责任。仲裁员的责任分为合同责任和侵权责任,在合同责任方面,仲裁员可享有部分免责。德国法律对法官承担侵权责任给予了特别限制,德国最高法院认为,仲裁员享有的合同责任豁免不应低于法官所应享有的侵权责任豁免。也就是说,在其作出裁决的职责范围内,只要不违反德国刑法典的相关规定,即使有明显的疏忽或超越授权,仲裁员也不应因此被起诉。1998年《德国仲裁协会仲裁规则》第44条规定,仲裁员有关决定法律事项的任何行为免责,只要此类行为不构成故意违反职责。① 再如,瑞典《斯德哥尔摩商会仲裁院仲裁规则》第48条规定:"仲裁院和仲裁员不就与仲裁相关的行为或疏忽向当事人承担责任,除非该行为或疏忽构成故意不当或重大过失。"《国际商会仲裁规则》第40条规定:"仲裁员、仲裁庭任命的任何人士、紧急仲裁员、仲裁院及其成员、国际商会及其职员和国际商会国家委员会和小组及其职员和代表,不因与仲裁有关的任何作为或不作为对任何人承担责任,除非适用法律禁止本项责任限制。"

(三)我国《仲裁法》及《刑法》有关仲裁员法律责任的规定及其评析

1. 我国《仲裁法》有关仲裁员法律责任的规定及其评析

《仲裁法》颁布施行之前,我国有关仲裁的法律并未对仲裁员的法律责任作出明确的规定,直到《仲裁法》颁布施行之后,才对仲裁员的法律责任作出了明确的规定。对此,《仲裁法》第38条规定:"仲裁员有本法第34条第4项规定的情形,情节严重的,或者有本法第58条第6项规定的情形的,应当依法承担法律责任,仲裁委员会应当将其除名。"可见,《仲裁法》第38条规定了仲裁员应当承担法律责任的两种情形,即私自会见当事人、代理人,或者接受当事人、代理人的请客送礼,情节严重的行为和仲裁员在仲裁该案时有索贿受贿,徇私舞弊,枉法裁决的行为。而这两种行为在程度上是严重的故意的非法行为,从而表明《仲裁法》对仲裁员应当承担法律责任的行为作出了范围上和程度上的限制,显然符合民法中关于承担民事责任的一般性主观要件的规定,有利于仲裁员消除顾虑接受指定并积极参与仲裁活动,同时,也较好地体现了仲裁员承担责任与免除责任的适当平衡。② 另外,从该条规定的字面上看,仲裁员承担的法律责任包括刑事责任、民事责任以及行政责任。

前已述及,《仲裁法》第38条规定了仲裁员在两种情形下应当承担法律责任有其积极意义,有值得肯定的方面,但是《仲裁法》有关仲裁员法律责任的规定还存在一些不足之处,主要表现为:(1)《仲裁法》仅仅把仲裁员的法律责任限制在两种情形下是不够的。因为,除了《仲裁法》规定仲裁员应当承担其法律责任的两种情形之外,仲裁员应当承担其法律责任的情形还有其他一些重大的故意行为,如仲裁员(包括仲裁机构及相关人员)故意泄露当事人的商业秘密的、仲裁员故意不披露应予回避的其他情形从而未回避的、无故拖延仲裁程序等,以及仲裁员的重大疏忽行为,而对这些情形下仲裁员应当承担法律责任《仲裁法》均未作出规定,这显然没有充分理由。这些都有待于《仲裁法》在修订中加以补充及完善。(2)《仲裁法》第38条的规定未必十分合适,全面采纳有限豁免论更为有利。

① 黄进等著:《仲裁法学》,中国政法大学出版社2008年版,第64-65页。
② 参见黄进等著:《仲裁法学》,中国政法大学出版社2008年版,第67-68页。

因为,有限豁免论意味着,仲裁员认定事实不清、适用法律不当以及裁决被撤销或拒绝执行并不必然导致承担仲裁责任,仲裁员、仲裁机构只对其故意的不当行为或重大疏忽造成的后果负责。这种主张,适当地平衡了仲裁员、仲裁机构和当事人之间的利益,前者不得恣意武断,后者不能随意发难,既吸收了豁免论支持仲裁员、仲裁机构履职的司法性优点,也与普通商事合同的契约性相区别。在仲裁日益普及的今天,不确立仲裁责任机制,可能会纵容仲裁员或仲裁机构不勤勉、不公正,不利于人们对仲裁树立信心,少数害群之马可能损害那些爱惜羽毛、德艺双馨的仲裁员的名声,使后者视仲裁为畏途,陷仲裁质量于恶性循环之中。① 因此,《仲裁法》所确立的仲裁员法律责任应为仲裁员有限责任豁免论。

2. 我国《刑法》有关仲裁员法律责任的规定及其评析

在国际仲裁立法上,仲裁员的法律责任通常指的是民事责任,而规定仲裁员应当承担刑事责任的国家是比较罕见的。显著的例子是 2004 年日本《仲裁法》,其第 10 章"罚则",共 6 条,详细地规定了向仲裁员行贿或仲裁员接受贿赂、行贿的犯罪及其刑罚。而且,该法还规定,即使此等行为发生在日本境外,该法有关规定亦予适用。

我国《刑法》也确立了仲裁员的刑事责任。2006 年 6 月 29 日,我国第十届全国人民代表大会常务委员会第 22 次会议通过了《中华人民共和国刑法修正案(六)》。该修正案第 20 条规定,在《刑法》第 399 条后增加一条,作为第 399 条之一,即"依法承担仲裁职责的人员,在仲裁活动中故意违背事实和法律作枉法裁决,情节严重的,处 3 年以下有期徒刑或者拘役;情节特别严重的,处 3 年以上 7 年以下有期徒刑。"可见,我国《刑法》确立的仲裁员的刑事责任是以刑法中新增加的罪名"枉法仲裁罪"来体现的。

根据《刑法》第 399 条之一的规定和刑法理论,仲裁员枉法仲裁罪的犯罪构成要件如下:(1) 枉法仲裁罪的主体要件。枉法仲裁罪的主体是依法承担仲裁职责的人员,而《仲裁法》规定承担仲裁职责的主要是仲裁员,仲裁机构的相关人员承担辅助性的职责,所以仲裁员是枉法仲裁罪的主体,仲裁机构的相关人员无法单独成为枉法仲裁罪的主体。需要注意的是,本罪的主体是自然人,仲裁机构本身不能成为犯罪主体,如果仲裁庭或仲裁委员会涉嫌共同实施枉法仲裁行为,应当追究直接负责的主要人员和直接责任人员的刑事责任,不能认定为单位犯罪。(2) 枉法仲裁罪的主观方面。枉法仲裁罪的主观方面只能是故意,过失不构成本罪。另外,枉法仲裁罪的成立,对犯罪目的和犯罪动机没有特殊的要求。(3) 枉法仲裁罪的客观方面。枉法仲裁罪的客观方面表现为在仲裁活动中,故意违背事实和法律作枉法裁决,情节严重。而如何界定"违背事实和法律",是其中的一个关键的难题。对此,1999 年 9 月 16 日最高人民检察院发布施行的《关于人民检察院直接受理立案侦查案件立案标准的规定(试行)》规定,涉嫌下列情形之一的,应予立案:① 枉法裁判,致使公民财产损失或者法人或者其他组织财产损失重大的;② 枉法裁判,引起当事人及其亲属自杀、伤残、精神失常的;③ 伪造有关材料、证据,制造假案枉法裁判的;④ 串通当事人制造伪证或者篡改庭审笔录而无法裁判的;⑤ 其他情节严重的情形。(4) 枉法仲裁罪的客体。枉法仲裁罪的客体是正常的仲裁活动和仲裁当事人的合法权益,犯罪客体是仲裁裁决。本罪侵犯的是双重客体,但主要侵犯的是正常的仲裁活动与仲裁秩序。

---

① 参见黄进等著:《仲裁法学》,中国政法大学出版社 2008 年版,第 66 - 68 页。

按照前述刑法修正案,属渎职罪的一种。[1]

我国《刑法》规定枉法仲裁罪之后,仲裁界、法律界赞成者有之,反对者亦有之。其中,反对的意见具有一定的合理性。这种合理性表现在以下方面:(1)枉法仲裁罪的设立不符合仲裁的本质。仲裁本质上是契约性的,仲裁机构的性质也不同于司法机构,事实上,按照《仲裁法》及仲裁实践,不少于1/3的仲裁员是经济、技术、贸易等领域的专才,没有受过严谨的法律训练,甚至也没有接受系统的法律教育,由他们仲裁纠纷,既不能与接受了系统的法律教育的仲裁员等量齐观,也不能与法官相比。如果他们公正行事,但是法律意识欠缺,所作所为是否构成"故意违背事实和法律",值得探讨。总之,枉法仲裁罪的规定没有考虑仲裁员和法官的区别,可能会抹杀仲裁的特色,从而不符合仲裁的本质。(2)枉法仲裁罪的设立不符合仲裁的特点。仲裁的特点之一是重视交易习惯,重视商人的惯常做法,而枉法仲裁罪的规定似与此相悖。(3)内涵不明确容易导致刑罚的滥用。《刑法》有关枉法仲裁罪的规定,如何理解首先是一个大问题。何谓"故意违背事实和法律",如何证明;何谓"情节严重"与"情节特别严重",看来也只能依赖最高人民法院进一步的司法解释了。这样,法官的自由裁量权较大,就可能导致刑罚的滥用。(4)枉法仲裁罪的设立会阻碍仲裁和经济贸易的发展。仲裁员参与仲裁虽然也获得报酬,但是仲裁员的劳动仍然主要是公益性的。通常仲裁员都是各个行业的精英,枉法仲裁罪的规定,使得他们在接受仲裁员委任时会顾虑当事人滥用刑事控告权,以致损害其名誉及事业发展。一些谨慎的精英可能因此就尽量不接受委任。这样一来,枉法仲裁罪的规定显然对仲裁人才有潜在的不利影响,而失去优质的仲裁员导致仲裁的前途堪忧,从而也会阻碍经济贸易的发展。(5)枉法仲裁罪的规定可能使法院干预仲裁多了一种方式,也前所未有地使检察院有了强制干预仲裁的可能。仲裁裁决作出之后,如有当事人提出刑事控告,仲裁裁决的执行程序必然被中断。[2]

附:仲裁员枉法仲裁罪实例[3]及其评析

2001年5月,开发商刘某以90万元的价格从别处购得金滔大厦的开发权。因前期开发,刘某就拆迁赔偿问题与凌某兄妹达成补偿协议书,明确通过原地安置12平方米,卖108.7平方米,再以36.27平方米抵偿安置费的方式将中山北路45号金滔大厦103号门面(合计158.77平方米)转让给凌某兄妹。后在开发中,由于资金紧缺,刘某陆续找大学同学王某借款100余万元,并出具了一张借期一年、金额139万元的借条,明确以中山北路45号金滔大厦103号门面作抵押,将产权办理到王某母亲名下,待借款还清后,再将产权转回。然而,借款期满后,刘某只还了少量借款。2007年5月,刘某再次给王某出具了一张为期两年、金额102.7万元的借条,并在该借条中明确以"抵押门面"作"抵债",将产权办理到王某名下。然而,因刘某开发的金滔大厦项目拖欠国土使用费,未取得国土使

---

[1] 参见余剑:《试析枉法仲裁罪》,载《上海仲裁》2006年第2期,第37页。

[2] 参见黄进等著:《仲裁法学》,中国政法大学出版社2008年版,第70页。

[3] 资料来源:http://news.cntv.cn/law/20110922/104220.shtml,转引自马德才编著:《仲裁法案例研究》,世界图书出版公司2015年版,第49页。

权证,且未通过竣工验收,该项目通过正规途径根本无法办理产权证。此时,刘父的好友、衡阳仲裁委员会仲裁员刘国后告诉他:"通过仲裁可以办理产权证。"身为仲裁员的刘国后让开发商刘某以购房户或他人的名义伪造相关资料申请仲裁。2007 年 9 月 18 日左右,刘某伪造了仲裁申请书、购房合同等相关资料,申请人是王某,被申请人是刘某。2007 年 9 月 28 日,未经任何形式的审理,张平(系书记员)就将仲裁调解书发给了刘某。之后,购房者通过申请法院强制执行,再凭法院的强制执行裁定书到房产局办理产权。次年 3 月,金滔大厦 103 号门面产权就正式登记到了王某的名下。然而,根据拆迁补偿协议书,凌某兄妹获得了金滔大厦 103 号门面,其中的 108.7 平方米还是其用 33 万元购买所得。但由于无法办理产权证,他们却成了房产的"黑户"。衡阳市石鼓区人民检察院在获悉该案线索后,果断介入调查并于 2008 年 11 月 17 日对仲裁员刘国后、书记员张平以涉嫌枉法仲裁罪正式立案侦查。2011 年 8 月 30 日,该二人因枉法仲裁被衡阳市石鼓区人民法院作出了有罪判决。

　　评析: 这是自 2006 年《刑法修正案(六)》实施以来,湖南省首例枉法仲裁案件。衡阳仲裁委员会仲裁员刘国后及秘书处书记员张平二人也因此成为湖南省因枉法仲裁而获刑的第一人。前已述及,《刑法修正案(六)》确立了枉法仲裁罪,本案中,衡阳市石鼓区人民检察院对仲裁员刘国后、书记员张平正是以涉嫌枉法仲裁罪向衡阳市石鼓区人民法院提起公诉的。衡阳市石鼓区人民法院受理了该案,并经过审理,于 2011 年 8 月 30 日对仲裁员刘国后、书记员张平作出了有罪判决。那么,衡阳市石鼓区人民法院的判决是否正确呢? 笔者拟结合《刑法》第 399 条之一对"枉法仲裁罪"的规定及有关枉法仲裁罪的犯罪构成要件作一评析。

　　首先,从犯罪主体来看,枉法仲裁罪的主体是依法承担仲裁职责的人员,而根据《仲裁法》的相关规定包括仲裁员和书记员等自然人主体。本案中的仲裁员刘国后和书记员张平就是这样的主体。因此,他们具备了枉法仲裁罪的犯罪主体方面的要件。

　　其次,从犯罪主观方面来看,只有故意才构成枉法仲裁罪。本案中,身为仲裁员的刘国后让开发商刘某以购房户或他人的名义伪造相关资料申请仲裁。刘国后、张平则根据刘某需要而不是根据事实和法律制作仲裁调解书。之后,购房者亲自或委托刘某申请法院强制执行,再凭法院的强制执行裁定书到房产局办理产权。显然,仲裁员刘国后和书记员张平在仲裁活动中故意违背事实和法律作枉法裁决,因此具备了枉法仲裁罪的犯罪主观方面的要件。

　　第三,从犯罪的客观方面来看,仲裁员刘国后和书记员张平在仲裁活动中故意违背事实和法律作枉法裁决。具体表现为:根据张平的要求,2007 年 9 月 18 日左右,刘某伪造了仲裁申请书、购房合同等相关资料,申请人是王某(系上文债权人),刘某以金滔大厦 103 号门面作抵押,并约定将该门面过户到王某名下,待债务清偿后再将产权转回。伪造申请仲裁的全部证据材料,由被申请人代替申请人"一手操办"仲裁的相关事项。但是,就是在这种情况下,仲裁员刘国后和书记员张平还是进行了仲裁。2007 年 9 月 28 日,未经任何形式的审理,张平就将仲裁调解书发给了刘某。这是典型的串通当事人制造伪证而枉法裁判,而这种枉法裁判,致使公民财产损失即严重侵害了利害关系人凌某兄妹的合法权益,因为刘某以"门面"抵债,并将通过仲裁取得该门面的所有权登记到债权人王某名下。然而,根据拆迁补偿协议书,凌某兄妹获得了金滔大厦103号门面,其中的108.7平方米还是其用33万元购买所得。但由于无法办理产权证,他们却成了房产的"黑户"。所以,仲裁员刘国后和书记员张平在仲裁活动中存在故意违背事实和法律作枉法裁决,具备了枉法仲裁罪的犯罪客观方面的要件。

第四,从犯罪的客体来看,枉法仲裁罪的客体是正常的仲裁活动和仲裁当事人的合法权益,犯罪客体是仲裁裁决。本案中,身为仲裁员的刘国后让开发商刘某以购房户或他人的名义伪造相关资料申请仲裁。刘国后、张平根据刘某需要而不是根据事实和法律制作仲裁调解书。可见,仲裁员刘国后和书记员张平的仲裁活动在程序上严重违反《仲裁法》的相关规定,侵犯了正常的仲裁活动与仲裁秩序,同时也侵害了利害关系人凌某兄妹的合法权益,因此具备了枉法仲裁罪的犯罪客体方面的要件。

综上,本案两被告刘国后和张平的行为完全符合枉法仲裁罪的构成要件,遂构成枉法仲裁罪,故衡阳市石鼓区人民法院的判决是正确的。[①]

第三节 仲裁庭

一、仲裁庭的概念和特征

(一)仲裁庭的概念

仲裁庭,是指在申请人提交仲裁申请并经仲裁委员会受理之后,由当事人选定或者仲裁委员会主任指定的仲裁员组成的,对申请人和被申请人之间的纠纷案件依照仲裁程序进行仲裁审理且作出仲裁裁决的组织形式。在机构仲裁的情况下,仲裁庭是由该常设仲裁委员会主导组成的,即仲裁委员会受理申请人的仲裁申请之后,由当事人选定或者仲裁委员会主任指定的仲裁员组成仲裁庭;在临时仲裁的情况下,因无常设的仲裁机构,故仲裁庭则完全由当事人主导组成,即当事人根据其仲裁协议将其纠纷直接提交给他们选择的仲裁员组成仲裁庭。

(二)仲裁庭的特征

1. 仲裁庭的组成具有自愿性

申请人申请仲裁并经仲裁委员会受理后,需在仲裁委员会的主导下组成仲裁庭,而仲裁庭由仲裁员组成,其组成形式可以是独任仲裁庭也可以是合议仲裁庭。那么,到底仲裁庭由哪个或哪些仲裁员组成,到底是采取独任仲裁庭还是采取合议仲裁庭,根据《仲裁法》第30条、第31条的规定,完全由当事人自主决定,当事人可以约定采取独任仲裁庭或是采取合议仲裁庭,以及自己选定仲裁员或者委托仲裁委员会主任指定仲裁员。这些都是当事人自愿性的体现。

2. 仲裁庭的形式具有灵活性

根据《仲裁法》第30条的规定,仲裁庭的形式包括独任仲裁庭与合议仲裁庭两种,而

---

① 马德才编著:《仲裁法案例研究》,世界图书出版公司2015年版,第50—51页。

到底是采取独任仲裁庭还是采取合议仲裁庭，《仲裁法》第31条和各仲裁委员会的仲裁规则都没有作出统一固定的规定，而是交由当事人自行协商确定，只有在当事人未约定时，才由仲裁委员会主任根据仲裁案件的具体情况加以确定。显然，仲裁庭的形式确定具有灵活性。

3. 仲裁庭是行使仲裁权的主体

申请人申请仲裁并经仲裁委员会受理后，在仲裁委员会的主导下组成了仲裁庭，根据《仲裁法》和各仲裁委员会仲裁规则的有关规定，此时仲裁庭即获得了具体负责案件审理并作出仲裁裁决的权限，而仲裁委员会则无权审理仲裁案件和作出仲裁裁决。可见，仲裁庭是行使仲裁权的主体。

4. 仲裁庭的庭审具有独立性

由上可知，仲裁庭而非仲裁委员会是行使仲裁权的主体，就具体案件的审理和裁决而言，仲裁庭所具有的独立性不言而喻，仲裁庭对具体案件的审理和裁决不受仲裁委员会的干预。不过，仲裁庭庭审独立性并不排除仲裁委员会对仲裁庭的庭审进行必要的监督，而且依据《仲裁法》的有关规定，仲裁委员会还有权对仲裁中仲裁员的吃请收礼、枉法裁断的行为进行惩戒。

5. 仲裁庭的存在具有临时性

仲裁庭不同于仲裁委员会，其表现之一是仲裁委员会是常设性组织，而仲裁庭则是临时性组织。即仲裁委员会组成人员相对固定，没有法定事由不得随意撤换或解散，不能因为某一仲裁案件的审理结束而解散，而仲裁庭的组成人员则因不同案件而有所不同，并非固定，而且一旦某一仲裁案件审理结束亦即仲裁庭作出仲裁裁决或者制作仲裁调解书而自行解散。这表明，仲裁庭的存在具有临时性。

二、仲裁庭的类型

关于仲裁庭由几个仲裁员组成，各国仲裁立法和各仲裁机构的仲裁规则规定有所不同，由此使得仲裁实践中的仲裁庭组成的类型呈现多样化的特点。归纳起来，仲裁实践中一般有以下几种仲裁庭组成的类型：[①]

（一）独任仲裁庭

独任仲裁庭，是指只由一名仲裁员组成的对当事人之间的纠纷案件进行审理的仲裁庭。该种类型的仲裁庭可以防止多数仲裁员在评议案件时因意见不一造成的拖延，能够更加迅速、经济地解决纠纷，亦更能体现仲裁的效益价值，已为大多数国家的仲裁立法所认可。例如，《法国民事诉讼法典》第1453条规定，仲裁庭可由一名独任仲裁员或者数名奇数仲裁员组成。1999年《瑞典仲裁法》第12条规定，当事人可以决定仲裁员的人数和指定仲裁员的方式，如双方当事人达成一致协议，仲裁庭可以由一名仲裁员组成。英国《1996年仲裁法》第15条第3款规定，"如对仲裁员人数没有约定，仲裁庭应由独任仲裁庭组成。"我国《仲裁法》亦对独任仲裁庭予以了认可，该法第30条规定："仲裁庭可以由三

---

① 参见乔欣主编：《比较商事仲裁》，法律出版社2004年版，第48-50页；马德才主编：《仲裁法》，厦门大学出版社2014年版，第80-81页。

名仲裁员或者一名仲裁员组成。"

当然,独任仲裁庭的缺点也是明显的,其表现在于:一方面,可能由于仲裁员个人素质、专业水平等因素有时难以保证案件的审理质量;另一方面,在仲裁实践中,一般难以寻找到为双方当事人共同信赖的人出任独任仲裁员,而且由于双方当事人不同的利益驱动,加之争议发生后对立情绪较大,因此共同约定一名仲裁员组成独任仲裁庭的情况也就较为少见。所以,为了充分发挥独任仲裁庭在纠纷解决机制中的优势,各国和仲裁机构的仲裁规则均规定,适用仲裁简易程序审理的案件由一名仲裁员组成独任仲裁庭进行审理。例如,《美国仲裁协会国际仲裁规则》第5条规定:"如当事各方对仲裁员人数未达成协议,则应委任一名仲裁员,除非美国仲裁协议因为案件金额大、案情复杂或其他情形,自行决定三名仲裁员是适宜的。"《国际商会仲裁规则》第12条第2款规定:"当事人没有约定仲裁员人数的,仲裁院应任命一名独任仲裁员,除非仲裁院认为案件争议需要指定三名仲裁员。"《贸仲规则》第58条也作了类似规定,即"除非当事人另有约定,适用简易程序的案件,依照本规则第二十八条的规定成立独任仲裁庭审理案件。"

(二)偶数仲裁庭

偶数仲裁庭,是指由偶数仲裁员组成的对当事人之间的纠纷案件进行审理的仲裁庭。该种类型的仲裁庭因仲裁员人数平衡而难以形成一致或多数人意见,无法作出仲裁裁决而被大多数国家的立法所否定,相反这些立法往往要求仲裁庭的组成人数必须是奇数。例如,《法国民事诉讼法典》第1454条规定:"当事人指定偶数人数仲裁员的,仲裁庭应由一名仲裁员补全。该仲裁员按照当事人设想的机制选定,或者无此机制的,由已指定的仲裁员选定,或者他们之间没有协议的,最终由大审法庭的主席指定。"我国《仲裁法》也不承认偶数仲裁庭。但是,也有少数国家如英国、日本、瑞典等国家的仲裁立法承认偶数仲裁庭,它们均允许当事人自由约定仲裁员人数,而且一般附条件地要求,除非当事人另有约定,约定仲裁员人数为两名或其他偶数的,应理解为要求额外委任一名仲裁员作为首席仲裁员或公断人。另外,如仲裁庭由两名仲裁员组成,自任一方当事人向另一方当事人送达委任仲裁员的书面请求之日起一定时间内,各方应分别委任一名仲裁员。在一些行业,如在航运市场上的某些标准合同中,也存在这样的条款。在偶数仲裁员组成的仲裁庭在仲裁案件中经常会遇到的情况是由当事人各自选定的仲裁员就案件的裁决各持己见,不能达成一致。在这种情况下,该如何处理?通常的做法是由这两名仲裁员共同指定的公断人主持对该案件的审理并作出裁决,而原来由双方各自指定的仲裁员此时则仅充当代理人的角色。实际上,此时仲裁庭已由之前的偶数仲裁庭转化成为独任仲裁庭,仲裁裁决由仲裁公断人自行作出。

在仲裁实践中,偶数仲裁庭可能还存在于另外一种情形,即仲裁庭原本是合议仲裁庭,但是其中一名仲裁员因死亡、丧失行为能力或拒绝合作等原因退出仲裁庭时而转换为偶数仲裁庭,这种情形又被形象地称为"瘸腿仲裁庭"。在此种情形下,是指定替代的仲裁员重新组成仲裁庭进行审理,还是允许偶数仲裁庭继续进行审理直至作出仲裁裁决,仲裁实践中的做法是因这种情形出现的时间先后不同而有所差异。如出现在仲裁程序的初期,则通常倾向于指定替代的仲裁员重新组成仲裁庭进行审理;如出现在仲裁程序的后期,则为了保证仲裁程序的顺利进行,避免过分迟延,可以不再重新选定仲裁员,而允许偶数仲裁庭继续进行审理直至作出裁决。近年来,各主要仲裁机构的仲裁规则就"瘸腿仲裁庭"的问题作出了规定。例如,《美国仲裁协会国际仲裁规则》第 11 条第 1 款规定,由三人组成的仲裁庭有一名仲裁员未能参加仲裁时,另外两名仲裁员应有权自行继续仲裁和作出决定、裁定或裁决,尽管第三名仲裁员不能参加。国际商会国际仲裁院、伦敦国际仲裁院以及斯德哥尔摩商会仲裁院的仲裁规则也有类似规定。我国《仲裁法》并未对"瘸腿仲裁庭"予以认可,在此种情形下只能按照原来的程序确定替换的仲裁员重新组成仲裁庭进行审理。然而,我国有些仲裁委员会的仲裁规则对"瘸腿仲裁庭"有条件地予以了认可,例如《贸仲规则》第 34 条规定:"最后一次开庭终结后,如果三人仲裁庭中的一名仲裁员因死亡或被除名等情形而不能参加合议及/或作出裁决,另外两名仲裁员可以请求仲裁委员会主任按照第三十三条的规定更换该仲裁员;在征求双方当事人意见并经仲裁委员会主任同意后,该两名仲裁员也可以继续进行仲裁程序,作出决定或裁决。仲裁委员会仲裁院应将上述情况通知双方当事人。"

(三) 三人仲裁庭

三人仲裁庭,又称合议仲裁庭,是指由三名仲裁员组成的对当事人之间的纠纷案件进行审理的仲裁庭。该种类型的仲裁庭因其可以集中智慧,保证仲裁案件裁决的质量,保障仲裁的公正价值而成为各国仲裁立法和实践中最为普遍的仲裁庭组成的类型。例如,1999 年《瑞典仲裁法》第 13 条规定,仲裁员人数应为三人。《德国民事诉讼法》第 1034 条规定,当事人可以自由约定仲裁员数目。如无此类决定,仲裁员应为三人。我国《仲裁法》亦对合议仲裁庭予以了认可,该法第 30 条规定:"仲裁庭可以由三名仲裁员或者一名仲裁员组成。由三名仲裁员组成的,设首席仲裁员。"在三人仲裁庭中,3 名仲裁员的产生通常是由双方当事人各自指定一名仲裁员,第三名仲裁员即首席仲裁员由双方共同选定,或由当事人各自指定的仲裁员共同选定,或者由双方当事人委托的第三方,如特定常设仲裁机构主席、商会主席、仲裁委员会主任等指定。例如,1999 年《瑞典仲裁法》第 13 条规定,双方当事人各应委任一名仲裁员,第三名仲裁员由当事人委任的仲裁员委任。再如,我国《仲裁法》第 31 条规定:"当事人约定由三名仲裁员组成仲裁庭的,应当各自选定或者各自委托仲裁委员会主任指定一名仲裁员,第三名仲裁员由当事人共同选定或者共同委托仲裁委员会主任指定。第三名仲裁员是首席仲裁员。当事人约定由一名仲裁员成立仲裁庭的,应当由当事人共同选定或者共同委托仲裁委员会主任指定仲裁员。"第 32 条规定:"当事人没有在仲裁规则规定的期限内约定仲裁庭的组成方式或选定仲裁员的,由仲裁委员会主任指定。"

在仲裁实践中,可能会出现以下情形,即双方当事人因其利益冲突,矛盾激化使其无法就仲裁庭的组成形式达成协议。对此,为了保证仲裁程序的顺利进行,避免仲裁程序的拖延,在此种情形下,各国仲裁立法和仲裁机构的仲裁规则一般授权特定的机构和人员为当事人指定仲裁庭的组成形式。例如,《斯德哥尔摩商会仲裁院仲裁规则》第 13 条第 1款、《瑞士联邦仲裁协约》第 10 条第 1 款、《美洲国家商事仲裁委员会仲裁规则》第 5 条和《联合国国际贸易法委员会仲裁规则》第 7 条均规定,如果双方当事人没有事先约定仲裁员的人数,在被申请人收到仲裁通知书后一定期限内又未曾商定仲裁员仅为一人,则应依法由双方当事人和有关的仲裁机构选定三名仲裁员组成合议庭来审理有关仲裁案件。但是,《美国仲裁协会国际仲裁规则》第5条和《国际商会仲裁规则》第12条第2款则作了相反的规定,即当事人双方没有约定仲裁员的人数或未能就仲裁员的人数达成协议时,除非有关的仲裁机构认为有理由任命三名仲裁员来审理有关争议的,应由有关的仲裁机构依法指定一名仲裁员组成独任仲裁庭。

三、仲裁庭的权利和职责

(一)仲裁庭的权利

仲裁庭是在申请人提请仲裁并经仲裁机构受理申请人的仲裁申请后依法组成的,而且一旦仲裁庭组成,仲裁庭即独立地行使仲裁权。而为了保证仲裁程序的顺利进行,保证仲裁职能的实现,必须赋予仲裁庭相应的权利。仲裁庭的权利主要包括:

1. 对仲裁案件的管辖权作出决定

无论是仲裁申请人还是仲裁被申请人,都有权在仲裁程序开始后对仲裁案件的管辖权提出异议,而对于仲裁管辖权异议的裁定主体,从各国仲裁立法和仲裁机构的仲裁规则来看,一般有两类:一是接受仲裁申请的仲裁机构或者仲裁庭;二是相关法院。[①] 我国《仲裁法》第20条将此项权利明确赋予仲裁委员会和人民法院,并没有明确赋予仲裁庭,不过也没有明确否定仲裁庭的此项权利,因此,我国仲裁委员会的仲裁规则就有条件地将此项权利赋予仲裁庭,例如《贸仲规则》第6条规定,仲裁委员会有权对仲裁协议的存在、效力以及仲裁案件的管辖权作出决定。如有必要,仲裁委员会也可以授权仲裁庭作出管辖权决定。仲裁庭依据仲裁委员会的授权作出管辖权决定时,可以在仲裁程序进行中单独作出,也可以在裁决书中一并作出。仲裁委员会或经仲裁委员会授权的仲裁庭作出无管辖权决定的,应当作出撤销案件的决定。撤案决定在仲裁庭组成前由仲裁委员会仲裁院院长作出,在仲裁庭组成后,由仲裁庭作出。[②]《北仲规则》第6条也规定,当事人对仲裁协议的存在、效力或者仲裁案件的管辖权有异议,可以向本会提出管辖权异议。管辖权异议应当在首次开庭前以书面形式提出,当事人约定书面审理的,应当在首次答辩期限届满前以书面形式提出。本会或者本会授权的仲裁庭有权就仲裁案件的管辖权作出决定。仲裁庭的决定可以在仲裁程序进行中作出,也可以在裁决书中作出。本会或者经本会授权的仲裁庭对仲裁案件作出无管辖权决定的,案件应当撤销。仲裁庭组成前,撤销案件的决定由本会作出;仲裁庭组成后,撤销案件的决定由仲裁庭作出。[③] 可见,仲裁庭有权对仲裁案件的管辖权作出决定,只不过并不是无条件的而是有条件的,其条件是需经仲裁委员会的授权。

2. 对仲裁程序中的程序事项作出决定

仲裁庭组成之后,整个仲裁案件的仲裁活动都是在仲裁庭的指挥下进行的,在仲裁程序中需要解决的各种程序事项,均由仲裁庭作出决定。具体而言,包括:仲裁员重新选定或者指定后,有权决定对已进行的程序是否重新进行;有权确定开庭的时间和地点;有权

---

①　参见汪祖兴著:《中国仲裁制度的境遇及改革要略》,法律出版社2010年版,第213-216页。
②　见《贸仲规则》第6条第1款、第3款、第7款。
③　见《北仲规则》第6条第1款、第4款、第5款。

对当事人提出的延期开庭要求或者撤销案件的请求作出决定;有权将当事人的财产保全申请和证据保全申请提交人民法院等。

3. 根据仲裁案件需要调查取证

《仲裁法》第 7 条确立了根据事实、符合法律规定的原则,其中,事实的查明仲裁庭主要可通过以下途径:申请人和被申请人对案件事实的书面陈述;仲裁庭通过开庭审理对事实进行调查;仲裁庭通过实地调查的方式查明事实。[①] 可见,仲裁庭有权在仲裁程序中要求当事人提交必要的证据材料,有权主动调查案情,在必要时还有权自行收集证据。对此,《仲裁法》第 43 条第 2 款规定:"仲裁庭认为有必要收集的证据,可以自行收集。"另外,仲裁庭还有权决定对某些证据进行鉴定,《仲裁法》第 44 条对此作了规定,"仲裁庭对专门性问题认为需要鉴定的,可以交由当事人约定的鉴定部门鉴定,也可以由仲裁庭指定的鉴定部门鉴定。根据当事人的请求或者仲裁庭的要求,鉴定部门应当派鉴定人参加开庭。当事人经仲裁庭许可,可以向鉴定人提问。"仲裁庭还有权就某些专业技术性问题请专家提供咨询意见。

4. 对仲裁案件进行调解

根据《仲裁法》第 51 条第 1 款的规定,仲裁庭有权自行开始调解,也有权依据当事人的申请开始调解。从我国的仲裁实践看,仲裁调解有三种方式:仲裁庭与各方当事人一起共同磋商;各方当事人自己磋商,在达成一致意见后,将此意见告知仲裁庭;仲裁庭与各方当事人分别磋商。而且,仲裁庭在征得双方当事人同意后可以按照其认为适当的方式进行调解。仲裁庭进行调解应主要坚持如下原则:自愿原则;查明事实、分清是非原则;合法原则。[②] 当然,根据《仲裁法》第 51 条第 2 款的规定,调解达成协议的,仲裁庭应当制作调解书或者根据协议的结果制作裁决书。仲裁调解书与仲裁裁决书具有同等法律效力。

5. 对仲裁案件作出裁决

根据《仲裁法》的有关规定,仲裁庭享有对仲裁案件进行审理之后作出仲裁裁决的权利,具体包括书面审理的裁决权和开庭审理的裁决权。其中,开庭审理的裁决权又包括对席裁决权和缺席裁决权。而且,仲裁庭对仲裁裁决权行使的方式多样化,一般包括中间裁决权的行使、部分裁决权的行使和最终裁决权利的行使。另外,仲裁庭有权根据当事人的意愿对仲裁案件进行调解,调解达成协议的,仲裁庭应当制作调解书或者根据协议的结果制作裁决书;调解不成的,仲裁庭应当及时作出裁决。

(二)仲裁庭的职责

为了保证仲裁程序的顺利进行,保证仲裁职能的实现,应当赋予仲裁庭广泛的权利,而且还应当规定仲裁庭承担相应的职责。根据《仲裁法》和仲裁机构的仲裁规则的有关规定,仲裁庭应承担的职责主要包括:

1. 独立公正地仲裁案件

独立仲裁也是《仲裁法》要求仲裁庭应该承担的一项义务和职责,因为仲裁庭要公正

[①] 参见马德才主编:《仲裁法》,厦门大学出版社 2014 年版,第 33 页;马德才编著:《仲裁法案例研究》,世界图书出版公司 2015 年版,第 22 页。

[②] 参见马德才编著:《仲裁法案例研究》,世界图书出版公司 2015 年版,第 144 - 145 页。

地仲裁案件,独立必不可少,甚至可以说是前提保障。为此,《仲裁法》从仲裁活动及组织保障的角度作了相应的规定,即《仲裁法》第 7 条规定:"仲裁应当根据事实,符合法律规定,公平合理地解决纠纷。"该法第 8 条又规定:"仲裁依法独立进行,不受行政机关、社会团体和个人的干涉。"该法第 14 条规定:"仲裁委员会独立于行政机关,与行政机关没有隶属关系。仲裁委员会之间也没有隶属关系。"各仲裁委员会的仲裁规则也作了类似规定,例如,《贸仲规则》第 49 条第 1 款规定:"仲裁庭应当根据事实和合同约定,依照法律规定,参考国际惯例,公平合理、独立公正地作出裁决。"可见,从《仲裁法》和各仲裁委员会仲裁规则的规定来看,独立公正地仲裁案件是仲裁庭最基本的义务。

2. 按期审理并裁决案件

根据《仲裁法》和各仲裁委员会仲裁规则的有关规定,仲裁庭享有对仲裁案件的审理权和裁决权,同时,仲裁庭必须严格按照其审限,及时、公正地作出仲裁裁决。关于审限,《仲裁法》没有作出明确的规定,但是各仲裁委员会的仲裁规则均作了要求,例如《贸仲规则》规定,适用仲裁普通程序的审限为仲裁庭组庭后 6 个月内[1];适用仲裁简易程序的审限为仲裁庭组庭后 3 个月内。[2] 再如,《北仲规则》适用仲裁普通程序的审限为仲裁庭组庭之日起 4 个月内;[3]适用仲裁简易程序的审限为仲裁庭组庭之日起 75 日内。[4]

3. 制作规范的仲裁调解书或仲裁裁决书

前已述及,对仲裁案件进行调解和裁决是仲裁庭享有的权利,不过,仲裁庭应当根据仲裁案件审理的具体情况来决定是进行调解抑或作出裁决:如果当事人有调解意愿的,仲裁庭就进行调解;如果当事人没有调解意愿或仲裁调解不成的,仲裁庭应当作出裁决。而且,仲裁庭进行调解的,仲裁庭应当根据当事人之间的调解协议制作规范的仲裁调解书或者根据调解协议的结果制作规范的仲裁裁决书。仲裁庭不进行调解的,仲裁庭应当根据事实、符合法律规定,制作规范的仲裁裁决书。

4. 审慎制作开庭笔录

《仲裁法》第 48 条规定:"仲裁庭应当将开庭情况记入笔录。当事人和其他仲裁参与人认为对自己陈述的记录有遗漏或者差错的,有权申请补正。如果不予补正,应当记录该申请。笔录由仲裁员、记录人员、当事人和其他仲裁参与人签名或者盖章。"该条规定表明,仲裁庭应当审慎制作开庭笔录,将仲裁庭开庭审理的全部过程、双方当事人争议的案件事实依据、证据形式、少数仲裁员的不同意见等整个开庭审理的内容记入开庭笔录中。而且,开庭笔录必须经过仲裁庭审阅,以及仲裁庭应将开庭笔录向当事人和其他仲裁参与人当庭宣读或者交由当事人和其他仲裁参与人阅读,且开庭笔录由仲裁员、记录人员、当事人和其他仲裁参与人签名或者盖章。此外,当事人和其他仲裁参与人认为对自己陈述的记录有遗漏或者差错的,有权申请补正;如果仲裁庭不予补正的,则应当记录该申请。

---

① 见《贸仲规则》第 48 条第 1 款。
② 见《贸仲规则》第 62 条第 1 款。
③ 见《北仲规则》第 47 条。
④ 见《北仲规则》第 58 条。

四、仲裁庭的自裁管辖权

当事人提出仲裁申请或仲裁反请求中某些特定事项是否属于仲裁协议范围内的事项、仲裁协议是否存在以及仲裁协议是否有效时,是由法院还是仲裁庭来裁判呢? 对此,传统观点和实践认为,应由法院予以裁判;而现代观点和实践则认为应由仲裁庭来裁判,即仲裁庭有权对自己是否拥有管辖权作出决定。这种由仲裁庭自己来决定自己是否拥有管辖权的问题则称之为仲裁庭的自裁管辖权原则。所谓仲裁庭的自裁管辖权原则,又称管辖权原则,是指在当事人对仲裁庭的管辖权有异议时,仲裁庭自己有权裁判自己的管辖权,并且不受法院相关诉讼程序的影响,开始或者继续审理仲裁案件直至作出仲裁裁决。该项原则已经得到国内和国际仲裁立法、国内与国际仲裁规则、仲裁理论以及司法、仲裁实践的采纳和支持。①

在仲裁立法方面,仲裁庭的自裁管辖权原则既得到了国内仲裁立法的确认,也得到了国际仲裁立法的确认。国内仲裁立法方面,1983 年《法国民事诉讼法典》第 1458 条规定:"根据仲裁协议提交仲裁庭的争议若提交到国家的法院,该法院应拒绝管辖。如果仲裁庭仍未受理此事,法院也应拒绝管辖,除非仲裁协议是明显无效的。在两种情况下法院都不可自行决定它没有管辖权。"该法典第 1466 条进一步规定:"如果一方当事人向仲裁员抗辩他的管辖权,不论是原则或范围,该仲裁员应决定其任职的效力或范围。"再如,英国《1996 年仲裁法》第 30 条第 1 款规定:"除非当事人另有约定,仲裁庭可裁定其实体管辖权,关于:(1) 是否存在有效的仲裁协议,(2) 仲裁庭是否适当组成,(3) 按照仲裁协议何等事项已提交仲裁。"再如,1998 年《德国民事诉讼法典》第 1040 条第 1 款规定:"仲裁庭可以对其自身的管辖权和与此有关的仲裁协议的存在或者效力作出决定。"另外,比利时、瑞士、荷兰、保加利亚、埃及等国的仲裁立法也确认了仲裁庭的自裁管辖权原则。国际仲裁立法方面,1965 年《华盛顿公约》第 41 条规定:"一、仲裁庭应是其本身权限的决定人。二、争端一方提出的反对意见,认为该争端不属于中心的管辖范围,或因其他原因不属于仲裁庭的权限范围,仲裁庭应加以考虑,并决定是否将其作为先决问题处理,或与该争端的是非曲直一并处理。"1985 年联合国《国际商事仲裁示范法》第 16 条第 1 款规定:"仲裁庭可以对它自己的管辖权包括对仲裁协议的存在或效力的任何异议,作出裁定。为此目的,构成合同的一部分的仲裁条款应视为独立于其他合同条款以外的一项协议。仲裁庭作出关于合同无效的决定,不应在法律上导致仲裁条款的无效。"《欧洲国际商事仲裁公约》第 5 条第 3 款规定,仲裁庭能够决定仲裁协议是否存在,有权对自己的管辖权作出决定。

在仲裁规则方面,仲裁庭的自裁管辖权原则既得到了国内仲裁规则的认可,也得到了国际仲裁规则的认可。国内仲裁规则方面,《美国仲裁协会国际仲裁规则》第 15 条第 1 款规定:"仲裁庭有权对其管辖权,包括对仲裁协议的存在和效力提出的任何异议进行裁定。"《伦敦国际仲裁院仲裁规则》第 23 条第 1 款规定:"仲裁庭有权对其本身的管辖权作

---

① 参见韩健著:《现代国际商事仲裁法的理论与实践》(修订版),法律出版社 2000 年版,第 202 - 206 页;赵健著:《国际商事仲裁的司法监督》,法律出版社 2000 年版,第 88 - 100 页。

出决定,包括对仲裁协议最初的或继续的存在、有效性和效力的任何异议作出决定。就此目的而言,构成或拟构成另一协议的一部分的一个仲裁条款,应视为独立于该另一协议的一个仲裁协议。仲裁庭裁定该另一协议不存在、无效或不具有效力不应在法律上导致该仲裁条款不存在、无效或不具有效力。"国际仲裁规则方面,《国际商会仲裁规则》第 6 条第 3 款规定:"如果仲裁请求的任何对方当事人未提交答辩书,或对仲裁协议的存在、效力或范围,或对仲裁中提出的全部仲裁请求是否可以在单次仲裁中共同作出裁定,提出一项或多项抗辩,则仲裁程序应继续进行;对于任何管辖权问题,或各项请求是否可以在该次仲裁中作出共同裁定的问题,则应由仲裁庭直接决定,除非秘书长按照第 6 条第(4)款的规定,将有关事项提交仲裁院决定。"2010 年《联合国国际贸易法委员会仲裁规则》第 23 条第 1 款规定:"仲裁庭有权力对其自身管辖权作出裁定,包括对与仲裁协议的存在或效力有关的任何异议作出裁定。为此目的,构成合同一部分的仲裁条款,应视为独立于合同中其他条款的一项协议。仲裁庭作出合同无效的裁定,不应自动造成仲裁条款无效。"

在仲裁理论方面,一些学者对仲裁庭的自裁管辖权原则也持赞同观点。例如,英国施米托夫(Schmitthoff)教授认为,仲裁庭的自裁管辖权来源于当事人的授权。他指出,没有理由说明当事人不能将仲裁庭自己决定自身管辖权的权力赋予仲裁庭,也没有理由可以说明法院不应该承认仲裁庭决定的效力,只要仲裁庭没有滥用权力——即使仲裁庭滥用权力,这也可以在仲裁裁决承认及执行阶段予以解决。[1] 英国法官 P·德夫林(P·Devlin)说,法律没有要求仲裁员在其管辖权遭到反对或质疑时,应该拒绝履行其职责。法律也没有要求在管辖法院就仲裁管辖权问题作出判决前仲裁员不对管辖权异议作出实质调查和裁定,而是继续仲裁,把管辖权问题留待有权决定的法院去作判决。仲裁员没有义务采取上述任何一种做法。仲裁员有权就他们是否有管辖权的问题进行审查,其目的不是为了得出任何对当事人有约束力的结论,而是作为一个预先问题向当事人证实他们是否应该继续进行仲裁。德国桑德罗克(Otto Sandrock)教授也认为,从国际合同的当事人将他们之间的争议提交仲裁解决的原因考虑,对仲裁庭自身的管辖权问题,需要由仲裁庭自己作出决定。否则,将管辖权争议交由管辖法院审理,既耗时间,又不经济。[2] 英国著名仲裁法专家雷德芬(Alan Redfern)和亨特(Martin Hunter)提出,仲裁庭的自裁管辖权是"仲裁庭固有的权限",是"仲裁庭彻底完成其使命的一项基本权限"。[3]

司法、仲裁实践对仲裁庭的自裁管辖权也持支持态度。例如,1971 年 5 月,在 Société Impex v. Société PAZ 案中,法国最高法院就确立了仲裁庭自裁管辖权原则。美国在司法实践中也接受了仲裁庭自裁管辖权原则。美国法院的具体做法是如果当事人约定由仲裁庭决定仲裁协议的效力和管辖权问题,则由仲裁庭来决定。例如,1995 年美国最高法院在 First Options of Chicago v. Manuel Kaplan et ux. And MK Investment, Inc. 案中指出"谁(法院或者仲裁庭)享有主要权力来决定争议事项的可仲裁性问题",取决于当事人

① See Schmitthoff, The Jurisdiction of the Arbitrator, in Schultz & Van den Berg ed., The Art of Arbitration, Essays on International Arbitration: Liber Amicortum Pieter Sanders, 1982, at 285.

② 韩健著:《现代国际商事仲裁法的理论与实践》(修订版),法律出版社 2000 年版,第 202 - 203 页。

③ See Alan Redfern & Martin Hunter, Law and Practice of International Commercial Arbitration, 1991, at 275.

的意愿。如果当事人同意将可仲裁性问题交由仲裁庭决定,则应由仲裁庭决定;相反,如果当事人没有约定由仲裁庭决定可仲裁性问题,那么,法院应当独立决定该问题,如同法院审理当事人其他未提交仲裁的事项一样。在 Appollo Computer, Inc. v. Berg 案中,美国联邦第一巡回法院判定,根据《国际商会仲裁规则》,由仲裁庭决定自身的管辖权问题;而当事人同意按照该规则进行仲裁,那么,应由仲裁庭而非法院来决定当事人之间是否存在仲裁协议。①

综上所述,给予仲裁庭自裁管辖权或较多的权力是现代仲裁的一种趋势。各国仲裁立法和有关司法实践之所以给予仲裁庭自裁管辖权,是由仲裁庭自裁管辖权自身所具有的明显优势所决定的,这些优势具体表现在:(1)能有效防止当事人恶意拖延仲裁程序,发挥仲裁高效、快速的特点;(2)降低法院对仲裁的干预和影响程度,使仲裁程序在不受阻碍的情况下顺利进行;(3)减少当事人争议解决的开支;(4)大大减轻法院的负担,避免司法资源的浪费。② 不过,仲裁庭自裁管辖权原则的适用并非绝对,而是有一定的限制,其限制条件包括:(1)就适用的时间而言,只有在仲裁程序中仲裁庭有权裁定当事人提出的管辖权异议,从而决定自己的管辖权,而不是指在任何情况下仲裁管辖权都由仲裁庭自己来决定;(2)就适用的效力而言,仲裁庭的自裁管辖权决定不是终局的,必须接受法院的司法审查,法院的决定有最终效力。③

当仲裁庭面临对其管辖权提出的异议时,仲裁庭如何处理,归纳起来,一般有三种处理方式可供选择:(1)仲裁庭一开始就作出它不具有管辖权的决定,仲裁程序即行中止。随之仲裁庭本身也不再存在,申请人需寻求其他救济方式,一般是诉诸国内法院。不过,仲裁庭只有在有关情节非常清楚明晰的情况下,才会就其管辖权问题作出这样一项即时决定。(2)仲裁庭受理当事人提出的异议和意见后,就已提出的关于管辖权问题作出一项附具理由的临时裁决。这项临时裁决对当事人有约束力。不过,如前所述,根据有些国家法律规定,当事人可就该项临时裁决诉诸法院,请求法院作出最后决定。仲裁庭作出一项临时裁决是处理管辖权问题最为常用的一种方式。(3)如果管辖权问题与争议实质问题紧密相关,以至于不考虑实质问题将无法确定管辖权问题,仲裁庭将把管辖权问题并入争议实质问题一并审理,作出裁决。④ 上述三种仲裁庭处理其管辖权异议的方式在《解决投资争端的国际中心仲裁规则》第 41 条第 3 款、第 4 款、第 5 款中得到了集中体现,即"有关争议之异议正式提出后,就实质事项之程序即应中止。仲裁庭庭长在与其他仲裁员协商后,应确定当事者对此项异议提出意见之期限。仲裁庭应决定此项异议之续行程序是否应口头辩论。它可将此项异议作为一个先决问题加以解决,也可将其并入争议之实质事项一并审理。如仲裁庭对异议作出裁定,或将其并入实质事项一并审理,它应再次确定续行程序之期限。如仲裁庭裁定争议不属于中心管辖范围或不属于仲裁庭职权范围,它应就此作出裁决。"

---

① 赵健著:《国际商事仲裁的司法监督》,法律出版社 2000 年版,第 89—92 页。
② 汪祖兴著:《中国仲裁制度的境遇及改革要略》,法律出版社 2010 年版,第 81 页。
③ 参见马德才主编:《仲裁法》,厦门大学出版社 2014 年版,第 82 页。
④ 韩健著:《现代国际商事仲裁法的理论与实践》(修订版),法律出版社 2000 年版,第 211—212 页。

此外,为了避免当事人借提出管辖权异议不当拖延仲裁程序,对当事人提出管辖权异议的时间作出适当的限制,是必要的也是合理的。因为,如果对此不加以限制,一方当事人将可能随时提出管辖权异议而干扰仲裁程序,更有可能因仲裁的进展情况对他不利而有意在仲裁程序的后期阶段借对仲裁管辖权有异议,试图达到回避裁决作出的目的。如果允许当事人这样做而不予适当限制,无异于是在为其提供滥用仲裁程序的机会。对此,有关国际仲裁规则和仲裁机构仲裁规则大多作了明确规定。例如,2010年《联合国国际贸易法委员会仲裁规则》第23条第2款规定:"对仲裁庭无管辖权的抗辩,至迟应在答辩书中提出,涉及反请求或为抵消目的而提出的请求的,至迟应在对反请求或对为抵消目的而提出的请求的答复中提出。一方当事人已指定或参与指定一名仲裁员,不妨碍其提出此种抗辩。对仲裁庭超出其职权范围的抗辩,应在所指称的超出仲裁庭职权范围的事项在仲裁程序期间出现后尽快提出。仲裁庭认为延迟是正当的,可在上述任一情形中准许延迟提出抗辩。"1985年联合国《国际商事仲裁示范法》第16条第2款规定:"有关仲裁庭无权管辖的抗辩不得在提出答辩书之后提出。当事一方已指定或参与指定仲裁员的事实,不得阻止该当事一方提出这种抗辩。有关仲裁庭超越其权力范围的抗辩,应在仲裁程序过程中提出越权的事情后立即提出。在这两种情况下,仲裁庭如认为推迟提出抗辩有正当理由,均可准许待后提出抗辩。"《欧洲经济委员会仲裁规则》第17条和《美洲国家商事仲裁委员会仲裁规则》第21条第3款都有类似规定。[1]

在我国,对于仲裁协议效力的认定权,《仲裁法》明确将之赋予仲裁委员会和人民法院,[2]而并未像其他许多国家的仲裁法那样明确赋予仲裁庭,当然《仲裁法》第20条也未明确排除仲裁庭就仲裁协议效力异议行使管辖的权力。因此,为顺应有关仲裁庭管辖权异议的国际立法趋势,我国《仲裁法》应明确赋予仲裁庭的自裁管辖权。

【司法考试真题链接】

1. 美国A公司与中国B公司在履行合同过程中发生了纠纷。按合同中的仲裁条款,A公司向中国某仲裁委员会提交了仲裁申请。问该仲裁庭的组成可以有哪几种方式?(2002年司法考试真题)

　　A. 由双方当事人各自选定一名仲裁员,第三名仲裁员由当事人共同选定

　　B. 三名仲裁员皆由当事人共同选定

　　C. 三名仲裁员皆由当事人委托仲裁委员会主任指定

　　D. 双方当事人各自选定一名仲裁员,第三名仲裁员由当事人共同委托仲裁委员会主任指定

2. 当事人申请撤销仲裁裁决须符合下列哪些条件?(2003年司法考试真题)

　　A. 必须向仲裁委员会提出申请,由仲裁委员会提交给有管辖权的人民法院

---

[1] 参见韩健著:《现代国际商事仲裁法的理论与实践》(修订版),法律出版社2000年版,第212-213页。
[2] 见《仲裁法》第20条。

B. 必须向仲裁委员会所在地的中级人民法院提出

C. 必须在自收到裁决书之日起 6 个月内提出

D. 必须有证据证明裁决有法律规定的应予撤销的情形

3. 甲、乙在合同中约定因合同所发生的争议,提交某仲裁委员会仲裁。后双方发生争议,甲向约定的仲裁委员会申请仲裁,但乙对仲裁协议的效力提出异议。对此,乙就仲裁协议的效力有权向谁申请认定?（2005 年司法考试真题）

A. 该仲裁委员会所在地基层法院

B. 该仲裁委员会所在地中级人民法院

C. 该仲裁委员会

D. 甲居住地的基层法院

4. 某仲裁委员会在开庭审理兰屯公司与九龙公司合同纠纷一案时,九龙公司对仲裁庭中的一名仲裁员提出了回避申请,经审查后该仲裁员被要求予以回避,仲裁委员会依法重新确定了仲裁员。关于仲裁程序如何进行,下列哪一选项是正确的?（2007 年司法考试真题）

A. 已进行的仲裁程序应当重新进行

B. 已进行的仲裁程序有效,仲裁程序应当继续进行

C. 当事人请求已进行的仲裁程序重新进行的,仲裁程序应当重新进行

D. 已进行的仲裁程序是否重新进行,仲裁庭有权决定

5. A 市水天公司与 B 市龙江公司签订一份运输合同,并约定如发生争议提交 A 市的 C 仲裁委员会仲裁。后因水天公司未按约支付运费,龙江公司向 C 仲裁委员会申请仲裁。在第一次开庭时,水天公司未出庭参加仲裁审理,而是在开庭审理后的第二天向 A 市中级人民法院申请确认仲裁协议无效。C 仲裁委员会应当如何处理本案?（2007 年司法考试真题）

A. 应当裁定中止仲裁程序

B. 应当裁定终结仲裁程序

C. 应当裁定驳回仲裁申请

D. 应当继续审理

6. 某仲裁委员会在开庭审理甲公司与乙公司合同纠纷一案时,乙公司对仲裁庭中的一名仲裁员提出了回避申请。经审查后,该仲裁员依法应予回避,仲裁委员会重新确定了仲裁员。关于仲裁程序如何进行,下列哪一选项是正确的?（2012 年司法考试真题）

A. 已进行的仲裁程序应当重新进行

B. 已进行的仲裁程序有效,仲裁程序应当继续进行

C. 当事人请求已进行的仲裁程序重新进行的,仲裁程序应当重新进行

D. 已进行的仲裁程序是否重新进行,仲裁庭有权决定

7. B 市的京发公司与 T 市的蓟门公司签订了一份海鲜买卖合同,约定交货地在 T 市,并同时约定"涉及本合同的争议,提交 S 仲裁委员会仲裁。"京发公司收货后,认为海鲜等级未达到合同约定,遂向 S 仲裁委员会提起解除合同的仲裁申请,仲裁委员会受理了该案。在仲裁规则确定的期限内,京发公司选定仲裁员李某作为本案仲裁庭的仲裁员,蓟门

公司未选定仲裁员,双方当事人也未共同选定第三名仲裁员,S仲裁委主任指定张某为本案仲裁庭仲裁员、刘某为本案首席仲裁员,李某、张某、刘某共同组成本案的仲裁庭,仲裁委向双方当事人送达了开庭通知。

开庭当日,蓟门公司未到庭,也未向仲裁庭说明未到庭的理由。仲裁庭对案件进行了审理并作出缺席裁决。在评议裁决结果时,李某和张某均认为蓟门公司存在严重违约行为,合同应解除,而刘某认为合同不应解除,拒绝在裁决书上签名。最终,裁决书上只有李某和张某的签名。

S仲裁委员会将裁决书向双方当事人进行送达时,蓟门公司拒绝签收,后蓟门公司向法院提出撤销仲裁裁决的申请。关于本案中仲裁庭组成,下列说法正确的是?（2014年司法考试真题）

A. 京发公司有权选定李某为本案仲裁员
B. 仲裁委主任有权指定张某为本案仲裁员
C. 仲裁委主任有权指定刘某为首席仲裁员
D. 本案仲裁庭的组成合法

第四章　仲裁协议

众所周知,仲裁协议是仲裁的前提,即没有仲裁协议就没有仲裁,但是该仲裁协议必须有效,若有仲裁协议但该仲裁协议却无效,也不能进行仲裁。而仲裁协议要有效就须具备其有效要件。同时,仲裁协议应包括一定的内容,即法定内容和约定内容。此外,仲裁协议类型多样,仲裁条款虽然是合同中的一个条款但是却具有相对的独立性,即合同的变更、解除、终止、转让、失效、无效、未生效、被撤销以及成立与否,均不影响仲裁条款的效力。本章对上述问题进行理论和实践层面的阐释。

第一节　仲裁协议概述

一、仲裁协议的概念和特征

仲裁协议,或称仲裁契约、仲裁合同,是指争议双方当事人合意将他们之间可能发生或业已发生的争议交付某仲裁机构仲裁解决的一种书面协议。它是确定仲裁管辖权的必要条件之一,被称作仲裁的基石。没有有效的仲裁协议,就不会有有效的仲裁。

综观各国仲裁立法、国际仲裁公约及仲裁实践,仲裁协议相比普通的民商事合同,具有如下法律特征:[1]

(1) 仲裁协议不直接规定当事人之间的实体权利与义务,而是规定一种解决争议的方式,通过它来确定当事人之间的实体权利与义务,即仲裁协议具有间接性。

(2) 仲裁协议生效后,并不一定就发挥拟议中的作用,只有当事人之间发生了协议范围内的争议且无法自行解决,才有履行的必要,即仲裁协议具有不确定性。

(3) 如果仲裁协议是以仲裁条款的形式存在于合同中,该仲裁条款一经有效订立即具有相对的独立性,即使主合同无效或失效,仲裁条款也不必然无效或失效,即仲裁协议具有独立性。

(4) 仲裁协议的客体是一种特殊的行为,即在发生争议时将争议提交仲裁庭仲裁,履行仲裁裁决,这对双方当事人而言是同等的,而不像一般合同的客体行为具有对应性。如买卖合同中,合同的客体行为既指一方支付货款,也指一方交付货物,即仲裁协议具有同等性。

(5) 仲裁协议的内容即当事人在协议中的权利、义务是同一的,且权利与义务的界限也难以区分。争议发生后,一方当事人只能向仲裁机构申请仲裁,不能向法院起诉,这既

---

[1]　宋连斌著:《国际商事仲裁管辖权研究》,法律出版社 2000 年版,第 58 - 59 页。

是当事人的权利也是其义务,但都不是对方当事人对应的义务与权利,这一特点不同于一般合同中双方当事人的权利与义务所具有的对流性、互易性的特点,即仲裁协议当事人的权利义务具有同一性。

(6)一份有效的仲裁协议,其效力既及于各方当事人,也延伸至指定的仲裁机构、仲裁员和有管辖权的法院,而且,仲裁协议的效力对后者来说更为重要,因为是他们才最终决定当事人之间的实体权利与义务,即仲裁协议的效力具有广泛性。

二、仲裁协议的类型

根据仲裁协议的表现形式的不同,它可分为以下三种不同的类型:

(一)仲裁条款

仲裁条款,是指当事人在签订有关合同时,在该合同中订立的约定将可能发生的争议提交仲裁解决的条款。它通常在争议发生之前订立,构成有关合同的一部分,但是仲裁条款相比主合同却具有相对独立性,即主合同的无效并不必然导致仲裁条款的无效。[1] 仲裁条款是仲裁协议的一种最常见和最重要的形式,许多商事合同中都有该项条款。根据ICC仲裁资料显示,当事人似乎更偏爱以仲裁条款的形式提交仲裁,而国际商会仲裁庭取得案件管辖权最典型、最主要的方式也是通过主合同中的仲裁条款。[2] 因此,仲裁条款如何拟定就显得较为重要。然而,当事人因其法律知识欠缺而可能使其所拟定的仲裁条款不规范或者有缺陷,这样自然会影响当事人之间争议的仲裁解决,所以为了使当事人之间的争议能够顺利通过仲裁方式得以解决,一些常设仲裁机构均制订了供当事人参照适用的示范仲裁条款。[3]

(1)中国国际经济贸易仲裁委员会示范仲裁条款:"凡因本合同引起的或与本合同有关的任何争议,均应提交中国国际经济贸易仲裁委员会,按照申请仲裁时该会现行有效的仲裁规则进行仲裁。仲裁裁决是终局的,对双方均有约束力。"或"凡因本合同引起的或与本合同有关的任何争议,均应提交中国国际经济贸易仲裁委员会____分会(仲裁中心),按照仲裁申请时中国国际经济贸易仲裁委员会现行有效的仲裁规则进行仲裁。仲裁裁决是终局的,对双方均有约束力。"

(2)瑞典斯德哥尔摩商会仲裁院示范仲裁条款:"任何与本协议有关的争议,均应根据《斯德哥尔摩商会仲裁规则》通过仲裁最终解决。"该仲裁院建议当事人根据其需要对本条款作如下方面的补充:①"仲裁庭应由____名仲裁员(或独任仲裁员)组成。"②"协议规定的事项受____(国家或者地区)的法律支配。"③"仲裁程序中应使用____(语言)。"

(3)伦敦国际仲裁院示范仲裁条款:"本合同发生的或与本合同有关的任何争议,包括合同的成立、有效性或终止等任何问题均根据《伦敦国际仲裁院仲裁规则》提交仲裁并作出最后裁决,该规则应被认为是通过关联并入了本条款。"

---

[1]　关于这个问题,将在下面有关仲裁条款的独立性中作进一步的讨论。
[2]　汪祖兴著:《中国仲裁制度的境遇及改革要略》,法律出版社2010年版,第27页。
[3]　参见黄进等著:《仲裁法学》,中国政法大学出版社2008年版,第82-84页;宋朝武主编:《仲裁法学》,北京大学出版社2013年版,第92-94页。

（4）美国仲裁协会示范仲裁条款："因本合同发生的或与本合同有关的或者违反本合同而发生的任何争议或请求，均依照美国仲裁协会的规则采取仲裁方式解决，仲裁员作出的裁决可以送请任何有管辖权的法院裁判。"

（5）国际商会仲裁院示范仲裁条款："有关本合同所发生的一切争议，应根据国际商会的仲裁规则由 1 名或若干名仲裁员仲裁解决。"

（6）解决投资争端国际中心示范条款："双方当事人兹同意将任何有关于或产生于本协议的争端提交解决投资争端国际中心，根据《关于解决国家与他国国民之间投资争端公约》，通过调解/仲裁解决。"

（7）联合国国际贸易法委员会示范仲裁条款："任何争议、争执或请求，凡由于本合同而引起的或与之有关的，或由于本合同的违反、终止或无效而引起的或与之有关的，均应按照《联合国国际贸易法委员会仲裁规则》仲裁解决。"

各方当事人应当考虑增列：① 指定机构应为____（机构名称或人名）；② 仲裁员人数应为____（一名或三名）；③ 仲裁地应为____（城市和国家）；④ 仲裁程序中使用的语言应为____。

（二）仲裁协议书

仲裁协议书，是指在争议发生前后，有关当事人经过平等协商，共同签署的将其争议提交仲裁解决的一种专门性文件。与仲裁条款不同的是，仲裁协议书并不作为有关合同的一部分，而同有关合同在形式上是彼此独立的，并且一般是在合同没有规定仲裁条款，争议发生后，双方当事人为寻求仲裁解决而共同商签的，此外针对的纠纷事项不光是契约性争议，还可以是侵权性争议等。显然，相比仲裁条款而言，仲裁协议书在形式上更为完善，更加符合案件的特点，更加具有针对性，也因而更能弱化当事人之间的分歧并由此强化仲裁协议的效力，正是因为如此，以仲裁协议书的形式提交仲裁的做法在实践中非常普遍。①

（三）其他有关书面文件中所包含的仲裁协议

其他有关书面文件中所包含的仲裁协议，是指双方当事人在有关相互往来的信函、电传、电报以及其他书面材料中，共同约定将他们之间将来可能发生或业已发生的争议提交仲裁解决的意思表示。可见，这种类型的仲裁协议所包含的提交仲裁的意思表示并不是集中表现在某一合同的有关条款或某一单独的协议书中，而是分散在有关当事人双方相互往来的函件中。此类型的仲裁协议在仲裁实践中，也是比较普遍的。

无论是国内仲裁还是涉外仲裁，我国既允许当事人把已经发生的争议提交仲裁，也允许当事人将来可能发生的争执交付仲裁。② 早在 1958 年，国务院通过的《关于在中国国际贸易促进委员会内设立海事仲裁委员会的决定》就规定："海事仲裁委员会根据双方当事人在争议发生前或者争议发生后所签订的契约、协议等受理海事争议案件。"1985 年《涉外经济合同法》第 38 条规定："当事人没有在合同中订立仲裁条款，事后又没有达成书面仲裁协议的，可以向人民法院起诉。"1988 年《中外合作经营企业法》第 26 条（2000 年经

---

① 参见汪祖兴著：《中国仲裁制度的境遇及改革要略》，法律出版社 2010 年版，第 27－28 页。

② 参见赵健著：《国际商事仲裁的司法监督》，法律出版社 2000 年版，第 55－56 页。

修订后为第 25 条）、1988 年国务院发布的《关于鼓励台湾同胞投资的规定》第 20 条、1991
年《民事诉讼法》第 257 条等法律法规都作了相同的规定。1994 年《仲裁法》第 16 条明确
规定："仲裁协议包括合同中订立的仲裁条款和以其他书面方式在纠纷发生前或者纠纷发
生后达成的请求仲裁的协议"。自 1999 年 10 月 1 日起施行的《合同法》第 128 条,也接受
了这种观点。2005 年《仲裁法解释》第 1 条规定："仲裁法第十六条规定的'其他书面形
式'的仲裁协议,包括以合同书、信件和数据电文(包括电报、电传、传真、电子数据交换和
电子邮件)等形式达成的请求仲裁的协议。"

我国的仲裁机构也承认上述三种类型的仲裁协议。例如,《贸仲规则》第 5 条第 1 款、
第 2 款规定："仲裁协议系指当事人在合同中订明的仲裁条款或以其他方式达成的提交仲
裁的书面协议。仲裁协议应当采取书面形式。书面形式包括合同书、信件、电报、电传、传
真、电子数据交换和电子邮件等可以有形地表现所载内容的形式。在仲裁申请书和仲裁
答辩书的交换中,一方当事人声称有仲裁协议而另一方当事人不做否认表示的,视为存在
书面仲裁协议。"

第二节　仲裁协议的内容

一项有效的仲裁协议具体应包含哪些内容,各国仲裁立法及有关国际公约的规定不
尽相同,同时也允许当事人加以约定,即仲裁协议的内容包括仲裁协议的法定内容和仲裁
协议的约定内容两个方面。

一、仲裁协议的法定内容

根据我国《仲裁法》第 16 条第 2 款的规定,仲裁协议的法定内容包括:

(一) 请求仲裁的意思表示

请求仲裁的意思表示即仲裁合意,是仲裁协议最基本的内容,因此当事人在仲裁协议
中应明确表示愿意将争议提交仲裁解决。不过,请求仲裁的意思表示至少应具备如下三
个条件:(1) 必须是所有当事人在协商一致基础上的共同意思表示,而不是一方当事人的
意思表示;(2) 必须是所有当事人的真实意思表示,当事人签订仲裁协议的行为是其内心
的真实愿望,而不是在外界强制下所表现出来的虚假意思表示;(3) 必须是有利害关系的
各方当事人之间的意思表示,而不是其他任何无关的人的意思表示。[①]

(二) 仲裁事项

仲裁事项,是指双方当事人在仲裁协议中约定的提请仲裁解决的争议范围或事项。
当事人首先应在仲裁协议中明确提交仲裁的争议事项,日后当事人之间发生争议,只能就
仲裁协议中约定的提交仲裁的争议事项向仲裁机构申请仲裁,而不能就超出仲裁协议范
围之外的争议事项向仲裁机构申请仲裁。这是有关的仲裁庭行使仲裁管辖权的重要依据
之一,也是有关当事人申请法院协助承认与执行仲裁裁决时必须具备的一个重要条件。

---

① 黄进等著:《仲裁法学》,中国政法大学出版社 2008 年版,第 81 页。

如果一方当事人申请仲裁的争议事项不属于仲裁协议所约定仲裁的争议事项范围,他方当事人就有权对有关仲裁机构的管辖权提出异议而拒绝参与仲裁;即使仲裁机构就此争议事项经过仲裁审理终结并作出实质性裁决,他方当事人也可据此拒绝履行该项裁决所规定的义务,而申请仲裁方当事人无权申请法院予以强制执行。即使提出了此项申请,也会被法院以同样的理由予以驳回。

但是,当事人在仲裁协议中约定的提交仲裁的争议事项,必须符合有关国家仲裁立法的规定,必须是有关国家仲裁立法所允许采用仲裁方式处理的事项,即具有可仲裁性。如果当事人在仲裁协议中所约定的事项属于有关国家立法中不可仲裁的事项,该国法院就会判定该仲裁协议无效,并命令中止仲裁协议的实施或拒绝承认和执行已作出的仲裁裁决。对此,各国仲裁立法和有关的国际公约都作了规定。例如,我国《仲裁法》第 2 条规定:"平等主体的公民、法人和其他组织之间发生的合同纠纷和其他财产权益纠纷,可以仲裁。"第 3 条规定:"下列纠纷不能仲裁:(一)婚姻、收养、监护、扶养、继承纠纷;(二)依法应当由行政机关处理的行政争议。"同时,该法第 17 条规定:"当事人约定的仲裁事项超出法律规定的仲裁范围的仲裁协议无效。"再如,1923 年日内瓦《仲裁条款议定书》第 1 条规定,仲裁协议事项属商事问题或者其他可以用仲裁方式解决的问题。1958 年《纽约公约》第 1 条第 3 款规定,仲裁协议事项属商事争执问题而不适用非商事争执;而且该公约第 5 条第 2 款第 1 项规定,当事人之间争议的事项,如果依照仲裁裁决执行地国法不可以用仲裁方式解决,执行仲裁裁决国家的法院可以拒绝承认和执行裁决。同时,仲裁事项应该具有明确性,即双方当事人在仲裁协议中约定提请仲裁解决的争议事项必须明确,如果没有约定或者约定不明确的,当事人可以补充协议;达不成补充协议的,仲裁协议无效。对此,我国《仲裁法》第 18 条作了明确规定。有这样一个案例:甲、乙因遗产继承发生纠纷,双方书面约定由某仲裁委员会仲裁。后甲反悔,向遗产所在地法院起诉。法院受理后,乙向法院声明双方签订了仲裁协议。那么,法院会如何处理呢?显然,法院会裁定仲裁协议无效,对案件继续审理。因为,《仲裁法》第 3 条规定,下列纠纷不能仲裁:(1)婚姻、收养、监护、扶养、继承纠纷;(2)依法应当由行政机关处理的行政争议。《仲裁法》第 17 条规定,有下列情形之一的,仲裁协议无效:约定的仲裁事项超出法律规定的仲裁范围的……结合本案来看,甲、乙之间的遗产继承纠纷是不能约定仲裁的,甲、乙之间的约定无效。所以,本案法院应裁定仲裁协议无效,对案件继续审理。[1] 这表明,当事人在仲裁协议中约定的提交仲裁的争议事项,必须符合有关国家仲裁立法的规定,否则仲裁协议无效。

值得一提的是,在仲裁事项方面,起初一些国家的法律对其范围规定得比较狭窄,即涉及证券交易、反托拉斯、知识产权、破产争议等事项,长期以来被排除在仲裁机构的管辖范围之外。[2] 然而,这种状况在 20 世纪七八十年代以后发生了变化,各国国内立法的趋势是减少对争议事项可仲裁性的限制,对当事人提交仲裁的争议事项范围持较为宽泛的态度,上述原本属不可仲裁争议事项向可仲裁争议事项转化,而且对于商业活动所产生的争议,只要双方当事人之间存在有效的仲裁协议,就决不轻易地援用"争议事项不具备可

---

① 参见马德才主编:《仲裁法》,厦门大学出版社 2014 年版,第 90 页。
② 参见韩健著:《现代国际商事仲裁法的理论与实践》(修订版),法律出版社 2000 年版,第 450－460 页。

仲裁性"这一保留条款来拒绝承认和执行外国仲裁机构的仲裁裁决。我国《仲裁法》等法律法规对仲裁事项的范围规定得较为宽泛,与国际社会在仲裁事项范围的扩展趋势上相接近,但是我国有关法律的规定却与此不相衔接,存在矛盾之处,亟待加以完善,以使上述有关法律法规相互衔接,同时体现我国履行国际条约义务的诚意,并且与国际商事争议可仲裁范围的扩展趋势以及我国较宽泛的可仲裁范围相一致。[①] 在仲裁实践中,仲裁事项也一般都尽可能作广义解释,例如我国《仲裁法解释》第 2 条规定:"当事人概括约定仲裁事项为合同争议的,基于合同成立、效力、变更、转让、履行、违约责任、解释、解除等产生的纠纷都可以认定为仲裁事项。"该条款对合同争议作了广义解释。

（三）选定的仲裁委员会

我国《仲裁法》第 16 条第 2 款第 3 项将"选定的仲裁委员会"作为仲裁协议的法定内容之一,即当事人在签订仲裁协议时,必须明确争议事项由哪一个仲裁委员会进行仲裁,如果没有选定仲裁委员会,该仲裁协议就无法执行。在此方面,《仲裁法》第 18 条进一步规定:"仲裁协议对仲裁委员会没有约定或者约定不明确的,当事人可以补充协议;达不成补充协议的,仲裁协议无效。"但是,可想而知,当事人既然在仲裁协议中没有选定仲裁委员会,也就很难达成补充协议,这样就会导致仲裁协议的无效,那么当事人的仲裁意愿无疑会落空。显然,我国《仲裁法》对仲裁协议有效要件的规定较为严格,而这种较为严格的规定,实际上并没有充分体现出对当事人意愿的尊重,不符合我国《仲裁法》第 4 条所确定的当事人自愿原则,也不利于我国仲裁事业的发展,同时与国际仲裁立法及普遍的国际实践背道而驰。再者,根据各国合同法上的普遍实践,合同部分无效,不影响其他部分效力的,其他部分仍然有效,在合同的其他部分仍可履行的情况下,应承认其效力,除非无效部分会影响整个合同的效力。据此,对于那些对仲裁委员会约定不明确的有缺陷的仲裁协议,如果不影响其他部分效力的,就不能认定整个仲裁协议无效而拒绝受理案件,因为仲裁协议作为一种合同理应适应合同法上的这一原则。所以,我国应对《仲裁法》中有关仲裁协议生效要件较为严格的规定作相应的修改,放宽对仲裁协议生效要件的要求,尽可能地满足当事人希望通过仲裁解决争议的意愿,以与大多数国家在此问题上的通行做法相近。[②] 实际上,在此方面,《仲裁法解释》第 3 条至第 7 条已作了完善性规定,可作为日后《仲裁法》的相关完善之借鉴。

二、仲裁协议的约定内容

一项仲裁协议必须具备其上述法定内容,除此之外,从仲裁实践来看,当事人还可在仲裁协议中约定以下内容:

（一）仲裁地点

仲裁地点是仲裁协议的主要内容之一,直接关系到双方当事人的权利和义务。因为,一方面,仲裁地点的选择直接决定着仲裁所适用的程序规则。如果当事人在仲裁协议中

---

① 黄进、马德才:《国际商事争议可仲裁范围的扩展趋势之探析——兼评我国有关规定》,载《法学评论》2007 年第 3 期。

② 马德才等:《完善我国仲裁法之对策》,载《湖南文理学院学报》2003 年第 3 期。

没有明确规定仲裁地点,就要依仲裁国与仲裁机构的程序规则进行仲裁。另一方面,仲裁地点的选择,也直接影响着合同所应适用的用以确定双方当事人权利义务关系的实体法律的选择。如果当事人已选择了仲裁地点,仲裁员就会适用该仲裁地国家的实体法来解决此争议,如果当事人缺少此明示选择,仲裁员一般也要按照仲裁地国家的法律冲突规则来确定合同应适用的准据法。而适用不同国家的法律,就可能对双方当事人的权利义务作出不同的解释,得到不同的裁决结果。所以,作为仲裁协议的主要内容之一的仲裁地点至关重要,不可缺少,而且当事人必须在仲裁协议中明确加以规定。特别应当指出的是,在国际商事仲裁中,双方当事人在订立仲裁协议时,都会尽力争取在自己本国进行仲裁,这一方面是由于当事人对自己所在国的法律和仲裁实践比较熟悉和信任,另一方面约定在何地进行仲裁对当事人具有重要的意义。[1]

(二)仲裁规则

仲裁规则即仲裁程序规则,主要规定如何进行仲裁的程序和做法,包括仲裁申请的提出、仲裁员的选定、仲裁庭的组成、仲裁的审理、仲裁裁决的作出以及裁决的效力等内容。仲裁庭适用不同的仲裁规则,其仲裁结果也不相同,因此双方当事人在签订仲裁协议时,应明确约定有关仲裁所应适用的仲裁规则,以确保仲裁程序的顺利进行。

有关仲裁的国际实践表明,大多数仲裁协议是将仲裁规则的选择和仲裁机构的选择结合起来,当事人选择了某一常设仲裁机构,也就意味着选择了该仲裁机构的仲裁规则,但是也有一些仲裁协议把这两者的选择区别开来,即一方面选择某常设仲裁机构进行仲裁,另一方面选择其他仲裁机构或国际组织所颁布的仲裁规则作为有关仲裁的程序法。这是因为一些国家的仲裁立法和有关的国际条约都承认当事人的这种意思自治权利。所以,仲裁协议除确定仲裁机构外,还需指定仲裁规则。不管属于哪一种情况,仲裁规则的指定一般采取下列方式:(1)在仲裁协议中直接约定,详细列举有关仲裁所应遵循的程序规则;(2)援用某常设仲裁机构或国际组织制订的仲裁规则。其中第二种方式是国际社会普遍适用的方式,就是采用临时仲裁庭进行仲裁也是如此。

(三)仲裁庭的组成形式

与诉讼不同的是,当事人提请仲裁解决的争议案件的具体审理者和裁决者是仲裁庭,因此为了防止争议发生后,由于仲裁庭的组成形式难以协商确定而影响仲裁解决争议案件的效率,当事人可以在仲裁协议中对仲裁庭的组成形式作出约定。对此,各国仲裁法均赋予了当事人的此种权利,我国《仲裁法》第31条和第32条作了规定,这也是当事人仲裁意思自治的具体体现。

(四)仲裁的审理方式

根据《仲裁法》第39条和第40条的规定,首先当事人可以协议选择书面审理方式,其次当事人还可以协议选择公开开庭审理方式,但涉及国家秘密的除外。可见,当事人在签订仲裁协议时,也可以就仲裁审理方式加以约定。

(五)仲裁裁决的效力

仲裁裁决的效力主要是指仲裁裁决是否具有终局性,对双方当事人有无拘束力,能否

---

[1]　参见宋朝武主编:《仲裁法学》,北京大学出版社2013年版,第84-85页。

再向法院提起上诉的问题。仲裁裁决的效力应是仲裁协议中一项重要的内容,因为它直接影响到整个仲裁程序的效力,决定当事人双方的权利义务关系最终能否得以确定,以及合法权益能否得到保护。所以,当事人在签订仲裁协议时应明确约定仲裁裁决的效力问题,特别是在当事人双方决定将其争议提交某临时仲裁机构仲裁和决定自行约定仲裁程序规则时,更是应该对裁决的效力作出明确的约定。

目前,在此问题上,绝大多数国家的仲裁立法、各常设仲裁机构的仲裁规则和国际组织颁布的仲裁规则均规定,仲裁裁决具有终局效力,对双方当事人均有法律约束力,任何一方都不得向法院上诉。例如,我国《仲裁法》第9条第1款规定:"仲裁实行一裁终局的制度。裁决作出后,当事人就同一纠纷再申请仲裁或者向人民法院起诉的,仲裁委员会或者人民法院不予受理。"瑞典《斯德哥尔摩商会仲裁院仲裁规则》第40条规定:"裁决一经做出,即为终局,并对当事人具有约束力。同意根据本规则进行仲裁,当事人即承诺毫不迟延地履行裁决。"2010年《联合国国际贸易法委员会仲裁规则》第34条第2款规定:"所有仲裁裁决均应以书面形式作出,仲裁裁决是终局的,对各方当事人均具有拘束力。各方当事人应毫不延迟地履行所有仲裁裁决。"因为,仲裁毕竟不同于司法诉讼,它是在双方当事人自愿的基础上进行的,无论是仲裁员、仲裁机构,还是仲裁规则等,都是由双方当事人选定的,这就使得当事人双方自动履行裁决的可能性颇大,也只有这样,才符合仲裁能迅速及时地解决争议,避免复杂的司法程序的特点。所以,当事人双方最好应在仲裁协议中明确约定仲裁裁决的效力为仲裁裁决具有终局性,对双方当事人均有拘束力,任何一方当事人均不得向法院起诉。

第三节　仲裁协议的效力

一、仲裁协议的有效要件

关于仲裁协议的有效要件,各国仲裁立法和有关国际公约的规定并不完全一致,但以下四个方面的要件是任何一个有效的仲裁协议都必须具备的。

(一) 主体合格

主体合格,即仲裁协议的当事人必须是合格主体,仲裁协议必须由合法的当事人签订。而当事人的合法性表现在:(1) 签订仲裁协议的当事人应依法具有权利能力和行为能力。其中,在当事人的行为能力方面,有关国内法和国际公约存在一项普遍性要求,即当事人应具备完全的行为能力,仲裁协议只能由具有完全行为能力的自然人、法人及其他组织订立,限制行为能力和完全无行为能力人不具有缔约能力,其签订的仲裁协议应被认定为无效。例如,《纽约公约》第5条第1款规定,仲裁协议的当事人依对其适用的法律有某种无行为能力者,裁决得拒予承认及执行。这是因为仲裁协议涉及当事人诉权和实体权利的处分,属于对重大权益进行处分的法律行为。(2) 仲裁协议的签订者必须是有关商事法律关系的利害关系人或其合法代理人。如果某人是某一仲裁协议的当事人,而非与该仲裁协议相关联的商事法律关系的当事人,或者是某一商事法律关系的当事人,而非与该项商事法律关系相关联的仲裁协议的当事人,那么他都可以不承认基于该项仲裁协议所成立的仲裁程序。[①]

(二) 意思表示真实

意思表示真实,即仲裁协议必须建立在双方当事人意思表示自愿真实的基础上,亦即签订仲裁协议必须是经过双方当事人平等协商,充分尊重双方当事人的意见,任何一方都不得把自己的意志强加给对方。如果一方采取欺诈、胁迫等手段,使对方违背真实意思所签订的仲裁协议,应属无效,受害的一方当事人可以据此而拒绝承认和参与有关的仲裁程序。

(三) 内容合法

内容合法,即仲裁协议的内容必须合法,仲裁协议的内容必须符合仲裁地国家的法律和仲裁裁决执行地国家的法律。其主要表现在:(1) 仲裁协议的内容不能违背仲裁地国家的法律体系中有关强制性规范的规定,不应与仲裁地国家的公共秩序相抵触,否则仲裁协议无效;(2) 仲裁协议中约定提交仲裁的事项,必须是仲裁地国家和仲裁裁决执行地国家法律所允许采用仲裁方式来处理的事项,即争议具有可仲裁性,否则这种争议不能仲裁或仲裁裁决无法执行。[②]

(四) 形式合法

形式合法,即仲裁协议的形式必须合法,仲裁协议必须符合仲裁地国家和仲裁裁决执行地国家对仲裁协议所规定的形式上的要求。在此问题上,除了瑞典等极少数国家的仲裁立法和少数有关国际条约认为包括口头形式外,绝大多数国家的仲裁立法和有关国际条约都只承认书面形式,即仲裁协议必须以书面形式作成才为合法。在我国,情况也是如此。例如,《仲裁法》第 16 条第 1 款规定:"仲裁协议包括合同中订立的仲裁条款和以其他书面方式在纠纷发生前或者发生后达成的请求仲裁的协议。"《贸仲规则》第 5 条第 1 款也规定:"仲裁协议系指当事人在合同中订明的仲裁条款或以其他方式达成的提交仲裁的书面协议。"1958 年《纽约公约》不适用于基于口头仲裁协议的仲裁裁决。[③] 要求仲裁协议采用书面形式,大体缘于以下考量:既有利于证明当事人确实同意将争议提交仲裁,也有利于为仲裁协议的形式有效性提供统一的准则。[④] 显然,关于仲裁协议必须采用书面形式的规定属强制性法律规定。可见,如果依缔约国法或合同的准据法与仲裁地国家和仲裁裁决执行地国家对仲裁协议所规定的书面形式上的要求不符时,仲裁协议将无效,以此为基础作出的仲裁裁决也将得不到裁决地国家的承认和执行。[⑤]

不过,在仲裁协议的书面形式上的发展趋势是大多数国家的仲裁立法和有关仲裁公约对书面形式作了扩充性解释,不再仅仅限于传统的仲裁条款和书面的仲裁协议书。前者如英国《1996 年仲裁法》第 5 条规定:"(1) 本编之规定仅适用于仲裁协议为书面形式的情形;本编之规定也仅对当事人之间就任何事项达成的书面协议有效。关于'协议'、'同

[①] 李双元、谢石松著:《国际民事诉讼法概论》(第二版),武汉大学出版社 2001 年版,第 529 页。

[②] 马德才:《论国际商事仲裁协议》,载《西北大学学报》(哲社版)1997 年第 3 期,第 35 页。

[③] 见《纽约公约》第 2 条。

[④] 宋连斌著:《国际商事仲裁管辖权研究》,法律出版社 2000 年版,第 62 页。

[⑤] 马德才著:《国际私法中的公共秩序研究》,法律出版社 2010 年版,第 189 页。

意'或'达成一致的'之表述应作相应解释。（2）下列为书面协议：（a）协议以书面形式达成（无论当事人签署与否）；（b）协议以交换书面通讯达成；或（c）协议有书面证据证实。（3）如当事人非以书面形式同意援引某书面条款，则其达成书面协议。（4）如非以书面达成之协议由协议当事人授权的一方当事人或第三方予以记录，该协议被证明具备书面形式。（5）仲裁或诉讼程序之文件交换中，一方当事人宣称存在非书面形式的协议，且对方当事人在其答复中不做反对，该文件交换构成具有所宣称效力的书面协议。（6）本编所指之书面或书写形式包括其得以记录之任何方式。"后者如联合国国际贸易法委员会1985年《示范法》第7条第2款规定："仲裁协议应是书面的。协议如载于当事各方签字的文件中，或载于往来的书信、电传、电报或提供协议记录的其他电讯手段中，或在申诉书和答辩书的交换中当事一方声称有协议而当事他方不否认即为书面协议。在合同中提出参照载有仲裁条款的一项文件即构成仲裁协议，如果该合同是书面的而且这种参照足以使该仲裁条款构成该合同的一部分的话。"我国《仲裁法解释》也顺应这种发展趋势，对此作了规定，其第1条规定："仲裁法第十六条规定的'其他书面形式'的仲裁协议，包括以合同书、信件和数据电文（包括电报、电传、传真、电子数据交换和电子邮件）等形式达成的请求仲裁的协议。"

二、仲裁协议效力的确认

一项仲裁协议只要符合其有效要件，就是合法有效的，但根据《仲裁法》第20条的规定，当事人有权对仲裁协议的效力提出异议，于是产生了仲裁协议效力的确认问题。关于确认仲裁协议的效力，主要涉及以下四个方面的问题：

（一）请求确认仲裁协议效力的主体和时间

关于请求确认仲裁协议效力的主体和时间，我国《仲裁法》第20条规定："当事人对仲裁协议的效力有异议的，可以请求仲裁委员会作出决定或者请求人民法院作出裁定。一方请求仲裁委员会作出决定，另一方请求人民法院作出裁定的，由人民法院裁定。当事人对仲裁协议的效力有异议，应当在仲裁庭首次开庭前提出。"根据该条款规定可见，请求确认仲裁协议效力的主体只能是双方当事人，当事人之外的任何人均不能向仲裁委员会或者人民法院请求确认仲裁协议效力，亦即当事人之外的任何人均不能作为请求确认仲裁协议效力的主体。这是由仲裁协议效力的相对性所决定的。而且，仲裁委员会或人民法院都只有在当事人请求下确认而没有主动确认仲裁协议效力的权力。

同时，该条第2款规定表明，请求确认仲裁协议效力的时间是仲裁庭首次开庭前。因为，仲裁协议效力的确认决定着当事人之间的争议能否顺利地通过仲裁方式加以解决，为了保障当事人之间的争议能够提交仲裁解决，当事人对仲裁协议的效力有异议的，就应当在仲裁庭首次开庭前提出。

（二）仲裁协议效力的确认机构

1. 仲裁机构

根据我国《仲裁法》第20条的规定，我国将仲裁协议效力的确认权限首先明确赋予仲裁机构即仲裁委员会，而不是仲裁庭或仲裁员，但是这种做法在目前的国际仲裁中是极为少见的。究其原因，仲裁机构不审理案件，但却替代仲裁庭或仲裁员确认仲裁协议的效力,其合理性令人质疑。事实上,对仲裁协议效力的异议由仲裁机构来裁断,使得仲裁员过分依附于仲裁机构,缺少必要的自主性和独立性,导致一些当事人对仲裁裁决的公正性产生不必要的怀疑。另一方面,仲裁员接受当事人的指定却不能决定自己的权限,未免不合情理。从根本上说,仲裁庭认定仲裁协议效力的权力来源于仲裁协议,限定仲裁庭的这一权力,也就是限制当事人意思自治。仲裁机构因为决定仲裁庭的管辖权而中断了仲裁程序,致使仲裁程序缺乏应有的灵活性,从而严重地妨碍了仲裁效率。而且,如果仲裁机构错误地作出管辖权决定,将仲裁庭置于十分尴尬的境地,仲裁程序只得继续进行,其结果可想而知,对仲裁机构的声誉会造成更坏的影响。① 而且,仲裁机构和仲裁庭在认定仲裁协议效力的权限配置上,相关国际性立法和国外立法的倾向是将配置中心放在仲裁庭上。例如,《国际商会仲裁规则》第6条第3款规定:"如果仲裁请求的任何对方当事人未提交答辩书,或对仲裁协议的存在、效力或范围,或对仲裁中提出的全部仲裁请求是否可以在单次仲裁中共同作出裁定,提出一项或多项抗辩,则仲裁程序应继续进行;对于任何管辖权问题,或各项请求是否可以在该次仲裁中作出共同裁定的问题,则应由仲裁庭直接决定,除非秘书长按照第6条第4款的规定,将有关事项提交仲裁院决定。"该仲裁规则第6条第4款规定,对于根据第6条第3款提交仲裁院决定的所有案件,仲裁院应就仲裁是否继续进行以及应在何等范围内继续进行作出决定。如果仲裁院基于表面所见,认为一个仲裁规则要求的仲裁协议可能存在,则仲裁应继续进行。该仲裁规则第6条第5款规定:"仲裁院根据第6条第4款决定的所有事项中,对于仲裁庭管辖权的问题,除仲裁院决定有关当事人或仲裁请求不能进行仲裁外,均应由仲裁庭裁定。"该仲裁规则第6条第9款规定:"除非另有约定,否则,只要仲裁庭认为仲裁协议有效,仲裁庭不因任何合同不存在或合同无效的主张而停止对案件的管辖权。即使合同可能不存在或者无效,仲裁庭仍继续享有管辖权,以决定当事人各自的权利并对其请求和抗辩作出裁定。"可见,通常情形下,国际商会仲裁院只有一个唯一而独特的作用,即转交给仲裁庭决定仲裁协议的效力问题,实质上起着一个传达媒介的作用。迄今,仲裁院几乎没有行使过阻止仲裁进行的权力。在对仲裁协议的存在、效力或范围提出异议时,这些问题由仲裁庭裁定,而负责管理和监督仲裁的仲裁院并不适合裁定这些问题。② 由是观之,相比仲裁机构,仲裁庭处于认定仲裁协议效力的权限配置中心。

2. 法院

如果各方当事人对其已经达成的仲裁协议的效力发生争议,一方当事人就此问题向法院起诉,受诉法院有权认定该仲裁协议的效力。如果受诉法院查明该仲裁协议是无效的,仲裁机构则应根据法院的裁定终止仲裁;反之,法院则应依一方当事人的请求,告知当事人把案件提交仲裁。由法院确认仲裁协议的效力,是国际上通行的做法。③ 至于当事人就仲裁协议的效力诉诸法院在哪一个阶段提出,在仲裁实践中,大概有三个阶段,即提起仲裁申请阶段、仲裁进行过程阶段和仲裁裁决作出后阶段。其中,在提起仲裁申请阶段

---

① 黄进等著:《仲裁法学》,中国政法大学出版社2008年版,第85-86页。
② 参见汪祖兴著:《中国仲裁制度的境遇及改革要略》,法律出版社2010年版,第82-83页。
③ 黄进等著:《仲裁法学》,中国政法大学出版社2008年版,第86-87页。

和仲裁裁决作出后阶段,当事人通常都是直接向法院提出仲裁协议的效力问题。例如,一方当事人在另一方当事人提起仲裁时,因对仲裁协议的效力有异议而拒绝参加仲裁,且直接向法院起诉要求法院对异议作出决定;在仲裁裁决作出后,当事人也可以以仲裁协议无效为由,向法院提出撤销仲裁裁决之诉。而在仲裁过程中对仲裁协议效力的异议,则多是向仲裁机构或仲裁庭本身提出的。仲裁庭一般都就此作出一项决定,以确定自身是否具有管辖权。但是,仲裁庭的这一决定,在很大程度上仍受法院的控制。不少国家法律规定,仲裁庭就仲裁协议效力、存在与否等管辖权异议作出的决定,不具有终局性,如果当事人对仲裁庭的决定仍有异议,可在一定期限内向当地管辖法院提出申请,要求法院作出最后决定。[①]

另外,关于认定仲裁协议效力的权限方面在法院和仲裁机构的权限分配中,重心在仲裁机构,法院仅享有有限的单一司法审查权。此点在《国际商会仲裁规则》第 6 条第 6 款的规定中有所体现,即"当事人获知仲裁院根据第 6 条第 4 款决定部分或全体当事人不能进行仲裁的,任何当事人均有权请求任何具有管辖权的法院裁定是否存在具有约束力的仲裁协议,或裁定哪些当事人之间存在具有约束力的仲裁协议。"

我国《仲裁法》也将仲裁协议效力的确认权限赋予人民法院。不仅如此,《仲裁法》第 20 条的规定表明,在仲裁委员会和人民法院之间人民法院具有最终裁定权。当然,为了体现司法对仲裁的支持,《仲裁法解释》第 13 条规定:"依照仲裁法第二十条第二款的规定,当事人在仲裁庭首次开庭前没有对仲裁协议的效力提出异议,而后向人民法院申请确认仲裁协议无效的,人民法院不予受理。仲裁机构对仲裁协议的效力作出决定后,当事人向人民法院申请确认仲裁协议效力或者申请撤销仲裁机构的决定的,人民法院不予受理。"第 27 条第 1 款进一步规定:"当事人在仲裁程序中未对仲裁协议的效力提出异议,在仲裁裁决作出后以仲裁协议无效为由主张撤销仲裁裁决或者提出不予执行抗辩的,人民法院不予支持。"不过,《仲裁法解释》第 27 条第 2 款却规定:"当事人在仲裁程序中对仲裁协议的效力提出异议,在仲裁裁决作出后又以此为由主张撤销仲裁裁决或者提出不予执行抗辩,经审查符合仲裁法第五十八条或者民事诉讼法第二百一十七条(现为第 237 条)、第二百六十条(现为第 274 条)规定的,人民法院应予支持。"例如,A 市水天公司与 B 市龙江公司签订一份运输合同,并约定如发生争议提交 A 市的 C 仲裁委员会仲裁。后因水天公司未按约支付运费,龙江公司向 C 仲裁委员会申请仲裁。在第一次开庭时,水天公司未出庭参加仲裁审理,而是在开庭审理后的第二天向 A 市中级人民法院申请确认仲裁协议无效。那么,A 市中级人民法院应当如何处理本案呢?对此,A 市中级人民法院应不予受理本案。因为,在仲裁协议效力的认定方面,《仲裁法》第 20 条规定,当事人对仲裁协议的效力有异议的,可以请求仲裁委员会作出决定或者请求人民法院作出裁定。一方请求仲裁委员会作出决定,另一方请求人民法院作出裁定的,由人民法院裁定。当事人对仲裁协议的效力有异议,应当在仲裁庭首次开庭前提出。《仲裁法解释》第 13 条规定,依照仲裁法第 20 条第 2 款的规定,当事人在仲裁庭首次开庭前没有对仲裁协议的效力提出异议,而后向人民法院申请确认仲裁协议无效的,人民法院不予受理。所以,根据上述规

---

① 韩健著:《现代国际商事仲裁法的理论与实践》(修订版),法律出版社 2000 年版,第 208 - 209 页。

定，A 市中级人民法院应不予受理水天公司的申请，仲裁协议继续有效，则 C 仲裁委员会仍应继续审理。①

关于确认仲裁协议效力的人民法院是哪一地域、哪一级别的人民法院，对此《仲裁法解释》第 12 条作了明确规定，即"当事人向人民法院申请确认仲裁协议效力的案件，由仲裁协议约定的仲裁机构所在地的中级人民法院管辖；仲裁协议约定的仲裁机构不明确的，由仲裁协议签订地或者被申请人住所地的中级人民法院管辖。申请确认涉外仲裁协议效力的案件，由仲裁协议约定的仲裁机构所在地、仲裁协议签订地、申请人或者被申请人住所地的中级人民法院管辖。涉及海事海商纠纷仲裁协议效力的案件，由仲裁协议约定的仲裁机构所在地、仲裁协议签订地、申请人或者被申请人住所地的海事法院管辖；上述地点没有海事法院的，由就近的海事法院管辖。"

例如，某服装厂和某商场签订了一份合同。起初，服装厂都能按照合同的约定交付货物，后来由于受同行竞争的冲击，服装厂的效益逐年下滑，加之其机器设备未及时更新，其产品的质量不断下降，因而供给商场的产品鲜有正品，于是消费者大量投诉该商场，该商场的经济效益也随之受到了严重的影响，给该商场造成直接经济损失高达约 50 万元。在这种情况下，商场多次与服装厂交涉，要求服装厂赔偿损失，服装厂同意赔偿，但是双方在具体赔偿数额上意见分歧较大，无法达成一致。后来，双方协商签署了仲裁协议，将该合同纠纷提交某市仲裁委员会仲裁。如果在签订了仲裁协议后，商场认为该仲裁协议不发生法律效力，双方当事人就此发生争议，此时有关当事人应当向何机构寻求解决？如果当事人在仲裁庭首次开庭前没有对仲裁协议的效力提出异议，而后向人民法院申请确认仲裁协议无效的，人民法院应该如何处理？如果仲裁机构对仲裁协议的效力作出决定后，当事人向人民法院申请确认仲裁协议效力或者申请撤销仲裁机构的决定的，人民法院又应该如何处理？本案主要涉及仲裁协议效力的异议问题。对于该问题，包括仲裁协议效力确认的机构及其地位、异议的时间等内容，对此《仲裁法》及《仲裁法解释》相关条款作了规定。其中，《仲裁法》第 20 条规定："当事人对仲裁协议的效力有异议的，可以请求仲裁委员会作出决定或者请求人民法院作出裁定。一方请求仲裁委员会作出决定，另一方请求人民法院作出裁定的，由人民法院裁定。当事人对仲裁协议的效力有异议，应当在仲裁庭首次开庭前提出。"可见，仲裁协议效力确认的机构为仲裁委员会和人民法院，其中人民法院是由仲裁协议约定的仲裁机构所在地的中级人民法院管辖；仲裁协议约定的仲裁机构不明确的，由仲裁协议签订地或者被申请人住所地的中级人民法院管辖。所以，本案中，如果在签订了仲裁协议后，商场认为该仲裁协议不发生法律效力，双方当事人就此发生争议，此时应当向某市仲裁委员会及其所在地的中级人民法院寻求解决。关于仲裁委员会和人民法院的地位问题，该条款规定人民法院具有最终裁定权，不过人民法院的最终裁定权是有限制的，一是一方请求仲裁委员会作出决定，另一方请求人民法院作出裁定；二是当事人应当在仲裁庭首次开庭前提出。如果当事人在仲裁庭首次开庭前没有对仲裁协议的效力提出异议，而后向人民法院申请确认仲裁协议无效的，根据《仲裁法解释》第 13 条第 1 款的规定，人民法院应该不予受理；如果仲裁机构对仲裁协议的效力作出决定后，当

---

① 参见马德才主编：《仲裁法》，厦门大学出版社 2014 年版，第 96 页。

事人向人民法院申请确认仲裁协议效力或者申请撤销仲裁机构的决定的,根据《仲裁法解释》第 13 条第 2 款的规定,人民法院也应不予受理。至于仲裁协议效力异议的时间,《仲裁法》第 20 条第 2 款规定为仲裁庭首次开庭前。[①]

3. 仲裁庭

正如前所述,我国《仲裁法》并未将仲裁协议效力的确认权限赋予仲裁庭,但国际上大多数国家却认可仲裁庭的此种权力,即仲裁庭有权确定自己的管辖权。那么,仲裁庭在对仲裁协议效力作出判断后,法院是否审查? 什么时候审查? 对此,1985 年联合国《国际商事仲裁示范法》第 16 条第 3 款的规定最能代表当前国际层面的现状,即"仲裁庭可以根据案情将本条第(2) 款所指的抗辩作为一个初步问题裁定或在裁决中裁定。如果仲裁庭作为一个初步问题裁定它有管辖权,当事任何一方均可以在收到裁定通知后三十天内要求第六条规定的法院对这一问题作出决定。该决定不容上诉,在等待对这种要求作出决定的同时,仲裁庭可以继续进行仲裁程序和作出裁决。"亦即法院有权对仲裁庭就仲裁协议效力作出的判断进行审查,而且是终局决定。在此方面,比利时的做法则具有另一种代表性。根据其 1985 年修订的《比利时司法典》第 1697 条第 3 款的规定,仲裁庭可以就自己的管辖权作出决定,对仲裁庭作出的有管辖权的裁定,当事人不得提交司法当局进行审查(除非仲裁庭对实体问题也同时作出了裁决);对仲裁庭作出的无管辖权的裁定,当事人可以请求司法当局予以审查。[②]

综上所述,在仲裁机构和法院确认仲裁协议效力的权限方面,其重心放在仲裁机构上;在仲裁庭和法院确认仲裁协议效力的权限方面,其重心放在仲裁庭上;在仲裁庭和仲裁机构确认仲裁协议效力的权限方面,其重心亦放在仲裁庭上。因此,我国仲裁立法可在仲裁协议效力确认的权限配置上作如下修改:(1) 在仲裁委员会与人民法院的权限分配上,权力配置重心在仲裁委员会。即改变《仲裁法》第 20 条规定的人民法院管辖优先原则,在仲裁协议效力确认上首先由仲裁委员会认定,如果仲裁委员会认为仲裁协议无效,当事人则可以向适格的人民法院提请司法审查;如果仲裁委员会认为仲裁协议有效,当事人则不得向人民法院提请司法审查,此时进一步的审查重心则转移到仲裁庭。(2) 在仲裁委员会和仲裁庭的权限分配上,权力配置中心在仲裁庭。仲裁委员会对仲裁协议有效性的认定仅作最为简单和粗放的判断,只要存在相关表面证据,而无论该证据可信程度如何,仲裁委员会即应停止并将判断权限转移至仲裁庭。[③]

(三) 仲裁协议效力的确认理由

根据《仲裁法》第 20 条的规定,当事人有权请求仲裁委员会或人民法院确认仲裁协议的效力,但是当事人所享有的这种权利不是绝对的而是有所限制,即当事人请求仲裁委员会或人民法院确认仲裁协议的效力必须有其必要的理由,亦即申请人提起仲裁之仲裁协议系尚未发生效力的仲裁协议,因为有效的仲裁协议是申请人提起仲裁之前提,对此《仲裁法》第 4 条、第 5 条的规定足以为据,其中前者规定:"当事人采用仲裁方式解决纠纷,应

---

① 参见马德才主编:《仲裁法》,厦门大学出版社 2014 年版,第 86－87 页。
② 参见汪祖兴著:《中国仲裁制度的境遇及改革要略》,法律出版社 2010 年版,第 81 页。
③ 汪祖兴著:《中国仲裁制度的境遇及改革要略》,法律出版社 2010 年版,第 83 页。

当双方自愿,达成仲裁协议。没有仲裁协议,一方申请仲裁的,仲裁委员会不予受理。"后者规定:"当事人达成仲裁协议,一方向人民法院起诉的,人民法院不予受理,但仲裁协议无效的除外。"这种限制实际上是为了防止当事人滥用请求确认仲裁协议效力的权利,以保障仲裁程序的顺利进行。可见,如果仲裁协议无效,申请人提起仲裁的前提就不复存在,在此情况下,即使是申请人向仲裁委员会提起了仲裁,仲裁委员会也应不予受理;如果仲裁委员会受理了申请人的仲裁申请,被申请人就有权请求仲裁委员会或人民法院确认仲裁协议的效力。在后一种情况下,如果仲裁委员会或人民法院作出仲裁协议无效决定的,就应当作出撤销案件的决定;如果仲裁委员会或人民法院作出仲裁协议有效决定的,就应当作出驳回当事人对仲裁协议效力的异议的决定。

(四)仲裁协议效力的确认程序

根据《仲裁法解释》第 15 条的规定,人民法院审理仲裁协议效力确认案件,应当组成合议庭进行审查,并询问当事人。

三、仲裁协议效力的表现

仲裁协议本身并不当然具有法律效力,它的法律效力有赖于各国仲裁立法和有关国际公约的规定,仲裁协议的法律效力主要表现为对当事人具有严格的约束力,可以排除法院的管辖权、是仲裁机构行使仲裁管辖权的依据、进行仲裁程序的依据以及申请强制执行仲裁裁决的依据等几个方面。

(一)仲裁协议对当事人具有严格的约束力

仲裁协议一经依法成立,对当事人就产生了法律约束力:一方面,仲裁协议约定的争议事项出现以后,当事人只能通过仲裁方式加以解决,任何一方都无权将该争议向法院起诉;另一方面,当事人必须承担履行仲裁庭所作裁决的义务,除非该裁决经有关国内法院判定无效。这一内容不仅规定在《纽约公约》和其他一些有关仲裁的国际条约以及《示范法》中,我国及世界上大多数国家的仲裁法都承认仲裁协议的这种效力。[①]

(二)仲裁协议是仲裁机构行使仲裁管辖权的依据

仲裁机构的管辖权完全依赖于当事人双方所签订的仲裁协议。这一方面表现为仲裁协议所约定的争议发生后,只能由仲裁机构通过仲裁方式解决。如果在双方当事人之间不存在将其争议提交仲裁的仲裁协议,仲裁机构就无权受理该争议。另一方面则表现为仲裁机构只能受理仲裁协议所约定的争议,只能就当事人按仲裁协议的约定所提交的争议进行仲裁审理,并作出裁决,而且整个仲裁程序,从开始到终结也都必须按照仲裁协议所约定的,由双方当事人自己拟定或指定的仲裁规则进行,对于任何超出仲裁协议范围以外的事项,即便仲裁庭作出了裁决,任何一方当事人均可以此为由拒绝履行该项裁决所规定的义务,即仲裁机构的管辖权应受到仲裁协议的严格限制。对此,各国的仲裁立法及有关的国际公约都作了明确的规定。例如,我国《仲裁法》第 4 条规定:"当事人采用仲裁方式解决纠纷,应当双方自愿,达成仲裁协议。没有仲裁协议,一方申请仲裁的,仲裁委员会

---

① 见《纽约公约》第 2 条、《示范法》第 8 条、我国《仲裁法》第 5 条、英国《1996 年仲裁法》第 9 条、瑞典《1999 年仲裁法》第 1 条等。

不予受理。"《纽约公约》第 5 条第 1 款第 3 项规定:"裁决涉及仲裁协议所未曾提到的,或者不包括在仲裁协议规定之内的争执;或者裁决内含有对仲裁协议范围以外事项的决定……"被请求承认或执行裁决的主管机关可以根据当事人的请求,拒绝承认和执行该项裁决。

(三) 仲裁协议可以排除法院的管辖权

目前,世界上大多数国家的仲裁立法和有关的国际公约都确认了仲裁协议的这一法律效力:即当事人如已就争议事项达成仲裁协议,法院就不应再受理此等争议,如已受理,也应基于另一方当事人的请求而终止该项司法诉讼程序。例如,我国《仲裁法》第 5 条规定:"当事人达成仲裁协议,一方向人民法院起诉的,人民法院不予受理,但仲裁协议无效的除外。"我国《民事诉讼法》第 271 条规定:"涉外经济贸易、运输和海事中发生的纠纷,当事人在合同中订有仲裁条款或者事后达成书面仲裁协议,提交中华人民共和国涉外仲裁机构或者其他仲裁机构仲裁的,当事人不得向人民法院起诉。当事人在合同中没有订有仲裁条款或者事后没有达成书面仲裁协议的,可以向人民法院起诉。"《民事诉讼法解释》第 216 条规定:"在人民法院首次开庭前,被告以有书面仲裁协议为由对受理民事案件提出异议的,人民法院应当进行审查。经审查符合下列情形之一的,人民法院应当裁定驳回起诉:(一) 仲裁机构或者人民法院已经确认仲裁协议有效的;(二) 当事人没有在仲裁庭首次开庭前对仲裁协议的效力提出异议的;(三) 仲裁协议符合仲裁法第十六条规定且不具有仲裁法第十七条规定情形的。"可见,我国是承认仲裁协议排除法院管辖权的法律效力的。不仅如此,在此种情况下,如果当事人向人民法院起诉,人民法院还应当告知原告向仲裁机构申请仲裁。对此,《民事诉讼法》和《民事诉讼法解释》作了规定。其中,《民事诉讼法》第 124 条第 2 项规定:"人民法院对下列起诉,分别情形,予以处理:(二)依照法律规定,双方当事人达成书面仲裁协议申请仲裁、不得向人民法院起诉的,告知原告向仲裁机构申请仲裁。"《民事诉讼法解释》第 215 条规定:"依照民事诉讼法第一百二十四条第二项的规定,当事人在书面合同中订有仲裁条款,或者在发生纠纷后达成书面仲裁协议,一方向人民法院起诉的,人民法院应当告知原告向仲裁机构申请仲裁,其坚持起诉的,裁定不予受理,但仲裁条款或者仲裁协议不成立、无效、失效、内容不明确无法执行的除外。"《纽约公约》也有此规定,其第 2 条第 3 款规定:"如果缔约国的法院受理一个案件,而就这个案件所涉及的事项,当事人已经达成本条意义内的协议时,除非该法院查明该项协议是无效的、未生效的或不能实行的,应该依一方当事人的请求,命令当事人把案件提交仲裁。"

(四) 仲裁协议是进行仲裁程序的依据

无论是机构仲裁,还是临时仲裁,当事人通过仲裁协议选择的程序规则或约定的事项如指定仲裁员和组成仲裁庭的方式,只要不违背法律和仲裁规则的禁止性规定,仲裁员都应予以尊重,否则,所作出的裁决的效力将受到挑战。

(五) 仲裁协议是申请强制执行仲裁裁决的依据

一项争议,既然双方当事人自愿提交仲裁机构通过仲裁方式加以解决,那么仲裁机构对之所作出的仲裁裁决一般都能得到当事人的自觉履行,但是由于这样或那样的原因,在现实中当事人拒不执行仲裁裁决的事例也时有发生。在这种情况下,另一方当事人可以向法院申请强制执行仲裁裁决。例如,《仲裁法》第 62 条规定:"当事人应当履行裁决。一方当事人不履行的,另一方当事人可以依照民事诉讼法的有关规定向人民法院申请执行。受申请的人民法院应当执行。"《民事诉讼法》第 273 条规定:"经中华人民共和国涉外仲裁机构裁决的,当事人不得向人民法院起诉。一方当事人不履行仲裁裁决的,对方当事人可以向被申请人住所地或者财产所在地的中级人民法院申请执行。"但是,法院在强制执行仲裁裁决时,根据各国仲裁立法和有关的国际公约的规定,一般都需要申请强制执行的人提交仲裁协议,否则,不仅仲裁裁决得不到强制执行,相反,如果被申请人提出证据证明仲裁裁决是仲裁机构在当事人之间不存在仲裁协议的情形下作出的,法院就可作出裁定不予执行,即仲裁协议是法院强制执行仲裁裁决的依据。例如,《仲裁法》第 63 条规定,被申请人提出证据证明裁决有《民事诉讼法》第 217 条第 2 款(现为第 237 条第 2 款)规定的情形之一的,经人民法院组成合议庭审查核实,裁定不予执行。其中,第一种情形即是"当事人在合同中没有订有仲裁条款或者事后没有达成书面仲裁协议的"。《民事诉讼法》第 274 条第 1 款第 1 项规定,对中华人民共和国涉外仲裁机构作出的裁决,被申请人提出证据证明是由于当事人在合同中没有仲裁条款或者事后没有达成书面仲裁协议的情形下作成的,经人民法院组成合议庭审查核实,裁定不予执行。《纽约公约》第 4 条规定,当获得仲裁裁决的承认和执行,申请承认和执行裁决的当事人应当在申请时提供仲裁协议正本或经正式证明的副本。否则,就不会予以执行。

四、仲裁协议效力的扩张

根据仲裁协议效力的相对性原理,仲裁协议原则上只对双方当事人有效,但是在仲裁实践中,诸如当事人订立仲裁协议后合并、分立,当事人订立仲裁协议后死亡,债权债务全部或者部分转让等,当这些情况出现时,就会引起仲裁协议的效力扩张问题,具体而言:当事人订立仲裁协议后合并、分立的,仲裁协议的效力能否及于其权利义务的继受人? 当事人订立仲裁协议后死亡的,仲裁协议的效力能否及于对承继其仲裁事项中的权利义务的继承人? 债权债务全部或者部分转让的,仲裁协议的效力能否及于其受让人? 对此,《仲裁法解释》第 8 条和第 9 条作了肯定性规定。其中,《仲裁法解释》第 8 条规定:"当事人订立仲裁协议后合并、分立的,仲裁协议对其权利义务的继受人有效。当事人订立仲裁协议后死亡的,仲裁协议对承继其仲裁事项中的权利义务的继承人有效。前两款规定情形,当事人订立仲裁协议时另有约定的除外。"《仲裁法解释》第 9 条规定:"债权债务全部或者部分转让的,仲裁协议对受让人有效,但当事人另有约定、在受让债权债务时受让人明确反对或者不知有单独仲裁协议的除外。"例如,A 市甲公司与 B 市乙公司在 B 市签订了一份钢材购销合同,约定合同履行地在 A 市。同时双方还商定因履行该合同所发生的纠纷,提交 C 仲裁委员会仲裁。后因乙公司无法履行该合同,经甲公司同意,乙公司的债权债务转让给 D 市的丙公司,但丙公司明确声明不接受仲裁条款。那么在此种情形下,本案仲裁条款对 D 市的丙公司是否有效呢? 应当说,本案仲裁条款对 D 市的丙公司无效。因为,在仲裁协议的效力扩张方面,《仲裁法解释》第 9 条规定:"债权债务全部或者部分转让的,仲裁协议对受让人有效,但当事人另有约定、在受让债权债务时受让人明确反对或者不知有单独仲裁协议的除外。"而本案中,丙公司已明确声明不接受合同中的仲裁条款,所以本案仲裁条款对 D 市的丙公司无效。①

第四节 仲裁协议的无效和失效

一、仲裁协议的无效

一项仲裁协议要合法有效,除了需具备其有效要件之外,还不得具有仲裁法所规定的仲裁协议无效的法定情形之一。所谓仲裁协议的无效,是指当事人签订的仲裁协议由于不具备法定的生效要件,自始不产生法律约束力。对此,我国《仲裁法》第 17 条规定了仲裁协议无效的三种情形,同时《仲裁法》第 18 条规定了仲裁协议无效的一种情形,所以综合来看,仲裁协议的无效有以下四种情形:

1. 约定的仲裁事项超出法律规定的仲裁范围

根据当事人意思自治原则,当事人可以在仲裁协议中自由约定将何种争议事项提交仲裁机构解决,但是这种自治并非毫无限制,而是必须在法律规定的仲裁范围之内,这是仲裁协议有效要件之"内容合法"的应有之意,如果当事人约定的仲裁事项超出法律规定的仲裁范围,亦即仲裁协议的内容不合法,这样的仲裁协议就属于《仲裁法》第 17 条所规定的仲裁协议无效的第一种情形,当属无效。而根据《仲裁法》第 3 条和第 77 条的规定,婚姻、收养、监护、扶养、继承纠纷,依法应当由行政机关处理的行政争议以及劳动争议和农业集体经济组织内部的农业承包合同纠纷均属超出法律规定的仲裁范围的仲裁事项,显然,当事人在仲裁协议中约定了上述仲裁事项就属超出法律规定的仲裁范围,那么按照《仲裁法》第 17 条第 1 项的规定,该类仲裁协议就属无效。

2. 无民事行为能力人或者限制民事行为能力人订立的仲裁协议

前已述及,因为仲裁协议涉及当事人诉权和实体权利的处分,属于对重大权益进行处分的法律行为,所以仲裁协议的有效要件之一是"主体合格",而作为合格的主体其要求之一是签订仲裁协议的当事人应依法具有权利能力和行为能力。其中,在当事人的行为能力方面,有关国内法和国际公约存在一项普遍性要求,即当事人应具备完全行为能力,仲裁协议只能由具有完全行为能力的自然人、法人及其他组织订立,限制行为能力和完全无行为能力人不具有缔约能力,其签订的仲裁协议应被认定为无效。我国《仲裁法》与国际上的普遍要求一样,规定仲裁协议的当事人应具备完全的行为能力,无民事行为能力人或者限制民事行为能力人订立的仲裁协议属无效。在我国,关于自然人的行为能力,《民法通则》规定为三类即完全民事行为能力、限制民事行为能力和无民事行为能力。其中,第 11 条规定 18 周岁以上的公民是成年人,具有完全民事行为能力,是完全民事行为能力人;16 周岁以上不满 18 周岁的公民,以自己的劳动收入为主要生活来源的,视为完全民事行为能力人。第 12 条和第 13 条规定 10 周岁以上的未成年人和不能完全辨认自己行为的精神病人是限制民事行为能力人。第 12 条和第 13 条规定不满 10 周岁的未成年人

---

① 参见马德才主编:《仲裁法》,厦门大学出版社 2014 年版,第 99-100 页。

和不能辨认自己行为的精神病人是无民事行为能力人。关于法人的行为能力,《民法通则》和《公司法》规定自其注册成立之日起即具有完全的行为能力。

3. 一方采取胁迫手段,迫使对方订立的仲裁协议

仲裁协议的有效要件之一是"意思表示真实",指双方当事人签订仲裁协议应经过平等协商,自愿真实地表达其意志,任何一方都不得把自己的意志强加给对方。而一方采取胁迫手段,迫使对方订立的仲裁协议,无疑是在对方违背其真实意思的情况下所签订的仲裁协议,不可能反映被胁迫当事人的真实意思,这种仲裁协议当然欠缺"意思表示真实"这个仲裁协议的有效要件,所以该仲裁协议应属无效。对此,《仲裁法》第17条第3项明确规定,一方采取胁迫手段,迫使对方订立的仲裁协议无效。

4. 对仲裁事项或者仲裁委员会没有约定或者约定不明确的,且当事人达不成补充协议的仲裁协议

我国《仲裁法》第16条第2款规定了仲裁协议的法定内容包括:(1) 请求仲裁的意思表示;(2) 仲裁事项;(3) 选定的仲裁委员会。可见,一项仲裁协议要有效,就必须具备这三个法定内容,否则该仲裁协议就会无效或其效力就会受到影响。前述《仲裁法》第17条规定的仲裁协议无效的第一种情形和第三种情形就是因为欠缺《仲裁法》第16条第2款规定的仲裁协议的法定内容的第二项和第三项。不过,仲裁协议对仲裁事项或者仲裁委员会没有约定或者约定不明确的,当事人可以补充协议,如果当事人的补充协议满足了前述仲裁协议的法定内容,那么该仲裁协议就是有效的;如果当事人达不成补充协议的,那么就表明仲裁协议仍然没有满足前述仲裁协议的法定内容,当然该仲裁协议就是无效的了。对此,《仲裁法》第18条作了规定,即"仲裁协议对仲裁事项或者仲裁委员会没有约定或者约定不明确的,当事人可以补充协议;达不成补充协议的,仲裁协议无效。"

附:仲裁协议的无效实例①及其评析

1991年10月3日,天骏公司与福华公司签订合作兴建彭年广场商品综合大楼的《合作建房合同》。因资金困难,双方同意追加利是佳公司为合作人,三方于1992年2月10日签订新的《合作建房合同》。之后,三方在履行合同中发生纠纷。1996年3月6日,天骏公司向深圳市中级人民法院起诉。深圳市中级人民法院受理后,通知福华公司、利是佳公司应诉。利是佳公司以《合作建房合同》第11条约定:"本合同执行过程中,如遇重大事项,协商不能解决时,可提交有关仲裁机关裁决"法院没有管辖权为由,向深圳市中级人民法院提出管辖异议。

深圳市中级人民法院审查后,认为本案当事人签订的协议"未明确约定具体的仲裁机构,仲裁条款内容不明确,无法执行。该合同的不动产所在地在深圳市,深圳市中级人民法院对该案有管辖权",鉴于利是佳公司是港方公司,根据最高人民法院法发(1995)18号文《关于人民法院处理与涉外仲裁及外国仲裁事项有关问题的通知》第1条规定,将该案

① 资料来源:蒋新苗等编著:《仲裁法实例说》,湖南人民出版社2003年版,第84-86页。转引自马德才编著:《仲裁法案例研究》,世界图书出版公司2015年版,第77页。

报广东省高级人民法院审批。

广东省高级人民法院审查后,认为由于合同中约定仲裁的仲裁机构不明确,使得该仲裁条款无法执行,根据《中华人民共和国仲裁法》第18条的规定,该仲裁条款应属无效。故同意深圳市中级人民法院受理此案,并依据最高人民法院发(1995)18号文第1条规定,报请最高人民法院就此案的管辖权问题进行审批。

最高人民法院研究认为:双方当事人在《合作建房合同》中订立的仲裁条款未明确约定具体的仲裁机构,事后又未达成补充协议,依据《中华人民共和国仲裁法》第18条的规定,该仲裁条款无效。故同意广东省高级人民法院的意见,该案由深圳市中级人民法院受理。

评析:本案不仅是一起合作建房合同争议案,而且是一起涉港合作建房合同争议案,涉及合同中的仲裁条款是否有效以及人民法院对此案有没有管辖权的问题。在此方面,最高人民法院《关于人民法院处理与涉外仲裁及外国仲裁事项有关问题的通知》规定:"凡起诉到人民法院的涉港澳和涉台经济、海事海商纠纷案件,如果当事人在合同中订有仲裁条款或者事后达成仲裁协议,人民法院认为该仲裁条款或仲裁协议无效、失效或者内容不明确无法执行的,在决定受理一方当事人起诉之前,必须报请本辖区所属高级人民法院进行审查;如果高级人民法院同意受理,应将其审查意见报最高人民法院。在最高人民法院未作答复前,可暂不予受理。"

本案中,天骏公司向深圳市中级人民法院起诉,深圳市中级人民法院受理后,通知福华公司、利是佳公司应诉,而利是佳公司以《合作建房合同》中第11条之仲裁条款向深圳市中级人民法院提出管辖异议,认为深圳市中级人民法院没有管辖权。本来,根据《仲裁法》第5条的规定,当天骏公司向深圳市中级人民法院起诉,深圳市中级人民法院不予受理,因为《合作建房合同》中第11条之仲裁条款可以排除深圳市中级人民法院的管辖权,但是,根据《仲裁法》第26条①的规定,当事人虽然达成仲裁协议,但是天骏公司向深圳市中级人民法院起诉未声明有仲裁协议,深圳市中级人民法院受理了,之后通知福华公司、利是佳公司应诉,此时利是佳公司在首次开庭前提交仲裁协议,并认为深圳市中级人民法院没有管辖权,此时深圳市中级人民法院应当驳回起诉,但是有一个例外即仲裁协议无效的除外。所以,深圳市中级人民法院并没有作出驳回天骏公司的起诉,而是对当事人合同中的仲裁条款进行审查:如仲裁条款有效,则驳回天骏公司的起诉;如仲裁条款无效,则深圳市中级人民法院继续审理。

深圳市中级人民法院经过审查,认为本案当事人合同中的仲裁条款"未明确约定具体的仲裁机构,仲裁条款内容不明确,无法执行",这种认定是正确的。具体分析如下:《仲裁法》第16条第2款规定:"仲裁协议应当具有选定的仲裁委员会。"显然该条款所要求的仲裁委员会必须明确具体。而本案中的仲裁条款只是约定:"本合同执行过程中,如遇重大事项,协商不能解决时,可提交有关仲裁机关裁决。"可见,该仲裁条款中并没有《仲裁法》第16条第2款所要求的"选定的仲裁委员会"。所以,深圳市中级人民法院根据最高人民

---

① 《仲裁法》第26条规定:"当事人达成仲裁协议,一方向人民法院起诉未声明有仲裁协议,人民法院受理后,另一方在首次开庭前提交仲裁协议的,人民法院应当驳回起诉,但仲裁协议无效的除外;另一方在首次开庭前未对人民法院受理该案提出异议的,视为放弃仲裁协议,人民法院应当继续审理。"

法院上述通知的规定认为本案当事人合同中的仲裁条款"未明确约定具体的仲裁机构,仲裁条款内容不明确,无法执行"是恰当的。在认定本案当事人合同中的仲裁条款无法执行的同时,深圳市中级人民法院还认定该合同的不动产所在地在深圳市,根据《民事诉讼法》有关专属管辖权的规定,深圳市中级人民法院对该案有管辖权,因此有权受理此案。

然而,根据最高人民法院《关于人民法院处理与涉外仲裁及外国仲裁事项有关问题的通知》规定,深圳市中级人民法院认为该仲裁条款内容不明确无法执行,并决定受理此案,但是在决定受理天骏公司起诉之前,必须报请广东省高级人民法院进行审查。于是,深圳市中级人民法院将此决定报请广东省高级人民法院进行审查。广东省高级人民法院经审查,除了同意深圳市中级人民法院的意见之外,还根据《仲裁法》第18条的规定,认定该仲裁条款无效,故同意深圳市中级人民法院受理此案,并依据前述最高人民法院的通知规定,报请最高人民法院就此案的管辖权问题进行审批。广东省高级人民法院认定本案仲裁条款无效是正确的。因为,为了尽量满足当事人的仲裁意愿,《仲裁法》第18条规定:"仲裁协议对仲裁事项或者仲裁委员会没有约定或者约定不明确的,当事人可以补充协议;达不成补充协议的,仲裁协议无效。"可见,该条规定允许当事人在仲裁协议对仲裁事项或者仲裁委员会没有约定或者约定不明确的,可以补充协议;达不成补充协议的,仲裁协议才属无效。而本案中的当事人并未就此达成补充协议,所以本案中的仲裁条款无效。后来,最高人民法院作出了与广东省高级人民法院相同的意见。据此,深圳市中级人民法院对本案有管辖权。利是佳公司以《合作建房合同》中载有仲裁条款认为深圳市中级人民法院对此案没有管辖权的意见不正确。

不过,值得注意的是,当事人在仲裁协议中所约定的仲裁机构不明确时,是否都属无效呢?答案是否定的。一方面,从《仲裁法》的角度看,尽管《仲裁法》第16条第2款要求仲裁协议必须有"选定的仲裁委员会",但是规定仲裁协议无效的《仲裁法》第17条却并未将没有"选定的仲裁委员会"的仲裁协议列为无效的情形,《仲裁法》第18条只是规定仲裁协议对仲裁委员会没有约定或者约定不明确的,当事人可以补充协议;达不成补充协议的,仲裁协议才属无效。可见,《仲裁法》并未规定对仲裁委员会没有约定或者约定不明确的仲裁协议当然无效。另一方面,出于支持仲裁的考量,最高人民法院的一系列司法解释特别是2005年《仲裁法解释》在上述情况下采取的是尽量使仲裁协议有效的态度。例如,《仲裁法解释》第3条规定:"仲裁协议约定的仲裁机构名称不准确,但能够确定具体的仲裁机构的,应当认定选定了仲裁机构。"第4条规定:"仲裁协议仅约定纠纷适用的仲裁规则的,视为未约定仲裁机构,但当事人达成补充协议或者按照约定的仲裁规则能够确定仲裁机构的除外。"第5条规定:"仲裁协议约定两个以上仲裁机构的,当事人可以协议选择其中的一个仲裁机构申请仲裁;当事人不能就仲裁机构选择达成一致的,仲裁协议无效。"第6条规定:"仲裁协议约定由某地的仲裁机构仲裁且该地仅有一个仲裁机构的,该仲裁机构视为约定的仲裁机构。该地有两个以上仲裁机构的,当事人可以协议选择其中的一个仲裁机构申请仲裁;当事人不能就仲裁机构选择达成一致的,仲裁协议无效。"可见,《仲裁法解释》并未规定约定的仲裁机构名称不准确的仲裁协议当然无效。这体现了立法和司法对仲裁的支持。①

二、仲裁协议的失效

仲裁协议生效后,就会产生其应有的法律效果,但是由于某种特殊情形的出现,会导致原本有效的仲裁协议失去其法律效力,这种情形就是仲裁协议的失效。所谓仲裁协议的失效,是指原本有效的仲裁协议因某种情形的出现而丧失其法律效力。那么,仲裁协议在哪些情况下失效呢? 仲裁协议的失效又会带来哪些法律后果呢?

(一)仲裁协议失效的具体情形

1. 仲裁协议所约定的仲裁事项完毕

有效仲裁协议是当事人以仲裁解决争议的前提,当事人提交仲裁机构解决的争议只能是仲裁协议中所约定的争议事项,一旦当事人将此类争议事项提交仲裁机构且仲裁机构受理后,依法组建的仲裁庭按照仲裁法和仲裁规则作出了合法有效的仲裁裁决,而该项仲裁裁决如果得到了双方当事人的自觉履行,或者虽然一方当事人未自觉履行该项仲裁裁决而另一方当事人申请人民法院予以强制执行,且得到强制执行,那么仲裁协议所约定的仲裁事项得以完全解决,仲裁协议也就随之失效。此种情形就是仲裁协议所约定的仲裁事项完毕而失效。

2. 当事人放弃仲裁协议

当事人既然有权签订一项仲裁协议,当然也有权放弃或者终止该项仲裁协议,一旦当事人放弃了该项仲裁协议,那么该项有效的仲裁协议也就因此而失效。这种仲裁协议失效的情形就是当事人放弃仲裁协议,它属于当事人明示放弃。除此之外,当事人放弃仲裁协议还有所谓的当事人默示放弃或当事人推定放弃的情形。对此,我国《仲裁法》第26条作了明确规定,"当事人达成仲裁协议,一方向人民法院起诉未声明有仲裁协议,人民法院受理后,另一方在首次开庭前提交仲裁协议的,人民法院应当驳回起诉,但仲裁协议无效的除外;另一方在首次开庭前未对人民法院受理该案提出异议的,视为放弃仲裁协议,人民法院应当继续审理。"总之,无论是当事人明示放弃仲裁协议,还是当事人默示放弃仲裁协议,都会导致原本有效的仲裁协议失效。

3. 仲裁裁决被法院裁定撤销或者不予执行

《仲裁法》第9条第2款规定:"裁决被人民法院依法裁定撤销或者不予执行的,当事人就该纠纷可以根据双方重新达成的仲裁协议申请仲裁,也可以向人民法院起诉。"该条款规定表明,仲裁裁决被法院裁定撤销或者不予执行使得当事人之间原本有效的仲裁协议失效。此即仲裁协议失效的又一种情形。

此外,仲裁协议还可因仲裁期限届满、当事人和解以及当事人指定的仲裁员辞职、死亡或者丧失资格等而失效。

(二)仲裁协议失效的法律后果

仲裁协议的失效可以产生一定的法律后果,主要包括:

---

① 马德才编著:《仲裁法案例研究》,世界图书出版公司2015年版,第78-80页。

1. 当事人不再受仲裁协议的约束

一旦仲裁协议失效,仲裁协议对当事人也就没有了约束力,那么当事人当然不再受仲裁协议的约束。

2. 仲裁机构丧失仲裁权

有效的仲裁协议可使仲裁机构获得仲裁权,那么当仲裁协议失效后,仲裁机构也就随之失去了对该争议的仲裁权,此时当事人可依法选择其他的争议解决方式解决其争议。

3. 法院恢复管辖权

有效仲裁协议的效力具体表现之一是排除法院的管辖权,而仲裁协议的失效使得排除法院管辖权的原因消失,法院也就恢复了对争议案件的管辖权,这样当事人向法院起诉时,法院就可行使管辖权。

三、有缺陷的仲裁协议及其完善

(一) 有缺陷的仲裁协议

仲裁协议是当事人申请仲裁的前提,但这种仲裁协议必须有效,而有效的仲裁协议须具备仲裁协议的有效要件,其有效要件之一是内容合法,不仅如此,有时仲裁协议的内容还需明确,如果仲裁协议的内容不明确,如仲裁机构名称不准确、仅约定纠纷适用的仲裁规则、约定两个以上仲裁机构、约定由某地的仲裁机构仲裁、约定争议可以向仲裁机构申请仲裁也可以向人民法院起诉等,这种仲裁协议就是有缺陷的仲裁协议或称有瑕疵的仲裁协议,虽然这种仲裁协议并不必然导致仲裁协议无效,但是也会影响仲裁协议的效力,当事人的仲裁意愿有可能无法实现,因此对这种有缺陷的仲裁协议就需要加以完善。

(二) 有缺陷仲裁协议的完善

1. 由司法解释予以完善

针对仲裁协议的不同缺陷情形,《仲裁法解释》作了不同的规定,以此来完善不同缺陷的仲裁协议。具体为:

(1) 约定的仲裁机构名称不准确。《仲裁法解释》第 3 条规定:"仲裁协议约定的仲裁机构名称不准确,但能够确定具体的仲裁机构的,应当认定选定了仲裁机构。"可见,仲裁协议约定的仲裁机构名称不准确并不必然导致仲裁协议的无效,如果能够确定具体的仲裁机构的,应当认定选定了仲裁机构,那么该仲裁协议就是有效的。例如,仲裁协议约定将争议提交"南昌市仲裁委员会"解决,就属于仲裁协议约定的仲裁机构名称不准确的情形,但是由于南昌市只有一家仲裁委员会即"南昌仲裁委员会",因此按照《仲裁法解释》第 3 条的规定就能够确定具体的仲裁机构,应当认定选定了仲裁机构,该仲裁协议就是有效的。

(2) 仅约定纠纷适用的仲裁规则。《仲裁法解释》第 4 条规定:"仲裁协议仅约定纠纷适用的仲裁规则的,视为未约定仲裁机构,但当事人达成补充协议或者按照约定的仲裁规则能够确定仲裁机构的除外。"可见,仲裁协议仅约定纠纷适用的仲裁规则的,按照《仲裁法解释》第 4 条的规定虽然视为未约定仲裁机构,但是如果当事人达成补充协议或者按照仲裁协议约定的仲裁规则能够确定仲裁机构的话,也就视为约定了仲裁机构,那么仲裁协议当然就是有效而不是无效的了。对此,各仲裁委员会的仲裁规则均作了肯定性规定。

例如，《贸仲规则》第4条第4款规定："当事人约定按照本规则进行仲裁但未约定仲裁机构的，视为同意将争议提交仲裁委员会仲裁。"《北仲规则》第2条第2款规定："当事人约定适用本规则但未约定仲裁机构的，视为当事人同意将争议提交本会仲裁。"

(3) 约定两个以上仲裁机构。《仲裁法解释》第5条规定："仲裁协议约定两个以上仲裁机构的，当事人可以协议选择其中的一个仲裁机构申请仲裁；当事人不能就仲裁机构选择达成一致的，仲裁协议无效。"显然，《仲裁法解释》第5条承认约定两个以上仲裁机构的仲裁协议选定了仲裁机构，只不过要求当事人需达成协议选择其中的一个仲裁机构申请仲裁，此时的仲裁协议才有效，否则就属无效。

(4) 约定由某地的仲裁机构仲裁。《仲裁法解释》第6条规定："仲裁协议约定由某地的仲裁机构仲裁且该地仅有一个仲裁机构的，该仲裁机构视为约定的仲裁机构。该地有两个以上仲裁机构的，当事人可以协议选择其中的一个仲裁机构申请仲裁；当事人不能就仲裁机构选择达成一致的，仲裁协议无效。"显然，《仲裁法解释》第6条承认仲裁协议约定由某地的仲裁机构仲裁且该地仅有一个仲裁机构的仲裁协议选定了仲裁机构，并且该选定的仲裁机构视为约定的仲裁机构，该仲裁协议也是有效的。但是，如果仲裁协议约定由某地的仲裁机构仲裁且该地有两个以上仲裁机构的，《仲裁法解释》第6条也承认仲裁协议选定了仲裁机构，只不过要求当事人需达成协议选择其中的一个仲裁机构申请仲裁，此时的仲裁协议才属有效，否则就属无效。前者例如，仲裁协议约定将争议提交南昌的仲裁委员会解决，就属于仲裁协议约定由某地的仲裁机构仲裁且该地仅有一个仲裁机构的情形，由于南昌市只有一家仲裁委员会即"南昌仲裁委员会"，因此按照《仲裁法解释》第6条的上述规定"南昌仲裁委员会"就视为约定的仲裁机构，应当认定选定了仲裁机构，该仲裁协议就是有效的。后者例如，仲裁协议约定将争议提交北京的仲裁委员会解决，就属于仲裁协议约定由某地的仲裁机构仲裁且该地有两个以上仲裁机构的情形，因为北京有北京仲裁委员会、中国国际经济贸易仲裁委员会和中国海事仲裁委员会等多个仲裁机构，但是按照《仲裁法解释》第6条的上述规定该仲裁协议选定了仲裁机构，只不过要求当事人需达成协议在上述仲裁机构中选择一个仲裁机构申请仲裁，此时的仲裁协议才属有效，否则如果当事人不能就仲裁机构选择达成一致的，仲裁协议就属无效。

(5) 约定争议可以向仲裁机构申请仲裁也可以向人民法院起诉。《仲裁法解释》第7条规定："当事人约定争议可以向仲裁机构申请仲裁也可以向人民法院起诉的，仲裁协议无效。但一方向仲裁机构申请仲裁，另一方未在仲裁法第二十条第二款规定期间内提出异议的除外。"此规定表明，虽然当事人约定争议可以向仲裁机构申请仲裁也可以向人民法院起诉的仲裁协议是无效的，但是一方当事人向仲裁机构申请仲裁而另一方当事人未在仲裁法第20条第2款规定的期间内即"仲裁庭首次开庭前"提出异议的仲裁协议则是有效的。

2. 由当事人自行完善

当事人签订仲裁协议是他们行使意思自治权的具体体现，完善有缺陷的仲裁协议也应该充分尊重当事人的意思自治，所以由当事人自行完善当属最好的办法。但是，这种方式的成功率并不高，其原因在于：一是争议发生后，双方当事人之间的对立情绪较大，很难完善仲裁协议；二是当事人不一定是法律专家，他们不知道怎么完善。因此，这种完善方式较为可行的是当事人应尽可能地在争议发生之前自行协商补充完善。其法律依据是《仲裁法》第18条的规定，即"仲裁协议对仲裁事项或者仲裁委员会没有约定或者约定不明确的，当事人可以补充协议；达不成补充协议的，仲裁协议无效。"

3. 由仲裁机构协助完善

这种完善方式可有效克服由当事人自行完善中的当事人不知道怎么完善的不足，但是仲裁机构只能协助完善而不能自行完善，因此仲裁机构只能在当事人愿意的情况下才能对之加以完善，只要有一方当事人不愿意，仲裁机构就不可能去完善仲裁协议，而当事人争议发生后其对立情绪较大，无法满足仲裁机构完善仲裁协议的条件，所以这种方式的成功率也不太高。

4. 由法院协助完善

当事人将内容不明确的仲裁协议提交诉讼时，在当事人愿意的情况下，法院也可以协助其完善仲裁协议。如果一方当事人不愿意，法院将依法审查仲裁协议，从而作出仲裁协议是否有效的决定。在此过程中，法院可充分发挥它作为仲裁监督机关对仲裁予以支持的作用：一方面，依据《仲裁法》第18条规定，尽量促成当事人就仲裁事项或者仲裁委员会没有约定或者约定不明确的仲裁协议达成补充协议，并不轻易宣告仲裁协议为无效，以实现当事人的仲裁意愿；另一方面，即使当事人在争议发生后无法达成补充协议，只要不违背法律的强制性规定，就应最大限度地从宽加以解释，尽量推定当事人的仲裁意图，使有缺陷的仲裁协议得以实施。

第五节　仲裁条款的独立性

仲裁协议大多是合同中的仲裁条款，实践中，大部分仲裁案件亦是根据仲裁条款受理的，如仲裁庭认定合同无效，或因某种原因不再对当事人有约束力，仲裁庭是否对该争议还拥有管辖权？这就提出了仲裁条款的特性及其与基础合同或主合同关系的难题，也就是所谓仲裁条款的独立性问题。这一问题非常重要，因为仲裁协议是仲裁的基础，如果表现为仲裁条款的仲裁协议因合同的无效而被确认为无效，那么就没有有效的仲裁，当事人希望以仲裁解决争议的愿望就会落空。

一、仲裁条款独立性的传统观点

对于仲裁条款的独立性问题，传统的观点持否定态度。它认为，仲裁条款是含有该条款的主合同的不可分的一部分，主合同无效，合同中的仲裁条款当然也无效。这种观点随着经济的发展以及国家鼓励当事人通过仲裁解决争议政策的确立，与现代国际商事仲裁的发展趋势不能协调一致，因而在英国及其他国家越来越多地受到批评，而仲裁条款独立性理论相应地逐步确立和发展起来。①

---

① 参见赵健著：《国际商事仲裁的司法监督》，法律出版社2000年版，第77-78页。

二、仲裁条款独立性的现代观点

仲裁条款的独立性的现代观点认为,仲裁条款与主合同是可分的,它虽然附属于主合同,但与主合同形成了两项分离或独立的协议,即一个包括仲裁条款的合同,应视为由两个相对独立的合同构成,其中一个为主合同,另一个为次合同。以仲裁条款为内容的这一次合同具有保障当事人通过寻求某种救济而实现当事人商事权利的特殊性质。它具有相对的独立性,其有效性不受主合同有效性的影响,即使主合同无效,仲裁条款仍然有效,并不由于主合同变更、无效或者终止而当然无效或者失效。

三、仲裁条款独立性的理论依据

仲裁条款是合同的一部分,合同终止、解除或者无效,其中的仲裁条款仍然独立有效。这种仲裁条款独立性的理论根据,就在于仲裁条款的特殊性。[①]

仲裁条款是一种特殊类型的协议,它的特殊性主要表现在其内容和作用上。仲裁条款规定的是发生争议后解决争议的方式;其他合同条款规定的是当事人双方在商业利益方面的权利义务关系。当事人双方签订商事合同的唯一目的在于履行主合同中规定的权利义务以实现他们所期望的商业利益;而当事人订立仲裁条款的目的却旨在约定通过何种方式定纷止争,它的实施必须以主合同的履行发生困难或争议为前提,并作为主合同不能履行或不能完全履行时的一种救济手段而存在,它并不是双方当事人所希望实施的。

仲裁条款的特殊性决定了其效力的独立性,它既是主合同中的一项条款,又与主合同相分离而独立存在。在一般的主从合同关系中,从合同关系对主合同关系起的是一种保证履行的作用,而合同中所附的仲裁条款却不具备这种作用。它之所以被附在主合同中,其目的在于当事人就合同的存在、解释、履行和效力等问题发生争议时,按照当事人约定的仲裁方式来解决这些争议。仲裁条款是为解决主合同的争议而设立的,如果当事人之间未就主合同发生任何争议,它就没有实现的必要;仲裁条款对主合同的依存关系绝不表现在它对主合同所约定的当事人实体权利义务有任何联系。因此,主合同生效的条件,并不必然是仲裁条款生效的条件;仲裁条款的存在和生效,不应取决于它所依附的主合同是否有效,而应看它自身是不是一个存在的和有效的仲裁协议。

四、仲裁条款独立性的立法和实践

随着仲裁的发展以及国家对仲裁的不断支持,仲裁条款独立性理论的观点日益得到仲裁立法、司法与仲裁实践、国际常设仲裁机构仲裁规则的采纳与支持。[②]

在立法方面,英国、德国、瑞典、美国、加拿大、澳大利亚、意大利、比利时、法国、日本、俄罗斯、新加坡、荷兰以及瑞士等国家的法律现都已认为,仲裁条款是独立于合同的。如

[①]　参见赵健著:《国际商事仲裁的司法监督》,法律出版社 2000 年版,第 81 - 83 页。

[②]　参见李双元、谢石松著:《国际民事诉讼法概论》(第二版),武汉大学出版社 2001 年版,第 532 - 533 页;宋连斌著:《国际商事仲裁管辖权研究》,法律出版社 2000 年版,第 107 - 113 页;赵健著:《国际商事仲裁的司法监督》,法律出版社 2000 年版,第 78 - 81 页。

英国《1996 年仲裁法》第 7 条明文规定,除非当事人另有约定,一项仲裁协议构成或曾设想将其构成另一协议的一部分,不应因为该另一协议无效、不存在或失效而被认为无效,为此目的应被视一项单独的协议;德国 1988 年《民事诉讼法典》第 1040 条明确规定了仲裁条款独立性原则;瑞典《1999 年仲裁法》第 3 条明文规定了独立性原则;对作为另一协议部分的仲裁协议的有效性作出决定时,为确定仲裁员的管辖权,仲裁协议应被视为一个独立的协议;等等。可以说,现在所有在仲裁领域具有重要地位的国家都接受了仲裁条款独立性理论。不过,各国接受的程度不一样,尤其在主合同自始无效或不存在的情况下,只有法国、英国、美国等几个国家彻底接受仲裁协议的独立性原则,大部分国家只是一般性地认为,合同无效并不必然导致包含其中的仲裁协议无效,对主合同自始无效或不存在的问题不置可否。此外,有关仲裁的国际立法也充分肯定了这一理论。例如,1976 年通过的《联合国国际贸易法委员会仲裁规则》第 21 条第 2 款明确规定,作为组成部分并规定按本规则进行仲裁的仲裁条款将被视为独立于该合同其他条款的一种协议,仲裁庭所作合同为无效和撤销的裁决并不在法律上影响仲裁条款的效力。2010 年修订的《联合国国际贸易法委员会仲裁规则》第 23 条第 1 款规定:"仲裁庭有权力对其自身管辖权作出裁定,包括对与仲裁协议的存在或效力有关的任何异议作出裁定。为此目的,构成合同一部分的仲裁条款,应视为独立于合同中其他条款的一项协议。仲裁庭作出合同无效的裁定,不应自动造成仲裁条款无效。"联合国贸易法委员会于 1985 年 6 月 21 日通过的《国际商事仲裁示范法》第 16 条进一步规定:"……作为某项合同的构成部分的仲裁条款得被视为独立于该项合同其他条款的协议。"

在司法实践方面,法国最高上诉法院在 1963 年的"戈塞特案"(Gossett Case)中,最早提出了仲裁条款的效力可独立于主合同的主张。美国最高法院在 1967 年 Prima Paints Co. V. Flood & Conklin Mfg. Co. 案的判决中,一扫以前各法院首鼠两端的态度,肯定仲裁条款独立性理论适用于州际和涉外商事交易。日本法院在处理有关仲裁条款的效力问题时,就把它与商事契约中的其他部分分开,日本最高法院曾经指出:"仲裁协议通常是和主契约订立在一起的,但是,仲裁协议的效力应该同主契约分开,互相独立地加以考察。因此,除当事人另有约定以外,主契约订立的瑕疵不能影响仲裁协议的效力。"此外,英国、澳大利亚、瑞典、瑞士、比利时等国家的司法实践也肯定了仲裁条款独立性理论。

在常设仲裁机构仲裁规则方面,1975 年《国际商会仲裁规则》第 8 条规定,即使合同不成立或无效,仲裁员仍应继续行使其仲裁权以确定当事人各自的权利,并对他们的请求进行仲裁。1998 年《国际商会仲裁规则》第 6 条规定,除非另有约定,只要仲裁庭认可仲裁协议有效,仲裁庭就不得因有人主张合同无效或不存在而终止管辖权。即使合同本身可能不存在或无效,仲裁庭仍应继续行使管辖权以便确定当事人各自的权利并对他们的请求和抗辩作出裁定。2012 年《国际商会仲裁规则》第 6 条第 9 款也规定:"除非另有约定,否则,只要仲裁庭认为仲裁协议有效,仲裁庭不因任何合同不存在或合同无效的主张,而停止对案件的管辖权。即使合同可能不存在或者无效,仲裁庭仍继续享有管辖权,以决定当事人各自的权利并对其请求和抗辩作出裁定。"1998 年《伦敦国际仲裁院仲裁规则》第 23 条第 1 款也规定,仲裁条款是独立的,仲裁庭作出关于合同无效的决定,在法律上不应引起仲裁条款无效的后果。1997 年《美国仲裁协会仲裁规则》第 15 条也有类似规定。

　　自 20 世纪 80 年代起,我国在立法中就开始逐步承认仲裁条款的独立性,并不断扩大仲裁条款独立的适用范围。1985 年《涉外经济合同法》第 35 条规定:"合同约定的解决争议的条款,不因合同的解除或者终止而失去效力。"1986 年,我国批准了《联合国国际货物销售合同公约》,该公约第 81 条也规定:"宣告合同无效不影响合同中关于解决争端的任何规定。"1999 年《合同法》第 57 条规定:"合同无效、被撤销或者终止的,不影响合同中独立存在的有关解决争议方法和条款的效力。"据此,在涉外经济合同和国内经济合同领域,合同解除、终止、宣告无效,不影响合同中仲裁条款的效力。1994 年《仲裁法》进一步明确了仲裁条款的独立性,并且扩大了仲裁条款独立的适用范围。该法第 19 条第 1 款规定:"仲裁协议独立存在,合同的变更、解除、终止或者无效,不影响仲裁协议的效力。"依照《仲裁法》,无论是涉外经济合同纠纷,还是国内经济合同争议,不论是合同的解除、终止、宣布无效还是合同的变更、自始无效,仲裁条款都具有独立的地位。2005 年《仲裁法解释》第 10 条又扩大了仲裁条款独立的适用范围,即"合同成立后未生效或者被撤销的,仲裁协议效力的认定适用仲裁法第十九条第一款的规定。当事人在订立合同时就争议达成仲裁协议的,合同未成立不影响仲裁协议的效力。"亦即将《仲裁法》第 19 条仲裁条款独立的适用范围扩大到合同成立后未生效或者被撤销以及合同未成立的,也不影响仲裁协议的效力。

　　我国仲裁机构的仲裁规则也采纳了仲裁条款独立性理论。例如,1994 年《贸仲规则》第 5 条规定:"合同中的仲裁条款应视为与合同其他条款分离地、独立地存在的条款,附属于合同的仲裁协议也应视为与合同其他条款分离地、独立地存在的一个部分;合同的变更、解除、终止、失效或无效,均不影响仲裁条款或仲裁协议的效力。"1995 年《贸仲规则》进一步扩大了仲裁条款独立性理论的适用范围,它不仅在合同的变更、解除、终止、失效或无效时不影响仲裁条款的效力,而且合同存在与否,也不影响仲裁条款的效力。1998 年、2000 年《贸仲规则》对 1995 年《贸仲规则》中关于仲裁条款独立的规定完全予以保留。2005 年《贸仲规则》又进一步扩大了仲裁条款独立性理论的适用范围,它不仅在合同的变更、解除、终止、失效或无效以及合同成立与否时不影响仲裁条款的效力,而且合同未生效、被撤销,也不影响仲裁条款或仲裁协议的效力。2012 年《贸仲规则》对 2005 年《贸仲规则》中关于仲裁条款独立的规定完全予以保留,即"合同中的仲裁条款应视为与合同其他条款分离的、独立存在的条款,附属于合同的仲裁协议也应视为与合同其他条款分离的、独立存在的一个部分;合同的变更、解除、终止、转让、失效、无效、未生效、被撤销以及成立与否,均不影响仲裁条款或仲裁协议的效力。"[1]《贸仲规则》(2015 年版)对 2012 年《贸仲规则》中关于仲裁条款独立的规定也是完全予以保留[2]。2004 年《中国海事仲裁委员会仲裁规则》对此也作了规定,其第 5 条第 1 款规定:"仲裁协议独立存在,合同的变更、解除、终止、失效或无效以及存在与否,均不影响仲裁协议的效力。" 2015 年《中国海事仲裁委员会仲裁规则》第 5 条第 4 款对此也作了规定,即"合同中的仲裁条款应视为与合同其他条款分离的、独立存在的条款,附属于合同的仲裁协议也应视为与合同其他条款分离的、独立存在的一个部分;合同的变更、解除、终止、转让、失效、无效、未生效、被撤销以及

---

① 见 2012 年《贸仲规则》第 5 条第 4 款。
② 见 2015 年《贸仲规则》第 5 条第 4 款。

成立与否,均不影响仲裁条款或仲裁协议的效力。"

在《仲裁法》生效之前,对以欺诈为目的所订立的合同中仲裁条款的效力,我国法院持否定态度,即合同因欺诈自始无效,合同中的仲裁条款无效,仲裁条款独立性理论不适用于自始无效的合同。最典型的例子是 1988 年上海市高级人民法院审理的中国技术进出口总公司诉瑞士工业资源公司侵权损害赔偿纠纷上诉案。① 但是到了 1988 年,最高人民法院在江苏省物资集团轻工纺织总公司诉(香港)裕亿集团有限公司、(加拿大)太子发展有限公司侵权损害赔偿纠纷上诉案中,②首次确认即使当事人一方在履行合同过程中实施侵权行为,合同中的仲裁条款并不因此无效。应该说,《仲裁法》生效后,最高人民法院的这一裁定是意料之中的。

此外,仲裁条款独立性理论在我国仲裁实践中也得到了普遍遵循。

例如,在前述案例中,如果在仲裁的过程中,仲裁庭认为双方当事人某服装厂和某商场之间的买卖合同无效,此时仲裁庭能否根据双方当事人就合同纠纷达成的仲裁协议继续进行仲裁? 对于此问题,《仲裁法》第 19 条第 1 款和《仲裁法解释》第 10 条作了规定。前者为:"仲裁协议独立存在,合同的变更、解除、终止或者无效,不影响仲裁协议的效力。"后者为:"合同成立后未生效或者被撤销的,仲裁协议效力的认定适用仲裁法第十九条第一款的规定。当事人在订立合同时就争议达成仲裁协议的,合同未成立不影响仲裁协议的效力。"根据此规定,在本案中,如果在仲裁的过程中,仲裁庭认为双方当事人之间的买卖合同无效,此时仲裁庭能根据双方当事人就合同纠纷达成的仲裁协议继续进行仲裁,这是由仲裁协议的独立性所决定的。③

❖ 附:仲裁条款的独立性实例④及其评析 ❖

1993 年 11 月,经西安市外经委批准,西安正泰机电科技开发公司(甲方)、海南顺达旅业有限公司(乙方,简称海南顺达公司)、美国亚派克国际公司(丙方)合资成立西安西亚汽车检测设备事业有限公司(简称西安西亚公司)。合资合同规定了三方的出资额;董事会由 7 名董事组成,决定合资公司的一切重大问题;因本合同所发生的或与本合同有关的一切争议提交北京中国国际经济贸易仲裁委员会进行仲裁;等等。后甲、乙、丙三方陆续投入部分资金。1995 年 7 月 11 日,由于乙方海南顺达公司因故提出转让股权,在只有 4 名董事(分别为合资三方人员)参加的董事会会议上做出决议:同意海南顺达公司退出合资公司和不再享有董事会权利、义务,其投入的股金人民币 49.82 万元,其中 5 万元作为对西亚公司赔偿,另 44.82 万元由西安西亚公司在 1995 年 12 月 31 日前分期退还海南顺达公司。1996 年 5 月 27 日,经西安外经委批准,陕西凯特工贸公司接替海南顺达公司在合资公司中乙方的地位并享有和承担海南顺达公司在合资合同中的权利和义务。

---

① 参见《中华人民共和国最高人民法院公报》,1989 年第 1 期,第 26 - 28 页。
② 参见《中华人民共和国最高人民法院公报》,998 年第 3 期,第 109 - 110 页。
③ 参见马德才主编:《仲裁法》,厦门大学出版社 2014 年版,第 86 - 87 页。
④ 资料来源:蒋新苗等编著:《仲裁法实例说》,湖南人民出版社 2003 年版,第 97 - 99 页。转引自马德才编著:《仲裁法案例研究》,世界图书出版公司 2015 年版,第 85 页。

海南顺达公司因未得到股权转让款,遂于 1996 年 9 月提起诉讼,要求西安西亚公司给付股权转让款,西安市雁塔区人民法院以股权转让纠纷案由受理。

西安西亚公司以合资合同约定了仲裁条款为由提出管辖权异议,西安市雁塔区人民法院一审裁定认为,董事会决议已同意海南顺达公司退出合作,合资合同规定的仲裁条款已不适用海南顺达公司,驳回了西安西亚公司提出的管辖权异议。西安西亚公司不服一审裁定提起上诉,西安市中级人民法院二审裁定驳回上诉。

1996 年 11 月,西安西亚公司就管辖权异议不服二审裁定向陕西省高级人民法院申请再审,同时向最高人民法院提出申诉,要求撤销原审裁定,由当事人依照合资合同的约定申请仲裁。最高人民法院致函陕西省高级人民法院审查处理,陕西省高级人民法院交由西安市中级人民法院查处,该中级人民法院依照审判监督程序进行再审,裁定撤销了原一审、二审裁定,原告应向仲裁机构申请仲裁。

评析:本案是一起合资合同纠纷案,而且是一起合资合同中的股权转让纠纷案。该案因合资合同一方海南顺达公司退出合资公司而引起。

本案争议焦点是合资合同中约定的仲裁条款是否适用于原合资人海南顺达旅业有限公司。要解决这个问题,首先,要弄清楚本案争议的性质;其次,要弄清楚合资合同中约定的仲裁条款是否有效;再次,要弄清楚合资合同中约定的仲裁条款是否具有独立性。

(一)本案争议的性质

从本案事实看,海南顺达公司参加合资经营并投入部分股金,后因故提出转让股权,合营公司董事会做出决议:同意海南顺达公司退出合资经营及分期退还其投入的股金。后来,合营公司西安西亚公司并未按照董事会决议将股权转让款退还给海南顺达公司。因此,海南顺达公司遂于 1996 年 9 月西安市雁塔区人民法院提起诉讼,要求西安西亚公司给付股权转让款,西安市雁塔区人民法院以股权转让纠纷案由受理。显而易见,上述事实表明,本案涉及的是退还股金问题,不是债权债务或欠款,实质上是由于海南顺达公司转让股权这一法律事实引起的,因此本案争议的性质应当属于合营当事人之间在执行合资经营合同过程中产生的股权转让纠纷,而不是债权债务纠纷。

(二)合资合同中约定的仲裁条款是否有效

本案合营当事人之间或原当事人之间在执行合资经营合同过程中产生的股权转让纠纷如要通过仲裁的方式解决,根据前述《仲裁法》第 4 条的规定,该合资合同中约定的仲裁条款必须有效。那么,本案合资合同中约定的仲裁条款是否有效呢?根据《仲裁法》第 16 条第 2 款的规定,本案合资合同中约定的仲裁条款具备该条款所要求的仲裁协议必须具备的三项内容:(1)请求仲裁的意思表示,即因本合同所发生的或与本合同有关的一切争议提交北京中国国际经济贸易仲裁委员会进行仲裁;(2)仲裁事项,即因本合同所发生的或与本合同有关的一切争议;(3)选定的仲裁委员会,即中国国际经济贸易仲裁委员会。同时,本案合资合同中约定的仲裁条款没有《仲裁法》第 17 条所规定的无效情形,符合仲裁协议的有效要件,即主体合格、意思表示真实、内容合法和形式合法。所以,合资合同中约定的仲裁条款毫无疑问是有效的。

(三)合资合同中约定的仲裁条款是否具有独立性

如前所述,本案合资合同中约定的仲裁条款是否还适用于原合资人海南顺达旅业有限公司,除了要解决本案争议的性质、合资合同中约定的仲裁条款是否有效之外,还要解决合资合同中约定的仲裁条款是否具有独立性。关于合同中仲裁条款的独立性,前述有关理论、立法和司法实践均予以了印证,我国有关法律、司法解释及仲裁机构的仲裁规则也规定了合同中仲裁条款的独立性。规定合同中仲裁条款的独立性条款一般表述为:合同中的仲裁条款一经订立,即与合同的其他条款相分离而独立存在,合同的变更、解除、终止、失效或无效等均不影响仲裁条款的效力。例如,《仲裁法》第19条第1款规定:"仲裁协议独立存在,合同的变更、解除、终止或者无效,不影响仲裁协议的效力。"①1995年《贸仲规则》第5条规定:"合同中的仲裁条款应视为与合同其他条款分离地、独立地存在的条款,附属于合同的仲裁协议也应视为与合同其他条款分离地、独立地存在的一个部分;合同的变更、解除、终止、失效或无效以及存在与否,均不影响仲裁条款或仲裁协议的效力。"②

综上,既然本案争议的性质属于合营当事人之间或原当事人之间在执行合资经营合同过程中产生的股权转让纠纷,而不是债权债务纠纷,那么,本案应当依照合资合同中约定的仲裁条款申请仲裁,即因本合同所发生的或与本合同有关的一切争议提交北京中国国际经济贸易仲裁委员会进行仲裁,而本案合营当事人之间或原当事人之间在执行合资经营合同过程中产生的股权转让纠纷属于合资合同中约定的仲裁条款中所述的与本合同有关的一切争议,属于本案合资合同中约定的仲裁条款的管辖范围,正如《仲裁法解释》第2条所规定的"当事人概括约定仲裁事项为合同争议的,基于合同成立、效力、变更、转让、履行、违约责任、解释、解除等产生的纠纷都可以认定为仲裁事项。"所以,西安市雁塔区人民法院一审裁定和西安市中级人民法院二审裁定认为海南顺达公司已退出合营公司不受合同仲裁条款的约束,应由人民法院受理解决是错误的。后来,最高人民法院致函陕西省高级人民法院审查处理,陕西省高级人民法院交由西安市中级人民法院查处,该中级人民法院依照审判监督程序进行再审,裁定撤销了原一审、二审裁定,原告应向仲裁机构申请仲裁则是正确的。③

【司法考试真题链接】

1. 根据我国有关法律规定,在下列哪些情形下仲裁协议无效?(2003年司法考试真题)
   A. 约定的仲裁事项属于平等主体之间有关人身关系的纠纷
   B. 约定的仲裁事项是不动产纠纷,在民事诉讼法上属于法院专属管辖的案件

---

① 2005年《仲裁法解释》第10条又扩大了仲裁条款独立的适用范围,即"合同成立后未生效或者被撤销的,仲裁协议效力的认定适用仲裁法第十九条第一款的规定。当事人在订立合同时就争议达成仲裁协议的,合同未成立不影响仲裁协议的效力。"

② 2012年《贸仲规则》进一步扩大了仲裁条款独立的适用范围,其第5条第4款规定:"合同中的仲裁条款应视为与合同其他条款分离的、独立存在的条款,附属于合同的仲裁协议也应视为与合同其他条款分离的、独立存在的一个部分;合同的变更、解除、终止、转让、失效、无效、未生效、被撤销以及成立与否,均不影响仲裁条款或仲裁协议的效力。"《贸仲规则》(2015年版)第5条第4款对2012年《贸仲规则》中关于仲裁条款独立的规定也是完全予以保留。

③ 马德才编著:《仲裁法案例研究》,世界图书出版公司2015年版,第86-88页。

C. 载有仲裁条款的合同因违反法律的禁止性规定而无效

D. 仲裁条款约定"因本合同履行发生的一切争议,由地处北京市的仲裁委员会进行仲裁"

2. 下列哪些仲裁协议为无效或失效?(2005年司法考试真题)

A. 甲、乙两公司签订合同,并约定了仲裁条款。后合同双方又签订补充协议,约定"如原合同或补充协议履行发生争议,双方协商解决或向法院起诉解决"

B. 双方当事人在合同中约定:"因本合同履行发生的争议,双方当事人既可向南京仲裁委员会申请仲裁,也可向南京市鼓楼区法院起诉"

C. 甲、乙两公司在双方合同纠纷的诉讼中对法官均不满意,双方商量先撤诉后仲裁。甲公司向法院提出了撤诉申请,法院裁定准许撤诉。此后甲乙两公司签订了仲裁协议,约定将该合同纠纷提交某仲裁委员会仲裁

D. 丙、丁两公司签订的合同中规定了内容齐全的仲裁条款,但该合同内容违反法律禁止性规定。

3. 甲、乙在合同中约定因合同所发生的争议,提交某仲裁委员会仲裁。后双方发生争议,甲向约定的仲裁委员会申请仲裁,但乙对仲裁协议的效力提出异议。对此,乙就仲裁协议的效力有权向谁申请认定?(2005年司法考试真题)

A. 该仲裁委员会所在地基层法院

B. 该仲裁委员会所在地中级人民法院

C. 该仲裁委员会

D. 甲居住地的基层法院

4. 刘某从海塘公司购买红木家具1套,价款为3万元,双方签订合同,约定如发生纠纷可向北京仲裁委员会申请仲裁。交付后,刘某发现该家具并非红木制成,便向仲裁委员会申请仲裁,请求退货。如果仲裁过程中海塘公司向仲裁委员会提交了双方在交付家具时签订的《补充协议》,该协议约定将纠纷处理方式变更为诉讼,这种情况下仲裁委员会应当如何处理?(2006年司法考试真题)

A. 仲裁委员会有权对是否继续仲裁审理作出裁决

B. 仲裁委员会应当裁决驳回仲裁申请,当事人可向法院起诉

C. 仲裁委员会应当继续仲裁,裁决作出后当事人可以以没有有效的仲裁协议为由申请撤销仲裁裁决

D. 仲裁委员会应当继续仲裁,裁决作出后当事人不得以没有有效的仲裁协议为由申请撤销仲裁裁决

5. A市水天公司与B市龙江公司签订一份运输合同,并约定如发生争议提交A市的C仲裁委员会仲裁。后因水天公司未按约支付运费,龙江公司向C仲裁委员会申请仲裁。在第一次开庭时,水天公司未出庭参加仲裁审理,而是在开庭审理后的第二天向A市中级人民法院申请确认仲裁协议无效。C仲裁委员会应当如何处理本案?(2007年司法考试真题)

A. 应当裁定中止仲裁程序

B. 应当裁定终结仲裁程序

C. 应当裁定驳回仲裁申请

D. 应当继续审理

6. A市甲公司与B市乙公司在B市签订了一份钢材购销合同,约定合同履行地在A市。同时双方还商定因履行该合同所发生的纠纷,提交C仲裁委员会仲裁。后因乙公司无法履行该合同,经甲公司同意,乙公司的债权债务转让给D市的丙公司,但丙公司明确声明不接受仲裁条款。关于本案仲裁条款的效力,下列哪些选项是错误的?(2007年司法考试真题)

A. 因丙公司已明确声明不接受合同中的仲裁条款,所以仲裁条款对其无效

B. 因丙公司受让合同中的债权债务,所以仲裁条款对其有效

C. 丙公司声明只有取得甲公司同意,该仲裁条款对丙公司才无效

D. 丙公司声明只有取得乙公司同意,该仲裁条款对丙公司才无效

7. 当事人在合同中约定了仲裁条款,出现下列哪些情况时,法院可以受理当事人的起诉?(2007年司法考试真题)

A. 双方协商拟解除合同,但因赔偿问题发生争议,一方向法院起诉的

B. 当事人申请仲裁后达成和解协议而撤回仲裁申请,因一方反悔,另一方向法院起诉的

C. 仲裁裁决被法院依法裁定不予执行后,一方向法院起诉的

D. 仲裁裁决被法院依法撤销后,一方向法院起诉的

8. 甲、乙因遗产继承发生纠纷,双方书面约定由某仲裁委员会仲裁。后甲反悔,向遗产所在地法院起诉。法院受理后,乙向法院声明双方签订了仲裁协议。关于法院的做法,下列哪一选项是正确的?(2010年司法考试真题)

A. 裁定驳回起诉

B. 裁定驳回诉讼请求

C. 裁定将案件移送某仲裁委员会审理

D. 法院裁定仲裁协议无效,对案件继续审理

9. 甲公司与乙公司签订了一份钢材购销合同,约定因该合同发生纠纷双方可向A仲裁委员会申请仲裁,也可向合同履行地B法院起诉。关于本案,下列哪些选项是正确的?(2010年司法考试真题)

A. 双方达成的仲裁协议无效

B. 双方达成的管辖协议有效

C. 如甲公司向A仲裁委员会申请仲裁,乙公司在仲裁庭首次开庭前未提出异议,A仲裁委员会可对该案进行仲裁

D. 如甲公司向B法院起诉,乙公司在法院首次开庭时对法院管辖提出异议,法院应当驳回甲公司的起诉

10. 武当公司与洪湖公司签订了一份钢材购销合同,同时约定,因合同效力或合同的履行发生纠纷提交A仲裁委员会或B仲裁委员会仲裁解决。合同签订后,洪湖公司以本公司具体承办人超越权限签订合同为由,主张合同无效。关于本案,下列哪一说法是正确的?(2012年司法考试真题)

　　A．因当事人约定了 2 个仲裁委员会,仲裁协议当然无效

　　B．因洪湖公司承办人员超越权限签订合同导致合同无效,仲裁协议当然无效

　　C．洪湖公司如向法院起诉,法院应当受理

　　D．洪湖公司如向法院起诉,法院应当裁定不予受理

　　11．中国 A 公司与甲国 B 公司签订货物买卖合同,约定合同争议提交中国 C 仲裁委员会仲裁,仲裁地在中国,但对仲裁条款应适用的法律未作约定。后因货物质量问题双方发生纠纷,中国 A 公司依仲裁条款向 C 仲裁委提起仲裁,但 B 公司主张仲裁条款无效。根据我国相关法律规定,关于本案仲裁条款的效力审查问题,下列哪些判断是正确的?(2012 年司法考试真题)

　　A．对本案仲裁条款的效力,C 仲裁委无权认定,只有中国法院有权审查

　　B．对本案仲裁条款的效力,如 A 公司请求 C 仲裁委作出决定,B 公司请求中国法院作出裁定的,由中国法院裁定

　　C．对本案仲裁条款效力的审查,应适用中国法

　　D．对本案仲裁条款效力的审查,应适用甲国法

　　12．兴源公司与郭某签订钢材买卖合同,并书面约定本合同一切争议由中国国际经济贸易仲裁委员会仲裁。兴源公司支付 100 万元预付款后,因郭某未履约依法解除了合同。郭某一直未将预付款返还,兴源公司遂提出返还货款的仲裁请求,仲裁庭适用简易程序审理,并作出裁决支持光源公司请求。

　　由于郭某拒不履行裁决,兴源公司申请执行。郭某无力归还 100 万元现金,但可以收藏的多幅字画提供执行担保。担保期满后郭某仍无力还款,法院在准备执行该批字画时,朱某向法院提出异议,主张自己才是这些字画的所有权人,郭某只是代为保管。

　　关于仲裁协议的表述,下列选项正确的是?(2013 年司法考试真题)

　　A．买卖合同虽已解除,但仲裁条款具有独立性,兴源公司可以据此申请仲裁

　　B．兴源公司返还货款的请求是基于不当得利请求权,与买卖合同无关,不应据此申请仲裁

　　C．仲裁协议未约定适用简易程序,仲裁庭不应适用简易程序审理

　　D．双方选择的中国国际经济贸易仲裁委员会是涉外仲裁机构,本案不具有涉外因素,应当重新选择

　　13．大成公司与华泰公司签订投资合同,约定了仲裁条款:如因合同效力和合同履行发生争议,由 A 仲裁委员会仲裁。合作中双方发生争议,大成公司遂向 A 仲裁委员会提出仲裁申请,要求确认投资合同无效。A 仲裁委员会受理。华泰公司提交答辩书称,如合同无效,仲裁条款当然无效,故 A 仲裁委员会无权受理本案。随即,华泰公司向法院申请确认仲裁协议无效,大成公司见状,向 A 仲裁委员会提出请求确认仲裁协议有效。关于本案,下列哪一说法是正确的?(2015 年司法考试真题)

　　A．A 仲裁委员会无权确认投资合同是否有效

　　B．投资合同无效,仲裁条款即无效

　　C．仲裁条款是否有效,应由法院作出裁定

　　D．仲裁条款是否有效,应由 A 仲裁委员会作出决定

第五章 仲裁程序

　　仲裁程序是有关仲裁机构、仲裁庭、仲裁员、仲裁申请人、被申请人、其他关系人(如证人、代理人和鉴定人等)以及法院之间在仲裁案件进行过程中的相互关系和活动方式的规定的总称。[①] 它有广义、狭义之分,其中广义的仲裁程序由选择仲裁程序、狭义仲裁程序以及承认和仲裁裁决的程序三个子系统构成;狭义的仲裁程序由申请和受理、仲裁庭的组成以及开庭和裁决三个阶段构成。绝大多数学者均将仲裁程序视作狭义的仲裁程序。[②] 本书也持狭义仲裁程序的观点。本章依循仲裁程序的阶段,根据仲裁法规定的仲裁程序规则和仲裁机构的仲裁程序规则,从理论和实务层面对仲裁当事人及其资格认定、仲裁申请和受理、仲裁答辩和反请求、仲裁中的财产保全和证据保全、仲裁审理、仲裁裁决、简易程序等问题进行阐述。

第一节　仲裁当事人及其资格认定

一、仲裁当事人的概念和特征

(一) 仲裁当事人的概念

　　所谓仲裁当事人,简称当事人,是指因民商事权益发生争议,为维护自身的合法权益,根据双方在平等协商一致的基础上签订的仲裁协议,以自己的名义提起或参加仲裁,并接受仲裁裁决约束的公民、法人或其他组织。

　　在仲裁程序中,仲裁当事人一般被称为仲裁申请人和仲裁被申请人。前者是指向仲裁委员会提出仲裁申请的人,简称申请人;后者是指仲裁申请人在仲裁申请书中主张权利的对象,是作为申请人的相对方当事人,简称被申请人。在仲裁裁决的执行程序中,仲裁当事人分别称为申请执行人和被申请执行人或被执行人。

(二) 仲裁当事人的特征

　　1. 仲裁当事人的法律地位平等

　　仲裁有广义、狭义之分。其中,广义的仲裁包括国际仲裁、劳动争议仲裁、人事争议仲裁、农业承包合同纠纷仲裁和民商事仲裁等;狭义的仲裁仅限于民商事仲裁。属于《仲裁法》调整范围的仲裁也只是狭义的仲裁即民商事仲裁,民商事仲裁解决的纠纷当然是民商事纠纷,民商事法律关系的一个最大特点是其主体的法律地位平等,所以,仲裁当事人的

[①] 肖永平著:《中国仲裁法教程》,武汉大学出版社1997年版,第119页。
[②] 参见汪祖兴著:《中国仲裁制度的境遇及改革要略》,法律出版社2010年版,第207-208页。

首要特征就是仲裁当事人的法律地位平等。凡是某种法律关系中当事人的法律地位不平等,例如行政法律关系或其他公法关系中当事人的法律地位都是不平等的,那么,这种法律关系中的当事人就不是仲裁当事人,只能是其他法律关系的当事人。

2. 仲裁当事人之间存在有效的仲裁协议

有效仲裁协议是仲裁赖以进行的基础,《仲裁法》第 4 条规定:"当事人采用仲裁方式解决纠纷,应当双方自愿,达成仲裁协议。没有仲裁协议,一方申请仲裁的,仲裁委员会不予受理。"同时,《仲裁法》第 21 条明确要求当事人申请仲裁应当有仲裁协议。上述仲裁协议均要求为有效的仲裁协议。可见,当事人之间只有存在有效的仲裁协议,一方申请仲裁的,仲裁委员会才予以受理,仲裁程序才会启动,当事人之间的仲裁关系才能有效地形成,仲裁当事人的地位才能确立,仲裁庭才拥有合法的仲裁管辖权。反之,如果没有有效的仲裁协议,仲裁委员会就不会受理案件,仲裁程序就无法启动,当事人之间的仲裁关系就不能有效地形成,仲裁当事人的地位也就不能确立,而且仲裁庭也无权审理和裁决案件。

3. 仲裁当事人之间的纠纷是仲裁法所允许采用仲裁方式处理的事项

《仲裁法》第 2 条规定:"平等主体的公民、法人和其他组织之间发生的合同纠纷和其他财产权益纠纷,可以仲裁。"可见,仲裁法所允许采用仲裁方式处理的事项是合同纠纷和其他财产权益纠纷。即只有仲裁法所允许采用仲裁方式处理的事项才能通过仲裁的方式解决,如果当事人之间的纠纷不是仲裁法所允许采用仲裁方式处理的事项,就不能通过仲裁的方式解决,那么发生纠纷的主体当然就不可能成为仲裁当事人。

4. 仲裁当事人之间的纠纷是仲裁协议范围内的纠纷

当事人之间的纠纷要想通过仲裁的方式解决,除了应是仲裁法所允许采用仲裁方式处理的事项,还必须是仲裁协议范围内的纠纷。如果当事人之间的纠纷不是仲裁协议范围内的纠纷,同样地,当事人之间的纠纷仍然不能通过仲裁的方式加以解决,发生纠纷的主体也就不可能成为仲裁当事人。

5. 仲裁当事人受仲裁裁决的约束

民商事纠纷的主体之间事先签订了合法有效的仲裁协议,后来又确实因为该项民商事权益发生了纠纷并且为寻求解决该纠纷而请求仲裁,仲裁程序启动后,仲裁机构就该纠纷所作的仲裁裁决也就顺理成章地对双方当事人产生约束。如果仲裁当事人可以无故不受仲裁裁决的约束,则仲裁程序、仲裁制度存在的意义就荡然无存了。因此,仲裁当事人必须受仲裁裁决的约束。[①]

二、仲裁当事人的权利和义务

(一) 仲裁当事人的权利

一旦仲裁委员会决定受理申请人的仲裁请求,仲裁当事人的地位就因此而确立。由此,仲裁当事人即可享有《仲裁法》赋予当事人的广泛权利。

1. 申请人的权利

根据《仲裁法》的相关规定,仲裁申请人的权利主要包括:

---

① 蔡虹等著:《仲裁法学》(第二版),北京大学出版社 2011 年版,第 99 - 100 页。

（1）申请仲裁的权利。根据《仲裁法》第 21 条的规定，一旦当事人之间发生纠纷，当事人即可根据其事前或事后签订的仲裁协议申请仲裁，请求仲裁委员会公正裁决。

（2）放弃或者变更仲裁请求的权利。《仲裁法》第 27 条规定："申请人可以放弃或者变更仲裁请求。"

（3）撤回仲裁申请的权利。《仲裁法》第 49 条规定："当事人申请仲裁后，可以自行和解。达成和解协议的，可以请求仲裁庭根据和解协议作出裁决书，也可以撤回仲裁申请。"

2. 被申请人的权利

根据《仲裁法》的相关规定，仲裁被申请人的权利主要包括：

（1）仲裁答辩的权利。仲裁案件被申请人为了维护自身的合法权益，针对申请人的仲裁请求和所依据的事实和理由进行答复和辩解的权利。对此，《仲裁法》第 27 条规定："被申请人可以承认或者反驳仲裁请求。"无论是承认仲裁请求，还是反驳仲裁请求，都是被申请人在行使自己的仲裁答辩权利。

（2）仲裁反请求的权利。在仲裁程序进行中，仲裁案件被申请人基于同一仲裁协议，针对申请人向仲裁委员会提出的独立的请求。对此，《仲裁法》第 27 条规定："被申请人有权提出反请求。"

3. 申请人和被申请人的共同权利

根据《仲裁法》的相关规定，仲裁申请人和仲裁被申请人的权利主要包括：

（1）签订仲裁协议和选择仲裁委员会、仲裁地点、仲裁员、仲裁庭的组成方式、仲裁程序规则等的权利。

（2）委托律师和其他代理人进行仲裁活动的权利。对此，《仲裁法》第 29 条规定："当事人、法定代理人可以委托律师和其他代理人进行仲裁活动。委托律师和其他代理人进行仲裁活动的，应当向仲裁委员会提交授权委托书。"

（3）申请回避的权利。对此，《仲裁法》第 34 条规定，仲裁员有法定的回避情形时，除了仲裁员自行回避之外，当事人也有权提出回避申请。

（4）质证的权利。无论是申请人还是被申请人，都有对对方当事人提供的证据进行质证的权利。对此，《仲裁法》第 45 条作了规定，即"证据应当在开庭时出示，当事人可以质证。"

（5）辩论和陈述的权利。申请人和被申请人都有就争议的事实或应适用的法律进行辩论的权利，也有在辩论终结时作最后陈述的权利。对此，《仲裁法》第 47 条规定："当事人在仲裁过程中有权进行辩论。辩论终结时，首席仲裁员或者独任仲裁员应当征询当事人的最后意见。"

（6）申请财产保全和证据保全的权利。前者，《仲裁法》第 28 条规定："一方当事人因另一方当事人的行为或者其他原因，可能使裁决不能执行或者难以执行的，可以申请财产保全。"后者，《仲裁法》第 46 条规定："在证据可能灭失或者以后难以取得的情况下，当事人可以申请证据保全。"

（7）自行和解和请求调解的权利。前者，《仲裁法》第 49 条规定："当事人申请仲裁后，可以自行和解。"后者，《仲裁法》第 51 条规定："仲裁庭在作出裁决前，可以先行调解。当事人自愿调解的，仲裁庭应当调解。"

（8）请求仲裁庭补正裁决书错误或遗漏事项的权利。对此，《仲裁法》第 56 条规定："对裁决书中的文字、计算错误或者仲裁庭已经裁决但在裁决书中遗漏的事项，当事人自收到裁决书之日起 30 日内，可以请求仲裁庭补正。"

（9）申请撤销仲裁裁决的权利。对此，《仲裁法》第 58 条规定："当事人提出证据证明裁决有法定的可撤销的情形时，可以向仲裁委员会所在地的中级人民法院申请撤销裁决。"

（10）申请执行仲裁裁决的权利。对此，《仲裁法》第 62 条规定："当事人应当履行裁决。一方当事人不履行的，另一方当事人可以依照民事诉讼法的有关规定向人民法院申请执行。受申请的人民法院应当执行。"

（11）申请不予执行仲裁裁决的权利。对此，《仲裁法》第 63 条规定："被申请人提出证据证明裁决有民事诉讼法第二百一十七条（注：现为第二百三十七条）第二款规定的情形之一的，经人民法院组成合议庭审查核实，裁定不予执行。"

（二）仲裁当事人的义务

《仲裁法》在赋予仲裁当事人广泛权利的同时，也规定了其必须承担的义务。这些义务主要包括：

（1）在仲裁活动中，仲裁当事人有依法行使自己权利的义务。

（2）遵守仲裁秩序的义务。在仲裁活动中，当事人应当遵守仲裁法和仲裁规则，并服从仲裁庭的指挥，尊重对方当事人权利的行使，使仲裁程序得以顺利进行。

（3）提供证据的义务。对此，《仲裁法》第 43 条规定："当事人应当对自己的主张提供证据。"

（4）履行生效仲裁调解书和仲裁裁决书的义务。对此，《仲裁法》第 62 条规定："当事人应当履行裁决。如果一方当事人不履行的，另一方当事人可以申请强制执行。"对此，该法还规定："一方当事人不履行的，另一方当事人可以依照民事诉讼法的有关规定向人民法院申请执行。受申请的人民法院应当执行。"

（5）按照规定交纳仲裁费用的义务。对此，《仲裁法》第 76 条规定："当事人应当按照规定交纳仲裁费用。"

三、仲裁当事人的资格认定

以仲裁方式解决争议需建立在多重因素的基础之上，其中仲裁当事人的因素不可或缺，因为仲裁协议一般是仲裁当事人签订的，提起仲裁申请的是仲裁当事人之一的仲裁申请人，仲裁活动的主要参加者是另一仲裁当事人的仲裁被申请人，可以说，没有仲裁当事人就没有仲裁。但是，要成为仲裁当事人首先得具备仲裁当事人的资格条件。根据《仲裁法》和《仲裁法解释》可知，仲裁当事人的资格认定条件包括：

（一）当事人的法律地位必须平等

《仲裁法》第 2 条规定："平等主体的公民、法人和其他组织之间发生的合同纠纷和其他财产权益纠纷，可以仲裁。"这里的"平等"指的是"法律地位平等"。可见，只有法律地位平等的"公民、法人和其他组织"才能成为仲裁当事人，而法律地位不平等的当事人则不能成为仲裁当事人。例如，《仲裁法》第 3 条之所以规定依法应当由行政机关处理的行政争议不能仲裁,是因为行政争议中的当事人行政机关和行政相对人的法律地位不平等。

(二) 当事人之间必须存在有效的仲裁协议

根据《仲裁法》第 4 条和第 21 条的规定,只有有效仲裁协议的当事人将仲裁协议范围内的纠纷申请仲裁的,仲裁委员会才予以受理,仲裁程序才会启动,当事人之间的仲裁关系才能有效地形成,仲裁当事人的地位才能确立。此时,仲裁协议当事人转变为仲裁当事人。可见,只有有效仲裁协议的当事人才能成为仲裁当事人。

(三) 必须是有效仲裁协议当事人的法定继受人或约定继受人

所谓仲裁协议当事人的法定继受人,是指依照法律规定承受仲裁协议当事人权利义务的人,包括自然人的继承人,法人和其他组织被合并、分立或终止时的继受人,设立分支机构的法人,破产清算人或管理人等。例如,《荷兰仲裁法》第 1032 条第 1 款规定:"除非当事人已另有协议,仲裁协议或仲裁庭的委任均不应因为一方当事人的死亡而终止。"英国《1996 年仲裁法》第 8 条第 1 款作了同样的规定,即"除非当事人已另有约定,仲裁协议不因一方当事人死亡而解除,其仍可由或向该当事人的个人代表执行。"我国《仲裁法解释》第 8 条也规定:"当事人订立仲裁协议后合并、分立的,仲裁协议对其权利义务的继受人有效。当事人订立仲裁协议后死亡的,仲裁协议对承继其仲裁事项中的权利义务的继承人有效。前两款规定情形,当事人订立仲裁协议时另有约定的除外。"可见,仲裁协议的效力并不因仲裁协议当事人的合并、分立或死亡而丧失或终止。因此,在仲裁协议有效的情形下,仲裁协议当事人发生合并、分立或死亡,其权利义务继受者和原仲裁协议相对方未达成新的仲裁协议或未达成放弃仲裁的协议时,原仲裁协议对各方当事人具有约束力,各方当事人应当按照原仲裁协议,通过仲裁解决争议。[①] 所以,当有效仲裁协议当事人的法定继受人或另一方将仲裁协议范围内的纠纷申请仲裁时,仲裁委员会也会受理,仲裁程序因此而启动,仲裁当事人的地位由此确立,此时有效仲裁协议当事人的法定继受人成了仲裁当事人。但是,根据我国《仲裁法解释》第 8 条的规定,如果当事人订立仲裁协议时约定,当事人订立仲裁协议后合并、分立或死亡的,仲裁协议对其权利义务的继受人或承继其仲裁事项中的权利义务的继承人无效,那么就不可能存在有效仲裁协议当事人的法定继受人,当然更谈不上有效仲裁协议当事人的法定继受人成为仲裁当事人了。

与仲裁协议当事人的法定继受人相对的是仲裁协议当事人的约定继受人。所谓仲裁协议当事人的约定继受人,是指依照法律关系主体的约定而承受仲裁协议当事人权利义务的人。同样地,在当事人债权债务转让时,也涉及其仲裁协议对受让人是否有效的问题,对此,我国《仲裁法解释》第 9 条作了明确的规定,即"债权债务全部或者部分转让的,仲裁协议对受让人有效,但当事人另有约定、在受让债权债务时受让人明确反对或者不知有单独仲裁协议的除外。"该条规定表明,在当事人债权债务全部或者部分转让时,原仲裁协议对受让人有效,即原仲裁协议对仲裁协议当事人的约定继受人有效,亦即仲裁协议当事人的约定继受人应受原仲裁协议的约束。但是,原仲裁协议对仲裁协议当事人的约定继受人有效并非绝对,而是有所限制,这种限制表现在三个方面:(1) 当事人另有约定。即当事人约定,即使是债权债务全部或者部分转让的,仲裁协议对受让人也不发生效力,

---

① 蔡虹等著:《仲裁法学》(第二版),北京大学出版社 2011 年版,第 101 页。

此时原仲裁协议对仲裁协议当事人的约定继受人无效。（2）在受让债权债务时受让人明确反对。当债权债务全部或者部分转让时，受让人明确声明不接受其仲裁协议，或在受让债权债务时受让人明确反对，此时仲裁协议对受让人不发生效力，即原仲裁协议对仲裁协议当事人的约定继受人无效。例如，A 市甲公司与 B 市乙公司在 B 市签订了一份钢材购销合同，约定合同履行地在 A 市。同时双方还商定因履行该合同所发生的纠纷，提交 C 仲裁委员会仲裁。后因乙公司无法履行该合同，经甲公司同意，乙公司的债权债务转让给 D 市的丙公司，但丙公司明确声明不接受仲裁条款。本案即属《仲裁法解释》第 9 条规定的"在受让债权债务时受让人明确反对"之情形，所以本案仲裁条款对 D 市的丙公司无效。[1]（3）在受让债权债务时受让人不知有单独仲裁协议。即原仲裁协议的形式并非是合同中的仲裁条款而是和合同相分离的单独仲裁协议，但是转让人将债权债务全部或者部分转让时并未告知受让人有单独仲裁协议，使得受让人在受让债权债务时不知有单独仲裁协议。此时，原仲裁协议对仲裁协议当事人的约定继受人无效。所以，在上述三种情况下，同样不可能存在有效仲裁协议当事人的法定继受人，当然更谈不上有效仲裁协议当事人的法定继受人成为仲裁当事人了。

综上所述，具有仲裁当事人资格的当事人包括仲裁协议当事人、仲裁协议当事人的法定继受人或约定继受人。当然，他们也只是具有仲裁当事人的资格，并非是真正的仲裁当事人，只有当他们之间发生争议，并将其仲裁协议范围内的争议提交给仲裁协议中约定的仲裁委员会，且该仲裁委员会受理了，此时他们不仅具有仲裁当事人的资格，而是真正的仲裁当事人了。

附：仲裁当事人的资格认定实例[2]及其评析

申请人称：2004 年 2 月，第一被申请人就其中标的××钢铁集团公司轧板厂 8 号变电所的改造项目，与申请人进行磋商，要求申请人按照其设计要求，为其加工项目所需变压开关柜。在申请人与被申请人多次磋商后，双方就该项目的交易条件达成一致。2004 年 2 月 16 日，第一被申请人与其下属企业第二被申请人共同与申请人订立设备加工合同。合同生效后，申请人按照合同要求将设备加工完毕并将其交付第一被申请人，第二被申请人也支付了部分定做款。但迄今为止，尚拖欠定做款 398 000 元未能支付，申请人多次催要，至今未果。据查，第一被申请人系国有企业，系第二被申请人的主管单位。申请人的仲裁请求：（1）被申请人立即支付拖欠的定做款人民币 398 000 元；（2）被申请人承担申请人主张权利的费用，包括律师费人民币 14 480 元及交通费人民币 2 722.6 元；（3）仲裁费用由被申请人承担。

第一被申请人辩称：第一被申请人从未与申请人签订订货合同，从来都不知道这件事。第二被申请人是独立法人，股东是××机电工程技术公司和××电力工程设计院，因此第二被申请人不是第一被申请人的下属企业；第一被申请人未在订货合同上加盖公章。

---

[1]　参见马德才主编：《仲裁法》，厦门大学出版社 2014 年版，第 99 - 100 页。
[2]　资料来源：某仲裁委员会《仲裁案例选编》（第一辑），2008 年 12 月。转引自马德才编著：《仲裁法案例研究》，世界图书出版公司 2015 年版，第 95 - 96 页。

综上,请求仲裁庭驳回申请人对第一被申请人的仲裁请求。

仲裁庭经过审理,认为:(1) 本案合同有效;(2) 第二被申请人应支付拖欠申请人的定做款人民币 398 000 元;(3) 申请人主张权利的费用之律师费应由申请人自行承担,交通费 2 722.6 元应由第二被申请人承担;(4) 第一被申请人不能作为本仲裁纠纷的主体。据此,仲裁庭作出如下裁决:

(1) 第二被申请人支付拖欠申请人的定做款人民币 398 000 元;

(2) 第二被申请人赔偿申请人主张权利的交通费用 2 722.6 元;

(3) 第二被申请人承担全部仲裁费人民币××元;

(4) 驳回申请人的其他仲裁请求。

由于仲裁费用已由申请人预缴,故第二被申请人应将上述第(1)、(2)、(3) 项金额共计人民币××元于本裁决书送达次日起 10 日内一并支付给申请人。本裁决为终局裁决,自作出之日起生效。

评析: 本案是一起订货合同纠纷案,既涉及一些实体问题,又涉及许多程序问题。其中,所涉及的一个非常重要的仲裁程序问题是仲裁当事人的资格问题,具体而言,就是第一被申请人在本案中能否作为合法仲裁当事人。而第一被申请人在本案中能否作为合法仲裁当事人,仲裁庭作了如下认定,即仲裁庭认定第一被申请人不能作为本纠纷仲裁的主体。理由如下:一方面,订货合同中"某部分部合同专用章"这枚印章中的单位与××船舶重工集团公司研究所在名称上是不相同的。申请人没有提供证据证明这两个名称是同一单位,也没有提供充分证据证明第一被申请人使用某部分部合同专用章与申请人签订订货合同。另一方面,合同前面的需方和合同落款的需方只有第二被申请人,合同约定的内容和权利义务未涉及第一被申请人,也未涉及某部分部,申请人在本案中请求第一被申请人承担付款义务无事实和法律依据。对于仲裁庭的上述认定意见,笔者认为符合法律规定,是正确的。具体分析如下:

一般情况下,具有仲裁当事人资格的当事人包括仲裁协议当事人、仲裁协议当事人的法定继受人或约定继受人。本案中,具有仲裁当事人资格的当事人仅限于仲裁协议当事人,根本不涉及仲裁协议当事人的法定继受人或约定继受人。而本案仲裁协议的形式是仲裁条款,因此本案仲裁协议当事人就是本案合同当事人,本案仲裁庭正是从分析第一被申请人是否是合同当事人来分析它是否是仲裁协议当事人进而是否是合法仲裁当事人的。这一分析视角是恰当的,同时仲裁庭的分析本身是准确的:首先,《订货合同》没有将第一被申请人列明为合同当事人;其次,《订货合同》有关权利义务的约定不涉及第一被申请人;再次,合同上加盖的"某部分部合同专用章"与第一被申请人的注册名称不同,而本案申请人没有证据证明第一被申请人与某部分部为同一单位,也没有证据证明第一被申请人使用了"某部分部"的名称与申请人订立过合同。所以,本案无法确认第一被申请人与申请人订立了合同。既然如此,那么也就无法认定第一被申请人是《订货合同》的一方当事人。第一被申请人不是本案合同当事人,当然也就不是本案仲裁条款的当事人。而根据合同关系相对性原则,除非法律另有规定,合同关系只能发生在特定的合同当事人之间,只有合同一方当事人方能基于合同向另一方当事人提出请求或提出申诉;与合同当事人没有发生合同上的权利义务的第三人不能依据合同向合同当事人提出请求或提出诉讼,也不承担合同中的义务或责任。该项原则也体现在我国《合同法》第8条的规定中,即依法成立的合同,对当事人具有法律约束力。合同只约束当事人,对合同当事人之外的第三人没有约束力,第三人也就无须承担合同中的义务或责任。因此,不是本案合同当事人的第一被申请人当然就不用承担本案合同中的义务了。本案仲裁庭的裁决对此予以了确认。

另一方面,根据仲裁协议相对性原则,除非法律另有规定,仲裁协议只能发生在特定的仲裁协议当事人之间,只有仲裁协议一方当事人方能基于仲裁协议向另一方当事人提出仲裁请求;与仲裁协议当事人没有发生仲裁协议关系的第三人不能依据仲裁协议向仲裁协议当事人提出仲裁请求,也不承担与仲裁协议相联系的合同中的义务或责任。可见,本案申请人只能基于合同中的仲裁条款向第二被申请人提出仲裁请求,而不能向第一被申请人提出仲裁请求,同时本案第一被申请人也不承担与仲裁协议相联系的合同中的义务或责任,因为第一被申请人不是仲裁协议的当事人,不受该仲裁协议的约束。所以,按照前述仲裁当事人资格的认定条件,第一被申请人既然不是本案仲裁协议的当事人,那么也就不是仲裁当事人了。同样地,本案仲裁庭在作出裁决书中的仲裁庭意见对此予以了确认。[①]

第二节　仲裁申请和受理

一、仲裁申请

(一)仲裁申请的概念

仲裁申请,是指平等主体的公民、法人和其他组织就他们之间发生的合同纠纷和其他财产权益纠纷,根据其自愿达成的仲裁协议,提请仲裁协议中选定的仲裁委员会进行仲裁审理并作出仲裁裁决的行为。仲裁申请是仲裁程序启动的前提,也是仲裁程序的第一个必经步骤,因此可以说,没有仲裁申请就没有仲裁程序。

根据《仲裁法》的规定,当事人之间的纠纷发生后,纠纷任何一方均可按照双方在纠纷发生前或发生后所订立的仲裁协议,依法向仲裁协议选定的仲裁委员会提出仲裁申请,只不过是仲裁申请必须符合某些条件。

(二)申请仲裁的条件

根据《仲裁法》第21条的规定,当事人申请仲裁,应当符合一定的条件,这些条件包括:

1. 有仲裁协议

仲裁的本质在于当事人自愿,而仲裁协议正是当事人自愿将他们之间的纠纷提交仲裁解决的最充分体现,是表明当事人双方愿意通过仲裁方式而不是诉讼方式解决纠纷的

---

① 马德才编著:《仲裁法案例研究》,世界图书出版公司2015年版,第96-97页。

依据。由于仲裁方式对诉讼方式的排斥性,使得双方当事人的仲裁意愿必须通过仲裁协议固定下来。正如《仲裁法》第 4 条所规定的"当事人采用仲裁方式解决纠纷,应当双方自愿,达成仲裁协议。"如果当事人之间没有仲裁协议,一方申请仲裁的,仲裁委员会不予受理。① 因此,有仲裁协议就成为当事人申请仲裁的前提条件。这是仲裁区别于诉讼的一个方面,因为在诉讼中,原告起诉只要符合《民事诉讼法》关于起诉条件的规定即可,并不需要征得被告同意。但是,根据《仲裁法》的有关规定,不仅如此,而且该仲裁协议还必须是有效的仲裁协议,亦即当事人之间即使有仲裁协议,但是该仲裁协议若是无效的,也视为没有仲裁协议,②那么当事人之间的纠纷就不能以仲裁的方式来解决。所以,有效的仲裁协议成为当事人申请仲裁的必备条件之一。

2. 有具体的仲裁请求和事实、理由

当事人申请仲裁是为了通过仲裁方式主张自己的权利,维护自己的合法权益,因此,他就必须向仲裁庭提出请求保护和支持的具体请求以及支持这些请求的事实和理由。

所谓具体的仲裁请求,是指仲裁申请人想通过仲裁解决什么问题,通过仲裁裁决被申请人履行什么义务,从而保护自己的什么合法权益。所谓事实,是一种客观情况,主要指有关纠纷发生的经过。申请人还需提供有关证据说明事实,在此基础上,申请人还应陈述理由,来说明自己提出的仲裁请求的合理性。所谓理由,是申请人的一种主观认识,主要是指申请人对事实和相应的法律法规和所提的仲裁请求之间关系的理解,并不必然追求这种理解的绝对正确性。③

在仲裁实务中,有关仲裁请求应注意以下问题:一是仲裁请求务必明确具体,以便仲裁庭根据案件事实和法律作出支持或不予支持仲裁请求的裁决;二是可能会遇到申请人变更仲裁请求的情形。对于第二个问题,根据当事人自愿原则,一般是准许的。

3. 属于仲裁委员会的受理范围

属于仲裁委员会的受理范围,是指当事人提请仲裁解决的争议事项属于我国《仲裁法》所确定的具有可仲裁性的争议事项和当事人之间的仲裁协议所约定的事项,以及接受当事人仲裁申请的仲裁委员会为双方当事人在其仲裁协议中所共同选定的仲裁委员会。具体说来:

(1)属于《仲裁法》规定的可仲裁事项范围。当事人提请仲裁解决的争议事项必须是《仲裁法》第 2 条规定的平等主体的公民、法人和其他组织之间发生的合同纠纷和其他财产权益纠纷,同时不属于《仲裁法》第 3 条规定的婚姻、收养、监护、抚养、继承纠纷以及依法应当由行政机关处理的行政争议。否则,仲裁委员会不得受理当事人的仲裁申请。

(2)属于仲裁委员会仲裁规则明确规定的受案范围。各仲裁委员会仲裁规则一般均规定了其受案范围,当事人提请仲裁解决的争议事项除了属于我国《仲裁法》所确定的具有可仲裁性的争议事项之外,还必须属于仲裁委员会仲裁规则明确规定的受案范围,否则仲裁委员会也不会受理当事人的仲裁申请。例如,《贸仲规则》第 3 条规定:"(一)仲裁委

① 见《仲裁法》第 4 条。
② 见《仲裁法解释》第 18 条。
③ 汪祖兴著:《中国仲裁制度的境遇及改革要略》,法律出版社 2010 年版,第 209 页。

员会根据当事人的约定受理契约性或非契约性的经济贸易等争议案件。（二）前款所述案件包括：1.国际或涉外争议案件；2.涉及香港特别行政区、澳门特别行政区及台湾地区的争议案件；3.国内争议案件。"

（3）当事人提请仲裁解决的争议事项必须是仲裁协议所约定的事项。仲裁委员会的仲裁管辖权来自于当事人之间的仲裁协议，所以，当事人提请仲裁解决的争议事项只有是仲裁协议所约定的事项，才属于仲裁委员会的受理范围，否则，如果当事人提请仲裁解决的争议事项不是仲裁协议所约定的事项，即使属于《仲裁法》规定的可仲裁事项范围，也不属于仲裁委员会的受理范围，仲裁委员会当然不得受理。

（4）接受仲裁申请的仲裁委员会必须是当事人在仲裁协议中所选定的仲裁委员会。根据《仲裁法》第6条的规定，仲裁委员会应当由当事人协议选定。显然，如果申请人的仲裁申请并非是向仲裁协议所选择的仲裁委员会提出的，那么该仲裁委员会同样不得受理当事人的仲裁申请。

（三）申请仲裁的方式

《仲裁法》第22条规定："当事人申请仲裁，应当向仲裁委员会递交仲裁协议、仲裁申请书及副本。"可见，当事人申请仲裁，必须采用书面方式，而仲裁申请书即为这一书面方式的具体表现形式。采取书面形式申请仲裁有诸多好处：[1]（1）避免当事人就是否有申请仲裁的行为发生争议，使仲裁委员会能够及时受理案件并作出相应的处理；（2）便于仲裁委员会对仲裁申请尽可能作出准确全面的审查，便于仲裁庭审理案件；（3）便于被申请人作出答辩；（4）便于人民法院对仲裁实施支持和监督。

所谓仲裁申请书，是指仲裁申请人根据仲裁协议将已经发生的争议提请仲裁机构进行审理和裁决，以保护其合法权益的法律文书。根据《仲裁法》第23条的规定，仲裁申请书应当载明下列内容：

（1）当事人的基本情况。如果仲裁申请人和仲裁被申请人是公民，则应写明其姓名、性别、年龄、职业、工作单位和住所；如果仲裁申请人和仲裁被申请人是法人或者其他组织，则应写明其名称、住所和法定代表人或者主要负责人的姓名、职务。如果仲裁申请人和仲裁被申请人有委托代理人，则应在仲裁申请人和仲裁被申请人的基本情况之后写明其委托代理人的基本情况。

（2）仲裁请求和所根据的事实、理由。仲裁请求和所根据的事实、理由是仲裁申请书的主要部分，因此，仲裁申请书对仲裁申请人的具体仲裁请求以及双方当事人之间争执的事实、争议的焦点和理由应当明确具体、清晰地加以叙述，使仲裁庭能够充分了解仲裁申请人请求仲裁庭所保护、确认的权利请求和请求仲裁庭所裁决的被申请人应当履行的义务。

（3）证据和证据来源、证人姓名和住所。我国《仲裁法》第43条规定，当事人应当对自己的主张提供证据。因此，当事人在申请仲裁时必须同时提供证据和证据来源，以便于仲裁庭查明证据的真实性和合法性；如果有证人，还应提供证人的姓名和住所，以便于仲裁庭通知证人出庭作证。

① 宋连斌主编：《仲裁法》，武汉大学出版社2010年版，第170页。

此外,仲裁申请书还应当写明仲裁委员会的名称、提交仲裁申请书的日期,申请人还应签名、盖章。同时,仲裁申请人提交仲裁申请书时,应当按照对方当事人的人数和组成仲裁庭的仲裁员人数准备副本。

◆附:仲裁申请书的基本格式◆

仲裁申请书

申请人:单位名称,地址

法定代理人:姓名,职务,住址,电话

委托代理人:姓名,工作单位,性别,年龄,职务,地址,电话

被申请人:单位名称,地址

法定代理人:姓名,职务,住址,电话

委托代理人:姓名,工作单位,性别,年龄,职务,地址,电话

案由:

仲裁请求:

1.

2.

申请理由:(事实,证据和法律依据)

为此,特向你会申请仲裁,请依法仲裁。

此致

×××仲裁委员会

申请人:×××(盖章)

附:

1. 本申请书副本一份;

2. 物证____件;

3. 书证____件;

4. 证人____住址____电话____。

二、仲裁受理

(一) 仲裁受理的概念

仲裁受理,是指仲裁申请人向仲裁委员会提出仲裁申请后,仲裁委员会对当事人的仲裁申请经过审查,认为符合法律规定的申请仲裁的条件,决定立案审理的行为。可见,仲裁受理和仲裁申请是两个联系非常紧密的行为。一方面,仲裁申请是仲裁受理的前提;另一方面,仲裁受理又是仲裁申请的延伸。仅有仲裁申请而没有仲裁受理不可能引起仲裁程序,而只有仲裁申请和仲裁受理两者相结合才能产生仲裁程序,即仲裁程序的开始是仲裁申请和仲裁受理相结合的产物。

仲裁受理在仲裁程序中,具有较大的法律意义:(1) 仲裁申请人和仲裁被申请人因此取得仲裁当事人的资格,且各自依法享有或承担《仲裁法》规定的在仲裁中的权利或义务。

（2）仲裁委员会取得了对这一案件的仲裁权，当事人和仲裁委员会发生了仲裁法律关系。

（3）仲裁时效中断。[1]

（二）仲裁委员会对仲裁申请的审查

根据《仲裁法》第 24 条的规定，仲裁委员会收到申请人的仲裁申请书之日起 5 日内对申请人的仲裁申请进行审查。对仲裁申请的审查，一般从以下几个方面进行：

1. 审查仲裁协议

首先，审查当事人之间是否存在仲裁协议，如无仲裁协议，则驳回其仲裁申请；其次，审查仲裁协议是否有效，如仲裁协议无效，则驳回其申请或者责令其予以补正。

2. 审查仲裁申请书

审查仲裁申请书是否具备《仲裁法》第 23 条规定的内容，是否向仲裁委员会提供了所要求的仲裁申请书及其副本和必要的证据等。如仲裁申请书的格式或者内容有欠缺，则责令其予以补正。

3. 审查仲裁事项

首先，审查当事人之间的争议事项是否在《仲裁法》第 2 条规定的范围内及不在《仲裁法》第 3 条规定的范围内，是否具有可仲裁性；其次，审查当事人之间的争议事项是否在仲裁委员会的受案范围之内，是否符合《仲裁法》第 21 条所规定条件。如当事人之间的争议事项不具有可仲裁性或不属于仲裁委员会的受理范围，则驳回其仲裁申请。

4. 审查仲裁时效

仲裁委员会审查当事人的仲裁申请时，应适用《仲裁法》第 74 条[2]的规定，审查当事人的仲裁申请是否在仲裁时效期间内。如当事人的仲裁申请超过了仲裁时效期间，则驳回其仲裁申请。至于仲裁时效的起算时间，不应是仲裁协议签订之日，而应是当事人的合法权益受到损害之日。

（三）仲裁委员会对仲裁申请审查后的处理

仲裁委员会对当事人的仲裁申请进行审查后，根据《仲裁法》第 24 条[3]的规定，同时针对不同情况，作出如下处理：

1. 予以受理

仲裁委员会经过审查，认为当事人的仲裁申请手续完备，又完全符合受理条件的，仲裁委员会应在收到仲裁申请书的次日起 5 日内予以受理，并通知当事人。

2. 不予受理

仲裁委员会经过审查，认为当事人的仲裁申请不符合受理条件，且不可补正的，应当书面通知当事人不予受理，并说明理由。

3. 责令补正

仲裁委员会经过审查，认为当事人的仲裁申请虽然符合受理条件，但是仲裁申请书的

---

[1] 参见汪祖兴著：《中国仲裁制度的境遇及改革要略》，法律出版社 2010 年版，第 211 页。

[2] 《仲裁法》第 74 条规定："法律对仲裁时效有规定的，适用该规定。法律对仲裁时效没有规定的，适用诉讼时效的规定。"

[3] 《仲裁法》第 24 条规定："仲裁委员会收到仲裁申请书之日起五日内，认为符合受理条件的，应当受理，并通知当事人；认为不符合受理条件的，应当书面通知当事人不予受理，并说明理由。"

内容却有缺陷,手续不齐全,递交的文件欠缺的,应当通知当事人在指定的期限内补递材料,然后根据补正的仲裁申请书决定是否受理。

(四) 仲裁受理的法律后果

仲裁委员会对当事人的仲裁申请进行审查后,认为符合受理条件的并决定予以受理,则产生如下法律后果:

1. 仲裁程序开始

当事人的仲裁申请虽然是引起仲裁程序的至关重要的第一步,但是仲裁程序并非从当事人的仲裁申请开始,而是仲裁委员会受理当事人的仲裁申请后,仲裁程序才开始启动。例如,《北仲规则》第 8 条第 3 款规定:"仲裁程序自本会受理仲裁申请之日开始。"

2. 仲裁当事人资格确定

当平等主体的公民、法人和其他组织之间发生合同纠纷或其他财产权益纠纷时,可以根据《仲裁法》的有关规定向其仲裁协议中所约定的仲裁委员会申请仲裁,但是他们申请仲裁时并未取得仲裁当事人的资格,而是当仲裁委员会审查仲裁申请并决定受理时,他们的仲裁当事人的资格才得以确定,此时他们就被称之为仲裁申请人和被申请人,各自依法享有《仲裁法》及仲裁规则中规定的权利,承担相应的义务。例如,申请人有权向仲裁委员会提出财产保全和证据保全;被申请人有权提出因错误保全所造成的损害赔偿请求;当事人不得再就同一个纠纷提出仲裁或者向法院起诉;等等。

3. 仲裁委员会取得了对案件的仲裁权

一旦当事人将争议提交给仲裁委员会仲裁解决,该仲裁委员会也就因此享有对该争议案件进行审理并作出仲裁裁决的权利,亦即该仲裁委员会由此获得了仲裁管辖权。然而,仲裁委员会要真正取得对案件的仲裁权,还必须满足一定的条件,即:(1) 当事人之间发生了合同纠纷或其他财产权益纠纷;(2) 当事人将此纠纷向仲裁协议所约定的仲裁委员会申请仲裁解决;(3) 该仲裁委员会经过审查认为当事人的仲裁申请符合法定条件并予以受理。只有满足了上述条件,仲裁委员会才真正地取得了对案件的仲裁权,随之当事人和仲裁委员会之间也就产生了法律关系。所以,仲裁受理产生的法律后果之一就是仲裁委员会取得了对案件的仲裁权。这样,一方面,仲裁委员会有权根据当事人的约定或者仲裁规则的规定,组建仲裁庭对案件进行审理并作出裁决;另一方面,仲裁委员会受理案件之后,应当按照《仲裁法》和仲裁委员会的仲裁规则所规定的仲裁程序尽心竭力地审理并作出裁决,不能推诿责任,半途而废,使案件不了了之。对当事人来说,仲裁受理使当事人和仲裁委员会之间发生法律关系也表现为两方面:一方面,当事人有权要求仲裁委员会依法组建仲裁庭,由该仲裁庭对他们彼此之间的纠纷作出明确裁决;另一方面,当事人有义务遵守程序约定或者仲裁委员会的仲裁规则,依照法律和仲裁规则参加仲裁活动。

4. 仲裁时效中断

《仲裁法》第 74 条规定:"法律对仲裁时效有规定的,适用该规定。法律对仲裁时效没有规定的,适用诉讼时效的规定。"而《仲裁法》对仲裁时效没有规定,《民法通则》对诉讼时效则有明确的规定①,其中《民法通则》第 140 条规定:"诉讼时效因提起诉讼、当事人一方

---

① 见《民法通则》第 135 条至第 141 条。

提出要求或者同意履行义务而中断。从中断时起,诉讼时效期间重新计算。"因此,仲裁时效也可因当事人申请仲裁而中断,且从中断时起,仲裁时效期间重新计算。

三、受理仲裁申请后的准备工作

所谓受理仲裁申请后的准备工作,是指在仲裁委员会受理仲裁申请之后到开庭之前,为开庭审理所进行的一系列准备工作。这些准备工作是仲裁程序中不可或缺的。受理仲裁申请后的准备工作质量如何,直接关系到日后仲裁程序能否顺利进行。根据我国《仲裁法》第 25 条及有关条文的规定,仲裁委员会在受理仲裁申请后应当做好以下准备工作:

(一)送达有关材料

根据《仲裁法》第 25 条的规定,该项准备工作包括向申请人送达仲裁规则、仲裁员名册和仲裁答辩书副本;向被申请人送达仲裁申请书副本、仲裁规则和仲裁员名册。具体而言:

1. 向申请人送达仲裁规则、仲裁员名册和仲裁答辩书副本

根据《仲裁法》第 25 条第 1 款的规定,仲裁委员会受理仲裁申请后,应当在仲裁规则规定的期限内将仲裁规则和仲裁员名册送达申请人。而根据《仲裁法》第 25 条第 2 款的规定,被申请人收到仲裁申请书副本后,应当在仲裁规则规定的期限内向仲裁委员会提交答辩书。仲裁委员会收到答辩书后,应当在仲裁规则规定的期限内将答辩书副本送达申请人。其中,仲裁委员会将答辩书副本送达申请人的目的在于使申请人了解被申请人对自己的仲裁请求和事实、理由的态度,以便申请人做好必要的应对。

2. 向被申请人送达仲裁申请书副本、仲裁规则和仲裁员名册

根据《仲裁法》第 25 条第 1 款的规定,仲裁委员会受理仲裁申请后,应当在仲裁规则规定的期限内将仲裁申请书副本和仲裁规则、仲裁员名册送达被申请人。其中,仲裁委员会将仲裁申请书副本送达被申请人的目的在于使被申请人及时了解申请人的仲裁请求和事实、理由,以便被申请人提出答辩并在仲裁规则规定的期限内向仲裁委员会提交答辩书,且维护被申请人的合法权益。当然,根据《仲裁法》第 25 条第 2 款的规定,被申请人未提交答辩书的,不影响仲裁程序的进行。

另外,仲裁委员会将仲裁规则送达申请人与被申请人的目的在于使申请人和被申请人了解其仲裁规则中的相应程序性规定,以保证其按照仲裁规则的具体程序要求进行仲裁行为,而且知悉自己在仲裁程序中的权利和义务;仲裁委员会将仲裁员名册送达申请人与被申请人的目的在于便利申请人和被申请人及时选定或委托指定自己信任的仲裁员,以保证尽快且顺利组建仲裁庭。

(二)通知有关事项

仲裁委员会受理仲裁申请后,应当通知双方当事人提交有关身份证明材料,包括双方当事人的身份证明、法人或者其他组织的营业执照副本、法定代表人或者法定代理人的身份证明。如果当事人委托代理人参加仲裁活动的,还应当通知委托代理人提交由当事人亲笔签名或者盖章的授权委托书。

(三)组建仲裁庭并书面通知当事人

根据《仲裁法》第 30 条至第 33 条的规定,仲裁委员会受理仲裁案件后,应按程序组建仲裁庭对案件进行审理和裁决。仲裁庭组建之后,仲裁委员会应当将仲裁庭的组建情况

书面通知当事人,因为,仲裁庭由哪些人员组成,仲裁庭的组建程序是否合法,不仅影响当事人合法权益的实现,而且直接影响仲裁裁决的正确性,同时一方当事人选定仲裁员或者委托仲裁委员会主任指定仲裁员后,另一方当事人无法知晓。[①]

此外,为了保证仲裁员的公正性,被选定或被指定的仲裁员应签署声明书,向仲裁委员会披露可能引起其独立性或者公正性产生合理怀疑的任何情况,仲裁委员会将声明书或披露的信息转交各方当事人。这样既可以使当事人及时了解仲裁庭的组成人员有利于当事人行使其申请回避的权利,而且也可以保证仲裁庭组成人员及组成程序的合法性。

(四)审阅仲裁资料,调查收集必要证据

为保证仲裁审理的顺利进行,仲裁庭在仲裁审理之前,应当认真审阅仲裁申请书、答辩书及其他材料,审查解决以下问题:(1)当事人的基本情况。(2)当事人的仲裁请求是否明确,是否符合仲裁协议约定的仲裁事项,当事人是否提出管辖权异议。(3)是否进行了答辩,答辩是否明确、具体,是否提出了反请求。(4)围绕当事人之间的争议,对于需要补充的证据,可以要求当事人提供,认为有必要时,也可以自行收集证据。仲裁庭自行调查收集的证据,应经仲裁委员会转交双方当事人,给予双方当事人提出意见的机会。(5)其他需要审理的事项。如认为有需要鉴定的专门问题时,可以将该专门问题交由当事人约定的部门进行鉴定,也可以交仲裁庭指定的鉴定部门进行鉴定。[②]

(五)依申请办理当事人的财产保全、证据保全事宜

如果当事人申请财产保全的,仲裁委员会应当将当事人的申请依照民事诉讼法的有关规定转交人民法院;当事人申请证据保全的,仲裁委员会也应当将当事人的申请转交有管辖权的人民法院处理。[③]

除做好上述工作之外,仲裁庭进行庭前讨论,交换意见,商定审理方案,明确争议焦点、庭审的方向和重点,举证、质证的范围,以及对庭审中可能出现的情况及应对措施,仲裁员的配合与分工,拟定庭审提纲等准备工作对于庭审过程顺利进行都是重要的保证。

第三节 仲裁答辩和反请求

一、仲裁答辩

(一)仲裁答辩的概念

所谓仲裁答辩,是指在仲裁程序中,仲裁纠纷案件的被申请人为了维护自己的合法权益,针对申请人在仲裁申请书中提出的仲裁请求及其所依据的事实、理由进行答复和辩驳的行为。仲裁答辩既是被申请人的一项非常重要的程序性权利,又是被申请人用以维护其合法权益的重要手段,而且也有助于仲裁庭及时查明仲裁纠纷案件事实、分清是非,从

---

① 蒋新苗等编著:《仲裁法实例说》,湖南人民出版社2003年版,第154页。
② 马德才主编:《仲裁法》,厦门大学出版社2014年版,第123页。
③ 关于仲裁财产保全和证据保全的详情参见本章第四节"仲裁中的财产保全和证据保全"部分。

而公正、合理地解决纠纷案件。

（二）仲裁答辩的要求

《仲裁法》第 25 条第 2 款规定，被申请人收到仲裁申请书副本后，应当在仲裁规则规定的期限内向仲裁委员会提交答辩书。可见，被申请人答辩必须采取书面形式。这是被申请人仲裁答辩的形式要求。除此之外，还必须满足被申请人仲裁答辩的实体要求，具体包括：（1）被申请人进行答辩时，要针对申请人提出的仲裁请求及其依据一一进行答辩。（2）如果请求有理的，则应予以承认或者不予辩解；如果请求无理的，则应予以反驳；如果请求部分有理、部分无理的，则可予以部分承认、部分反驳。（3）反驳的提出，要讲事实摆证据，根据法律或惯例，尊重依法成立的合同，阐明理由。（4）仲裁答辩时用语要平和，应做到有理有节，不能使用刺激性甚至侮辱性语言，以免扩大已有的矛盾。（5）通过仲裁答辩书，被申请人既可以表明自己对仲裁申请书中所提出的仲裁请求以及所依据的事实和理由的态度，也可以在仲裁答辩书中进一步提出有利于自己的事实和理由。（6）被申请人宜按期提交仲裁答辩书。虽然仲裁答辩是被申请人的一项权利，而权利可以放弃，且《仲裁法》第 25 条第 2 款也规定，被申请人未提交答辩书的，不影响仲裁程序的进行。但是，有的被申请人明明有事实有理由反驳仲裁请求，可是他偏偏不按期向仲裁委员会提交答辩，而是专等开庭时答辩，以给申请人一个突然袭击，使申请人措手不及，这是不可取的。因为这样做的结果不仅致使申请人处于不公平的地位，而且还会导致仲裁程序延迟进行，降低仲裁庭开庭审理争议案件的效率，不利于及时解决纠纷，于人于己都不利。为了避免出现这样的情形，被申请人宜按期提交仲裁答辩书。[①]

（三）仲裁答辩书的组成部分

一份完整的仲裁答辩书由以下几个部分组成：[②]

（1）首部。该部分应写明：① 标题"仲裁答辩书"。② 答辩人、被答辩人的基本情况，包括姓名、性别、年龄、职业、工作单位和住所，法人或者其他组织的名称、住所和法定代表人或者主要负责人的姓名、职务。有委托代理人时，写明其有关情况，并附具授权委托书。

（2）案由。简要写明对何人提出的哪个仲裁案件进行答辩。

（3）答辩意见。一般先陈述事实，再提出自己的意见，既可以承认申请人的请求，也可反驳申请人的请求。

（4）反请求。具体写明反请求的各项内容及其所依据的事实证据和理由。

（5）尾部。写明致送的仲裁委员会的全称，在右下方写明答辩人的姓名或名称，如委托仲裁代理人，代理人也应签名、盖章，并注明年、月、日。

二、仲裁反请求

（一）仲裁反请求的概念和特征

1. 仲裁反请求的概念

所谓仲裁反请求，是指在仲裁程序进行中，被申请人基于同一仲裁协议，针对申请人

---

① 参见黄进等著：《仲裁法学》，中国政法大学出版社 2008 年版，第 108 页；谢石松主编：《商事仲裁法学》，高等教育出版社 2003 年版，第 183 页；宋朝武主编：《仲裁法学》，北京大学出版社 2013 年版，第 126 页。

② 蒋新苗等编著：《仲裁法实例说》，湖南人民出版社 2003 年版，第 119 - 120 页。

向仲裁委员会提出的独立的请求。我国《仲裁法》赋予了被申请人的仲裁反请求的权利，其第 27 条规定："申请人可以放弃或者变更仲裁请求。被申请人可以承认或者反驳仲裁请求，有权提出反请求。"

《仲裁法》之所以赋予被申请人的仲裁反请求的权利，是因为：(1) 仲裁案件的双方当事人即申请人和被申请人的法律地位是平等的。既然允许申请人向仲裁委员会提出仲裁请求，而被申请人和申请人的法律地位平等，那么也就应允许被申请人向仲裁委员会提出仲裁反请求。(2) 有利于维护被申请人的合法利益。一旦被申请人提出仲裁反请求，他就和原申请人互为申请人和被申请人，当然就有利于维护被申请人的合法利益。(3) 有利于简化仲裁程序，提高仲裁效率。由于仲裁反请求是针对仲裁请求提出的，而且两个请求都是基于同一纠纷而提出的，因此仲裁委员会就可以决定将仲裁请求和仲裁反请求合并仲裁审理，这样双方当事人的争议也就能尽快得到解决，并有利于节省人力、物力。(4) 有利于避免仲裁庭就同一事实或者法律问题作出相互矛盾的仲裁裁决。无论是仲裁请求还是仲裁反请求，都是针对同一仲裁协议所约定的仲裁事项提出的，如果仲裁庭分别审理并分别裁决的话，那么仲裁庭极有可能就同一事实或者法律问题作出相互矛盾的仲裁裁决，而仲裁庭如果将仲裁请求和仲裁反请求合并仲裁审理，那么就只能作出一个仲裁裁决，当然有利于避免仲裁庭就同一事实或者法律问题作出相互矛盾的仲裁裁决，从而有利于维护仲裁庭和仲裁机构的权威。

2. 仲裁反请求的特征

从上述仲裁反请求的概念可知，仲裁反请求具有以下特征：

(1) 仲裁反请求的关联性，即仲裁反请求和仲裁请求存在关联性。这种关联性主要表现为：仲裁反请求是针对仲裁请求提出来的，被申请人提出仲裁反请求的主要目的在于抵消或吞并申请人的仲裁请求，或者使其失去意义，从而维护自己的合法权益。例如，在一起工矿产品购销合同纠纷中，购方依法作为申请人提出仲裁请求，要求作为被申请人的供方按照合同的约定提供货物；而供方则提出反请求，要求申请人按照合同的约定给付货款。显然，申请人提出的仲裁请求和被申请人提出的仲裁反请求，相互抵消的性质十分明显。[①]

(2) 仲裁反请求的独立性，即仲裁反请求相对于仲裁请求而言具有独立性。这种独立性主要表现为：仲裁反请求是独立的请求，被申请人如果不在已经开始的仲裁程序中提出，也可以另行申请仲裁；如果在仲裁裁决作出之前，被申请人提出了仲裁反请求，而申请人撤回了仲裁申请，此时，仲裁程序并不因此而停止或结束，仲裁庭应对仲裁反请求作出裁决。当然如果申请人不撤回仲裁申请，仲裁庭对仲裁请求和仲裁反请求合并审理，也应对仲裁请求和仲裁反请求在裁决中分别加以说明。[②]

(3) 仲裁反请求的同一性，即仲裁反请求的内容和申请人的仲裁请求属于同一仲裁协议中所约定的仲裁事项，具有同一性。如果仲裁反请求的内容和申请人的仲裁请求不属于同一仲裁协议中所约定的仲裁事项，即被申请人提出仲裁反请求所依据的是和申请

[①] 黄进等著：《仲裁法学》，中国政法大学出版社 2008 年版，第 108 页。
[②] 黄进等著：《仲裁法学》，中国政法大学出版社 2008 年版，第 108－109 页。

人之间达成的另一仲裁协议,那么被申请人提出的仲裁请求就不属于仲裁反请求。

（4）仲裁反请求的双重性,即仲裁反请求使得仲裁当事人在仲裁活动中处于双重地位,即提出仲裁申请的申请人在仲裁反请求中是被申请人,而仲裁申请的被申请人则是仲裁反请求的提起方,处于申请人地位。

（二）仲裁反请求的提起条件

本质上讲,被申请人的仲裁反请求属于仲裁申请的范畴,但是仲裁反请求又具有区别于仲裁申请的特殊性,所以,被申请人提起仲裁反请求除了应当具备《仲裁法》第 21 条①规定的申请仲裁应当符合的三个条件之外,还必须具备以下几个方面的条件:

1. 主体要件

仲裁反请求只能由被申请人提出,而且对方当事人是仲裁申请人,这是由仲裁反请求是被申请人针对申请人的仲裁请求而提出所决定的。所以,仲裁反请求的提起主体是被申请人,而被提起主体则是申请人。可见,在仲裁反请求程序中,双方当事人的称谓是反请求人和被反请求人,与仲裁申请的当事人称谓申请人和被申请人相对应。

2. 对象要件

仲裁反请求只能向受理仲裁申请的仲裁委员会提出,这是由以下因素所决定的:（1）仲裁反请求是针对申请人的仲裁请求提出来的,其主要目的在于抵消或吞并申请人的仲裁请求,既然申请人的仲裁请求由某仲裁委员会受理,那么仲裁反请求也就应该由受理仲裁申请的仲裁委员会受理;（2）仲裁反请求是被申请人基于同一仲裁协议,针对申请人向仲裁委员会提出的独立的请求,而仲裁协议是仲裁的基石,同时《仲裁法》第 16 条第 2 款规定仲裁协议应有选定的仲裁委员会,可见受理申请人的仲裁申请和被申请人的仲裁反请求应为同一仲裁委员会;（3）由于仲裁反请求是针对仲裁请求提出的,而且两个请求都是基于同一纠纷而提出的,因此仲裁委员会就可以决定将仲裁请求和仲裁反请求合并仲裁审理,例如 2015 年《贸仲规则》第 19 条第 1 款规定:"符合下列条件之一的,经一方当事人请求,仲裁委员会可以决定将根据本规则进行的两个或两个以上的仲裁案件合并为一个仲裁案件,进行审理:① 各案仲裁请求依据同一个仲裁协议提出;② 各案仲裁请求依据多份仲裁协议提出,该多份仲裁协议内容相同或相容,且各案当事人相同、各争议所涉及的法律关系性质相同;③ 各案仲裁请求依据多份仲裁协议提出,该多份仲裁协议内容相同或相容,且涉及的多份合同为主从合同关系;④ 所有案件的当事人均同意合并仲裁。"显然,将仲裁请求和仲裁反请求合并仲裁审理的仲裁委员会属同一仲裁委员会。综上,被申请人提出仲裁反请求的对象是受理仲裁申请的仲裁委员会,而不是其他的仲裁委员会,否则就不成为仲裁反请求。

3. 内容要件

仲裁反请求的内容只能是和申请人的仲裁请求属于同一仲裁协议中所约定的仲裁事项,这是由仲裁反请求只能向受理仲裁申请的仲裁委员会提出所决定的。因为,仲裁委员会受理仲裁申请的基础是申请人和被申请人之间的仲裁协议,而仲裁反请求只能向受理

---

① 《仲裁法》第 21 条规定:"当事人申请仲裁应当符合下列条件:（一）有仲裁协议;（二）有具体的仲裁请求和事实、理由;（三）属于仲裁委员会的受理范围。"

仲裁申请的仲裁委员会提出,那么仲裁委员会受理仲裁反请求的基础也应该是申请人和被申请人之间的仲裁协议,所以仲裁反请求的内容只能是和申请人的仲裁请求属于同一仲裁协议中所约定的仲裁事项,否则被申请人提出的仲裁请求就不属于仲裁反请求。

4. 关联要件

仲裁反请求必须与仲裁请求存在关联性,即被申请人提出的仲裁反请求应当和申请人的仲裁请求存在事实上或者法律上的联系。所谓事实上的联系,是指仲裁反请求与仲裁请求在事实上存在着牵连;所谓法律上的联系,是指仲裁反请求与仲裁请求以同一民商事法律关系为依据或者双方当事人的权利和义务基于同一民商事法律关系而产生。[①] 这也是由仲裁反请求是被申请人针对申请人的仲裁请求而提出所决定的。因为,既然仲裁反请求是被申请人针对申请人的仲裁请求而提出,那么仲裁反请求和仲裁请求两者之间就不可能不存在某种关联性,否则,就不成其为仲裁反请求。

5. 形式要件

关于被申请人以何种形式提起仲裁反请求,虽然《仲裁法》没有明文规定,但是根据《仲裁法》第 22 条规定的"当事人申请仲裁,应当向仲裁委员会递交仲裁协议、仲裁申请书及副本。"《仲裁法》第 16 条第 1 款要求仲裁协议必须采取书面形式,并且《仲裁法》第 23 条规定:"仲裁申请书应当载明下列事项:(一)当事人的姓名、性别、年龄、职业、工作单位和住所,法人或者其他组织的名称、住所和法定代表人或者主要负责人的姓名、职务;(二)仲裁请求和所根据的事实、理由;(三)证据和证据来源、证人姓名和住所。"可知,被申请人应当以书面形式提起仲裁反请求,亦即被申请人提起仲裁反请求的形式要件是书面形式。对此,我国有关仲裁机构的仲裁规则也作了类似规定,例如 2015 年《贸仲规则》第 16 条第 1 款规定:"被申请人如有反请求,应自收到仲裁通知后 45 天内以书面形式提交。"

(三)提出仲裁反请求的期限和应履行的手续

1. 提出仲裁反请求的期限

关于被申请人提出仲裁反请求的期限,《仲裁法》没有明文规定,有关仲裁机构的仲裁规则对此作了规定,例如 2015 年《贸仲规则》第 16 条第 1 款规定:"被申请人如有反请求,应自收到仲裁通知后 45 天内以书面形式提交。被申请人确有正当理由请求延长提交反请求期限的,由仲裁庭决定是否延长反请求期限;仲裁庭尚未组成的,由仲裁委员会仲裁院作出决定。"再如,2015 年《中国海事仲裁委员会仲裁规则》第 16 条第 1 款规定:"被申请人如有反请求,应自收到仲裁通知后 30 天内以书面形式提交。被申请人确有正当理由请求延长提交反请求期限的,由仲裁庭决定是否延长反请求期限;仲裁庭尚未组成的,由仲裁委员会仲裁院作出决定。"

2. 提出仲裁反请求应履行的手续

关于被申请人提出仲裁反请求应履行的手续,《仲裁法》没有明文规定,但有关仲裁机构的仲裁规则对此作了规定,例如 2015 年《贸仲规则》第 16 条第 2 款、第 3 款作了规定,即"被申请人提出反请求时,应在其反请求申请书中写明具体的反请求事项及其所依据的事实和理由,并附具有关的证据材料以及其他证明文件。""被申请人提出反请求,应按照

---

① 蔡虹等著:《仲裁法学》(第二版),北京大学出版社 2011 年版,第 111 页。

仲裁委员会制定的仲裁费用表在规定的时间内预缴仲裁费。被申请人未按期缴纳反请求仲裁费的，视同未提出反请求申请。"再如，2015年《中国海事仲裁委员会仲裁规则》第16条第2款、第3款作了规定，即"被申请人提出反请求时，应在其反请求申请书中写明具体的反请求事项及其所依据的事实和理由，并附具有关的证据材料以及其他证明文件。""被申请人提出反请求，应按照仲裁委员会制定的仲裁费用表在规定的时间内预缴仲裁费。被申请人未按期缴纳反请求仲裁费的，视同未提出反请求申请。"

（四）仲裁委员会对仲裁反请求的处理

关于仲裁委员会对仲裁反请求的处理，《仲裁法》仍然没有明文规定，有关仲裁机构的仲裁规则对此作了规定，例如2015年《贸仲规则》第16条第4款、第5款、第6款以及第17条、第19条作了规定。根据上述规定，仲裁委员会对仲裁反请求应作如下处理：（1）仲裁委员会仲裁院认为被申请人提出反请求的手续已完备的，应向双方当事人发出反请求受理通知。申请人应在收到反请求受理通知后30天内对被申请人的反请求提交答辩。申请人确有正当理由请求延长提交答辩期限的，由仲裁庭决定是否延长答辩期限；仲裁庭尚未组成的，由仲裁委员会仲裁院作出决定。（2）仲裁庭有权决定是否接受逾期提交的反请求和反请求答辩书。（3）申请人对被申请人的反请求未提出书面答辩的，不影响仲裁程序的进行。（4）申请人可以申请对其仲裁请求进行变更，被申请人也可以申请对其反请求进行变更；但是仲裁庭认为其提出变更的时间过迟而影响仲裁程序正常进行的，可以拒绝其变更请求。（5）符合下列条件之一的，经一方当事人请求，仲裁委员会可以决定将根据本规则进行的两个或两个以上的仲裁案件合并为一个仲裁案件，进行审理：各案仲裁请求依据同一个仲裁协议提出；各案仲裁请求依据多份仲裁协议提出，该多份仲裁协议内容相同或相容，且各案当事人相同、各争议所涉及的法律关系性质相同；各案仲裁请求依据多份仲裁协议提出，该多份仲裁协议内容相同或相容，且涉及的多份合同为主从合同关系；所有案件的当事人均同意合并仲裁。（6）根据《贸仲规则》第19条第1款决定合并仲裁时，仲裁委员会应考虑各方当事人的意见及相关仲裁案件之间的关联性等因素，包括不同案件的仲裁员的选定或指定情况。（7）除非各方当事人另有约定，合并的仲裁案件应合并至最先开始仲裁程序的仲裁案件。（8）仲裁案件合并后，在仲裁庭组成之前，由仲裁委员会仲裁院就程序的进行作出决定；仲裁庭组成后，由仲裁庭就程序的进行作出决定。

第四节　仲裁中的财产保全和证据保全

一、仲裁中的财产保全

（一）仲裁中的财产保全的概念和特点

所谓仲裁中的财产保全，是指因另一方当事人的行为或其他原因，可能使将来的仲裁裁决不能执行或者难以执行的，经一方当事人于申请仲裁之时或之后提出并经仲裁委员会提交，由有管辖权的人民法院根据我国《民事诉讼法》采取的限制特定财产处分权的强

制措施。它具有以下三个方面的基本特点：①

（1）强制性和临时性。所谓强制性，是指仲裁中的财产保全这种措施由人民法院依法强制采取；所谓临时性，是指仲裁中的财产保全这种措施将因裁决的履行或执行而失去效力，或者法院采取保全措施后，如果有关当事人提供了合格的担保，仲裁中的财产保全这种措施也可解除。

（2）财产范围的限制性。财产保全仅限于仲裁请求的范围，即保全的对象是与案件有关的财物，其价值不应超过仲裁请求的数额。

（3）程序性。保全措施的实施不是对当事人之间的纠纷作出实体上的处理，并不解决当事人之间实体上的权利和义务关系。

（二）仲裁中的财产保全的条件

当事人申请财产保全时，应符合有关法律规定的条件。对此，我国《仲裁法》第28条第1款作了规定，"一方当事人因另一方当事人的行为或者其他原因，可能使裁决不能执行或者难以执行的，可以申请财产保全。"根据该条款的规定，当事人申请财产保全的条件有以下几个：

1. 前提条件

仲裁中的财产保全的前提条件是当事人申请财产保全的仲裁案件必须具有给付的内容。例如，请求给付一定的金钱或物品。因为，在仲裁程序中，申请人提出的仲裁请求既可以是给付请求，也可以是确认请求，但是，只有申请人提出给付请求时，也就是争议案件具有给付内容时，所作出的仲裁裁决才具有可执行性，才有必要采取财产保全措施，便于将来实现生效的仲裁裁决。②

2. 实质条件

仲裁中的财产保全的实质条件是当事人申请财产保全必须有正当的理由。所谓当事人申请财产保全的正当理由，是指一方当事人申请财产保全，是因为另一方当事人的行为或者其他原因可能使裁决不能执行或者难以执行的状况。这是当事人申请财产保全的必要条件，不可或缺，如果当事人申请财产保全缺少此条件，人民法院日后也会裁定驳回当事人的申请。其中，"另一方当事人的行为"指的是另一方当事人出于恶意，准备实施或者正在实施某种行为，使生效裁决无法执行或难以执行，例如当事人擅自将争议标的物转移、出卖、隐匿、毁损、挥霍等以逃避履行义务为目的的恶意行为。"其他原因"指的是主要与标的物本身性质有关的客观方面的原因，例如自然界客观条件的影响，如风雨的侵蚀、气温的变化，不宜长期保存的财产或物品的变质、腐烂、失效等。③

3. 程序条件

仲裁中的财产保全的程序条件是仲裁当事人申请财产保全必须符合法定程序。具体内容见下文"仲裁中的财产保全的程序"部分。

（三）仲裁中的财产保全的范围

仲裁法之所以设置财产保全制度，其目的就是为了保证仲裁裁决作出后能够顺利地

---

① 黄进等著：《仲裁法学》，中国政法大学出版社2008年版，第110页。
② 宋朝武主编：《仲裁法学》，北京大学出版社2013年版，第136页。
③ 参见蒋新苗等编著：《仲裁法实例说》，湖南人民出版社2003年版，第128页。

得到执行,以实现获胜方当事人的合法权益,并且维护仲裁庭裁决的权威性和严肃性。但是,人民法院在实践中如果采取财产保全措施不当,就会给被申请人造成经济上不应有的损害。因此,为了避免因采取财产保全措施给被申请人造成经济上不应有的损害,人民法院就应该在实践中遵循我国《民事诉讼法》及有关司法解释关于财产保全的规定,这些规定中就包括有关财产保全的范围规定。对此,《民事诉讼法》第102条规定:"保全限于请求的范围,或者与本案有关的财物。"《最高人民法院关于在经济审判工作中严格执行〈中华人民共和国民事诉讼法〉的若干规定》第14条规定:"人民法院采取财产保全措施时,保全的范围应当限于当事人争议的财产,或者被告的财产。对案外人的财产不得采取保全措施,对案外人善意取得的与案件有关的财产,一般也不得采取财产保全措施……"由此可见,仲裁中的财产保全的范围,仅限于申请人仲裁请求的范围或者与本案有关的财物。

所谓限于申请人仲裁请求的范围,是指被保全的财产应当在价值或者对象上与申请人仲裁请求的内容相等或者相符。实践中,请求财产保全的范围可以与仲裁请求的范围重合,也可以小于仲裁请求的范围,但是不得超过仲裁请求的范围。如果请求财产保全的范围超出仲裁请求的范围,那么人民法院对于超出的部分则不予支持。例如,申请人仲裁请求要求被申请人支付5万货款,现查明被申请人在某银行有10万元的存款,此时财产保全就只能冻结被申请人账户内的5万元。所谓"与本案有关的财物",是指财产保全的财物是本案当事人争议的标的物,或者是与本案标的物有牵连的其他财物。如果双方当事人对房屋的所有权方式争议提请仲裁,申请人就可以对该房屋申请财产保全,请求予以查封。至于对仲裁中的财产保全的范围之外的财产例如案外人的财产能否进行财产保全,最高人民法院于1998年曾专门就此作出批复,指出"对于债务人的财产不能满足保全请求,但对案外人有到期债权的,人民法院可以依债权人的申请裁定该案外人不得对债务人清偿。该案外人对其到期债务没有异议并要求偿付的,由人民法院提存财物或价款。但是,人民法院不应对其财产采取保全措施。"不过,人民法院对债务人到期债务应得的收益,可以采取财产保全措施,限制其支取,通知有关单位协助执行。对此,《民事诉讼法解释》第158条①作了明确规定。值得注意的是,最高人民法院还出台了相关司法解释,对某些特定领域的财产保全措施进行限制,人民法院必须严格执行。例如,最高人民法院在2000年出台的《关于执行〈封闭贷款管理暂行办法〉和〈外经贸企业封闭贷款管理暂行办法〉中应注意的几个问题的通知》中规定,"人民法院审理民事经济纠纷案件,不得对债务人的封闭贷款结算专户采取财产保全措施或者先予执行"。同年,最高人民法院还出台《关于在审理和执行民事、经济纠纷案件时不得查封、冻结和扣划社会保险基金的通知》,规定"各地人民法院在审理和执行民事、经济纠纷案件时,不得查封、冻结和扣划社会保险基金;不得用社会保险基金偿还社会保险机构及其下属企业的债务②"。

(四)仲裁中的财产保全的程序

根据《仲裁法》和《民事诉讼法》及《民事诉讼法解释》的有关规定,当事人申请财产保

---

① 《民事诉讼法解释》第158条规定:"人民法院对债务人到期应得的收益,可以采取财产保全措施,限制其支取,通知有关单位协助执行。"

② 江必新主编:《〈中华人民共和国民事诉讼法〉修改条文解读与应用》,法律出版社2012年版,第184-185页。

全的程序是：

1. 当事人提交申请

仲裁中的财产保全，必须由当事人提出申请，当事人没有提出申请的，即使仲裁案件具备财产保全的条件，仲裁委员会也无权直接向人民法院提交财产保全申请，以区别于民事诉讼中的财产保全，因为在民事诉讼中，当事人没有提出申请的，人民法院在必要时也可以裁定采取财产保全措施，①即民事诉讼案件中人民法院可以依职权裁定采取财产保全措施。不过，《最高人民法院关于在经济审判工作中严格执行〈中华人民共和国民事诉讼法〉的若干规定》第13条对何时须依职权作了细化规定，即只有在诉讼争议的财产有毁损、灭失等危险，或者有证据表明被申请人可能采取隐匿、转移、出卖其财产的，人民法院方可依职权裁定采取财产保全措施。可见，仲裁中的财产保全和民事诉讼中的财产保全两者的区别在于：前者，仲裁委员会只能被动地把当事人的财产保全申请转交给人民法院而不能主动向人民法院提交财产保全申请；后者，人民法院除了在当事人提出财产保全申请时被动裁定采取财产保全措施外，在当事人没有提出申请时也可以主动裁定采取财产保全措施。造成上述差异的原因在于：法律没有赋予仲裁委员会采取财产保全措施的职权，却赋予了人民法院采取财产保全措施的职权。

在仲裁程序中，当事人提交财产保全申请时，涉及以下几个层面的问题：(1) 提交时间。当事人可以在提出仲裁申请时或者在案件受理后，尚未作出仲裁裁决前提交财产保全申请。如果仲裁庭作出了仲裁裁决，因仲裁裁决一经作出立即生效，此时当事人只能申请强制执行，而不能申请财产保全。然而，《民事诉讼法》第101条确立的仲裁前财产保全的提交时间与仲裁中的财产保全的提交时间有所不同，并不是在提出仲裁申请时或者案件受理后，尚未作出仲裁裁决前，而是在当事人申请仲裁前。(2) 提交对象。当事人应当向仲裁委员会提交财产保全申请，而不能直接向人民法院提交财产保全申请。这既不同于民事诉讼中的财产保全，又不同于民事诉讼前或仲裁前的财产保全，因为，无论是民事诉讼中的财产保全，还是民事诉讼前或仲裁前的财产保全，当事人都可以直接向人民法院提交财产保全申请。(3) 提交形式。当事人申请财产保全，应当采取书面形式，当事人应当向仲裁委员会提交财产保全申请书。该申请书须写明申请财产保全的理由，并且载明请求保全标的物或者有关财物的品名、规格、数量、价额以及所在地等内容。

2. 仲裁委员会转交申请

《仲裁法》第28条第2款规定："当事人申请财产保全的，仲裁委员会应当将当事人的申请依照民事诉讼法的有关规定提交人民法院。"可见，当仲裁委员会收到当事人提交的财产保全申请书后，仲裁委员会应对当事人的申请不加任何审查而径直将当事人的申请依照民事诉讼法的规定提交有关人民法院。那么，仲裁委员会到底应将当事人的财产保全申请提交给哪一个地方、哪一个级别的人民法院呢？对此，1997年《最高人民法院关于人民法院执行工作若干问题的规定(试行)》(以下简称《执行规定》)区分国内仲裁和涉外仲裁分别作了规定。其中，第11条规定："在国内仲裁过程中，当事人申请财产保全，经仲裁机构提交人民法院的，由被申请人住所地或被申请保全的财产所在地的基层人民法院

---

① 见《民事诉讼法》第100条第1款。

裁定并执行。"第 12 条规定："在涉外仲裁过程中,当事人申请财产保全,经仲裁机构提交人民法院的,由被申请人住所地或被申请保全的财产所在地的中级人民法院裁定并执行。"对于后者,《民事诉讼法》第 272 条作了相类似规定,"当事人申请采取保全的,中华人民共和国的涉外仲裁机构应当将当事人的申请,提交被申请人住所地或者财产所在地的中级人民法院裁定。"可见,在国内仲裁过程中,仲裁委员会应将当事人的财产保全申请提交给被申请人住所地或被申请保全的财产所在地的基层人民法院;在涉外仲裁过程中,仲裁委员会则应将当事人的财产保全申请提交给被申请人住所地或被申请保全的财产所在地的中级人民法院。

3. 人民法院审查并责令申请人提供担保

被申请人住所地或者财产所在地的人民法院收到仲裁委员会转交的当事人财产保全申请后,要对当事人的申请进行审查,并裁定是否采取保全措施。在此过程中,根据《民事诉讼法》第 100 条第 2 款的规定,人民法院采取财产保全措施,可以责令申请人提供担保,申请人不提供担保的,裁定驳回申请。可见,人民法院责令申请人提供担保并非是仲裁中的财产保全的必经程序,而是由人民法院根据实际情况来决定。在财产保全程序中,提供担保并不是申请人的义务,不过,如果人民法院责令申请人提供担保,申请人应当提供担保,并且申请人提供担保的数额应相当于请求保全的财产的数量,如果申请人不提供担保的,人民法院则裁定驳回申请,不予采取财产保全措施。如果人民法院认为申请人没有必要提供担保的,申请人可以不提供担保。

4. 人民法院裁定财产保全

人民法院依照民事诉讼法的有关规定对申请人的财产保全申请进行审查后,认为申请人的申请符合财产保全条件的,就会作出采取财产保全措施的裁定,并且根据《民事诉讼法》第 100 条第 3 款的规定,对情况紧急的,必须在 48 小时内作出裁定。不过,根据《民事诉讼法》第 108 条的规定,当事人对财产保全的裁定不服的,可以申请复议一次,复议期间不停止裁定的执行。在这里,有几点必须明确:(1)申请对象。根据《民事诉讼法解释》第 171 条的规定,当事人只能向作出财产保全裁定的法院申请复议,而不能向该法院的上一级法院直接申请复议。(2)申请时间。尽管《民事诉讼法》没有规定当事人申请复议的期限,但是《民事诉讼法解释》第 171 条对此却作了规定,即当事人对财产保全裁定不服的,可以自收到裁定书之日起 5 日内向作出裁定的人民法院申请复议。当事人应向作出财产保全裁定的法院及时申请复议,不能过分拖延,如果等案件审结后才申请复议,就不利于当事人自身权益的维护。(3)审查时间。根据《民事诉讼法解释》第 171 条的规定,人民法院应当在收到复议申请后 10 日内审查。(4)申请次数。《民事诉讼法》第 108 条规定,当事人对财产保全的裁定不服的,可以申请复议一次,即当事人申请复议以一次为限。因此,对同一财产保全裁定,当事人再次申请复议的,人民法院不再受理。(5)复议期间是否停止财产保全裁定的执行。由于财产保全裁定属于一经作出立即发生法律效力的裁定,因此,复议的过程不能对裁定的效力造成影响,亦如《民事诉讼法》第 108 条规定的一样,复议期间不停止裁定的执行。但是,根据《民事诉讼法》的规定,财产纠纷案件,如果在复议过程中,财产保全的被申请人提供担保的,人民法院应裁定解除财产保全。(6)复议的处理方式。根据《民事诉讼法解释》第 171 条的规定,裁定正确的,驳回当事人的申请;裁定不当的,变更或者撤销原裁定。可见,对驳回当事人申请的处理采取"通知"的形式,不过在司法实践中,许多法院却采用"裁定"的方式驳回当事人的复议申请。显然,"裁定"比"通知"更为正式,同时也与"裁定"纠正财产保全错误的做法保持一致。① 另一方面,人民法院依照民事诉讼法的有关规定经过对申请人的财产保全申请进行审查后,认为申请人的申请不符合财产保全条件的,就会作出驳回当事人财产保全申请的裁定。

5. 人民法院执行财产保全

《民事诉讼法》第 100 条第 3 款规定:"人民法院裁定采取财产保全措施的,应当立即开始执行。"可见,人民法院一经裁定采取财产保全措施的,就应当立即交付执行庭予以执行,以防止有关财产流失和转移,及时保护申请人的合法权益。

(五) 仲裁中的财产保全的措施

《民事诉讼法》第 103 条规定:"财产保全采取查封、扣押、冻结或者法律规定的其他方法。人民法院保全财产后,应当立即通知被保全财产的人。财产已被查封、冻结的,不得重复查封、冻结。"据此,人民法院裁定财产保全后,通常可以采取以下保全措施:

1. 查封

查封,是指人民法院对仲裁案件的标的物或者被申请人的其他有关财物清点后,予以登记造册,加贴人民法院的封条,就地封存,不便加贴封条的,应当张贴公告,不准被申请人或者其他单位及个人进行移动和处分的办法。查封措施具有以下特点:(1) 查封的对象一般是不动产,或者是比较笨重且不易移动的动产;(2) 查封的地点是财产原来所在地;(3) 查封的财产不准被申请人或者其他单位及个人使用、转移、变卖、毁坏等。如果发现当事人有转移、变卖、毁坏等行为的,将按妨害民事诉讼行为处理,对其采取妨害民事诉讼强制措施,也不能将其财物作为其他案件的抵押物、留置物或者标的物,判给本案以外的当事人。② 但是,根据《民事诉讼法解释》第 157 条③的规定,如果查封的财物确系抵押物、质押物、留置物的,抵押权人、质权人、留置权人有优先受偿权。

2. 扣押

扣押,是指人民法院将需要保全的仲裁案件的标的物或者被申请人的其他有关财物转移到其他便于保存的场所加以扣留,使被申请人不能继续占有、使用和处分的办法。扣押措施具有以下特点:(1) 扣押的对象一般是动产;(2) 扣押的财物一般要转移到异地保存,个别情况也可以就地保存;(3) 扣押的财物必须指定保管人,以防止财产流失,或者被他人转移、变卖等,其中保管人可以是人民法院,也可以是人民法院委托的其他单位或个人。如果扣押的财物是被申请人的生产工具,为了使被申请人的合法权益不受损失,也可以扣押该项财物的产权证照,并通知有关产权登记部门停止办理该项财物产权的转移手续。扣押涉外仲裁案件当事人的财物,必要时,还要指定财产监督人,监督费用由被申请

---

① 参见江必新主编:《〈中华人民共和国民事诉讼法〉修改条文解读与应用》,法律出版社 2012 年版,第 184 - 185 页。

② 参见马德才主编:《仲裁法》,厦门大学出版社 2014 年版,第 128 页。

③ 《民事诉讼法解释》第 157 条规定:"人民法院对抵押物、质押物、留置物可以采取财产保全措施,但不影响抵押权人、质权人、留置权人的优先受偿权。"

人承担。负责保管扣押财产的人不得使用该项财产。[①]

3. 冻结

冻结，是指人民法院对被申请人的存款、资产、债权、股权等权益采取的保全措施办法。具体实施时，由人民法院发出协助执行通知书，请银行、信用社和有关单位办理冻结被申请人存款、资产、债权、股权等权益的相关手续，不准提取和转移。[②] 冻结措施具有以下特点：(1) 冻结的对象是被申请人的存款、资产、债权、股权等权益；(2) 冻结后即阻止被申请人使用在银行、信用社和有关单位的存款、资产、债权、股权等权益在经济领域中流动、支取、划拨等；(3) 冻结被申请人的存款、资产、债权、股权等权益，应通知被申请人；(4) 冻结的时间只能是 6 个月，期间届满还应续办冻结手续，否则视为解冻。采取冻结的措施，一是为了更好地保护被保全人的合法权益，促使他及时行使抗辩的权利和申请复议的权利；二是为了防止被申请人使用被冻结的财产与他人继续进行经济往来，损害他人的合法权益；三是促使被申请人提供担保，便于人民法院解除保全措施，保证将来生效裁决的执行。[③]

4. 法律规定的其他方法

法律规定的其他方法，是指除上述三种财产保全的措施以外的保全方法。例如，人民法院对季节性商品、鲜活、易腐烂变质以及其他不宜长期保存的物品采取保全措施时，可以责令当事人及时处理，由人民法院保存价款；必要时，人民法院可以予以变卖，保存价款。[④] 再如，人民法院对被保全人到期应得的收益，可以限制其支取，并通知有关单位协助执行。[⑤] 被保全人对第三人有到期债权的，人民法院可依申请裁定该第三人不得对该被保全人清偿，该第三人要求偿付的，由人民法院提存财物或价款。[⑥]

另外，采取财产保全措施时，还应注意以下事项：(1) 对不动产和特定的动产（如车辆、船舶等）进行财产保全，可以采用扣押有关财产权证照并通知有关产权登记部门不予办理该项财产的转移手续的财产保全措施；必要时，也可以查封或扣押该项财产。(2) 查封、扣押被保全财产，条件允许的，应及时制作查封笔录和查封物品清单，并通知被保全人或者其成年家属到场，被保全人是法人、其他组织的，应通知其法定代表人、主要负责人到场，有关人员经通知拒不到场的，可以径行查封、扣押，并在查封、扣押笔录中注明情况。(3) 对于不便于搬运的被保全财产，可以清点后责令被申请人保管，继续使用被保全财产对其价值无重大影响的，保管期间可以使用，但不得变卖、转移、毁损或隐匿。(4) 采取财产保全措施时，应当及时制作保全财产清单并送达被保全财产的人，不便制作财产清单的，也应当将保全财产的情况通过一定的方式及时通知被保全财产的人。[⑦] (5) 人民法院在财产保全中采取查封、扣押、冻结财产措施时，应当妥善保管被查封、扣押、冻结的财

[①] 参见马德才主编：《仲裁法》，厦门大学出版社 2014 年版，第 128 页。
[②] 江必新主编：《〈中华人民共和国民事诉讼法〉修改条文解读与应用》，法律出版社 2012 年版，第 186 页。
[③] 参见马德才主编：《仲裁法》，厦门大学出版社 2014 年版，第 128 页。
[④] 见《民事诉讼法解释》第 153 条。
[⑤] 见《民事诉讼法解释》第 158 条。
[⑥] 见《民事诉讼法解释》第 159 条。
[⑦] 江必新主编：《〈中华人民共和国民事诉讼法〉修改条文解读与应用》，法律出版社 2012 年版，第 186 - 187 页。

产。不宜由人民法院保管的,人民法院可以指定被保全人负责保管;不宜由被保全人保管的,可以委托他人或者申请保全人保管。查封、扣押、冻结担保物权人占有的担保财产,一般由担保物权人保管;由人民法院保管的,质权、留置权不因采取保全措施而消灭。[1](6)由人民法院指定被保全人保管的财产,如果继续使用对该财产的价值无重大影响,可以允许被保全人继续使用;由人民法院保管或者委托他人、申请保全人保管的财产,人民法院和其他保管人不得使用。[2](7)人民法院采取财产保全的方法和措施,依照执行程序相关规定办理。[3]

按照《民事诉讼法》第103条的规定,人民法院保全财产,无论是采取查封、扣押、冻结的方法,还是采取法律规定的其他方法,都应当立即通知被保全财产的人。这是出于保护当事人的知情权,法律要求人民法院对被保全财产的单位或个人应当及时履行通知的义务,以便被保全人根据法律规定尽快行使申请异议、复议等权利。不过,相比2012年《民事诉讼法》而言,对于"通知"的情形,2007年《民事诉讼法》第94条第3款仅规定:"人民法院冻结财产后,应当立即通知被保全财产的人。"这种规定仅限于"冻结"这一种财产保全措施,而财产保全措施当然不只限于这一种,还包括查封、扣押或者法律规定的其他方法,因此这种规定显然不全面,有所疏漏。正是因为如此,修改后的2012年《民事诉讼法》第103条第1款作了上述较为全面的规定。不仅如此,《民事诉讼法》第103条第2款还规定:"财产已被查封、冻结的,不得重复查封、冻结。"

(六)仲裁中的财产保全措施的解除

根据《仲裁法》第28条第1款的规定,一方当事人申请财产保全,是因为另一方当事人的行为或者其他原因可能使裁决不能执行或者难以执行,此原因正是财产保全的条件,人民法院经审查如符合就会作出采取财产保全措施的裁定。但是,如果财产保全措施存在的原因、条件发生了变化或者不复存在时,财产保全的措施就应该解除。那么,仲裁中的财产保全措施在何种情况下解除呢?根据《民事诉讼法》第104条、《民事诉讼法解释》第166条的规定以及司法实践的做法,在下列情况下,人民法院应解除财产保全措施:

1. 被申请人提供担保

《民事诉讼法》第104条规定:"财产纠纷案件,被申请人提供担保的,人民法院应当裁定解除保全。"可见,被申请人提供担保是人民法院应解除财产保全措施的情形之一。一旦被申请人提供了担保,生效裁决不能或难以执行的危险就得以消解,那么保证生效法律文书执行的财产保全措施的目的就能实现,当然就没有必要采取或者维持财产保全措施了。不过,人民法院解除财产保全措施,必须严格遵循有关规定。例如,《最高人民法院关于在经济审判工作中严格执行〈中华人民共和国民事诉讼法〉的若干规定》第14条规定:"被申请人提供相应数额并有可供执行的财产作担保的,采取措施的人民法院应当及时解除财产保全。"第15条规定:"人民法院对有偿还能力的企业法人,一般不得采取查封、冻结的保全措施。已采取查封、冻结保全措施的,如该企业法人提供了可供执行的财产担

---

[1] 见《民事诉讼法解释》第154条。
[2] 见《民事诉讼法解释》第155条。
[3] 见《民事诉讼法解释》第156条。

保，或者可以采取其他方式保全的，应当及时予以解封、解冻。"《民事诉讼法解释》第 165 条规定："人民法院裁定采取保全措施后，除作出保全裁定的人民法院自行解除或者其上级人民法院决定解除外，在保全期限内，任何单位不得解除保全措施。"

2. 人民法院裁定财产保全措施错误

申请人向仲裁委员会提出财产保全申请，仲裁委员会将之提交给人民法院，人民法院需对当事人的财产保全申请进行审查，只有在当事人的申请符合财产保全条件时，才会作出采取财产保全措施的裁定。如果当事人的申请不符合财产保全条件，而人民法院却作出了采取财产保全措施的裁定，显然这种财产保全措施的裁定就是错误的，在此种情形下，人民法院当然应当作出解除财产保全的裁定。对此，《民事诉讼法解释》第 166 条规定："裁定采取保全措施后，有下列情形之一的，人民法院应当作出解除保全裁定：（一）保全错误的。"这完全符合我国一贯所秉持的"有错必纠"原则。

3. 申请人撤回财产保全申请

人民法院依照民事诉讼法的有关规定对申请人的财产保全申请进行审查后，认为申请人的申请符合财产保全条件的，裁定采取财产保全措施，但是申请人却撤回财产保全申请，此时，人民法院应予作出解除财产保全措施的裁定。对此，《民事诉讼法解释》第 166 条规定："裁定采取保全措施后，有下列情形之一的，人民法院应当作出解除保全裁定：……（二）申请人撤回保全申请的。"

4. 申请人的仲裁申请或者仲裁请求被生效裁决驳回

申请人向仲裁协议约定的仲裁委员会申请仲裁，仲裁委员会经过审查决定受理申请人的仲裁申请并组建仲裁庭，仲裁庭经审理后作出仲裁裁决，驳回申请人的仲裁申请或者仲裁请求。如果仲裁申请人提出了财产保全，而且人民法院也作出了采取财产保全措施的裁定，那么在此种情形下，人民法院就应当作出解除财产保全措施的裁定。对此，《民事诉讼法解释》第 166 条规定："裁定采取保全措施后，有下列情形之一的，人民法院应当作出解除保全裁定：……（三）申请人的起诉或者诉讼请求被生效裁判驳回的。"同样地，申请人的仲裁申请或者仲裁请求被生效裁决驳回的，人民法院也应当作出解除财产保全措施的裁定。

5. 人民法院认为应当解除财产保全的其他情形

除了在被申请人提供担保、人民法院裁定财产保全措施错误、申请人撤回财产保全申请及申请人的仲裁申请或者仲裁请求被生效裁决驳回等情形下，人民法院应当作出解除财产保全的裁定之外，根据《民事诉讼法解释》第 166 条的规定，还包括人民法院认为应当解除财产保全的其他情形。归纳起来，这些情形具体包括以下几种情形：[1]① 生效法律文书得以执行。在此种情形下，由于采取财产保全措施的法定理由已不复存在，因此财产保全措施就应当予以解除。② 财产保全的原因、条件已经消失或者发生了变化。虽然申请人在申请财产保全时，存在着财产保全的原因、条件，但是在人民法院审查过程中，财产保全的原因、条件已经消失或者发生了变化，例如，被申请人自动履行了义务，被隐匿的财产重新出现等情况，使得财产保全措施的目的能够实现，此时也就没有必要再实行财产保

---

[1] 参见蒋新苗等编著：《仲裁法实例说》，湖南人民出版社 2003 年版，第 135 页。

全了。③ 被申请人的复议申请成立。人民法院采取财产保全措施的裁定一经作出,立即生效,当事人不能提起上诉,但是《民事诉讼法》为了切实维护当事人的合法权益,其第108条则赋予了当事人对财产保全措施的裁定向原作出裁定的人民法院申请复议的权利。因此,如果被申请人对财产保全的裁定不服时,就可以依法提出复议申请。如果被申请人的复议申请成立,那么,人民法院就不应采取财产保全措施,即使采取了财产保全措施,也应予以解除。

(七) 申请仲裁中的财产保全错误的赔偿

根据《仲裁法》第28条第3款和《民事诉讼法》第105条的规定,申请有错误的,申请人应当赔偿被申请人因财产保全所遭受的损失。法律作此规定是出于维护被申请人利益的考虑,这是因为采取财产保全措施以后,被申请人就无法对被保全的财产使用和处分,这样就不可避免地给被申请人带来损失,而这种损失是由申请人的申请财产保全错误所致,所以《仲裁法》和《民事诉讼法》就确立了申请财产保全错误赔偿制度以维护被申请人的利益。

实践中,有下列情形之一的,申请人应赔偿被申请人的损失:(1)申请人的仲裁请求被仲裁庭裁决驳回不予支持的。在此种情形下,无论被申请人是否提供了担保,申请人均应赔偿被申请人因财产保全遭受的经济损失。(2)申请人的仲裁请求部分受到仲裁庭的支持,部分仲裁请求被驳回的,且受到支持的仲裁请求小于整体仲裁请求时,财产保全的请求范围必然大于裁决所确定的请求权利,此种情形下,申请人就应当赔偿因保全范围不当而给被申请人所造成的损失。①

(八) 仲裁中的财产保全与仲裁前的财产保全②之比较

我国虽然较早在海事仲裁领域确立了仲裁前的财产保全制度,③但是在商事仲裁领域长时期未确立仲裁前的财产保全制度,直到2012年《民事诉讼法》的颁布才得以确立。该项制度集中体现在《民事诉讼法》第101条中,即利害关系人因情况紧急,不立即申请财产保全将会使其合法权益受到难以弥补的损害的,可以在申请仲裁前向被保全财产所在地、被申请人住所地或者对案件有管辖权的人民法院申请采取财产保全措施。申请人应当提供担保,不提供担保的,裁定驳回申请。人民法院接受申请后,必须在48小时内作出裁定;裁定采取财产保全措施的,应当立即开始执行。申请人在人民法院采取财产保全措施后30日内不依法申请仲裁的,人民法院应当解除财产保全。那么,仲裁中的财产保全与仲裁前的财产保全有什么区别,同时又有何相同点呢?

---

① 蒋新苗等编著:《仲裁法实例说》,湖南人民出版社2003年版,第134-135页。
② 所谓仲裁前的财产保全,是指利害关系人在申请仲裁前,因情况紧急,不立即申请保全将会使其合法权益受到难以弥补的损害的,可以直接向被保全财产所在地、被申请人住所地或者对案件有管辖权的人民法院提出申请,由人民法院对被申请人的财产采取强制性保护措施的保全制度。
③ 《中华人民共和国海事诉讼特别程序法》第14条规定:"海事请求保全不受当事人之间关于该海事请求的诉讼管辖协议或者仲裁协议的约束。"第18条第2款规定:"海事请求人在本法规定的期间内,未提起诉讼或者未按照仲裁协议申请仲裁的,海事法院应当及时解除保全或者返还担保。"第19条规定:"海事请求保全执行后,有关海事纠纷未进入诉讼或者仲裁程序的,当事人就该海事请求,可以向采取海事请求保全的海事法院或者其他有管辖权的海事法院提起诉讼,但当事人之间订有诉讼管辖协议或者仲裁协议的除外。"

1. 两者的区别

(1) 两者适用的条件不同。根据《仲裁法》第 28 条第 1 款的规定,仲裁中的财产保全适用的条件是当事人申请财产保全必须有正当的理由,即一方当事人因另一方当事人的行为或者其他原因,可能使裁决不能执行或者难以执行;而根据《民事诉讼法》第 101 条的规定,仲裁前的财产保全适用的条件则是利害关系人因情况紧急,不立即申请保全将会使其合法权益受到难以弥补的损害。

(2) 两者的申请时间不同。根据《仲裁法》和《民事诉讼法》的相关规定,仲裁中的财产保全是当事人在申请仲裁之时或者在案件受理后,尚未作出仲裁裁决前提出的;而根据《民事诉讼法》第 101 条的规定,仲裁前的财产保全则是利害关系人在申请仲裁前提出的。

(3) 两者的申请对象不同。根据《仲裁法》第 28 条的规定,仲裁中的财产保全是当事人应当向仲裁委员会提交财产保全申请,而不能直接向人民法院提交财产保全申请,可见其申请对象是仲裁委员会;根据《民事诉讼法》第 101 条的规定,仲裁前的财产保全则是利害关系人直接向被保全财产所在地、被申请人住所地或者对案件有管辖权的人民法院申请采取财产保全措施,无须向仲裁委员会提交财产保全申请,可见其申请对象是人民法院。

(4) 两者申请人是否必须提供担保不同。根据《民事诉讼法》第 100 条第 2 款和《民事诉讼法解释》第 152 条第 3 款的规定,对于仲裁中的财产保全,人民法院采取财产保全措施,只是可以责令申请人提供担保,当事人并非是必须提供担保;而根据《民事诉讼法》第 101 条第 1 款和《民事诉讼法解释》第 152 条第 2 款的规定,对于仲裁前的财产保全,人民法院采取财产保全措施,申请人应当提供担保。

(5) 两者申请人提供担保的数额有所不同。根据《民事诉讼法解释》第 152 条第 3 款的规定,对于仲裁中的财产保全,人民法院应当根据案件的具体情况,决定当事人担保的数额;根据《民事诉讼法解释》第 152 条第 2 款的规定,对于仲裁前的财产保全,利害关系人应当提供相当于请求保全数额的担保,情况特殊的,人民法院可以酌情处理。

(6) 两者作出裁定的时限不同。根据《民事诉讼法》第 100 条第 3 款的规定,仲裁中的财产保全的人民法院接受申请后,对情况紧急的,必须在 48 小时内作出裁定;而根据《民事诉讼法》第 101 条第 2 款的规定,仲裁前的财产保全的人民法院接受申请后,必须在 48 小时内作出裁定。

(7) 两者解除财产保全裁定的情形有所不同。根据《民事诉讼法》第 104 条、《民事诉讼法解释》第 166 条的规定,仲裁前财产保全的解除财产保全裁定的情形除了与仲裁中财产保全的解除财产保全裁定的情形相同即被申请人提供担保、人民法院裁定财产保全措施错误、申请人撤回财产保全申请、申请人的仲裁申请或者仲裁请求被生效裁决驳回及人民法院认为应当解除财产保全的其他情形之外,还有其不同情形即《民事诉讼法》第 101 条第 3 款规定的"申请人在人民法院采取保全措施后三十日内不依法申请仲裁的,人民法院应当解除保全。"

2. 两者的相同点

(1) 两者范畴相同。相对于诉讼中的财产保全和诉讼前的财产保全同属诉讼财产保全范畴而言,仲裁中的财产保全与仲裁前的财产保全则同属仲裁财产保全范畴。

（2）两者程序启动相同。根据《仲裁法》第 28 条和《民事诉讼法》第 101 条的规定，无论是仲裁中的财产保全还是仲裁前的财产保全，都只能因申请人的申请而启动，仲裁委员会不能主动向人民法院提交财产保全申请，人民法院也不能依职权启动。

（3）两者保全的范围相同。根据《民事诉讼法》第 102 条的规定，无论是仲裁中的财产保全还是仲裁前的财产保全，其财产保全限于仲裁请求的范围，或者与本案有关的财物。

（4）两者的措施相同。根据《民事诉讼法》第 103 条的规定，无论是仲裁中的财产保全还是仲裁前的财产保全，都采取查封、扣押、冻结或者法律规定的其他方法。

（5）两者裁定执行的时限相同。根据《民事诉讼法》第 100 条第 3 款和《民事诉讼法》第 101 条第 2 款的规定，无论是仲裁中的财产保全还是仲裁前的财产保全，人民法院裁定采取财产保全措施的，都应当立即开始执行。

（6）两者解除财产保全裁定的情形大致相同。根据《民事诉讼法》第 104 条、《民事诉讼法解释》第 166 条的规定，无论是仲裁中的财产保全还是仲裁前的财产保全的解除财产保全裁定的情形大致相同，都包括被申请人提供担保、人民法院裁定财产保全措施错误、申请人撤回财产保全申请、申请人的仲裁申请或者仲裁请求被生效裁决驳回及人民法院认为应当解除财产保全的其他情形。

（7）两者申请错误的赔偿相同。根据《仲裁法》第 28 条第 3 款和《民事诉讼法》第 105 条的规定，无论是仲裁中的财产保全还是仲裁前的财产保全，申请有错误的，申请人应当赔偿被申请人因财产保全所遭受的损失。

❖ 附:仲裁中的财产保全实例[①]及其评析

泰国某公司（卖方）与中国深圳某工贸集团公司（买方）于 1999 年 11 月 4 日在深圳签订了关于买卖 10 000 吨（首批 3 000 吨）泰国 3 号烟胶片（优质橡胶）的《订购合同》（以下简称合同）。合同仲裁条款规定，遇有争议不能协商解决的，提交北京中国国际经济贸易仲裁委员会仲裁。

买方于 1999 年 11 月 6 日委托星华公司及星华公司的合作伙伴达阳公司按合同规定对外开出以申请人为受益人的信用证。1999 年 12 月 7 日和 8 日，卖方将首批 3 000 吨货物交付承运人中国远洋运输公司，取得了承运人签发的货物提单，并立即将装船情况电传通知了买方和达阳公司，卖方将所有单据（提单、装箱单、发票和产地证等）交付卖方的泰国议付行。买方收到卖方的装船通知后，即找中国对外贸易运输总公司青岛分公司（以下简称青岛外运）商议报关及提货事宜。1999 年 12 月 12 日买方和星华公司共同委托青岛外运办理相应手续。

首批货物抵达青岛口岸后，买方在没有向开证行赎取正本提单的情况下，以委托书、随船副本提单和保函的方式，通过青岛外运办理了 3 000 吨货物的进口报关和提货手续，

---

① 资料来源:蒋新苗等编著:《仲裁法实例说》,湖南人民出版社 2003 年版,第 130 - 132 页。转引自马德才编著:《仲裁法案例研究》,世界图书出版公司 2015 年版,第 121 - 124 页。

将其中 2 000 吨货物卖给了山东某橡胶厂,将另外 148.55 吨货物在青岛就地销售。因买方欠付青岛海关部分税款,其余 851.45 吨货物在青岛海关扣留监管。

买方的开证行于 1999 年 12 月 15 日收到了卖方经议付行提供的全套单据。开证行审查单证后,认为议付单证中有不符点,议付行对此作了解释,认为单证是相符的。买方和开证行不接受议付行的解释,没有支付 3 000 吨货物的货款,信用证于 2000 年 3 月 15 日到期失效,而正本提单等议付单据,买方一直没有从银行赎取。

买方收到了货物并已转售,但卖方却不能得到货款,于是卖方遂于 2000 年 5 月下旬向中国国际经济贸易仲裁委员会深圳分会申请仲裁,但买方拒不答辩。卖方重新于 2000 年 6 月 15 日向中国国际经济贸易仲裁委员会申请仲裁,仲裁委员会当即受理此案。

在仲裁申请中,申请人(卖方)诉称:被申请人(买方)不向开证行赎单,提取并销售申请人发运的货物,违反了国际贸易惯例;被申请人的提货、卖货行为已表明其实际上接受了单证不符点,因此有向银行付款赎单的义务,被申请人拒不赎单系对其付款义务的违反。此外,被申请人不开出其余 7 000 吨货物的信用证,给申请人造成了重大损失,申请人要求被申请人偿付货款和其他损失计 2 839 104.48 美元。

申请人在提出仲裁申请的同时,还向仲裁委员会提交了《仲裁保全申请书》,申请冻结被申请人价值 2 839 104.48 美元的资金或财产。深圳市中级人民法院根据仲裁委员会的提请,作出了《民事裁定书》,依法冻结了被申请人的有关资金和财产,总值不超过 2 839 104.48 美元。

在此情况下,被申请人答辩并提交了书面答辩状。

仲裁庭于 2000 年 9 月 15 日和 9 月 16 日在北京开庭审理本案。在查清事实的基础上,经征得双方同意,在双方自愿的前提下,仲裁庭对案件进行了调解。双方遂于 2000 年 9 月 16 日签订了和解协议书,由被申请人向申请人偿付 1 736 150 美元,了结此案。

评析:本案是一起买卖合同纠纷案,而且是一起涉外买卖合同纠纷案。卖方依照合同中的仲裁条款于 2000 年 6 月 15 日向中国国际经济贸易仲裁委员会申请仲裁,仲裁委员会当即受理此案。仲裁庭于 2000 年 9 月 15 日和 9 月 16 日在北京开庭审理本案。在查清事实的基础上,经征得双方同意,在双方自愿的前提下,仲裁庭对案件进行了调解。双方遂于 2000 年 9 月 16 日签订了和解协议书,由被申请人向申请人偿付 1 736 150 美元,了结此案。本案和解之后,双方都很满意。申诉人经历周折,终于收回了货款,并获得了一定的经济补偿。被申请人则在申请人的谅解和让步下,免于承担更大的赔偿责任。双方在达成和解协议的当天,又谈妥了一笔生意。本案虽以和解结案,但卖方申请采取财产保全措施对促进本案的解决起了重大作用。那么,本案卖方申请财产保全是否合法呢?对此,笔者拟结合《仲裁法》和 1991 年《民事诉讼法》的有关规定作如下分析:

首先,申请主体合法。根据《仲裁法》第 28 条和 1991 年《民事诉讼法》第 258 条(现为第 272 条)的规定,仲裁中的财产保全,必须由当事人提出申请。本案中,卖方既是合同当事人,又是合同中仲裁条款的当事人即仲裁当事人,所以卖方作为仲裁财产保全的申请主体当然合法。

其次,申请条件合法。根据《仲裁法》第 28 条和 1991 年《民事诉讼法》第 92 条(现为第 100 条)的规定,申请财产保全的条件:一方当事人申请财产保全是因为另一方当事人的行为或者其他原因可能使裁决不能执行或者难以执行的状况。本案中,买方收到了货物并已转售,但卖方却不能得到货款,这表明买方的行为可能使日后的仲裁裁决不能执行或者难以执行,那么就不可避免地损害卖方的利益,因此为了维护自己的利益,在这种状况下,卖方遂向中国国际经济贸易仲裁委员会提交了财产保全申请。可见,卖方的申请条件也合法。

再次,申请时间合法。本案中,卖方在提出仲裁申请的同时,向仲裁委员会提交了财产保全申请。

第四,提交对象合法。根据《仲裁法》第 28 条和 1991 年《民事诉讼法》第 258 条(现为第 272 条)的规定,当事人应当向仲裁委员会提交财产保全申请,而不能直接向人民法院提交财产保全申请。本案中,卖方是向中国国际经济贸易仲裁委员会提交的财产保全申请,而不是直接向深圳市中级人民法院提交的财产保全申请,所以本案中财产保全申请的提交对象合法。

综上,本案中,申请人卖方申请财产保全符合《仲裁法》和 1991 年《民事诉讼法》的有关规定。卖方向中国国际经济贸易仲裁委员会提交财产保全申请后,中国国际经济贸易仲裁委员会将此申请又根据《仲裁法》第 28 条第 2 款和 1991 年《民事诉讼法》第 258 条的规定直接提交给被申请人买方住所地或者财产所在地的中级人民法院即深圳市中级人民法院裁定。深圳市中级人民法院根据仲裁委员会的提请,作出了《民事裁定书》,依法冻结了被申请人的有关资金和财产,总值不超过 2 839 104.48 美元。深圳市中级人民法院的裁定也是合法的,因为它符合 1991 年《民事诉讼法》第 94 条的规定,具体为:深圳市中级人民法院以《民事裁定书》的形式依法冻结了被申请人的有关资金和财产,符合该条第 2 款规定的"财产保全采取查封、扣押、冻结或者法律规定的其他方法"中的"冻结"财产保全措施;深圳市中级人民法院依法冻结了被申请人的有关资金和财产,总值不超过 2 839 104.48 美元,符合该条第 1 款规定的"财产保全限于请求的范围,或者与本案有关的财物",因为本案中卖方向中国国际经济贸易仲裁委员会申请被申请人向其偿付货款和其他损失计 2 839 104.48 美元,深圳市中级人民法院依法冻结被申请人的有关资金和财产也是 2 839 104.48 美元。

必须指出的是,1991 年《民事诉讼法》和 2007 年修正《民事诉讼法》都设有专章规定"涉外财产保全",其中 1991 年《民事诉讼法》规定在第 27 章中,2007 年《民事诉讼法》规定在第 26 章中,而 2012 年第二次修正的《民事诉讼法》则将"涉外财产保全"整体删除了,这样 2012 年《民事诉讼法》就将"涉外财产保全"和"国内财产保全"统一起来了,那么,有关"涉外财产保全"案件就应当根据 2012 年《民事诉讼法》第 259 条①的规定,适用《民事诉讼法》有关"国内财产保全"的规范来处理。不仅如此,2012 年《民事诉讼法》还新规定了"仲裁前财产保全制度",该法第 101 条规定:"利害关系人因情况紧急,不立即申请保全将会使其合法权益受到难以弥补的损害的,可以在提起诉讼或者申请仲裁前向被保全财产所在地、被申请人住所地或者对案件有管辖权的人民法院申请采取保全措施。申请人

---

① 《民事诉讼法》第 259 条规定:"在中华人民共和国领域内进行涉外民事诉讼,适用本编规定。本编没有规定的,适用本法其他有关规定。"

应当提供担保,不提供担保的,裁定驳回申请。人民法院接受申请后,必须在四十八小时内作出裁定;裁定采取保全措施的,应当立即开始执行。申请人在人民法院采取保全措施后三十日内不依法提起诉讼或者申请仲裁的,人民法院应当解除保全。"不过,值得一提的是,2012年《民事诉讼法》第272条仍然保留了1991年《民事诉讼法》258条和2007年《民事诉讼法》第256条所规定的"涉外仲裁中的财产保全"制度。①

二、仲裁中的证据保全

(一)仲裁中的证据保全的概念和意义

所谓仲裁中的证据保全,是指在仲裁程序进行过程中,举证期限届满前,在证据可能灭失或者以后难以取得的情况下,由当事人申请,并由仲裁委员会将该申请转交人民法院,人民法院所采取的对证据及时加以保护的一种保存证据证明力的强制措施。

仲裁中的证据保全在仲裁程序中具有重要意义:可以有效地保护能够证明仲裁案件的事实证据,防止证据灭失或者以后难以取得等情形的发生,从而保障正确及时地审理案件和解决纠纷。因此,各国在仲裁法或相关法律中均规定有仲裁中的证据保全条款。例如,我国《仲裁法》第46条规定:"在证据可能灭失或者以后难以取得的情况下,当事人可以申请证据保全。当事人申请证据保全的,仲裁委员会应当将当事人的申请提交证据所在地的基层人民法院。"第68条规定:"涉外仲裁的当事人申请证据保全的,涉外仲裁委员会应当将当事人的申请提交证据所在地的中级人民法院。"

(二)仲裁中的证据保全的条件

在仲裁程序中,当事人申请证据保全时,应符合有关法律规定的条件。对此,我国《仲裁法》第46条作了规定,即"在证据可能灭失或者以后难以取得的情况下,当事人可以申请证据保全。当事人申请证据保全的,仲裁委员会应当将当事人的申请提交证据所在地的基层人民法院。"根据该条款的规定,当事人申请证据保全的条件有以下几个:

1. 实质条件

仲裁中的证据保全的实质条件,是当事人申请证据保全必须有正当的理由。所谓当事人申请证据保全的正当理由,是指一方当事人申请证据保全,是因为存在证据可能灭失或者以后难以取得的情况。这是当事人申请证据保全的必要条件,如果当事人申请证据保全缺少此条件,人民法院日后也会裁定驳回当事人的申请。该项条件具体包括:②

(1)证据存在可能灭失的危险。在仲裁程序中,有些证据如果不及时收集、保存,就有灭失的可能,在仲裁审理中就无法有效发挥其作用,例如证人因年老、疾病,有可能死亡,作为证据的物品有腐坏、变质或灭失的可能等,所以,证据存在灭失的危险是申请证据保全的必要条件。

(2)证据存在以后难以取得的情形。有些证据随着时间的推移虽然不一定存在灭失的危险,但却存在可能以后难以取得的情形。例如,证人即将出国留学、定居,就会使证据在庭审时由于不能及时取得而使案件事实无法得到证明,因此,证据存在以后难以取得的

---

① 参见马德才编著:《仲裁法案例研究》,世界图书出版公司2015年版,第120-121页。

② 参见马德才主编:《仲裁法》,厦门大学出版社2014年版,第130页。

情形是申请证据保全的前提条件。

（3）被保全的证据是决定仲裁案件事实的主要证据，具有证明性。证据是证明案件事实的根据，证据的灭失或者难以取得将使得负有举证责任的当事人因无法举证而承担不利的法律后果。但是，如果证据不是主要证据或者对案件事实不起决定性证明作用的证据，或者即使收集不到这些证据也不会影响案件的审理，就没有必要申请证据保全。因此，只有对证明案件事实起主要作用或者决定性作用的证据，在面临灭失或者以后难以取得的情形时才有必要申请证据保全。

2. 程序条件

仲裁当事人申请证据保全必须符合法定程序。此条件的具体内容见下文"仲裁中的证据保全的程序"部分。

（三）仲裁中的证据保全的程序

根据《仲裁法》和《民事诉讼法》及《民事诉讼法解释》的有关规定，当事人申请证据保全的程序是：

1. 当事人提交申请

仲裁中的证据保全，必须由当事人提出申请，当事人没有提出申请的，即使仲裁案件具备证据保全的条件，仲裁委员会也无权直接向人民法院提交证据保全申请，以区别于民事诉讼中的证据保全，因为在民事诉讼中，当事人没有提出申请的，人民法院也可以主动裁定采取证据保全措施，[①]即如果民事诉讼案件具备证据保全的条件，即使当事人没有提出申请，人民法院也可以依职权主动裁定采取证据保全措施。

在仲裁程序中，当事人提交证据保全申请时，涉及以下几个问题：（1）提交时间。根据《民事诉讼法解释》第98条的规定，当事人可以在仲裁程序进行过程中，举证期限届满前提交证据保全申请。（2）提交对象。即当事人只能向仲裁委员会提交证据保全申请，而不能直接向人民法院提交证据保全申请。这既不同于民事诉讼中的证据保全，又不同于民事诉讼前或仲裁前的证据保全，因为，无论是民事诉讼中的证据保全，还是民事诉讼前或仲裁前的证据保全，申请人都可以直接向人民法院提交证据保全申请。（3）提交形式。根据《民事诉讼法解释》第98条的规定，当事人申请证据保全，可以采取书面形式，即当事人可以向仲裁委员会提交证据保全申请书。该申请书须写明申请证据保全的理由，并且载明请求保全证据的种类、证明作用以及所在地等内容。

2. 仲裁委员会转交申请

《仲裁法》第46条规定："在证据可能灭失或者以后难以取得的情况下，当事人可以申请证据保全。当事人申请证据保全的，仲裁委员会应当将当事人的申请提交证据所在地的基层人民法院。"可见，当仲裁委员会收到当事人提交的证据保全申请书后，仲裁委员会应对当事人的申请不加任何审查而径直将当事人的申请依照民事诉讼法的规定提交证据所在地的基层人民法院。这是针对国内仲裁而言的。对此，1997年《执行规定》第11条也作了类似规定，即"在国内仲裁过程中，申请证据保全的，由证据所在地的基层人民法院裁定并执行。"如果是涉外仲裁，那么当仲裁委员会收到当事人提交的证据保全申请书

---

① 见《民事诉讼法》第81条第1款。

后,仲裁委员会应对当事人的申请不加任何审查而径直将当事人的申请依照民事诉讼法的规定提交证据所在地的中级人民法院。对此,《仲裁法》第68条和1997年《执行规定》第12条作了规定,其中前者规定:"涉外仲裁的当事人申请证据保全的,涉外仲裁委员会应当将当事人的申请提交证据所在地的中级人民法院。"后者规定:"在涉外仲裁过程中,申请证据保全的,由证据所在地的中级人民法院裁定并执行。"

3. 人民法院审查并责令申请人提供担保

人民法院收到仲裁委员会转交的当事人证据保全申请后,要对当事人的申请进行审查,并是否裁定采取保全措施。在此过程中,根据《民事诉讼法解释》第98条第2款的规定,证据保全可能对他人造成损失的,人民法院应当责令申请人提供相应的担保,同时又根据《民事诉讼法》第100条第2款的规定,申请人不提供担保的,裁定驳回申请。可见,人民法院责令申请人提供担保并非是仲裁中的证据保全的必经程序,而是只有在证据保全可能对他人造成损失的,人民法院才责令申请人提供相应的担保。

4. 人民法院裁定证据保全

人民法院依照民事诉讼法的有关规定经过对申请人的证据保全申请进行审查后,认为申请人的申请符合证据保全条件的,就会作出采取证据保全措施的裁定,并且根据《民事诉讼法》第100条第3款的规定,对情况紧急的,必须在48小时内作出裁定。不过,根据《民事诉讼法》第108条的规定,当事人对财产保全的裁定不服的,可以申请复议一次,复议期间不停止裁定的执行。如果经审查认为不符合证据保全条件的,人民法院就可驳回证据保全申请,并作出裁定,且说明理由,同时通知仲裁委员会和当事人。

(四)仲裁中的证据保全的措施

人民法院作出证据保全的裁定后,应当及时采取证据保全的措施。而关于证据保全的具体措施,我国《民事诉讼法》和《仲裁法》都未作出明确的规定,只是最高人民法院《关于民事诉讼证据的若干规定》作了规定,其第24条规定:人民法院进行证据保全,可以根据具体情况,采取查封、扣押、拍卖、录音、录像、复制、鉴定、勘验、制作笔录等方法。人民法院采取措施保全证据,可以要求当事人或者仲裁代理人到场。由此看来,针对不同证据种类,人民法院采取的证据保全措施有所不同,具体而言:对证人可以进行询问并制作笔录或者进行录音、录像;对书证可以采取拍照、复制的保全方法;对物证可以进行勘验,制作勘验笔录、绘图、拍照、录像或者保存原物;对易腐烂变质的物品,可以在制作笔录,绘图或拍照后予以变卖。但是,人民法院不论采取何种措施保全证据,都应当达到客观、真实地反映仲裁案件事实的目的,保存证据的证明力。而且,经过保全的证据种类及保全的方法,人民法院应当记录在案,并及时转交仲裁委员会,是否作为认定争议案件事实的证据,由仲裁庭对证据经过审查,且对其证明力加以确认后再行确定。①

---

① 参见蒋新苗等编著:《仲裁法实例说》,湖南人民出版社2003年版,第187页;马德才主编:《仲裁法》,厦门大学出版社2014年版,第131页。

（五）仲裁中的证据保全和仲裁前的证据保全①之比较

我国在商事仲裁领域长时期未确立仲裁前的证据保全制度,直到2012年《民事诉讼法》的颁布才得以确立。该项制度集中体现在《民事诉讼法》第81条第2款中,即因情况紧急,在证据可能灭失或者以后难以取得的情况下,利害关系人可以在提起诉讼或者申请仲裁前向证据所在地、被申请人住所地或者对案件有管辖权的人民法院申请保全证据。那么,仲裁中的证据保全与仲裁前的证据保全有什么区别,同时又有何相同点呢?

1. 两者的区别

（1）两者适用的条件不同。根据《仲裁法》第46条和《民事诉讼法》第81条第1款的规定,仲裁中的证据保全适用的条件是当事人申请证据保全必须有正当的理由,即证据可能灭失或者以后难以取得;而根据《民事诉讼法》第81条第2款的规定,仲裁前的证据保全适用的条件则是利害关系人因情况紧急,证据可能灭失或者以后难以取得。

（2）两者的申请时间不同。根据《仲裁法》和《民事诉讼法》及《民事诉讼法解释》的相关规定,仲裁中的证据保全是当事人在仲裁程序进行过程中,举证期限届满前提出的;而根据《民事诉讼法》第81条第2款的规定,仲裁前的证据保全则是利害关系人在申请仲裁前提出的。

（3）两者的申请对象不同。根据《仲裁法》第46条的规定,仲裁中的证据保全是当事人只能向仲裁委员会提交财产保全申请,而不能直接向人民法院提交财产保全申请,可见其申请对象是仲裁委员会;根据《民事诉讼法》第81条第2款的规定,仲裁前的证据保全则是利害关系人直接向证据所在地、被申请人住所地或者对案件有管辖权的人民法院申请保全证据,无须向仲裁委员会提交证据保全申请,其申请对象是人民法院。

（4）两者申请人是否必须提供担保不同。根据《民事诉讼法解释》第98条的规定,对于仲裁中的证据保全,人民法院采取证据保全措施,只是证据保全可能对他人造成损失的,人民法院应当责令申请人提供相应的担保,当事人并非在任何情况下必须提供担保;根据《民事诉讼法》第101条第1款和《民事诉讼法解释》第152条第2款的规定,对于仲裁前的证据保全,人民法院采取证据保全措施,申请人应当提供担保。

（5）两者作出裁定的时限不同。根据《民事诉讼法》第100条第2款的规定,仲裁中的证据保全的人民法院接受申请后,对情况紧急的,必须在48小时内作出裁定;而根据《民事诉讼法》第101条第2款的规定,仲裁前的证据保全的人民法院接受申请后,必须在48小时内作出裁定。

2. 两者的相同点

（1）两者范畴相同。相对于诉讼中的证据保全和诉讼前的证据保全同属诉讼证据保全范畴而言,仲裁中的证据保全与仲裁前的证据保全则同属仲裁证据保全范畴。

（2）两者程序启动相同。根据《仲裁法》第46条和《民事诉讼法》第81条的规定,无论是仲裁中的证据保全还是仲裁前的证据保全,都只能因申请人的申请而启动,仲裁委员

---

① 所谓仲裁前的证据保全,是指利害关系人在申请仲裁前,在证据可能灭失或者以后难以取得的情况下,可以直接向证据所在地、被申请人住所地或者对案件有管辖权的人民法院提出申请,由人民法院作出裁定,对证据及时采取保护性措施,以保存证据证明力的活动。参见宋朝武主编:《仲裁法学》,北京大学出版社2013年版,第139页。

会不能主动向人民法院提交证据保全申请,人民法院也不能依职权而启动。

(3)两者的措施相同。根据最高人民法院《关于民事诉讼证据的若干规定》第 24 条的规定,无论是仲裁中的证据保全还是仲裁前的证据保全,都采取查封、扣押、拍卖、录音、录像、复制、鉴定、勘验、制作笔录等方法。

(4)两者裁定执行的时限相同。根据《民事诉讼法》第 100 条第 3 款和《民事诉讼法》第 101 条第 2 款的规定,无论是仲裁中的证据保全还是仲裁前的证据保全,人民法院裁定采取财产保全措施的,都应当立即开始执行。

(5)两者解除财产保全裁定的情形大致相同。根据《民事诉讼法解释》第 166 条的规定,无论是仲裁中的证据保全还是仲裁前的证据保全的解除证据保全裁定的情形大致相同,都包括人民法院裁定证据保全措施错误、申请人撤回证据保全申请、申请人的仲裁申请或者仲裁请求被生效裁决驳回及人民法院认为应当解除证据保全的其他情形。

(6)两者申请错误的赔偿相同。根据《民事诉讼法》第 105 条的规定,无论是仲裁中的证据保全还是仲裁前的证据保全,申请有错误的,申请人应当赔偿被申请人因证据保全所遭受的损失。

第五节　仲裁审理

一、仲裁审理的概念

仲裁审理,是指仲裁庭依法组建后,按照《仲裁法》和仲裁机构的仲裁规则规定的程序和方式,对当事人之间发生的并交付仲裁的争议案件进行审理且作出仲裁裁决的活动。仲裁审理是整个仲裁程序的中心环节,因为它不仅是仲裁权得以实现的重要体现,还是当事人之间的争议案件能否得到正确解决的关键。仲裁审理的主要任务是审查、核实证据,查明案件事实,分清当事人的责任,正确适用法律,确认当事人之间的实体权利义务关系,从而解决当事人之间的纠纷。

二、仲裁审理的方式

我国《仲裁法》第 39 条规定:"仲裁应当开庭进行。当事人协议不开庭的,仲裁庭可以根据仲裁申请书、答辩书以及其他材料作出裁决。"可见,《仲裁法》确立了仲裁审理的两种方式,即开庭审理和书面审理。

(一)开庭审理

1. 开庭审理是仲裁审理的主要方式

所谓开庭审理,是指在仲裁庭的主持下,在双方当事人和其他仲裁参与人的参加下,在一定的场所,按照法定程序,对案件进行审理并作出裁决的审理方式。根据《仲裁法》第 39 条的规定,开庭审理是仲裁审理的主要方式。这是由以下因素决定的:开庭审理便于当事人当庭出示证据、质证和进行口头辩论,有利于仲裁庭准确弄清楚案情,而且开庭审理有当事人的直接参与,能够获得双方当事人的高度信任。不过,开庭审理也有其不足之处,可能会因此而拖延作出裁决的时间,并且增加当事人的费用支出。正因为如此,《仲裁法》并未规定开庭审理是唯一的仲裁审理方式,除此之外,还规定了书面审理的仲裁审理方式。

《仲裁法》在第 39 条规定仲裁审理以开庭审理为原则,以书面审理为例外的同时,又在第 40 条中规定了开庭审理以不公开审理为原则,以公开审理为例外,即"仲裁不公开进行。当事人协议公开的,可以公开进行,但涉及国家秘密的除外。"此项规定既适用于开庭审理,也适用于书面审理。所谓不公开审理,是指仲裁庭在审理案件时不对社会公开,不允许群众旁听,也不允许新闻记者采访和报道的开庭审理方式。具体而言,包括开庭的时间、地点不公告,裁决结果不公开。因此,仲裁员应当严格保守仲裁秘密,不得向外界透露任何有关仲裁案件的实体和程序情况,包括案情、审理过程、合议庭意见等;仲裁委员会的秘书人员也负有保密义务;进行学术讨论或交流仲裁经验时,对所涉案件应该做好相应的保密技术处理;《仲裁法》对其他仲裁参与人是否负有保密义务虽然没有作出规定,但是从仲裁的本质来考虑,他们也应该为仲裁保密。① 《仲裁法》确立开庭审理的不公开审理原则,是基于以下因素的考量:仲裁不同于诉讼,仲裁权系当事人授予,从本质上讲,仲裁是一种私人裁判行为,没有必要把这种私人行为向社会公开。当事人提交仲裁的是合同纠纷和其他财产权益纠纷,审理这些纠纷时,会在一定程度上涉及当事人不为公众所知悉、能为当事人带来经济利益、具有实用性并经当事人采取保密措施的技术信息和经营信息,即当事人的商业秘密及其他经营秘密,如果仲裁实行公开审理制度,允许案外人参加旁听,甚至允许记者进行采访报道,就不利于当事人保守其商业秘密和经营秘密。正因为如此,不公开审理原则已经成为国际商事仲裁的通例,联合国国际贸易法委员会《国际商事仲裁示范法》和几乎所有国家的仲裁立法以及所有的仲裁规则中都有明文规定。②

所谓公开审理,是指仲裁庭在审理案件时对社会公开,允许群众旁听,允许新闻记者采访和报道的开庭审理方式。这种方式是《仲裁法》第 40 条确立的又一开庭审理的方式,相对于不公开审理方式而言,它只不过是一种例外方式,而且根据《仲裁法》第 40 条的规定,还应该受到两方面的限制:一是只有当事人协议公开审理的,仲裁庭才充分尊重当事人的意愿进行公开审理;二是只有仲裁案件不涉及国家秘密,当事人又协议公开审理的,仲裁庭才会进行公开审理,否则,如果案件涉及国家秘密,即使当事人协议公开审理的,仲裁庭也不能进行公开审理。

2. 开庭审理阶段

根据《仲裁法》的有关规定,仲裁庭开庭审理一般要经过以下阶段:开庭前准备、开庭开始、庭审调查、庭审辩论、仲裁庭评议和作出裁决。

(1)开庭前准备。该阶段是出于保证开庭审理的顺利进行而设置的一个预备阶段。其主要任务有以下两个:

① 确定开庭的方式。《仲裁法》第 40 条规定了开庭审理的两种方式,即不公开审理

---

① 黄进等著:《仲裁法学》,中国政法大学出版社 2008 年版,第 117 页。
② 黄进等著:《仲裁法学》,中国政法大学出版社 2008 年版,第 118 页。

和公开审理,其中不公开审理是最普遍的方式,后者以当事人协议公开为前提。所以,在开庭前,仲裁庭就应当根据当事人是否协议公开来确定开庭的方式是公开审理还是不公开审理。

②确定并通知开庭的日期和地点。关于开庭日期及其通知,《仲裁法》第41条规定:"仲裁委员会应当在仲裁规则规定的期限内将开庭日期通知双方当事人。当事人有正当理由的,可以在仲裁规则规定的期限内请求延期开庭。是否延期,由仲裁庭决定。"《仲裁委员会仲裁暂行规则示范文本》第26条进一步规定:"仲裁委员会应当在开庭10日前将开庭日期通知双方当事人;双方当事人经仲裁庭同意,可以提前开庭。当事人有正当理由的,可以在开庭前7日请求延期开庭;是否延期,由仲裁庭决定。"不过,各仲裁委员会仲裁规则在开庭通知及请求延期开庭的时间方面有所不同,例如《贸仲规则》第37条规定:"(一)开庭审理的案件,仲裁庭确定第一次开庭日期后,应不晚于开庭前20天将开庭日期通知双方当事人。当事人有正当理由的,可以请求延期开庭,但应于收到开庭通知后5天内提出书面延期申请;是否延期,由仲裁庭决定。(二)当事人有正当理由未能按上述第(一)款规定的期限提出延期开庭申请的,是否接受其延期申请,由仲裁庭决定。(三)再次开庭审理的日期及延期后开庭审理日期的通知及其延期申请,不受上述第(一)款中期限的限制。"那么,仲裁庭如何确定开庭日期呢? 合理确定开庭日期,既有利于保障双方当事人顺利参加仲裁,也给双方当事人充足的准备时间,还为仲裁员留足合理的时间。所以,关于开庭日期的确定,仲裁庭应综合考虑以下因素:①当事人是否提交了应当提交的证据、文件等;应当进行鉴定的专门性问题是否鉴定了;应当勘验的场所和物品是否勘验了;应当保全的财产和证据是否保全了;当事人应当补交的文件是否补交齐了;已经发现了回避理由的有关人员是否已经回避了;等等。

关于开庭地点问题,《仲裁法》和《仲裁委员会仲裁暂行规则示范文本》都没有作明确规定。对此,一般的理解为:如果当事人在仲裁协议中约定了开庭地点,仲裁案件的开庭审理就应当在当事人约定的地点进行;如果当事人在仲裁协议中没有约定开庭地点,仲裁案件的开庭审理就应当在仲裁委员会的所在地进行。例如,《贸仲规则》第36条规定:"(一)当事人约定了开庭地点的,仲裁案件的开庭审理应当在约定的地点进行,但出现本规则第八十二条第(三)款②规定的情形除外。(二)除非当事人另有约定,由仲裁委员会仲裁院或其分会/仲裁中心仲裁院管理的案件应分别在北京或分会/仲裁中心所在地开庭审理;如仲裁庭认为必要,经仲裁委员会仲裁院院长同意,也可以在其他地点开庭审理。"

(2)开庭开始。此阶段的事项主要包括:①首席仲裁员或者独任仲裁员应该核对双方到庭人员的身份、代理人的代理权限,并征求双方对对方出庭人员的身份是否有异议。如有异议,应予核对。②首席仲裁员或者独任仲裁员宣布开庭,宣布案由,宣布仲裁庭组成人员和记录人员名单。③告知当事人有关的仲裁权利和义务,询问当事人是否提出回

---

① 蒋新苗等编著:《仲裁法实例说》,湖南人民出版社2003年版,第163页。

② 《贸仲规则》第82条第3款规定:"当事人约定在仲裁委员会或其分会/仲裁中心所在地之外开庭的,应预缴因此而发生的差旅费、食宿费等实际费用。当事人未在仲裁委员会规定的期限内预缴有关实际费用的,应在仲裁委员会或其分会/仲裁中心所在地开庭。"

避申请。④ 首席仲裁员或者独任仲裁员最好向双方当事人简要介绍仲裁庭此前的准备情况、仲裁庭对本次开庭的计划和安排以及在开庭中应当注意的问题。⑤ 在双方当事人无异议的情况下,仲裁庭宣布正式开庭。仲裁庭宣布正式开庭并非可有可无,而是具有重要的法律意义:①首先,根据《仲裁法》,当事人对仲裁协议或者仲裁案件管辖权的抗辩,应当在仲裁庭首次开庭前提出;其次,当事人的回避申请,也应当在首次开庭前提出,除非回避事由在首次开庭后才为当事人得知;第三,仲裁庭一旦宣布正式开庭,就意味着仲裁案件进入了实体审理阶段。

(3) 庭审调查。所谓庭审调查,是指仲裁庭依照法定程序,向当事人和其他仲裁参与人调查案件事实,审核各种证据的活动,其主要任务是在仲裁庭全面调查案件事实、核实各种证据的基础上,为后续辩论、调解或者和解做准备。根据《仲裁法》的有关规定,仲裁庭通常应当按照以下顺序进行庭审调查:① 当事人陈述;② 告知证人的权利义务,证人作证,宣读未到庭的证人证言;③ 出示书证、物证、视听资料和电子数据;④ 宣读鉴定意见;⑤ 宣读勘验笔录。在具体的庭审调查中,上述程序可以灵活掌握。一般而言,庭审调查时,先由申请人口头陈述事实或者宣读仲裁申请书,讲明具体仲裁请求和理由;后由被申请人口头答辩或者宣读仲裁答辩状,对申请人仲裁请求提出异议或者反请求的,讲明具体请求和理由。在此过程中,双方当事人均应遵守庭审秩序,即申请人在陈述时,被申请人不能随意打断并进行反驳;被申请人在进行答辩时,申请人也不能随意打断。经过仲裁庭的许可,任何一方当事人都可以向证人、鉴定人、勘验人提问;对证人不能出庭作证的,应当宣读未到庭的证人证言。仲裁员可以询问当事人,经过仲裁庭的许可,当事人也可以互相发问。当事人可以在庭上提出新证据,并可以对当庭出示的证据进行质证。如果仲裁庭认为案情已基本查清,当事人经过充分质证后证据已得到核实,即可宣布庭审调查阶段结束,进入庭审辩论阶段。

(4) 庭审辩论。所谓庭审辩论,是指在仲裁庭的主持下,在庭审调查的基础上,双方当事人就如何认定事实、适用法律进一步向仲裁庭提出自己的主张和意见,反驳对方的主张,进行论证和辩驳的活动。《仲裁法》第 47 条明确规定:"当事人在仲裁过程中有权进行辩论。"庭审辩论阶段的主要任务是通过当事人及其代理人之间的辩论,便于进一步查明事实,核实相关证据,明辨是非,分清责任,为公正裁决奠定基础。庭审辩论通常按照下列顺序进行:① 申请人及其代理人发言;② 被申请人及其代理人发言;③ 互相辩论。在庭审辩论阶段,仲裁庭应当注意如下几个方面的事项:① 辩论由各方当事人依次发言,一轮辩论结束后当事人要求继续辩论的,可以进行下一轮,但是下一轮辩论不得重复第一轮的内容。② 仲裁庭应当引导当事人围绕争议焦点进行辩论,当事人及其代理人的发言与本案无关或者重复未被仲裁庭认定的事实,仲裁庭应当予以制止。③ 辩论中,如果当事人及其代理人提出新的事实需要调查核实时,应当暂停辩论,恢复调查程序,待相关事实查清后,再继续辩论。④ 辩论时,仲裁员不得对案件性质、是非责任发表意见,不得与当事人辩论。⑤ 辩论是当事人享有的重要权利,仲裁庭在任何情况下都应当充分保障各方当事人平等享有辩论权,给予各方当事人合理的陈述、辩论机会。但是,当事人在行使该项

---

① 黄进等著:《仲裁法学》,中国政法大学出版社 2008 年版,第 123 页。

权利时,不能脱离本案的范围或者谈论与本案无关的问题,更不能侮辱、中伤当事人及其代理人。根据《仲裁法》第 47 条的规定,庭审辩论终结前,首席仲裁员或者独任仲裁员应当征询当事人的最后意见。其顺序依然是先申请人后被申请人。休庭前,仲裁庭如果需要当事人补充材料的,就应明确告知当事人补充材料的期限,逾期不提交,视为放弃权利。仲裁庭还可就当事人是否要自行收集证据或者对案件的某些问题进行鉴定、是否还需要再次开庭等,作出安排或者随后通知当事人。

(5)仲裁庭评议和作出裁决。庭审辩论结束后,如果当事人不同意调解,仲裁庭应当就案件审理的情况进行评议。此阶段,仲裁庭应当注意以下事项:① 仲裁庭评议案件时,应当不公开进行,既不对当事人公开,也不对社会公开。② 仲裁庭评议案件时,每位仲裁员都应当发表自己的观点,包括对案件事实、适用法律、是非曲直以及案件处理结果的观点,不偏不倚,认真履行仲裁员的职责,切忌非首席仲裁员有“事不关己,高高挂起”的心理,非首席仲裁员也应与首席仲裁员一样,积极参与案件的评议,踊跃发表自己的意见,为案件的顺利解决出谋划策,贡献自己的智慧。③ 仲裁庭评议案件时,应充分发扬民主,实行少数服从多数的原则,如果仲裁庭没有形成多数人意见,依据《仲裁法》第 53 条的规定,则应当按照首席仲裁员的意见评议。④ 仲裁庭评议案件之后,既可以当庭作出裁决,也可以择日作出裁决。

(6)开庭笔录。所谓开庭笔录,是指对仲裁庭开庭审理案件的全过程进行文字记录的一种主要的法律文书。对此,《仲裁法》第 48 条规定:“仲裁庭应当将开庭情况记入笔录。”显然,开庭笔录可以反映仲裁庭的程序是否符合仲裁法以及仲裁委员会仲裁规则的程序要求,因而具有证据的效力。仲裁庭的开庭笔录涉及以下事项:① 开庭笔录的内容,包括:仲裁庭开庭审理的全部过程;双方当事人争议的案件事实依据;证据形式;少数仲裁员的不同意见等。② 开庭笔录的签名或者盖章。根据《仲裁法》第 48 条的规定,开庭笔录由仲裁员、记录人员、当事人和其他仲裁参与人签名或者盖章。具体而言:首先,开庭笔录必须经过仲裁庭审阅,由仲裁员和记录人员签名。其次,仲裁庭应将开庭笔录向当事人和其他仲裁参与人当庭宣读或者交由当事人和其他仲裁参与人阅读,如果当庭不能阅读的,也可以在一定时间内交由当事人和其他仲裁参与人阅读。当事人和其他仲裁参与人认为对自己陈述的记录有遗漏或者差错的,有权申请补正。[1] 经过当事人和其他仲裁参与人认可没有错误后,仲裁庭应当将开庭笔录交由当事人和其他仲裁参与人签名或者盖章。如果当事人或者其他仲裁参与人拒绝签名或者盖章的,那么记录人员就应当将这一情况记入笔录。③ 在当事人和其他仲裁参与人认为对自己陈述的记录有遗漏或者差错并申请补正时,如果仲裁庭认为申请无理的,可以决定不予补正,但是应当将当事人和其他仲裁参与人的申请记录在案。[2]

(二)书面审理

1. 书面审理方式是开庭审理的必要补充

仲裁庭开庭审理时,当事人应当到庭,如果当事人不到庭就不能称之为开庭审理,这

---

[1] 见《仲裁法》第 48 条。
[2] 见《仲裁法》第 48 条。

种仲裁审理方式就是书面审理。所谓书面审理,是指仲裁庭在双方当事人和其他仲裁参与人不到庭的情况下,仅根据当事人提供的仲裁申请书、答辩书以及其他书面材料作出裁决的一种仲裁审理方式。对此,《仲裁法》第 39 条作了规定,即"仲裁应当开庭进行。当事人协议不开庭的,仲裁庭可以根据仲裁申请书、答辩书以及其他材料作出裁决。"可见,《仲裁法》确立了书面审理方式并且是开庭审理的必要补充。这是由书面审理方式的优缺点所决定的:[①]一方面,书面审理方式有其优点,它既有利于仲裁庭及时地作出裁决,又有利于当事人节省开支,因此《仲裁法》就确立了书面审理方式,不仅如此,世界上一些国家的仲裁法更倾向于书面仲裁;另一方面,书面审理方式又有其缺点,即在这种仲裁审理方式中,当事人不到庭无法当面质证及辩论,仲裁庭仅凭当事人提交的书面材料,可能实际上并没有充分了解案情,所作裁决的准确率可能要打折扣,因此《仲裁法》仅规定了书面审理方式是开庭审理方式的一种补充仲裁审理方式。《联合国国际商事仲裁示范法》也对书面审理程序作了规定,其第 24 条规定:"(1) 除当事各方有任何相反协议外,仲裁庭应决定是否进行口头审理,以便提出证据或进行口头辩论,或者是否应以文件和其他材料为基础进行仲裁程序。然而,除非当事各方商定不开庭,仲裁庭应在进行仲裁程序的适当阶段开庭,如果当事一方如此要求的话。(2) 任何开庭和仲裁庭为了检查货物、其他财产或文件而举行的任何会议,均应充分提前通知当事各方。(3) 当事一方向仲裁提供的一切陈述书、文件或其他资料均应送交当事他方,仲裁庭可能据以作出决定的任何专家报告或证据性文件也应送交当事各方。"

2. 仲裁庭进行书面审理所涉及的事项

仲裁庭在进行书面审理时,涉及以下事项:

(1) 仲裁庭需要审查双方当事人所提交的足够的书面材料,如果仲裁庭认为材料已经足够时,就可以结束其审理,并通知双方当事人。如果当事人逾期仍然提交材料,仲裁庭将不会接受;如果当事人逾期仍然不提交材料,就可视为当事人放弃提交材料的权利,仲裁庭遂进行裁决,由此产生的后果由逾期不提供材料的当事人自负。当然,这并不妨碍仲裁庭认为其收到的处理有所欠缺时,随时要求双方当事人在限定的时期内补交必要的解释或者进一步的答辩文件以及证据。

(2) 仲裁庭书面审理时,仲裁庭应将一方当事人提交的书面材料及时送达另一方当事人,这些材料包括法律规定的仲裁文书、当事人提交的证据材料等。

(3) 仲裁庭的书面审理并不排除在审理过程中根据实际需要传唤某方当事人到庭,就案件中的某些问题当面询问,而且仲裁庭在作出裁决之前,也应当给双方当事人进行最后陈述的机会。[②]

(4) 仲裁庭使用书面审理的案件有一定的限制,即一般经过当事人协商同意,或者案件标的较小、案情简单,甚至当事人对案件事实并无争议,只是对所涉法律和责任的认识

---

① 参见黄进等著:《仲裁法学》,中国政法大学出版社 2008 年版,第 123 页。
② 蒋新苗等编著:《仲裁法实例说》,湖南人民出版社 2003 年版,第 156 - 157 页;汪祖兴著:《中国仲裁制度的境遇及改革要略》,法律出版社 2010 年版,第 223 页。

和理解不一致,仲裁庭认为书面审理是合适的。[①]

三、仲裁审理中的特殊情形

(一) 撤回仲裁申请

1. 撤回仲裁申请的概念

所谓撤回仲裁申请,是指仲裁机构受理当事人的仲裁申请后,在仲裁庭作出仲裁裁决之前,仲裁申请人撤回自己的仲裁申请,不再要求仲裁庭审理争议案件从而结束仲裁程序的行为。[②] 与申请仲裁一样,撤回仲裁申请也是《仲裁法》赋予仲裁申请人的一项权利。

2. 撤回仲裁申请的具体情形

根据《仲裁法》的相关规定和仲裁实践的实际情况,撤回仲裁申请包括两种具体情形:仲裁申请人申请撤回仲裁申请和仲裁庭按撤回仲裁申请处理。

(1) 仲裁申请人申请撤回仲裁申请。仲裁机构受理当事人的仲裁申请后,仲裁申请人主动撤回仲裁申请的情形。该种情形应当具备以下条件:① 主体条件。撤回仲裁申请必须由有权提出的人员亦即仲裁申请人、申请人的法定代理人及经过特别授权的委托代理人提出。② 形式条件。撤回仲裁申请须采取书面形式。③ 时间条件。撤回仲裁申请的时间须在仲裁机构受理当事人的仲裁申请后、仲裁庭作出仲裁裁决之前。④ 自愿条件。提出撤回仲裁申请需当事人自愿。[③]

(2) 仲裁庭按撤回仲裁申请处理。仲裁机构受理当事人的仲裁申请后,由于仲裁申请人的某种消极行为,仲裁庭推定其有撤回仲裁申请的意思,从而视为撤回仲裁申请的情形。对此,《仲裁法》第 42 条第 1 款规定:"申请人经书面通知,无正当理由不到庭或者未经仲裁庭许可中途退庭的,可以视为撤回仲裁申请。"可见,仲裁庭按撤回仲裁申请处理的法定情形有:① 申请人经书面通知,无正当理由不到庭;② 申请人未经仲裁庭许可中途退庭的。

(二) 延期开庭

所谓延期开庭,是指仲裁庭确定开庭审理的日期之后或者在开庭审理的过程中,由于出现法定事由,导致仲裁审理程序无法按期进行时,根据当事人的请求,将仲裁开庭审理推延至另一日期进行的行为。[④] 通常情况下,仲裁庭所确定的开庭审理日期对双方当事人均具有其约束力,双方当事人必须按照仲裁庭所确定的开庭审理日期参加仲裁审理活动,但是在特定情况下,由于法定事由的出现,致使开庭审理不能按照仲裁庭确定的开庭审理日期进行时,就需要延期开庭审理。

根据《仲裁法》和有关仲裁规则的规定以及仲裁实践,延期开庭有以下几种具体情形:[⑤]

[①]　黄进等著:《仲裁法学》,中国政法大学出版社 2008 年版,第 123 页。
[②]　宋朝武主编:《仲裁法学》,北京大学出版社 2013 年版,第 143 页。
[③]　参见宋朝武主编:《仲裁法学》,北京大学出版社 2013 年版,第 143 页。
[④]　宋朝武主编:《仲裁法学》,北京大学出版社 2013 年版,第 145 页。
[⑤]　参见蒋新苗等编著:《仲裁法实例说》,湖南人民出版社 2003 年版,第 162 - 163 页;马德才主编:《仲裁法》,厦门大学出版社 2014 年版,第 135 - 136 页。

（1）当事人有正当理由不能按时出庭。当事人遇到不可预见、不可避免和无法克服的事由诸如地震、洪灾等自然灾害或者临时因为身体伤害、疾病住院治疗，导致其无法按期参加仲裁活动的，就可以向仲裁庭提出延期开庭请求，在此种情形下，根据《仲裁法》第41条的规定，是否延期由仲裁庭决定。

（2）当事人临时提出回避申请。根据《仲裁法》第35条的规定，当事人提出回避申请，可以在首次开庭前提出，也可以在最后一次开庭终结前提出。如果当事人在仲裁审理过程中临时提出回避申请，仲裁委员会也同意当事人的回避申请，这就意味着必须重新选定或指定仲裁员进而组成仲裁庭，那么当然就会引起延期开庭。

（3）仲裁员不能履行职责。如果已选定或指定的仲裁员由于特定原因不能履行职责时，也同样面临着重新选定或指定仲裁员、组成仲裁庭的情况，在这种情形下，也不可避免地引起延期开庭。

（4）需要调取新证据，重新鉴定或勘验，或者需要补充调查。在仲裁审理过程中，为了准确认定争议案件事实，有可能需要调取新的证据，重新鉴定或者勘验，或者需要补充调查，经当事人申请，仲裁庭许可，当事人也就可以申请延期开庭。

（三）缺席裁决

1. 缺席裁决的界定

缺席裁决是相对于对席裁决①而言的一种仲裁裁决，是指仲裁庭在被申请人经书面通知，无正当理由拒不到庭或未经仲裁庭许可中途退庭的情况下，开庭审理后作出的仲裁裁决。在仲裁反请求中，缺席裁决是指仲裁庭在被反请求人经书面通知，无正当理由拒不到庭或未经仲裁庭许可中途退庭的情况下，开庭审理后作出的仲裁裁决。

根据《仲裁法》的规定，参与开庭既是当事人的权利，也是当事人的义务。作为一项权利，当事人当然可以放弃，即当事人可以不参与开庭。但是，作为一项义务，当事人就必须履行，即当事人必须参与开庭，如果当事人有正当理由无法参与开庭，那么当事人就可以在仲裁规则规定的期限内请求延期开庭，不过是否延期，由仲裁庭决定。如果当事人不履行开庭义务的话，可能会影响仲裁进程，并因此给另一方当事人带来损失，因此不履行开庭义务的当事人应当承担相应的法律后果。可见，对席裁决是仲裁的正常形式，而缺席裁决则是仲裁庭在非正常的状况下作出的仲裁裁决。

2. 缺席裁决的具体情形

《仲裁法》第42条第2款规定："被申请人经书面通知，无正当理由不到庭或者未经仲裁庭许可中途退庭的，可以缺席裁决。"该条款规定表明，缺席裁决有以下两种具体情形：一是被申请人经书面通知，无正当理由不到庭的；二是被申请人未经仲裁庭许可中途退庭的。在实践中，被申请人提出反请求时的原申请人经书面通知，无正当理由不到庭或者未经仲裁庭许可中途退庭的，仲裁庭也可以作出缺席裁决。

3. 缺席裁决的限制条件

无论是被申请人经书面通知无正当理由不到庭或者未经仲裁庭许可中途退庭而作出

---

① 所谓对席裁决，是指仲裁庭在双方当事人或其代理人都到庭参加仲裁审理，经过双方的举证和质证、陈述和辩驳、查明案件事实之后作出的仲裁裁决。

缺席裁决,还是仲裁反请求的原申请人经书面通知无正当理由不到庭或者未经仲裁庭许可中途退庭而作出缺席裁决,都有相应的限制条件。具体而言,包括:(1)仲裁庭在作出缺席裁决时应特别谨慎,必须在尊重证据、查明事实、分清是非的基础上,依据法律作出裁决。(2)如果申请人或反请求人的请求理由不成立或不充分,就不能因为被申请人或反请求的原申请人缺席而作出对申请人或反请求人有利的裁决;如果被申请人或反请求的原申请人是有理的,即使他无故不到庭或中途退庭,也不能因此作出对其不利的裁决。这是仲裁公正性的必然要求。当然,当事人不到庭或中途退庭,势必影响其举证或陈述案件,如果因此影响仲裁庭辨明是非,则其应自己承担后果。[1]

　　在仲裁实践中,对于《仲裁法》第 42 条第 2 款规定的第一种具体情形的缺席裁决中的"无正当理由"应作灵活理解。例如,2012 年 3 月 5 日,申请人与被申请人签订了《经销合同》,双方约定被申请人购买申请人的轮胎在某县销售。之后,申请人陆续向被申请人供货,总货款为 731 118 元,但被申请人在接到货后拖延支付货款,经申请人多次催收后,被申请人分别于 2012 年 6 月 6 日和 2012 年 6 月 22 日向申请人出具 2 张欠条共计 294 286 元,余下的 436 832 元因被申请人被关押而由被申请人的妻子李某于 2012 年 7 月 10 日代被申请人签名写下第 3 张欠条,同时上述 3 张欠条均约定了还款期限以及逾期付款的违约金和银行同期贷款利息。对于上述 3 张欠条,被申请人对前 2 张欠条无异议而对第 3 张欠条却有异议。当得知被申请人被关押后,申请人与被申请人妻子李某取得联系商谈货款支付的事宜。李某明确表示,鉴于其夫妻经营的销售部目前已无力支付拖欠的货款,但为挽回申请人的损失,同意将销售部库存的轮胎返还给申请人,以抵扣部分货款。于是,申请人遂将部分轮胎拖回。经将拖回的轮胎的货值与被申请人的欠款金额进行抵扣后,起初申请人认为被申请人仍欠货款人民币 20 万元,且该笔货款被申请人妻子李某明确表示无力支付。但是,在庭审过程中,申请人经核实认为拖回的轮胎的货值是 599 963 元,加上硫化机折旧与故障胎货值共 13 963 元,与被申请人的欠款金额 731 118 元抵扣后被申请人仍欠货款 117 192 元。据此,申请人当庭将仲裁请求变更为:被申请人向申请人支付其所欠付的货款人民币 117 192 元以及承担本案的仲裁费。同时,该案是在关押被申请人的地方进行的庭审,其依据是该仲裁委员会的仲裁规则,即该仲裁委员会的仲裁规则规定仲裁委员会可以决定开庭地点。据此,仲裁委员会决定开庭地点是在关押被申请人的地方。那么,本案仲裁庭能否在仲裁委所在地对该案进行缺席裁决呢?可以,并且本案中的缺席裁决应当属于《仲裁法》第 42 条第 2 款规定的第一种具体情形的缺席裁决,即仲裁庭可以在被申请人经书面通知无正当理由不到庭时进行缺席裁决。而问题在于被申请人是否是无正当理由不到庭呢?本案被申请人是无正当理由不到庭。因为,被申请人虽然失去了人身自由,但是他仍然具有民事权利,这样,一方面,被申请人有权向关押他的机关申请去参加在仲裁委员会所在地进行的仲裁庭审,如果该机关同意他的申请,他就可以到仲裁委员会所在地参加仲裁庭审;另一方面,被申请人有权委托代理人到仲裁委员会所在地参加仲裁庭审。但是,本案被申请人既未向关押他的机关申请去参加在仲裁委员会所在地进行的仲裁庭审,也未委托代理人到仲裁委员会所在地参加仲裁庭审,因此可以

---

[1]　黄进等著:《仲裁法学》,中国政法大学出版社 2008 年版,第 130 页。

认定被申请人经书面通知无正当理由不到庭,于是,仲裁庭完全有权根据《仲裁法》第42条第2款的规定,进行缺席裁决。[①]

四、仲裁和解

(一)仲裁和解的概念和特征

所谓仲裁和解,是指在当事人申请仲裁后,仲裁庭作出裁决之前,当事人通过自愿平等协商,达成和解协议,以解决争议案件,从而结束仲裁程序的活动。它具有以下特征:

(1)和解的时间特征。当事人和解的时间是当事人申请仲裁后到仲裁庭作出裁决之前这段时间里任何一个仲裁程序阶段中,即在仲裁委员会受理案件前,当事人也可以和解,而不是仲裁委员会受理后,更不是在仲裁庭开庭后。对此,《仲裁法》第49条规定:"当事人申请仲裁后,可以自行和解。"如果仲裁已就争议案件进行审理并作出了裁决,那么该争议已得到解决,因此和解就没有任何必要了。

(2)和解的性质特征。和解是双方当事人的自愿行为,不需要任何第三方的参与,即和解是在没有仲裁庭主持的情况下,完全由当事人自行达成的,不管和解是发生在开庭当中,还是发生在庭审外。这就使得和解区别于仲裁调解,因为仲裁调解是在仲裁庭的主持下进行的。

(3)和解的方式特征。和解的方式是当事人自行和解。对此,《仲裁法》第49条规定:"当事人申请仲裁后,可以自行和解。"在此方面,国外相关立法规定有两种形式:[②]一是仲裁庭主持或者核准的和解;二是仲裁庭外的和解。我国《仲裁法》只采用了第二种形式即自行和解。不过,我国一些仲裁委员会的仲裁规则则采用了和解的两种形式,例如《贸仲规则》第47条第4款规定:"经仲裁庭调解达成和解或双方当事人自行和解的,双方当事人应签订和解协议。"实际上,从《仲裁法》第49条的规定来看,它并没有禁止和解的第一种形式即仲裁庭主持或者核准的和解,所以仲裁委员会仲裁规则的上述规定并不违反《仲裁法》。

(4)和解的前提特征。和解需要双方当事人达成和解协议。对此,《仲裁法》第49条规定:"达成和解协议的,可以请求仲裁庭根据和解协议作出裁决书,也可以撤回仲裁申请。"上述《贸仲规则》第47条第4款的规定更是直截了当。显然,如果没有和解协议,当事人就无权请求仲裁庭作出裁决书。不过,和解协议书并不具有裁决书的效力,当事人不能申请强制执行。

(二)仲裁和解引起的原因

通常情况下,引起和解主要有三个方面的原因:一是申请人放弃自己的仲裁请求(反请求亦然,下同);二是被申请人承认申请人的仲裁请求;三是当事人通过协商找到了一个解决纠纷的方案。[③] 在上述三种情况下,当事人对于彼此之间交付仲裁的争议有了新的认识,为当事人之间的和解奠定了基础。

---

① 马德才编著:《仲裁法案例研究》,世界图书出版公司2015年版,第157-158页。
② 汪祖兴著:《中国仲裁制度的境遇及改革要略》,法律出版社2010年版,第228页。
③ 黄进等著:《仲裁法学》,中国政法大学出版社2008年版,第126页。

（三）仲裁和解的法律后果

《仲裁法》第 49 条规定："达成和解协议的，可以请求仲裁庭根据和解协议作出裁决书，也可以撤回仲裁申请。"可见，和解的法律后果有以下两种：

1. 请求仲裁庭根据和解协议作出裁决书

当事人达成和解协议后，可以请求仲裁庭根据和解协议作出裁决书。仲裁庭收到当事人的此种请求后，在依据和解协议作出裁决时，应当对和解协议进行必要的审查，着重审查和解协议的内容是否违背法律的强制性规定，如果和解协议的内容违背了法律的强制性规定，就不能加以确认或支持。如果和解协议的内容不违背法律的强制性规定，就应当加以确认或支持。仲裁庭根据和解协议作出的裁决书与仲裁庭对争议案件经过审理作出的裁决书具有同等的法律效力：[1]（1）对争议作了终局性的确定。此后对基于同一事实与理由的案件，当事人既不得再向仲裁委员会申请仲裁，也不得向法院提起诉讼；此外，对该具有法律效力的裁决书，非经法定程序，任何机构都不得改变其内容。（2）具有强制执行力。如果义务人不履行该仲裁裁决书中所确定的义务，权利人可以向有管辖权的法院申请强制执行，从而实现自己的合法权益。

2. 撤回仲裁申请

根据《仲裁法》第 49 条的规定，当事人达成和解协议后，既可以请求仲裁庭根据和解协议作出裁决书，也可以撤回仲裁申请。当事人提出撤回仲裁申请后，仲裁庭对当事人的此项申请经过审查，准许当事人撤回仲裁申请，因此仲裁庭也就无须再对争议案件进行审理并作出裁决，同时也意味着仲裁程序由此终结。这表明，当事人达成和解协议后而撤回仲裁申请与当事人达成和解协议后而仲裁庭根据和解协议作出裁决书具有相同点，两者都使得仲裁程序终结，但是两者又有所不同，即前者只是以和解协议的形式解决了当事人之间的争议，但是如果义务人不履行和解协议所确定的义务时，权利人无权依据该和解协议向有管辖权的法院申请强制执行，因为和解协议书并不具有裁决书的效力而不能强制执行；而后者则是以仲裁裁决书的形式解决当事人之间的争议，如果义务人不履行仲裁裁决书所确定的义务时，权利人当然就有权依据该仲裁裁决书向有管辖权的法院申请强制执行，因为仲裁裁决书具有强制执行的效力。

当事人达成和解协议，撤回仲裁申请后又反悔的，可否根据仲裁协议再申请仲裁，对此《仲裁法》持肯定态度，其第 50 条明确规定："当事人达成和解协议，撤回仲裁申请后反悔的，可以根据仲裁协议申请仲裁。"可见，《仲裁法》这种态度与理论界在此方面的规定有所不同，因为后者存在两种不同的观点，一种认为可以再申请仲裁；一种则认为不能再申请仲裁。[2]

---

[1]　江伟主编：《仲裁法》，中国人民大学出版社 2009 年版，第 185 页。
[2]　参见黄进等著：《仲裁法学》，中国政法大学出版社 2008 年版，第 126 页。

❋❋❋❋❋❋❋ 附:仲裁和解实例①及其评析 ❋❋❋❋❋❋❋

某棉纺织厂(以下简称被申请人)分别于1999年11月16日、2002年6月21日与某银行某市青山支行(以下简称青山支行)分别签订《最高额抵押担保借款合同》(合同号为×银青营抵借字××年第××号)和补充协议(×农银补(××)第××号),以其拥有的位于青山区某建筑面积45 390.90平方米的房地产,为其在1999年11月16日至2004年11月16日之间向青山支行所借贷款提供最高额抵押担保。担保范围包括主债权、利息、违约金以及贷款人实现债权及抵押权的费用。被担保的最高贷款限额为人民币5 040万元,并办理他项权利登记(房地产他项权利证明书证号为武房青他字第××号)。后被申请人于2003年5月7日向青山支行借款,借款金额为4 470万元人民币(借款合同号为:×农银借字××年第××号);借款用途为借新还旧;年利率为6.37%。合同明确约定,借款人未按合同约定期限归还借款本金的,贷款人有权对逾期贷款根据逾期天数按日利息万分之二点一计收逾期利息。但被申请人未能清偿到期贷款,亦未履行抵押担保责任。

1999年3月19日被申请人和青山支行又签订了一份《最高额抵押合同》,约定被申请人以其所有的设备,为在1991年2月20日至2004年3月20日期间向青山支行所借贷款提供最高额抵押担保。担保范围包括主债权、利息、违约金以及贷款人实现债权及抵押权的费用。被担保的最高贷款限额为人民币11 570万元。该项抵押于1999年2月28日办理了抵押登记(企业动产抵押登记证证号为××押登字第××号)。

1991年12月26日、1992年6月10日、1992年11月5日、1996年8月20日、2003年6月18日和2003年7月31日,青山支行分别与被申请人签订了四份《借款合同》和二份《借款展期协议》,按照合同和协议的约定,由青山支行先后6次向被申请人分别发放借款人民币100万元、500万元、1 000万元、1 000万元、370万元和200万元,合计发放借款3 170万元;另1992年9月19日青山支行向被申请人发放借款1 100万元,青山支行贷出款项后,被申请人于1992年10月14日归还贷款1 000万元,并就余下100万元签订了一份《借款合同》。合计3 270万元贷款本金及相应利息均未偿还。另外,被申请人还于1992年4月6日向青山支行借款200万元,被申请人后归还本金200万元,尚余利息38 640.00元未偿还(截至2009年8月27日)。

对上述被申请人所欠贷款和利息,青山支行多次进行催收,2005年初该债权划转至该银行江城支行,2009年3月又因该行机构整合,划转至某银行股份有限公司某支行(以下简称申请人)管理。申请人于2009年4月21日向被申请人发出《债务逾期催收通知书》,该通知依法对被申请人就本案所诉债务进行了通知和催告。被申请人在该通知书盖章确认。

上述贷款已逾期多年,被申请人一直未予偿还,申请人依据与被申请人签订的《贷款清偿仲裁协议》,于2009年8月28日向仲裁委员会提请仲裁,请求裁决:(1)被申请人向申请人清偿贷款本金7 740万元整,至2009年8月27日止,结欠利息52 119 636.37元,

---

① 资料来源:某仲裁委员会《仲裁案例选编》(第三辑),2010年12月。转引自马德才编著:《仲裁法案例研究》,世界图书出版公司2015年版,第137-138页。

以及 2009 年 8 月 27 日至还清之日的全部贷款利息(按月息千分之六点三计算);(2) 被申请人为上述贷款设定的抵押房产、地产及动产抵押有效,申请人对抵押物享有优先受偿权;(3) 被申请人承担仲裁费用。

申请人的理由:被申请人从 20 世纪 80 年代就与青山支行建立信贷关系,信用最高额过亿元。2000 年,青山支行将其中 790 万元人民币贷款、692 万美元贷款剥离给某公司,将其余贷款债权于 2005 年初划转至某银行江城支行,2009 年因该银行机构整合,划转至江城支行贷款于 2009 年 3 月划转至申请人管理,现贷款余额人民币 7 840 万元,因 1992 年 5 月 9 日所接 100 万元贷款已另案起诉,本次申请仲裁本金 7 740 万元及欠息。上述贷款均以被申请人的厂房、土地及设备设定了抵押。上述贷款金额 7 940 万元,已偿还 200 万元,余额为 7 740 万元。截至 2009 年 8 月 27 日,共欠息 52 119 636.37 元。上述贷款均已逾期多年,被申请人至今未予偿还。为了维护国家金融资产安全,特向仲裁委提请仲裁。申请人为支持其仲裁请求,向仲裁庭提交了 12 组证据。

2009 年 8 月 28 日,仲裁委员会受理了双方当事人之间的借款合同争议案,并向申请人送达了《受理通知书》,向被申请人送达了《仲裁通知书》、《仲裁申请书》副本,向双方当事人送达了《仲裁规则》和《某仲裁委员会仲裁员名册》等材料。为简化仲裁程序,双方当事人就仲裁过程中的有关程序性事项达成《简化仲裁程序协议》,协议约定:(一)双方均同意本案的审理时限不受《仲裁规则》的限制;(二)申请人不变更或修改仲裁请求,被申请人不提出书面答辩意见和反请求;(三)双方当事人对本案证据均无异议,不需要进行质证;(四)双方一致同意本案适用普通程序,并共同选定仲裁员;(五)双方请求仲裁庭以不开庭书面形式审理本案,并制作裁决书结案。

仲裁庭依据双方当事人达成的和解协议,于 2009 年 9 月 11 日经合议作出了终局裁决。

评析:本案是一起借款合同纠纷案。本案中,双方当事人对其之间因贷款关系而形成的债权债务的基本事实并无争议,但对于以何种途径和方式解决问题双方各有不同的考虑。因此,在本案中,仲裁庭审理的重点不应当在厘清证据、查明事实上,而是要摸清双方当事人的利益关切,并从中梳理出契合点,引导当事人通过和解,通过将和解协议提请仲裁庭确认解决双方的利益纷争。那么,当事人如何通过仲裁和解解决彼此之间的争议呢?

(一)当事人之间存在和解的基础

当事人之间存在和解的基础通常有三种情况,即申请人放弃自己的仲裁请求;被申请人承认申请人的仲裁请求;当事人通过协商找到了一个解决纠纷的方案。本案中,当事人之间存在着和解的基础,而且是当事人之间存在和解基础的第二种情况,即被申请人承认申请人的仲裁请求,因为双方当事人对因贷款关系而形成的债权债务的基本事实并无争议。既然本案当事人之间存在和解的基础,那么仲裁庭审理的重点就不应当在厘清证据、查明事实上,而是要摸清双方当事人的利益关切,并从中梳理出契合点,引导当事人通过和解解决其争议。为达此目的,仲裁庭进行了更深入的调查,并了解到申请人关切的问题:(1)本案借款日久经年,本息挂账不知何日是头;(2)被申请人对借款本息是否认账,心中无底;(3)被申请人处于资产将面临处置的不确定状态;(4)被申请人那么多职工安置事涉社会稳定,其债权的主张缓不得,其债权的实现又急不得。而被申请人考虑的问题:(1)借款是事实,利息也不否认,但目前无力归还也是客观事实;(2)职工安置是大事,不怕申请人过急或过激;(3)目前当地土地价值行情尚不足以既归还银行本息,又安置职工,但随着房地产市场行情一路走高,此目的的实现并非遥不可及。仲裁庭从双方当事人的关切和考虑中找到了契合点:从被申请人来讲,其土地要卖个好价钱,需与开发商进行洽谈,而银行的债务不确定,任何谈判都不会成功;从申请人来讲,其真正意图并非为了立即实现债权,而是要先通过确认债权取得优势地位,待时机成熟再实现其债权。找到了契合点,就找到了促成双方和解的钥匙,因此在仲裁庭的调停下,当事人双方最终达成和解协议。仲裁庭依据双方当事人达成的和解协议,于2009年9月11日经合议作出了终局裁决,顺利地解决了双方当事人之间的争议。

（二）在和解的时间内

前已述及,当事人和解的时间是当事人申请仲裁后到仲裁庭作出裁决之前这段时间里任何一个仲裁程序阶段中。本案中,当事人和解的时间是仲裁委员会受理案件后到仲裁庭作出裁决之前这段时间里,符合《仲裁法》所要求的仲裁和解的时间条件。

（三）符合和解的方式

虽然《仲裁法》第49条规定和解的方式只有当事人自行和解,但是《仲裁法》并未禁止和解的另一种形式即仲裁庭主持的和解,本案仲裁委员会《仲裁规则》第50条第2款确立了仲裁和解的这种形式,所以仲裁委员会的仲裁规则的上述规定并不违反《仲裁法》。而本案仲裁和解正是仲裁庭依据《仲裁规则》第50条第2款的规定进行的,在仲裁庭的调解下,当事人双方最终达成和解协议,而仲裁庭依据双方当事人达成的和解协议,经合议作出了终局裁决。显然,本案的仲裁和解符合《仲裁法》和《仲裁规则》的规定。

（四）和解的前提是双方当事人必须达成和解协议

《仲裁法》第49条规定:"达成和解协议的,可以请求仲裁庭根据和解协议作出裁决书,也可以撤回仲裁申请。"本案仲裁委员会《仲裁规则》第50条更是直截了当地规定双方当事人的和解必须达成和解协议。本案中,仲裁庭正是依据双方当事人达成的和解协议,于2009年9月11日经合议作出了终局裁决,解决了双方当事人之间的争议。

（五）和解是双方当事人的自愿行为,不需要任何第三方的参与

虽然本案仲裁和解是在仲裁庭的主持下进行,但是双方当事人之间的和解协议完全是由当事人自行达成的,所以本案和解是双方当事人的自愿行为,符合《仲裁法》的规定。

综上,本案仲裁庭依据双方当事人达成的和解协议,作出了终局裁决,顺利地解决了双方当事人之间的争议,完全符合《仲裁法》和《仲裁规则》的规定,其合法性当然确定无疑。[1]

五、仲裁调解

（一）仲裁调解的概念和特征

所谓仲裁调解,是指在仲裁程序中,经双方当事人同意,在仲裁庭的主持下,双方当事

---

[1] 马德才编著:《仲裁法案例研究》,世界图书出版公司2015年版,第139-141页。

人在自愿协商、互谅互让的基础上达成协议,从而解决其纠纷的一种制度。将仲裁与调解相结合以解决纠纷,为我国仲裁机构所首创,并得到普遍接受和广泛实践,在国际上被誉为"东方经验",且引起了国际仲裁界的广泛关注。[1] 同时,也得到了《仲裁法》的肯定与鼓励。[2] 现阶段,我国仲裁案件的结案方式有调解、调解不成裁决、申请人撤回仲裁申请三种。相比较而言,调解结案是最好的一种结案方式,这种方式在不违反法律禁止性规定的前提下,充分尊重并体现当事人的内心意愿,将自愿贯穿仲裁庭开庭前的会见与仲裁程序的各个环节,既能充分体现当事人之间的意思自治,又能有效减少、缓解当事人之间的对抗,营造和谐氛围,还能达到依法断案、结合情理、平息争议、案结事了的目的,特别是能够促进当事人自动履行义务,同时能避免当事人申请人民法院撤销仲裁法律文书[3]或对生效的仲裁法律文书不予执行,[4]从而实现从根本上彻底解决争议的终极目的。根据《仲裁法》的有关规定,仲裁调解具有以下几个方面的特征:[5]

（1）调解不是一个独立的程序,也不是裁决前的必经程序。调解程序的开始和进行与仲裁程序的开始和进行有所不同。仲裁程序是依据双方当事人之间的仲裁协议和一方当事人提交的书面仲裁申请而开始的。只要当事人之间达成了仲裁协议,任何一方当事人均可依据仲裁协议的规定提起仲裁程序,无须再征得另一方当事人的同意。可以说,仲裁程序的开始和进行,是实施仲裁协议的结果。一旦仲裁程序已经开始,它的继续进行就具有某种强制性,即使一方当事人不想继续进行仲裁或者试图破坏或拖延仲裁程序,另一方当事人仍可提出要求,仲裁庭也有权根据仲裁程序规则的规定继续审理直到作出最终裁决。与之对照的是,当事人的调解意愿较之仲裁意愿具有随意性,调解程序必须经过双方当事人的一致同意方可开始,而在调解程序进行过程中的任何时候,任何一方当事人可以不再参加调解或者中止调解,在这种情况下,调解员不能强制继续进行调解。当事人仲裁意愿的强制性和当事人的调解意愿的随意性决定了调解仅能在双方当事人一致同意调解的时候,才能将调解程序引入仲裁程序。否则,在仲裁程序中就无调解可言。因此,调解不是仲裁程序中必经的程序,仲裁程序中调解的存在与否取决于参加仲裁的双方当事人双方同意调解。[6] 由此看来,调解也不是一个独立的程序。

（2）调解是在各方当事人自愿的基础上并在仲裁庭的主持下进行的。仲裁庭要么是应各方当事人的请求主持调解,要么是在征得各方当事人同意的基础上进行调解,除此之外,仲裁庭不能进行调解。其原因在于仲裁调解是在仲裁庭主持下,当事人互谅互让、相互妥协而达成调解协议,友好地了结争议。而当事人之间的谅解和妥协,实际上是当事人自行处分自己的民事权利和财产权益,也就是当事人在事实上或者法律上行使着自己财产所有权的核心权能。按照民法的一般原则,所有权的行使,必须体现所有人的意志和利

---

[1]　王生长著:《仲裁与调解相结合的理论与实务》,法律出版社 2001 年版,第 83 页。
[2]　见《仲裁法》第 51 条、第 52 条。
[3]　根据《仲裁法》第 58 条的规定,当事人申请撤销的是仲裁裁决书,而不是仲裁调解书。
[4]　《仲裁法解释》第 28 条规定:当事人请求不予执行仲裁调解书的,人民法院不予支持。
[5]　黄进等著:《仲裁法学》,中国政法大学出版社 2008 年版,第 126 - 127 页。
[6]　王生长著:《仲裁与调解相结合的理论与实务》,法律出版社 2001 年版,第 88 页。

益。[1] 因此,仲裁员或者仲裁庭对案件进行调解,必须建立在双方当事人完全自愿的基础上,不得有任何强迫。

（3）仲裁庭在符合法律规定的前提下进行调解。调解不是无原则地和稀泥,实践中,仲裁庭一般在庭审调查和庭审辩论结束后进行调解。此时,案件是非曲直较为清楚,也有利于调解。如果当事人企图以调解协议的形式实现非法目的,或调解协议违背法律的强行规定,仲裁庭不能予以支持。

（4）调解协议必须是各方当事人经协商达成的一致意见。调解是在仲裁庭主持下,主要由当事人协商,仲裁庭提出的处理争议的意见,只能供当事人参考,不能强迫当事人接受。

（5）调解不成的,仲裁庭应当及时作出裁决。如果各方或一方当事人在调解过程中提出停止调解,仲裁庭应当立即停止调解,而转入裁决程序;如果在调解过程中,双方当事人分歧太大,没有达成调解协议的可能或者迟迟不能达成调解协议,仲裁庭也不能久调不决,而应当及时作出裁决。

（二）仲裁调解的方式

从我国的仲裁实践看,仲裁调解有三种方式:[2]

1. 仲裁庭与各方当事人一起共同磋商

此种方式适用于双方当事人之间分歧较小的情况。仲裁庭与各方当事人一起共同磋商,有利于当事人消除因仲裁庭与各方当事人分别磋商而对仲裁庭的不信任,有利于发挥仲裁庭在调解中的主导作用,从而有利于当事人达成调解协议,进而仲裁庭可以仲裁调解书或者根据当事人协议的结果制作仲裁裁决书结案,顺利解决当事人之间的争议。

2. 各方当事人自己磋商,在达成一致意见后,将此意见告知仲裁庭

此种方式和第一种方式一样,也适用于双方当事人之间分歧较小的情况。此种方式更能体现仲裁调解的特征,因为调解是在双方当事人平等自愿的基础上,以友好协商的方式解决争议的活动,所以,尽管仲裁调解以仲裁庭为主导,但是它仍然建立在当事人协商一致达成调解协议的基础上,故此种方式更能有利于当事人之间争议的解决。

3. 仲裁庭与各方当事人分别磋商

此种方式相当于"斡旋",适用于调解初期双方当事人分歧较大的情况。仲裁庭通过"斡旋",可避免当事人因当面妥协或认错而造成的尴尬,从而有可能促成当事人消除分歧,求同存异。但是,此种方式不能认为是仲裁员私自或单方接触一方当事人或其代理人,因为事先已经过当事人同意。

（三）仲裁调解的原则

为了使以调解解决纠纷达到良好效果,调解必须遵循正确的原则。具体来说,在仲裁中,仲裁庭进行调解应主要坚持如下几个方面的原则:[3]

1. 自愿原则

该原则是仲裁法的基本原则之一的"当事人自愿原则"在仲裁调解中的具体体现。所

---

① 王生长著:《仲裁与调解相结合的理论与实务》,法律出版社 2001 年版,第 88-89 页。

② 参见黄进等著:《仲裁法学》,中国政法大学出版社 2008 年版,第 126 页。

③ 马德才编著:《仲裁法案例研究》,世界图书出版公司 2015 年版,第 144-145 页。

谓自愿原则,是指仲裁庭对案件进行调解,必须完全建立在双方当事人自愿的基础上,不得有任何强迫。其表现为:(1)当事人决定调解。虽然说调解是在仲裁庭的主持之下进行的,但是当事人却有权决定是否进行调解:如果当事人自愿调解的,仲裁庭应当调解[①];如果当事人不愿意调解的,仲裁庭就不能调解。例如,《贸仲规则》第47条第1款规定:"双方当事人有调解愿望的,或一方当事人有调解愿望并经仲裁庭征得另一方当事人同意的,仲裁庭可以在仲裁程序中对案件进行调解。双方当事人也可以自行和解。"不仅如此,在调解程序进行过程中的任何时候,任何一方当事人可以不再参加调解或者中止调解,在这种情况下,仲裁庭则不能强制继续进行调解。例如,《贸仲规则》第47条第3款规定:"调解过程中,任何一方当事人提出终止调解或仲裁庭认为已无调解成功的可能时,仲裁庭应终止调解。"(2)当事人自愿达成调解协议。仲裁调解成功与否除了取决于当事人愿意调解之外,还取决于当事人之间是否达成调解协议。调解达成协议的,仲裁庭应当制作调解书或者根据协议的结果制作裁决书。[②]反之,调解没有达成协议的,根本就谈不上仲裁庭制作调解书或者根据协议的结果制作裁决书了。亦即仲裁调解以有调解协议为前提,而调解协议必须是当事人在自愿平等协商一致的基础之上达成的才为有效,在此过程中,仲裁庭可以提供参考意见,但是否接受仍然取决于当事人,如果仲裁庭强迫当事人接受的,此种调解协议则无效。

2. 查明事实、分清是非原则

查明事实、分清是非是调解工作的一个至关重要的步骤。在提请调解或申请仲裁之前,当事人未能通过直接协商解决他们之间的争议,在很大程度上是因为事实不清及/或责任不明,争议双方不能正确地认识自己在交易中的正确与错误、守约与违约、长处与短处。在调解程序中,事实尚未查清的调解只能是"和稀泥",成功的可能性不大。即使偶尔调解成功,对于当事人从中吸取经验教训也无所帮助。仲裁程序中的调解程序,一般都是在仲裁审理进行到了一定的阶段,例如经过了申请、答辩,材料的一次或几次相互交换乃至双方出席了开庭审理,案件的事实和是非基本清楚之后才开始的。在这个基础上进行调解,加之双方考虑到友好解决争议、保持甚至加深双方将来的合作关系的愿望,仲裁庭或仲裁员就能比较成功地促进双方作合理适度的妥协和让步,最终达成和解协议。[③]

3. 合法原则

该原则是仲裁法的基本原则"根据事实、符合法律规定的原则"和"公平合理原则"在仲裁调解中的具体体现。仲裁调解中的合法原则表现为:(1)调解协议的内容合法。仲裁调解以当事人之间有调解协议为前提,但是该调解协议的内容必须合法,不得违反有关法律规定,不得损害国家、集体和他人的合法利益,否则无效,当事人的调解意愿也因此落空,因为,仲裁庭在依据调解协议制作调解书或者根据协议的结果制作裁决书时,应当对调解协议进行必要的审查,着重审查调解协议的内容是否违背法律的强制性规定,如果调解协议的内容违背了法律的强制性规定,就不应加以确认或支持。只有调解协议的内容

---

①　见《仲裁法》第51条第1款。

②　见《仲裁法》第51条第2款。

③　王生长著:《仲裁与调解相结合的理论与实务》,法律出版社2001年版,第89-90页。

不违背法律的强制性规定,才加以确认或支持。(2) 调解程序合法。仲裁庭应该严格按照《仲裁法》和仲裁规则所规定的程序进行。

(四) 仲裁调解的程序①

1. 调解的开始

《仲裁法》第 51 条第 1 款规定:"仲裁庭在作出裁决前,可以先行调解。当事人自愿调解的,仲裁庭应当调解。调解不成的,应当及时作出裁决。"可见,调解的方式有两种或调解的开始有两种情况:一是仲裁庭自行开始调解。仲裁庭在庭审调查和庭审辩论之后,仲裁裁决作出之前,可以先行调解,但是应当征得双方当事人的同意。二是仲裁庭依据当事人的申请开始调解。仲裁庭在仲裁裁决作出之前,如果当事人协议申请调解的,应当调解。

2. 调解的进行

无论是仲裁庭自行开始调解,还是仲裁庭依据当事人的申请开始调解,在仲裁庭主持调解时,双方当事人及其代理人都应当参与调解。调解既可由独任仲裁员主持,也可由合议庭组成成员或者由其中一名仲裁员以仲裁庭的名义单独主持。前已述及,从我国的仲裁实践看,仲裁调解有三种方式:仲裁庭与各方当事人一起共同磋商;各方当事人自己磋商,在达成一致意见后,将此意见告知仲裁庭;仲裁庭与各方当事人分别磋商。而且,仲裁庭在征得双方当事人同意后可以按照其认为适当的方式进行调解。②

3. 调解的结束

一般而言,仲裁调解可在以下两种情况下结束:

(1) 调解因双方当事人达成调解协议而结束。在仲裁庭的主持下,经过双方当事人的协商,就彼此之间的争议达成调解协议,根据《仲裁法》第 51 条第 2 款规定:"调解达成协议的,仲裁庭应当制作调解书或者根据协议的结果制作裁决书。调解书与裁决书具有同等法律效力。"此时,仲裁庭应当制作调解书或者根据协议的结果制作裁决书。无论是仲裁庭制作调解书,还是根据协议的结果制作裁决书,都导致争议的解决,当然调解也就结束了。可见,仲裁调解可因双方当事人达成调解协议而结束。

(2) 调解因双方当事人未达成调解协议而结束。在仲裁庭的主持下,经过双方当事人的协商,就彼此之间的争议达成调解协议,此时仲裁庭应当制作调解书或者根据协议的结果制作裁决书。反之,在仲裁庭的主持下,经过双方当事人的协商,无法就彼此之间的争议达成调解协议,而根据《仲裁法》第 51 条第 1 款规定:"调解不成的,应当及时作出裁决。"此时,仲裁庭不能久调不决,应当继续进行仲裁程序,并及时对双方当事人之间的争议作出仲裁裁决。在此种情况下,争议得以解决,当然调解也就结束了。可见,仲裁调解也可因双方当事人未达成调解协议而结束。不过,如果调解不成功,任何一方当事人均不得在其后的仲裁程序、司法程序和其他任何程序中援引对方当事人或仲裁庭在调解过程中曾发表的意见、提出的观点、作出的陈述、表示认同或否定的建议或主张作为其请求、答

---

① 参见江伟主编:《仲裁法》,中国人民大学出版社 2009 年版,第 182 - 183 页;蒋新苗等编著:《仲裁法实例说》,湖南人民出版社 2003 年版,第 198 - 199 页。

② 见《贸仲规则》第 47 条第 2 款。

辩或反请求的依据。[①]

（五）仲裁调解书

1. 仲裁调解书的概念

所谓仲裁调解书，是指仲裁庭制作的，用以记载双方当事人之间就争议的实体权利义务所达成的调解协议内容的法律文书。可见，一方面，仲裁调解书是仲裁调解协议的内容；另一方面，仲裁调解协议是仲裁调解书的内容。不过，两者并非绝对具有一一对应关系，因为《仲裁法》第51条第2款规定："调解达成协议的，仲裁庭应当制作调解书或者根据协议的结果制作裁决书。"亦即调解达成协议的，仲裁庭制作调解书并不是唯一的选择，还可以根据协议的结果制作裁决书。

2. 仲裁调解书的制作

《仲裁法》第52条第1款规定："调解书应当写明仲裁请求和当事人协议的结果。调解书由仲裁员签名，加盖仲裁委员会印章，送达双方当事人。"从仲裁实践中看，仲裁调解书由首部、正文和尾部三部分所组成。其中，首部应当写明仲裁调解书的标题，即××仲裁委员会调解书；案件的编号及年号，即（××××）×仲调字第×号；当事人及其代理人的基本情况；案由及调解经过。正文是仲裁调解书的主要内容和核心部分，应当写明仲裁请求、双方当事人争议的主要事实、双方当事人之间达成协议的内容以及仲裁费用的负担等。尾部应当写明仲裁调解书的份数，由仲裁员签名；由合议庭主持调解的，依次由首席仲裁员和两名仲裁员签名并加盖仲裁委员会印章；仲裁调解书的制作日期。

3. 仲裁调解书的法律效力

《仲裁法》第52条第2款规定："调解书经双方当事人签收后，即发生法律效力。"这表明，调解书的生效时间为调解书送达双方当事人，并经双方当事人签收，不同于仲裁裁决书自作出之日起发生法律效力。可见，调解书一经双方当事人签收，当事人就不得反悔，不过在调解书签收前，当事人则可以反悔，此时仲裁庭应当及时作出裁决，对此，《仲裁法》第52条第3款作了明确规定，即"在调解书签收前当事人反悔的，仲裁庭应当及时作出裁决。"

仲裁调解书的法律效力主要表现在以下方面：（1）仲裁程序终结。一旦调解书生效，仲裁程序即告结束，仲裁庭便不再对该案进行审理。这是调解书在程序上的法律后果。（2）双方当事人之间争议的实体权利义务关系被确定。这是调解书在实体上的法律后果。（3）双方当事人不得再申请仲裁或者起诉。调解书的生效表明当事人已经接受仲裁庭的裁决结果，依据《仲裁法》第9条第1款规定的一裁终局原则，当事人不得以同一事实和理由再申请仲裁或者向人民法院起诉。（4）调解书是人民法院强制执行的依据。具有给付内容的调解书生效后，如果一方当事人不履行调解书所确定的实体义务，另一方当事人有权依据调解书申请人民法院强制执行。[②]

[①]　见《贸仲规则》第47条第9款。

[②]　参见江伟主编：《仲裁法》，中国人民大学出版社2009年版，第184页。

附：××仲裁委员会仲裁调解书的样本

××仲裁委员会

调解书

（××××）×仲调字第×号

申请人：×××（写明身份情况）

住所：×××

委托代理人：×××

被申请人：×××（写明身份情况）

住所：×××

委托代理人：×××

案由：保险合同理赔纠纷

申请人与被申请人保险合同理赔纠纷仲裁案，依法由×××、×××、×××仲裁员组成的仲裁庭审理。申请人请求裁决：1. 被申请人按合同约定赔付保险金××元；2. 仲裁费由被申请人承担。在仲裁庭主持下，双方达成如下调解协议：

一、被申请人应于××年××月××日前支付给申请人保险理赔款××元；

二、申请人预交的本案仲裁费××元，由申请人承担 50％计××元，被申请人承担 50％计××元；

三、调解书不需写明本案争议事实和理由；

四、双方无其他争议。

以上一、二项被申请人应承担的金额合计为××元，被申请人应于本调解书送达之日起十日内支付给申请人。

仲裁庭审查了上述调解协议，认为并无不当，仲裁庭予以确认。

本调解书送达后即生效，与裁决书具有同等法律效力。

首席仲裁员：×××

仲裁员：×××

仲裁员：×××

××××年××月××日

（六）仲裁调解与仲裁和解的区别

仲裁调解与仲裁和解都是处理争议案件的活动及方式，两者虽有相同或相似之处，但是也存在诸多区别。其区别主要是：[1]

1. 两者的性质不同

调解是在仲裁庭的主持下进行的，而和解是双方当事人对权利的自行处分，不需要仲裁庭来主持。

2. 两者发生的时间段不同

调解是发生在仲裁程序的某一个阶段，且在仲裁庭主持下进行。而和解一般发生在

---

[1] 参见黄进等著：《仲裁法学》，中国政法大学出版社 2008 年版，第 128 页。

申请仲裁之后,可以在开庭中,也可以在庭审外;当事人甚至在申请仲裁前已达成和解协议,提交给仲裁委员会主要是为了获取有强制执行力的裁决书。可见,在仲裁过程中,调解具有明显的阶段性,而和解则没有。

3. 两者的法律后果不同

当事人达成调解协议的,仲裁庭应当制作调解书,或者根据调解协议的结果制作裁决书。当事人还可以约定其他的结案方式。而当事人达成和解协议的,可以请求仲裁庭根据和解协议作出裁决书,也可以撤回仲裁申请。

4. 当事人反悔后的处理不同

在调解书签收前当事人反悔的,仲裁庭应当及时作出裁决;而当事人达成和解协议,撤回仲裁申请后反悔的,可以根据仲裁协议申请仲裁。

附:仲裁调解实例①及其评析

2006 年 4 月 10 日,某商品混凝土有限公司(以下简称申请人)与某建筑装饰工程有限公司(以下简称被申请人)签订《商品混凝土买卖合同补充协议》(双方未签订其他合同,实为正式协议),约定申请人向被申请人承接创业街某工程项目供应商品混凝土。协议还约定,被申请人未按协议约定付款的,需按照协议价款的日万分之五承担违约责任。协议签订后,申请人开始向被申请人提供商品混凝土。截止到 2009 年 9 月 30 日,申请人共向被申请人提供了价值 1 126 462.50 元的商品混凝土,被申请人向申请人支付了 1 033 700.00 元,尚欠混凝土款 92 762.50 元。为此,申请人于 2009 年 10 月 15 日向仲裁委提出仲裁申请,请求裁决:

(1) 被申请人向申请人给付创业街某工程项目所欠混凝土款 92 762.50 元及以 1 126 462.50 元为基数,从竣工时间 2006 年 10 月 23 日起至给付日止,按日万分之五即 564 元/日计付违约金;截至 2009 年 10 月 10 日为 547 080.00 元,两者合计 639 842.50 元。

(2) 本案仲裁费用由被申请人承担。

2010 年 3 月 6 日,在仲裁庭的主持下,双方当事人本着互谅互让的原则,就本案买卖合同争议达成了如下调解协议:

(1) 被申请人向申请人支付混凝土款等费用人民币 111 020 元;

(2) 本案仲裁费用人民币××元,由被申请人承担;由于申请人已预交全部仲裁费,故被申请人应将其承担的仲裁费连同上述第(1)项款项共计人民币××元于本调解书送达次日起 10 日内一并支付给申请人。

(3) 申请人放弃其他仲裁请求;

(4) 双方请求仲裁庭依据本协议内容制作调解书,并在调解书中不写明争议事实和理由。

仲裁庭认为申请人和被申请人自愿达成的上述调解协议,其内容和形式均不违反国

---

① 资料来源:某仲裁委员会《仲裁案例选编》(第三辑),2010 年 12 月。转引自马德才编著:《仲裁法案例研究》,世界图书出版公司 2015 年版,第 149 - 150 页。

家法律法规,仲裁庭予以认可。

仲裁庭依据《仲裁法》第51条第2款、《仲裁规则》第51条第2款的规定作出本调解书。本调解书自双方当事人签收之日起生效。

评析:本案是一起买卖合同纠纷案。本案双方当事人均有调解的意愿,这是调解的基础;在此基础上,仲裁调解应当充分发挥仲裁庭的主导作用,做好当事人的调解工作;紧接着,仲裁庭应当查明事实,分清是非,这样的调解才不至于是"和稀泥";同时,仲裁庭主持调解时要做到依法、公平、公正、及时调解,以保护当事人调解的热情和积极性;而且,仲裁调解应当用心去做;此外,仲裁调解还应当注意把握时机。只有这样,仲裁调解才能成功。

(一)仲裁调解必须充分尊重当事人的意愿

仲裁实践表明,调解必须从程序上到实体上都充分尊重并体现当事人的意愿,只有这样,才是我国法律所规定的真正意义上的调解,也只有这样,才能实现真正意义上的调解结案,达到调解解决争议的目的。这表明调解必须充分尊重当事人的意愿。尽管调解不同于和解在于其应在仲裁庭的主持下,但是调解与和解一样仍然建立在当事人同意的基础上,亦即没有当事人的同意就没有调解,因此,任何忽视、轻视当事人程序上、实体上的意愿与权利的调解、片面追求结案率的调解、为了调解而进行的调解等做法,都是错误的。本案中,仲裁庭在充分尊重并体现双方当事人在仲裁程序上的意愿与权利的同时,既充分尊重并体现了申请人尽快要回货款与违约金的意愿,又充分尊重并体现被申请人尽快解决争议但在违约金上又不失公正的意愿,通过循循善诱,以理服人、有张有弛等行之有效的方法,促使双方当事人自愿达成了《调解协议》。特别应当注意的是,对于尊重当事人的意愿,不能作机械的理解。尊重当事人的意愿,是指尊重当事人是否同意调解的意愿。这里的尊重,不能仅仅理解为尊重当事人的最初的意愿。经仲裁庭劝导、启发,当事人在仲裁过程中产生的新的意愿,应当予以尊重,才最能体现仲裁调解尊重当事人意愿的要求。因为,当事人可能最初不同意调解,但是后来却又同意,此时仲裁庭应当注意保护当事人愿意调解的积极性和热情,及时、主动主持调解,不要错失良机。

(二)仲裁调解应当充分发挥仲裁庭的主导作用

仲裁调解是当事人自主处分自己的权利,与相对方当事人本着互谅互让的原则解决纠纷。但是,除了当事人自行调解及和解之外,仲裁庭应当发挥主导作用,引导当事人朝着解决纠纷的方向前进,提出自己可接受的调解方案。本案中,如调整违约金,则全盘皆活,如不调整违约金,则双方都受困。但是,调整违约金到何种程度,这不单是当事人应当考虑的,也是仲裁庭应当考虑的。适当、合适,则有可能为双方所接受,不恰当、不可接受,则通途可能因一石所阻。在双方当事人博弈之间(当事人依然希望在调解中实现利益最大化),仲裁庭也应当有所考虑。基于此,仲裁庭在调解中,在适当的时候提出了适当的建议,并且分别为其各方分析利弊。由于仲裁庭的分析、建议,不带任何偏向,设身处地为当事人考虑,当事人基于对仲裁庭的信赖,愿意调整自己的心理尺度,最后达成了共识。仲裁庭的主导作用还体现在以下方面:(1)宣扬和谐,达到双赢。一要向双方当事人讲明仲裁调解的优势和好处,突出和谐与亲和;二要向债权方讲明可由此避免对方当事人不当地利用人民法院的监督程序,拖延债务的偿付,易于自动履行;三要向债务方说明在解决此纠纷后与对方继续合作或尽快抓住其他获取新效益的机遇,从而达到"双赢"。(2)掌握案情,理清责任。掌握所仲裁案件的案情,梳理清楚是哪一方的过错与应承担多大的责任,是仲裁庭在调解中用以抓住"软肋"与"契机","暗示"各方当事人,使其互谅互让,达成和解。(3)适时居中,平衡利益。仲裁调解,主要是协调双方当事人讲利益,而不是评判是非,也不是简单的"和稀泥"。既不能以牺牲一方的经济利益来达到和解,也不能以牺牲效率花过长的时间来寻来所谓公正。其中,所谓适时,就是要注意掌握仲裁调解中的进度与时机,在双方的方案及底线差距过大,经过反复工作不能接近时,应即时终止调解程序,果断转入合议庭裁决阶段。所谓平衡利益,主要是在分析双方的核心利益、可让步利益或共同利益的基础上,引导双方理性地权衡自身利益,互谅互让,从而试探性模糊的或具体的方案。(4)劝导双方当事人不计较细节,着眼于双方业务合作的未来。本案中,在调解时,针对双方各自所主张与观点,仲裁庭先是让双方各自将自己的意见充分表达出来,在仲裁庭征求双方意见,双方均同意由调解处理争议的基础上,告诫双方,不要过分地强调争议过程中的细节与法律的原则规定,而要着眼双方未来合作可能的前提下,暂时放下各自所坚持的原则与对对方过错的计较:不要紧盯对方在合同履行与争议产生中的过错,一味地强调对方应该承担的具体责任,而要放下争议本身,看到双方未来共同合作的更大的益处,更不可因本次争议就恶化了双方间的长期合作的基础,就中断了未来业务合作的渠道。仲裁庭明确地表示:既然双方在合同文本中将争议处理方式选定为仲裁,说明双方是希望在争议出现后,能在一种平和、不激化矛盾的环境下来妥善地化解争议,解决矛盾。为此,仲裁庭希望双方在既要解决本次争议,又能不影响今后合作的基础上,以一种积极的态度来解决争议,为双方最终能调解处理纠纷,营造了较好的氛围。在这些方面,仲裁庭的主导作用是毋庸置疑的。

（三）仲裁调解应当做到查明事实、分清是非

双方当事人如果对于基本事实存在分歧,就很难进行调解。而基本事实需要确实充分的证据予以证明,因为事实终究只有一个,不可能存在两种决然对立的事实。因此,要让双方当事人充分举证,充分说理。在证据面前双方当事人对这一基本事实才有可能达成共识,案件才有了调解的基础。只有在搞清事实真相再讲道理的方法做工作,双方当事人才听得进,才心平气和地接受调解。这就告诉我们,调解也要尊重事实,要以事实为前提。本案的案情和事实均比较清楚,其争议标的表面上看有 639 842.50 元,但货款只有不到 10 万元,其余 50 多万元为违约金,这是本案的基本事实。调解虽然尊重双方当事人的自愿,但离不开基本事实。仲裁庭如果忽视了这一点,而仅仅强调当事人自愿原则,很多案件恐怕都难以调解。事实清楚了,矛盾的焦点自然也就出来了。本案争议的焦点就是违约金的计算问题。庭审时,双方代理人果然围绕违约金问题展开了激烈的辩论,而对货款本身没有异议。违约金到底应当如何计算是本案争议的实体焦点。实体焦点找准了,调解的方向就确定了,调解工作的重点在申请人也就明确了。仲裁庭首先对违约金问题初步交换了意见,仲裁庭一致认为违约金的约定过高,如果被申请人要求对协议约定的违约金进行调整,仲裁庭可以作适当的调整。而且,被申请人也明确提出协议约定的违约金过高,要求仲裁庭予以调整。仲裁庭意见一致后,就开始就违约金问题与双方当事人进行沟通,特别是与申请人进行了较充分、耐心的沟通。希望申请人尊重事实,正确认识和理解当事人的合法权益。通过仲裁庭耐心、细致的工作,申请人同意对违约金做比较大的调

整。申请人在违约金问题上的变化,为调解奠定了比较好的基础,调解结案出现了曙光。

(四)仲裁调解应当做到合理合法,公平公正

当事人虽有调解的热情和积极性,但其调解方案一定是合法、公平的,否则,就会破坏当事人的调解热情和积极性。本案的调解结果从表面上看,申请人主张的违约金从54万元调整到不到2万元,似乎申请人作出了较大的牺牲。调解牺牲了申请人的利益,对申请人似乎不太公平,但如果仔细研究案情,我们发现申请人关于违约金的仲裁请求确实过高,其法律依据也不充分。相反,被申请人要求对违约金进行调整是有法律依据的。即使是仲裁庭作出裁决,也会大幅度地调整违约金。因此,该调解结果并不是以牺牲申请人的利益为前提的。从最终的调解结果来看,是合法合理的,也是公平公正的。这也是双方都能接受调解结果的根本原因。所以,公平公正原则是仲裁案件的天平,亦是仲裁案件的灵魂。做到了公平公正,案件就会阳光四射,相反,案件就会黯淡失色。因为,公平公正不仅是案件的天平,更是当事人心目中的天平。而只有做到合法,才有可能做到公平公正。

(五)仲裁调解应当用心去做

调解虽然是仲裁程序,但调解本身是当事人自己的事情,仲裁庭只要组织就好,调解成功与否,仲裁庭可不必花费太大的气力。这不能不说也是一种调解心态。调解虽然受制于案件的具体情况、当事人之间的关系等诸多因素,但对于仲裁庭来说,调解解决纠纷,应当也是能力的一种体现。既然调解并非无关仲裁庭的痛痒,仲裁庭就应当用心去做,在了解双方纠纷的形成原因及经过、双方的对立程度、利益的针对性、过往关系、合作前景、双方期望及差距大小等纠纷解决难易程度关联的诸多因素之后,仲裁庭就应当进入案件当中,寻找纠纷的突破口及矛盾的弥合点,并应当基于准确的判断,持续不断地努力,推动当事人朝着调解解决纠纷的方向前进,绝对不可以浅尝辄止,知难而退。只要对于案件的总体分析和把握不出偏差,仲裁庭的努力是可以感动当事人的,也是可以影响当事人的,只要当事人有信心,当事人不轻言放弃,调解协议是有望达成的。

(六)仲裁调解应当注意把握时机

调解的方法多种多样,不胜枚举,也不能一成不变,总的来讲,应该因地制宜,因案而异,因人而定。所谓仲裁调解应当注意把握时机中的"时机",是指双方当事人在案件中对调解的认识程度,即双方当事人通过对案情的了解、对证据的分析、对仲裁庭引导的思考,认识到调解于己有利无弊或利大于弊,主观上想调解或愿意调解的想法。及时发现并准确把握"时机"是实现仲裁调解应当特别注意的方法,"时机"未到,因条件不具备,想调也调不成;"时机"已过,因错失良机再调为时已晚;只有"时机"一到,就应因势利导进行调解,方能实现调解。本案中,通过庭前会见和开庭时双方当事人对争议处理的态度,仲裁庭发现双方当事人都愿意调解结案。被申请人在答辩时就明确提出,希望在仲裁庭主持下与申请人进行和解。仲裁庭在征求双方当事人关于调解的意见时,双方当事人均表示同意调解。既然双方当事人都有调解的意愿,仲裁庭就应当把握时机,努力促成双方当事人达成调解协议,顺势调解。仲裁庭趁热打铁,及时与双方当事人沟通,一方面希望申请人在违约金问题上正确对待,作出较大的调整。另一方面,希望被申请人承认违约事实,同意承担部分违约金,特别是在仲裁费用上要主动承担责任,争取申请人的理解。仲裁庭在2010年3月6日开完庭后就及时再次进行了调解,并在最短的时间内促使双方当事人

达成了调解协议,使本案调解成功。①

第六节　仲裁裁决

一、仲裁裁决的概念和种类

（一）仲裁裁决的概念

所谓仲裁裁决,是指仲裁庭对仲裁纠纷案件进行审理后,在认定证据与查明事实的基础上,根据事实,符合法律规定,公平合理地解决双方当事人之间纠纷所作出的具有约束力的权威性书面认定。仲裁裁决的作出,标志着当事人之间纠纷的最终解决,亦即仲裁裁决一经作出,仲裁程序即告终结。

（二）仲裁裁决的种类

根据不同的标准,仲裁裁决可作多种分类。把握仲裁裁决的分类,有助于仲裁庭正确选择仲裁裁决的方式和类型,制作高质量的仲裁裁决书。

1. 对席裁决和缺席裁决

这是以仲裁庭是否以双方当事人或其代理人均到庭参加庭审作出仲裁裁决为标准所作的分类。

对席裁决,是指仲裁庭在双方当事人或其代理人均到庭参加仲裁审理,经过双方举证和质证、陈述和辩驳、查明案件事实之后所作出的仲裁裁决。对席裁决是仲裁的正常形式,根据《仲裁法》的规定,参与开庭是当事人的权利,更是当事人的义务,而作为一项义务,当事人就必须履行。如果当事人不履行开庭义务的话,可能就会影响仲裁进程,并因此给另一方当事人带来损失。所以,正常形式就应该是双方当事人或其代理人均到庭参加仲裁审理。

缺席裁决,是相对于对席裁决而言的一种仲裁裁决,是指仲裁庭在被申请人经书面通知,无正当理由拒不到庭或未经仲裁庭许可中途退庭的情况下,开庭审理后作出的仲裁裁决。可见,缺席裁决是仲裁庭在非正常的状况下所作出的仲裁裁决,因为它是仲裁庭仅在仲裁申请人或其代理人一方当事人到庭参加仲裁审理的基础上所作出的仲裁裁决。

2. 中间裁决和终局裁决

这是以仲裁庭是对实体问题还是对程序问题作出的仲裁裁决为标准所作的分类。

中间裁决,又称临时仲裁,是指仲裁庭在仲裁过程中,就案件特定的程序问题或者证据问题所作出的裁决。它是处理某些具有预先性或者先决性的程序问题的裁决,例如仲裁庭的管辖权、仲裁协议的效力和法律适用等。这类问题通常是通过程序命令或者指令的形式加以处理。严格地说,这类程序命令或者指令不属于裁决范畴,它并不等同于最后裁决,即使当事人不履行中间裁决,也不影响最后裁决的作出。我国《仲裁法》并没有就中

---

①　马德才编著:《仲裁法案例研究》,世界图书出版公司 2015 年版,第 150 - 154 页。

间裁决作出规定。

终局裁决,又称最后裁决或者最终裁决,是指仲裁庭经过庭审,在仲裁审理程序终结时,对已经查清的争议事实与当事人之间的权利义务关系所作出的最终具有约束力的仲裁裁决。该类裁决的作出,意味着仲裁员已经履行完职责,他们对已裁决案件中的争议问题不再享有任何管辖权,仲裁庭和当事人之间在仲裁进行期间所存在的特别关系已经终止。最终裁决具有以下特征:① 终结性。即最终裁决一经作出,整个仲裁程序即告终结。② 强制性。即最终裁决具有强制执行力,如果一方当事人不自觉履行仲裁裁决,另一方当事人有权向人民法院申请强制执行。③ 排除性。即最终裁决作出后,同一当事人就丧失了就同一实体争议重新要求仲裁或者起诉的权利,仲裁机构或人民法院无权再就争议进行仲裁或审判。①

3. 部分裁决和全部裁决

这是以仲裁庭是对部分实体问题亦或对全部实体问题作出的仲裁裁决为标准所作的分类。

部分裁决,又称先行裁决或初步裁决,是指仲裁庭对整个争议案件中的某个或者某几个问题已经审理清楚,为了及时保护当事人的合法权益或者有利于其他问题继续审理而先行对某个或者某几个问题所作出的终局性裁决。对此,我国《仲裁法》第 55 条规定:"仲裁庭仲裁纠纷时,其中一部分事实已经清楚,可以就该部分先行裁决。"部分裁决具有如下特征:① 部分裁决是对整个争议案件中的某个或者某几个问题所作出的实质性裁决。② 部分裁决也是终审性质的裁决,它一经作出即对双方当事人发生效力,具有最终裁决的一般属性。③ 部分裁决具有强制执行力。即部分裁决所处理的相关部分争议已获得终局性解决,具有强制执行力。例如,《新加坡国际商事仲裁中心仲裁规则》第 27 条第 6 项规定:"仲裁庭可以在不同时间就不同的争议问题分别作出单独的最终裁决……这样的裁决可以强制执行。"②

关于是否允许仲裁庭作出部分裁决,各国仲裁立法和司法实践主要有三种情况:① 允许作出部分裁决。英国、法国、德国、意大利、澳大利亚、瑞士、中国等国的仲裁立法承认部分裁决。例如,1987 年《瑞士联邦国际私法法规》第 188 条规定:"除当事人另有约定外,仲裁庭可以作出部分裁决。"② 在一定条件下允许作出部分裁决。例如,按照日本商事仲裁法的规定,只有当事人在仲裁协议中有明确约定的情况下,仲裁庭才可以作出部分裁决。③ 不允许仲裁部分裁决。例如,《欧洲与阿拉伯国家商会调解、仲裁和鉴定规则》就是采取这种做法。③

关于在何种情况下可以作出部分裁决,根据我国《仲裁法》和仲裁实践,主要有下列几种情况:① 仲裁所涉争议事项本来就是分离或者分阶段进行的,当事人据此亦提出数宗仲裁请求,例如当事人分几批购货,对这几批货物的质量分别有不同的意见,也提出了不

---

① 参见宋朝武主编:《仲裁法学》,北京大学出版社 2013 年版,第 152 页。
② 参见谢石松主编:《商事仲裁法学》,高等教育出版社 2003 年版,第 264 页;宋朝武主编:《仲裁法学》,北京大学出版社 2013 年版,第 152 页。
③ 参见谢石松主编:《商事仲裁法学》,高等教育出版社 2003 年版,第 264 - 265 页。

同的请求,仲裁庭完全查清案情尚需时日,而对已查清部分作出裁决又不影响后期审理的。② 在仲裁过程中出现了紧急情况,不先行裁决将引起当事人的损失,例如保存或者出售腐烂、变质、贬值的货物,防止损失进一步扩大。③ 要求当事人合作和采取措施,以便仲裁庭顺利开展工作的程序性事项,例如协助仲裁庭委派专家调试设备、审计账目等。① ④ 应当事人的迫切要求,否则会使其生产和生活受到重大影响,造成重大损失。

全部裁决,是指仲裁庭在案件审理终结后,对整个争议案件的全部实体问题,在事实清楚、权利义务关系明确的基础上所作出的裁决,它具有其约束力和强制执行力。

部分裁决既不同于中间裁决,又不同于全部裁决。其中,它与中间裁决的不同表现在:部分裁决是对争议案件中的部分实体问题所作出的裁决,具有实体性特点,而中间裁决则是就案件特定的程序问题或者证据问题所作出的裁决,具有程序性特点;部分裁决具有终局性,而中间裁决则不具有终局性。它与全部裁决的不同表现在:部分裁决是对整个争议案件中的某个或者某几个问题所作出的裁决,而全部裁决则是对整个争议案件的实体问题所作出的裁决。

4. 合意裁决和非合意裁决

这是以仲裁庭是否依当事人之间的和解协议或仲裁调解协议作出仲裁裁决为标准所作的分类。

合意裁决,是指仲裁庭依据双方当事人达成的和解协议或者仲裁调解协议而作出的仲裁裁决。此类裁决具有其一定的合理性:一方面,有助于激励仲裁当事人通过协商自行达成协议来实现解决争议的目的;另一方面,能够赋予当事人的和解协议以强制执行的效力。② 正因为如此,各国仲裁立法和司法实践及仲裁规则都对合意裁决的效力作了充分的肯定。例如,我国《仲裁法》第49条规定:"当事人申请仲裁后,可以自行和解。达成和解协议的,可以请求仲裁庭根据和解协议作出裁决书,也可以撤回仲裁申请。"第51条第2款规定:"调解达成协议的,仲裁庭应当制作调解书或者根据协议的结果制作裁决书。调解书与裁决书具有同等法律效力。"再如,《联合国国际商事仲裁示范法》规定,当各方在仲裁程序中和解解决了争议,仲裁庭应该终止仲裁程序。而且,如果当事各方提出请求,而仲裁庭也并无异议,则应该按照和解的条件以仲裁裁决书的形式记录此项和解。这种裁决与根据案情作出的任何其他裁决具有同等的效力和地位。《联合国国际贸易法委员会仲裁规则》第36条第1款规定:"裁决作出之前,各方当事人就争议达成和解协议的,仲裁庭应下令终止仲裁程序,或者经各方当事人请求并经仲裁庭接受,应记录此项和解协议并按照和解协议条款作出仲裁裁决。仲裁庭无须对此项裁决说明理由。"可见,从法律效力上来讲,合意裁决与仲裁庭作出的其他裁决并无不同。不过,也有学者认为它并非严格意义上的裁决,因为它反映的不是仲裁庭处理争议的意思,而只是双方当事人的和解或者调解协议,只不过是借用了仲裁裁决的形式而已。③

非合意裁决,是指仲裁庭并不依据双方当事人达成的和解协议或者仲裁调解协议而

---

① 黄进等著:《仲裁法学》,中国政法大学出版社2008年版,第133页。
② 参见谢石松主编:《商事仲裁法学》,高等教育出版社2003年版,第266页。
③ 参见谭兵主编:《中国仲裁制度研究》,法律出版社1995年版,第243页。

作出的仲裁裁决。该类裁决一经作出立即生效。

5. 补正裁决和补充裁决

这是以仲裁庭是对原仲裁裁决的修改还是补充作出的仲裁裁决为标准所作的分类。

补正裁决,是指仲裁庭在仲裁裁决作出后,根据当事人的请求,对裁决书中的文字、计算错误或者仲裁庭已经裁决但在裁决书中遗漏的事项进行补正而作出的仲裁裁决。对此,我国《仲裁法》第 56 条作了规定,即"对裁决书中的文字、计算错误或者仲裁庭已经裁决但在裁决书中遗漏的事项,仲裁庭应当补正;当事人自收到裁决书之日起三十日内,可以请求仲裁庭补正。"

补充裁决,是指仲裁庭在仲裁裁决作出后,根据当事人的请求就裁决书中漏裁的事项①所作出的裁决。在通常情况下,一般不会存在补充裁决的问题,但是由于仲裁庭的疏忽,也会出现漏裁的现象,因此使补充裁决的制度成为必要。为了弥补仲裁中出现的缺漏,许多仲裁规则都规定了补充裁决的制度。② 例如,《联合国国际商事仲裁示范法》第 33 条所规定的"追加裁决"和《伦敦国际仲裁院仲裁规则》第 17 条第 3 款所规定的"附加裁决"等,都属于补充裁决的范畴。其中,《伦敦国际仲裁院仲裁规则》第 17 条第 3 款规定:"除非当事人另有约定,一方当事人于收到裁决书之日起 30 日内,经通知另一方或另几方当事人,要求仲裁庭就其在仲裁程序中提出的、裁决中未加处理的请求作出附加裁决。如果仲裁庭认为该要求理由正当,应在 60 日内作出附加裁决。"又如,《联合国国际贸易法委员会仲裁规则》第 39 条规定:"一方当事人可在收到终止令或裁决书后 30 天内,在通知其他各方当事人后,请求仲裁庭就仲裁程序中提出而仲裁庭未作决定的请求作出裁决或补充裁决。仲裁庭认为裁决或补充裁决请求有正当理由的,应在收到请求后 60 天内作出裁决或补充完成裁决。如有必要,仲裁庭可延长其作出裁决的期限。作出此种裁决或补充裁决时,应适用第 34 条第 2 款至第 6 款的规定。"在此方面,《贸仲规则》第 54 条也作了明确规定,即"(一)如果裁决书中有遗漏事项,仲裁庭可以在发出裁决书后的合理时间内自行作出补充裁决。(二)任何一方当事人可以在收到裁决书后 30 天内以书面形式请求仲裁庭就裁决书中遗漏的事项作出补充裁决;如确有漏裁事项,仲裁庭应在收到上述书面申请后 30 天内作出补充裁决。(三)该补充裁决构成裁决书的一部分,应适用本规则第四十九条第(四)至(九)款的规定。"

二、仲裁裁决的作出

(一)作出仲裁裁决的期限

仲裁庭组建以后,在多长时间内作出仲裁裁决,这就是仲裁庭作出仲裁裁决的期限。对此,各国仲裁立法和仲裁规则的具体规定不尽一致。归纳起来,大体有以下几种做法:(1)约定期限。允许当事人通过仲裁协议具体约定作出仲裁裁决的时间,仲裁庭应当在当事人约定的期限内作出仲裁裁决。例如,《美国统一仲裁法》第 8 条第 2 款规定,仲裁

---

① 所谓裁决书中漏裁的事项,是指当事人在原仲裁中提出了请求,但是仲裁庭因为疏忽而未予审理且没有作出裁决的事项。

② 参见谢石松主编:《商事仲裁法学》,高等教育出版社 2003 年版,第 267 页。

当事人双方可以通过仲裁协议自行约定裁决作出的期限，如果双方当事人没有约定，应当由有管辖权的法院应任何一方当事人的请求加以指定。仲裁双方当事人还可以在其约定或法院指定的期限届满前或届满后，以书面形式加以延长。（2）法定期限。即由仲裁法或仲裁规则直接指定的仲裁庭应当作出仲裁裁决的期限。对此，各国仲裁立法和仲裁规则均明确规定了仲裁庭应当作出仲裁裁决的具体时间及其起算点、计算方法，仲裁庭只能在规定期限内作出裁决，否则仲裁当事人可以对该仲裁裁决的效力提出异议。不过，各国所规定的仲裁庭应当作出仲裁裁决的具体时间及其起算点、计算方法等都各有不同，包括：① 仲裁裁决自当事人提出仲裁申请之日起一定期限内作出。例如，瑞典法律规定，当事人双方都居住在瑞典时，应于仲裁申请之日起 6 个月内作出裁决。② 仲裁裁决自案件审理终结后一定期限内作出。例如，《日本商事仲裁协会商事仲裁规则》第 35 条规定，仲裁庭应当在审理终结后 35 天内作出裁决。《新加坡国际商事仲裁中心仲裁规则》第 27 条第 1 款则规定："仲裁庭应在开庭结束之日起 45 天内作出书面裁决……"③ 仲裁裁决自指定最后一名仲裁员或者组成仲裁庭后一定期限内作出。例如《泰国仲裁法》第 21 条规定，除非当事人另有约定，否则仲裁庭必须在最后一名仲裁员或公断人被合法指定之日起 180 天内作出裁决。①

我国《仲裁法》没有规定仲裁庭作出仲裁裁决的期限，不过各仲裁委员会的仲裁规则对此却作了规定。例如，《贸仲规则》第 48 条规定："（一）仲裁庭应在组庭后 6 个月内作出裁决书。（二）经仲裁庭请求，仲裁委员会仲裁院院长认为确有正当理由和必要的，可以延长该期限。（三）程序中止的期间不计入上述第（一）款规定的裁决期限。"这只是《贸仲规则》对仲裁庭针对涉外案件适用普通程序作出仲裁裁决的期限规定，而关于仲裁庭针对涉外案件适用简易程序作出仲裁裁决的期限，《贸仲规则》第 62 条规定："（一）仲裁庭应在组庭后 3 个月内作出裁决书。（二）经仲裁庭请求，仲裁委员会仲裁院院长认为确有正当理由和必要的，可以延长该期限。（三）程序中止的期间不计入上述第（一）款规定的裁决期限。"关于仲裁庭针对国内案件作出仲裁裁决的期限，《贸仲规则》第 71 条规定："（一）仲裁庭应在组庭后 4 个月内作出裁决书。（二）经仲裁庭请求，仲裁委员会仲裁院院长认为确有正当理由和必要的，可以延长该期限。（三）程序中止的期间不计入上述第（一）款规定的裁决期限。"

（二）作出仲裁裁决的地点

作出仲裁裁决的地点，又称仲裁地点，是指作出仲裁裁决的仲裁机构所在地。确定作出仲裁裁决的地点具有较大意义：（1）影响仲裁协议准据法的确定；（2）影响仲裁程序法的确定；（3）影响仲裁实体法的确定；（4）影响仲裁裁决国籍的确定。正因为如此，各国仲裁法和仲裁规则均规定，仲裁裁决应当载明作出仲裁裁决的地点。②

值得注意的是，仲裁裁决作出地并不等同于仲裁裁决签署地，因为仲裁庭成员可能来自于不同的国家或地区，有时他们会在仲裁裁决作出地以外的地点合议签署裁决；仲裁裁决作出地也有别于开庭审理地，因为开庭审理地可以是仲裁庭认为合适的一个地点，即仲

---

① 参见谢石松主编：《商事仲裁法学》，高等教育出版社 2003 年版，第 270－271 页。
② 参见谢石松主编：《商事仲裁法学》，高等教育出版社 2003 年版，第 274－275 页。

裁庭可以选择任何合适的地点进行庭审,而仲裁裁决作出地则是固定不变的。①

(三)作出仲裁裁决的方式

根据《仲裁法》第 30 条的规定,仲裁庭的组织形式有两种,即由一名仲裁员组成的独任仲裁庭和由三名仲裁员组成的合议仲裁庭。这两种不同组织形式的仲裁庭对于仲裁庭作出仲裁裁决的方式有一定的影响,亦即仲裁庭作出仲裁裁决的方式因为仲裁庭的组织形式不同而有所差异:

1. 独任仲裁庭下作出仲裁裁决的方式

在独任仲裁庭仲裁的情况下,由于仲裁裁决是由独任仲裁员一人作出的,因而不存在以何种表决方式裁决争议的问题,仲裁裁决结果应当以该独任仲裁员的意见为准。

2. 合议仲裁庭下作出仲裁裁决的方式

在由三名仲裁员组成的合议仲裁庭的情况下,由于仲裁裁决是由三名仲裁员作出的,因此就存在以何种表决方式裁决争议的问题,亦即合议仲裁庭下作出仲裁裁决的方式可能不一,归纳起来,有以下几种:

(1)仲裁裁决按三名仲裁员的一致意见作出。这种仲裁裁决的作出方式是建立在三名仲裁员的意见没有分歧的基础上的,既然仲裁员的意见没有分歧,那么仲裁裁决当然就应按三名仲裁员的一致意见作出。显然,这是最为理想的裁决方式。

(2)仲裁裁决按多数仲裁员的意见作出。这种仲裁裁决的作出方式是建立在三名仲裁员的意见存在分歧的基础上的,既然仲裁员的意见存在分歧,三名仲裁员无法达成一致意见,仲裁裁决当然也就无法按三名仲裁员的一致意见作出。那么,在这种情况下,仲裁裁决该如何作出呢?对此,多数国家仲裁法和仲裁规则都规定仲裁裁决采用少数服从多数的原则作出。例如,我国《仲裁法》第 53 条规定:"裁决应当按照多数仲裁员的意见作出,少数仲裁员的不同意见可以记入笔录。"又如《美国仲裁协会国际仲裁规则》第 27 条第 1 项规定:"仲裁庭的任何裁决、决定或者裁定在有 1 名仲裁员以上时应由仲裁员的多数作出。"《贸仲规则》第 49 条第 5 款规定:"由三名仲裁员组成的仲裁庭审理的案件,裁决依全体仲裁员或多数仲裁员的意见作出。少数仲裁员的书面意见应附卷,并可以附在裁决书后,该书面意见不构成裁决书的组成部分。"这种方式也为一些国际仲裁机构的仲裁规则和仲裁方面的法律性文件所采纳。例如,《联合国国际贸易法委员会仲裁规则》第 33 条第 1 款规定:"仲裁员不止一名的,仲裁庭的任何裁决或其他决定均应以仲裁员的多数作出。"又如,《联合国国际商事仲裁示范法》第 29 条规定:"在有一名以上仲裁员的仲裁程序中,除非当事人各方另有协议,仲裁庭的任何决定,均应由其全体成员的多数作出。"

(3)仲裁裁决按首席仲裁员的意见作出。这种仲裁裁决的作出方式是建立在三名仲裁员的意见存在分歧而且无法形成多数意见的基础上的,既然仲裁员的意见存在分歧而且无法形成多数意见,仲裁裁决当然也就无法按三名仲裁员的一致意见和按多数仲裁员的意见作出。那么,在这种情况下,仲裁裁决该如何作出呢?对此,多数国家仲裁法和仲裁规则均规定仲裁裁决采用按首席仲裁员的意见作出。例如,《瑞典仲裁法》第 30 条规定:"除非当事人另有约定,应以参与裁决的仲裁员的多数意见为准。如果不能取得多数

① 宋朝武主编:《仲裁法学》,北京大学出版社 2013 年版,第 154 页。

意见,则以首席仲裁员的意见为准。"又如,我国《仲裁法》第 53 条规定:"仲裁庭不能形成多数意见时,裁决应当按照首席仲裁员的意见作出。"《贸仲规则》第 49 条第 6 款也规定:"仲裁庭不能形成多数意见的,裁决依首席仲裁员的意见作出。其他仲裁员的书面意见应附卷,并可以附在裁决书后,该书面意见不构成裁决书的组成部分。"《联合国国际贸易法委员会仲裁规则》第 33 条第 2 款规定:"出现程序问题时,达不到多数的,或者经仲裁庭授权,首席仲裁员可单独作出决定,但仲裁庭可作出任何必要修订。"

三、仲裁裁决书的形式要求和内容要求

(一)仲裁裁决书的形式要求

关于仲裁裁决书的形式要求,根据有关仲裁立法和仲裁规则的规定,大致有:(1)除了在极少数国家存在例外规定之外,绝大多数国家的仲裁立法和仲裁规则均规定,仲裁裁决必须以书面形式作成。即使是在允许采用其他非书面形式作出仲裁裁决的国家,也只是在例外的情况下可以用非书面的形式作出仲裁裁决,例如,英国并不排除口头裁决,但是该口头裁决如果需要执行,还必须由法院根据仲裁裁决的内容作出判决。(2)用书面形式作出仲裁裁决时,应当严格遵循有关格式的要求,如应当明确记载仲裁裁决的日期和地点,并要求有仲裁员签名,其中要求有仲裁员签名是各国仲裁立法和司法实践的一致要求。在芬兰等国的仲裁立法和司法实践中,甚至把这些格式上的要求规定为有关仲裁裁决书发生法律效力的要件。(3)美国有些州的仲裁立法还规定,仲裁裁决书必须有公证的印鉴才能符合仲裁裁决的形式要求。(4)关于仲裁员签名,多数国家规定以全体仲裁员签名为原则,以多数仲裁员签名为例外,但要求对未签名的仲裁员的情况予以注明。例如,《法兰西共和国仲裁法令》第 33 条规定:"仲裁裁决由全体仲裁员签字,如有少数仲裁员拒绝签字,其余的仲裁员应对此加以注明。"再如,《联合国国际贸易法委员会仲裁规则》第 32 条第 4 款、《美洲国家商事仲裁委员会仲裁规则》第 32 条第 4 款也规定,如果三名仲裁员中有一人未能在裁决书上签名,则应该在裁决书中说明未能签名的原因。[①]

我国《仲裁法》和各仲裁委员会仲裁规则也都对仲裁裁决书的形式要求作了规定。例如,《仲裁法》第 54 条规定:"裁决书应当写明仲裁请求、争议事实、裁决理由、裁决结果、仲裁费用的负担和裁决日期。当事人协议不愿写明争议事实和裁决理由的,可以不写。裁决书由仲裁员签名,加盖仲裁委员会印章。对裁决持不同意见的仲裁员,可以签名,也可以不签名。"可见,《仲裁法》对仲裁裁决书的形式要求是:(1)仲裁裁决必须以书面形式作成。(2)仲裁裁决书应由仲裁员签名,不过持不同意见的仲裁员可以不签名。(3)仲裁裁决书应当写明仲裁裁决的日期。(4)仲裁裁决书应加盖仲裁委员会印章。再如,《贸仲规则》第 49 条第 3 款、第 4 款、第 5 款、第 7 款对仲裁裁决书的形式要求作了规定,根据这些规定,可知《贸仲规则》对仲裁裁决书的形式要求:(1)仲裁裁决书应由全体仲裁员或多数仲裁员签名,不过,持有不同意见的仲裁员可以在裁决书上不署名。(2)仲裁裁决书应加盖仲裁委员会印章。(3)仲裁裁决书应写明仲裁裁决的日期和地点。

---

① 参见谢石松主编:《商事仲裁法学》,高等教育出版社 2003 年版,第 268 页。

(二) 仲裁裁决书的内容要求

根据我国《仲裁法》第54条的规定,仲裁裁决书的内容应当写明仲裁请求、争议事实、裁决理由、裁决结果、仲裁费用的负担和裁决日期。不过,当事人协议不愿写明争议事实和裁决理由的,可以不写。这些内容只是仲裁裁决书的主要内容,而作为一份完整的仲裁裁决书,除了上述主要内容之外,还应写明仲裁裁决书名称、仲裁委员会的名称和地址、年号及仲裁裁决书的编号、双方当事人及其委托代理人的基本情况、案由、仲裁庭组成情况、仲裁员姓名、审理过程以及作出仲裁裁决的地点、仲裁裁决的履行期限等。

如果仲裁裁决书是根据和解协议和调解协议制作的,那么其内容就相对较为简单,即仲裁裁决书只需根据和解协议和调解协议制作即可,可以不写明争议事实和裁决理由。

附:××仲裁委员会裁决书样式

××仲裁委员会
裁决书

(××××)×仲裁字第××号

申请人:×××(写明身份情况)

住所:×××

机构代码:×××

法定代表人:×××(写明身份情况)

被申请人:×××(写明身份情况)

住所:×××

机构代码:×××

法定代表人:×××(写明身份情况)

案由:××合同纠纷

申请人依据与被申请人 ××××年××月××日签订的《××合同》中的仲裁条款,于××××年××月×日向本会申请仲裁,本会依法受理了该合同项下争议仲裁案。本案依法由×××为首席仲裁员,×××、×××为仲裁员组成的仲裁庭审理。

仲裁庭于××××年××月××日开庭。(此处应说明双方当事人出庭情况)。庭审中,双方分别陈述了案情、接受了仲裁庭询问、提交了证据,进行了质证、辩论和最后陈述。仲裁庭组织双方进行了调解,但因双方主张差距太大,未能达成调解协议。本案已审理终结。现将案情、仲裁庭意见和裁决分述如下:

一、案情

本案基本案情如下(仲裁庭归纳):××××年××月××日,申请人与被申请人签订一份《建筑装饰工程施工合同》,申请人向被申请人承包施工××大厦工程,合同约定的工程总价为××元,并对工程量的增减及竣工结算手续等作了详细约定,在履行上述施工合同过程中,双方对工程结算问题产生争议。

申请人提出如下仲裁请求:1. 裁决被申请人支付拖欠工程款××元;2. 裁决被申请人支付逾付工程款违约金××元;3. 承担本案仲裁费用。

申请人述称：＿＿＿＿＿＿＿＿＿＿＿＿＿＿＿＿＿＿＿＿＿＿＿＿＿＿＿＿＿＿＿＿。

被申请人辩称：＿＿＿＿＿＿＿＿＿＿＿＿＿＿＿＿＿＿＿＿＿＿＿＿＿＿＿＿＿＿。

针对被申请人的答辩意见，申请人进一步提出如下意见：＿＿＿＿＿＿＿＿＿＿＿＿。

申请人为支持其主张提供了如下证据材料，被申请人发表了质证意见，具体如下：

1. ××××年×月×日签订的《建筑装饰工程施工合同》(节选)，欲证明……被申请人对该证据的真实性无异议，但认为申请人复印得不全，有隐瞒证据的行为。

2. 竣工移交证书×份，欲证明……被申请人对该证据的真实性无异议，但认为该证据无法证明申请人的证明目的。

3. ……

被申请人为支持其主张提供了如下证据材料，申请人发表了质证意见，具体如下：

1. ……

2. ……

3. ……

双方质证后，仲裁庭对本案所有证据，依法进行了全面审查，作如下认定：(内容略)

仲裁庭经审理查明：＿＿＿＿＿＿＿＿＿＿＿＿＿＿＿＿＿＿＿＿＿＿＿＿＿＿＿。

仲裁庭归纳本案争议焦点为：1.＿＿＿＿＿＿＿＿；2.＿＿＿＿＿＿＿＿；3.＿＿＿＿＿＿＿＿
＿＿＿＿＿＿＿。

二、仲裁庭意见

基于查明的本案事实，针对双方争议焦点，仲裁庭发表如下意见：

(一)关于本案合同效力的问题

仲裁庭认为，本案合同系双方当事人自愿签订，且为真实意思表示，合同内容不违反法律、行政法规的强制性规定，合法有效，合同双方均应严格履行；

(二)关于……的问题

申请人认为……理由是……被申请人认为……理由是……(申请人不同意被申请人的抗辩，认为……)针对双方争议，仲裁庭认为……

(二)关于……的问题

……

(三)关于……的问题

……

(四)关于仲裁费用承担的问题

……

三、裁决

根据《中华人民共和国××××》第×条(应写明其他作出裁决的依据)和《中华人民共和国仲裁法》第七条之规定，仲裁庭裁决如下：

(一)被申请人应向申请人支付拖欠的工程款××万元；

(二)被申请人应自××××年××月××日至清偿之日止，以拖欠本金为基数，按中国人民银行同期同类贷款利率计算利息，向申请人支付违约金；

（三）申请人预交的本案仲裁费××元，由被申请人承担并径付申请人。

上述（一）、（二）、（三）项裁决被申请人的支付义务，被申请人应于本裁决书送达之日起×日内向申请人一次性支付完毕。

本裁决为终局裁决，自作出之日起发生法律效力。

首席仲裁员：

仲裁员：

仲裁员：

××××年××月××日

（仲裁委员会印章）

四、仲裁裁决书的补正

根据《仲裁法》第 9 条的规定，仲裁实行一裁终局的制度，裁决作出后，当事人就同一纠纷再申请仲裁或者向人民法院起诉的，仲裁委员会或者人民法院不予受理。这体现了仲裁的快捷性和仲裁的效率理念，同时也表明仲裁庭无权更正仲裁裁决本身的错误。但是，这是否意味着仲裁庭对仲裁裁决书的任何错误都无权更正呢？当然不是，恰恰相反，对于仲裁裁决书的某些错误，仲裁庭不仅有权进行更正，而且有义务进行更正，对此，《仲裁法》第 56 条作了规定。

《仲裁法》第 56 条规定："对裁决书中的文字、计算错误或者仲裁庭已经裁决但在裁决书中遗漏的事项，仲裁庭应当补正；当事人自收到裁决书之日起 30 日内，可以请求仲裁庭补正。"可见，该条对仲裁裁决书的补正作了规定，包括对仲裁裁决书的补正事项和对仲裁裁决书的补正方式。其中，仲裁庭对仲裁裁决书的补正事项为：（1）仲裁裁决书中的文字错误；（2）仲裁裁决书中的计算错误；（3）已经裁决但在仲裁裁决书中被遗漏的事项。仲裁庭对仲裁裁决书的补正方式为：（1）仲裁庭自行补正；（2）当事人请求仲裁庭补正。后者应自当事人收到裁决书之日起 30 日内提出请求。该补正裁决构成原仲裁裁决书的一部分。不过，《仲裁法》该条规定没有涉及仲裁实务中的一种情况，即当事人在仲裁中提出了请求，但仲裁庭因疏忽而未审理并没有作出裁决。这种情况实际上正是前述"补充裁决"的情况。亦即《仲裁法》只是规定了"补正裁决"而没有规定"补充裁决"。

然而，我国各仲裁委员会的仲裁规则既规定了"补正裁决"，又规定了"补充裁决"。例如，《贸仲规则》第 53 条规定了"补正裁决"，即"（一）仲裁庭可以在发出裁决书后的合理时间内自行以书面形式对裁决书中的书写、打印、计算上的错误或其他类似性质的错误作出更正。（二）任何一方当事人均可以在收到裁决书后 30 天内就裁决书中的书写、打印、计算上的错误或其他类似性质的错误，书面申请仲裁庭作出更正；如确有错误，仲裁庭应在收到书面申请后 30 天内作出书面更正。（三）上述书面更正构成裁决书的组成部分，应适用本规则第四十九条第（四）至（九）款的规定。"《贸仲规则》第 54 条规定了"补充裁决"，即"（一）如果裁决书中有遗漏事项，仲裁庭可以在发出裁决书后的合理时间内自行作出补充裁决。（二）任何一方当事人可以在收到裁决书后 30 天内以书面形式请求仲裁庭就裁决书中遗漏的事项作出补充裁决；如确有漏裁事项，仲裁庭应在收到上述书面申请后 30 天内作出补充裁决。（三）该补充裁决构成裁决书的一部分，应适用本规则第四十九条第(四)至(九)款的规定。"因此,无论是仲裁裁决书的更正,还是补充裁决,都构成原仲裁裁决书的一部分。

五、仲裁裁决的生效和效力

(一)仲裁裁决的生效

仲裁裁决作出后什么时间开始生效,各国仲裁立法和仲裁规则的规定有所不同,归纳起来,大致有两种情况:(1)仲裁裁决自裁决作出之日起生效。例如,《法国民事诉讼法典》第1476条规定:"仲裁裁决自其作出之日起对于它决定的争议具有既判力。"1986年《荷兰仲裁法》也规定:"只有终局裁决或部分裁决才能获得既判力。裁决自其作出之日起具有既判力。"(2)仲裁裁决自通知当事人之日起生效。例如,1987年《瑞士联邦国际私法法规》第190条第1款规定,裁决自通知当事人之日起生效。《葡萄牙仲裁法》第26条第1款规定:"将仲裁裁决通知当事人,并且如果需要,根据第24条的规定存放法院之后,仲裁裁决获得了既判力,并从那时起不再可以上诉。"

我国《仲裁法》第57条规定:"裁决书自作出之日起发生法律效力。"由此可见,我国将仲裁裁决生效的时间定为仲裁裁决书作出之日。作此规定的意义在于:有利于仲裁庭慎重作出仲裁裁决,也有利于防止仲裁庭在仲裁裁决书送达之前擅自改动仲裁裁决的内容,从而保障仲裁裁决的稳定性。而"裁决书作出之日"生效有如下两种情况:(1)如果仲裁庭当庭宣告仲裁裁决内容,则宣告仲裁裁决的时间为裁决书作出时间,仲裁裁决即自宣告之日起生效;(2)如果仲裁庭不是当庭宣告,则裁决书制作完成,经仲裁员签名并加盖仲裁委员会印章的时间即为仲裁裁决作出和生效的时间。[①]《贸仲规则》第49条第8款作了和《仲裁法》第57条相类似的规定,即"作出裁决书的日期,即为裁决发生法律效力的日期。"

(二)仲裁裁决的效力

仲裁裁决的效力,是指仲裁裁决生效后所产生的法律后果。仲裁裁决的效力体现在以下几个方面:

1.仲裁裁决的既判力

仲裁裁决的既判力体现在:(1)仲裁裁决一旦生效,同一纠纷的当事人就不能对同一事实和理由再次申请仲裁或者向法院起诉,即使当事人再次申请仲裁或者向法院起诉,仲裁机构或者法院也不予受理。例如,《仲裁法》第9条规定:"仲裁实行一裁终局的制度。裁决作出后,当事人就同一纠纷再申请仲裁或者向人民法院起诉的,仲裁委员会或者人民法院不予受理。"《贸仲规则》第49条第9款也规定:"裁决是终局的,对双方当事人均有约束力。任何一方当事人均不得向法院起诉,也不得向其他任何机构提出变更仲裁裁决的请求。"(2)仲裁裁决一旦生效,原作出该项仲裁裁决的仲裁机构就不能再次处理已经审结的案件,也不得重新审查和变更自己已经作出的仲裁裁决,除非前述仲裁庭自行决定或者应当事人请求,仲裁庭对仲裁裁决书中的文字错误和计算错误或者仲裁庭已经裁决但在裁决书中遗漏的事项予以补正或者补充。(3)在当事人履行该仲裁裁决或者法院根

① 参见蒋新苗等编著:《仲裁法实例说》,湖南人民出版社2003年版,第207-208页。

据当事人的申请强制执行该仲裁裁决的过程中,任何就该仲裁裁决的实现负有协助义务的单位或个人,应该履行自己的协助义务,以保证生效仲裁裁决的实现。

2.仲裁裁决的强制执行力

仲裁裁决一经作出立即生效,意味着当事人应当履行裁决,如果一方当事人不履行仲裁裁决的义务,那么另一方当事人就可以依照民事诉讼法的有关规定向有管辖权的人民法院申请执行。受申请的人民法院经过审查决定受理当事人提出的执行仲裁裁决申请以后,应当指派执行员负责执行工作,并且执行员接到申请执行书或者移交执行书,应当及时向被执行人发出执行通知,且可以立即采取强制执行措施,迫使义务方当事人履行义务,以实现权利方当事人的合法权益,维护仲裁裁决的法律效力和权威。对此,《仲裁法》第62条规定:"当事人应当履行裁决。一方当事人不履行的,另一方当事人可以依照民事诉讼法的有关规定向人民法院申请执行。受申请的人民法院应当执行。"《贸仲规则》第55条也规定:"(一)当事人应依照裁决书写明的期限履行仲裁裁决;裁决书未写明履行期限的,应立即履行。(二)一方当事人不履行裁决的,另一方当事人可以依法向有管辖权的法院申请执行。"

第七节　简易程序

一、简易程序概述

简易程序,即仲裁普通程序的简化,是指在仲裁过程中,仲裁机构审理争议金额较小或者争议金额虽然较大但是双方当事人却约定或同意仲裁案件所适用的一种简便易行的程序。

在仲裁程序中设立简易程序的意义较为明显,既有利于节约仲裁资源,提供仲裁效率,又有利于更好地保护当事人合法权益。虽然我国《仲裁法》没有明确规定简易程序,但是仲裁具有的快捷性、灵活性和经济性的特点,仲裁所充分尊重当事人意愿的仲裁原则,以及《仲裁法》对独任仲裁员仲裁和书面审理的肯定,实质上都包含了简化仲裁程序的精神。因此,各仲裁委员会在制定仲裁规则时往往规定有简易程序。[1] 例如,《贸仲规则》第四章对简易程序作了较为详细的规定。

二、简易程序的适用情形

根据我国各仲裁委员会仲裁规则的规定,仲裁简易程序的适用情形如下:

(一)案件争议金额在规定数额以下

综观各仲裁委员会的仲裁规则规定,适用简易程序的案件往往都对案件争议金额有要求,一般要求是案件争议金额在规定数额以下。至于规定的数额是多少,各仲裁委员会仲裁规则的规定有所不同。例如,《贸仲规则》第56条第1款规定:"除非当事人另有约

---

[1]　参见马德才主编:《仲裁法》,厦门大学出版社2014年版,第140页。

定,凡争议金额不超过人民币 500 万元,适用简易程序。"《北仲规则》第 53 条第 1 款规定:
"除非当事人另有约定,凡案件争议金额不超过 100 万元(指人民币,下同)的,适用简易程序。"第三届武汉仲裁委员会第六次全体会议 2015 年 4 月 22 日审议并通过,自 2015 年 5 月 1 日起施行的《武汉仲裁委员会仲裁规则》(2015 年版)(以下简称《武仲规则》)第 67 条第 1 款规定:"涉案纠纷金额不超过人民币一百万元的,适用简易程序,当事人另有约定的除外。"但在特定情形下,如案件没有争议金额,或者争议金额不明确,则往往由仲裁庭决定是否适用简易程序。例如,《贸仲规则》第 56 条第 2 款规定:"没有争议金额或者争议金额不明确,由仲裁委员会根据案件的复杂程度、涉及利益的大小和范围以及其他有关因素综合考虑决定是否适用简易程序。"《武仲规则》第 67 条第 2 款规定:"没有争议金额或者争议金额不明确的,由本会依据案件的复杂程度、涉及利益的大小和其他有关因素决定是否适用简易程序。"

(二) 双方当事人同意适用简易程序

由上可知,案件争议金额在规定数额以下的适用简易程序,案件争议金额超过规定数额的,就不能适用简易程序,而应适用仲裁普通程序,仲裁委员会也无权直接决定适用简易程序。但是,如果双方当事人同意适用简易程序的,则适用简易程序。所谓双方当事人同意,可以是经一方当事人书面申请并征得另一方当事人书面同意,也可以是双方当事人约定。例如,《贸仲规则》第 56 条第 1 款规定:"争议金额超过人民币 500 万元但经一方当事人书面申请并征得另一方当事人书面同意的,或双方当事人约定适用简易程序的,适用简易程序。"《北仲规则》第 53 条第 2 款规定:"争议金额超过 100 万元,当事人约定或者同意的,也可适用简易程序,仲裁费用予以减收。"《武仲规则》第 67 条第 1 款规定:"涉案争议金额超过人民币一百万元的,经当事人同意也可以适用简易程序。"

(三) 仲裁委员会决定适用简易程序

在仲裁实践中,有些案件没有争议金额或争议金额不明确,此时无法依照案件争议金额来决定适用简易程序,那么在此种情形下,可由仲裁委员会根据案件的复杂程度、涉及利益的大小以及其他有关因素的实际情况,综合考虑,以决定是否适用简易程序。例如,《贸仲规则》第 56 条第 2 款规定:"没有争议金额或争议金额不明确的,由仲裁委员会根据案件的复杂程度、涉及利益的大小以及其他有关因素综合考虑决定是否适用简易程序。"《武仲规则》第 67 条第 2 款规定:"没有争议金额或者争议金额不明确的,由本会依据案件的复杂程度、涉及利益的大小和其他有关因素决定是否适用简易程序。"

三、简易程序的特点

相比仲裁普通程序,仲裁简易程序具有如下特点:

(一) 仲裁庭的组成方式简便

在仲裁程序中适用简易程序审理仲裁纠纷案件,均由独任仲裁员组成独任仲裁庭进行审理,即由双方当事人共同选定或者共同委托仲裁委员会主任指定一名仲裁员组成独任仲裁庭对纠纷案件进行审理。例如,《贸仲规则》第 58 条规定:"除非当事人另有约定,适用简易程序的案件,依照本规则第二十八条的规定成立独任仲裁庭审理案件。"《北仲规则》第 54 条第 1 款规定:"适用简易程序的案件,由独任仲裁员审理。"《武仲规则》第 68

条第 1 款规定:"适用简易程序的案件,由独任仲裁庭审理。"而适用仲裁普通程序审理仲裁纠纷案件,除非双方当事人约定由独任仲裁庭审理,则应该由 3 名仲裁员组成合议仲裁庭进行审理。例如,《贸仲规则》第 25 条第 2 款规定:"除非当事人另有约定或本规则另有规定,仲裁庭由三名仲裁员组成。"《北仲规则》第 19 条第 1 款规定:"除非当事人另有约定或本规则另有规定,仲裁庭由三名仲裁员组成。"

(二) 审理方式灵活

适用简易程序审理仲裁纠纷案件,仲裁庭可以根据案件的实际情况,按照其认为适当的方式进行仲裁,既可以决定只依据当事人提交的书面材料和证据进行书面审理,也可以决定开庭审理。例如,《贸仲规则》第 60 条规定:"仲裁庭可以按照其认为适当的方式审理案件,可以在征求当事人意见后决定只依据当事人提交的书面材料和证据进行书面审理,也可以决定开庭审理。"而适用普通程序审理仲裁纠纷案件,仲裁庭只能按照当事人协议约定的方式或者没有当事人约定时,按照仲裁规则规定的方式进行审理。

(三) 进行仲裁程序的期限相对较短

适用简易程序审理仲裁纠纷案件,相比普通程序,进行仲裁程序的期限相对较短。不论是提交答辩书和其他材料的期限,还是提出反请求的期限;不论是指定仲裁员的期限,还是将开庭日期通知当事人的期限,抑或作出仲裁裁决的期限,较之普通仲裁程序中的期限来说都有所缩短。例如,关于简易程序中的仲裁答辩和反请求期限,《贸仲规则》第 59 条规定:"(一)被申请人应在收到仲裁通知后 20 天内提交答辩书及证据材料以及其他证明文件;如有反请求,也应在此期限内提交反请求书及证据材料以及其他证明文件。(二)申请人应在收到反请求书及其附件后 20 天内针对被申请人的反请求提交答辩。(三)当事人确有正当理由请求延长上述期限的,由仲裁庭决定是否延长;仲裁庭尚未组成的,由仲裁委员会仲裁院作出决定。"而关于普通程序中的仲裁答辩和反请求期限,《贸仲规则》第 15 条第 1 款规定:"被申请人应自收到仲裁通知后 45 天内提交答辩书。被申请人确有正当理由请求延长提交答辩期限的,由仲裁庭决定是否延长答辩期限;仲裁庭尚未组成的,由仲裁委员会仲裁院作出决定。"《贸仲规则》第 16 条第 1 款规定:"被申请人如有反请求,应自收到仲裁通知后 45 天内以书面形式提交。被申请人确有正当理由请求延长提交反请求期限的,由仲裁庭决定是否延长反请求期限;仲裁庭尚未组成的,由仲裁委员会仲裁院作出决定。"再如,关于简易程序中作出裁决的期限,《贸仲规则》第 62 条第 1 款规定:"仲裁庭应在组庭后 3 个月内作出裁决书。"而关于普通程序中作出裁决的期限,《贸仲规则》第 48 条第 1 款规定:"仲裁庭应在组庭后 6 个月内作出裁决书。"

(四) 简易程序可变更为普通程序

适用简易程序审理仲裁纠纷案件,仲裁申请人有权变更仲裁请求,被申请人有权提出反请求,而仲裁请求的变更或者反请求的提出可能导致案件争议金额超过适用简易程序审理仲裁纠纷案件的案件争议金额标准,这种情况,一般不影响简易程序的进行,但是如果双方当事人约定将简易程序变更为普通程序或者仲裁庭认为有必要变更为普通程序,那么则应将简易程序变更为普通程序。例如,《贸仲规则》第 63 条规定:"仲裁请求的变更或反请求的提出,不影响简易程序的继续进行。经变更的仲裁请求或反请求所涉争议金额分别超过人民币 500 万元的案件,除非当事人约定或仲裁庭认为有必要变更为普通程序,继续适用简易程序。"《北仲规则》第57条规定:"(一)简易程序进行中,各方当事人共同申请或者一方当事人申请其他当事人同意的,可以将简易程序变更为普通程序。(二)仲裁请求的变更或者反请求的提出、变更导致案件争议金额超过100万元的,不影响简易程序的进行。任何一方当事人认为影响的,可以向主任申请变更为普通程序。是否同意,由主任决定。"而适用普通程序审理仲裁纠纷案件,各仲裁委员会仲裁规则都没有规定当事人或者仲裁庭有权将普通程序变更为简易程序进行审理。

【司法考试真题链接】

1. 甲公司与乙公司之间的买卖合同纠纷,双方在仲裁过程中达成和解协议,此种情况下甲公司不具有下列哪一种权利?(2004年司法考试真题)

   A. 请求仲裁庭根据和解协议作出裁决书

   B. 撤回仲裁申请

   C. 对仲裁协议进行反悔,请求仲裁庭依法作出裁决

   D. 请求法院执行仲裁过程中达成的和解协议

2. 根据我国仲裁法的规定,下列哪些关于仲裁程序的表述是正确的?(2004年司法考试真题)

   A. 仲裁应当开庭进行,但当事人可以约定不开庭

   B. 仲裁不公开进行,但如不涉及国家秘密,当事人也可以约定公开进行

   C. 对仲裁庭的组成,当事人可以约定由3名仲裁员组成仲裁庭

   D. 当事人对仲裁的调解书不得申请撤销,对裁决书可以申请撤销

3. 根据我国仲裁法的规定,在不同的情况下仲裁庭可以作出不同的裁决。下列有关仲裁裁决的说法哪些是正确的?(2004年司法考试真题)

   A. 仲裁庭仲裁纠纷时,其中一部分事实已经清楚的,可以就该部分先行裁决

   B. 被申请人经书面通知,无正当理由不到庭的,仲裁庭可以据此认定申请人的主张成立,缺席裁决

   C. 当事人调解达成协议的,仲裁庭应制作调解书或根据调解结果制作裁决书

   D. 仲裁裁决一经作出即发生法律效力,但对裁决书中的文字、计算错误,当事人可以请求仲裁庭补正

4. 海云公司与金辰公司签订了一份装饰工程合同。合同约定:金辰公司包工包料,负责完成海云公司办公大楼的装饰工程。事后双方另行达成了补充协议,约定因该合同的履行发生纠纷,由某仲裁委员会裁决。在装饰工程竣工后,质检单位鉴定复合地板及瓷砖系不合格产品。海云公司要求金辰公司返工并赔偿损失,金辰公司不同意,引发纠纷。请回答以下题。

   假设某法院受理海云公司的起诉,诉讼过程中海云公司与金辰公司达成和解协议,可如何结案?(2005年司法考试真题)

   A. 海云公司申请撤诉,由法院作出准予撤诉的裁定

B. 法院作出准许撤诉的决定书

C. 法院可以根据和解协议制作调解书

D. 法院可以根据和解协议制作判决书

5. 中国甲公司与某国乙公司发生买卖合同纠纷,在中国仲裁过程中,乙公司申请财产保全,要求扣押甲公司在某港口的一批机器设备。仲裁委员会对此申请应如何处理?(2005年司法考试真题)

A. 不予受理,告知当事人直接向有关法院提出申请

B. 审查后直接作出财产保全裁定,由有关法院执行

C. 将乙公司的申请提交甲公司所在地的中级人民法院裁定

D. 将乙公司的申请提交机器设备所在地的基层法院裁定

6. 甲公司与乙公司就某一合同纠纷进行仲裁,达成和解协议,向仲裁委员会申请撤回仲裁申请。后乙公司未按和解协议履行其义务。甲公司应如何解决此纠纷?(2006年司法考试真题)

A. 甲公司可以依据原仲裁协议重新申请仲裁

B. 甲公司只能向法院提起诉讼

C. 甲公司既可以向法院提起诉讼,也可以与乙公司重新达成仲裁协议申请仲裁

D. 甲公司可以向仲裁委员会申请恢复仲裁程序

7. 下列关于仲裁裁决的哪些观点是正确的?(2006年司法考试真题)

A. 当事人可以请求仲裁庭根据双方的和解协议作出裁决

B. 仲裁庭可以根据双方当事人达成的调解协议作出裁决

C. 仲裁裁决应当根据仲裁庭多数仲裁员的意见作出,形不成多数意见的,由仲裁委员会讨论决定

D. 仲裁裁决一经作出立即发生法律效力

8. 刘某从海塘公司购买红木家具1套,价款为3万元,双方签订合同,约定如发生纠纷可向北京仲裁委员会申请仲裁。交付后,刘某发现该家具并非红木制成,便向仲裁委员会申请仲裁,请求退货。请回答:双方在仲裁过程中对仲裁程序所作的下列何种约定是有效的?(2006年司法考试真题)

A. 双方不得委托代理人

B. 即使达不成调解协议,也以调解书的形式结案

C. 裁决书不写争议事实和裁决理由

D. 双方对裁决不得申请撤销

9. 南沙公司与北极公司因购销合同发生争议,南沙公司向仲裁委员会申请仲裁,在仲裁中双方达成和解协议,南沙公司向仲裁庭申请撤回仲裁申请。之后,北极公司拒不履行和解协议。下列哪一选项是正确的?(2008年司法考试真题)

A. 南沙公司可以根据原仲裁协议申请仲裁

B. 南沙公司应与北极公司重新达成仲裁协议后,才可以申请仲裁

C. 南沙公司可以直接向法院起诉

D. 仲裁庭可以裁定恢复仲裁程序

10. 某仲裁委员会仲裁某一合同争议案件时,根据甲、乙双方当事人的意愿首先进行了调解并达成调解协议,甲方愿意赔偿乙方经济损失 1 万元,仲裁庭根据调解协议制作了裁决书。根据上述情况,下列哪一选项是正确的?(2008 年司法考试真题)

    A. 仲裁庭制作完成裁决书后该裁决书即发生法律效力

    B. 裁决书需经双方当事人签收后才发生法律效力

    C. 甲方在签收裁决书前反悔的,仲裁庭应当依法重新作出裁决

    D. 甲方在签收裁决书后反悔的,可以以裁决书是根据调解协议的内容制作为由向法院申请撤销该裁决

11. 关于仲裁调解,下列哪些表述是正确的?(2010 年司法考试真题)

    A. 仲裁调解达成协议的,仲裁庭应当根据协议制作调解书或根据协议结果制作裁决书

    B. 对于事实清楚的案件,仲裁庭可依职权进行调解

    C. 仲裁调解达成协议的,经当事人、仲裁员在协议上签字后即发生效力

    D. 仲裁庭在作出裁决前可先行调解

12. 根据《仲裁法》相关规定,仲裁庭作出的裁决书生效后,在下列哪一情形下仲裁庭不可进行补正?(2011 年司法考试真题)

    A. 裁决书认定的事实错误

    B. 裁决书中的文字错误

    C. 裁决书中的计算错误

    D. 裁决书遗漏了仲裁评议中记录的仲裁庭已经裁决的事项

13. 兴源公司与郭某签订钢材买卖合同,并书面约定本合同一切争议由中国国际经济贸易仲裁委员会仲裁。兴源公司支付 100 万元预付款后,因郭某未履约依法解除了合同。郭某一直未将预付款返还,兴源公司遂提出返还货款的仲裁请求,仲裁庭适用简易程序审理,并作出裁决支持兴源公司请求。

由于郭某拒不履行裁决,兴源公司申请执行。郭某无力归还 100 万元现金,但可以收藏的多幅字画提供执行担保。担保期满后郭某仍无力还款,法院在准备执行该批字画时,朱某向法院提出异议,主张自己才是这些字画的所有权人,郭某只是代为保管。

本案适用简易程序审理后,关于仲裁委员会和仲裁庭可以自行决定的事项,下列选项正确的是?(2013 年司法考试真题)

    A. 指定某法院的王法官担任本案仲裁员

    B. 由一名仲裁员组成仲裁庭独任审理

    C. 依据当事人的材料和证据书面审理

    D. 简化裁决书,未写明争议事实

14. 甲县的佳华公司与乙县的亿龙公司订立的烟叶买卖合同中约定,如果因为合同履行发生争议,应提交 A 仲裁委员会仲裁。佳华公司交货后,亿龙公司认为烟叶质量与约定不符,且正在霉变,遂准备提起仲裁,并对烟叶进行证据保全。关于本案的证据保全,下列哪些表述是正确的?(2014 年司法考试真题)

    A. 在仲裁程序启动前,亿龙公司可直接向甲县法院申请证据保全

    B. 在仲裁程序启动后,亿龙公司既可直接向甲县法院申请证据保全,也可向A仲裁委员会申请证据保全

    C. 法院根据亿龙公司申请采取证据保全措施时,可要求其提供担保

    D. A仲裁委员会收到保全申请后,应提交给烟叶所在地的中级人民法院

15. B市的京发公司与T市的蓟门公司签订了一份海鲜买卖合同,约定交货地在T市,并同时约定"涉及本合同的争议,提交S仲裁委员会仲裁。"京发公司收货后,认为海鲜等级未达到合同约定,遂向S仲裁委员会提起解除合同的仲裁申请,仲裁委员会受理了该案。在仲裁规则确定的期限内,京发公司选定仲裁员李某作为本案仲裁庭的仲裁员,蓟门公司未选定仲裁员,双方当事人也未共同选定第三名仲裁员,S仲裁委主任指定张某为本案仲裁庭仲裁员、刘某为本案首席仲裁员,李某、张某、刘某共同组成本案的仲裁庭,仲裁委向双方当事人送达了开庭通知。

开庭当日,蓟门公司未到庭,也未向仲裁庭说明未到庭的理由。仲裁庭对案件进行了审理并作出缺席裁决。在评议裁决结果时,李某和张某均认为蓟门公司存在严重违约行为,合同应解除,而刘某认为合同不应解除,拒绝在裁决书上签名。最终,裁决书上只有李某和张某的签名。

S仲裁委员会将裁决书向双方当事人进行送达时,蓟门公司拒绝签收,后蓟门公司向法院提出撤销仲裁裁决的申请。关于本案的裁决书,下列说法正确的是?(2014年司法考试真题)

    A. 裁决书应根据仲裁庭中的多数意见,支持京发公司的请求

    B. 裁决书应根据首席仲裁员的意见,驳回京发公司的请求

    C. 裁决书可支持京发公司的请求,但必须有首席仲裁员的签名

    D. 无论蓟门公司是否签收,裁决书自作出之日起生效

第六章　申请撤销仲裁裁决

一裁终局制度的确立充分体现了尊重当事人自愿原则,充分体现了仲裁快捷性的优点,然而由于这样或那样的原因,有些仲裁裁决可能会出现不同程度的偏差或错误,因此在仲裁法中设置申请撤销仲裁裁决的司法监督机制,对确保仲裁裁决的合法性和正确性,具有非常重要的意义。基于此,本章根据《仲裁法》和《仲裁法解释》,从申请撤销仲裁裁决的条件、理由、程序及法律后果诸方面对申请撤销仲裁裁决作了专门阐述。

第一节　申请撤销仲裁裁决概述

一、申请撤销仲裁裁决①的概念和设置此程序的意义

申请撤销仲裁裁决,是指在仲裁裁决存在法律规定的撤销事由时,当事人依法向有管辖权的法院提出申请,法院在审查核实后裁定对仲裁裁决效力予以否定的行为。包括我国在内的各国法律均规定仲裁实行一裁终局制度,该制度的确立虽然能充分体现尊重当事人自愿原则,能充分体现仲裁方式快捷性的优点,但是由于受到各种因素的影响,有些仲裁裁决可能会出现不同程度的偏差或错误,因此在仲裁法中设置申请撤销仲裁裁决的司法监督机制,对确保仲裁裁决的合法性和正确性,具有非常重要的意义。具体而言,包括:②

首先,设置申请撤销仲裁裁决程序是一国司法主权的体现。仲裁法除赋予了仲裁协议具有妨诉抗辩或停止诉讼之效力,法院为确保仲裁程序顺利进行可以协助当事人选任仲裁员,并且大多数国家的法律赋予了仲裁裁决与法院判决有同一效力,为确保仲裁裁决之合法性和正确性,对仲裁裁决的审查权应由国家的司法机构保留,因为法院作为国家审判权的行使者,其最直接和主要的功能就是解决纠纷,由法院解决的纠纷类型具有最高权威性,因此仲裁裁决若有瑕疵由管辖法院审查而予以撤销之权力应为国家保留审查权之具体表现。③

其次,设置申请撤销仲裁裁决程序有利于维护当事人的合法权益。仲裁的基石是当事人意思自治原则,当事人将彼此之间的争议通过仲裁协议交由仲裁予以解决,既是当事

---

① 申请撤销仲裁裁决包括申请撤销国内仲裁裁决和申请撤销涉外仲裁裁决,本部分只述及申请撤销国内仲裁裁决。

② 参见马德才主编:《仲裁法》,厦门大学出版社 2014 年版,第 146 – 147 页。

③ 参见赖来焜:《仲裁判断之救济程序》(上),载《仲裁》2006 年第 78 期,第 43 页。

人自治原则的体现,也是当事人出于对仲裁制度的信任,相信通过仲裁能顺利地解决彼此之间的纷争,从而达到维护其合法权益的目的,因此,仲裁庭唯有客观、公正、及时地作出仲裁裁决,才能如当事人所愿,顺利地解决当事人之间的纷争,维护当事人的合法权益。反之,如果仲裁员滥用仲裁权作出了对一方当事人有利的裁决,相应地就侵犯了另一方当事人的合法权益。而仲裁又实行一裁终局的制度,裁决作出之后,当事人不能就同一纠纷再申请仲裁或者向法院起诉。显然,合法权益受到侵害的当事人在这种制度下无法再通过仲裁或诉讼的方式获得救济,这当然有损于法律的公正性,也有损于仲裁的权威,所以为了避免这种结果的出现,《仲裁法》设置了申请撤销仲裁裁决程序,为当事人提供了一条有效的主动寻求救济的途径。这样,义务方当事人除了被动地在权利方当事人申请强制执行时,请求人民法院不予执行仲裁裁决之外,还可以主动地行使申请撤销仲裁裁决的权利,请求人民法院撤销仲裁裁决;权利方当事人如果不服仲裁裁决,则可以行使申请撤销仲裁裁决的权利,从而获取救济。不过,无论是义务方当事人还是权利方当事人行使申请撤销仲裁裁决的权利,请求人民法院撤销仲裁裁决的时候,都必须具有《仲裁法》第 58 条第 1 款规定的 6 种法定事由之一,这是对当事人的此类权利的一种限制,以防止当事人故意拖延履行仲裁裁决;同时,也是对法院所享有的仲裁监督权的一种限制,以避免法院滥用仲裁监督权,从而维护仲裁的权威性。

再次,设置申请撤销仲裁裁决程序有利于督促仲裁的公正进行。从仲裁机构和仲裁员的角度来看,一方面,对于一些仲裁业欠发达和仲裁员素养不高的国家的仲裁机构而言,规定撤销裁决程序有助于仲裁机构提高仲裁水平,防止仲裁机构滥用当事人协议赋予的仲裁权力。仲裁裁决一经法院撤销,就失去了法律效力,从而否定了仲裁机构的整个仲裁行为和努力,这是仲裁机构所不希望看到的结果。因此,为避免作出的裁决可能被撤销,仲裁机构在仲裁过程中应严格遵循适当的程序,充分对待当事人的程序性权利,并公正、合理、合法地作出裁决。[1] 另一方面,对于仲裁员而言,仲裁裁决撤销程序的设置也有利于督促其公正仲裁。仲裁员在仲裁中如果不遵守有关法律和仲裁规则,不公正行事,甚至枉法裁判,所作出的裁决就会因一方当事人提出申请而遭到人民法院的撤销。这样,该仲裁员在社会上的声誉和公正形象就会受到极大的影响,这必然会减少其被再次选定为仲裁员的机会,情节严重者还会被仲裁机构除名,甚至受到法律追究。因此,设置申请撤销仲裁裁决的程序也有利于督促仲裁机构加强对仲裁员的管理,有利于督促仲裁员珍惜声誉,正确行使其权力。[2]

二、申请撤销仲裁裁决的条件

根据《仲裁法》第 58 条和第 59 条的规定,当事人申请撤销仲裁裁决需具备以下几个法定条件:

(一) 主体条件

根据《仲裁法》第 58 条第 1 款的规定,只有当事人才有权申请撤销仲裁裁决。其原因

---

[1] 参见杜焕芳:《论国际商事仲裁裁决的撤销制度》,载《民商法论丛》2003 年第 28 卷。
[2] 黄进等著:《仲裁法学》,中国政法大学出版社 2008 年版,第 142 页。

在于：根据《仲裁法》第57条的规定，仲裁裁决一经作出立即生效，当事人必须自觉履行，这表明只有当事人才与仲裁裁决有着直接的利害关系，也只有当事人最了解自己的合法权益是否受到了侵害。因此，为了维护当事人的合法权益，《仲裁法》就赋予了当事人的申请撤销仲裁裁决的权利。这里的当事人既包括申请人，又包括被申请人；既包括胜诉方，又包括败诉方。而且，这种程序的设置对于胜诉方而言尤为重要。① 例如，申请人请求被申请人赔偿人民币100万，而仲裁庭裁决只赔偿人民币50万元，对此申请人不服，并且能提出裁决不当的证据，此时申请人只有通过申请撤销仲裁裁决的程序才能获得救济。

必须指出的是，原则上撤销仲裁裁决的程序只有当事人才能启动，法院不能依职权主动启动撤销程序，但是根据《仲裁法》第58条第3款的规定，有一种例外，即人民法院认定该裁决违背社会公共利益的，可以依职权主动启动撤销仲裁裁决的程序。当然，在这种情况下，人民法院也可以依当事人的申请启动撤销仲裁裁决的程序。不仅我国的仲裁法作了如此规定，大多数国家的仲裁立法也都规定仲裁司法审查程序必须经由当事人提出申请或起诉才能启动，这实际上是"不告不理"原则在仲裁司法审查程序中的具体体现。

（二）事由条件

根据《仲裁法》第58条第1款的规定，当事人提出证据证明裁决有下列情形之一的，可以向法院申请撤销裁决：（1）没有仲裁协议的；（2）裁决的事项不属于仲裁协议的范围或者仲裁委员会无权仲裁的；（3）仲裁庭的组成或者仲裁的程序违反法定程序的；（4）裁决所根据的证据是伪造的；（5）对方当事人隐瞒了足以影响公正裁决的证据的；（6）仲裁员在仲裁该案时有索贿受贿，徇私舞弊，枉法裁决行为的。可见，当事人要想申请撤销仲裁裁决，不仅要具有上述6种法定事由之一，而且当事人还必须提出相应的证据证明。不过，该条中的"提出证据证明"并不是要求申请人提供的证据已经达到证明仲裁裁决应予撤销的程度。《仲裁法》作此要求是出于防止当事人滥用申请撤销仲裁裁决程序来获得不当的程序利益或者实体利益。

（三）对象条件

根据《仲裁法》第58条第1款的规定，当事人提出证据证明裁决有6种法定撤销事由之一的，可以向仲裁委员会所在地的中级人民法院申请撤销仲裁裁决。可见，当事人必须向仲裁委员会所在地的中级人民法院申请撤销仲裁裁决，仲裁委员会所在地的中级人民法院即为当事人申请撤销仲裁裁决的对象。该法院才为有管辖权的法院，当事人只能向该法院申请才会被受理，其他任何法院都无权受理当事人的申请。作为申请撤销仲裁裁决管辖法院的仲裁委员会所在地的中级人民法院，从地域管辖的角度看是仲裁委员会所在地的人民法院；从级别管辖的角度看则是中级人民法院。从而表明申请撤销仲裁裁决的法院无论是从地域管辖角度还是从级别角度而言，都是特定的；② 前者的特定性表现在与仲裁委员会的所在地不同的情况下，申请人所在地、被申请人所在地、仲裁协议签订地、合同签订地或者合同履行地的中级人民法院都无权管辖撤销仲裁裁决案件，只有仲裁委员会所在地的中级人民法院才有管辖权；后者的特定性表现在基层人民法院、高级人民法

---

① 黄进等著：《仲裁法学》，中国政法大学出版社2008年版，第142页。
② 参见蔡虹等著：《仲裁法学》（第二版），北京大学出版社2011年版，第144页。

院和最高人民法院都无权管辖撤销仲裁裁决案件，只有中级人民法院才有管辖权。其中，撤销仲裁裁决案件的管辖法院是中级人民法院的原因在于：一是对基层人民法院之审判人员的业务能力和综合素质不放心；二是仲裁机构的所在地和中级人民法院所在地的级别具有对应性。

（四）期限条件

根据《仲裁法》第 59 条的规定，当事人申请撤销仲裁裁决的期限，应当是自其收到仲裁裁决书之日起 6 个月。如果当事人提出撤销裁决的申请超过了此期限，人民法院就会裁定不予受理；如果当事人逾期未提出撤销申请的，就视为当事人已放弃此项权利。《仲裁法》之所以规定申请撤销仲裁裁决的期限，主要是为了限制撤销申请的频繁提起以保证仲裁裁决的稳定性，也是为了避免有关证据灭失而增加法院调查取证的难度，此外设定这一期限也是为了督促当事人及时行使权利，以体现仲裁程序的快捷性。[1] 相比我国《仲裁法》规定的申请期限，国际上的仲裁立法规定申请撤销仲裁裁决的期限都较短，例如比利时、德国均规定为 3 个月（在执行程序中被申请人要求法院撤销裁决不受此时限限制），美国、荷兰希腊、瑞典也规定为 3 个月，英国规定为 28 天，法国、瑞士、葡萄牙、我国台湾地区均规定为 1 个月。[2]

第二节　申请撤销仲裁裁决的理由

一、国外申请撤销仲裁裁决的理由

世界各国在规定仲裁裁决具有强制执行效力的同时，在大多数情况下均规定了申请撤销仲裁裁决的程序。并且，申请撤销仲裁裁决程序的适用仅限于本国裁决，而对外国或者非内国仲裁裁决，法院无权予以撤销。综观各国仲裁立法和 1958 年《纽约公约》的规定，特别是 1985 年联合国《国际商事仲裁示范法》制定以后，法院可以撤销仲裁裁决的事由渐趋一致，但是仍然存在不小差异，在国内仲裁领域更是如此。归纳起来，法院撤销仲裁裁决的事由大体如下：(1) 仲裁协议不存在、无效或者失效；(2) 仲裁庭的组成与当事人的协议不一致，或违背了《仲裁法》或仲裁程序规则，或仲裁员资格有瑕疵或不是按正当方式指定的；(3) 仲裁程序不合法或者违背仲裁协议；(4) 当事人在仲裁程序中未经合法代理，未能陈述案情或者未能经合法询问；(5) 裁决处理了仲裁协议范围以外的争议或争议标的不能通过仲裁解决；(6) 裁决书未附理由，但当事人另有约定或仲裁员予以补正的除外；(7) 裁决的作出是欺诈的结果，或者所依据的证据是伪造的或变造的；(8) 裁决所依据的民事或刑事判决及其他裁判或行政处分已变更的；(9) 仲裁员在仲裁过程中违背职业道德，构成刑事犯罪的；(10) 裁决命当事人为法律上所不允许的行为；(11) 裁决作出后，一方当事人获得了本来可以影响仲裁庭决定的新文件，这些文件被认为是因另一方

---

① 马德才主编：《仲裁法》，厦门大学出版社 2014 年版，第 147 页。
② 黄进等著：《仲裁学》，中国政法大学出版社 2008 年版，第 147 页。

当事人的行为而未被提交的;(12) 裁决违反公共秩序或公共政策。①

二、我国申请撤销仲裁裁决的理由

我国《仲裁法》也确立了申请撤销仲裁裁决制度,并在其第 58 条第 1 款中规定了 6 种当事人申请撤销仲裁裁决的法定理由,具体为:

(一) 没有仲裁协议

根据《仲裁法》第 4 条、第 5 条和第 21 条的规定,仲裁必须以仲裁协议为前提,没有仲裁协议,仲裁机构就不能受理案件,仲裁庭就无权审理案件并作出裁决。根据《仲裁法解释》第 18 条的规定,"没有仲裁协议"是指当事人没有达成仲裁协议。仲裁协议被认定无效或者被撤销的,视为没有仲裁协议。因此,当事人在争议发生前或争议发生后没有达成仲裁协议的,或者仲裁协议被认定无效或者被撤销的,即使仲裁机构受理了案件,仲裁庭审理了案件并作出了裁决,显然违反了当事人自愿原则,因而所作裁决属违法裁决,当事人就有权申请法院撤销该仲裁裁决,法院也有权裁定撤销该仲裁裁决。所以,没有仲裁协议自然也就成为申请撤销仲裁裁决的法定情形之一。不过,《仲裁法解释》第 27 条对当事人的此项权利作了限制,即当事人在仲裁程序中未对仲裁协议的效力提出异议,在仲裁裁决作出后以仲裁协议无效为由主张撤销仲裁裁决的,人民法院不予支持。

(二) 裁决的事项不属于仲裁协议的范围或者仲裁委员会无权仲裁

仲裁庭的仲裁管辖权是当事人的仲裁协议授予的,这就意味着仲裁庭只能就仲裁协议中所约定的争议事项进行审理并作出裁决,而不能就不属于仲裁协议范围的争议事项进行审理并作出裁决。如果当事人申请仲裁的事项超出了仲裁协议的范围,而仲裁委员会仍予受理并由组建的仲裁庭作出裁决;另一方面,虽然当事人申请的事项属于仲裁协议的范围,但是仲裁庭所作的裁决超出了当事人的请求范围。这两类情况实质上与上述"没有仲裁协议"的情况相同,因而此类仲裁裁决应予撤销。所以,裁决的事项不属于仲裁协议的范围就成为申请撤销仲裁裁决的法定情形之一。

裁决的事项除了属于仲裁协议的范围之外,根据《仲裁法》第 17 条的规定,还必须属于法定可仲裁的范围,对此《仲裁法》第 2 条②和第 3 条③从积极和消极两个层面作了规定。如果裁决的事项不属于法定可仲裁的范围,诸如《仲裁法》第 3 条所列举的婚姻、收养、监护、扶养、继承纠纷及依法应当由行政机关处理的行政争议,仲裁委员会无权仲裁,即使作出裁决,该仲裁裁决显属违法,任何一方当事人均可以就该裁决的事项不具有可仲裁性为由申请法院予以撤销。

值得注意的是,如果当事人以仲裁裁决事项超出仲裁协议范围为由申请撤销仲裁裁决,经审查属实的,人民法院应当撤销仲裁裁决中的超裁部分。但是,超裁部分与其他裁

---

① 黄进等著:《仲裁法学》,中国政法大学出版社 2008 年版,第 143 页。

② 《仲裁法》第 2 条规定:"平等主体的公民、法人和其他组织之间发生的合同纠纷和其他财产权益纠纷,可以仲裁。"

③ 《仲裁法》第 3 条规定:"下列纠纷不能仲裁:(一) 婚姻、收养、监护、扶养、继承纠纷;(二) 依法应当由行政机关处理的行政争议。"

决事项不可分的,人民法院应当撤销仲裁裁决。[①]

(三) 仲裁庭的组成或者仲裁的程序违反法定程序

当事人自愿原则,又称当事人意思自治原则,是仲裁法的首要基本原则,是整个仲裁制度赖以存在和发展的基石。其表现多种多样,其中,仲裁庭采取何种组成形式和仲裁庭由哪个或哪些仲裁员组成以及仲裁庭采取何种审理方式等仲裁程序问题,当事人都有权决定。[②] 即仲裁庭的组成形式和仲裁员的选任以及仲裁程序都必须按照当事人的意愿进行,否则难以体现当事人的意愿。《仲裁法》的有关规定充分体现了当事人的意愿,例如在仲裁庭的组成形式和仲裁员的选任方面,《仲裁法》第 30 条规定:"仲裁庭可以由三名仲裁员或者一名仲裁员组成。由三名仲裁员组成的,设首席仲裁员。"采取何种形式的仲裁庭,当事人有权自愿选择。如果当事人选择仲裁庭组成形式为三名仲裁员组成的合议仲裁庭,那么三名仲裁员由当事人自愿决定,对此《仲裁法》第 31 条第 1 款作了规定,即"当事人约定由三名仲裁员组成仲裁庭的,应当各自选定或者各自委托仲裁委员会主任指定一名仲裁员,第三名仲裁员由当事人共同选定或者共同委托仲裁委员会主任指定。第三名仲裁员是首席仲裁员。"如果当事人选择仲裁庭组成形式为一名仲裁员组成的独任仲裁庭,那么这一名仲裁员也由当事人自愿决定,对此《仲裁法》第 31 条第 2 款作了规定,即"当事人约定由一名仲裁员成立仲裁庭的,应当由当事人共同选定或者共同委托仲裁委员会主任指定仲裁员。"无论是当事人自主选定仲裁员,还是委托仲裁委员会主任指定仲裁员,都体现了当事人自愿原则。再如,在仲裁程序方面,《仲裁法》相关条款规定仲裁委员会在规定期限内将仲裁有关的全部文件或材料送达双方当事人[③],进行仲裁的通知向双方当事人送达[④],双方当事人都获得充分陈述案件的机会[⑤]等。如果仲裁庭的组成或仲裁员的选任违反了法定程序,例如仲裁庭由当事人不同意的仲裁员组成,除非当事人追认,所作裁决应予撤销;如果仲裁程序违反了法定程序,例如仲裁委员会没有在规定期限内将仲裁有关的全部文件或材料送达双方当事人、仲裁员应当回避而未回避、当事人未经合法通知即做缺席裁决、当事人并非由于自身原因而未能在仲裁程序中获得充分的陈述或辩论的机会等,都是违反《仲裁法》的法定程序,也就很难保证仲裁裁决的公正性,所以《仲裁法》允许当事人申请撤销此类仲裁裁决。

必须指出的是,对于何谓"违反法定程序",《仲裁法解释》第 20 条作了界定,即违反仲裁法规定的仲裁程序和当事人选择的仲裁规则可能影响案件正确裁决的情形。可见,并非只要仲裁庭的组成或者仲裁的程序违反法定程序的,当事人就有权申请撤销仲裁裁决,而是只有仲裁庭的组成或者仲裁的程序违反法定程序的,而且可能影响案件正确裁决的情形下,当事人才有权申请撤销仲裁裁决,法院也才有权裁定撤销此项裁决。

---

① 见《仲裁法解释》第 19 条。
② 参见马德才主编:《仲裁法》,厦门大学出版社 2014 年版,第 30 - 31 页;马德才编著:《仲裁法案例研究》,世界图书出版公司 2015 年版,第 18 - 20 页。
③ 见《仲裁法》第 25 条。
④ 见《仲裁法》第 33 条、第 41 条。
⑤ 见《仲裁法》第 27 条、第 29 条、第 43 条、第 45 条、第 47 条。

（四）仲裁裁决所依据的证据是伪造的

证据是仲裁庭查明案件真实情况、分清是非、确定双方当事人的责任界限并作出仲裁裁决的根据。当事人必须向仲裁庭提供真实的证据。如果当事人提供了伪造的证据，必定会影响仲裁庭对案件事实作出正确的判断，从而会影响仲裁裁决的公正性。因此，以伪造的证据为基础作出的仲裁裁决应予撤销。当然，如果仲裁庭虽未发现某证据是伪造的，但是却并没有依据该伪造的证据作出仲裁裁决，那么仲裁庭所作的仲裁裁决也不应撤销。

（五）对方当事人隐瞒了足以影响公正裁决的证据

所谓"足以影响公正裁决的证据"，是指直接关系到仲裁裁决的最后结论的证据，这些证据通常与仲裁案件所涉及纠纷的焦点或重要情节有直接的联系，同时这些证据也直接影响仲裁庭对案件事实的正确判断、对是非的认定和对责任的划分等。因此，如果一方当事人隐瞒了足以影响公正裁决的证据，那么，仲裁庭对案件事实的判断、对是非的认定和对责任的划分就会与实际情况不相符，仲裁庭由此所作出的仲裁裁决必定会给另一方当事人造成不公正的结果，故而这种仲裁裁决应予撤销。

（六）仲裁员在仲裁该案件时有索贿受贿、徇私舞弊、枉法裁决行为

所谓索贿受贿，是指仲裁员在仲裁案件的过程中非法索要或非法接受当事人财物或其他不正当利益的行为；所谓徇私舞弊，是指仲裁员为了谋取私利或为了报答一方当事人已经给予或承诺给予自己的某种利益，在仲裁案件时弄虚作假的行为；所谓枉法裁决，是指仲裁员在仲裁案件时，玩忽职守，无原则地迎合一方当事人，颠倒是非、曲解法律甚至故意错误适用法律的行为。仲裁员在仲裁过程中的上述行为，属严重违法行为，必然影响案件的公正审理和裁决，损害一方当事人的合法权益，甚至损害仲裁制度。因而，具有这些行为的仲裁员，不仅应被追究仲裁法律责任，而且其作出的仲裁裁决应当予以撤销。[①]

除此之外，《仲裁法》第 58 条第 3 款规定："人民法院认定该裁决违背社会公共利益的，应当裁定撤销。"

第三节　申请撤销仲裁裁决的程序

一、提出申请

根据《仲裁法》第 58 条第 1 款和第 3 款的规定，除了人民法院认定该仲裁裁决违背社会公共利益可以依职权主动审查之外，撤销仲裁裁决程序一律因当事人申请而启动。因此，申请撤销仲裁裁决的第一道程序就是当事人向人民法院提出撤销仲裁裁决的申请。该程序涉及如下几个方面的问题：

（一）申请主体

申请撤销仲裁裁决的主体仅限于当事人，既包括仲裁申请人，也包括仲裁被申请人。

---

① 黄进等著：《仲裁法学》，中国政法大学出版社 2008 年版，第 149 页。

（二）申请形式

《仲裁法》并未限定当事人提出撤销仲裁裁决申请的形式，因而，当事人申请的形式可以参照《民事诉讼法》第120条①的规定，当事人申请应当向人民法院递交申请书，并按照被申请人人数提出副本；书写申请书确有困难的，可以口头申请，由人民法院记入笔录，并告知对方当事人。亦即当事人提出申请，原则上采取书面形式，例外情况下采取口头形式。

（三）申请书的事项

当事人请求撤销仲裁裁决的申请书应当载明下列事项：① 当事人的姓名、性别、年龄、民族、职业、工作单位、住所、联系方式，法人或者其他组织的名称、住所和法定代表人或者主要负责人的姓名、职务、联系方式；② 原仲裁委员会的名称、地址、案件编号和案由；③ 撤销请求和所依据的事实与理由；④ 证据和证据来源，证人姓名和住所。

（四）申请期限

当事人申请撤销仲裁裁决，应当在法定期限内提出，对此《仲裁法》第59条作了规定，即"当事人申请撤销裁决的，应当自收到裁决书之日起六个月内提出。"如果当事人自收到裁决书之日起六个月内没有提出撤销申请，当事人将因此丧失申请人民法院撤销仲裁裁决的权利。

二、审查与受理

当事人提出撤销仲裁裁决的申请后，人民法院应当对当事人的申请予以审查，以决定是否受理。在审查与受理环节，为了规范司法权的运行，有管辖权的法院应注意以下事项：②

（一）审查机构

负责审查的机构为有管辖权法院的立案庭，为了最大限度地减少当事人权利救济的障碍，只要当事人申请的提出符合申请条件的，法院就应当受理，而不应对仲裁裁决进行过多审查。

（二）审查事项

法院对当事人申请的审查一般应从申请主体、申请事由、申请对象及申请期限四个方面进行。

（三）受理期限

为了促使法院尽早作出是否受理的决定，应规定法院的立案庭在收到申请书后的一定期限内必须作出是否受理的裁定，根据我国法律的规定，应当适用我国民事诉讼立案期限之7日规定。

（四）受理形式

法院无论是否受理，均应作出书面裁定，并将受理通知书或不予受理裁定书送达给申

---

① 《民事诉讼法》第120条规定："起诉应当向人民法院递交起诉状，并按照被告人数提出副本。书写起诉状确有困难的，可以口头起诉，由人民法院记入笔录，并告知对方当事人。"
② 参见马德才主编：《仲裁法》，厦门大学出版社2014年版，第150页；马德才编著：《仲裁法案例研究》，世界图书出版公司2015年版，第177-178页。

请人。如果申请人对不予受理裁定不服的,应当允许其向上一级人民法院提出上诉。

三、审理与询问

《仲裁法》第58条第2款规定:"人民法院经组成合议庭审查核实裁决有前款规定情形之一的,应当裁定撤销。"《仲裁法解释》第24条规定:"当事人申请撤销仲裁裁决的案件,人民法院应当组成合议庭审理,并询问当事人。"由此可见,人民法院受理当事人撤销仲裁裁决的申请之后,应当依法组成合议庭,由合议庭进行审理以决定是否作出撤销仲裁裁决的裁定,而不能由独任庭进行审理。其原因在于:一方面,根据《民事诉讼法》关于审判组织的规定,人民法院审理民事案件,审判组织形式有合议庭与独任庭之分。独任庭目前只能在基层人民法院及其派出法庭处理简单民事案件时适用,中级人民法院只能采用合议庭。根据《仲裁法》第58条第1款的规定,受理撤销仲裁裁决申请的人民法院只能是仲裁委员会所在地的中级人民法院,因此当事人申请撤销仲裁裁决的案件,人民法院应当组成合议庭审理。另一方面,撤销仲裁裁决是人民法院对仲裁进行司法监督的重要方式之一,是一项较为复杂的司法活动,既关系法院的地位和威信,又关涉仲裁活动的权威性,还关乎当事人合法权益的保护,因此不可小觑,必须慎重,而唯有人民法院组成合议庭审理才能担此重任。

合议庭可以开庭审理,因为,对仲裁裁决的司法审查可能导致裁决被撤销,而撤销裁决是对一项已决案件的否定,对当事人利益至关重要,所以对申请撤销仲裁裁决案件可以开庭审理。在开庭审理中,要注意的事项包括:(1)通过法庭调查和法庭辩论,审查核实证据,查明案件事实,在此基础上,通过合议庭评议,形成裁定,以确定当事人之间的权利义务关系。(2)被申请人可以充分行使程序参与权,理解申请撤销的理由、对申请人提交的证据质证、可以向合议庭陈述意见和提出反驳对方的证据等,由此可以合理平衡双方当事人的程序利益,也有利于人民法院裁定的客观与公正。同时,合议庭也可以不开庭审理,这是由合议庭根据案件情况来审查决定的,即合议庭通过审查申请人的申请材料后,如果认为案件事实清楚,法律关系明确,就可以不开庭审理。不过,如果不开庭审理应当询问当事人,如果没有发现新的情况,合议庭可以直接合议后作出裁定,而且询问当事人时,应当制作询问记录,并留卷查备。①

四、作出裁定

《仲裁法》第60条规定:"人民法院应当在受理撤销裁决申请之日起两个月内作出撤销裁决或者驳回申请的裁定。"可见,根据该规定,人民法院可以作出如下两类裁定:裁定撤销裁决和裁定驳回申请。《仲裁法》第61条规定:"人民法院受理撤销裁决的申请后,认为可以由仲裁庭重新仲裁的,通知仲裁庭在一定期限内重新仲裁,并裁定中止撤销程序。仲裁庭拒绝重新仲裁的,人民法院应当裁定恢复撤销程序。"可见,根据该条的规定,人民法院也可以作出如下两类裁定:通知重新仲裁并裁定中止撤销程序以及裁定恢复撤销程序。②

---

① 江伟主编:《仲裁法》,中国人民大学出版社2009年版,第323页。
② 该项程序的具体内容亦即"申请撤销仲裁裁决的法律后果",详见本章第四节。

第四节　申请撤销仲裁裁决的法律后果

一、撤销仲裁裁决

根据《仲裁法》第 58 条第 2 款和第 3 款以及《仲裁法解释》第 19 条的规定,人民法院裁定撤销仲裁裁决有以下三类:

第一类,人民法院经组成合议庭审查核实仲裁裁决有《仲裁法》第 58 条第 1 款规定情形之一的,应当裁定撤销。这是《仲裁法》第 58 条第 2 款规定的一类裁定撤销仲裁裁决,即人民法院组成合议庭在对当事人的撤销裁决申请经过充分审查后,认为仲裁裁决具有《仲裁法》第 58 条第 1 款规定的撤销情形之一时,应当裁定撤销仲裁裁决。当然,人民法院一般并不直接调查仲裁庭在仲裁活动中是否存在《仲裁法》第 58 条第 1 款所列举的六种撤销的法定事由,而主要通过对申请人所提供的证据进行审查核实。

第二类,人民法院认定该裁决违背社会公共利益的,应当裁定撤销。这是《仲裁法》第 58 条第 3 款规定的一类裁定撤销仲裁裁决,即不管当事人在提出撤销申请时是否认为仲裁裁决违背了社会公共利益,根据《仲裁法》第 58 条第 3 款的规定,人民法院经过审查后,如果认定该裁决违背社会公共利益的,也应当裁定撤销。

第三类,当事人以仲裁裁决事项超出仲裁协议范围为由申请撤销仲裁裁决,经审查属实的,人民法院应当撤销仲裁裁决中的超裁部分。但超裁部分与其他裁决事项不可分的,人民法院应当撤销仲裁裁决。这是《仲裁法解释》第 19 条规定的一类裁定撤销仲裁裁决,即当事人仅以“仲裁裁决事项超出仲裁协议范围”为由向人民法院申请撤销仲裁裁决,这种事由仅限于《仲裁法》第 58 条第 1 款规定的六种撤销仲裁裁决法定事由中的第二种事由中的“裁决的事项不属于仲裁协议的范围”,对于此种事由,人民法院经审查属实的,可以作出部分撤销和全部撤销两种裁定:如果超裁部分与其他裁决事项是可分的,人民法院应当裁定撤销仲裁裁决中的超裁部分;如果超裁部分与其他裁决事项是不可分的,人民法院应当裁定撤销整个仲裁裁决。

根据《仲裁法》第 59 条的规定,人民法院裁定撤销裁决的期限是从受理撤销裁决申请之日起 2 个月。该期限适用于上述三类撤销裁决的裁定。此外,撤销仲裁裁决的裁定一经作出,就立即发生法律效力,对此,最高人民法院发布的《关于人民法院裁定撤销仲裁裁决或驳回当事人申请后当事人能否上诉问题的批复》、《关于当事人对人民法院撤销仲裁裁决的裁定不服申请再审人民法院是否受理问题的批复》以及《关于人民检察院对撤销仲裁裁决的民事裁定提出抗诉人民法院应否受理问题的批复》明确规定,该裁定不能上诉、申请再审和提出抗诉。

当仲裁裁决被人民法院依法撤销后,仲裁裁决的法律效力就不复存在了,仲裁裁决也就不能再作为人民法院强制执行的根据了,当事人之间的纠纷又回到了仲裁之前尚未解决的状态,此时当事人可以重新寻求解决其彼此之间纠纷的方法。对此,《仲裁法》第 9 条第 2 款作了明确的规定,即裁决被人民法院依法裁定撤销的,当事人就该纠纷可以根据双方重新达成的仲裁协议申请仲裁,也可以向人民法院起诉。可见,当事人既可以采取仲裁的方式,也可以采取诉讼的方式重新解决其纠纷。不过如果采取仲裁方式重新解决其纠纷,当事人就必须重新达成仲裁协议,因为当事人之间原先订立的仲裁协议本身并不存在或者无效,或者因为已经据此进行了仲裁程序,在仲裁庭作出了仲裁裁决之后就失去了效力;如果采取诉讼方式重新解决其纠纷,要么是当事人没有达成新的仲裁协议,要么就是当事人根本不想再采取仲裁方式了。

二、驳回撤销仲裁裁决的申请

人民法院受理当事人的申请之后,经过组成合议庭对当事人的申请进行审查核实,认为仲裁裁决既没有《仲裁法》第 58 条第 1 款规定的情形之一,也没有《仲裁法》第 58 条第 3 款规定的情形时,应当根据《仲裁法》第 60 条规定,裁定驳回申请。同样地,根据《仲裁法》第 59 条的规定,人民法院裁定驳回申请的期限也是从受理撤销裁决申请之日起 2 个月。该裁定也是一经作出就立即发生法律效力,根据最高人民法院发布的《关于人民法院裁定撤销仲裁裁决或驳回当事人申请后当事人能否上诉问题的批复》的规定,对于该裁定,当事人不得上诉。

当撤销仲裁裁决的申请被人民法院依法驳回后,当事人如何救济取决于撤销程序是由当事人主动启动还是被动启动而有所不同:

其一,当事人主动启动撤销程序。当仲裁裁决出现《仲裁法》第 58 条规定的可撤销事由时,一方当事人依法向仲裁委员会所在地的中级人民法院提出申请的,人民法院经审查并受理且组成合议庭进行审理,并未发现仲裁裁决具有《仲裁法》第 58 条第 1 款和第 3 款规定的法定可撤销事由的,当然就会根据《仲裁法》第 60 条的规定裁定驳回当事人的撤销申请。此时,仲裁裁决的效力得以恢复,因此当事人必须自觉履行仲裁裁决,如果义务方当事人不自觉履行仲裁裁决规定的义务,那么权利方当事人即可向有管辖权的人民法院申请强制执行。

其二,当事人被动启动撤销程序。即一方当事人申请执行裁决,另一方当事人申请撤销裁决的,在这种情况下,人民法院应当裁定中止执行,当撤销裁决的申请被裁定驳回的,人民法院就应当裁定恢复执行,[①]强制撤销仲裁裁决的申请人即被执行人履行仲裁裁决。

三、通知重新仲裁并裁定中止撤销程序

根据《仲裁法》第 61 条的规定,人民法院受理撤销裁决的申请后,认为可以由仲裁庭重新仲裁的,通知仲裁庭在一定期限内重新仲裁,并裁定中止撤销程序。可见,《仲裁法》确立了重新仲裁[②]制度。其立法理由在于:一方面,规定重新仲裁在并未减损法院对仲裁的监督力度的同时,尽可能地让仲裁庭弥补缺陷,而不轻易撤销一项裁决,体现了支持仲

---

① 见《仲裁法》第 64 条。

② 所谓重新仲裁,是指当事人向法院申请撤销仲裁裁决,法院受理后认为仲裁裁决中的瑕疵虽符合撤销仲裁裁决的情形,但是该瑕疵同时也可由仲裁庭自行进行弥补,从而裁定中止撤销程序,通知仲裁庭重新仲裁的制度。参见马德才主编:《仲裁法》,厦门大学出版社 2014 年版,第 153 页。

裁的政策。另一方面,规定重新仲裁既尊重了仲裁程序的效益,节省了司法资源,也不必让当事人为解决相同的争议重复付出,从全社会的角度讲,降低了处理争议的成本。正因为如此,有些国家的仲裁法比我国更加重视发回仲裁庭重审制度,例如英国《1996年仲裁法》第68条规定,除非认为发回仲裁庭重审是不合适的,法院不全部或部分行使撤销仲裁裁决的权力。①

根据《仲裁法》第61条及《仲裁法解释》第21条、第22条和第23条的规定,重新仲裁涉及以下几个方面的事项:

(1) 重新仲裁的标准。《仲裁法》第61条的规定显然采取的是一个主观标准,即"认为可以由仲裁庭重新仲裁",赋予了法官较大的自由裁量权,这可能使重新仲裁制度的立法目的之一的支持仲裁的政策不能很好地得以体现。正因为如此,《仲裁法解释》第21条第1款的规定使重新仲裁的标准进一步具体化,即"当事人申请撤销国内仲裁裁决的案件属于下列情形之一的,人民法院可以依照仲裁法第六十一条的规定通知仲裁庭在一定期限内重新仲裁:(一)仲裁裁决所根据的证据是伪造的;(二)对方当事人隐瞒了足以影响公正裁决的证据的。"可见,该条款规定法院只在两种情形下,即仲裁裁决所依据的证据是伪造的及对方当事人隐瞒了足以影响公正裁决的证据的,人民法院才可依照《仲裁法》第61条的规定通知仲裁庭在一定期限内重新仲裁。该条款作此规定是基于以下原因的考虑:②前者,由于证据是伪造的,表明仲裁裁决所认定的事实因证据的问题而不够准确,仲裁裁决存在实体上的判断失误,有必要对此种错误进行纠正。证据伪造与仲裁庭及仲裁程序无关,仅是当事人提供了不实的证据,影响了仲裁裁决的正确和公正,因此,可以通过重新仲裁予以纠正。后者,由于隐瞒证据,同伪造证据一样,都属于不正当地影响案件事实认定和裁决结果的行为,且该行为与仲裁庭无关,因此,可以发回仲裁庭重新仲裁。而且,按照该条款的规定,重新仲裁仅适用于当事人申请撤销国内仲裁裁决的案件。

那么,《仲裁法解释》第21条第1款关于重新仲裁的标准规定是不是就完美无缺了呢?当然不是!其一,该条款规定法院只在两种情形下通知仲裁庭重新仲裁并不全面。如果当事人以下列几种理由提出申请撤销裁决的,那么理论上也可能构成重新仲裁的基础:第一,仲裁程序违法。这主要是指仲裁过程中存在某些程序瑕疵,但是尚未使仲裁失去其存在的基础,于是可以由仲裁庭进行弥补,重新作出裁决。例如,某项证据因疏忽未经当事人质证,法院完全可以让仲裁庭重新开庭,以便当事人质证。第二,仲裁庭超越权限或裁决中有漏裁事项的。对于仲裁庭超越权限作出的裁决,即实务中所谓超裁,法院通常可以直接撤销超出仲裁庭权限的那部分裁决,但是如果认为不必自行撤销超出仲裁庭权限的部分裁决,就可让仲裁庭自行弥补。对于当事人已在提出仲裁请求但仲裁庭在裁决书中遗漏的事项,即实务中所谓漏裁,法院应将通知仲裁庭重新仲裁。③ 其二,该条款规定重新仲裁仅适用于当事人申请撤销国内仲裁裁决的案件失之过窄。因为,重新仲裁

① 黄进等著:《仲裁法学》,中国政法大学出版社2008年版,第150页。
② 江伟主编:《仲裁法》,中国人民大学出版社2009年版,第330页。
③ 黄进等著:《仲裁法学》,中国政法大学出版社2008年版,第151页。

并非仅适用于国内仲裁案件,同样也适用涉外仲裁案件。[1]

（2）重新仲裁的仲裁庭。根据《仲裁法》第 61 条的规定,重新仲裁的仲裁庭指的是原仲裁庭,并非像民事诉讼中发回重审的案件,原审人民法院应当按照第一审程序另行组成合议庭[2]。重新仲裁之所以无须另组仲裁庭,是因为仲裁庭的组成方式和仲裁员原本就是由当事人直接或间接地选定的,体现了当事人的自由意志,由原仲裁庭进行重新仲裁,既尊重了当事人的意愿,也给仲裁庭一个自我纠正错误的机会,有利于作出公正的裁决。如果需要另行组建仲裁庭,则不仅仅是重审的问题,整个仲裁程序必须全面展开。[3] 当然,重新仲裁程序开始后,如仲裁员由于某种原因无法履行其职责,那么就应当依据《仲裁法》和仲裁机构仲裁规则的有关规定更换仲裁员。

（3）重新仲裁的期限。《仲裁法》第 61 条并未具体规定重新仲裁的期限,仅是赋予了法院确定重新仲裁期限的权力,但是重新仲裁的期限却非常重要,因为仲裁要强调解决纠纷的效率,同时人民法院处理案件也有期限的要求,当事人也有诉讼成本及诉讼效率等方面的程序利益诉求。所以,重新仲裁的期限一般不宜过长。根据《仲裁法》第 60 条的规定,人民法院审理撤销仲裁裁决案件的期限为 2 个月,重新仲裁作为撤销仲裁裁决程序的组成部分,可以考虑不超过 2 个月的时间。具体而言,开始重新仲裁的时间以不超过 10 天为宜,重新仲裁的期限以不超过 60 天为宜。当然,重新仲裁的期限不计入人民法院的审限。[4]

（4）重新仲裁的通知。《仲裁法》第 61 条只是规定人民法院受理撤销裁决的申请后,认为可以由仲裁庭重新仲裁的,通知仲裁庭在一定期限内重新仲裁,但是并未要求人民法院在通知仲裁庭重新仲裁时说明重新仲裁的理由,这正是该条规定的不足之处,因为仲裁庭收到人民法院没有说明具体理由的重新仲裁的通知后,往往出现这样的情况:仲裁庭不知道如何重新进行仲裁;有的仲裁庭因为不知道为什么要进行重新仲裁,就断然拒绝重新仲裁;等等。显然,这使得《仲裁法》规定的重新仲裁制度流于形式,无法发挥重新仲裁的功能。因此,为了克服其弊端,《仲裁法解释》第 21 条第 2 款明确规定:“人民法院应当在通知中说明要求重新仲裁的具体理由。”

然而,中止撤销程序只是一个暂时的裁定,因为,仲裁庭在人民法院指定的期限内开始重新仲裁的,人民法院应当裁定终结撤销程序。[5]《仲裁法解释》之所以作此规定,原因在于:其一,《仲裁法》第 61 条规定在通知仲裁庭重新仲裁时,应当中止撤销程序,是因为重新仲裁是否开始,取决于仲裁庭是否同意法院重新仲裁的决定:如果同意重新仲裁就会开始,如果不同意重新仲裁也就不会开始,亦即重新仲裁程序处于不确定状态,撤销仲裁裁决的程序也只能等重新仲裁程序确定后才好确定。其二,仲裁庭开始重新仲裁的,就表明仲裁庭接受了法院要求重新仲裁的理由,会作出一个新的仲裁裁决。因此,重新仲裁虽

① 参见江伟主编:《仲裁法》,中国人民大学出版社 2009 年版,第 330 页;赵健著:《国际商事仲裁的司法监督》,法律出版社 2000 年版,第 257 页。

② 见《民事诉讼法》第 40 条第 2 款。

③ 黄进等著:《仲裁法学》,中国政法大学出版社 2008 年版,第 151 页。

④ 江伟主编:《仲裁法》,中国人民大学出版社 2009 年版,第 333 页。

⑤ 见《仲裁法解释》第 22 条。

非另行仲裁,但新的仲裁裁决也会取代原有的仲裁裁决,即使当事人对新的仲裁裁决有异议,但是当事人争议的对象也就完全不同了。基于原仲裁裁决的撤销诉讼,因为诉讼标的已经不存在,该撤销程序也就失去了其存在的基础,所以只能终结该撤销程序。[①]

此外,根据《仲裁法解释》第 23 条的规定,当事人对重新仲裁裁决不服的,可以在重新仲裁裁决书送达之日起 6 个月内依据《仲裁法》第 58 条的规定向人民法院申请撤销。

四、恢复撤销程序

根据《仲裁法》第 61 条的规定,当人民法院通知仲裁庭在一定期限内重新仲裁时,仲裁庭对人民法院作出的重新仲裁的通知并没有必须接受的义务,而仅仅是取得了接受的权利。既然是仲裁庭的一项权利,那么仲裁庭就可以接受,也可以拒绝接受。仲裁庭如果接受并在人民法院指定的期限内开始重新仲裁的,人民法院应当裁定终结撤销程序;仲裁庭如果拒绝重新仲裁的,人民法院应当裁定恢复撤销程序。不仅如此,仲裁庭接受但未开始重新仲裁的,人民法院也应当裁定恢复撤销程序。[②]

必须指出的是,根据《仲裁法》第 61 条和《仲裁法解释》第 22 条的规定,通知仲裁庭重新仲裁由人民法院决定,无须由当事人申请,同样地,当仲裁庭拒绝重新仲裁或虽接受但并未开始重新仲裁的,也应当由人民法院依职权裁定恢复撤销程序,也无须由当事人申请。

附:申请撤销仲裁裁决实例[③]及其评析

申请人某市松江申陆床上用品厂(以下简称申陆厂)诉被申请人某市安彤时装有限公司(以下简称安彤公司)申请撤销仲裁裁决一案,某市第一中级人民法院于 2014 年 3 月 17 日立案受理后,依法组成合议庭进行了审理。本案现已审理终结。

申请人申陆厂诉称:(1)仲裁庭以安彤公司的虚假质证意见为依据,对申陆厂提交的 2011 年 8 月 23 日 1002277 号磅码单不予认定,对该部分仲裁请求也不予支持,此后果比裁决所依据的证据是伪造的性质更加严重。(2)仲裁审理违反了法定程序:2013 年 11 月 15 日庭审时,因申陆厂的财务账册已归档,故代理人未能出示证据原件。仲裁庭遂规定双方在一周内补充提交证据原件。此后,按规定的期限申陆厂提交原件给仲裁庭审查,仲裁庭应再次组织证据质证,但仲裁庭没有组织质证。据此申请人要求撤销 S 仲裁委员会(××××)×仲案字第×号仲裁裁决。

被申请人安彤公司辩称:仲裁庭审后,安彤公司收到了仲裁委寄送的与原件核对无异的磅码单证据,并对磅码单发表了书面质证意见。1002277 号磅码单对应的货物,安彤公司没有收到过,也没有发出过这单订货。上面的签名不能证明是安彤公司的客户收到

---

① 参见沈德咏、万鄂湘主编:《最高人民法院仲裁法司法解释的理解与适用》,人民法院出版社 2007 年版,第 204 页。

② 见《仲裁法解释》第 22 条。

③ 资料来源:北大法意网:www.lawyee.net,2014 年 8 月 2 日访问。转引自马德才编著:《仲裁法案例研究》,世界图书出版公司 2015 年版,第 185－187 页。

了货物。申请人的申请理由不能成立，应予驳回。

本院经审理查明：申陆厂依据其与安彤公司签订的《工矿产品购销合同》中的仲裁条款，向 S 仲裁委员会（以下简称仲裁委）申请仲裁。申陆厂的申请事项为：（1）安彤公司向其支付货款人民币 103 762 元（以下币种相同）；（2）安彤公司向其支付逾期付款损失赔偿（自 2012 年 1 月 25 日起至裁决作出之日止，按中国人民银行同期贷款利率 4 倍计算）；（3）安彤公司承担本案仲裁费。仲裁庭审中，安彤公司对申陆厂提供的有关 2011 年 8 月 23 日的证据质证称：2011 年 8 月 23 日的业务没有送货单，有异议；在 1002277 号磅码单上签名的"李银华"不是案外人上海鹤舞时装有限公司（注：安彤公司工厂）的员工；对申陆厂提交的安彤公司要求供货的函，安彤公司质证称要求看原件再质证。鉴于申陆厂未能在仲裁庭审时予以出示全部证据的原件，仲裁庭在庭审中告知双方庭后的安排：根据申陆厂提交的 2011 年购销合同，安彤公司向申陆厂发出的订单/送货凭证，以及安彤公司手写的送货要求单，请申陆厂在庭后七日内提交原件，并由仲裁委转发给安彤公司在限期内书面质证。申陆厂、安彤公司对此安排表示无异议。

仲裁庭审后，申陆厂向仲裁庭出示了四份磅码单原件及《2011 年发安彤公司货物明细》一份。仲裁庭经核对，将与原件一致的证据复印件交换给安彤公司。安彤公司书面质证称：1002277 号磅码单上的签字，查无此人，不予认可。

仲裁庭对双方的证据进行了审查认定，其中，对于 1002277 号磅码单的证据效力予以了排除，并于 2014 年 2 月 18 日裁决：（一）安彤公司向申陆厂支付价款 30 592 元。（二）安彤公司向申陆厂支付逾期付款损失赔偿额 4 321.04 元。（三）仲裁费 6 899 元，由申陆厂承担 5 099 元，安彤公司承担 1 800 元。上述三项裁决主文中安彤公司应支付款项合计人民币 36 713.04 元，应于裁决作出之日起十五日内一次性支付给申陆厂。

本案审理中，申请人申陆厂向本院提供如下证据：落款 2011 年 8 月 19 日的传真、增值税专用发票若干、2011 年货物对账明细表格、1002277 号磅码单、2014 年 3 月 4 日调查笔录（系本案中新提供的证据）。被申请人安彤公司提供了 2013 年 12 月 6 日的书面质证意见及其附件：2013 年 12 月 3 日案外人上海鹤舞时装有限公司提供的说明。关于申陆厂新提供的 2014 年 3 月 4 日调查笔录证据，安彤公司认为不能证明 1002277 号磅码单项下记载的货物已经签收。由于该调查笔录内容涉及货物是否签收的事实问题，不是本案撤销仲裁裁决的审查范围，因此本院不予认定为本案证据。

本院认为，当事人申请撤销仲裁裁决的案件，人民法院应当根据《中华人民共和国仲裁法》第五十八条的规定进行审查。申陆厂关于仲裁违反了审理程序的主张，仲裁委仲裁规则在"举证和质证"一条中规定：仲裁庭可以另行开庭进行质证，也可以要求当事人在规定期限内提交书面质证意见。本案仲裁庭审时，仲裁庭告知申陆厂庭后提供证据原件，以书面质证的方式质证，申陆厂、安彤公司均表示无异议。因此，申陆厂主张仲裁庭应就其补充提交的证据进行庭审质证，没有事实和法律依据，本院不予采纳。另，申陆厂关于仲裁庭未将安彤公司的书面质证意见再交换回申陆厂的意见，系申陆厂对仲裁庭进行书面质证的流程方面提出意见，并不涉及仲裁庭违反某项具体的仲裁规则。关于裁决所依据的证据是伪造的意见，申陆厂主张安彤公司对磅码单的质证意见虚假，仲裁庭不应采信该质证意见进行判决。对此，本院认为，仲裁庭对磅码单证据不予采信，系仲裁庭在听取申陆厂的举证和安彤公司的质证意见后,运用证据规则对磅码单的证据效力所作判定。仲裁庭并未依据该磅码单作出裁决,因此不符合裁决所依据的证据是伪造的规定。申陆厂的其余理由指向仲裁庭的仲裁审查权及其裁决权,不属于本案审查范围。综上所述,申请人申陆厂的申请理由,均不能成立,本院不予支持。据此,依照《中华人民共和国仲裁法》第五十八条第一款及《最高人民法院关于适用〈中华人民共和国仲裁法〉若干问题的解释》第十七条之规定,裁定如下:

驳回申请人某市松江申陆床上用品厂要求撤销 S 仲裁委员会(××××)×仲案字第×号裁决的申请。

本案案件受理费人民币 400 元,由申请人某市松江申陆床上用品厂负担。

本裁定为终审裁定。

评析:本案是一起工矿产品购销合同纠纷案。由于仲裁庭作出的仲裁裁决没有完全满足申请人的仲裁请求,申请人申陆厂于是向仲裁委员会所在地的中级人民法院申请撤销仲裁裁决。法院经过审查,作出了驳回撤销申请的裁定。那么,该法院所作出的裁定是否正确呢?笔者拟结合有关申请撤销仲裁裁决的理论和法律规定以及本案实际情况,作如下分析:

(一)申请主体合格

根据《仲裁法》第58条第1款的规定,申请撤销仲裁裁决的主体仅限于当事人,既包括仲裁申请人,也包括仲裁被申请人。本案中,申请人申陆厂由于对仲裁庭作出的仲裁裁决不服,于是向法院提出了撤销仲裁裁决的申请。可见,本案申请主体是仲裁申请人,是合格的。

(二)申请事由不合格

当事人申请撤销仲裁裁决的事由应是提出证据证明裁决有《仲裁法》第58条第1款规定的6种情形:没有仲裁协议;裁决的事项不属于仲裁协议的范围或者仲裁委员会无权仲裁;仲裁庭的组成或者仲裁的程序违反法定程序;裁决所根据的证据是伪造;对方当事人隐瞒了足以影响公正裁决的证据;仲裁员在仲裁该案时有索贿受贿、徇私舞弊、枉法裁决行为等。本案中,申请人向法院提出了撤销裁决的申请,其理由:(1)仲裁庭以安彤公司的虚假质证意见为依据,对申陆厂提交的 2011 年 8 月 23 日 1002277 号磅码单不予认定,对该部分仲裁请求也不予支持,此后果比裁决所依据的证据是伪造的性质更加严重。(2)仲裁审理违反了法定程序:2013 年 11 月 15 日庭审时,因申陆厂的财务账册已归档,故代理人未能出示证据原件。仲裁庭遂规定双方在一周内补充提交证据原件。此后,按规定的期限申陆厂提交原件给仲裁庭审查,仲裁庭应再次组织证据质证,但仲裁庭没有组织质证。后来,法院经审查认为,本案仲裁裁决并不具有申请人所述的《仲裁法》第58条第1款规定的两种情形即第3项"仲裁的程序违反法定程序"和第4项"裁决所根据的证据是伪造的",并依此裁定驳回撤销申请。可见,本案申请事由不合格。

(三)申请对象合格

根据《仲裁法》第58条第1款的规定,申请人只能向仲裁委员会所在地的中级人民法院提出撤销仲裁裁决的申请。本案中,申请人申陆厂正是向仲裁委员会所在地的中级人民法院提出撤销仲裁裁决的申请。所以,本案申请对象合格。

（四）申请期限合格

根据《仲裁法》第 59 条的规定,当事人申请撤销仲裁裁决的期限,应当是自其收到仲裁裁决书之日起 6 个月。本案中,仲裁裁决作出的时间是 2014 年 2 月 18 日,当申请人申陆厂提出撤销申请后,本案法院经审查于 2014 年 3 月 17 日立案受理,显然,申请人申陆厂申请撤销仲裁裁决的期限,应当是在自其收到仲裁裁决书之日起 6 个月内。因此,本案申请期限合格。

（五）法院审查合格

前已述及,人民法院对申请人撤销仲裁裁决申请的审查包括:(1) 审查的组织形式是合议庭;(2) 审查形式分为程序上的审查和实体上的审查两种形式;(3) 审查内容是人民法院主要是通过对申请人所提供的证据进行审查核实。本案中,仲裁委员会所在地的中级人民法院组成合议庭对仲裁裁决进行了程序上的审查和实体上的审查,主要是通过对申请人所提供的证据进行审查核实。最后经审查认为,申陆厂关于仲裁违反了审理程序的主张,仲裁委仲裁规则在"举证和质证"一条中规定:仲裁庭可以另行开庭进行质证,也可以要求当事人在规定期限内提交书面质证意见。本案仲裁庭审时,仲裁庭告知申陆厂庭后提供证据原件,以书面质证的方式质证,申陆厂、安彤公司均表示无异议。因此,申陆厂主张仲裁庭应就其补充提交的证据进行庭审质证,没有事实和法律依据,法院未予采纳。另,申陆厂关于仲裁庭未将安彤公司的书面质证意见再交换回申陆厂的意见,系申陆厂对仲裁庭进行书面质证的流程方面提出意见,并不涉及仲裁庭违反某项具体的仲裁规则。关于裁决所依据的证据是伪造的意见,申陆厂主张安彤公司对磅码单的质证意见虚假,仲裁庭不应采信该质证意见进行裁判。对此,法院认为,仲裁庭对磅码单证据不予采信,系仲裁庭在听取申陆厂的举证和安彤公司的质证意见后,运用证据规则对磅码单的证据效力所作判定。仲裁庭并未依据该磅码单作出裁决,因此不符合裁决所依据的证据是伪造的规定。申陆厂的其余理由指向仲裁庭的仲裁审查权及其裁决权,不属于本案审查范围。综上所述,申请人申陆厂的申请理由,均不能成立,法院未予支持。据此,依照《中华人民共和国仲裁法》第五十八条第一款及《最高人民法院关于适用〈中华人民共和国仲裁法〉若干问题的解释》第十七条之规定,裁定如下:驳回申请人某市松江申陆床上用品厂要求撤销 S 仲裁委员会(××××)×仲案字第×号裁决的申请。所以,本案法院审查合格。

综上所述,笔者认为本案法院作出的驳回撤销申请的裁定是正确的。①

【司法考试真题链接】

1. 下列关于仲裁裁决的哪些观点是正确的?（2006 年司法考试真题）

  A. 当事人可以请求仲裁庭根据双方的和解协议作出裁决

  B. 仲裁庭可以根据双方当事人达成的调解协议作出裁决

---

① 马德才编著:《仲裁法案例研究》,世界图书出版公司 2015 年版,第 187－189 页。

    C. 仲裁裁决应当根据仲裁庭多数仲裁员的意见作出,形不成多数意见的,由仲裁
       委员会讨论决定
    D. 仲裁裁决一经作出立即发生法律效力

2. 刘某从海塘公司购买红木家具1套,价款为3万元,双方签订合同,约定如发生纠纷可向北京仲裁委员会申请仲裁。交付后,刘某发现该家具并非红木制成,便向仲裁委员会申请仲裁,请求退货。请回答(1)—(4)题。(2006年司法考试真题)

    (1) 双方在仲裁过程中对仲裁程序所作的下列何种约定是有效的?
       A. 双方不得委托代理人
       B. 即使达不成调解协议,也以调解书的形式结案
       C. 裁决书不写争议事实和裁决理由
       D. 双方对裁决不得申请撤销

    (2) 向海塘公司提供木材的红木公司可以以何种身份参加该案件的仲裁程序?
       A. 证人
       B. 第三人
       C. 鉴定人
       D. 被申请人

    (3) 如果裁决退货,海塘公司不服,可以以何种方式获得救济?
       A. 向仲裁委员会所在地的中级人民法院申请撤销仲裁裁决
       B. 向本公司所在地的中级人民法院申请撤销仲裁裁决
       C. 向仲裁委员会所在地的中级人民法院申请裁定不予执行
       D. 向执行法院申请裁定不予执行

    (4) 如果仲裁过程中海塘公司向仲裁委员会提交了双方在交付家具时签订的《补充协议》,该协议约定将纠纷处理方式变更为诉讼,这种情况下仲裁委员会应当如何处理?
       A. 仲裁委员会有权对是否继续仲裁审理作出裁决
       B. 仲裁委员会应当裁决驳回仲裁申请,当事人可向法院起诉
       C. 仲裁委员会应当继续仲裁,裁决作出后当事人可以以没有有效的仲裁协议为
         由申请撤销仲裁裁决
       D. 仲裁委员会应当继续仲裁,裁决作出后当事人不得以没有有效的仲裁协议为
         由申请撤销仲裁裁决

3. 某仲裁委员会对甲公司与乙公司之间的买卖合同纠纷一案作出裁决后,发现该裁决存在超裁情形,甲公司与乙公司均对裁决持有异议。关于此仲裁裁决,下列哪一选项是正确的?(2008年司法考试真题)
       A. 该仲裁委员会可以直接变更已生效的裁决,重新作出新的裁决
       B. 甲公司或乙公司可以请求该仲裁委员会重新作出仲裁裁决
       C. 该仲裁委员会申请法院撤销此仲裁裁决
       D. 甲公司或乙公司可以请求法院撤销此仲裁裁决

4. 关于法院对仲裁的司法监督的说法,下列哪一选项是错误的?(2010年司法考试真题)

  A. 仲裁当事人申请财产保全,应当向仲裁机构申请,由仲裁机构将该申请移交给相关法院

  B. 仲裁当事人申请撤销仲裁裁决被法院驳回,此后以相同理由申请不予执行,法院不予支持

  C. 仲裁当事人在仲裁程序中没有提出对仲裁协议效力的异议,此后以仲裁协议无效为由申请撤销或不予执行,法院不予支持

  D. 申请撤销仲裁裁决或申请不予执行仲裁裁决程序中,法院可通知仲裁机构在一定期限内重新仲裁

  5. 甲公司因与乙公司合同纠纷申请仲裁,要求解除合同。某仲裁委员会经审理裁决解除双方合同,还裁决乙公司赔偿甲公司损失六万元。关于本案的仲裁裁决,下列哪些表述是正确的?(2010 年司法考试真题)

  A. 因仲裁裁决超出了当事人请求范围,乙公司可申请撤销超出甲公司请求部分的裁决

  B. 因仲裁裁决超出了当事人请求范围,乙公司可向法院提起诉讼

  C. 因仲裁裁决超出了当事人请求范围,乙公司可向法院申请再审

  D. 乙公司可申请不予执行超出甲公司请求部分的仲裁裁决

  6. B 市的京发公司与 T 市的蓟门公司签订了一份海鲜买卖合同,约定交货地在 T 市,并同时约定"涉及本合同的争议,提交 S 仲裁委员会仲裁。"京发公司收货后,认为海鲜等级未达到合同约定,遂向 S 仲裁委员会提起解除合同的仲裁申请,仲裁委员会受理了该案。在仲裁规则确定的期限内,京发公司选定仲裁员李某作为本案仲裁庭的仲裁员,蓟门公司未选定仲裁员,双方当事人也未共同选定第三名仲裁员,S 仲裁委主任指定张某为本案仲裁庭仲裁员、刘某为本案首席仲裁员,李某、张某、刘某共同组成本案的仲裁庭,仲裁委向双方当事人送达了开庭通知。

  开庭当日,蓟门公司未到庭,也未向仲裁庭说明未到庭的理由。仲裁庭对案件进行了审理并作出缺席裁决。在评议裁决结果时,李某和张某均认为蓟门公司存在严重违约行为,合同应解除,而刘某认为合同不应解除,拒绝在裁决书上签名。最终,裁决书上只有李某和张某的签名。

  S 仲裁委员会将裁决书向双方当事人进行送达时,蓟门公司拒绝签收,后蓟门公司向法院提出撤销仲裁裁决的申请。关于蓟门公司撤销仲裁裁决的申请,下列说法正确的是?(2014 年司法考试真题)

  A. 蓟门公司应向 S 仲裁委所在地中院提出申请

  B. 法院应适用普通程序审理该撤销申请

  C. 法院可以适用法律错误为由撤销 S 仲裁委的裁决

  D. 法院应以缺席裁决违反法定程序为由撤销 S 仲裁委的裁决

第七章　仲裁裁决的执行和不予执行

　　仲裁裁决一经作出立即生效，当事人应当履行。由于以仲裁方式解决纠纷是当事人协商确定的，因此仲裁裁决一般都能为当事人所自觉履行，但是实践中也存在当事人并不自觉履行仲裁裁决的情形，此时权利方当事人只有依据有关法律规定向法院申请强制执行仲裁裁决，强制义务方当事人履行仲裁裁决，以保障其合法权益。不过，法律也确立了仲裁裁决不予执行制度，义务方当事人即被执行人可依据其该项制度向管辖法院申请不予执行仲裁裁决，以维护自己的合法权益。本章对此两项制度拟作详述，同时也将介绍仲裁裁决的中止执行、仲裁裁决的终结执行和仲裁裁决的恢复执行。

第一节　仲裁裁决的执行

一、仲裁裁决执行①的概念和意义

　　仲裁裁决的执行，又称仲裁裁决的强制执行，是指仲裁裁决生效后，义务方当事人不自觉履行仲裁裁决，权利方当事人向人民法院申请，人民法院的执行机构依照法定程序，运用国家强制力，强制义务方当事人履行其实体义务，以实现生效仲裁裁决所确定的内容及权利人实体权利的行为。根据当事人的申请，由法院执行仲裁裁决，是世界各国的通行做法。仲裁裁决的执行是法院对仲裁予以支持的最重要表现，属于广义仲裁司法监督②的范畴。

　　仲裁裁决的执行制度对保障我国仲裁制度的发展，维护当事人的合法权益有其十分重要的意义：③

　　其一，仲裁裁决的执行是当事人的权利得以实现的有效保障。仲裁庭经过对案件审理并作出裁决后，仅仅为权利方当事人实现其权利提供了可能性，只有义务方当事人自觉履行裁决，或者义务方当事人不履行裁决而通过强制执行以后，这种可能性才能变为现实性。其中，义务方当事人自觉履行裁决与仲裁裁决被赋予法律上的强制力，可以威慑义务

---

　　① 仲裁裁决的执行包括国内仲裁裁决的执行和涉外仲裁裁决的执行，本部分只述及国内仲裁裁决的执行。
　　② 仲裁司法监督有广、狭两义之分。其中，狭义的仲裁司法监督专指法院对仲裁的审查和控制，包括撤销仲裁裁决和不予执行仲裁裁决；广义的仲裁司法监督不仅指法院对仲裁的审查和控制，还指法院对仲裁的支持和协助，既包括撤销仲裁裁决和不予执行仲裁裁决，也包括仲裁裁决的执行。参见赵健著：《国际商事仲裁的司法监督》，法律出版社 2000 年版，第 1-2 页。本书取其广义。
　　③ 参见黄进等著：《仲裁法学》，中国政法大学出版社 2008 年版，第 154 页；马德才主编：《仲裁法》，厦门大学出版社 2014 年版，第 158 页。

方当事人履行义务不无关系。可以说,仲裁裁决的执行是当事人的权利得以实现的有效保障。

其二,仲裁裁决的执行是当事人的义务得以履行的有效保证。一般来说,当事人在仲裁裁决作出后都能够自觉履行其义务,因为毕竟以仲裁的方式解决纠纷是当事人自己约定的,但是在实践中也有当事人拒不履行其义务,那么此时只有通过具有强制力的执行程序,才能确保当事人履行仲裁裁决所确定的义务。

其三,仲裁裁决的执行是仲裁制度得以存在和发展的最终保证。在义务方当事人不主动履行仲裁裁决时,如果法律不赋予仲裁裁决以强制执行的效力,那么仲裁裁决书无疑就是一纸空文。对当事人而言,不仅应有的权利不能得到实现,还要为仲裁花费大量的时间、精力和金钱,在这种情况下也就没有人愿意选择仲裁作为解决纠纷的方法,而一旦纠纷当事人都不愿意将其纠纷提交仲裁,仲裁制度必将失去其继续存在和发展的基础。从而表明,法院执行仲裁裁决的程序,既是实现当事人权利的保障,同时也是仲裁制度存在和发展的后盾。

二、申请执行仲裁裁决的条件

(一)义务方当事人不履行仲裁裁决

《仲裁法》第 57 条规定:"仲裁裁决书自作出之日起发生法律效力。"因此,当事人应当履行仲裁裁决。[①] 但是在实践中,当事人不主动履行仲裁裁决的情况确实存在。如果义务方当事人在仲裁裁决书规定的期限内不履行仲裁裁决时,权利方当事人就可以依法向有管辖权的人民法院申请执行。对此,《仲裁法》第 62 条和《民事诉讼法》第 237 条第 1 款均作了规定。前者规定:"一方当事人不履行的,另一方当事人可以依照民事诉讼法的有关规定向人民法院申请执行。"后者规定:"对依法设立的仲裁机构的裁决,一方当事人不履行的,对方当事人可以向有管辖权的人民法院申请执行。"可见,义务方当事人不履行仲裁裁决是当事人申请执行仲裁裁决的前提条件。反之,假如义务方当事人在仲裁裁决书规定的期限内自觉地履行了仲裁裁决,即并不存在当事人申请执行仲裁裁决的前提条件,则根本就不存在权利方当事人还须向有管辖权的人民法院申请执行了。

(二)必须由当事人提出申请

根据《仲裁法》第 62 条和《民事诉讼法》第 237 条第 1 款的规定,当义务方当事人不履行仲裁裁决时,权利方当事人须向人民法院提出执行申请,人民法院才会对仲裁裁决予以强制执行。执行程序只能由当事人的申请而启动,如果没有当事人的申请,人民法院也无权主动对仲裁裁决予以强制执行。这是当事人意思自治原则在仲裁裁决执行领域的具体体现。

(三)当事人必须在一定期限内提出申请

当事人申请执行仲裁裁决必须在法定期限内提出,逾期未申请的则视为放弃请求人民法院强制执行的权利;如果逾期申请的,人民法院则不予受理。关于申请执行的期限,根据《仲裁法》第 62 条的规定,依照《民事诉讼法》第 239 条的规定,申请执行的期间为 2

---

① 见《仲裁法》第 62 条。

年。此期限从仲裁裁决书规定履行期间的最后一日起计算；仲裁裁决书规定分期履行的，从规定的每次履行期间的最后一日起计算；仲裁裁决书未规定履行期间的，从仲裁裁决书生效之日起计算。法律之所以规定申请执行的期限，是为了防止当事人长期或者无限期拖延执行，给民商事交易秩序造成不稳定。

（四）当事人必须向有管辖权的人民法院提出申请

根据《仲裁法》第 62 条和《民事诉讼法》第 237 条第 1 款的规定，当事人申请执行仲裁裁决，应当向有管辖权的人民法院提出。至于何谓有管辖权的人民法院，即该人民法院的地域和级别为何，对前者，《民事诉讼法》第 224 条第 2 款[①]和《仲裁法解释》第 29 条[②]均规定为被执行人住所地或者被执行的财产所在地的人民法院；对后者，《仲裁法解释》第 29 条规定为被执行人住所地或者被执行的财产所在地的中级人民法院。可见，当事人必须向被执行人住所地或者被执行的财产所在地的中级人民法院提出申请。并且，根据《民事诉讼法》第 35 条[③]的规定，当事人分别向被执行人住所地中级人民法院和被执行的财产所在地的中级人民法院申请执行的，由最先接受申请的人民法院执行。

（五）当事人申请执行的仲裁裁决必须是具有法律效力的裁决

根据《民事诉讼法》第 224 条第 1 款[④]的规定，当事人申请有管辖权的人民法院执行的仲裁裁决必须是具有法律效力的裁决，即发生法律效力的仲裁裁决书或仲裁调解书，而不论该裁决是部分裁决还是终局裁决。因此，如果一项仲裁裁决已被人民法院依法撤销失去效力，则当事人无权据以请求人民法院采取执行措施。那么，设若有当事人不履行仲裁庭对于程序性事项所作出的中间裁决，对方当事人是否须申请人民法院强制执行呢？对此，我国的仲裁实践持否定态度，即一方当事人不履行中间裁决，另一方当事人无须申请人民法院强制执行，其原因在于：中间裁决只是仲裁庭就程序性事项如仲裁庭的管辖权、仲裁协议的效力等作出的裁决，它不能等同于最后裁决，如果当事人不履行中间裁决，并不影响仲裁程序的进行，也不影响最后裁决的作出。

三、申请执行仲裁裁决的程序

（一）提出申请

根据《仲裁法》第 62 条和《民事诉讼法》第 237 条第 1 款的规定，执行仲裁裁决程序因当事人申请而启动，人民法院无权主动对仲裁裁决予以强制执行。因此，申请执行仲裁裁决的第一道程序就是当事人向人民法院提出执行仲裁裁决的申请。该程序涉及如下几个方面的问题：

---

① 《民事诉讼法》第 224 条第 2 款规定："法律规定由人民法院执行的其他法律文书，由被执行人住所地或者被执行的财产所在地人民法院执行。"

② 《仲裁法解释》第 29 条规定："当事人申请执行仲裁裁决案件，由被执行人住所地或者被执行的财产所在地的中级人民法院管辖。"

③ 《民事诉讼法》第 35 条规定："两个以上人民法院都有管辖权的诉讼，原告可以向其中一个人民法院起诉；原告向两个以上有管辖权的人民法院起诉的，由最先立案的人民法院管辖。"

④ 《民事诉讼法》第 224 条第 1 款规定："发生法律效力的民事判决、裁定，以及刑事判决、裁定中的财产部分，由第一审人民法院或者与第一审人民法院同级的被执行的财产所在地人民法院执行。"

（1）申请主体。申请执行仲裁裁决的主体仅限于当事人，且是权利方当事人。

（2）申请期限。当事人申请执行仲裁裁决，应当在法定期限内提出，对此《仲裁法》第62条规定应依照《民事诉讼法》第239条的规定办理，而该条款规定申请执行的期间为2年。但是，申请执行人超过申请执行时效期间向人民法院申请强制执行的，人民法院应予受理。被执行人对申请执行时效期间提出异议，人民法院经审查异议成立的，裁定不予执行。① 不过，被执行人履行全部或者部分义务后，又以不知道申请执行时效期间届满为由请求执行回转的，人民法院不予支持。②

（3）申请条件。当事人申请执行仲裁裁决，应当符合法定条件，具体包括：义务方当事人不履行仲裁裁决；必须由当事人提出申请；当事人必须在一定期限内提出申请；当事人必须向有管辖权的人民法院提出申请；当事人申请执行的仲裁裁决必须是具有法律效力的裁决。

（4）申请时应提交的文件。根据《仲裁法》和《民事诉讼法》的相关规定，当事人申请执行仲裁裁决时，应当向人民法院提交下列文件或证件：① 申请执行书。申请执行书应当写明申请执行的理由、事项、执行标的，以及申请人所了解的被执行人的财产状况。申请人书写申请执行书确有困难的，可以口头提出申请，人民法院将口头申请记入笔录，由申请人签字盖章。② 仲裁裁决书或仲裁调解书副本。裁决书是人民法院执行的依据，当事人申请时应当提供仲裁裁决书或仲裁调解书的副本。③ 申请执行人的身份证明。公民个人申请的，应当出示居民身份证；法人申请的，应当提交法人营业执照副本和法定代表人身份证明。继承人或权利承受人申请执行的，应当提交继承或承受权利的证明文件。④ 仲裁协议。申请人应当向人民法院提交有关仲裁条款的合同书或书面的仲裁协议书。

（二）审查与受理

当事人提出执行仲裁裁决的申请后，人民法院应当对当事人的申请予以审查，以决定是否受理。人民法院对符合申请执行条件的申请，应当在7日内予以立案，不符合条件的，应当在7日内裁定不予受理。人民法院受理后，如果发现有仲裁裁决书尚未生效，或者仲裁裁决书没有给付内容，或者裁决双方同时履行各自义务但申请执行人并未履行自己的义务而向法院申请对方履行的情形的，也可以裁定驳回执行申请。

人民法院应当受理当事人的执行申请还有一种情况，即《仲裁法解释》第25条③规定的情形，人民法院受理当事人撤销仲裁裁决的申请后，另一方当事人申请执行同一仲裁裁决的，人民法院应当受理并在受理后裁定中止执行。因为，人民法院受理当事人撤销仲裁裁决的申请后，在尚未作出撤销仲裁裁决或者驳回撤销申请的裁定之前，该仲裁裁决仍然有效，另一方当事人就有权申请执行该仲裁裁决，那么根据《仲裁法》第62条和《民事诉讼法》第237条第1款的规定，人民法院也就应当受理。

（三）发出执行通知

根据《民事诉讼法》第240条的规定，人民法院决定受理当事人提出的执行仲裁裁决

---

① 见《民事诉讼法解释》第483条第1款。

② 见《民事诉讼法解释》第483条第2款。

③ 《仲裁法解释》第25条规定："人民法院受理当事人撤销仲裁裁决的申请后，另一方当事人申请执行同一仲裁裁决的，受理执行申请的人民法院应当在受理后裁定中止执行。"

申请以后,应当指派执行员负责执行工作,并且执行员接到申请执行书或者移交执行书,应当及时向被执行人发出执行通知。关于该法条中的"及时向被执行人发出执行通知",《民事诉讼法解释》第482条第1款作了明确具体规定,即"人民法院应当在收到申请执行书或者移交执行书后十日内发出执行通知"。根据《民事诉讼法解释》第482条第2款和《执行规定》第24条的规定,执行通知主要包括以下内容:(1)责令被执行人履行仲裁裁决书确定的义务;(2)通知其承担法律规定的迟延履行利息与迟延履行金。而且,根据《执行规定》第27条的规定,人民法院执行仲裁裁决书或仲裁调解书,必要时可以向作出仲裁裁决书或仲裁调解书的仲裁委员会调取卷宗材料。

(四)采取执行措施

根据《民事诉讼法》第240条的规定,执行员在接到申请执行书或者移交执行书后,可以立即采取强制执行措施。对此,《民事诉讼法》第三篇"执行程序"第21章专章规定了执行措施。因此,仲裁裁决的执行主要包括如下执行措施:(1)查询、冻结、划拨被执行人的存款;(2)查询、扣留、提取被执行人的收入;(3)查封、扣押、冻结、拍卖、变卖被执行人的财产;(4)搜查债务人隐匿的财产;(5)强制交付法律文书指定的财物或票证;(6)强制迁出房屋或者退出土地;(7)通知有关单位协助办理有关财产权证照;(8)强制执行或者委托他人完成法律文书指定的行为;(9)加倍支付迟延履行利息或者迟延履行金;(10)继续履行;(11)限制出境;(12)在征信系统记录不履行义务信息;(13)通过媒体公布不履行义务信息;(14)法律规定的其他措施。

必须指出的是,根据《最高人民法院关于适用〈中华人民共和国民事诉讼法〉执行程序若干问题的解释》第30条的规定,执行员依照《民事诉讼法》第240条规定立即采取强制执行措施的,可以同时或者自采取强制执行措施之日起3日内发送执行通知书。

第二节 仲裁裁决的不予执行

一、仲裁裁决不予执行①的概念和特征

所谓仲裁裁决不予执行,是指仲裁裁决作出后,一方当事人向人民法院申请强制执行仲裁裁决,另一方当事人认为仲裁裁决具备不予执行的法定情形,侵害了自己的合法权益,向人民法院申请不予执行仲裁裁决,经人民法院组成合议庭审查核实后,对符合法定情形的裁决依法裁定不予执行的制度。仲裁裁决不予执行制度具有以下几个方面的特征:②

1. 不予执行仲裁裁决须以债务人的申请为启动条件

法律赋予义务方当事人在执行程序中享有提出不予执行仲裁裁决的权利,这一权利

① 仲裁裁决不予执行包括国内仲裁裁决不予执行和涉外仲裁裁决不予执行,本部分只述及国内仲裁裁决不予执行。
② 参见马德才主编:《仲裁法》,厦门大学出版社2014年版,第161-162页;马德才编著:《仲裁法案例研究》,世界图书出版公司2015年版,第190页。

是一种私权，而私权的最大特点是当事人具有自由处分权，义务方当事人可以自由进行支配自身享有的权利，既可以积极行使这一权利，也可以放弃该权利的行使。一旦债务人放弃行使这一权利，法院的执行部门一般都不会依职权主动采取措施，这与法院受理民事案件采用的"不告不理"原则相类似。只有在人民法院认定执行该裁决违背社会公共利益的时候，才会主动裁定不予执行。

2. 不予执行仲裁裁决的对象是生效的仲裁裁决

根据《仲裁法》的有关规定，仲裁裁决一经作出即具有法律约束力和强制执行力，因此一方不自觉履行仲裁裁决确定的义务时，另一方可以向有管辖权的法院申请强制执行。但是，被申请执行人在执行行为开始之前，可以向法院提交有关材料，提供有关证据，向法院申请不予执行仲裁裁决。可见，不予执行的对象是生效的仲裁裁决，但并不包括仲裁庭根据当事人之间的和解协议作出的仲裁裁决书，也不包括仲裁庭制作的仲裁调解书，因为《仲裁法解释》第28条明确规定："当事人请求不予执行仲裁调解书或者根据当事人之间的和解协议作出的仲裁裁决书的，人民法院不予支持。"

3. 不予执行仲裁裁决的审查主体是特定的国家机关

民事执行是国家机关行使国家公权力的活动，不予执行仲裁裁决的审查发生在执行程序开始以后，不予执行的后果是仲裁裁决丧失执行力，必须要由国家有权机关依照法定程序来进行，不过并不是所有的国家机关都可以行使，必须是经过国家授权的机关。我国目前的审查机构是人民法院的执行机构，由该机构组成合议庭进行审查。

4. 不予执行仲裁裁决须具备法定的理由

不予执行仲裁裁决制度是国家公权力对私权的干预，因此对此应予以必要的限制，这样才能充分体现出法律的公正性和对仲裁裁决司法审查的有限性，以达到对仲裁最高程度的支持，以维护仲裁"一裁终局"的特性。我国《民事诉讼法》、《仲裁法》的相关规定以及参加的国际公约是仲裁裁决不予执行的法律依据，不允许存在其他的非法定理由对仲裁裁决不予执行。

二、仲裁裁决不予执行的理由

《民事诉讼法》第237条第2款规定："被申请人提出证据证明仲裁裁决有下列情形之一的，经人民法院组成合议庭审查核实，裁定不予执行：(1)当事人在合同中没有订有仲裁条款或者事后没有达成书面仲裁协议的；(2)裁决的事项不属于仲裁协议的范围或者仲裁机构无权仲裁的；(3)仲裁庭的组成或者仲裁的程序违反法定程序的；(4)裁决所依据的证据是伪造的；(5)对方当事人向仲裁机构隐瞒了足以影响公正裁决的证据的；(6)仲裁员在仲裁该案时有贪污受贿、徇私舞弊、枉法裁决行为的。"可见，不予执行仲裁裁决的法定情形包括：

（一）当事人在合同中没有订立仲裁条款或者事后没有达成仲裁协议

根据《仲裁法》第4条、第5条和第21条的规定，仲裁必须以仲裁协议为前提，没有仲裁协议，仲裁机构不能受理案件，仲裁庭就无权审理案件并作出裁决。根据《仲裁法》第16条第1款的规定，仲裁协议包括合同中订立的仲裁条款或者纠纷发生前后达成的书面仲裁协议，因此当事人在合同中没有订立仲裁条款或者事后没有达成仲裁协议的，即使仲裁机构受理了案件,仲裁庭审理案件并作出仲裁裁决,该裁决也是无效仲裁裁决,那么当事人就有权申请人民法院不予执行该仲裁裁决。

（二）裁决的事项不属于仲裁协议的范围或者仲裁机构无权仲裁

仲裁庭的仲裁管辖权是当事人的仲裁协议授予的,这就意味着仲裁庭只能就仲裁协议中所约定的争议事项进行审理并作出裁决,而不能就不属于仲裁协议范围的争议事项进行审理并作出裁决。如果裁决的事项不属于仲裁协议的范围,由于仲裁庭就该事项并未获得当事人的授权,因此仲裁庭的此项裁决当属无效裁决,而仲裁裁决得以执行的前提是仲裁裁决是有效的,如果裁决的事项不属于仲裁协议的范围,当事人即可申请不予执行该仲裁裁决,所以裁决的事项不属于仲裁协议的范围就成为不予执行仲裁裁决的法定情形之一。

裁决的事项除了属于仲裁协议的范围之外,根据《仲裁法》第 17 条的规定,还必须属于法定可仲裁的范围,对此《仲裁法》第 2 条和第 3 条从积极和消极两个层面作了规定,即第 2 条规定:"平等主体的公民、法人和其他组织之间发生的合同纠纷和其他财产权益纠纷,可以仲裁。"第 3 条规定:"下列纠纷不能仲裁:（一）婚姻、收养、监护、扶养、继承纠纷;（二）依法应当由行政机关处理的行政争议。"如果裁决的事项不属于法定可仲裁的范围,即使属于仲裁协议的范围,仲裁机构也无权仲裁,即使作出裁决,也属无效裁决,当然就没有执行力,当事人就可以申请不予执行该仲裁裁决。

（三）仲裁庭的组成或者仲裁的程序违反法定程序

当事人自愿原则,又称当事人意思自治原则,是仲裁法的首要基本原则,是整个仲裁制度赖以存在和发展的基石,其表现多种多样,其中,仲裁庭采取何种组成形式和仲裁庭由哪个或哪些仲裁员组成以及仲裁庭采取何种审理方式等仲裁程序问题,当事人都有权决定。[①] 即仲裁庭的组成形式和仲裁员的选任以及仲裁程序都必须按照当事人的意愿进行,否则难以体现当事人的意愿。如果仲裁庭的组成和仲裁程序违反了法定程序,例如仲裁庭由当事人不同意的仲裁员组成、仲裁员应当回避而未回避、当事人未经合法通知即做缺席裁决等,就很难保证仲裁裁决的公正性,所以《仲裁法》和《民事诉讼法》均允许当事人申请不予执行此类仲裁裁决。

（四）仲裁裁决所依据的证据是伪造的

证据是仲裁庭查明案件真实情况,分清是非,确定双方当事人的责任界限并作出仲裁裁决的根据。当事人必须向仲裁庭提供真实的证据。如果当事人提供了伪造的证据,必定会影响仲裁庭对案件事实作出正确的判断,从而影响仲裁裁决的公正性。因此,以伪造的证据为基础所作出的仲裁裁决应予裁定不予执行。当然,如果仲裁庭虽未发现某证据是伪造的,但是却并没有依据该伪造的证据作出仲裁裁决,那么仲裁庭所作的仲裁裁决也就不应不予执行。

（五）对方当事人隐瞒了足以影响公正裁决的证据

所谓"足以影响公正裁决的证据",是指直接关系仲裁裁决最后结论的证据,这些证据通常与仲裁案件涉及纠纷的焦点或重要情节有着直接的联系,同时这些证据也直接影响

---

① 参见马德才主编:《仲裁法》,厦门大学出版社 2014 年版,第 30 - 31 页。

着仲裁庭对案件事实的正确判断,对是非的认定和对责任的划分等。因此,如果一方当事人隐瞒了足以影响公正裁决的证据,那么,仲裁庭对案件事实的判断,对是非的认定和对责任的划分等,就会与实际情况不相符,仲裁庭由此所作出的仲裁裁决必定会给另一方当事人造成不公正的结果,故而这种仲裁裁决应当不予执行。①

(六) 仲裁员在仲裁该案件时有贪污受贿、徇私舞弊、枉法裁决行为

仲裁员的公正性是保证仲裁裁决公正性的基础,正因为如此,《仲裁法》第 13 条第 1 款规定:"仲裁委员会应当从公道正派的人员中聘任仲裁员。"可想而知,仲裁员在仲裁案件时有贪污受贿、徇私舞弊、枉法裁决这些严重的违法行为的,其公正性就会大打折扣甚至没有公正性可言,不仅他本人应当依据《仲裁法》第 38 条的规定承担法律责任,仲裁委员会应当将其除名,人民法院当然就可以对这种仲裁裁决裁定不予执行。

除此之外,《民事诉讼法》第 237 条第 3 款规定:"人民法院认定执行该裁决违背社会公共利益的,裁定不予执行。"

三、仲裁裁决不予执行的程序

(一) 被执行人向人民法院提出不予执行仲裁裁决的申请

当事人一方申请人民法院强制执行仲裁裁决,而被执行人认为该仲裁裁决有符合《民事诉讼法》第 237 条第 2 款规定的不予执行的情形之一的,可申请人民法院不予执行。可见,不予执行申请的主体只能是仲裁裁决执行案件的被执行人。除此之外,仲裁裁决不予执行的程序还涉及以下事项:

(1) 申请对象。《仲裁法解释》第 29 条规定:"当事人申请执行仲裁裁决案件,由被执行人住所地或者被执行的财产所在地的中级人民法院管辖。"因此,被执行人只能向执行法院提出不予执行仲裁裁决的申请,以便执行法院尽快作出审查处理。显而易见,仲裁裁决不予执行的申请对象是执行法院,具体是被执行人住所地或者被执行财产所在地的中级人民法院。不过,被执行人是向被执行人住所地的中级人民法院提出申请还是向被执行财产所在地的中级人民法院提出申请,取决于仲裁裁决申请执行人在启动执行程序时对上述法院的选择:如果申请执行人向被执行人住所地的中级人民法院提出申请,那么不予执行的申请对象就是被执行人住所地的中级人民法院;如果申请执行人向被执行财产所在地的中级人民法院提出申请,那么不予执行的申请对象就是被执行财产所在地的中级人民法院。然而,如果申请执行人分别向被执行人住所地的人民法院和被执行财产所在地的中级人民法院提出申请,那么不予执行的申请对象就是最先接受申请的人民法院。

(2) 申请期限。被执行人提出不予执行仲裁裁决的申请期限应是仲裁裁决已被申请执行之后,执行法院的执行行动终结之前。对此,《民事诉讼法解释》第 481 条规定:"当事人请求不予执行仲裁裁决或者公证债权文书的,应当在执行终结前向执行法院提出。"因而,无论是仲裁裁决已被申请执行之前,还是执行法院的执行行动终结之后,被执行人都不能启动不予执行仲裁裁决的程序。

(3) 申请条件。被执行人应提出证据证明裁决有《民事诉讼法》第 237 条第 2 款规定

---

① 参见马德才主编:《仲裁法》,厦门大学出版社 2014 年版,第 164 页。

的 6 种情形中之一是确实存在的,如果被执行人没有提供证据或所提证据不能证明确有不予执行的事由存在的,就不能否定申请执行人的请求,即应依申请执行人的请求予以执行,而不能裁定不予执行。另外,不予执行仲裁裁决的程序除了在《民事诉讼法》第 237 条第 3 款规定的情形下即仲裁裁决违背社会公共利益的,人民法院可以依职权主动启动之外,只能由被执行人启动,人民法院不得依职权主动启动,并对仲裁裁决进行审查且裁定其不予执行。

（二）人民法院对被执行人不予执行仲裁裁决申请的审查

人民法院对被执行人不予执行仲裁裁决申请的审查包括如下内容:

（1）审查的组织形式。根据《仲裁法解释》第 24 条的规定,人民法院对被执行人不予执行仲裁裁决的申请,应当组成合议庭进行审查。

（2）审查形式。人民法院对被执行人不予执行仲裁裁决申请的审查分为程序上的审查和实体上的审查两种形式。其中,程序上的审查是人民法院对仲裁裁决作出过程中出现的程序性的问题进行审查,如仲裁协议是否有效、仲裁员是否越权裁决、仲裁庭的组成或者仲裁的程序是否违反法定程序、当事人是否被给予充分的陈述意见的机会等;实体上的审查是人民法院对仲裁裁决所依据的证据是否伪造、对方当事人是否隐瞒了足以影响公正裁决的证据等进行审查。

（3）审查内容。人民法院要对被执行人提供的证据进行审查核实,主要是通过对被执行人所提供的证据进行审查核实,一般并不直接调查仲裁庭在仲裁活动中是否存在《民事诉讼法》第 237 条第 2 款所列举的六种不予执行的法定事由。

（三）人民法院经审查后依法作出裁定

人民法院对申请不予执行的仲裁裁决,经组成合议庭审查核实后,如果认为该仲裁裁决符合法定不予执行情形时,应作出不予执行仲裁裁决的裁定,并将不予执行仲裁裁决的裁定书送达双方当事人和仲裁委员会;[①]如果认为该仲裁裁决不符合法律规定的不予执行的情形时,应当驳回被执行人的申请。

如果仲裁裁决并非全部而只是部分符合法定不予执行情形的,此时人民法院该如何作出裁定? 如果仲裁裁决应当不予执行部分与其他部分不可分,此时人民法院又当如何裁定? 对此,《民事诉讼法解释》第 477 条作了明确规定,"仲裁机构裁决的事项,部分有民事诉讼法第二百三十七条第二款、第三款规定情形的,人民法院应当裁定对该部分不予执行。应当不予执行部分与其他部分不可分的,人民法院应当裁定不予执行仲裁裁决。"

如果人民法院对仲裁裁决作出不予执行的裁定时,那么当事人之间的纠纷如何解决呢? 根据《仲裁法》第 9 条第 2 款和《民事诉讼法》第 237 条第 5 款以及《民事诉讼法解释》第 478 条的规定,仲裁裁决被人民法院依法裁定不予执行的,当事人可以就该纠纷根据双方达成的书面仲裁协议重新申请仲裁,也可以向人民法院起诉。

四、对仲裁裁决不予执行的限制

根据《仲裁法解释》第 26 条、第 27 条及第 28 条的规定,人民法院不得支持当事人的

---

① 见《民事诉讼法》第 237 条第 4 款。

不予执行申请的情形有下列三种：①

（一）对以相同理由先申请撤销被驳回后申请不予执行的限制

《仲裁法解释》第 26 条对此种情形作了明确的规定，"当事人向人民法院申请撤销仲裁裁决被驳回后，又在执行程序中以相同理由提出不予执行抗辩的，人民法院不予支持。"这是针对实践中存在当事人以相同的理由先申请撤销然后申请不予执行仲裁裁决的情形而作出的规定。这种情形会带来以下两大问题：一是法院的双重监督问题。由于撤销仲裁裁决和不予执行仲裁裁决两种司法监督方式没有妥善地衔接，导致法律内在逻辑的不协调和混乱；同一法院或者不同法院要对同一仲裁裁决前后进行两次司法审查，有可能得出完全不同的两种结论，有损司法机关的权威，一定程度上加重了法院的工作负担，造成司法资源的浪费。二是仲裁的效率低下问题。把两类功能基本相似的监督方式重复设置，会使仲裁的效率大打折扣，不能充分发挥仲裁解决纠纷的优势，极易导致当事人滥用不予执行申请权，规避法律，拖延执行，不利于权利人迅速实现其权利。可见，针对当事人以相同的理由先申请撤销被驳回后申请不予执行的情形进行限制，是有必要的，它有利于防止当事人滥用申请撤销权和不予执行申请权，有利于正确处理维护仲裁裁决的一裁终局效力和对仲裁裁决进行司法监督两者之间的关系。

（二）对当事人以仲裁协议无效为由申请撤销或不予执行的限制

《仲裁法解释》第 27 条第 1 款对此种情形作了明确的规定，"当事人在仲裁程序中未对仲裁协议的效力提出异议，在仲裁裁决作出后以仲裁协议无效为由主张撤销仲裁裁决或者提出不予执行抗辩的，人民法院不予支持。"其理由在于：当事人在仲裁庭首次开庭前未主张仲裁协议无效，在申请撤销或者不予执行仲裁裁决程序中，为了防止当事人出于拖延执行的目的，再以仲裁协议无效这一理由申请撤销或者不予执行，以及避免仲裁机构和法院因为认识不同而对仲裁协议的效力作出相互冲突的判断，因此就有必要限制当事人以仲裁协议无效为由再行申请撤销或者不予执行仲裁裁决。当然，根据《仲裁法解释》第 27 条第 2 款的规定，如果当事人在仲裁程序中对仲裁协议的效力提出异议，在仲裁裁决作出后又以此为由主张撤销仲裁裁决或者提出不予执行抗辩，那么，经审查符合《仲裁法》第 58 条或者《民事诉讼法》第 237 条、第 274 条规定的，人民法院应予支持。

（三）对仲裁调解书或根据和解协议作出的仲裁裁决书申请不予执行的限制

《仲裁法解释》第 28 条对此种情形作了明确的规定，"当事人请求不予执行仲裁调解书或者根据当事人之间的和解协议作出的仲裁裁决书的，人民法院不予支持。"其理由在于：仲裁和解与仲裁调解都是当事人意思自治的体现，仲裁庭尊重当事人的主体性和自治性，并将其意思自治的结果以仲裁调解书或者仲裁裁决书的形式固定下来，赋予其意思表示以相应的法律效力。而且，对于可能出现的意思表示不真实而影响协议效力的情形，《仲裁法》还给予当事人充分的救济手段。具体而言：对于仲裁过程中达成和解协议的，允许当事人撤回仲裁申请，并可以反悔，反悔后还可以根据仲裁协议申请仲裁，仲裁庭仅对没有撤回仲裁申请、没有反悔的和解协议制作裁决书；对于仲裁调解书，当事人在签收前可以反悔，当事人反悔的，仲裁庭应当及时作出裁决。由此看来，仲裁调解书或根据和解

---

① 参见江伟主编：《仲裁法》，中国人民大学出版社 2009 年版，第 347－349 页。

协议作出的仲裁裁决书所确认的权利义务关系,实际上反映了当事人真实的意思表示,并且给予当事人在意思表示失真的情形下予以补救的机会。因此,在仲裁裁决执行过程中,当事人事后向人民法院请求不予执行仲裁调解书或者根据当事人之间的和解协议作出的仲裁裁决书,有悖于诚信原则,也缺乏法律依据,所以,对仲裁调解书或根据和解协议作出的仲裁裁决书申请不予执行的抗辩进行限制是必要的。不过,《仲裁法解释》的规定似乎没有考虑"仲裁机构无权仲裁"这种情况,如果法院认定仲裁调解书或者和解裁决书所解决的争议不具有可仲裁性,应考虑不予执行。[①]

五、仲裁裁决不予执行和撤销仲裁裁决的比较

仲裁裁决不予执行和撤销仲裁裁决两者既有相同点,同时也存在区别:[②]

(一) 仲裁裁决不予执行与撤销仲裁裁决的相同点

1. 两者性质相同

从其性质上看,两者并不是仲裁程序中的正常程序制度,而是在仲裁程序完毕之后,对不公正之仲裁裁决予以纠正的非正常制度,它既是对当事人权利的救济制度,也是对仲裁裁决予以监督的制度,属于司法程序的范畴,具有明显的严格规范性和强行性。

2. 两者程序启动方式相同

除了《民事诉讼法》第 237 条第 3 款和《仲裁法》第 58 条第 3 款规定人民法院只有在认定仲裁裁决违背社会公共利益的情况下,可以依职权主动启动不予执行或者撤销仲裁裁决程序之外,两者程序启动方式均依照当事人的申请而启动,人民法院不得依职权主动启动,这是由当事人自愿原则和司法权被动运作原则所决定的。

3. 两者行使权利主体相同

虽然不予执行仲裁裁决和撤销仲裁裁决是两种不同的制度,但是,行使不予执行权和撤销权的主体都是人民法院。

4. 两者审级相同

根据《民事诉讼法》第 154 条第 2 款、《企业破产法》第 12 条和最高人民法院《关于审理民事级别管辖异议案件若干问题的规定》第 4 条的规定,民事诉讼程序中可以上诉的裁定只有不予受理的裁定、对管辖权有异议的裁定、驳回起诉的裁定、不予受理破产申请的裁定、驳回破产申请的裁定以及管辖权向下转移的裁定,其余的裁定均不可上诉;根据《民事诉讼法解释》第 381 条的规定,民事诉讼程序中可以再审的裁定只有不予受理的裁定和驳回起诉的裁定,其余的裁定均不可再审。根据上述规定,驳回不予执行仲裁裁决或者撤销仲裁裁决之申请的裁定及裁定不予执行仲裁裁决或者撤销仲裁裁决的裁定均不可上诉,亦不可再审。

5. 两者法定事由相同

《民事诉讼法》第 237 条第 2 款规定的不予执行仲裁裁决的法定事由和《仲裁法》第

① 黄进等著:《仲裁法学》,中国政法大学出版社 2008 年版,第 156 页。
② 参见马德才主编:《仲裁》,厦门大学出版社 2014 年版,第 166-167 页;蔡虹等著:《仲裁法学》(第二版),北京大学出版社 2011 年版,第 151-153 页。

58条第1款规定的撤销仲裁裁决的法定事由相同,均为没有仲裁协议、裁决的事项不属于仲裁协议的范围或者仲裁机构无权仲裁、仲裁庭的组成或者仲裁的程序违反法定程序、裁决所依据的证据是伪造的、对方当事人向仲裁机构隐瞒了足以影响公正裁决的证据以及仲裁员在仲裁该案时有贪污受贿,徇私舞弊,枉法裁决行为。两者既包括程序性法定事由,又包括实体性法定事由。

6. 两者级别管辖法院相同

根据《仲裁法解释》第29条和《仲裁法》第58条的规定,不予执行仲裁裁决案件或者撤销仲裁裁决案件的管辖法院都是中级人民法院。其原因在于:一是对基层人民法院之审判人员的业务能力和综合素质不放心;二是仲裁机构的所在地和中级人民法院所在地的级别具有对应相同性。

7. 两者裁判表现方式相同

民事裁判有判决、裁定和决定三种表现方式。人民法院无论是在对驳回不予执行仲裁裁决的申请、不予执行仲裁裁决等事项,还是在对驳回撤销仲裁裁决的申请、撤销仲裁裁决等事项作出结论性意见时,均采用裁定的方式,而不使用判决和决定的方式。

8. 两者重新解决纠纷方式相同

根据《仲裁法》第9条第2款和《民事诉讼法》第237条第5款及《民事诉讼法解释》第478条的规定,仲裁裁决被人民法院依法裁定撤销或者不予执行的,当事人就该纠纷可以根据双方达成的书面仲裁协议重新申请仲裁,也可以向人民法院起诉。

(二)仲裁裁决不予执行与撤销仲裁裁决的区别

1. 两者提起申请的当事人不同

有权申请不予执行仲裁裁决的当事人只能是被执行人,即依据仲裁裁决负有义务的当事人,该制度侧重于对被执行人权利的救济。而有权申请撤销仲裁裁决的当事人则是双方当事人,既包括依据仲裁裁决享有权利的当事人,也包括依据仲裁裁决需承担义务的当事人,该制度侧重于对双方当事人权利的救济。

2. 两者提起申请的期限不同

对于被执行人提起不予执行仲裁裁决申请的期限,《仲裁法》未作明确规定,但根据《民事诉讼法解释》第481条的规定,应是仲裁裁决已被申请执行之后,执行法院的执行行动终结之前。而当事人申请人民法院撤销仲裁裁决的期限,《仲裁法》第59条却作了明确规定,即自收到仲裁裁决书之日起6个月内,该期限为除斥期间,无中止、中断事由。

3. 两者地域管辖法院不同

由于被申请执行人是在仲裁裁决的执行程序中,为了维护自己的合法权益而提出不予执行申请,根据《仲裁法解释》第29条的规定,不予执行仲裁裁决案件的管辖法院可能是被执行人住所地的中级人民法院,也可能是被执行财产所在地的中级人民法院。而撤销仲裁裁决则不同,由于撤销是对仲裁裁决效力的根本否定,因此对有权审理撤销仲裁裁决申请的人民法院有严格限制,根据《仲裁法》第58条的规定,撤销仲裁裁决案件的管辖法院只能是仲裁委员会所在地的中级人民法院。

4. 两者法院的处理不同

对于当事人提出的不予执行仲裁裁决的申请,法院只要经过审查,根据审查的情况作出支持或者驳回不予执行的裁定,不能通知仲裁庭重新仲裁。而法院受理当事人提出的撤销仲裁裁决的申请后,经过审查后,除作出是否撤销仲裁裁决的处理外,还可以在认为有必要由仲裁庭重新仲裁的情况下,通知仲裁庭重新仲裁,并根据仲裁庭重新仲裁的情况作出处理。关于重新仲裁的问题,《仲裁法》和《仲裁法解释》对此作了规定。其中,《仲裁法》第61条规定:"人民法院受理撤销裁决的申请后,认为可以由仲裁庭重新仲裁的,通知仲裁庭在一定期限内重新仲裁,并裁定中止撤销程序。仲裁庭拒绝重新仲裁的,人民法院应当裁定恢复撤销程序。"《仲裁法解释》第21条规定:"当事人申请撤销国内仲裁裁决的案件属于下列情形之一的,人民法院可以依照仲裁法第六十一条的规定通知仲裁庭在一定期限内重新仲裁:(一)仲裁裁决所根据的证据是伪造的;(二)对方当事人隐瞒了足以影响公正裁决的证据的。人民法院应当在通知中说明要求重新仲裁的具体理由。"《仲裁法解释》第22条规定:"仲裁庭在人民法院指定的期限内开始重新仲裁的,人民法院应当裁定终结撤销程序;未开始重新仲裁的,人民法院应当裁定恢复撤销程序。"《仲裁法解释》第23条规定:"当事人对重新仲裁裁决不服的,可以在重新仲裁裁决书送达之日起六个月内依据仲裁法第五十八条规定向人民法院申请撤销。"

5. 两者法律后果不同

不予执行仲裁裁决的法律后果是否定仲裁裁决的执行力,但并不否定仲裁裁决的内容。而撤销仲裁裁决的法律后果是仲裁裁决归于无效,是对仲裁行为的彻底否定。

附:仲裁裁决的不予执行实例[①]及其评析

某建筑工程公司与某食品有限公司建筑工程合同纠纷一案,2007年6月8日,经某仲裁委员会作出裁决,由于被执行人某食品有限公司不予履行仲裁裁决,申请执行人某建筑工程公司于2007年6月16日向某市中级人民法院申请强制执行。

在执行过程中,被执行人向法院提出了不予执行的申请,其理由:(1)本案仲裁庭的组成违反法定程序,申请人选定的仲裁员余某与申请人的代理人魏某系同学关系,仲裁委未按规定披露仲裁员的资料,为此对仲裁结果的公正性产生怀疑;(2)本案认定的事实主要证据不足,缺少工程变价变更报告等;(3)本案裁决中没有引用相关法律条文,且对部分实体权利的处分适用了《仲裁法》明显属于适用法律错误,同时被执行人向本院提供了仲裁员余某与申请人的代理人魏某系某市某大学法学院同学关系及本院在审理之中的同学生日聚会照片,某市某大学法学院档案馆提供的毕业生花名册以及同学通讯录等证据予以证明。法院为了查明案件事实,依法组成合议庭,通知双方当事人及某仲裁委员会到庭对本案进行了执行听证。在执行听证中,因双方当事人对认定的事实未能向法院提供新的证据,合议庭主要针对仲裁庭的组成是否违法和适用法律是否确有错误进行审查。在听证中,申请执行人对被执行人提供的证据未予否认。

法院经审查认为,本案中某仲裁委员会未向当事人尽到告知和披露的义务,仲裁庭的

---

① 资料来源:某仲裁委员会《仲裁案例选编》(第二辑),2008年12月。转引自马德才编著:《仲裁法案例研究》,世界图书出版公司2015年版,第199页。

组成违反了法定程序,导致被执行人对裁决的公正产生合理性的怀疑,且在对当事人权利义务的认定和处分上明显缺乏法律依据,对申请人要求支付违约金的请求其适用《仲裁法》第43条第1款的规定进行裁决,属于适用法律确有错误,依据《中华人民共和国民事诉讼法》第二百一十七条第二款第(三)项、第(五)项的规定,裁定如下:

申请执行人某建筑工程公司申请强制执行的某仲裁委员会作出的裁定,本院不予执行。

申请执行费3642元由申请执行人某建筑工程公司交纳。

本裁定为终审裁定。

评析:本案是一起建筑工程合同纠纷案。由于被执行人不予履行仲裁庭作出的仲裁裁决,申请执行人于是向某市中级人民法院申请强制执行。而该法院在执行过程中,被执行人却向该法院提出了不予执行的申请。法院经过审查,作出了不予执行仲裁裁决的决定。那么,该法院所作出的裁定是否正确呢?笔者拟结合有关仲裁裁决不予执行的理论和法律规定以及本案,作如下分析:

(一)申请主体合格

根据1991年《民事诉讼法》第217条第2款的规定,不予执行申请的主体只能是仲裁裁决执行案件的被执行人。本案中,在申请执行人某建筑工程公司向法院申请强制执行后,法院在执行过程中,被执行人某食品有限公司向法院提出了不予执行的申请。可见,本案申请主体合格。

(二)申请对象合格

根据《仲裁法解释》第29条的规定,被执行人只能向执行法院提出不予执行仲裁裁决的申请,具体是被执行人住所地或者被执行财产所在地的中级人民法院。本案中,被执行人某食品有限公司正是向执行法院提出的不予执行仲裁裁决的申请。所以,本案申请对象合格。

(三)申请期限合格

虽然《仲裁法》对被执行人提起不予执行仲裁裁决申请的期限没有作明确规定,但是一般认为应在仲裁裁决已被申请执行之后,执行法院采取执行行动之前。[①] 本案中,被执行人某食品有限公司是法院在执行过程中即仲裁裁决已被申请执行之后,执行法院采取执行行动之前,向法院提出了不予执行的申请。因此,本案申请期限合格。

(四)申请条件合格

根据1991年《民事诉讼法》第217条第2款的规定,被执行人申请不予执行的条件应是提出证据证明裁决有《民事诉讼法》第217条第2款规定的6种情形即当事人在合同中没有订立仲裁条款或者事后没有达成书面仲裁协议;裁决的事项不属于仲裁协议的范围或者仲裁机构无权仲裁;仲裁庭的组成或者仲裁的程序违反法定程序;认定事实的主要证据不足;适用法律确有错误;仲裁员在仲裁该案时有贪污受贿,徇私舞弊,枉法裁决行为中至少有一种情形是确实存在的。本案中,被执行人向法院提出了不予执行的申请,其理

---

①　关于被执行人提起不予执行仲裁裁决申请的期限,现行《民事诉讼法解释》作了明确规定,且延长了申请期限,其481条规定:"当事人请求不予执行仲裁裁决或者公证债权文书的,应当在执行终结前向执行法院提出。"

由:(1)本案仲裁庭的组成违反法定程序;(2)本案认定的事实主要证据不足,缺少工程变价变更报告等;(3)本案裁决中没有引用相关法律条文,且对部分实体权利的处分适用了《仲裁法》明显属于适用法律错误。后来,法院经审查认为,本案仲裁裁决具有《民事诉讼法》第217条第2款规定的两种情形即第3项"仲裁庭的组成或者仲裁的程序违反法定程序"和第5项"适用法律确有错误",并依此裁定不予执行仲裁裁决。可见,本案申请条件合格。

（五）法院审查合格

前已述及,人民法院对被执行人不予执行仲裁裁决申请的审查包括:(1)审查的组织形式是合议庭;(2)审查形式分为程序上的审查和实体上的审查两种形式;(3)审查内容是人民法院主要是通过对被执行人所提供的证据进行审查核实。本案中,执行法院组成合议庭对仲裁裁决进行了程序上的审查和实体上的审查,主要是通过对被执行人所提供的证据进行审查核实。最后经审查认为,本案中某仲裁委员会未向当事人尽到告知和披露的义务,仲裁庭的组成违反了法定程序,导致被执行人对裁决的公正产生合理性的怀疑,且在对当事人权利义务的认定和处分上明显缺乏法律依据,对申请人要求支付违约金的请求其适用《仲裁法》第43条第1款的规定进行裁决,属于适用法律确有错误,依据《中华人民共和国民事诉讼法》第二百一十七条第二款第(三)项、第(五)项的规定,裁定:申请执行人某建筑工程公司申请强制执行的某仲裁委员会作出的裁定,不予执行。所以,本案法院审查合格。

综上所述,笔者认为本案法院作出的不予执行仲裁裁决的裁定是正确的。[1]

必须指出的是,2012年《民事诉讼法》第237条第2款第4项、第5项分别规定为"裁决所根据的证据是伪造的"、"对方当事人向仲裁机构隐瞒了足以影响公正裁决的证据的",取代了1991年《民事诉讼法》第217条第2款和2007年《民事诉讼法》第213条第2款第4项、第5项的规定即"认定事实的主要证据不足的"、"适用法律确有错误的"。这一修改意味着,2012年《民事诉讼法》第237条关于无涉外因素的国内仲裁裁决不予执行的条件,与1994年《仲裁法》第58条关于无涉外因素的国内仲裁裁决撤销的条件相同,从而改变了撤销与不予执行的"双轨制";虽然法院在前述执行仲裁裁决时还涉及实体审查,但审查的范围已大大缩小。毫无疑问,这一修改将在理论与实践上产生深远的影响。[2]

第三节　仲裁裁决的中止执行、终结执行和恢复执行

一、仲裁裁决的中止执行

仲裁裁决的中止执行,是指在执行仲裁裁决过程中,由于发生某些特殊情况而暂时停止执行程序,待特殊情况消除后再决定执行程序是否继续进行的制度。对此,《仲裁法》第

---

[1] 马德才编著:《仲裁法案例研究》,世界图书出版公司2015年版,第200-201页。
[2] 宋连斌、彭丽明:《中国商事仲裁年度观察(2013)》,载《北京仲裁》2013年第83辑。

64 条第 1 款规定:"一方当事人申请执行裁定,另一方当事人申请撤销裁决的,人民法院应当裁定中止执行。"《仲裁法解释》第 25 条规定:"人民法院受理当事人撤销仲裁裁决的申请后,另一方当事人申请执行同一仲裁裁决的,受理执行申请的人民法院应当在受理后裁定中止执行。"

关于中止执行的情形,除了《仲裁法》第 64 条第 1 款和《仲裁法解释》第 25 条规定的情形之外,《民事诉讼法》第 256 条还规定了以下几种:

(1) 申请人表示可以延期执行的。如果申请人愿意延期执行,且延期执行又不损害社会公共利益的,人民法院应当尊重申请人的意愿,裁定中止执行。

(2) 案外人对执行标的提出确有理由的异议的。在此种情形中,关于案外人对执行标的提出异议的时间,《民事诉讼法解释》第 464 条规定,应当在该执行标的的执行程序终结前提出。关于案外人对执行标的提出异议的形式,《执行规定》第 70 条第 2 款规定,一般应当以书面形式提出,并提供相应的证据;如果以书面形式提出确有困难的,则可以允许以口头形式提出。关于案外人对执行标的提出确有理由的异议,《民事诉讼法解释》第 465 条规定,是指案外人对执行标的享有足以排除强制执行的权益的情形,否则如果案外人对执行标的不享有足以排除强制执行的权益的,则裁定驳回其异议。

(3) 作为一方当事人的公民死亡,需要等待继承人继承权利或者承担义务的。

(4) 作为一方当事人的法人或者其他组织终止,尚未确定权利义务承受人的。

(5) 人民法院认为应当中止执行的其他情形。根据执行实践和《执行规定》第 102 条的规定,人民法院认为应当中止执行的其他情形主要有以下几项:① 据以执行的仲裁裁决书内容不明,需要补充的;② 人民法院已受理以被执行人为债务人的破产申请的;③ 被执行人确无财产可供执行的;④ 执行的标的物是其他法院或仲裁机构正在审理的案件争议标的物,需要等待该案件审理完毕确定权属的;⑤ 仲裁裁决的被申请执行人依据《民事诉讼法》第 237 条第 2 款的规定向人民法院提出不予执行请求,并提供适当担保的。此外,根据《民事诉讼法解释》第 466 条的规定,申请执行人与被执行人达成和解协议后请求中止执行申请的,人民法院可以裁定中止执行。

根据《民事诉讼法》第 258 条的规定,中止执行仲裁裁决的,人民法院应当制作裁定书,且裁定书送达当事人后立即发生法律效力。根据《执行规定》第 106 条的规定,中止执行的裁定书应当写明中止执行的理由和法律依据。根据《执行规定》第 104 条的规定,中止执行的情形消失后,执行法院可以根据当事人的申请或依职权恢复执行。即执行程序的恢复,既可由当事人申请,也可由人民法院依职权决定。人民法院恢复执行的,应当书面通知当事人。

二、仲裁裁决的终结执行

仲裁裁决的终结执行,是指在执行过程中,由于发生某些特殊情况,执行程序没有必要或者不可能继续进行,从而结束执行程序的制度。对此,《仲裁法》第 64 条第 2 款规定:"人民法院裁定撤销裁决的,应当裁定终结执行。"

关于终结执行的情形,除了《仲裁法》第 64 条第 2 款规定的情形之外,《民事诉讼法》第 257 条还规定了以下几种:

（1）申请人撤销执行申请的。在执行程序进行中,申请人有权申请撤销执行,其申请只要不违背法律的禁止性规定或者损害社会和他人合法权益的,都应当允许。

（2）据以执行的法律文书被撤销的。如果据以执行的法律文书即仲裁裁决书被撤销,那么,执行机关也就丧失了执行的根据,随之执行程序必须终结。

（3）作为被执行人的公民死亡,无遗产可供执行,又无义务承担人的。这种情形的发生,意味着债权人无法实现其权利,执行程序继续进行没有任何意义,理应终结执行。

（4）追索赡养费、扶养费、抚育费案件的权利人死亡的。追索赡养费、扶养费、抚育费案件中,权利人所享有的权利为其专享,以一定的身份关系密切,与权利人的人身不可分割,不能继承,也不能转让。根据实体法的规定,这类案件的权利人死亡,权利即消灭,所以执行程序没有必要继续进行,应当终结执行。

（5）作为被执行人的公民因生活困难无力偿还借款,又丧失劳动能力的。由于我国实体法没有规定公民个人的破产制度,如果一般地因为作为债务人的公民暂时履行义务,可以适用继续履行制度。但是,对于因为借贷关系而负有偿还借款义务的公民,无收入来源,又丧失劳动能力的,要对其继续执行既没有可能实现债权人的权利,也不符合法治文明的人道主义要求,因此,应当终结执行。

（6）人民法院认为应当终结执行的其他情形。根据《执行规定》第105条的规定,这些其他情形主要有两种:① 被执行人被人民法院裁定宣告破产的,因不能继续执行,应当终结执行。② 被执行的公民无确切住所、长期下落不明、又无财产可供执行的,根据法律规定,执行法院既可以裁定中止执行,也可以裁定终结执行。① 此外,根据《民事诉讼法解释》第466条的规定,申请执行人与被执行人达成和解协议后撤回执行申请的,人民法院可以裁定终结执行。

根据《民事诉讼法》第258条的规定,仲裁裁决终结执行的,人民法院应当制作裁定书,裁定书送达当事人后立即发生法律效力,当事人不能提起上诉,也不能申请复议或者申请再审。根据《执行规定》第106条的规定,终结执行的裁定书应当写明终结执行的理由和法律依据。此外,根据《执行规定》第122条的规定,受托法院认为受托执行的案件应当终结执行的,应提供有关证据材料,函告委托法院作出裁定。受托法院提供的证据材料确实、充分的,委托法院应当及时作出终结执行的裁定。

仲裁裁决终结执行的效力表现在两个方面:（1）程序上的效力。终结执行与中止执行不同,中止执行是执行程序的暂时停止,待造成中止的情形消失后,执行程序恢复,执行工作继续进行,而终结执行的裁定一经生效,执行程序就告结束,以后也不再恢复。（2）实体上的效力。终结执行后,人民法院不再以司法强制力迫使被执行人履行义务,也不以执行程序保证权利人实现法律文书所确定的权利。但是,这并不意味着否认或推翻了法律文书对权利人所应享有的权利的确认,只是法律不再保障其实现。②

---

① 参见王娣等著:《民事诉讼法》,高等教育出版社2013年版,第678-679页。
② 参见马德才主编:《仲裁法》,厦门大学出版社2014年版,第168页。

三、仲裁裁决的恢复执行

仲裁裁决的恢复执行,是指人民法院对已中止执行的仲裁裁决,由于中止原因消失,继续进行执行程序的制度。对此,《仲裁法》第 64 条第 2 款规定:"撤销裁决的申请被裁定驳回的,人民法院应当裁定恢复执行。"《民事诉讼法》第 256 条第 2 款规定:"中止的情形消失后,恢复执行。"《执行规定》第 104 条第 1 款规定:"中止执行的情形消失后,执行法院可以根据当事人的申请或依职权恢复执行。"

关于恢复执行的情形,除了《仲裁法》第 64 条第 2 款规定的情形之外,《民事诉讼法》和《民事诉讼法解释》还规定了以下几种:(1) 申请执行人表示可以延期执行的期限已过,执行义务人仍未履行法律文书所确定的给付义务的;(2) 执行义务人未在执行担保期限内履行法律文书确定的给付义务的;(3) 案外人对执行标的提出的异议被驳回的;(4) 执行标的是其他人民法院或者仲裁机构正在审理的案件争议的标的物,该案件现已审理完毕并确定了标的物归属的;(5) 作为一方当事人的公民死亡后,确定了继承人继承权利或者承担义务的;(6) 作为一方当事人的法人或者其他组织终止后,确定了权利义务承受人的;(7) 据以执行的仲裁裁决书不明确的部分已经得到仲裁庭补正的;(8) 人民法院已受理的以被申请执行人为债务人的破产案件,已经破产和解的;(9) 在执行开始时,被申请执行人无力履行义务,但以后又恢复履行义务能力的,经另一方当事人申请,可以裁定恢复执行;(10) 一方当事人不履行或者不完全履行在执行中双方自愿达成的和解协议,对方当事人申请执行原生效法律文书的,人民法院应当恢复执行,但和解协议已履行的部分应当扣除。不过,和解协议已经履行完毕的,人民法院不予恢复执行。

人民法院裁定恢复仲裁裁决的执行的,应当制作裁定书,写明恢复执行的原因,由执行员与书记员署名,加盖人民法院印章。根据《执行规定》第 104 条第 2 款的规定,恢复执行应当书面通知当事人。此外,恢复执行裁定书送达当事人后即发生法律效力。

【司法考试真题链接】

1. 根据我国仲裁法和民事诉讼法的规定,出现下列哪些情形时,人民法院对仲裁裁决不予执行?(2002 年司法考试真题)
　　A. 载有仲裁条款的合同被确认无效
　　B. 一方当事人申请执行裁决,另一方当事人申请撤销仲裁裁决
　　C. 仲裁裁决书认定事实的主要证据不足的
　　D. 仲裁庭的组成违反法定程序
2. 甲乙两公司因贸易合同纠纷进行仲裁,裁决后甲公司申请执行仲裁裁决,乙公司申请撤销仲裁裁决,此时受理申请的人民法院应如何处理?(2003 年司法考试真题)
　　A. 裁定撤销仲裁裁决　　　　　　　　B. 裁定终结执行
　　C. 裁定中止执行　　　　　　　　　　D. 将案件移交上级人民法院处理
3. 甲公司与乙公司之间的买卖合同纠纷,双方在仲裁过程中达成和解协议,此种情

况下甲公司不具有下列哪一种权利?(2004 年司法考试真题)

    A. 请求仲裁庭根据和解协议作出裁决书

    B. 撤回仲裁申请

    C. 对仲裁协议反悔,请求仲裁庭依法作出裁决

    D. 请求法院执行仲裁过程中达成的和解协议

4. 下列关于民事诉讼和仲裁异同的哪一表述是正确的?(2006 年司法考试真题)

    A. 法院调解达成协议一般不能制作判决书,而仲裁机构调解达成协议可以制作裁决书

    B. 从理论上说,诉讼当事人无权确定法院审理和判决的范围,仲裁当事人有权确定仲裁机构审理和裁决的范围

    C. 对法院判决不服的,当事人有权上诉或申请再审,对于仲裁机构裁决不服的可以申请重新仲裁

    D. 当事人对于法院判决和仲裁裁决都有权申请法院裁定不予执行

5. 张某根据与刘某达成的仲裁协议,向某仲裁委员会申请仲裁。在仲裁审理中,双方达成和解协议并申请依和解协议作出裁决。裁决作出后,刘某拒不履行其义务,张某向法院申请强制执行,而刘某则向法院申请裁定不予执行该仲裁裁决。法院应当如何处理?(2007 年司法考试真题)

    A. 裁定中止执行,审查是否具有不予执行仲裁裁决的情形

    B. 终结执行,审查是否具有不予执行仲裁裁决的情形

    C. 继续执行,不予审查是否具有不予执行仲裁裁决的情形

    D. 先审查是否具有不予执行仲裁裁决的情形,然后决定后续执行程序是否进行

6. 关于法院对仲裁的司法监督的说法,下列哪一选项是错误的?(2010 年司法考试真题)

    A. 仲裁当事人申请财产保全,应当向仲裁机构申请,由仲裁机构将该申请移交给相关法院

    B. 仲裁当事人申请撤销仲裁裁决被法院驳回,此后以相同理由申请不予执行,法院不予支持

    C. 仲裁当事人在仲裁程序中没有提出对仲裁协议效力的异议,此后以仲裁协议无效为由申请撤销或不予执行,法院不予支持

    D. 申请撤销仲裁裁决或申请不予执行仲裁裁决程序中,法院可通知仲裁机构在一定期限内重新仲裁

7. 甲不履行仲裁裁决,乙向法院申请执行。甲拟提出不予执行的申请并提出下列证据证明仲裁裁决应不予执行。针对下列哪一选项法院可裁定驳回甲的申请?(2011 年司法考试真题)

    A. 甲、乙没有订立仲裁条款或未达成仲裁协议

    B. 仲裁庭组成违反法定程序

    C. 裁决事项超出仲裁机构权限范围

    D. 仲裁裁决没有根据经当事人质证的证据认定事实

8. 甲公司因与乙公司的合同纠纷向某仲裁委员会申请仲裁,甲公司的仲裁请求得到仲裁庭的支持。裁决作出后,乙公司向法院申请撤销仲裁裁决。法院在审查过程中,甲公司向法院申请强制执行仲裁裁决。关于本案,下列哪一说法是正确的?(2012 年司法考试真题)

    A. 法院对撤销仲裁裁决申请的审查,不影响法院对该裁决的强制执行

    B. 法院不应当受理甲公司的执行申请

    C. 法院应当受理甲公司的执行申请,同时应当告知乙公司向法院申请裁定不予执行仲裁裁决

    D. 法院应当受理甲公司的执行申请,受理后应当裁定中止执行

第八章 涉外仲裁

相比国内仲裁而言,涉外仲裁具有其自身特点,即涉外性或国际性、商事性、仲裁员国籍条件的无限定性、涉外仲裁法律适用的多样性及涉外仲裁监督机制的程序运作性等。本章首先从总体上对涉外仲裁的上述特点作了阐述,其次对我国两个涉外仲裁机构即贸仲委和海仲委作了简介,再次阐述了涉外仲裁协议、涉外仲裁程序及涉外仲裁裁决中实体法的法律适用问题,紧接着对广义上的涉外仲裁监督机制即涉外仲裁裁决的执行、申请撤销和不予执行涉外仲裁裁决制度作了详述,最后对我国涉外仲裁报告制度及其主要内容作了简略说明。

第一节 涉外仲裁概述

一、涉外仲裁的概念

涉外仲裁,是国际商事仲裁从一国角度而言的称谓,是指有关仲裁涉及两个或两个以上国家的人和事,或者同两个或两个以上的国家存在不同程度的联系。简言之,涉外仲裁是指含有国际因素或涉外因素的仲裁。在我国,无论是《仲裁法》还是《民事诉讼法》对于何谓涉外仲裁都没有明确规定,只是《民事诉讼法解释》对于何谓"涉外民事案件"作了界定,其第522条规定:"有下列情形之一,人民法院可以认定为涉外民事案件:(一)当事人一方或者双方是外国人、无国籍人、外国企业或者组织的;(二)当事人一方或者双方的经常居所地在中华人民共和国领域外的;(三)标的物在中华人民共和国领域外的;(四)产生、变更或者消灭民事关系的法律事实发生在中华人民共和国领域外的;(五)可以认定为涉外民事案件的其他情形。"据此,有下列情形之一,仲裁机构可以认定为涉外仲裁案件:(1)当事人一方或者双方是外国人、无国籍人、外国企业或者组织的;(2)当事人一方或者双方的经常居所地在中华人民共和国领域外的;(3)标的物在中华人民共和国领域外的;(4)产生、变更或者消灭商事关系的法律事实发生在中华人民共和国领域外的;(5)可以认定为涉外仲裁案件的其他情形。可见,对涉外仲裁的界定关键是如何理解"涉外"或"国际"和"商事",因此有必要对"涉外"或"国际"和"商事"予以明确。

此外,在我国的仲裁实践中,我国仲裁机构对涉及香港、澳门和台湾地区的仲裁案件,比照涉外案件处理。

二、涉外仲裁的特征

涉外仲裁除了具有仲裁的特点之外,相比国内仲裁和其他仲裁,主要具有如下方面的特征：

（一）涉外性或国际性

涉外性或国际性是涉外仲裁同国内仲裁的主要区别之所在，涉外仲裁是处理涉外性或国际性纠纷案件的仲裁，而国内仲裁仅是处理国内纠纷案件的仲裁。此时，问题的关键是如何确定"涉外"或"国际"。对此，大概有以下几种方法：

（1）以当事人的国籍或住所为主要的判定依据。只要一方当事人或双方当事人的国籍或住所是外国国籍或住所，其仲裁就属涉外或国际仲裁。例如，1987年《瑞士联邦国际私法法规》第176条第1款规定："本编的规定适用于一切仲裁庭在瑞士，且在缔结仲裁协议时当事人至少有一方的住所、习惯居所或营业机构位于瑞士境内的一切仲裁。"再如，1961年《关于国际商事仲裁的欧洲公约》第1条第1款第1项规定："公约适用于旨在解决自然人或法人之间进行的国际贸易所引起的争议的仲裁协议，并且在达成这些协议时，该自然人和法人在不同的缔约国内有其惯常居住地或所在地。"采用该确定标准的国家主要有英国、丹麦、瑞士、瑞典等国家。①

（2）以争议的性质为判定依据。只要仲裁涉及国际商业利益，不论其当事人的国籍或住所是否是外国国籍或住所，该仲裁就属涉外或国际仲裁。例如，1981年《法国民事诉讼法》第1492条规定："牵涉国际商务利益的仲裁是国际仲裁。"将当事人之间涉有国际商业利益的争议的仲裁归类为国际商事仲裁的标准，首次为国际商会所接受，其仲裁规则第1条第1款规定，国际商会国际仲裁院是根据本规则以仲裁方式解决国际性商务争议的机构。② 而对于何谓"国际性商务争议"，国际商会第301号出版物对此作了进一步解释，即"仲裁的国际性质并不意味着当事人必须具有不同的国籍。基于合同客体的缘故，合同可以超越国界，例如同一国家的两个公民订立了在另一个国家履行的合同或者一个国家与在其国内经营的外国公司的子公司订立了合同。"③因此，一项国内合同产生的争议，如果涉及到国际商事利益，便可以起到导向国际仲裁的作用，将把为解决该争议进行的仲裁识别或判定为国际仲裁。④ 采用该确定标准的国家主要有法国、美国、加拿大等国家。⑤

（3）综合性判断方法。以当事人的国籍或住所为主要的判定依据和以争议的性质为判定依据均存在一定的局限性。其中，前者排除了一些具有涉外因素的仲裁，例如具有同一国籍或住所的当事人，其争议客体在另一国的情形，只能被视为国内仲裁；再如，对于跨国公司的分支机构与所在国的当事人发生的商事争议，也被视为国内仲裁，显然忽视了双方交易的国际性质。而后者，对于如何判断该争议是否涉及国际商业利益，也非易事，并且依然没有一个统一的标准。因此，为了克服这两种方法的局限性，1985年《示范法》将1961年《关于国际商事仲裁的欧洲公约》和1980年《联合国国际货物销售合同公约》中相应的对"国际"的定义相协调，形成了综合性判断方法，即采用基本标准（当事人的不同国

① 宋朝武主编：《仲裁法学》，北京大学出版社2013年版，第188页。
② 此处引用的《国际商会仲裁规则》是1998年1月1日生效的《国际商会仲裁规则》，现在施行的是2012年1月1日生效的《国际商会仲裁规则》。
③ 宋航著：《国际商事仲裁裁决的承认与执行》，法律出版社2000年版，第4页。
④ 韩健著：《现代国际商事仲裁法的理论与实践》（修订版），法律出版社2000年版，第7页。
⑤ 宋朝武主编：《仲裁法学》，北京大学出版社2013年版，第187页。

籍身份)和其他几种情形(如当事人具有相同国籍但合同在国外履行,抑或争议的财产在国外)相结合,只要具备其一,就认为具有了"国际性"。[①] 该《示范法》确立的综合性判断方法规定在其第 1 条第 3 款中,即"仲裁如有下列情况即为国际仲裁:(A) 仲裁协议的当事各方在缔结协议时,他们的营业地点位于不同的国家;或(B) 下列地点之一位于当事各方营业地点所在国以外:(a) 仲裁协议中确定的或根据仲裁协议而确定的仲裁地点;(b) 履行商事关系的大部分义务的任何地点或与争议标的关系最密切的地点;或(C) 当事各方明确地同意,仲裁协议的标的与一个以上的国家有关。"可见,该《示范法》这一规定将国际仲裁扩及以下范围:① 其营业地在不同国家的当事人之间的争议的仲裁;② 仲裁地和当事各方的营业地位于不同国家的仲裁;③ 主要义务履行地和当事各方的营业地位于不同国家的仲裁;④ 与争议标的关系最密切的地点和当事各方的营业地位于不同国家的仲裁;⑤ 当事各方明确同意仲裁协议的标的与一个以上国家有关的仲裁。显然,该规定反映了涉外仲裁或国际商事仲裁实践对"涉外"或"国际"含义有扩大解释的趋势。[②]

(二) 商事性

相比劳动仲裁解决的争议是劳动争议、人事仲裁解决的争议是人事争议等而言,涉外仲裁所解决的争议则是涉外商事争议;相比国际公法上的国际仲裁解决的争议是国与国之间非商事性争议而言,涉外仲裁所解决的争议则主要是不同国家的自然人和法人之间的商事争议。可见,商事性是涉外仲裁区别于劳动仲裁、人事仲裁、国际公法上的国际仲裁等的一个主要的特征。而在涉外仲裁或国际商事仲裁中,确定争议的性质是否属于"商事"性质至关重要,因为它关乎争议事项能否以仲裁的方式解决,关乎仲裁裁决能否在被申请执行地得到执行。所以,何谓"商事"或如何界定"商事"的范围就显得既必要又有意义。在此方面,归纳起来,大体有如下三个层面的界定:

(1) 理论层面的界定。《韦氏新国际辞典》认为:商事是指商品交换行为或买卖行为。[③]《布莱克法律辞典》认为:商事是货物、生产品或任何种类的财物之交换。[④]《牛津法律大辞典》认为:商事是商品交换和与商品交换有关的一切活动,包括广告代理、缔结合同、买卖、运输、保险、担保、银行和金融(包括汇票支票、信用证)及破产。[⑤] 学理上对"商事"则有狭义、较为广义和最为广义的三种理解。其中,狭义的理解,是指严格意义上的商人与商人之间所进行的商品交换关系,以及在此商品交换过程中所发生的法律争议;较为广义的理解,是指商人与商人、商人与非商人以及非商人与非商人之间所进行的商品交换关系,以及在此商品交换过程中所发生的法律争议;最为广义的理解,是指商人与商人、商人与非商人以及非商人与非商人之间所进行的商品交换关系和他们在进行民事交往时所引起的财产关系,以及在此商品交换和民事交往过程中所发生的法律争议。[⑥]

(2) 国家层面的界定。一般说来,多数国家对"商事"一词都是尽可能作出广义的解

---

① 参见宋朝武主编:《仲裁法学》,北京大学出版社 2013 年版,第 188 页。
② 黄进等著:《仲裁法学》,中国政法大学出版社 2008 年版,第 168 - 169 页。
③ 赵万一主编:《商法》(第二版),中国人民大学出版社 2006 年版,第 2 页。
④ 赵万一主编:《商法》(第二版),中国人民大学出版社 2006 年版,第 2 页。
⑤ 邓瑞平等著:《国际商事仲裁法学》,法律出版社 2010 年版,第 4 页。
⑥ 谢石松主编:《商事仲裁法学》,高等教育出版社 2003 年版,第 1 页。

释。例如,美国对于"商事"的解释就持广义态度。其《联邦仲裁法》中有关实施 1958 年《纽约公约》的第 262 条规定,因商事法律关系所产生的仲裁协议或仲裁裁决,属于公约范围内的仲裁协议或仲裁裁决。这类商事法律关系是指该法规第 2 条中所规定的海事交易或证明属商事的合同。在一起有关库拉素岛(Island Curasao)上的电子制造业经营事项的合同争议中,仲裁中的被诉人称由于为履行该合同曾雇用了几千名当地工人,因此,该争议不是商事争议,不应交付仲裁,有关裁决不是商事仲裁裁决,但纽约地区法院驳回了被诉人的辩解。该法院认为,商事保留只是排除了"婚姻和其他家庭关系的裁决,政治上的裁决以及诸如此类的裁决"。① 少数国家却对"商事"一词作出狭义的解释。例如,在一起涉及技术转让的案件中,印度孟买高级法院曾对商事保留作出了相当严格的解释,即只有依据印度生效的法律或实行中的法律原则被认为是商事的协定,才能援引并实施《仲裁法令》中关于中止诉讼的规定。② 不过,在之后的印度判例法中确立了对"商事"一词作出广义的解释。③ 可见,对"商事"一词作出广义的解释成为国家层面的发展趋势。

在我国,法律未对何为"商事"作出明文规定。不过,1987 年 4 月 10 日最高人民法院《关于执行我国加入的〈承认及执行外国仲裁裁决公约〉的通知》对"商事"进行了界定,即"根据我国加入该公约时所作的商事保留声明,我国仅对按照我国法律属于契约性和非契约性商事法律关系所引起的争议适用公约。所谓'契约性和非契约性商事法律关系'具体指的是由于合同、侵权或者有关法律规定而产生的经济上的权利义务关系,例如货物买卖、财产租赁、工程承包、加工承揽、技术转让、合资经营、合作经营、勘探开发自然资源、保险、信贷、劳务、代理、咨询服务和海上、民用航空、铁路、公路的客货运输以及产品责任、环境污染、海上事故和所有权争议等,但不包括外国投资者和东道国政府之间的争端。"可见,我国的司法实践已经接受对"商事"争议的广义解释。

(3)国际层面的界定。1958 年《纽约公约》虽然没有对"商事"一词作出统一的具体规定,但是其第 1 条第 3 款却规定:任何国家亦得声明,该国唯于争议起于法律关系,不论其为契约性质与否,而依提出声明国家之国内法认为系属商事关系者,始适用本公约。可见,公约认为"商事"的范围为契约性或非契约性的商事关系,只不过得由各国国内法加以认定。亦即只要是各缔约国国内法认定的商事关系,不论是契约性或非契约性的商事关系,公约都一概加以承认。

在国际层面,《示范法》在其起草过程中虽曾就"商事"定义问题展开讨论,但一直难以达成一致的意见,所以《示范法》本身未就"商事"定义作出明确规定,只好对"商事"一词作了注释说明,并列举了一系列被认为是商事关系的交易事项:"对'商事'一词应作广义解释,使其包括产生于契约性或非契约性的一切商事关系的事项。商事性质的关系包括但不限于下列交易:任何提供或交换商品或劳务的贸易交易;销售协议;商事代表或代理;保付代理;租赁;咨询;设计;许可;投资;融资;银行业;保险;开发协议或特许权;合营企业或其他形式的工业或商业合作;客货的航空、海洋、铁路或公路运输。"

---

① 韩健著:《现代国际商事仲裁法的理论与实践》(修订版),法律出版社 2000 年版,第 18 页。
② 参见韩健著:《现代国际商事仲裁法的理论与实践》(修订版),法律出版社 2000 年版,第 15－16 页。
③ 参见韩健著:《现代国际商事仲裁法的理论与实践》(修订版),法律出版社 2000 年版,第 16－18 页。

国际层面的界定还有《国际商事合同通则》对"商事"的界定。2004 年《国际商事合同通则》对"商事"合同没有按大陆法系国家对"民事"和"商事"合同进行传统界定,也没有对"商事"合同作出任何明确的界定,仅假定对"商事"合同这一概念应在尽可能宽泛的意义上来理解,使之不仅包括交换货物或服务的一般货物交易,也包括其他类型的经济交易。①

(三) 仲裁员国籍条件的无限定性

对仲裁员的国籍条件是否作限定,是涉外仲裁区别于国内仲裁的一个重要方面。一般而言,国内仲裁会对仲裁员的国籍条件作限定,例如,早先许多国家的法律不允许外国人担任仲裁员,虽然目前大多数国家都承认外国人担任仲裁员,但是仍然有少数国家如意大利、哥伦比亚、葡萄牙和拉美国家等法律禁止外国人担任仲裁员。我国也是如此。在国内仲裁方面,虽然《仲裁法》没有明确规定仲裁员的国籍条件,但是从其立法精神和语句表述来看,仲裁员应为中国籍公民。在涉外仲裁方面,《仲裁法》第 67 条明确允许外国人担任仲裁员。可见,《仲裁法》对涉外仲裁中仲裁员的国籍条件也没有作限定。

(四) 涉外仲裁法律适用的多样性

相比国内仲裁法律适用的单一性,涉外仲裁的法律适用具有多样性。涉外仲裁法律适用的多样性包括涉外仲裁程序法律适用的多样性和涉外仲裁实体法法律适用的多样性。目前涉外仲裁程序的法律适用规则:首先,由当事人协议选择适用仲裁程序法或仲裁规则;其次,当事人没有协议选择时,适用仲裁举行地法;第三,仲裁庭应基于当事人约定的或仲裁庭确定的仲裁规则进行仲裁,而不必使仲裁程序受任何国家的国内仲裁程序法支配。② 现代涉外仲裁实践表明,涉外仲裁实体法法律适用规则是:如果当事人选择了仲裁实体法,仲裁庭一般会尊重当事人的选择,适用当事人选择的仲裁实体法;如果当事人对此未作选择的话,仲裁庭则可以自主决定适用何种冲突规则确定实体法,或者不援引任何冲突法规则而直接适用它认为合适的实体法。③

(五) 涉外仲裁监督机制的程序运作性

根据《仲裁法》第 58 条和《民事诉讼法》第 237 条第 2 款的规定,对于国内仲裁裁决,既允许审查和监督其程序运作,也允许审查和监督其实体内容,亦即《仲裁法》所规定的国内仲裁监督机制的监督范围是全方位的。但是,根据《仲裁法》第 70 条、第 71 条和《民事诉讼法》第 274 条第 1 款的规定,对于涉外仲裁裁决,只允许审查和监督其程序运作,却不允许审查和监督其实体内容,亦即《仲裁法》所规定的涉外仲裁监督机制的监督范围不是全方位的,不包括涉外仲裁裁决中实体上的错误或违法,而是仅限于涉外仲裁裁决中程序上的错误或违法。可见,在我国,《仲裁法》关于国内仲裁监督和涉外仲裁监督采取的是"分轨制",其中涉外仲裁监督机制不同于国内仲裁监督机制,具有程序运作性。

---

① 邓瑞平等著:《国际商事仲裁法学》,法律出版社 2010 年版,第 6 页。
② 关于涉外仲裁程序的法律适用规则之详述见本章"涉外仲裁程序的法律适用"部分。
③ 关于涉外仲裁实体法的法律适用规则之详述见本章"涉外仲裁裁决中实体法的法律适用"部分。

第二节　涉外仲裁机构

一、中国国际经济贸易仲裁委员会

（一）概况

中国国际经济贸易仲裁委员会(China International Economic and Trade Arbitration Commission,简称 CIETAC),是根据 1954 年 5 月 6 日中央人民政府政务院第 215 次会议通过的《关于在中国国际贸易促进委员会内设立对外贸易仲裁委员会的决定》,于 1956 年 4 月由中国国际贸易促进委员会(简称"中国贸促会")组织设立,当时名称为"对外贸易仲裁委员会"。中国实行对外开放政策以后,为了适应国际经济贸易关系不断发展的需要,根据国务院发布的《关于将对外贸易仲裁委员会改称为对外经济贸易仲裁委员会的通知》,对外贸易仲裁委员会于 1980 年改名为"对外经济贸易仲裁委员会",又于 1988 年根据国务院《关于将对外经济贸易仲裁委员会改名为中国国际经济贸易仲裁委员会和修订仲裁规则的批复》,改名为"中国国际经济贸易仲裁委员会"。2000 年,贸仲委同时启用"中国国际商会仲裁院"的名称。贸仲委以仲裁的方式,独立、公正地解决经济贸易争议,是历史最悠久的中国仲裁机构,也是世界上主要的常设商事仲裁机构之一。

贸仲委设在北京。为了适应深圳改革开放发展需求,1982 年,由中国贸促会会同对外经济贸易部、外交部报请国务院同意,中国贸促会批准在深圳市设立贸仲委深圳办事处,1989 年更名为深圳分会,2004 年更名为华南分会。华南分会业务上由中国贸促会领导,干部、行政管理等由深圳市政府领导。

为了适应上海市对外开放事业发展的需要,1988 年,经中国贸促会报请国务院同意,中国贸促会批准在上海设立贸仲委上海分会。上海分会业务由贸仲委垂直领导,行政上隶属于贸促会上海市分会。

为了支持天津滨海新区开发开放,2008 年 2 月 1 日中国贸促会与天津市人民政府签订了《关于设立中国国际经济贸易仲裁委员会天津国际经济金融仲裁中心的框架协议》。根据框架协议,贸仲委于 2008 年 5 月 28 日在天津滨海新区设立了贸仲委天津国际经济金融仲裁中心(天津分会)。

为了配合中央关于重庆市建设开发的战略部署,支持重庆内陆开放型经济的发展,2008 年 5 月 7 日中国贸促会与重庆市人民政府签订了《关于设立中国国际经济贸易仲裁委员会西南分会的框架协议》。根据框架协议,贸仲委于 2009 年 3 月 20 日在重庆设立了贸仲委西南分会。[1]

2012 年,为支持香港建立亚洲区域仲裁中心,设立了香港仲裁中心,贸仲委香港仲裁中心是贸仲委在中国内地以外设立的第一家分支机构。贸仲委设立香港仲裁中心,以香

---

[1]　参见《贸仲委及其分会的法律地位和历史沿革》,http://blog.sina.com.cn/s/blog_5ef391ef0101a9sx.html,访问时间:2015 年 6 月 15 日。

港健全的仲裁法制为依托,就近管理案件程序,满足当事人的实际需求,也有助于丰富香港的法律服务内容,为当事人在香港解决争议提供更多项的仲裁服务。①

为了顺应"一带一路"、长江经济带等国家战略的实施,促进中部崛起,辐射华中各省外贸仲裁业务,2015 年 3 月 4 日,中国贸促会与湖北省人民政府在武汉签订了《关于设立中国国际经济贸易仲裁委员会湖北分会的框架协议》,共同设立了贸仲委湖北分会,这标志着贸仲委第 6 个也是中部地区唯一的分会正式落户湖北。贸仲委湖北分会于 2015 年 6 月正式在武汉挂牌。②

无论是贸仲委上海分会或华南分会,还是贸仲委天津国际经济金融仲裁中心或西南分会或湖北分会,均为中国贸促会应地方人民政府的请求而批准设立的。

贸仲委及其分会/仲裁中心是一个统一的仲裁委员会,适用相同的《仲裁规则》和《仲裁员名册》,按照统一的业务流程办案。贸仲委《章程》和《贸仲规则》第 2 条第 3 款规定,分会/仲裁中心是贸仲委的派出机构,根据贸仲委的授权,接受仲裁申请,管理仲裁案件。

根据仲裁业务发展的需要,以及就近为当事人提供仲裁咨询和程序便利的需要,贸仲委先后设立了 29 个地方和行业办事处。为满足当事人的行业仲裁需要,贸仲委在国内首家推出独具特色的行业争议解决服务,为不同行业的当事人提供适合其行业需要的仲裁法律服务,如粮食行业争议、商业行业争议、工程建设争议、金融争议以及羊毛争议解决服务等。此外,贸仲委还为当事人提供域名争议解决服务,积极探索电子商务的网上争议解决。针对快速解决电子商务纠纷及其他经济贸易争议的需要,于 2009 年 5 月 1 日推出《网上仲裁规则》。该规则在"普通程序"之外根据案件争议金额大小分别规定了"简易程序"和"快速程序",以真正适应在网上快速解决经济纠纷的需要。

贸仲委自成立以来,以其仲裁实践和理论活动为中国《仲裁法》的制定和中国仲裁事业的发展做出了突出贡献。贸仲委还与世界上主要仲裁机构保持着友好合作关系,以其独立、公正和高效在国内外享有盛誉。

(二) 组织机构

贸仲委由主任一人、副主任若干人和委员若干人组成。主任履行《贸仲规则》赋予的职责,副主任受主任的委托可以履行主任的职责。贸仲委设秘书局,贸仲委分会设秘书处,分别在贸仲委秘书长或分会秘书长的领导下负责处理贸仲委或分会的日常事务。贸仲委设有仲裁院,在授权的副主任和仲裁院院长的领导下履行《仲裁规则》规定的管理案件的职能。分会/仲裁中心设仲裁院,在分会/仲裁中心仲裁院院长的领导下履行《仲裁规则》规定由仲裁委员会仲裁院履行的职责。贸仲委下设四个专门委员会:(1) 专家咨询委员会,主要负责仲裁程序和实体上的重大疑难问题的研究和提供咨询意见,对《仲裁规则》的修改提供意见,并负责仲裁员的培训和经验交流。(2) 案例编辑委员会,主要负责已审理终结案件的案例编辑和贸仲委的年刊编辑工作。(3) 仲裁员资格审查考核委员会,主

---

① 参见《贸仲委香港仲裁中心简介》,http://www. cietachk. org/portal/mainPage. do? pagePath = zh _ CNaboutUs,访问时间:2015 年 6 月 16 日。

② 参见《中国贸仲委中部唯一分会落户湖北》,http://news. cnhubei. com/xw/zw/201503/t3196373. shtml,访问时间:2015 年 6 月 17 日。

要按照《仲裁法》和《贸仲规则》的规定,对仲裁员的资格和表现进行审查和考核,对仲裁员的续聘和解聘提出建议。(4)发展委员会,负责就仲裁事业发展等问题进行研究,提出意见和建议。

(三)受案范围

根据《贸仲规则》第3条的规定,贸仲委受理下列争议案件:(1)国际的或涉外的争议案件;(2)涉及香港特别行政区、澳门或台湾地区的争议;(3)国内争议案件。

为了满足不同行业当事人的仲裁需要,贸仲委在国内首家推出独具特色的行业争议解决服务,为不同行业的当事人提供适合其行业需要的仲裁法律服务。例如,贸仲委制定了《金融争议仲裁规则》,适用于当事人约定适用该规则的仲裁案件。该规则为金融争议提供了更为快速和专业的解决途径。根据《金融争议仲裁规则》,除非当事人另有约定,仲裁庭应在仲裁庭组成之日起45个工作日内作出仲裁裁决。仲裁委员会从金融行业中聘任了近百名金融界的专家和知名人士担任仲裁员。该《金融争议仲裁规则》第2条第2款规定,贸仲委受理当事人之间因金融交易发生的或与此有关的争议,包括但不限于下列交易:(1)贷款;(2)存单;(3)担保;(4)信用证;(5)票据;(6)基金交易和基金托管;(7)债券;(8)托收和外汇汇款;(9)保理;(10)银行间的偿付约定;(11)证券和期货。再如,贸仲委与中国粮食行业协会及中国贸促会粮食行业分会合作设立了粮食行业争议仲裁中心。该中心为粮食行业的企业、公司和个人提供法律咨询以及争议解决等服务。贸仲委与中国商业联合会及中国贸促会商业行业分会合作设立了商业专业委员会,为商业流通领域的企业、公司和个人提供法律咨询以及争议解决等服务。此外,贸仲委网上争议解决中心以网上争议解决的方式,解决如下争议:域名抢注纠纷(.CN/中文域名争议、.COM等通用顶级域名争议和新增通用顶级域名争议);通用网址抢注纠纷;无线网址抢注纠纷;短信网址抢注纠纷;信息名址抢注纠纷。

(四)贸仲委仲裁的特点

(1)受案范围宽,程序国际化。自1956年成立以来,贸仲委共受理了万余件国内外仲裁案件。贸仲委既可受理涉外案件,也可受理国内案件;同时,其受理案件的范围也不受当事人行业和国籍的限制。近些年来,贸仲委平均每年的受案数量近千件,始终位居世界知名仲裁机构前列。

从仲裁规则和仲裁员的角度而言,贸仲委也实现了国际化。贸仲委第一套仲裁规则制定于1956年,之后分别于1988年、1994年、1995年、1998年、2000年、2005年、2012年和2014年进行了8次修改,其现行有效的仲裁规则自2015年1月1日起施行。贸仲委现行的仲裁规则与国际上主要仲裁机构的仲裁规则基本相同,在现行《仲裁法》允许的范围内最大限度地尊重了当事人意思自治。2015年版《贸仲规则》有三大亮点:一是引入了"紧急仲裁员制度",当事人可在仲裁庭组庭前申请紧急性临时救济。二是增加了"追加当事人"、"多份合同的仲裁"等规定,修改"合并仲裁"条款,在尊重当事人意思自治的基础上,提高仲裁效率,节省时间、金钱成本。三是增设"香港仲裁的特别规定"专章,以满足当事人选择贸仲委香港仲裁中心提供仲裁服务的需要。

此外,贸仲委的《仲裁员名册》中有近千名仲裁员,均为国内外仲裁或其他行业的知名专家。其中,外籍及港澳台仲裁员300多名,分别来自41个国家或地区。

（2）独立公正。作为国际上主要的仲裁机构,贸仲委独立于行政机关,其办案不受任何行政机关的干涉。贸仲委的仲裁员,包括当事人选定的仲裁员,均不代表任何当事人,必须保持独立和公正。在仲裁程序中,各方当事人均有平等的机会陈述自己的意见。在过去几十年中,贸仲委的独立、公正、廉洁以及裁决的质量得到了国内外当事人的广泛赞誉。

（3）仲裁程序快捷高效。在贸仲委的仲裁中,当事人可以约定仲裁程序如何进行。对于当事人提交的证据和陈述,贸仲委将以书面形式在当事人之间充分交换,贸仲委的开庭审理一般只需 1 至 3 天。因此,贸仲委的仲裁程序具有快捷高效的特点,其受理的仲裁案件绝大多数均在仲裁庭组成之后 6 个月内结案。

（4）仲裁费用相对低廉。作为国际仲裁机构,贸仲委的仲裁收费标准在世界主要仲裁机构中相对较为低廉。与国内其他仲裁机构相比,同等条件下收费基本相同。与诉讼相比,由于仲裁一裁终局、程序快捷等特点,使得采用仲裁对当事人而言更为经济。

（5）仲裁与调解相结合。仲裁与调解相结合是贸仲委仲裁的显著特点。该做法将仲裁和调解各自的优点紧密结合起来,不仅有助于解决当事人之间的争议,而且有助于保持当事人的友好合作关系。

仲裁和调解相结合可以在仲裁程序中进行。经当事人请求或在征得当事人同意后,仲裁庭在仲裁程序进行过程中担任调解员的角色,对其审理的案件进行调解,以解决当事人之间的争议。如果任何一方当事人认为调解没有必要或者不会成功,可以随时要求终止调解,恢复仲裁程序。

此外,当事人在贸仲委之外通过调解达成和解协议的,可以凭当事人达成的由贸仲委仲裁的仲裁协议和他们的和解协议,请求贸仲委主任指定一名独任仲裁员,按照和解协议的内容作出仲裁裁决。此时,贸仲委可以视工作量的大小和实际开支的多少,减少仲裁收费。

（6）专业的仲裁管理服务。贸仲委及其分会/仲裁中心仲裁院拥有众多高素质的专业人员,对贸仲委受理的案件进行管理。在每个仲裁案件中,仲裁院向当事人发出仲裁通知后,即会指定一名工作人员负责该案件的程序管理工作。贸仲委的工作人员大多具有法学硕士、博士学位,精通英语、法语或俄语等外语,并以积极向上的态度和勤勉尽责的工作作风为仲裁员和当事人提供优质的服务。[①]

二、中国海事仲裁委员会

（一）概况

中国海事仲裁委员会(China Maritime Arbitration Commission,简称 CMAC),是根据中华人民共和国国务院 1958 年 11 月 21 日的决定,于 1959 年 1 月 22 日设立于中国国际贸易促进委员会内受理国内外海事争议案件的常设仲裁机构。设立时名为中国国际贸易促进委员会海事仲裁委员会。1988 年更名为中国海事仲裁委员会(以下简称"海仲委"),并沿用至今。海仲委以仲裁的方式,独立、公正地解决海事、海商、物流争议以及其他契约性或非契约性争议,以保护当事人的合法权益,促进国际国内贸易和物流的发展。

---

① 参见《中国国际经济贸易仲裁委员会简介》,http://cn. cietac. org/AboutUS/AboutUS. shtml,访问时间:2015 年 6 月 15 日。

海仲委设在北京。为配合国家将上海建设成为国际航运中心的战略,方便航运当事人就近解决争议,2003 年 1 月 7 日,海仲委上海分会正式在上海挂牌。海仲委上海分会可以独立受案和办案,极大地方便了上海及周边地区的当事人参加仲裁,减少他们的时间和资金成本。为了顺应将天津建设成为中国北方国际航运中心的国家战略,2011 年 10 月 18 日,天津市人民政府与中国贸促会在天津签署了《关于设立中国海事仲裁委员会天津海事仲裁中心的框架协议》及《关于加强理算及法律服务促进天津北方国际航运中心建设的合作框架协议》,共同设立海仲委天津海事仲裁中心(天津分会)和天津理算及法律服务中心。海仲委天津海事仲裁中心(天津分会)以仲裁为主的争议解决方式独立公正地解决有关航运、航运保险、船舶建造等纠纷,为中国海事仲裁委员会管理的直属机构。海仲委天津海事仲裁中心(天津分会)的设立是中国贸促会法律服务业务积极深化发展的体现;极大地便利了天津乃至整个环渤海地区当事人解决海事海商争议,有利于进一步加强天津北方国际航运中心法律服务软环境建设,充分带动航运相关产业和现代服务业的发展,提升京津冀及环渤海地区的国际竞争力,促进中国北方的经济发展。① 为了贯彻 2009 年国务院《关于推进重庆市统筹城乡改革和发展的若干意见》,为了适应重庆及长江上游地区开放型经济和航运业的快速发展,2011 年 11 月 18 日,海仲委西南分会在重庆正式揭牌成立。海仲委西南分会的设立极大地改善重庆的投资发展环境,促进重庆内陆开放高地建设。同时,为海商海事纠纷当事人提供法律诉讼之外的另一个选择,为中外航运、物流及进出口企业等市场主体提供便捷的纠纷解决机制,为企业和地方经济发展服务,使重庆作为长江上游航运中心的涉外法律服务功能更加完善。② 为了使海仲委仲裁服务进一步国际化,把香港建设成为国际性争议解决中心和国际航运中心,2014 年 11 月 19 日,中国贸促会、香港律政司以及海仲委共同举办的中国海事仲裁委员会香港仲裁中心揭牌仪式在香港会议展览中心成功举办,海仲委香港仲裁中心在香港正式成立。该仲裁中心是海仲委在香港设立其第一家境外分支机构。海仲委香港仲裁中心的设立必为提升香港的仲裁服务业发挥积极的作用,有利于实现香港政府提出的把香港建设成为国际性争议解决中心和国际航运中心的目标。海仲委在香港设立分支机构,是海仲委仲裁服务进一步国际化的重要举措。海仲委香港仲裁中心的仲裁服务是海仲委仲裁服务的延伸,丰富了海仲委仲裁服务的特色和内容,为当事人特别是"走出去"的中国海商海事及物流航运企业,提供了更为国际化、更适应海事争议、更便利的争议解决服务。海仲委香港仲裁中心受理并管理的仲裁案件将同时适用香港仲裁条例和海仲委仲裁规则,将香港仲裁制度的优势与海仲委半个多世纪积累的仲裁经验有效结合起来,并兼顾海事海商争议解决的特点,为中外当事人提供具有独特优势的海事仲裁服务。③ 此外,为了适应业务发展的需要,海仲委先后在大连、广州、宁波、青岛等几个主要港口城市及辽宁省设立办事处,初步形成了海事仲裁的网络。办事处是海仲委及分会的仲裁专业联络和宣传机构,协助海仲

---

① 参见《设立天津海事仲裁中心和天津理算及法律服务中心框架协议签字仪式在津举行》,http://www.cmac-sh.org/news/20111024news01.htm,访问时间:2015 年 6 月 20 日。

② 参见《中国海事仲裁委员会西南分会举行揭牌仪式》,http://www.cmac-sh.org/news/20111124news01.htm,访问时间:2015 年 6 月 21 日。

③ 参见张维:《中国海事仲裁委香港仲裁中心成立》,载《法制日报》2014 年 11 月 19 日。

委在当地安排开庭,接受海仲委的直接领导。根据《海仲委办事处规则》的规定,海仲委办事处不得从事仲裁案件的收费、立案和审理工作,不得向当事人收取咨询费,也不得在海仲委及其分会所受理的仲裁案件中从事仲裁代理。①

海仲委及其分会/仲裁中心是一个统一的仲裁委员会,适用相同的《仲裁规则》和《仲裁员名册》,按照统一的业务流程办案。2014 年 11 月 4 日中国国际贸易促进委员会/中国国际商会修订并通过,2015 年 1 月 1 日起施行的《中国海事仲裁委员会仲裁规则》(2015 年版)(以下简称《海仲规则》)第 2 条第 3 款规定,海仲委的分会/仲裁中心是海仲委的派出机构,根据海仲委的授权,接受仲裁申请,管理仲裁案件。

海仲委现已成为世界上重要的国际商事仲裁机构之一。自 1990 年以来其受案量居世界仲裁机构的前列,案件当事人涉及除中国外的 45 个国家和地区。② 2008 年至 2013 年六年间,海仲委共受理案件 491 件(其中海仲委上海分会为 331 件,天津分会 10 件),争议标的人民币 66.9 亿元人民币(其中海仲委上海分会为 44.14 亿人民币)。2013 年受理案件 137 件(其中海仲委上海分会为 104 件,天津分会为 9 件),争议标的 15.95 亿人民币(其中海仲委上海分会为 12.75 亿人民币),共审结案件 343 件。总体收案量增长 147%,标的额增长 962%。③ 2014 年,海仲委共受理案件 119 件,争议金额总计人民币 18.06 亿元。当事人涉及 11 个国家和地区,共审结案件 115 件。2014 年审结的案件中无一起案件因程序瑕疵被撤销或不予执行。④

(二) 组织机构

海仲委设名誉主任一人、顾问若干人。仲裁委员会由主任一人、副主任若干人和委员若干人组成。主任履行仲裁委员会的有关职责,副主任受主任的委托可以履行主任的职责。海仲委及其分会设秘书处,秘书处设秘书长,分别领导仲裁委员会秘书处和分会秘书处处理日常事务。海仲委建立并完善了委员会议、主任会议、秘书长会议和三地秘书会议制度,并设立了专家咨询委员会、案例编辑委员会和仲裁员资格审查考核委员会。

(1) 委员会议和主任会议制度。海仲委建立委员会议和主任会议制度。委员会议每年召开一次,以研究解决海仲委组织机构及业务发展等方面的重大问题。主任会议在委员会议闭会期间负责海仲委的工作,每三个月召开一次。

(2) 秘书会议制度。海仲委建立秘书会议制度,原则上每年召开一次秘书会议。主要是互相沟通和交流办案经验,对秘书人员进行业务培训,以提高办案质量。

(3) 专家咨询委员会。海仲委下设专家咨询委员会议。专家咨询委员会负责仲裁程序和实体上的重大疑难问题的研究和提供咨询意见,对仲裁员的培训和经验交流,对仲裁规则的修改提供意见,以及对海仲委的工作和发展提出建议等工作。专家咨询委员会由海仲委主任会议聘请 13 名专家任委员组成,其中一人为主任委员,一人为副主任委员。

---

① 参见《海仲委组织机构》,http://www.cmac-sh.org/file/zzjg.htm,访问时间:2015 年 6 月 22 日。

② 邓瑞平等著:《国际商事仲裁法学》,法律出版社 2010 年版,第 143 页。

③ 参见《海仲新任主任姜增伟对涉外仲裁工作提出新思路》,http://www.ship.sh/news_detail.php? nid=12632,访问时间:2015 年 6 月 21 日。

④ 参见《海仲委 2014 年工作报告和 2015 年工作计划》,http://www.cmac-sh.org/news/20150417news01.htm,访问时间:2015 年 6 月 22 日。

（4）案例编辑委员会。海仲委下设案例编辑委员会。委员会设主任委员一人、副主任委员一人，由海仲委主任聘任。案例编辑委员会负责已审理终结的案例编辑和海仲委的年刊编辑工作。

（5）资格审查考核委员会。海仲委下设资格审查考核委员会。委员会设主任委员一人、副主任委员一人，由海仲委主任聘任。资格审查考核委员会的主要职责是按照仲裁法和仲裁规则的规定，对仲裁员的资格和表现进行审核和考查，对仲裁员的续聘和解聘提出建议。[①]

（三）受案范围

根据《海仲规则》第3条的规定，海仲委根据当事人的约定受理下列争议案件：

（1）租船合同、多式联运合同或者提单、运单等运输单证所涉及的海上货物运输、水上货物运输、旅客运输争议；

（2）船舶、其他海上移动式装置的买卖、建造、修理、租赁、融资、拖带、碰撞、救助、打捞或集装箱的买卖、建造、租赁、融资争议；

（3）海上保险、共同海损及船舶保赔争议；

（4）船上物料及燃油供应、担保、船舶代理、船员劳务、港口作业争议；

（5）海洋资源开发利用、海洋环境污染争议；

（6）货运代理，无船承运，公路、铁路、航空运输，集装箱的运输、拼箱和拆箱，快递，仓储，加工，配送，仓储分拨，物流信息管理，运输工具、搬运装卸工具、仓储设施、物流中心、配送中心的建造、买卖或租赁，物流方案设计与咨询，与物流有关的保险，与物流有关的侵权争议，以及其他与物流有关的争议；

（7）渔业生产、渔业捕捞争议；

（8）双方当事人协议由海仲委仲裁的其他争议。

（四）仲裁规则

海仲委第一套仲裁规则制定于1958年，之后分别于1988年、1995年、2000年、2004年和2014年进行了5次修改，其现行有效的仲裁规则自2015年1月1日起施行。2015年版《海仲规则》修订的背景和主要原因及主要内容如下：[②]

1.《海仲规则》修订的背景和主要原因

首先，海仲委2004年版仲裁规则自2004年10月1日起施行以来，对改进仲裁程序、促进海仲委仲裁的专业化、现代化和国际化发挥了积极作用。近年来，国际海事仲裁理论与实践均有较大的发展，一些国际商事、海事仲裁机构纷纷修订仲裁规则，改革仲裁程序，采纳先进仲裁理念。海仲委现行仲裁规则在许多方面已经有些落后，海仲委需要紧跟国际商事、海事仲裁发展的步伐，总结自身的仲裁实践，进一步完善仲裁规则。

其次，目前我国正在从海洋大国转变为海洋强国，国家实施海洋强国战略，大力发展海洋经济，海事仲裁工作大有可为。中国贸促会领导十分重视海仲委的工作，要求海仲委

---

① 参见《海仲委组织机构》，http://www.cmac-sh.org/file/zzjg.htm，访问时间：2015年6月22日。

② 参见《海仲委仲裁规则修订说明》，http://rmfyb.chinacourt.org/paper/html/2014－11/26/content_90890.htm? div＝－1，访问时间：2015年6月23日。

不断做大做强,与国家海洋大国地位相匹配。海仲委制定了深化改革方案,设立秘书局和仲裁院,分别履行公共服务与市场化服务职能。秘书局负责公共法律服务协调工作,发挥规划、引领、协调、服务我国海事仲裁事业发展的作用,参与国际、国内海事立法,提升话语权。仲裁院负责仲裁案件程序管理工作,参与仲裁市场竞争,在市场竞争中拓展仲裁业务。为了落实改革方案,仲裁规则中原由秘书处履行的案件程序管理职能需改变为由仲裁院履行。

再次,海仲委香港仲裁中心已于 2014 年 11 月 19 日正式成立。仲裁规则增加了香港仲裁的特别规定专章,以满足海仲委香港仲裁中心管理案件的实际需要。

2.《海仲规则》修订的主要内容

2015 年版修订首先在章节体例和条文排序上做了较大调整,并在每一章节、每一条文前标注标题,便于当事人使用。原规则中秘书处的职能由新设立的仲裁院替代。进一步完善仲裁程序,参照国际商事、海事仲裁机构的做法,增加了许多行之有效的规定,如增加当事人可以选择适用其他仲裁机构仲裁规则进行仲裁的规定;仲裁委员会在必要的情况下,可以授权仲裁庭作出管辖权决定的规定;当事人可以约定在仲裁员名册之外选定仲裁员的规定;多数仲裁员可以继续仲裁程序的规定。增加追加当事人、中止程序、合并仲裁、合并开庭以及紧急仲裁员的规定。修改多方当事人仲裁庭组成的规定,以使双方在选定仲裁员方面保持平衡性。改革审理方式,强调程序的灵活高效,明确当事人可以约定审理方式,在尊重当事人约定的前提下,仲裁庭可以决定以纠问式或抗辩式方式审理案件。明确区分仲裁地和开庭地点。将简易程序案件的适用标准由原来的人民币 100 万元提高到人民币 200 万元。增设"香港仲裁的特别规定"专章,以满足海仲委香港仲裁中心办理案件的需要。新规则规定除原有的按照案件争议标的一揽子收费办法外,经当事人特别约定,也可以选择适用国际通行的机构管理费和仲裁员报酬分别计收的收费办法。

总之,2015 年版的《海仲规则》特色鲜明,是一部面向海事仲裁未来的新规则。具体体现为:体例清晰化,形式国际化;接轨国际仲裁,贴近世界潮流;强化意思自治,加强双方自主;体现世界趋势,追踪发展前沿。①

此外,为了便于以仲裁的方式公正快速地解决渔业争议,促进渔业生产持续稳定发展,2003 年 1 月,海仲委在上海分会内成立了海仲委渔业争议解决中心。根据渔业争议的特点,中国国际商会于 2003 年 4 月 4 日制定了《中国海事仲裁委员会仲裁规则关于渔业争议案件的特别规定》(以下简称《特别规定》),并自 2003 年 5 月 8 日起施行,后经中国国际商会批准,2009 年 8 月 14 日渔业争议解决中心修订了该《特别规定》。它缩短了仲裁程序,降低了渔业争议的仲裁收费。该《特别规定》出台的背景是:②渔业争议大多标的小;大部分通过渔政渔港监督管理部门行政调解解决,但由于行政调解没有强制执行力,行政调解结果履行率较低;跨海区的渔业争议,由于争议双方对对方所在地的渔政渔港监督管理部门不信任,往往争议久拖不决。根据《特别规定》第 2 条的规定,海仲委渔业争议

---

① 参见初北平:《一部面向海事仲裁未来的新规则》,载《法制日报》,2014 年 11 月 25 日。

② 参见《中国海事仲裁委员会简介》,http://finance. sina. com. cn/roll/20040517/1456763748. shtml,访问时间:2015 年 6 月 20 日。

解决中心受理的争议为渔业海上交通事故赔偿纠纷,渔业捕捞和养殖纠纷,网具纠纷,渔船建造、修理、买卖,保险、租赁、抵押、贷款纠纷,浅海滩涂承包、经营纠纷等渔业争议。

为了在物流行业推进仲裁制度,方便物流当事人用仲裁的方式解决物流争议,促进物流行业的规范、快速发展,经中国国际商会批准,海仲委物流争议解决中心于2004年2月1日在北京正式设立。该中心是海仲委处理物流争议的工作平台,向物流企业及行业内其他部门提供物流专业仲裁、物流争议的协调、物流法律研究与咨询服务。海仲委物流争议解决中心设立的背景是:①随着现代运输方式的发展,传统的港到港运输已逐步被门到门运输所取代。传统的海运企业、货运企业纷纷成立物流公司,从过去单纯提供海运服务扩大到提供全方位的物流服务。在此背景下,海仲委传统的受案范围已不能适应上述形势变化。物流企业需要一个集中管辖海陆空运输及物流各个环节争议的专业的、权威的机构,以便于物流争议的解决,降低争议解决成本。故海仲委积极适应现代物流发展的需要,由提供单纯的海事仲裁服务的机构转变为提供海、陆、空运输仲裁及其他物流仲裁服务的专业性仲裁机构。海仲委设立物流争议解决中心对物流争议集中管辖,可以有效避免这种管辖权的不确定性、裁判结果的不确定性以及不必要的程序延误,便利当事人一揽子解决物流纠纷。海仲委物流争议解决中心受理的争议为:海运,陆运(公路、铁路),空运,多式联运,集装箱的运输、拼箱、拆箱,快递,仓储,加工,配送,仓储分拨,代理,物流信息管理,运输、搬运、装卸、工具、仓储设施的建造、买卖和租赁,物流方案设计与咨询,与物流企业和物流有关的保险,与物流服务有关的侵权,以及其他与物流有关的争议。

(五) 仲裁员名册

海仲委设立仲裁员名册,供当事人选择指定仲裁员。海仲委的仲裁员由中国国际贸易促进委员会(中国国际商会)从具有航运、保险、法律等方面专业知识和实践经验的中外人士聘任。除了法律专业之外,仲裁员的专业范围涉及海上货物运输、海上保险、船舶租赁、船舶买卖、船舶修理、船舶建造、船舶检验、船舶代理、航海技术、轮机工程、港务监督、港口管理、引航技术、海洋环境保护、船舶碰撞、救助、打捞、拖带、海损理算等,为公正地审理各种类型的海事案件提供了坚实的基础。

海仲委实行仲裁员名册制度。分会与北京总会使用统一的仲裁员名册。现行仲裁员名册中,有来自英国、比利时、荷兰、日本、加拿大、新加坡、意大利、西班牙、德国、瑞士、美国等国家以及香港和台湾地区的几十位仲裁员。外籍仲裁员的数量和国别逐渐扩大,显示海仲委的国际化程度在不断提高。②

此外,为了顺利解决渔业争议,海仲委从渔业行业及相关专业中聘请专家担任仲裁员,并制定渔业专业仲裁员名册。渔业争议的当事人从该仲裁员名册中指定仲裁员。当事人约定在渔业专业仲裁员名册之外选定仲裁员的,当事人选定的或根据当事人之间的协议指定的人士经渔业争议解决中心依法确认后可以担任仲裁员。③ 海仲委物流争议解

---

① 参见《中国海事仲裁委员会简介》,http://finance.sina.com.cn/roll/20040517/1456763748.shtml,访问时间:2015年6月20日。
② 参见《海仲委仲裁员》,http://www.cmac-sh.org/zcy/zhongcaiyuan.htm,访问时间:2015年6月22日。
③ 见《中国海事仲裁委员会仲裁规则关于渔业争议案件的特别规定》第4条。

决中心成立后,专门从物流行业聘请专家,组成物流专业仲裁员名册。用仲裁的方式由专业人士解决相关纠纷,具有权威性、灵活性、裁决执行便利性等优点,又可为当事人节省费用和时间。①

第三节　涉外仲裁协议的法律适用

所谓涉外仲裁协议,是指双方当事人对他们之间业已发生或者将来可能发生的涉外争议交付仲裁解决的一种书面协议。② 其类型包括仲裁条款、仲裁协议书以及其他有关书面文件中所包含的仲裁协议。关于涉外仲裁协议的类型、内容、效力及独立性等问题,可参阅本书第四章,此处不予赘述。本节只就涉外仲裁协议的法律适用问题作阐述。

一、涉外仲裁协议法律适用的理论或方法论

在涉外仲裁协议法律适用问题上,实际上涉及的是将涉外仲裁协议作为整体来确定其准据法,还是将涉外仲裁协议分解为若干不同方面分别确定其准据法的问题。对此,综观国际社会相关的仲裁法理论和实践,一直存在“统一论”和“分割论”两种理论。

(一) 涉外仲裁协议法律适用的统一论

“统一论”主张将一项涉外仲裁协议看作一个整体,将其所涉及的所有问题都统一地由一种法律来支配。其根据为:(1) 涉外仲裁协议属于契约范畴,国际私法中决定涉外合同准据法的统一论方法,同样适用于确定涉外仲裁协议的准据法。③ (2) 无论从经济的角度还是从法律的角度,一项涉外仲裁协议都应当是一个整体,为了保持涉外仲裁协议的整体协调性,也应当坚持一项涉外仲裁协议只适用一种法律的原则。(3) 就当事人的主观意志而论,他们并不希望将涉外仲裁协议分解为许多方面而分别适用不同的法律。(4) 将一项涉外仲裁协议的各方面严格区分开,对不同的问题适用不同的法律,在实践中会遇到诸多困难,只有对涉外仲裁协议的所有问题都统一适用一种法律,才是现实的做法。④

这种主张主要源于国际私法中关于涉外合同法律适用的“统一论”,因而在涉外仲裁协议法律适用领域,这一主张通常被涉外合同法律适用的统一论者用于确定涉外仲裁协议的准据法。⑤

(二) 涉外仲裁协议法律适用的分割论

“分割论”主张对涉外仲裁协议涉及的所有要素进行分割,使涉外仲裁协议的不同方面分别受不同的法律支配。其根据是:(1) 在涉外仲裁协议中,当事人缔约资格和能力、争议的可仲裁性、协议的形式、协议的成立、协议的内容和效力、协议的解释、协议的转让

---

① 参见《海仲委物流争议解决中心》,http://www. cmac-sh. org/Logistics/Logisticsindex. htm,访问时间:2015年6月22日。
② 黄进等著:《仲裁法学》,中国政法大学出版社 2008 年版,第 177 页。
③ 参见赵秀文著:《国际商事仲裁及其适用法律研究》,北京大学出版社 2002 年版,第 34 页。
④ 参见杨树明主编:《国际私法》,中国政法大学出版社 2000 版,第 222 页。
⑤ 谢石松主编:《商事仲裁法学》,法律出版社 2003 年版,第 160 页。

等问题分别具有不同的性质,对不同性质的问题,可以分别适用不同的法律。(2)涉外仲裁协议在本质上属于契约范畴,国际私法中有关涉外合同法律适用的"分割论"方法可以作为确定涉外仲裁协议准据法的方法。(3)在涉外仲裁实践中,"分割论"方法有利于作出机构和法院较准确地确定当事人在涉外仲裁协议中不同方面的具体权利义务。①

在中外仲裁理论界,也有许多学者持"分割论"主张;在有关法律、司法实践和仲裁实务中,"分割论"方法也得到了较为广泛的体现。②

二、涉外仲裁协议的法律适用规则

涉外仲裁协议的法律适用规则包括涉外仲裁协议本身的法律适用规则、仲裁协议当事人行为能力的法律适用规则和争议事项可仲裁性的法律适用规则三个方面。

(一)涉外仲裁协议本身的法律适用规则

涉外仲裁协议本身的法律适用,是指确定涉外仲裁协议本身内容解释、效力和适用范围等问题时应当适用的法律。在各国仲裁立法和实践、国际性规则中,支配涉外仲裁协议本身的法律存在一种趋势:如果当事人明示选择了支配其涉外仲裁协议的具体法律,则按照当事人意思自治原则,当事人所选择的法律应当适用于涉外仲裁协议;如果当事人没有选择,则其准据法的确定以当事人在仲裁程序的不同阶段对涉外仲裁协议本身的态度为基础,即在仲裁程序的下列四个不同阶段,涉外仲裁协议本身的法律适用规则有所差异:③

1. 当事人向内国法院请求执行涉外仲裁协议

当事人向内国法院请求执行涉外仲裁协议时,准据法的确定取决于内国法院所依据的该内国国际私法中的冲突规范。而按照各国国际私法的一般原则,适用于涉外仲裁协议的法律规则为:一是当事人自己合意选择的法律;二是当事人没有明示选择时,适用仲裁程序举行地国家的法律。例如,《关于国际商事仲裁的欧洲公约》第6条第2款规定:"除当事人能力外的其他问题,应当根据当事人确定的仲裁协议所应依据的法律,如未确定,依据裁决地国家的法律。"

2. 当事人向仲裁庭提出管辖异议

在当事人向仲裁庭提出管辖异议时,也会出现应当如何确定支配涉外仲裁协议的法律的问题。而在确定这一问题时,仲裁庭都会首先适用当事人明示选择支配其涉外仲裁协议的法律。如果当事人没有明示选择法律时,各国和有关国际商事仲裁庭采取了各不相同的做法,主要概括为以下五种:① 涉外仲裁协议受仲裁地法支配。② 涉外仲裁协议受适用于涉外争议实质问题的法律支配。③ 涉外仲裁协议受当事人所选择的仲裁机构的仲裁规则支配。④ 涉外仲裁协议受依据国际社会所普遍接受的合同关系的法律适用原则所确定的法律支配。⑤ 涉外仲裁协议受能使其保持有效的法律支配。在当前的涉

① 参见谢石松主编:《商事仲裁法学》,法律出版社2003年版,第160-161页。
② 参见邓瑞平等著:《国际商事仲裁法学》,法律出版社2010年版,第113页。
③ 参见邓瑞平等著:《国际商事仲裁法学》,法律出版社2010年版,第113-116页;谢石松主编:《商事仲裁法学》,法律出版社2003年版,第161-164页。

外仲裁中,出现了一种有利于仲裁的解决争议的法律适用规则,即在当事人没有选择法律时,按"与其使之无效,不如使之有效"的原则,适用能使涉外仲裁协议保持有效的法律。

3. 当事人请求撤销仲裁裁决

基于有关仲裁裁决所依据的涉外仲裁协议无效而请求撤销该有关仲裁裁决时,支配涉外仲裁协议的法律是裁决地国家法律或申请地国家的法律。例如,《关于国际商事仲裁的欧洲公约》第9条第1款第1项规定,适用当事人选择的法律,当事人没有选择时,受裁决地国家的法律支配。但是《示范法》第34条第2款第A项第a目的规定有所不同,它允许当事人选择法律,当事人没有选择时,受对撤销裁决的申请有管辖权的法院所属国法律支配。

4. 当事人请求拒绝承认和执行仲裁裁决

《纽约公约》和《示范法》都规定了可以拒绝承认和执行仲裁裁决的情形。根据《纽约公约》第5条第1款和《示范法》第34条第2款的规定,一方当事人基于涉外仲裁协议的效力问题向有关国家的法院请求拒绝承认和执行某一仲裁裁决时,涉外仲裁协议所适用的法律是当事人选择的法律,当事人没有选择时,适用裁决作出地国家的法律。

(二)涉外仲裁协议当事人行为能力的法律适用规则

当事人行为能力直接决定涉外仲裁协议的有效性,不过对于在确定涉外仲裁协议当事人的民事行为能力时到底应当适用哪一个国家的法律的问题,目前国际社会并不存在统一的认识,也不存在明确、统一的规定,从而发生了有关涉外仲裁协议当事人民事行为能力的法律适用问题。

根据国际社会各有关的国际条约、《示范法》和世界各国有关涉外仲裁的国内立法,决定当事人是否具有民事行为能力的法律,既不是当事人选择的适用于涉外仲裁协议的法律,也不是仲裁地法或仲裁作出地法,而是专门适用于当事人民事行为能力的法律。而在此方面,有关的国际条约、《示范法》和世界各国有关涉外仲裁的国内立法都没有对此作出专门、具体的规定,所以必须按照国际私法的一般规则来确定。

1. 自然人民事行为能力的法律适用

根据国际私法一般的法律适用原则,自然人的民事行为能力适用当事人的属人法,包括国籍国法、住所地法和惯常居所地法。但是,由于在当事人属人法的确定问题上存在冲突,而且还会发生属人法与当事人缔结涉外仲裁协议的所在地法之间的冲突,因此为了保证涉外商事关系的稳定和促进涉外仲裁制度的发展,自20世纪60年代以来,许多国家还确定了另一个冲突法规则,即以行为地法来支配当事人的民事行为能力。所以,涉外仲裁协议当事人的民事行为能力,除了可以依据当事人国籍国法、住所地法和惯常居所地法以外,还可以依据行为地法来确定。这里所指的行为地法,主要是指涉外仲裁协议缔结地法。

《中华人民共和国涉外民事关系法律适用法》(以下简称《法律适用法》)第12条规定:"自然人的民事行为能力,适用经常居所地法律。自然人从事民事活动,依照经常居所地法律为无民事行为能力,依照行为地法律为有民事行为能力的,适用行为地法律,但涉及婚姻家庭、继承的除外。"上述立法规定可以适用于确定涉外仲裁协议当事人行为能力的准据法这一问题,因为签订涉外仲裁协议的行为,具有民事行为特别是契约行为的性质,当事人签订涉外仲裁协议的行为属于缔约行为的一种。

2. **法人民事行为能力的法律适用**

根据冲突法的一般原则,法人的民事行为能力主要也是依据其属人法来确定,而法人的属人法主要是指法人的国籍国法,所以法人的民事行为能力主要是依据法人的国籍国法来确定。

法人按其国籍不同可分为内国法人和外国法人。对于外国法人的民事行为能力,除了由该外国法人的属人法确定之外,在某些情况下,还要由外国法人从事跨国活动的所在国内国法律即外国法人的行为地法来确定。

我国《法律适用法》第 14 条规定:"法人及其分支机构的民事权利能力、民事行为能力、组织机构、股东权利义务等事项,适用登记地法律。法人的主营业地与登记地不一致的,可以适用主营业地法律。法人的经常居所地,为其主营业地。"

(三)争议事项可仲裁性的法律适用规则

争议事项可仲裁性的法律适用,是指依据什么法律来确定争议事项是否具有可仲裁性。综观世界各国仲裁立法和司法实践以及有关仲裁的国际条约和《示范法》的规定,在争议事项可仲裁性的法律适用问题上主要存在以下 4 个方面的规则:

1. **依当事人合意选择的法律**

如果双方当事人在涉外仲裁协议中明确选择了确定争议事项可仲裁性的法律,则依当事人所选择的法律。这项规则已经为世界各国国际私法和仲裁立法以及有关仲裁的国际条约和《示范法》所普遍承认。

2. **依裁决地国家的法律**

如果双方当事人在涉外仲裁协议中没有选择确定争议事项可仲裁性的法律,则按裁决地国家的法律确定。例如,《纽约公约》第 5 条第 1 款第 1 项规定,当事人没有指明以何种法律作为确定仲裁协议有效的法律时,依裁决所在国的法律。

3. **依法院地国家的法律**

这里所指的法院,是对一方当事人申请执行涉外仲裁协议和另一方当事人对涉外仲裁协议提出抗辩具有管辖权的法院,即对涉外仲裁协议是否存在或有效享有管辖权的法院。对依据法院地国家的法律来确定争议事项可仲裁性的问题,《关于国际商事仲裁的欧洲公约》第 6 条第 2 款第 3 项作了明确的规定,其规则有两项:(1)依法院地国家的冲突规则来确定争议事项可仲裁性的准据法。(2)直接适用法院地国家的法律来确定有关争议事项是否具有可仲裁性。

4. **依申请撤销或申请拒绝承认与执行地国家的法律**

仲裁裁决作出后,一方当事人以有关争议事项不具有可仲裁性为理由,申请撤销或申请拒绝承认与执行有关的仲裁裁决时,有关争议事项是否具有可仲裁性,就成了申请撤销地或申请拒绝承认与执行地国家管辖法院决定是否撤销,或是否拒绝承认与执行有关仲裁裁决的先决条件。在这一阶段,决定争议事项是否具有可仲裁性的准据法通常是申请撤销或申请拒绝承认与执行地所在国的法律。例如,《纽约公约》第 5 条第 2 款第 1 项规定,申请承认和执行地国家主管机关,按照该国法律认定争议事项不能以仲裁方式解决的,可以拒绝承认与执行该有关的仲裁裁决。

在我国,《仲裁法解释》第16条规定:"对涉外仲裁协议的效力审查,适用当事人约定的法律;当事人没有约定适用的法律但约定了仲裁地的,适用仲裁地法律;没有约定适用的法律也没有约定仲裁地或者仲裁地约定不明的,适用法院地法律。"《法律适用法》第18条规定:"当事人可以协议选择仲裁协议适用的法律。当事人没有选择的,适用仲裁机构所在地法律或者仲裁地法律。"比较这两条规定,可以看出《法律适用法》在涉外仲裁协议法律适用上有了较为显著的突破,仲裁机构所在地法律或者仲裁地法律替代法院地法,成为认定仲裁条款效力的最后准据法。《法律适用法》将涉外仲裁协议法律适用的最后系属从原先的"法院地法"改变为"仲裁机构所在地法律或者仲裁地法律",这无疑是一个突破。2012年12月10日由最高人民法院审判委员会第1563次会议通过,并自2013年1月7日起施行的《最高人民法院关于适用〈中华人民共和国涉外民事关系法律适用法〉若干问题的解释(一)》[以下简称《法律适用法解释(一)》]第14条进一步规定:"当事人没有选择涉外仲裁协议适用的法律,也没有约定仲裁机构或者仲裁地,或者约定不明的,人民法院可以适用中华人民共和国法律认定该仲裁协议的效力。"①

第四节　涉外仲裁程序的法律适用

涉外仲裁的当事人将其争议提交仲裁后,仲裁机构就会按一定程序进行审理,做出裁决。以贸仲委为例,其仲裁程序大致包括仲裁申请、答辩与反请求、仲裁庭的组成、案件审理及裁决等几个环节。② 而关于这些仲裁程序问题,可参阅本书第五章,此处不予赘述。本节只就涉外仲裁程序的法律适用问题作阐述。

一、涉外仲裁③程序的法律适用概说

在涉外民事诉讼中,法院对双方当事人之间的争议进行审理时,必须遵循一定的诉讼程序规则。同样地,在涉外仲裁中,仲裁庭对双方当事人之间的争议进行仲裁解决时,也必须遵循一定的仲裁程序规则。此种仲裁程序规则既包括各国制定以支配仲裁程序的仲裁程序法,④又包括各种仲裁机构制定以决定仲裁程序如何进行所遵循的仲裁规则。长期以来,一直认为适用于仲裁程序的法律体系与适用于实质问题的法律体系属同一法律体系,但是现代涉外仲裁实践却表明,仲裁庭在解决涉外商事争议时,适用于仲裁的程序法律体系可独立于仲裁实体法所属法律体系。⑤ 亦即涉外仲裁程序的法律适用是一个独

---

① 马德才主编:《仲裁法》,厦门大学出版社2014年版,第183-184页。

② 参见《中国国际经济贸易仲裁委员会简介》,http://cn.cietac.org/AboutUS/AboutUS.shtml,访问时间:2015年6月22日。

③ 涉外仲裁是从一国角度来说的,如从国际层面来看,就是国际商事仲裁,因此涉外仲裁程序的法律适用从国际层面来看,就是国际商事仲裁程序的法律适用。

④ 仲裁程序法之称谓,一方面可以区别于仲裁中的实体法,另一方面也可以区别于一般统称的仲裁法。参见韩健著:《现代国际商事仲裁法的理论与实践》(修订版),法律出版社2000年版,第248页。

⑤ 参见韩健著:《现代国际商事仲裁法的理论与实践》(修订版),法律出版社2000年版,第251-254页。

立的问题,不必受仲裁实体法的适用问题的限制。

诉讼程序问题依法院地法,这是国际私法中公认的、普遍采用的原则。[①] 仲裁程序受仲裁举行地法支配,在一个相当长的时期内已成为国际社会普遍接受的实践。[②] 然而,这种传统观点却受到来自当事人意思自治原则的冲击。一方面,越来越多的国家法律制度允许当事人自主选择或决定仲裁适用的程序法,只有当事人无此约定时,才适用仲裁举行地法,或授权仲裁庭自由决定仲裁适用的程序规则;另一方面,许多学者主张,仲裁应摆脱仲裁举行地国的法律控制,甚至主张仲裁应摆脱任何特定国家的法律控制,实现仲裁程序的完全自治。这种"非当地化"或"非国内化"仲裁的主张,在一些国内立法、国际条约及国内司法判例和仲裁实践中已有所反映。[③] 可见,目前涉外仲裁程序的法律适用规则是:首先,由当事人协议选择适用仲裁程序法或仲裁规则;其次,当事人没有协议选择时,适用仲裁举行地法;第三,仲裁庭应基于当事人约定的或仲裁庭确定的仲裁规则进行仲裁,而不必使仲裁程序受任何国家的国内仲裁程序法支配。

二、当事人协议选择仲裁程序法或仲裁规则

依当事人意思自治原则决定仲裁适用的程序法,在国际范围内已得到普遍接受。各国仲裁法、有关国际文件、有关仲裁规则一般都承认当事人有权选择适用适当的仲裁规则。例如,德国《民事诉讼法典》第1494条明确规定:"仲裁协议可以通过直接规定或援引一套仲裁规则来明确仲裁应遵守的程序;它也可以选择特定的程序法为准据法。"1958年《纽约公约》第5条第1款第4项规定,如果仲裁庭的组成或仲裁程序同当事人间的协议不符,或者当事人间未订此协议时,而又与进行仲裁的国家的法律不符,被请求承认或执行裁决的主管机关将可以根据当事人的请求,拒绝承认和执行有关裁决。2010年《联合国国际贸易法委员会仲裁规则》第1条第1款规定,双方当事人可以书面约定对规则作出修改并依经修改的仲裁规则将有关争议提交仲裁。2012年《国际商会仲裁规则》第19条规定,在国际商会仲裁中,如果本规则没有规定的,依当事人约定的规则进行。1997年《美国仲裁协会国际仲裁规则》第1条也规定,如果当事人约定适用本规则,或无此约定但约定提请美国仲裁协会仲裁时,将在遵从当事人对本规则所作任何改动的前提下,按照本规则进行仲裁。可见,在涉外仲裁程序的法律适用中,当事人意思自治原则得到普遍承认。

但是,当事人的此种意思自治权并非毫无限制,它必须服从于有关国家的强制性规则[④]和公共秩序。为了保证仲裁程序能在最低限度内实现公平、有效解决争议的政策目标,各国立法便规定有关强制性规定。一般来说,涉及基本的公平、正义观念,并构成一国公共政策的一部分,如对当事人平等对待、给予当事人陈述案情的机会、给予适当通知、当事人有权要求听证、有权委托代理人、有权获得法律帮助等,即可视为具有强制性质。显然,这些强制性规定无疑限制了当事人意思自治的适用范围,如仲裁地法律所设定的最低

---

① 韩德培主编:《国际私法》,武汉大学出版社1989年修订版,第419-420页。

② F. A. Mann, England Rejects Delocalized Contracts and Arbitration, 33 I. C. L. Q. 193(1984).

③ 参见朱克鹏著:《国际商事仲裁的法律适用》,法律出版社1999年版,第83-84页。

④ 仲裁法中的强制性规则,一般是指当事人和仲裁庭必须遵守且不许损抑的程序规则。参见朱克鹏著:《国际商事仲裁的法律适用》,法律出版社1999年版,第81页。

"正当程序"标准,①当事人便不能协议变更或解除,仲裁庭也不能对此置之不理,因为"正当程序"常常构成一国公共秩序的重要部分,违反了本国的正当程序原则的裁决,既可能被裁决地法院基于程序不适格而撤销,又可能以违背公共秩序为理由被法院撤销。所以,当事人选择适用的程序规则,既不能违反仲裁地国法律的强制性规则,也不能违反仲裁所适用的程序法的强制性规则。亦即当事人意思自治只能在有关国家法律强制性规则允许的框架范围内发挥作用。如果当事人和仲裁庭在行使选择权和自由裁量权时,没有遵循仲裁举行地国或仲裁所依据程序法的强制性规定,仲裁庭所作出的裁决就有可能被有关国家法院裁定撤销,从而丧失强制执行效力。此外,当事人选择适用的仲裁程序规则还要受到被请求承认与执行裁决国家程序方面公共政策的控制。如果当事人的选择违反了该国的公共政策,裁决就会被拒绝承认与执行。②

三、仲裁地法的适用

仲裁地国法与仲裁程序具有不可分割的联系,仲裁程序应受仲裁地国法支配,仲裁地是决定仲裁程序法适用最具决定性意义的连接因素。这是因为根据国家主权中的属地管辖原则,国家对其境内发生的任何行为包括仲裁都有属地管辖的权力,仲裁的合法性及其效力即来自仲裁举行地法。此即适用仲裁地法的理论依据。③ 同时,仲裁程序适用仲裁举行地法在涉外仲裁的立法实践中得到广泛承认。例如,我国《仲裁法》第65条规定:"涉外经济贸易、运输和海事中发生的仲裁,适用本章规定。本章没有规定的,适用本法其他规定。"1987年《瑞士联邦国际私法法规》第176条规定:"本章的规定应适用于所有仲裁庭所在地位于瑞士且至少有一方当事人在仲裁协议订立时在瑞士既无住所亦无惯常居所的仲裁。"1958年《纽约公约》第5条第1款第4项规定,仲裁庭的组成或仲裁程序在当事人之间没有订立仲裁协议时,如与仲裁地法律不符,则被请求承认或执行裁决的主管机关可以根据该当事人的请求,拒绝承认和执行该项裁决。同时,从有关国家的司法判例和仲裁实践来看,仲裁程序适用仲裁地法,得到了众多司法判决和仲裁裁决的支持:④在司法判例方面,美国最高法院在"谢尔科诉阿尔贝托—卡尔弗公司"案判决中称,当事人之间的仲裁协议实际上是一种特殊的法院选择条款。这一条款不仅确定了诉讼所在地,而且确定了解决争议所适用的程序。英国法院在决定仲裁适用的程序法问题上,首先尊重当事人的选择;在当事人未作选择时,则推定适用或直接适用仲裁地法。在通常情况下,当事人选择仲裁地,即可推定当事人选择了该国的仲裁程序法。在仲裁实践方面,例如,在一系列石油仲裁案中,诸如"阿尔辛贸易公司诉希腊"、"沙费尔国际石油有限公司诉伊朗国家石油公司"、"沙特阿拉伯与美国石油公司"以及"B.P勘探公司诉利比亚政府"案等,仲裁员均将仲裁地法作为仲裁适用的程序法。

同样地,在涉外仲裁地国程序法的适用中,强制性规则与公共政策也占有十分重要的

---

① 如双方当事人地位平等,给予适当的通知,给予当事人充分的陈述案情的机会等。
② 参见朱克鹏著:《国际商事仲裁的法律适用》,法律出版社1999年版,第81-83页。
③ 参见朱克鹏著:《国际商事仲裁的法律适用》,法律出版社1999年版,第84-85页。
④ 朱克鹏著:《国际商事仲裁的法律适用》,法律出版社1999年版,第88-89页。

位置。国家出于保护其"根本的公平程序观念",多在其国内立法中对仲裁的基本程序作出强制性规定,①以此对涉外仲裁程序实施一定程度的控制。违反此类程序所作出的裁决,将会面临撤销或拒绝承认与执行的危险。但各国关于仲裁程序的基本规定各不相同,如果仲裁程序适用的是仲裁举行地国法,那么仲裁举行地国法中的强制性规则就应当首先得到适用。② 虽然国内仲裁法一般允许当事人制订或选择详细的仲裁程序规则,但为了保持本国法律的统一性,保证本国法律观念、公共利益或公共秩序不受侵害,国内仲裁法对当事人和仲裁庭必须遵循的程序规则也有明确规定。在仲裁程序不当或有损本国公共秩序时,则赋予本国法院对仲裁实施监督审查的权力。即使国际仲裁机构制订的仲裁规则,也必须服从有关国家的国内仲裁法,尤其是其中的强制性规则。为了满足本国公平观念和公共政策的要求,各国仲裁法均有强制程序要求,以保证在本国境内进行的仲裁或需要在本国执行的裁决符合本国关于仲裁的最低程序标准。因此,依据仲裁规则所建立起来的仲裁程序,必须遵循支配仲裁的国内仲裁法的强制性规则。否则,违反应适用的国内仲裁法的强制性规定,将给仲裁的有效性带来灾难性的后果即仲裁裁决被撤销或被拒绝承认与执行。③

四、"非国内化"仲裁理论

"非国内化"仲裁理论肇始于二十世纪五六十年代。④ 其基本观点为:涉外仲裁可以不受仲裁地法的限制,仲裁裁决的法律效力也不必由仲裁地法赋予,裁决在申请强制执行之前不受任何国家法院的监督,任何国家的法院均不能行使撤销此项裁决的权力。⑤ 按照这一理论,当事人可以在仲裁协议中约定,仲裁程序不必遵循任何国家的仲裁程序法,而是依据当事人选择的程序规则。此种理论在瑞士国内立法和法国国内立法上得到了肯定。其中,1987年《瑞士联邦国际私法法规》第182条规定:"(1)双方当事人直接确定仲裁程序或参照仲裁规则确定仲裁程序,亦得使仲裁程序服从于其所选择的程序法。(2)如果双方当事人未确定仲裁程序,在必要的范围内,仲裁程序应由仲裁庭直接予以确定或参照法律或仲裁规则予以确定。"法国《民事诉讼法》第1494条、第1495条规定,当事人有权自由选择适用于仲裁的仲裁规则或现行的仲裁法;在当事人未作选择时,则授权仲裁庭直接确定仲裁适用的程序法或仲裁规则。有关国际公约如1965年《解决国家与他国国民间投资争端公约》(《华盛顿公约》)对此种理论也予以了肯定,如《华盛顿公约》第三节第44条规定:"任何仲裁程序应依照本节规定,以及除双方另有协议外,依照双方同意提交仲裁之日有效的仲裁规则进行。如发生任何本节或仲裁规则或双方同意的任何规则未作规定的程序问题,则该问题应由法庭决定。"1975年《国际商会仲裁规则》也接受了涉外仲

---

① 关于仲裁程序的强制性规定,主要涉及仲裁庭的组成、仲裁程序的进行和裁决的作出三个方面。参见肖永平、朱克鹏:《论强制性规则与公共政策对国际商事仲裁的影响》,《国际贸易问题》1997年第9期,第58-59页。

② 肖永平、朱克鹏:《论强制性规则与公共政策对国际商事仲裁的影响》,《国际贸易问题》1997年第9期,第58页。

③ 参见朱克鹏著:《国际商事仲裁的法律适用》,法律出版社1999年版,第64-65页。

④ 朱克鹏著:《国际商事仲裁的法律适用》,法律出版社1999年版,第98-99页。

⑤ 参见赵秀文:《论非内国仲裁》,载陈安主编:《国际经济法论丛》(第6卷),法律出版社2002年版,第543页。

裁"非国内化"理论,如《国际商会仲裁规则》第 11 条①规定:"仲裁庭进行仲裁的程序应遵循本规则,本规则没有规定的,则应遵循当事人约定的或在当事人没有约定时则由仲裁庭确定的规则。在此情况下,是否要援引仲裁所适用的某一国内法中的程序规则,由其自行决定。"此外,从国际仲裁和各国国内司法实践看,支持涉外仲裁"非国内化"理论的仲裁裁决和司法判决也不乏其例:②在国际仲裁方面,例如,在"利比亚美国石油公司诉利比亚政府"仲裁案中,仲裁员受"仲裁受国际法或一般法律原则支配"观点的影响,认为该案仲裁程序应受 1958 年联合国国际法委员会起草的《仲裁程序公约草案》所包含的一般法律原则的支配。再如,1981 年根据解决伊美求偿问题的宣言成立的"伊朗—美国求偿仲裁庭",仅根据其特定的程序规则,而没有根据包括荷兰(仲裁地)在内的任何国家的国内仲裁程序法,作出了大量仲裁裁决。仲裁庭为了履行"宣言"的特殊规定,对联合国国际贸易法委员会仲裁规则作了修改,然后将之适用于仲裁程序。由于仲裁庭的特殊性质,使该仲裁与一般涉外仲裁有所不同,同时与根据任何一国国内法律体系(包括荷兰在内)所进行的仲裁也有所区别。这进一步说明,荷兰政府并不认为其现行法律能够充分地适用于这种仲裁,即使适用,也只是部分适用。在国内司法实践方面,例如,1980 年法国巴黎上诉法院对"戈塔韦肯·阿伦达尔诉利比亚国家海运总公司"仲裁案所作的判决,对此即持赞同态度。该仲裁是根据当事人的协议,依据 ICC 仲裁规则在巴黎仲裁的。仲裁庭作出了有利于申请人的裁决,但被申请人拒绝履行裁决申请人即在瑞典申请强制执行此份裁决。被申请人利比亚海运总公司在法国法院对该裁决提出异议。法国巴黎上诉法院认为,法院并不能仅仅由于当事人选择巴黎为仲裁地而认定法国程序法的适用。因为很清楚,当事人除了仲裁机构所确立的程序规则外,没有指定一个可适用的程序法,而仲裁员亦未作出这样的指定。为此,法国巴黎上诉法院拒绝受理此项异议诉讼。瑞典最高法院在法国法院尚未作出判决的情况下,认为该仲裁裁决是可以立即强制执行的,并且授权强制执行裁决。该案的判决表明,裁决执行地国有权认为裁决是有约束力并可执行的,而根本无须考虑裁决作出地国对裁决法律效力的看法如何。

无论是从"非国内化"仲裁理论本身来说,还是从该种理论的实践来看,涉外仲裁程序的法律适用都要受到公共秩序的影响。从理论上讲,一方面,"非国内化"仲裁理论的目的,就是使涉外仲裁摆脱不同国内法体系的束缚,并使仲裁地不再具有决定仲裁程序法适用的法律意义。仲裁庭不必考虑仲裁地法律,它所要做的一切,就是使其仲裁程序符合国际公共秩序的要求,以保障裁决在国际上的可接受性。③ 另一方面,针对 1975 年《国际商会仲裁规则》第 11 条对 1955 年《国际商会仲裁规则》第 16 条④的修改,国际商会前秘书

① 该条后为 1998 年《国际商会仲裁规则》第 15 条第 1 款,现为 2012 年《国际商会仲裁规则》第 19 条。
② 参见朱克鹏著:《国际商事仲裁的法律适用》,法律出版社 1999 年版,第 103 - 104 页。
③ 朱克鹏:《国际商事仲裁的法律适用》,法律出版社 1999 年版,第 100 页。
④ 1955 年《国际商会仲裁规则》第 16 条规定:"仲裁程序,应受本规则支配。本规则未作规定的,受当事人所选定的程序法支配;如果当事人没有选定的,则受仲裁地国家法律支配。"1975 年《国际商会仲裁规则》第 11 条规定:"仲裁员审理案件的程序应遵循本规则;本规则未作规定的,可依当事人确定的规则或在当事人未确定时由仲裁员确定的规则,但当事人或仲裁庭是否援引适用于仲裁的某一国家的程序法,由其自行决定。"参见朱克鹏著:《国际商事仲裁的法律适用》,法律出版社 1999 年版,第 102 页。

长艾斯曼因(F. Eisemann)曾誉之为"革命性的变革",因为新规则授予仲裁员确定仲裁程序规则的权力,它要尊重的是仲裁地的公共政策规则,而不是任何特定的国内法。① 从实践来看,如果仲裁程序受非仲裁地国法支配,那么仲裁员除遵守该国程序法外,还需考虑并尊重仲裁地国法中有关强制性规则和公共秩序。否则,仲裁举行地国法院有权以裁决违反其强制性规则或公共秩序为由撤销裁决。此外,仲裁员还应保证其仲裁程序符合被申请人承认与执行裁决地国的强制性规定与公共秩序,以保证裁决的有效性和可执行性。②

附:涉外仲裁程序的法律适用实例③及其评析

申请人××XINDUSTRIAL PERU SAG 于 2005 年 9 月 12 日向被申请人丹阳市××国际商务有限公司发出了一份由业务经理辛某签名的《售货确认书》作为要约,其中没有对产品的规格尺寸提出要求,也无质量检验条款;后由被申请人方吴某、陈某签名的反要约邮件,明确约定了货物的规格尺寸,并将质量异议期确定为 30 天。最后申请人委托其在中国的公司代表赵某先生和被申请人的代理人陈某先生于 2005 年 9 月 12 日在被申请人办公室当面正式签订了本案《售货确认书》,9 月 14 日还签订了一份《补充协议》,其中有些条款对《售货确认书》作了一定的修改与补充。

本案的申请人作为买方、被申请人作为卖方在《售货确认书》中包含如下与本案争议有关的条款:(1) 货物名称为野餐垫。规格 DY201 175(135 CM 数量 1 700 PCS),规格 DY202 175(130 CM 数量 1 600 PCS),规格 DY203 150(150 CM 数量 1 300 PCS),规格 DY204 150(130 CM 数量 1 200 PCS),规格 DY205 170(130 CM 数量 1 500 PCS);单价 USD3.083/PC FOB 上海;总价 USD22 505.90;预付 30% 后 30 天内发货。(2) 买方必须于 2005 年 10 月 8 日前银行电汇给卖方,电汇金额为合同金额的 70%。(3) 品质数量异议:如买方提出索赔,凡属品质异议须于货到目的地口岸之日起 30 天内提出,凡属数量异议须于货到目的地口岸之日起 15 天内提出。

2005 年 9 月 14 日,双方签订了《补充协议》,对编号为 HSX9001 的《售货确认书》作了如下的补充和修改(甲方为被申请人、乙方为申请人):(1) 乙方预付甲方 RMB50 000 元,甲方立即安排生产,定金后 30 天交货。乙方在验货合格时,甲方安排出货事宜,甲方出货后制作好整套提货单据,保证单据符合客人要求,乙方付清金额 131 622(181 622－50 000)人民币之后,甲方同时把整套海关单据交与乙方。(2) 待海×B 有限公司电汇 100% 的美元给甲方后,甲方 5 天内退回赵某代付的全部款项和商定的 1 万元佣金(此均

① F. Eisemann, The Court of Arbitration: Outline of lts Changes from Inception to the Present Day, in 60 Years of ICC Arbitrtion-A Look at the Fufure, ICC publication No. 412 398(1984). 转引自朱克鹏著:《国际商事仲裁的法律适用》,法律出版社 1999 年版,第 102 页。

② 参见肖永平、朱克鹏:《论强制性规则与公共政策对国际商事仲裁的影响》,《国际贸易问题》1997 年第 9 期,第 58 页。

③ 资料来源:中国国际经济贸易仲裁委员会编:《中国国际经济贸易仲裁裁决书选编(2003—2006)》(上册),法律出版社 2009 年版,第 609-624 页。转引自马德才编著:《仲裁法案例研究》,世界图书出版公司 2015 年版,第 208-212 页。

指人民币,赵某在庭上解释 1 万元佣金是解决减价问题)。(3)如乙方最后不通过电汇 100%的美金给甲方,将造成甲方不能核销退税,甲方有权拒付额外的 1 万佣金。

双方在履行《售货确认书》和《补充协议》过程中就货物的尺寸发生争议。经协商不能解决,申请人遂根据 2005 年 9 月 12 日和被申请人正式签订的《售货确认书》中的仲裁条款于 2006 年 5 月 24 日向中国国际经济贸易仲裁委员会(以下简称仲裁委员会)提起仲裁,并提出如下仲裁请求:(1)解除双方签订的《售货确认书》,申请人向被申请人退货 7 272 条野餐垫,被申请人向申请人返还货款 22 397.76 美元;(2)被申请人向申请人退赔已由申请人交付的海运费 2 420 美元;(3)被申请人向申请人退赔已由申请人交付的保险费 50 美元;(4)被申请人向申请人退赔已由申请人交付的关税 6 712 美元;(5)被申请人向申请人退赔已由申请人交付的海关代理费 1 186.30 美元;(6)被申请人向申请人退赔已由申请人交付的转运费 375.05 美元;(7)被申请人向申请人退赔已由申请人交付的海关其他费用 375.05 美元;(8)被申请人向申请人退赔已由申请人交付的提货费 285.30 美元;(9)被申请人向申请人偿付因货物短少尺寸由申请人赔偿客户的费用 7 000 美元;(10)被申请人向申请人偿付为办理本案支出的翻译费人民币 2 180 元;(11)被申请人向申请人偿付为办理本案支出的国际特快费人民币 264 元;(12)被申请人向申请人支付人民币 8 000 元以补偿申请人花费的律师费;(13)被申请人向申请人支付退货的所有费用;(14)被申请人承担本案的仲裁费;(15)被申请人向申请人支付上述第 1—10 项仲裁请求的利息损失(利息按中国人民银行同期利率计算,自 2005 年 10 月 9 日起至本案执行之日止)。

申请人诉称:合同签订后,申请人按照《售货确认书》付给了被申请人货款。2005 年 11 月 5 日,申请人根据与被申请人签订的确认书,又和 HD 签订了野餐垫买卖合同。2005 年 11 月 13 日货物到达 B 卡亚俄港口,申请人提货至公司,在申请人前述客户提货过程中发现被申请人所提供货物编号为 DY201、DY202、DY205 共计 4 800 条,短少 3—5 厘米。为此该客户拒绝提货,申请人赔偿了客户 7 000 美元。由于被申请人的严重违约,申请人多次通过电话、信函等方式向被申请人提出解除合同、退还货款、赔偿损失,并以各种方式寻求和解,因被申请人并无诚意,一直未果。

仲裁委员会经审查,认为申请人的仲裁申请符合《仲裁法》和本会仲裁规则关于申请仲裁的条件,于是受理了上述合同项下的野餐垫买卖合同争议仲裁案,并且发现双方在本案仲裁条款中明确约定适用《中国国际经济贸易委员会仲裁规则》(以下简称仲裁规则)。

仲裁委员会秘书局于 2006 年 6 月 12 日以特快专递向被申请人寄送了仲裁通知、仲裁申请书和附件及《仲裁规则》、《仲裁员名册》等材料。被申请人于 2006 年 6 月 29 日向仲裁委员会提交了仲裁答辩书。申请人于 2006 年 7 月 5 日向仲裁委员会提交了"增加仲裁请求书"。仲裁委员会秘书局于 2006 年 7 月 10 日向申请人转去被申请人的答辩书,向被申请人转去申请人的"增加仲裁请求申请书"。

被申请人辩称:(1)双方已经依据《售货确认书》和《补充协议》履行完毕。(2)关于《补充协议》,原合同约定申请人预付 30%的货款到被申请人账上,实际根本未按合同履行。因此,为确保合同稳妥执行,双方代理人于 9 月 14 日在丹阳外贸华日公司又签订了《补充协议》,而此份协议才是双方交易实际操作的真正依据。《补充协议》中约定"乙方在验货合格时,甲方安排出货事宜"。显然,申请人的代理人如验货时发现尺码短少,是绝不可能允许装箱出运、付款赎单的。(3)货物已由申请人的代理人检验合格。2005年10月13日上午,货物发运时申请人的代理人赵某在场,并对货物进行了反复抽查,特别抽查了产品的规格尺寸,经再次检验合格后才装箱发货。(4)关于品质异议索赔。根据《联合国国际货物销售合同公约》第39条规定和双方的合同,收货方应在货到目的地口岸起30天内提起索赔。申请人没有及时提出异议,应当视为货物品质合格。因此,申请人提出的请求不应得到支持。(5)被申请人在产品质量方面没有违约。被申请人的供货厂是个专业外贸民营企业,视品质为生命,每单有完整的工艺制作单,所有产品经过严格检验,不可能出现尺寸短小的现象。事实上DY201、DY202、DY205三款产品的尺码大小差别为5 cm,申请人并没有要求在每件产品上表明尺码标,由于产品没有尺码标导致买方在销售时容易将这三款产品混淆,造成尺寸混乱。而且,野餐垫卷起前和卷起后测验,必定会有长短误差。退一步讲,即使DY201、DY202、DY205三个型号的产品事实上尺寸短小3—5厘米,也不构成根本违约。《联合国国际货物销售合同公约》规定的根本违约是指一方当事人违反合同,使另一方当事人蒙受损害,以至于实际上剥夺了该另一方根据合同规定有权期待得到的东西。野餐垫作为一次性使用易耗品,尺寸短少3—5厘米不会影响产品的使用和销售,事实上申请人盲目进货,销路不好,才找借口退货。申请人要求解除三个型号的全部合同,是没有依据的。(6)申请人的异议形式不符合规定。申请人提出的产品尺码短小的情况,仅仅是申请人自己公司一方的说法,不是第三方的检验报告,不具可信性,不能作为索赔的依据。综上,申请人提出索赔请求没有事实和法律依据,不应得到仲裁庭的支持。

由于申请人与被申请人在规定的期限内未共同选定或共同委托仲裁委员会主任指定一名独任仲裁员,仲裁委员会主任根据《仲裁规则》之规定为双方当事人指定L女士担任本案独任仲裁员,于2006年7月11日成立仲裁庭,审理本案。仲裁委员会秘书局将L女士签署的《声明书》转交双方当事人,并向双方当事人发出了组庭通知。仲裁庭商秘书局决定于2006年8月21日开庭审理本案,仲裁委员会秘书局向双方当事人发出了组庭通知。

庭审当日,申请人的代理人赵某、霍某和被申请人总经理郦某及其代理人陈某、孙某均出席了庭审。庭审前,申请人向仲裁庭提交了一份增加请求金额的利息的书面申请,被申请人也提交了一份说明书和货物全部运回中国检验的申请书。在庭上双方各自陈述了自己的主张和理由,对证据进行了质证,回答了仲裁庭的提问,并作了最后的陈述。仲裁庭在征得双方的同意的基础上,对本案进行了调解,但未获成功。双方代理人在庭后向仲裁庭提交了代理词和其他补充书面意见。

仲裁庭认为本案双方争议主要集中在被申请人所交付的各种型号的货物是否均尺寸不符以及申请人是否可以以货物尺寸不符作为解除合同全部退货的理由。仲裁庭经审理查明:

(1)2005年9月12日(实签日为14日)签订的《售货确认书》第8条约定:"如买方提出索赔,凡属品质异议须于货到目的口岸之日起30天内提出;凡属数量异议须于货到目的口岸之日起15天内提出。"(2)2005年9月14日签订的《补充协议》第1条约定:"乙方(即申请人)在验货合格时,甲方(即被申请人)安排出货事宜。"(3)被申请人在答辩书中附有供货商丹阳市××旅游用品厂及其设计科职员吴某、验收员泮某的三份证词,证明在发货前,赵某等二人曾两次到生产厂现场检验过货物品质、测量过产品的尺寸及检查垫子的标签。(4)申请人的代理人赵某在庭上和代理词中承认,曾于2005年10月8日和13日两次去过生产合同货物的丹阳市××旅游用品厂,但到厂家先是去吃饭,后是去看其规模及样品,并未对尺码进行测量,也未有过反复抽查的行为,更未进行检验。因此,对被申请人上述提供的三份证人证言提出异议。(5)申请人提供了一份2005年11月5日与其下家客户H签订的4 800条《野餐垫买卖合同》。(6)2005年11月13日合同货物运抵B卡亚俄港,申请人将货运至其仓库,在其客户提货时,申请人才发现野餐垫短少尺码5 cm的问题,申请人的客户由此拒收货物,赔偿共7 000美元,并于2005年12月初用电话告知被申请人并要求索赔,但未用书面形式正式提出,当时也未附具检验情况和检验结果。(7)申请人于2006年2月14日正式发函委托赵某为其代表全权处理此纠纷。(8)被申请人于2006年4月5日函复申请人,内称:"如退回的7 392条毯子确有4 800条短5 cm,我方将如数退回赵某货款并承担回运海运费,其他费用与我方无关。如4 800条大部分短小少于5 cm,那回运费用及相关费用也由B海×公司承担"。申请人对此未作回应。(9)申请人提供了一份由公司经理李某某于2006年4月22日签字的,用中文书写的"野餐垫短少尺码情况"的文件,其上还有四枚用西班牙文印有不同日期的签字和印章(申请人解释此四枚印章的机构为B利马市公证处、B内政部公证处、B外交部、中国驻B大使馆领事司,但未对该文内容作出说明或解释),作为索赔依据。(10)被申请人提供了由北京市××翻译中心出具的"野餐垫短少尺码情况"文件上B公证机构公证内容的中文翻译,说明其证明的仅为申请人的公司及其李某身份的真实性,并未对本案合同项下的货物的规格缺陷进行公证。据此,仲裁庭作出如下裁决:

(1)被申请人向申请人退还货款2 278.95美元。

(2)驳回申请人的其他仲裁请求。

(3)本案仲裁费为人民币21 646.38元,申请人承担90%即人民币19 481.74元,被申请人承担10%即人民币2 164.64元。该笔费用已由申请人向仲裁委员会全额预缴,因此被申请人应将申请人为其垫付的仲裁费人民币2 164.64元直接支付给申请人。

上述第(1)、(3)中被申请人应向申请人支付之款项,被申请人应在本裁决作出之日起30日支付完毕。

本裁决为终局裁决,自作出之日起发生法律效力。

评析:本案是一起买卖合同纠纷案,而且是一起涉外买卖合同纠纷案。它涉及仲裁程序的法律适用问题。关于此,前文已述:首先,仲裁庭应适用当事人协议选择的仲裁程序法或仲裁规则;其次,仲裁庭在当事人未选择仲裁程序法或仲裁规则时,一般适用仲裁地法;再次,仲裁庭依据"非国内化"仲裁理论,进行仲裁程序的法律适用。本案中,仲裁庭会如何解决仲裁程序的法律适用问题呢?

(一)依照当事人的选择适用

仲裁是建立在当事人的意思自治的基础之上的,涉外仲裁也是如此,其表现之一是当事人有权协议选择适用仲裁程序法或仲裁规则,本案的当事人就行使了此种权利,即当事人在仲裁条款中选择了本案仲裁委员会的仲裁规则。那么,当事人的这种选择和我国《仲裁法》有关仲裁程序方面的规定是相一致还是相违背的呢？对此,应当说当事人的这种选择和我国《仲裁法》有关仲裁程序方面的规定相一致,其理由如下:首先,我国《仲裁法》确立了当事人自愿原则,①而当事人自愿原则赋予了当事人的这种选择权利;其次,依据2015年《贸仲规则》第1条的规定,本仲裁规则制定的根据就是《仲裁法》和有关法律的规定以及原中央人民政府政务院的《决定》和国务院的《通知》及《批复》。既然如此,当事人的这种选择和我国《仲裁法》有关仲裁程序方面的规定就是相一致而非相违背的。因此,本案仲裁庭适用当事人选择的仲裁规则是合法的。

（二）依照仲裁地法适用

本案中,仲裁庭适用了当事人选择的仲裁规则,退一步来讲,即使当事人没有选择,仲裁庭也可能适用本案仲裁委员会的仲裁规则,仲裁庭在当事人未选择时,一般适用仲裁地法,而本案的仲裁地在中国北京,仲裁庭此时应当适用我国的《仲裁法》。不过,2005年《贸仲规则》是根据《仲裁法》等制定的,它所规定的仲裁程序规则和《仲裁法》的规定是一致的,而且《仲裁法》的有关条款规定有时还应适用仲裁委员会的仲裁规则,例如《仲裁法》第41条规定:"仲裁委员会应当在仲裁规则规定的期限内将开庭日期通知双方当事人。"此外,2005年《贸仲规则》第4条第2款规定,凡当事人同意将争议提交仲裁委员会仲裁的,均视为同意按照本规则进行仲裁。所以,按照此条规则,本案仲裁庭也可适用仲裁委员会的仲裁规则。

（三）依照"非国内化"仲裁理论适用

前文已述,"非国内化"仲裁理论的基本观点是当事人可以在仲裁协议中约定,仲裁程序不必遵循任何国家的仲裁程序法,而是依据当事人选择的程序规则。该理论也被有关国家的法律和有关仲裁机构的仲裁规则所接受,只不过对该理论进行了修正,即承认仲裁程序应遵循有关国家的仲裁程序法,因为从仲裁实践来看,如果仲裁程序受非仲裁地国法支配,那么仲裁员除遵守该国程序法外,还需考虑并尊重仲裁地国法中有关强制性规则和公共秩序。否则,仲裁举行地国法院有权以裁决违反其强制性规则或公共秩序为由撤销裁决。此外,仲裁员还应保证其仲裁程序符合被申请人承认与执行裁决地国的强制性规定与公共秩序,以保证裁决的有效性和可执行性。可见,经过修正的这种理论是当事人可以在仲裁协议中约定仲裁程序规则,如当事人未选择的,由仲裁庭直接予以确定或者依照有关法律或仲裁规则予以确定,但是不能与有关国家的强制性规则和公共秩序相违背。虽然我国尚未承认这种理论,但是这种修正后的理论和我国有关法律或有关仲裁规则的规定并没有什么差异。所以,如果按照这种修正后的理论,既然当事人选择了2005年《贸仲规则》,本案仲裁庭也就可以适用该仲裁规则。

综上,本案仲裁庭适用2005年《贸仲规则》是合法的。② 当然,值得注意的是,现在施行的《贸仲规则》是经过中国国际贸易促进委员会/中国国际商会2014年11月4日修订并通过,于2015年1月1日起施行的2015年《贸仲规则》。

① 参见马德才主编:《仲裁法》,厦门大学出版社2014年版,第30-31页。
② 马德才编著:《仲裁法案例研究》,世界图书出版公司2015年版,第213-214页。

第五节　涉外仲裁裁决中实体法的法律适用

涉外仲裁裁决,是指仲裁庭对涉外仲裁纠纷案件进行审理后,在认定证据与查明事实的基础上,根据事实,符合法律规定,公平合理地解决双方当事人之间涉外纠纷所作出的具有约束力的权威性书面认定。它所涉及的涉外仲裁裁决种类、涉外仲裁裁决作出、涉外仲裁裁决书的形式要求和内容要求、涉外仲裁裁决书的补正及涉外仲裁裁决的生效和效力等问题,可参阅本书第五章第六节,此处不予赘述。本节只就涉外仲裁裁决中实体法的法律适用问题作阐述。

仲裁庭依据有关仲裁程序规则对涉外仲裁纠纷案件进行审理后,在调解不成时应当依法及时作出裁决。这里的"法"不是"程序法"而是"实体法",而仲裁庭如何适用实体法是涉外仲裁区别于国内仲裁的一个方面,涉外仲裁实体法的法律适用具有多样性,国内仲裁实体法的法律适用具有单一性。那么,涉外仲裁裁决中实体法的法律适用规则亦即涉外仲裁实体法的法律适用规则如何,需要做出明确说明,以便仲裁庭公正合理作出仲裁裁决。

一、涉外仲裁[1]裁决中实体法的法律适用概说

涉外仲裁适用的实体法,是指仲裁庭据以作出裁决的支配仲裁案件争议的实体法律,是确定争议双方当事人权利义务,判定争议是非曲直的主要法律依据,对争议的最终裁决结果具有决定性的意义。[2] 因此,适用何种实体法解决涉外商事争议,是整个涉外仲裁过程中一个很重要的问题,[3]甚为当事人和仲裁庭所关注。对此,现代涉外仲裁实践表明,如果当事人选择了仲裁实体法,仲裁庭一般会尊重当事人的选择,适用当事人选择的仲裁实体法;如果当事人对此未做选择的话,仲裁庭则可以自主决定适用何种冲突规则确定实体法,或者不援引任何冲突法规则而直接适用它认为合适的实体法。其中,主要为适用当事人选择的仲裁实体法和适用冲突规则确定的仲裁实体法。

二、当事人选择仲裁实体法

当事人意思自治原则在各国国际私法中得到了普遍接受,同样地该原则也在涉外仲裁中的实体法确定方面得到了国际社会的首肯,而且是确定仲裁实体法适用的首要原则。[4] 例如,在国内法方面,《法国民事诉讼法典》第 1496 条、《瑞士联邦国际私法法规》第 187 条、《荷兰民事诉讼法典》第 1054 条、《埃及国际商事仲裁法案》第 42 条、《保加利亚国际商事仲裁法》第 38 条、《不列颠哥伦比亚国际商事仲裁法案》第 28 条等均对争议实体问

---

[1]　涉外仲裁是从一国角度来说的,如从国际层面来看,就是国际商事仲裁,因此涉外仲裁裁决中实体法的法律适用从国际层面来看,就是国际商事仲裁裁决中实体法的法律适用。

[2]　戚燕方:《仲裁实体法初论——兼论非国内规则的适用》,载《中外法学》1998 年第 2 期。

[3]　韩健著:《现代国际商事仲裁法的理论与实践》(修订版),法律出版社 2000 年版,第 273 页。

[4]　参见朱克鹏著:《国际商事仲裁的法律适用》,法律出版社 1999 年版,第 123 - 125 页。

题的法律适用作了明确规定,要求仲裁庭根据当事人选择的法律判定争议。在国际条约方面,1961 年《欧洲公约》第 7 条第 1 款规定:"双方当事人应自行通过协议决定仲裁员适用于争议实质的法律。"1965 年《华盛顿公约》第 42 条第 1 款规定:"法庭应依照双方当事人可能统一的法律规则判定一项争端。"在仲裁机构的仲裁规则方面,1976 年《联合国国际贸易委员会仲裁规则》第 33 条第 1 款①规定,仲裁庭应适用当事人双方预先约定的适用于争端实体的法律。1998 年《国际商会仲裁规则》第 17 条第 1 款②规定,当事人应自由约定由仲裁庭适用于争议实体的法律规则。③

尽管当事人意思自治是国际私法上的一项普遍原则,仲裁员对此应当予以尊重,适用当事人选择的仲裁实体法,但该原则并非毫无限制,它要受到同等重要的一般法律原则以及公共秩序的制约。这种制约的具体体现在某一行为必须符合行为地法上强行法的要求。④ 例如,1980 年《罗马公约》第 7 条规定:"(1)根据本公约适用某一国的法律时,如依其情况,与另一国有着密切的关系,则该另一国法律的强制性规定得认为有效,但必须依该另一国的法律,亦不论何种法律适用于该合同均必须适用此种强制性规定时为限。在考虑是否认为此种强制性规定为有效时,应注意此种规定的性质和目的,以及其适用或不适用的后果。(2)本公约并不限制适用法院地法的强制性规定,不管原应适用于该合同的为何种法律。"⑤1985 年的《国际货物买卖合同法律适用公约》第 17 条规定:"无论法院地法是否支配买卖合同,本公约均不妨碍其必须适用的条款的适用。"⑥涉外仲裁员适用强行法的主要政策性考虑,是基于增进一国公共利益的需要。世界各国对此也都非常强调和重视,许多联合国决议及宣言均予以确认和支持。例如,联合国 1962 年《关于自然资源永久主权宣言》,1974 年《建立国际经济新秩序宣言》、《建立国际经济新秩序行动纲领》、《各国经济权利和义务宪章》等均承认各国对其本国境内的一切财富、自然资源和一切经济活动都享有不可剥夺的充分永久主权;尊重各国的经济独立,就决定了任何国家都有权依据本国的利益自由处置其自然资源;为了开发自然资源而被引进的外国资本,必须遵守东道国的各种规章制度,服从东道国国内法的管辖;在一定条件下,东道国政府有权对外资实行征收或国有化。因此,尽管仲裁员没有义务必须去维护某一国家的公共利益,但仲裁员也不能对国际社会在尊重各国公共利益问题上所达成的共识视而不见,更不能置之不理。所以,如果涉外仲裁被用来作为规避一国公共秩序的工具,而该国在其规制某些商事交易方面又具有政府利益,那将是极其危险的。另外,对于将来仲裁裁决承认与执行地国的强行法,仲裁员应予适用,因为仲裁员必须要确保其所作裁决不违反将来被请求承认与执行地国的公共秩序。例如,1958 年《纽约公约》第 5 条第 2 款第 2 项规定,如果

---

① 现为 2010 年《联合国国际贸易委员会仲裁规则》第 35 条第 1 款。
② 现为 2012 年《国际商会仲裁规则》第 21 条第 1 款。
③ 参见朱克鹏著:《国际商事仲裁的法律适用》,法律出版社 1999 年版,第 124 - 125 页。
④ 强行法,是指在国际商事关系中必须适用的强制性法律规范。它所调整的事项,要么属于公共政策范畴,要么体现了某一公共政策,即使当事人选择和冲突规范指明要适用某一特定的准据法,也不得规避这类强行法的效力。参见张潇剑:《强行法在国际商事仲裁中的适用》,载《现代法学》2006 年第 1 期,第 131 页。
⑤ 参见韩德培、李双元主编:《国际私法教学参考资料选编(上)》,武汉大学出版社 1991 年版,第 495 页。
⑥ 参见韩德培、李双元主编:《国际私法教学参考资料选编(上)》,武汉大学出版社 1991 年版,第 507 页。

被请求承认与执行地所在国法院认定承认或执行某一裁决有违该国的公共秩序,得拒绝承认及执行该项仲裁裁决。因此,仲裁员作出的仲裁裁决,不应违反作为将来被请求承认与执行地国之公共秩序一部分的强行法。①

三、仲裁庭依冲突规则确定仲裁实体法

在涉外仲裁实体法的适用过程中,仲裁庭首先是尊重当事人意思自治权,适用当事人选择的仲裁实体法,但是如果当事人没有选择时,仲裁庭则适用冲突规则来确定争议实体法。具体包括:(1) 适用仲裁地的冲突规则确定实体法;(2) 适用非仲裁地的冲突规则确定实体法;(3) 重叠适用与争议有关的冲突规则确定实体法。有关立法对此作了规定,有关仲裁实践对此予以了证实。例如,在适用仲裁地的冲突规则确定实体法方面,美国和英国时常把仲裁地的选择解释为默示选择了仲裁地法,从而适用仲裁地的法律冲突规则确定准据法;东欧国家一向坚持仲裁领域理论,主张在仲裁中依仲裁地冲突规则确定准据法;在国际商会主持下的一起解决德国人与比利时人之间货物销售争议的仲裁中,法国仲裁员裁定:"依照支配案件的一般原则,不仅仲裁员适用的程序规则须来自于法国法,其适用的国际私法规则也必须来自于法国法,该原则正被提倡,特别是为 1957 年 9 月 16 日国际法决议第 2 条所提倡。"在适用非仲裁地的冲突规则确定实体法方面,包括适用仲裁员本国的冲突规则确定实体法、适用将要执行裁决的国家的冲突规则确定实体法以及适用与争议有最密切联系国的冲突规则确定实体法。在重叠适用与争议有关的冲突规则确定实体法方面,现代美国冲突法常采用重叠分析方法直接确定可适用的实体法。涉外仲裁中已有采用这一方式解决"二级冲突"的先例,以此避免选择单一的冲突规则体系。仲裁员采用这一方式,首先考查所有与争议有关的法律体系的冲突规则,如果这些规则都指向同一实体法,即出现所谓的"虚假冲突情况"时,则无须确定可适用的法律体系,仲裁员可直接用所有冲突规则指向同一实体法。重叠适用方式在实践中是一种比较有效的方式。在考查与争议有关的所有冲突法体系的基础上作出实体法的选择,双方当事人一般不会有异议。另外,由于考查范围往往包括了可能执行裁决的国家的法律,亦可保证裁决执行地国承认和执行依该实体法作出的裁决。②

但是,仲裁庭在当事人未作选择时适用冲突规则确定实体法的自由裁量权并非毫无限制,而是必须服从有关国家的强制性规定。尽管从理论上讲,仲裁员没有遵守任何特定国家强制性规定的义务,但仲裁员应当尽量作出具有执行效力的裁决。为此,仲裁员在适用有关冲突规则决定争议适用的实体法时,应当考虑并适用与争议有实质联系或与争议有直接利益关系国家的强制性规则与公共秩序。③

四、仲裁庭直接确定仲裁实体法

前已述及,在当事人没有选择法律时由仲裁庭依冲突规则确定仲裁实体法。但是采

---

① 参见张潇剑:《强行法在国际商事仲裁中的适用》,载《现代法学》2006 年第 1 期,第 133 页。
② 参见韩健:《国际商事仲裁的实体法的选择》,载《武汉大学学报》(社科版)1991 年第 5 期,第 67—70 页。
③ 参见肖永平、朱克鹏:《论强制性规则与公共政策对国际商事仲裁的影响》,载《国际贸易问题》1997 年第 9 期,第 59 页。

用这种方法来确定实体法,当事人根本无法预知仲裁庭将适用何种冲突规则确定仲裁实体法,因此这种方法追求的结果确定性和可预见性较难实现。为此,有的学者提出,与其赋予仲裁庭自由适用冲突规则确定实体法的权利,还不如赋予仲裁庭直接确定仲裁实体法的自由裁量权利,这比仲裁庭适用冲突规则确定实体法更能保证实体法适用的合理和适当。这种确定仲裁实体法的方法就是"直接适用的方法",如利益分析的方法、最密切联系的方法等。它一经提出,就被许多学者和实务工作者所接受,并反映在有关国内立法、国际条约、仲裁规则和仲裁实践中,成为当代涉外仲裁法律适用理论发展趋势之一。在国内立法方面,例如,1981 年法国新增补的《民事诉讼法典》第五篇第 1496 条规定,当事人未就适用法律选择的,仲裁员"应根据他认为适当的规定决定争议"。1986 年 12 月 1 日生效的荷兰仲裁法(《民事诉讼法典》第四编)第 1 054 条第 2 款、1984 年 2 月 13 日通过的《吉布提国际仲裁法典》第 12 条第 1 款亦规定:"当事人未作法律选择的,仲裁庭应根据其认为适当的法律规则作出裁决。"1987 年《瑞士联邦国际私法法规》第 187 条第 1 款则要求仲裁庭适用与争议有最密切联系的法律规则裁决。在国际条约方面,例如,1965 年《华盛顿公约》第 42 条第 1 款规定,在当事人未作法律选择时,法庭应适用争议一方缔约国的法律(包括其关于仲裁法的规则)以及可适用的国际法规则。当事人不仅在争议发生后能知道争议适用的实体法,而且在争议发生前即可预见投资关系及争议受什么法律支配。在仲裁规则方面,例如,1991 年 3 月 1 日生效的《美国仲裁协会国际仲裁规则》第 29 条第 1 款规定,在当事人未指定争议实体法时,"仲裁庭应当适用它认为适当的一个或几个法律。"意大利仲裁协会于 1985 年 6 月 19 日通过的"仲裁规则"第 17 条第 2 款亦规定:"在国际性争议中,除了服从于本条第 1 款的规定,如果当事人尚未就应适用的实体法达成协议,仲裁员应适用他认为在这个特定案件中适当的法律规则。"在仲裁实践方面,在国际商会仲裁中,仲裁员多次采用这一直接方法决定实体法的适用。例如在国际商会第 4237 号仲裁案中,仲裁员即拒绝适用国内冲突法决定实体法。仲裁庭认为,从已公开发表的裁决分析,合同受与之有最密切联系国家法律支配,是一个优先的冲突规则。再如,在国际商会第 4434 号仲裁案中,仲裁员适用了合同客观场所化方法,确定合同履行地法比合同缔结地法具有优先的效力。直接适用的方法具有以下优势:法律适用程序的简便性;法律适用结果的合理性;确定适当实体法规则方法的多样性;实体法律适用规则的灵活性。不过,直接适用的方法也存在其自身难以克服的缺陷:一是赋予了仲裁庭决定仲裁实体法适用的过于广泛的自由裁量权,仲裁实体法适用的适当性完全取决于仲裁员的主观判断。二是直接确定仲裁实体法适用的简便性和灵活性,是以牺牲法律适用的确定性和处理结果的可预见性为代价的。仲裁员所拥有的巨大裁量权,使当事人根本无法预知仲裁员将会适用什么实体法律规则,也就无法预见争议的处理结果。①

　　同样地,仲裁庭在直接确定仲裁实体法时,为了保证仲裁不被当事人用来规避有关国家的基本公共秩序,保证其作出的裁决能够顺利得到承认与执行,也应当考虑相关国家的公共秩序的适用。一般认为,遵循以下几个原则,对保证裁决的可执行性是有益的:

---

　　① 参见朱克鹏著:《国际商事仲裁的法律适用》,法律出版社 1999 年版,第 153 - 163 页;杜志华等:《仲裁实体法的"直接适用方法"探析》,载《法学评论》2005 年第 4 期。

(1) 原则上,仲裁员有义务适用支配仲裁法律所属国的公共秩序规则——通常是仲裁地国的公共秩序规则;(2) 仲裁员仅应基于程序事项考虑仲裁地国的公共秩序;(3) 仲裁员应当考虑裁决执行地国的公共秩序。[①]

附:涉外仲裁裁决中实体法的法律适用实例[②]及其评析

2005 年 2 月 21 日,申请人××金属国际有限公司与被申请人××实业发展有限公司签订了××电解铜买卖合同。合同约定:被申请人(买方)向申请人(卖方)购买伦敦或上海金属交易所注册的"A"级电解铜 10 000 吨,从 2005 年 3 月到 12 月在有舱位的情况下每月 1 000 吨;交付条件为成本、保险加运费(CIF)班轮条件(LT)和/或成本、保险加运费(CIF)中国上海集装箱堆场(CY),由卖方选择;定价期为买方有权从卖方收到定金或可接受的信用证起至装船月最后一个工作日期间对未知市场定价,但需得到卖方同意,买方须告知卖方关于已定价的货物数量,以后的结算就以该定价或相互约定的价格为基准;每 1 000 吨电解铜的价格为伦敦金属交易所的现货结算价,或按买卖双方相互约定的铜价调整期至装船月第三个星期三的价格,或交割日至装船月最后一个工作日的现货价格加每吨 115 美元。如果市场价与临时付款金额或信用证金额加上买方预付的定金持平或超出,则买方应在收到卖方通知后二个工作日内修改信用证以增加该信用证金额或追加(汇付)定金以补足该差额。否则,卖方有权在任何时候对合同货物定价;但卖方在运用酌处权对合同货物定价时,应尽可能使该价格与(基于信用证金额的)临时付款金额加上任何定金后的金额相近;定金条款约定,每 1 000 吨电解铜定价为人民币 1 200 000.00 元,该定金在卖方收到信用证或收到足额货款前的任何时间应能覆盖伦敦金属交易所三个月铜价调整期至现货价和买方定价之间的差额。如果该初始定金不能充分覆盖上述差额,则卖方有权要求买方在一个工作日内汇付追加定金补足该差额,否则,买方将承担所有损失,且卖方保留向买方提起由此产生的额外损失的索赔权。支付条款约定,付款方式由买方选择,但需经卖方同意,信用证最迟须在承运船预抵卸货港前 15 天开具等。合同还约定了货物、重量、产权、质量争议、重量争议、不可抗力条款。

在履行 7—8 月份的电解铜交易中,由于市场价格变化,进口出现严重亏损等原因,被申请人不依约履行开立信用证义务。涉案合同项下 2005 年 9 月份的货物由于舱位原因推迟在 10 月份执行,2005 年 10 月 17 日,申请人安排了 9 月份货物并通知被申请人开立信用证。2005 年 10 月 26 日,申请人安排了 10 月份货物后将船期通知被申请人,并要求其按照合同规定开立信用证。2005 年 11 月 18 日,申请人安排了 11 月份货物后将船期通知被申请人,并要求其按合同规定开立信用证。但被申请人仍不依约履行开立信用证义务。2005 年 10 月 12 日,被申请人向申请人表示:涉案合同剩余的执行批次货物的点价期,将以贵司交付 7—8 月批次货物的下一个月开始,逐月顺延。被申请人这个意见即

---

① 参见朱克鹏著:《国际商事仲裁的法律适用》,法律出版社 1999 年版,第 298 页。
② 资料来源:中国国际经济贸易仲裁委员会编:《中国国际经济贸易仲裁裁决书选编(2003—2006)》(上册),法律出版社 2009 年版,第 547 - 555 页。转引自马德才编著:《仲裁法案例研究》,世界图书出版公司 2015 年版,第 220 - 223 页。

无视合同的约定,又无视其不依约开立 7—8 月批次货物的信用证及因此给申请人造成巨大经济损失的基本事实,其目的是要将此作为拒开 9—10 月及以后批次货物的信用证的理由。

为此,申请人依据买卖合同中的仲裁条款,向中国国际经济贸易仲裁委员会(以下简称仲裁委员会)上海分会提起仲裁申请。

申请人仲裁请求如下:(1)请求裁决被申请人应赔偿因违约给申请人造成的损害人民币 8 718 766.41 元。(2)请求裁决终止执行七至十月份期限内的交货。(3)请求裁决被申请人承担本案全部仲裁费。

仲裁委员会经审查,认为申请人的仲裁申请符合《仲裁法》和仲裁委员会仲裁规则关于申请仲裁的条件,于是受理了上述合同项下的电解铜买卖合同争议仲裁案。并且发现双方在本案的销售合同中明确约定,除非另有约定,《2000 年国际贸易术语解释通则》适用于本合同及买卖双方的任何争端或索赔。

被申请人提出答辩意见如下:申请人主张被申请人违约不成立,经济损失事实不清楚,损失的具体内容即计算依据不明确,被申请人无法进行针对性的答辩。此外,申请人声称 2005 年 9 月份和 10 月份均遭受了 BACK 损失和 PREMIUM 损失,但却没有明确阐述该两种损失的性质及其计算依据。申请人对于其主张的损失,未能提供任何证据予以证明。因此,申请人的主张不应得到支持,请仲裁庭驳回申请人的仲裁请求。

申请人拒绝交付 7—8 月份货物构成违约,应赔偿被申请人因此遭受的损失。申请人屡次严重违反涉案合同的约定,导致被申请人无法实现签署合同的目的,被申请人已通知解除涉案合同。申请人拒绝交付 7—8 月份货物构成重大违约。申请人在履行涉案合同项下 9—10 月份交易时继续存在重大违约行为,导致被申请人无法实现涉案合同项下目的,故被申请人有权自行解除合同,且无需向申请人承担责任。申请人要求被申请人赔偿经济损失没有合同及事实依据。

据此,被申请人提出了如下反请求:(1)申请人应赔偿因违约给被申请人造成的经济损失人民币 6 391 809.09 元。(2)确认解除涉案合同项下 2005 年 9 月、10 月、11 月、12 月份交易。(3)申请人返还被申请人交付的保证金人民币 125 万元。(4)申请人承担被申请人为参加仲裁所支付的律师费。(5)申请人承担本案仲裁费。

针对被申请人的仲裁反请求,申请人提出答辩意见如下:被申请人提出申请人拒绝履行涉案合同项下 7—8 月份交货义务的主张没有事实根据,被申请人未依约开立 7—8 月份货物的信用证是其不能受领 7—8 月份货物的根本原因;被申请人要求申请人赔偿经济损失的理由不成立。被申请人要求确认解除合同项下 2005 年 9 月至 12 月份交易的理由不成立,其行为违反了合同约定和法律规定。由于被申请人不依约履行开证义务,应赔偿因其违约行为给申请人造成的经济损失。故被申请人以没有已定价的交易为由,要求申请人返还保证金人民币 125 万元的理由不成立。被申请人支付的律师费和仲裁费应当自行承担。双方履行涉案合同项下 7 月份的交易开始的时间在 7 月初,履行 8 月份交易开始的时间在 8 月份。被申请人主张 2005 年 9 月 2 日申请人才通知 7—8 月份货物到港日期的说法不实;7—8 月份货物经双方协商同意,已经由申请人于 9 月 2 日重新指定货物,据此认为双方应从 2005 年 9 月 2 日开始履行各自义务的说法同样亦不符合事实。

仲裁委员会根据《仲裁规则》规定成立了仲裁庭,由后者审理本案。仲裁庭经过审理后,正确适用法律作出了公正合理的裁决。

评析:本案是一起涉外电解铜买卖合同纠纷案,它涉及实体法的法律适用问题。关于此,首先,仲裁庭应适用当事人选择的仲裁实体法;其次,仲裁庭依冲突规则确定仲裁实体法或者仲裁庭直接确定仲裁实体法。那么,本案中,仲裁庭会如何适用法律呢? 对此,笔者拟作如下分析:

(一)当事人事先的意思自治

本案中,双方当事人在涉外电解铜买卖合同中明确约定,除非另有约定,《2000 年国际贸易术语解释通则》适用于本合同及买卖双方的任何争端或索赔。从而表明本案当事人选择了争议所适用的法律,这是当事人意思自治的结果。由于当事人的这种意思自治是在争议发生之前行使的,即争议发生之前,当事人在合同中选择仲裁实体问题适用的法律,因此可称之为"事先的意思自治"。该项原则得到了我国有关法律和司法解释的确认,而且是确定涉外合同法律适用的首要原则。例如,《民法通则》第 145 条规定:"涉外合同的当事人可以选择处理合同争议所适用的法律,法律另有规定的除外。涉外合同当事人没有选择的,适用与合同有最密切联系的国家的法律。"《合同法》第 126 条第 1 款规定:"涉外合同的当事人可以选择处理合同争议所适用的法律,但法律另有规定的除外。涉外合同的当事人没有选择的,适用与合同有最密切联系的国家的法律。"《法律适用法》第 41 条规定:"当事人可以协议选择合同适用的法律。当事人没有选择的,适用履行义务最能体现该合同特征的一方当事人经常居所地法律或者其他与该合同有最密切联系的法律。"2007 年《最高人民法院关于审理涉外民事或商事合同纠纷案件法律适用若干问题的规定》(以下简称《规定》)第 3 条规定:"当事人选择或者变更选择合同争议应适用的法律,应当以明示的方式进行。"可见,本案当事人选择适用仲裁实体法符合我国上述法律和司法解释的有关规定。

(二)当事人事后的意思自治

在本案仲裁程序进行中,双方当事人又分别引用《合同法》相关规定来阐述自己的观点,并据以支持自己的仲裁请求,主张合同权利。这也是当事人意思自治的结果。只不过当事人的这种意思自治是在争议发生之后行使的,即争议发生之后在提起仲裁的过程中,当事人选择仲裁实体问题适用的法律,因此可称之为"事后的意思自治"。该项原则也得到了我国上述法律和司法解释的确认。例如,2007 年《规定》第 4 条规定:"当事人在一审法庭辩论终结前通过协商一致,选择或者变更选择合同争议应适用的法律的,人民法院应予准许。当事人未选择合同争议应适用的法律,但均援引同一国家或者地区的法律且未提出法律适用异议的,应当视为当事人已经就合同争议应适用的法律作出选择。"《法律适用法解释(一)》第 8 条规定:"当事人在一审法庭辩论终结前协议选择或者变更选择适用的法律的,人民法院应予准许。各方当事人援引相同国家的法律且未提出法律适用异议的,人民法院可以认定当事人已经就涉外民事关系适用的法律做出了选择。"可见,本案当事人选择适用《合同法》符合我国上述法律和司法解释的有关规定。

所以,仲裁庭有理由相信,双方对以上两项法律适用事项的意见是一致的,没有分歧。因此,根据当事人意思自治的原则,仲裁庭认为,本案除了应当适用《2000 年国际贸易术语解释通则》外,还应当适用中华人民共和国法律。

综上,本案仲裁庭尊重当事人意思自治原则,认为本案除了应当适用《2000 年国际贸易术语解释通则》外,还应当适用中华人民共和国法律,符合我国上述法律和司法解释的有关规定,加之又没有《法律适用法解释(一)》第 6 条规定的情形,即"中华人民共和国法律没有明确规定当事人可以选择涉外民事关系适用的法律,当事人选择适用法律的,人民法院应认定该选择无效。"而且,也不存在《法律适用法解释(一)》第 10 条规定的"当事人不能通过约定排除适用"的情形。所以,本案仲裁庭确定的法律适用是正确合法的。

值得一提的是,有学者对贸仲委于 1996—2006 年对外公布的 101 份涉外货物买卖争议案件仲裁裁决书进行了统计,发现在这 101 个案件中,当事人适用其意思自治原则选择仲裁实体法的案件共有 53 个。其中,适用当事人事先的意思自治在合同中选择了解决合同争议的准据法的案件共有 29 个;适用当事人事后的意思自治在仲裁过程中依据了相关法律的案件共有 24 个。前者,占全部案件的 28.71%。在这 29 个案件中,有 24 个案件被申请人败诉。也就是说,在事先选择了法律的情况下,仲裁申请人有 82.76% 的胜诉率。而在其他 72 个当事人未事先选择法律适用的案件中,仲裁申请人只有 77.78% 的胜诉率。数字上的差异一定程度上说明了当事人事先选择法律,更加有利于当事人能够事后及时有效地保护自身权益。同时,在这 29 个案件中,有 23 个案件的仲裁完全尊重了当事人的选择,占 79.31%。可见,当事人事先的意思自治得到了仲裁庭的普遍尊重。但是,另外 6 个案件中,仲裁庭并没有完全依据当事人选择的法律,而是参照了其他的法律渊源,包括相关国际惯例、《联合国国际货物销售合同公约》(以下简称 CISG)和我国《合同法》。虽然如此,但在绝大部分情况下,仲裁当事人事先通过意思自治选择的法律基本上都被仲裁庭接受作为仲裁的主要依据。后者,只有 16 个案件的仲裁庭将当事人仲裁文件中一致参照的法律作为了其仲裁的依据;在另外 8 个案件中,仲裁庭并没有依据当事人仲裁过程中所选择的法律进行仲裁。可见,在当事人事后选择了法律的情况下,并非其选择的法律均被仲裁庭采纳作为仲裁裁决的实体法。由上可知,仲裁庭对当事人的事先意思自治和当事人事后的意思自治的尊重程度是不同的,即仲裁庭一般对当事人事先的法律选择能够给予尊重,但是却对当事人事后在仲裁过程中的法律选择,不同的仲裁庭的尊重程度是不一致的。这一方面体现了仲裁灵活性的特征,但也说明了其武断性,而这种武断性可能给当事人带来巨大的风险和不可逆的后果。所以,仲裁庭对当事人事先意思自治和事后意思自治的差别待遇问题,有待于理论的进一步解释和规则的统一规范。[1]

总之,在涉外仲裁实体法的法律适用中,只要当事人选择了法律,不管是事先在涉外合同中选择了法律,还是在仲裁过程中选择了法律,仲裁庭都应该予以尊重,这不仅是有关法律和司法解释的要求,也是涉外仲裁良性发展的需要。因此,在涉外仲裁中,除了当事人的选择违背了强制性法律规定和公共秩序之外,仲裁庭应适用当事人选择的法律至关重要。[2]

① 参见胡诗雪:《国际货物贸易争议实体问题之法律适用——对 CIETAC1996—2006 仲裁实例的经验研究》,载《北京仲裁》第 87 辑(2014 年第 1 辑),第 26-31 页。
② 马德才编著:《仲裁法案例研究》,世界图书出版公司 2015 年版,第 223-226 页。

第六节　涉外仲裁裁决的执行

一、我国涉外仲裁裁决在我国的执行

所谓我国涉外仲裁裁决在我国的执行,是指我国涉外仲裁机构作出的仲裁裁决生效后,义务方当事人不履行仲裁裁决的,而义务方当事人或者其财产在我国领域内时,权利方当事人可以向义务方当事人住所地或者财产所在地的中级人民法院申请执行。对此,《民事诉讼法》第 273 条规定:"经中华人民共和国涉外仲裁机构裁决的,当事人不得向人民法院起诉。一方当事人不履行仲裁裁决的,对方当事人可以向被申请人住所地或者财产所在地的中级人民法院申请执行。"

可见,《民事诉讼法》第 273 条规定了我国涉外仲裁裁决在我国的执行问题。而且,根据该条款的规定,当事人申请我国涉外仲裁裁决在我国国内执行须具备以下条件:

1. 仲裁裁决为我国涉外仲裁机构作出

此为我国涉外仲裁裁决在我国执行的基础性条件。只有我国涉外仲裁机构作出的仲裁裁决,当事人才能直接申请在我国执行,如果仲裁裁决是外国仲裁机构作出的,当事人就不能直接申请在我国执行,而是须申请在我国承认与执行。在我国,其涉外仲裁机构就是前述的贸仲委及其分会或仲裁中心和海仲委及其分会或仲裁中心。不过,值得注意的是,由于我国国内仲裁机构和涉外仲裁机构受案范围的统一,加之《民事诉讼法》第 271 条①的规定,如果国内仲裁机构对涉外仲裁纠纷案件经过审理,作出了涉外仲裁裁决,只要一方当事人不自觉履行其裁决义务,同时符合其他条件,另一方当事人即可直接申请在我国执行。当然,我国涉外仲裁机构对国内仲裁纠纷案件作出的仲裁裁决由于不属于涉外仲裁裁决的范畴,因而也不在此范畴之内。

2. 仲裁裁决为我国涉外仲裁机构作出的具有法律效力的裁决

此为我国涉外仲裁裁决在我国执行的有效性条件。仲裁裁决不仅须为我国涉外仲裁机构作出,还应是我国涉外仲裁机构作出的具有法律效力的裁决,即发生法律效力的仲裁裁决书或仲裁调解书,不论该裁决是部分裁决还是终局裁决。因此,如果一项涉外仲裁裁决已被人民法院依法撤销而失去效力,则当事人无权据以请求人民法院采取执行措施。

3. 仲裁裁决需要并能够在我国国内执行

此为我国涉外仲裁裁决在我国执行的现实性条件。我国涉外仲裁机构作出的具有法律效力的裁决只有需要并能够在我国国内执行时,当事人才能申请我国法院执行,如果不需要且不能在我国国内执行时,当事人就不能够申请我国法院执行。那么,这种现实性条件是什么呢? 根据《民事诉讼法》第 273 条和《仲裁法》第 72 条的规定,这种现实性条件是"被执行人或者其财产在中华人民共和国领域内"。如果不具备这种现实性条件,那么,根

---

① 《民事诉讼法》第 271 条规定:"涉外经济贸易、运输和海事中发生的纠纷,当事人在合同中订有仲裁条款或者事后达成书面仲裁协议,提交中华人民共和国涉外仲裁机构或者其他仲裁机构仲裁的,当事人不得向人民法院起诉。"

据《仲裁法》第 72 条的规定,就应当由当事人直接向有管辖权的外国法院申请承认和执行。

4. 义务方当事人不履行仲裁裁决

此为我国涉外仲裁裁决在我国执行的前提性条件。如果义务方当事人在仲裁裁决书规定的期限内不履行涉外仲裁裁决时,权利方当事人就可以依法向被申请人住所地或者财产所在地的中级人民法院申请在我国执行。对此,《民事诉讼法》第 273 条作了规定,即"一方当事人不履行仲裁裁决的,对方当事人可以向被申请人住所地或者财产所在地的中级人民法院申请执行。"反之,如果义务方当事人在仲裁裁决书规定的期限内自觉地履行了涉外仲裁裁决,并不存在当事人申请执行涉外仲裁裁决的前提条件,则根本就不存在权利方当事人还须向被申请人住所地或者财产所在地的中级人民法院申请执行了。

5. 必须由当事人提出申请

此为我国涉外仲裁裁决在我国执行的先决性条件。如果义务方当事人在仲裁裁决书规定的期限内不履行涉外仲裁裁决时,权利方当事人就可以依法向被申请人住所地或者财产所在地的中级人民法院申请在我国执行。根据《民事诉讼法解释》第 540 条的规定,申请人向人民法院申请执行中华人民共和国涉外仲裁机构的裁决,应当提出书面申请,并附裁决书正本。如申请人为外国当事人,其申请书应当用中文文本提出。而如果义务方当事人在仲裁裁决书规定的期限内不履行涉外仲裁裁决时,权利方当事人没有依法向被申请人住所地或者财产所在地的中级人民法院申请在我国执行,那么该人民法院就不能依职权主动加以强制执行。这是当事人意思自治原则在涉外仲裁裁决执行领域的具体体现。

6. 当事人必须向有管辖权的人民法院提出申请

此为我国涉外仲裁裁决在我国执行的对象性条件。如果义务方当事人在仲裁裁决书规定的期限内不履行涉外仲裁裁决时,权利方当事人就可以依法向有管辖权的人民法院申请在我国执行。何谓"有管辖权的人民法院"? 根据《民事诉讼法》第 273 条的规定应为被申请人住所地或者财产所在地的中级人民法院。可见,该"有管辖权的人民法院"从地域角度来看,应为被申请人住所地或者财产所在地的人民法院;从级别角度而言,应为中级人民法院。否则,如果权利方当事人向无管辖权的人民法院申请在我国执行,该人民法院就依法不予受理。

对符合以上条件的当事人执行申请,人民法院应予受理,并依照《民事诉讼法》及《民事诉讼法解释》采取强制执行措施。

二、我国涉外仲裁裁决在外国的承认和执行

所谓我国涉外仲裁裁决在外国的承认和执行,是指我国涉外仲裁机构作出的发生法律效力的仲裁裁决,当义务方当事人在仲裁裁决书规定的期限内不履行涉外仲裁裁决时,权利方当事人请求执行的,如果被执行人或者其财产不在我国领域内,应当由权利方当事人直接向有管辖权的外国法院申请承认和执行,包括我国涉外仲裁裁决在外国的承认和在外国的执行两个方面的问题。其中,我国涉外仲裁裁决在外国的承认是指被申请国对我国涉外仲裁裁决予以认可,允许其在该国生效;我国涉外仲裁裁决在外国的执行是指被

申请国在承认我国涉外仲裁裁决在该国的效力的基础上,就我国涉外仲裁裁决应该执行的部分,通过该国法律所规定的适当程序付诸执行。两者之间的相互关系表现为既有联系又有区别。两者之间的联系:承认我国涉外仲裁裁决是执行我国涉外仲裁裁决的前提,如果没有对我国涉外仲裁裁决的承认,执行我国涉外仲裁裁决也就失去了其基础;同时,执行我国涉外仲裁裁决是承认我国涉外仲裁裁决的必然结果。但是,承认我国涉外仲裁裁决也并非都导致执行我国涉外仲裁裁决的结果。例如,如果我国涉外仲裁裁决不涉及任何财产或其他经济问题的判决,则只需承认,而不需要强制执行。两者的区别:承认我国涉外仲裁裁决意味着承认我国涉外仲裁裁决在确认当事人的权利和义务方面具有与该国仲裁机构作出的仲裁裁决同等的法律效力,其法律后果是在该国境内如果有人提出与该仲裁裁决内容不同的请求,则可以该仲裁裁决对抗之。而执行我国涉外仲裁裁决既承认我国涉外仲裁裁决在该国的效力,同时就其应该执行的部分,通过适当程序付诸执行,其法律后果是使仲裁裁决中的财产部分得到实现。

对此,《仲裁法》第 72 条和《民事诉讼法》第 280 条第 2 款规定,我国涉外仲裁机构作出的发生法律效力的仲裁裁决,当事人请求执行的,如果被执行人或者其财产不在我国领域内,应当由当事人直接向有管辖权的外国法院申请承认和执行。不过,由于我国已经加入《纽约公约》,当事人也可依照该公约规定直接到其他有关缔约国申请承认和执行我国涉外仲裁机构作出的仲裁裁决。

三、外国仲裁裁决在我国的承认和执行

所谓外国仲裁裁决在我国的承认与执行,是指我国人民法院依据我国立法或我国缔结或者参加的国际条约或互惠原则,承认有关国外仲裁机构的仲裁裁决包括临时仲裁庭作出的仲裁裁决在我国的效力,并在必要时依法予以强制执行,包括承认外国仲裁裁决和执行外国仲裁裁决两个方面的问题。两者之间的相互关系表现为既有联系又有区别。两者之间的联系:承认外国仲裁裁决是执行外国仲裁裁决的前提,如果没有对外国仲裁裁决的承认,执行外国仲裁裁决也就失去了其基础;同时,执行外国仲裁裁决是承认外国仲裁裁决的必然结果。但是,承认外国仲裁裁决也并非都导致执行外国仲裁裁决的结果。例如,如果外国仲裁裁决不涉及任何财产或其他经济问题,则只需承认,不需要强制执行。两者的区别:承认外国仲裁裁决意味着承认外国仲裁裁决在确认当事人的权利和义务方面具有与我国仲裁机构作出的仲裁裁决同等的法律效力,其法律后果是在我国境内如果有人提出与该仲裁裁决内容不同的请求,则可以该仲裁裁决对抗之。而执行外国仲裁裁决既承认外国仲裁裁决在我国的效力,同时就其应该执行的部分,通过适当程序付诸执行,其法律后果是使仲裁裁决中的财产部分得到实现。

对此,《民事诉讼法》第 283 条规定:"国外仲裁机构的裁决,需要中华人民共和国人民法院承认和执行的,应当由当事人直接向被执行人住所地或者其财产所在地的中级人民法院申请,人民法院应当依照中华人民共和国缔结或者参加的国际条约,或者按照互惠原则办理。"《民事诉讼法解释》第 545 条规定:"对临时仲裁庭在中华人民共和国领域外作出的仲裁裁决,一方当事人向人民法院申请承认和执行的,人民法院应当依照民事诉讼法第二百八十三条规定处理。"《民事诉讼法解释》第 546 条规定:"对外国法院作出的发生法律

效力的判决、裁定或者外国仲裁裁决,需要中华人民共和国法院执行的,当事人应当先向人民法院申请承认。人民法院经审查,裁定承认后,再根据民事诉讼法第三编的规定予以执行。当事人仅申请承认而未同时申请执行的,人民法院仅对应否承认进行审查并作出裁定。"《民事诉讼法解释》第 547 条规定:"当事人申请承认和执行外国法院作出的发生法律效力的判决、裁定或者外国仲裁裁决的期间,适用民事诉讼法第二百三十九条的规定。当事人仅申请承认而未同时申请执行的,申请执行的期间自人民法院对承认申请作出的裁定生效之日起重新计算。"《民事诉讼法解释》第 548 条规定:"承认和执行外国法院作出的发生法律效力的判决、裁定或者外国仲裁裁决的案件,人民法院应当组成合议庭进行审查。人民法院应当将申请书送达被申请人。被申请人可以陈述意见。人民法院经审查作出的裁定,一经送达即发生法律效力。"

我国除了依据上述《民事诉讼法》和《民事诉讼法解释》的有关规定处理外国仲裁裁决在我国的承认和执行问题之外,还须根据《民事诉讼法》第 283 条所规定的缔结或者参加的国际条约办理。该国际条约目前最主要指的是 1958 年的《纽约公约》。该公约是联合国经济及社会理事会专门为解决国际间裁决的承认和执行问题而制定的,也是至今在世界范围内缔结和加入国家最多的公约之一,截至 2015 年 6 月 19 日共有 156 个缔约国,[1]也是承认和执行外国仲裁裁决最为重要的国际法律文件。《纽约公约》全文共有 16 个条文,虽然条文数量较少,但覆盖面很广,兼容了大陆法系和英美法系承认及执行外国仲裁裁决法律制度,协调了不同的法学流派,文字简约,内容扼要,既有很强的原则性,又便于理解和实施,为外国仲裁裁决的承认和执行提供了便捷、有效的途径,可谓国际立法的典范。其主要内容为:第一,明确公约的适用范围及允许缔约国作保留声明;第二,明确承认和执行的必要条件及法院可以拒绝承认和执行的事由;第三,缔约国相互承认和执行裁决的义务和要求;第四,当事人申请承认和执行的形式要件。该公约成功取代了 1923 年《日内瓦仲裁条款议定书》和 1927 年《日内瓦执行外国仲裁裁决公约》,在国际间得到了广泛采纳和适用。《纽约公约》被认为是"国际仲裁大厦所依赖的最为重要的一根支柱"。[2]

1986 年 12 月 2 日,第六届全国人民代表大会常务委员会第十八次会议决定我国加入 1958 年《纽约公约》,该公约于 1987 年 4 月 22 日对我国生效。1987 年 4 月 10 日最高人民法院发布执行我国加入的《纽约公约》的执行通知。根据该《执行通知》,我国在加入《纽约公约》的时候,作了互惠保留和商事保留两项保留声明。其中,互惠保留是指我国仅对在另一缔约国领土内作出的仲裁裁决的承认及执行适用公约,该公约与我国《民事诉讼法》有不同规定的,按照公约的规定办理。商事保留是指我国仅对按照我国法律属于契约性和非契约性商事法律关系所引起的争议适用该公约。这里的契约性和非契约性商事法律关系具体是指由于合同、侵权或者根据有关法律规定而产生的经济上的权利义务关系。对于符合上述两个条件的外国仲裁裁决,当事人可依照《纽约公约》规定直接向我国有管辖权的人民法院申请承认和执行。该"有管辖权的人民法院"按照《执行通知》的规定是指

---

① 2015 年 6 月 19 日,安道尔提交了加入 1958 年《纽约公约》的正式文件,成为《纽约公约》第 156 个缔约国。参见 http://www.sjzzc.gov.cn/html/news/2015/0717/2199.html,访问时间:2015 年 7 月 29 日。

② 马德才主编:《仲裁法》,厦门大学出版社 2014 年版,第 202 - 204 页。

下列地点的中级人民法院：（1）被执行人为自然人的，为其户籍所在地或者居住地；（2）被执行人为法人的，为其主要办事机构所在地；（3）被执行人在我国无住所居所或者主要办事机构，但有财产在我国境内的，为其财产所在地。而对于在非缔约国领土内作出的仲裁裁决，需要我国人民法院承认和执行的，只能按互惠原则办理。当我国有管辖权的人民法院在接到一方当事人的申请后，应对申请承认及执行的仲裁裁决进行审查，如果认为不具有《纽约公约》第5条第1款、第2款①所列的情形或不违反《民事诉讼法》的有关规定，应当裁定承认其效力，并且依照《民事诉讼法》规定的程序执行；如果认定具有《纽约公约》第5条第2款所列的情形之一的，或者根据被执行人提供的证据证明具有《纽约公约》第5条第1款所列的情形之一的，应当裁定驳回申请，拒绝承认及执行。如果当事人向有管辖权的人民法院申请承认和执行国外仲裁机构作出的发生法律效力的裁决，但该仲裁机构所在国与我国既没有缔结或参加有关国际条约，又没有互惠关系，则当事人可以仲裁裁决为依据向人民法院起诉，由有管辖权的人民法院作出判决，予以执行。

四、涉外仲裁裁决承认和执行中的公共秩序

（一）涉外仲裁②裁决承认和执行中的公共秩序之界定

所谓涉外仲裁裁决承认和执行中的公共秩序，又称公共政策，③是指当承认及执行仲裁裁决将与承认及执行地国的重大利益、基本政策、基本道德观念或法律的基本原则相抵触而拒绝承认和执行该裁决的一种制度。④

可见，公共秩序在涉外仲裁裁决承认和执行中是作为拒绝承认和执行外国仲裁裁决的理由而适用，而且它是在承认和执行外国仲裁裁决时与承认及执行地国的重大利益、基本政策、基本道德观念或法律的基本原则相违背时才予以适用，并非在外国仲裁裁决所适用的法律本身与承认及执行地国的重大利益、基本政策、基本道德观念或法律的基本原则不一致时予以适用，亦即在国际商事仲裁裁决承认和执行中适用公共秩序是依客观标准

---

① 《纽约公约》第5条第1款规定："被请求承认或执行裁决的主管机关只有在作为裁决执行对象的当事人提出有关下列情况的证明的时候，才可以根据该当事人的请求，拒绝承认和执行该项裁决：（1）第二条所称协议之当事人依对其适用之法律有某种无行为能力情形者，或该项协议依当事人作为协议准据之法律系属无效，或未指明何法律为准时，依裁决地所在国法律系属无效者；（2）受裁决援用之一方当事人未曾给予指定仲裁员或仲裁程序之适当通知，或因他故，致未能申辩者；（3）裁决所处理之争议非为交付仲裁之标的或不在其条款之列，或裁决载有关于交付仲裁范围以外事项之决定者，但交付仲裁事项之决定可与未交付仲裁之事项划分时，裁决中关于交付仲裁事项之决定部分得予承认及执行；（4）仲裁机关之组成或仲裁程序与各当事人间之协议不符，或无协议而与仲裁地所在国法律不符者；（5）裁决对各当事人尚无拘束力，或业经裁决地所在国或裁决所依据法律之国家之主管机关撤销或停止执行者。"第2款规定："倘申请承认及执行地所在国之主管机关认定有下列情形之一，亦得拒绝承认及执行仲裁裁决：（1）依该国法律，争议事项系不能以仲裁解决者；（2）承认或执行裁决有违该国公共政策者。"

② 涉外仲裁是从一国角度来说的，如从国际层面来看，就是国际商事仲裁，因此涉外仲裁裁决承认和执行中的公共秩序从国际层面来看，就是国际商事仲裁裁决承认和执行中的公共秩序。

③ 《纽约公约》对公共秩序和公共政策未作区分，因为《纽约公约》的中文本使用"公共政策"一词，英文本使用Public policy，法文本使用Ordre public，西班牙文本采纳Orden pulico一词，而根据《纽约公约》第16条，中文、英文、法文、西班牙文以及俄文各本同一作准，所以，本节对两者也不作区分。参见赵健著：《国际商事仲裁的司法监督》，法律出版社2000年版，第192页注释142。

④ 赵健著：《国际商事仲裁的司法监督》，法律出版社2000年版，第192页。

而非主观标准。① 因为，相比主观标准，客观标准具有其合理性，并且为一些法院在具体案件中所采纳。② 同时，各国对涉外仲裁裁决承认和执行的公共秩序一般作狭义解释。例如，德国法规定，如果承认裁决的结果将明显违背德国法的基本原则，特别是承认不符合基本法时，可拒绝执行。德国法院在大多数判决中已确认，在涉及外国仲裁裁决案中，违反德国法强行规定并不必然就构成违反公共秩序，"只有极端情节"才认为是违反了公共秩序。③ 再如，英国法律对仲裁裁决的可执行性规定有三个条件：（1）送达依仲裁准据法是有效和有约束力的；（2）仲裁裁决必须是终局的；（3）没有压倒性地违反公共秩序。其中第三个条件特别针对外国仲裁裁决的承认和执行。④ 而且，有关国际公约对公共秩序也是做限制性解释和适用的。例如，1979 年《蒙得维的亚美洲国家间外国司法判决和仲裁裁决域外有效性公约》中规定，对外国仲裁裁决拒绝的理由是"明显违反本国公共秩序法律和原则"。这一规定中的"公共秩序"被解释为本国法律体系的"根本原则"。⑤

（二）涉外仲裁裁决承认和执行中的公共秩序之性质⑥

所谓涉外仲裁承认和执行中的公共秩序性质问题，是指涉外仲裁裁决承认和执行中的公共秩序是属于国内法范畴亦或属于国际法部分，是仲裁裁决作出时的公共秩序亦或是仲裁裁决承认和执行时的公共秩序，是国内公共秩序亦或是国际公共秩序，是一个主要条款亦或是一个残留条款。这个问题直接关系涉外仲裁裁决承认和执行中公共秩序的准确适用。

1. 涉外仲裁裁决承认和执行中的公共秩序属于国内法范畴亦或国际法部分

对于涉外仲裁裁决承认和执行中的公共秩序到底是国内法还是国际法的问题，国内外学者都有不同的观点。⑦ 国内有的学者认为：《纽约公约》第 5 条规定的公共秩序是"该国公共秩序"，即仲裁裁决寻求承认和执行地国家的公共秩序，而非国际统一的公共秩序。因此，可以认为，《纽约公约》的起草者并不试图建立国际统一标准，《纽约公约》允许缔约国将公共秩序用于保护各自国家的利益，而不是国际公共利益。所以，无论如何，国际仲裁中"公共秩序"的基本性质是国内法，而不是国际法。⑧ 还有一些学者对此持相同意见，

---

① 客观标准是指执行国法院不能以外国裁决所适用法律与本国公共政策的不一致为由拒绝执行裁决，只有在承认和执行裁决会导致危害执行国利益的实质性后果的情况下。才能运用"公共政策"拒绝执行；主观标准是指当仲裁准据法本身规定违反裁决地国善良风俗原则时，执行地法院就可以公共政策为由，拒绝承认和执行裁决。参见陈治东、沈伟：《国际商事仲裁裁决承认与执行的国际化趋势》，《中国法学》1998 年第 2 期，第 118 页。

② 参见陈治东、沈伟：《国际商事仲裁裁决承认与执行的国际化趋势》，载《中国法学》1998 年第 2 期，第 118 页。

③ 韩健著：《现代国际商事仲裁法的理论与实践》（修订版），法律出版社 2000 年版，第 448 页。

④ 参见陈治东、沈伟：《国际商事仲裁裁决承认与执行的国际化趋势》，载《中国法学》1998 年第 2 期，第 118 页。

⑤ 参见张宪初：《外国商事仲裁裁决司法审查中"公共政策"理论与实践的新发展》，载《中国仲裁咨询》2005 年第 1 期，第 16 页。

⑥ 参见马德才：《〈纽约公约〉中的公共政策性质之辨》，载《法学杂志》2010 年第 4 期；马德才著：《国际私法中的公共秩序研究》，法律出版社 2010 年版，第 199 - 205 页。

⑦ 涉外仲裁裁决承认和执行中的公共秩序问题，国内外学者都是以《纽约公约》为视角来研究的，因为涉外仲裁中研究公共秩序防御作用最重要的法律来源是《纽约公约》，所以本书也以《纽约公约》为视角来研究涉外仲裁裁决承认和执行中的公共秩序。

⑧ 参见张利民：《国际仲裁裁决执行的公共政策》，载中国国际私法学会 2005 年年会论文集。

也认为《纽约公约》中的公共秩序的基本性质是国内法而不是国际法。① 与此相对的是，也有一些学者对此持相反态度。例如，有的学者认为："一般认为公共秩序应限于自然公平为各国普遍接受的基本法律原则，也即国际性的公共秩序，而非执行地国的内外政策。"②亦即认为《纽约公约》中的公共秩序属于国际法范畴。在国外，同样存在着上述两种相互对立的观点，即一部分学者认为《纽约公约》中的公共秩序属国内法范畴，另一部分学者则认为其属国际法范畴。前者例如，有学者认为"国际公共秩序"一词里的"国际"名不副实，因为它基本上还是国内公共秩序的一部分，只不过存在于涉外民商事案件中罢了。③ 也就是说，《纽约公约》中的公共秩序仍然属于国内法范畴。后者例如，有学者认为，考虑到《纽约公约》第5条第2款的立法背景，公约所指的是"国际公共秩序"，而不是与其相区别的"国内公共秩序。"④国外还有学者认为：《纽约公约》框架下的国际公共秩序指的是"在国际社会这一层次上，也存在着反映整个国际商业社会普遍愿望、利益和基本价值观念的公共秩序。这种公共秩序是由自然法的根本原则、'普遍的正义'原则、国际公法中的强行法规定和文明国家所接受的一般道德与公共政秩序原则所组成。"⑤

对此，持《纽约公约》中的公共秩序亦即涉外仲裁裁决承认和执行中的公共秩序属于国内法的范畴的观点较为可取。这是因为，一方面，从《纽约公约》使用的措辞看，它所规定的公共秩序是"该国的公共秩序"（the public Policy of that country）而非"国际公共秩序"；另一方面，从《纽约公约》的目的来看，它规定公共秩序的目的在于保护裁决执行地国的重大利益、基本政策、法律的基本原则、道德的基本观念等，而非维护整个国际社会的共同利益。再次，公共秩序概念与地点功能相关是显而易见的。一国认为对其立法与社会信仰来说所必不可少的原则可能不同于他国所认为的必不可少的原则，甚至与之相抵触。如果所有国家信奉同样的原则是最重要的话，国家将没有什么显著的原因来拒绝执行他国的正当的法律或法案。公共秩序概念本质上是国家现象，在每个国家中其被灌输着特别的内涵。⑥ 不过，《纽约公约》中的公共秩序应区别于纯粹的国内公共秩序，亦即如果外国仲裁裁决仅仅违背裁决执行地国国内仲裁事项的公共秩序，该国就不能以《纽约公约》中的公共秩序条款为由拒绝承认和执行该外国仲裁裁决。例如，根据美国国内公共秩序，某些争议若属国内争议，不能通过仲裁方式解决，但若属国际争议，就不受美国国内公共秩序的约束而可以诉诸仲裁，仲裁裁决在美国不会因可仲裁性问题被拒绝承认和执行⑦。

① 参见张宪初：《外国商事仲裁裁决司法审查中"公共政策"理论与实践的新发展》，载《中国仲裁咨询》2005年第1期，第17页。

② 乔欣主编：《比较商事仲裁》，法律出版社2004年版，第370页。

③ See Lalive，Transnational（or Truly International）Public Policy and International Arbitration，ICCA Congress Series No. 3，Kluwer Law and Taxation Publishers，258(1986).

④ See Van den Berg，，The New York Arbitration Convention of 1958：Toward a Uniform Judicial Interpretation，Kluwer Law and Taxation Publishers，360－361 (1981).

⑤ See J. Lew，Applicable Law in International Commercial Arbitration E，Oceana Publications，534(1978).转引自朱克鹏著：《国际商事仲裁的法律适用》，法律出版社1999年版，第318页。

⑥ See Javier Garcfa de Enterria：The Role of Public Policy in International Commercial Arbitration，21 Law &.Pol'y Int'l Bus. 401 (1989—1990).

⑦ 参见陈治东、沈伟：《国际商事仲裁裁决承认与执行的国际化趋势》，载《中国法学》1998年第2期。

这是因为,《纽约公约》中的公共秩序是涉外仲裁中的公共秩序,而在涉外仲裁中,适用的公共秩序理由与国内案件中的国内公共秩序是不同的。这正如同国际私法上的公共秩序与国内民法上的公共秩序有所不同一样,即许多在处理纯国内民法关系作为强行法的事项,在处理涉外民商事关系时就不一定是强制性的,亦即在实践中,应注意将国内民法上的公共秩序与国际私法上的公共秩序加以区别。[①] 因而,《纽约公约》中的公共秩序亦即涉外仲裁裁决承认和执行中的公共秩序就类似于国际私法上的公共秩序,只适用于涉外仲裁裁决的承认与执行而不适用于一国国内仲裁裁决的承认与执行,即通常所说的涉外仲裁中的"国际公共秩序"。[②] 而这被大多数国家的立法和司法实践所接受。[③]

2. 涉外仲裁裁决承认和执行中的公共秩序是仲裁裁决作出时的公共秩序亦或是仲裁裁决承认和执行时的公共秩序

公共秩序的概念具有相对性,其表现之一是它具有时间功能,即正像一国法律不断演变那样,国家公共秩序的概念也非一成不变,而是不断地演变的,此时是公共秩序的彼时不一定是公共秩序,或者此时不是公共秩序的彼时却有可能是公共秩序。[④] 例如,在1925年仲裁法案[⑤]采用之前,美国法院普遍认同公共秩序禁止仲裁协议特定性能,[⑥]但是,如今美国法院在命令双方当事人遵守它们的仲裁合约时,却引用"自由联邦政策支持仲裁协议"。[⑦]

由是观之,《纽约公约》中的公共秩序亦即涉外仲裁裁决承认和执行中的公共秩序不是仲裁裁决作出时的公共秩序,而是仲裁裁决承认和执行时的公共秩序。基于公共秩序概念的时间功能,在仲裁裁决作出时的违反公共秩序事由在仲裁裁决承认和执行时可能不再存在,因而,仲裁裁决承认和执行地国法院只需考虑承认和执行仲裁裁决当时的该国公共秩序。

3. 涉外仲裁裁决承认和执行中的公共秩序是国内公共秩序亦或是国际公共秩序

一般认为,公共秩序分为两类:国内公共秩序和国际公共秩序。[⑧] 区分国内公共秩序和国际公共秩序的原因在于国内公共秩序主要是根据国内的情况确定的。而国际案件或者涉外案件有其特点,若将国内公共秩序完全机械照搬于国际案件或涉外案件,难免带来不公平和不合理的后果;同时,国际案件或涉外案件,因对其本国利益不如国内案件影响大,关系也不比后者紧密,法院地国也没有施以过于苛刻限制的必要。[⑨] 即在国内案件中

---

① 黄进主编:《国际私法》(第二版),法律出版社2005年版,第217页。

② 参见朱克鹏著:《国际商事仲裁的法律适用》,法律出版社1999年版,第315-318页。

③ 参见赵健著:《国际商事仲裁的司法监督》,法律出版社2000年版,第200-203页;江保国:《国际商事仲裁中的国际公共政策的识别和适用》,载《仲裁研究》第十五辑,第92页。

④ 参见马德才著:《国际私法中的公共秩序研究》,法律出版社2010年版,第57页。

⑤ 9V. S. C. §4(1927&Supp. 1990).

⑥ Bulk Carriers Corp. v. Kasmu Laeva Omanikud, 43 F. Supp. 761 (S. P. N. Y. 1942).

⑦ Moses,H. Cone Memorial Hospital v. Mercary Constraction Corp. , 461 V. S. 1, 24 (1983). The Policy of favoring arbitration "applies with special force in the field of International commerce ". Mitsubishi, 473 U. S. at 631.

⑧ 除此之外,有学者还提出第三类公共秩序即"跨国公共秩序"。参见宋航著:《国际商事仲裁裁决的承认与执行》,法律出版社2000年版,第172-174页;江保国:《国际商事仲裁中的国际公共政策的识别与适用》,《仲裁研究》第十五辑,第91页;赵健著:《国际商事仲裁的司法监督》,法律出版社2000年版,第194-195页。

⑨ 赵健著:《国际商事仲裁的司法监督》,法律出版社2000年版,第194页。

属于公共秩序的事项并不一定在国际案件中也可归之于公共秩序的范畴。同样地,在涉外仲裁中的公共秩序一般也区分为国内公共秩序和国际公共秩序。而且,关于国内公共秩序与国际公共秩序的区分,在理论上得到了大多数国家学者的赞同,并且得到了有关立法和众多的司法判例和仲裁判例的支持。

在立法方面,例如法国 1981 年《民事诉讼法典》第 1502 条规定,承认及执行违反国际公共政策的,可拒绝承认和执行裁决。该法第 1498 条则从另一个角度规定:"如果援引仲裁裁决的当事人证明它存在并且承认裁决不明显违反国际公共政策,仲裁裁决应予承认。"葡萄牙、阿尔及利亚、黎巴嫩等国在其承认和执行仲裁裁决的立法中也明确使用了"国际公共秩序"这一措辞。1958 年《纽约公约》的立法史表明,公约中所说的公共秩序也是作为国际公共秩序来看待的。因为,1927 年《日内瓦公约》[①]曾规定,仲裁裁决的承认或执行对请求承认或者履行该裁决当地所属国家的公共秩序或法律原则并不抵触;1955 年联合国经社理事会起草的公约草案文本中则规定"明显不符合公共秩序或基本原则"作为拒绝承认和执行裁决的理由。考虑对以上规定不必给予宽泛的解释,第三工作组提议这条理由仅限于公共政策,而删除了"一国法律的基本原则"等词句,这一限制最终为纽约会议所接受。因此,从这一立法旨意来看,《纽约公约》是在国际公共秩序的意义范围内使用这一概念的。[②] 国际法协会下属的国际商事仲裁委员会 2002 年《关于公共秩序作为拒绝执行国际商事仲裁裁决的工具的最终报告》也建议使用"国际公共秩序"的标准。其建议 1(b)规定:"只有在国际仲裁裁决的承认和执行违反国际公共秩序时,才能认为存在此种例外情况。"[③]

在司法判例方面,美国最高法院在著名的"谢尔科诉阿尔贝托—科尔弗公司"一案中,清楚地表明了支持区分国内公共秩序与国际公共秩序的立场。在该案中,美国最高法院认为,尽管争议属证券交易争议,如果所涉合同是纯国内性质的,争议就不能提交仲裁;但如果所涉合同是国际性质的,产生此类交易的争议,即可提交仲裁。[④] 除英美和欧洲大陆国家的普遍实践外,墨西哥等拉美国家在审理案件过程中也吸收了国际公共秩序的概念,并有相应的司法实践。[⑤]

在仲裁判例方面,最典型的莫过于"帕森斯案"。该案产生于美国帕森斯公司从埃及撤回工作人员所产生的争议。由于阿拉伯国家与以色列之间爆发战争,美国政府与埃及之间的外交关系也因此恶化,这一局势遂造成了帕森斯公司提前撤回人员。帕森斯公司为推卸责任,要求适用合同中的不可抗力条款,遭到埃及公司的拒绝,埃及公司并将此争议提交仲裁。仲裁庭作出了一份埃及公司胜诉的裁决,要求帕森斯公司赔偿埃及公司的损失。而帕森斯公司认为在美国与埃及两国关系恶化时候,放弃在埃及的工程项目是帕森斯公司作为美国国民的一项义务,执行一份由于其遵守美国政府的政策而导致其败诉的仲裁裁决将违反美国的公共政策。于是,帕森斯公司试图在美国法院寻求一份宣告性

---

① 该公约的全称是《关于执行外国仲裁裁决的公约》,因 1927 年 9 月 26 日签订于日内瓦而得名。
② 参见宋航著:《国际商事仲裁裁决的承认与执行》,法律出版社 2000 年版,第 174 页。
③ 朱伟东:《国际商事仲裁裁决承认和执行中的公共政策问题》,载《河北法学》2007 年第 5 期,第 133 页。
④ 参见朱克鹏著:《国际商事仲裁的法律适用》,法律出版社 1999 年版,第 316－317 页。
⑤ 参见韩健著:《现代国际商事仲裁法的理论与实践》(修订版),法律出版社 2000 年版,第 445－450 页。

判决以阻止埃及公司执行仲裁裁决,但遭到法院拒绝。法院认为,我们主张对《纽约公约》的公共秩序应予以严格解释,"只有在外国仲裁裁决的执行将违反法院地国最基本的道义和公正概念"的情况下,法院才可以拒绝执行。① 此外,法院还特别指出,帕森斯公司错误地将"国内政策"与"公共秩序"等同起来,如果把公共秩序抗辩作为保护国内政策的实际工具,将严重损害公约的功用,从而把一个仅在狭窄范围内使用的抗辩变成公约执行制度的主要漏洞。②

综上所述,涉外仲裁裁决承认和执行中的公共秩序是国际公共秩序而非国内公共秩序。

4. 涉外仲裁裁决承认和执行中的公共秩序条款是一个主要条款亦或是一个残留条款

关于拒绝承认与执行外国仲裁裁决的事由问题,《纽约公约》第 5 条对此作了明确的规定。该条共包括两款,第 2 款之规定前已述及,公共秩序事由包括其中;其第 1 款规定,被请求承认或执行裁决的主管机关只有在作为裁决执行对象的当事人提出有关下列情况的证明的时候,才可以根据该当事人的请求,拒绝承认和执行该项裁决:(1) 第 2 条所述的协议的双方当事人,根据对他们适用的法律,当时是处于某种无行为能力的情况之下;或者根据双方当事人选定适用的法律,或在没有这种选定的时候,根据作出裁决的国家的法律,上述协议是无效的;或者(2) 对作为裁决执行对象的当事人,未曾给定仲裁员或者进行仲裁程序的适当通知,或者作为裁决执行对象的当事人由于其他情况未能提出申辩;或者(3) 裁决涉及仲裁协议所未曾提到的,或者不包括在仲裁协议规定之内的争执;或者裁决内含有对仲裁协议范围以外事项的决定;但是,对于仲裁协议范围以内的事项的决定,如果可以和对于仲裁协议范围以外的事项的决定分开,则该部分的决定仍然可予以承认和执行;或者(4) 仲裁庭的组成或仲裁程序与当事人的协议不符,或者当事人之间未定此种协议时,又与进行仲裁的国家的法律不符;或者(5) 裁决对当事人尚未发生约束力,或者裁决已经由作出裁决的国家或裁决所依据法律的国家的主管机关撤销或停止执行。

显然,《纽约公约》第 5 条的两个条款分别列举的拒绝承认和执行外国仲裁裁决的事由是独立的,即缔约国可援引该条两个条款中的任一事由作为拒绝承认和执行的理由,所不同的是法院援引第 1 款规定的事由时需要经过当事人的申请,而法院援引第 2 款规定的事由时不需要经过当事人的申请,可以主动予以决定。同时,《纽约公约》第 5 条第 1 款列举的是拒绝承认和执行外国仲裁裁决的具体原因,而且法院只有在不存在这些具体原因的情况下才可以援引该条第 2 款中的公共秩序事由,亦即公共秩序防御措施之实际目的是作为残留条款服务于那些不能采取独立防御措施的案件。正如有学者认为,在承认与执行方面,对于法院而言,公共秩序是法院的一条"兜底防线",可以补充公约规定的"穷尽性"事由之不足,具体而言,如果法院认为仲裁裁决存在着公约未规定的其他缺陷而应该不予承认和执行,就可以适用公共秩序予以拒绝。③ 也有学者认为在此的公共秩序起

---

① 参见周成新:《美国法院适用 1958 年〈纽约公约〉公共政策抗辩条款的实践》,载《法学评论》1992 年第 5 期,第 45 页。

② 朱克鹏著:《国际商事仲裁的法律适用》,法律出版社 1999 年版,第 317 页。

③ 杜新丽:《论外国仲裁裁决在我国的承认与执行》,载《比较法研究》2005 年第 4 期,第 105 页。

着一种剩余条款的作用。① 所以,我们认为,《纽约公约》中的公共秩序条款亦即涉外仲裁裁决承认和执行中的公共秩序条款是一个残留条款而非主要条款。

(三)涉外仲裁裁决承认和执行中公共秩序的考量因素②

虽然《纽约公约》第 5 条第 2 款(b)项确立了公共秩序例外制度,但却没有阐释其缔约国适用时的可考量因素,因而,在具体案件中如何适用,完全由缔约国法院自由裁量,这样极有可能导致公共秩序条款的滥用,从而导致与《纽约公约》支持承认与执行外国仲裁裁决的自由政策背道而驰,进而影响涉外仲裁的发展。有鉴于此,亟须对《纽约公约》中公共秩序适用时的可考量因素问题亦即涉外仲裁裁决承认和执行中公共秩序的适用范围问题加以分析。

1. 适用公共秩序通常应考虑的因素

《纽约公约》中公共秩序条款渊源于《日内瓦公约》。③ 后者第 1 条第 5 款对公共秩序做了规定,即仲裁裁决只有在不违反承认与执行地国的公共秩序或法律原则时,该国法院才予以承认和执行。可见,《纽约公约》对《日内瓦公约》中的公共秩序条款作了修改,即《纽约公约》中公共秩序条款删去了《日内瓦公约》中公共秩序条款的"法律原则",而《日内瓦公约》中"国家法律原则"概念似乎比《纽约公约》中仅涉及"公共秩序"的条款预想到更广泛的应用,④所以《纽约公约》中公共秩序例外的适用范围就比《日内瓦公约》中公共秩序例外的适用范围要窄一些。⑤ 这就是说,在适用《纽约公约》中的公共秩序例外时,通常只应考虑"公共秩序"概念本身因素,而非考虑仲裁裁决执行地国的"法律原则"。亦即外国仲裁裁决可能会违背被要求给予承认或执行的国家之"法律原则",但是仍然符合该国公共秩序规则,那么该国可能不会以"公共秩序"条款为由拒绝承认和执行该裁决,相反却可能会对之加以承认和执行。而且在考虑"公共秩序"概念本身因素时,大多数国家立法和司法实践接受的是"国际公共秩序"概念。

从《纽约公约》第 5 条第 2 款(b)项规定来看,《纽约公约》中的公共秩序条款仅仅涉及被要求给予承认与执行的国家中公共秩序例外的适用,该例外也可能被缔约双方当事人所属国所运用。也就是说,一方当事人不顾仲裁协议的存在在本国开始诉讼程序,法院便能够对争议行使管辖权,并发现违背公共秩序能够作为废除仲裁协议的基础。虽然《纽约公约》第 5 条第 2 款(b)项并没有明确给予这一权利,但是被缔约国法院授权适用公共秩序例外(即使这些国家没有被要求给予执行)可能隐含在该公约的其他条款中。⑥ 例如,

---

① 赵健著:《国际商事仲裁的司法监督》,法律出版社 2000 年版,第 198 页。

② 参见马德才等:《〈纽约公约〉中的公共政策三题》,载《河北法学》2009 年第 7 期,第 13 页;马德才著:《国际私法中的公共秩序研究》,法律出版社 2010 年版,第 205 - 207 页。

③ 该公约的全称是《关于执行外国仲裁裁决的公约》,因 1927 年 9 月 26 日签订于日内瓦而被称之为《日内瓦公约》。

④ See Javier Garcfa de Enterria: The Role of Public Policy in International Commercial Arbitration, 21 Law &·Pol'y Int'l Bus. 406 (1989—1990).

⑤ See Javier Garcfa de Enterria: The Role of Public Policy in International Commercial Arbitration, 21 Law &·Pol'y Int'l Bus. 406 (1989—1990).

⑥ See Javier Garcfa de Enterria: The Role of Public Policy in International Commercial Arbitration, 21 Law &·Pol'y Int'l Bus. 404 (1989—1990).

《纽约公约》第 2 条第 3 款就牵涉到这样一种可能性,即声称缔约国法院有权宣告仲裁协议无效,亦即不可实行。①

2. 适用公共秩序应考虑法院地国与潜在交易的关系

在冲突法背景下,公共秩序应用的基本原理是清楚的。法院地国较少关心潜在交易中缺乏直接利益或目的的外国法律或法案的影响。诚然,当法院地法在此关系中并不存在利害关系或存在微弱的关系。所牵涉到的公共秩序原则的重要性越大,在潜在交易与法院地国关系中法院将给予越少的重视。换句话说,一些公共秩序原则被认为是如此的重要,以至于在潜在交易与法院地法之间不存在任何的关联性时法院仍将运用该原则。②

认为公共秩序可能仅适用在法院地国与潜在交易有重大关联的案件中,这一观念也应被扩大到涉外仲裁领域。③ 但是,在这一环境背景下,适用公共秩序例外,执行地国法院必须首先决定什么样的关系是重要的,足以使得例外的适用具有正当理由。作出这一决定须考虑以下三个基本原则:④

首先,事实上,一国被选择作为仲裁地,普遍都不会认为是有足够或有效的连接基于公共秩序理由驳回仲裁裁决的一种方式。它是涉外仲裁中一条普遍的原则,双方当事人可以自由协商仲裁地。双方当事人为了获得中立的仲裁程序,他们经常会选择中立的法院即与双方当事人及潜在交易没有关联的法院,双方当事人通常不会关注仲裁地国家公共秩序规则的作用及范围。因此,对于因公共秩序理由拒绝承认或执行仲裁裁决的国家来说是不公平的,双方当事人选择该国作为仲裁地仅仅是由于其中立性或与双方当事人或争议无关联。

其次,一国法律被用来作出仲裁裁决的事实,一般不会认为是基于公共秩序理由驳回仲裁裁决的一个充足或有效的关联。在涉外仲裁案件中,双方当事人在改变程序的、实体的规则上享有很大的自主性(这些规则是用来治理涉外仲裁的),他们一般不会选择以公共秩序规则为基础的国家。恰恰相反,他们都会同意把争议提交到能够最快地帮助解决争议的国家法律中。当然,如果双方当事人指定应适用某一国法律(由于该国法律与潜在交易有特殊关系)或如果仲裁员按同样的标准选择可适用的法律,那么法院在判决中适用公共秩序可能被证明是有道理的。但是,人们普遍认为,仅仅选择一国法律来解决争议并不只是允许国家用公共秩序规则作一次彻底的检查。

再次,为了运用公共秩序例外,一个被要求承认或执行外国仲裁裁决的国家能基于关联原因作出令人信服的判决。当然,《纽约公约》中有明确授权该国应用公共秩序例外。但是,即使不是这类案件,也能够在交易与执行地国之间找到显著的关联之处。通常,如

---

① 《纽约公约》第 2 条第 3 款规定:"如果缔约国的法院受理一个案件,而就这个案件所涉及的事项,当事人已经达成本条意义内的协议时,除非该法院查明该项协议是无效的、未生效的或不可能实行的,应该依一方当事人的请求,命令当事人把案件提交仲裁。"

② Lalive, Transnational (or Truly International) Public Policy and International Arbitration, inComparative Practice and Public Policy in Arbitration, Kluwer Law and Taxation Publishers, 260 - 261 (P. Sanders ed. ,1986).

③ See Smedresman, Conflict of Laws in International Commercial Arbitration: A Survey of Recent Developments, 7 Cal. W. Int'l L. J. 263, 342(1977).

④ See Javier Garcfa de Enterria: The Role Public Policy in International Commercial Arbitration, 21 Law & Pol'y Int'l Bus. 408 - 410 (1989—1990).

果被要求执行的国家中被申请人拥有大多数的资产或者公司是按照交易所在地原则而要求给予执行的话,申请人不可能在被申请人没有财产的法院地国要求执行仲裁裁决。财产的出现给国家及潜在的交易之间提供了一个重大的联结点。甚至在被要求给予执行裁决国家的案件中(该国与案件的争议之间没有太大的关系),国家在仲裁开始实施时应该能够查明仲裁裁决是否与其本国立法体系/司法制度的基本原则相一致。

(四) 公共秩序与拒绝承认和执行外国仲裁裁决其他抗辩事由之间的关系①

《纽约公约》第 5 条列举了除公共秩序之间的其他拒绝承认与执行外国仲裁裁决的 6 个方面的原因,公共秩序与其中的"不可仲裁事项"、"法定诉讼程序条款"以及"明显的漠视法律"等原因有一定的联系。而与其他理由相关的公共秩序常被用来驳回仲裁裁决,那是因为法院很可能轻易地宣布:如果使仲裁裁决生效,以避免因他人所不希望的原因而承认或执行这一仲裁裁决,这将会违背法院地国的一些基本公共秩序原则。② 因此,考察与拒绝承认或执行外国仲裁裁决的其他保护性措施有关的公共秩序例外是很重要的。

1. 公共秩序与不可仲裁事项

《纽约公约》第 5 条第 2 款列举了两种拒绝承认或执行外国仲裁裁决的理由,即不可仲裁事项与公共秩序例外。普遍的观点认为,前一条理由中关于争议事项的可仲裁性,实际上构成了公共秩序一般概念的一部分。③ 正如有的学者将争议事项的可仲裁性定义为"可以在各国公共秩序所允许的范围内通过仲裁解决的争议的界限"。④ 因而表明一国立法者决定争议事项可仲裁性问题,多是基于本国公共利益和政策的衡量,从而在可仲裁与不可仲裁的争议事项之间划出一条明确的界限。⑤ 亦即争议事项可仲裁性的概念,实际上是对仲裁范围施以的一种公共秩序限制。每一个国家都可以出于本国公共秩序的考虑,决定哪些问题可以通过仲裁解决,哪些问题不可以通过仲裁解决。即使对仲裁持支持和赞成态度的一些国家,其法律也对仲裁范围作了一些限制。⑥ 可见,两者存在着较为密切的关系。然而,两者在本质上却属于不同事由。不可仲裁事项涉及的是仲裁协议或仲裁过程的合法性,它禁止某项特定争议通过仲裁方式加以解决;而公共秩序则意味着排斥与法律相抵触的仲裁协议或仲裁裁决,是从宏观上禁止对违反特定国家利益的纠纷加以解决,多数情况下,一方当事人主张争议不具有可仲裁性时,是在仲裁程序启动以前提出的;而一当事方在以违反公共秩序为由,请求拒绝承认与执行某项仲裁裁决时,则是在仲

---

① 参见马德才等:《〈纽约公约〉中的公共政策三题》,载《河北法学》2009 年第 7 期,第 13 - 14 页;马德才著:《国际私法中的公共秩序研究》,法律出版社 2010 年版,第 207 - 211 页。

② See Javier Garcfa de Enterria, The Role of Public Policy in International Commercial Arbitration, 21 Law & Pol'y Int'l Bus. 410(1989—1990).

③ 韩健著:《现代国际商事仲裁法的理论与实践》(修订版),法律出版社 2000 年版,第 443 页。

④ Alan kedfern & Martin Hunter, Law and Practice of International Commercial Arbitration, Sweet & Maxwell, 137(2rd ed. 1991). 转引自赵秀文著:《国际商事仲裁及其适用法律研究》,北京大学出版 2002 年版,第 56 页。

⑤ 朱克鹏著:《国际商事仲裁的法律适用》,法律出版社 1999 年版,第 39 页。

⑥ 韩健著:《现代国际商事仲裁法的理论与实践》(修订版),法律出版社 2000 年版,第 80 页。

裁裁决作出之后。①

　　在有些国家如美国,执行涉外仲裁裁决会或可能因公共秩序理由遭到拒绝的情形及那些被认为是不可仲裁的案件,对这两种情形没有进行区分。② 但是,问题在于需查明国内哪一些限制仲裁的措施能够成为法院地国国际公共秩序的一部分以及扩展至涉外仲裁上。换句话说,从国内立场来看,当所有限制案件可仲裁性的规则是不必履行的时候,仅有其中一些将构成国家公共秩序的一部分,因此也只有这些才能被应用在涉外仲裁中。③

　　此外,面临有关仲裁合法性或执行的问题,法院在一些案件中宣布涉外仲裁中的争议事项没有依赖公共秩序而具有不可仲裁性。④ 美国最高法院在 Scherk v. Alberto Culver Co. 案⑤与 Mitsubishi Motors Corp. v. Soler Chrysler Plymouth, Inc. 案⑥中,作出判决承认国际公共秩序的存在,但也说明了争议事项的可仲裁性问题可独立于公共秩序。在这两个案件中,法院强调国内不可仲裁性的概念不能机械地用于涉外仲裁。

　　2. 公共秩序与法定诉讼程序条款

　　《纽约公约》第5条第1款(b)项规定,承认与执行外国仲裁裁决可能会被拒绝,当"对作为裁决执行对象的当事人,未曾给予指定仲裁员或者进行仲裁程序的适当通知,或者作为裁决执行对象的当事人由于其他情况未能提出申辩"。该规定经常涉及"法定诉讼程序"条款,体现了程序公平的基本要求,程序公平在仲裁程序是必须被重视的。⑦

　　在具有不可仲裁性的案件中,难以区分基于法定诉讼程序理由执行可能会或应该被拒绝的情形与基于公共秩序理由可能会或应当被拒绝的情形。公共秩序包括一个程序方面,目的是为了维护国内程序上的规则性的概念。⑧ 因此,一国法院将运用公共秩序来决定仲裁程序是否违背了国内公平公正的标准及如何违背其标准的。实际上,"许多案件已表明公共秩序防御通常是比较重要的,除被宣告缺乏法定诉讼程序的案件以外。"⑨

　　但是,公共秩序例外在程序不公平的案件中的运用应当被限制在《纽约公约》"法定诉讼程序"条款的案件之外。的确,公约中所包含的这一条款能够被理解成试图分离公共秩序领域中相对灵活的一些基本程序规则。该公约创立了一定的国际程序标准依靠国内公

---

　　① 参见张潇剑:《论国际商事仲裁中的公共政策》,载《中国国际法年刊》(2002/2003),法律出版社2003年版,第98-99页。

　　② See Javier Garcfa de Enterria: The Role of Public Policy in International Commercial Arbitration, 21 Law & Pol'y Int'l Bus. 411 (1989—1990).

　　③ See Böckstiegel, P. Sanders ed, Public Policy and Arbitrability, in International Council for Commercial Arbitration, Comparative Arbitration Practice and Public Policy in Arbitration, Kluwer Law and Taxation Publishers, 183 (No. 2,1986).

　　④ See Javier Grarcfa de Enterria, The Role of Public Policy in International Commercial Arbitration, 21 Law & Pol'y Int'l Bus. 412 (1989—1990).

　　⑤ 417 U. S. 506.

　　⑥ 473 U. S. 614.

　　⑦ Mclaughlin & Genevro, Enforcement of Arbitral Awards Under the New York Convention-Practice in U. S. Courts, 3 Int'L Tax & Bus. Law. 249, 266 (1986).

　　⑧ See J. González Soria, La Intervención Judicial en el Arbitraje. Recrsos Jurisdiccionales y Ejecución Judocoal del Laudo Arbitral, Cámeral de Comercio e Industria de Madrid, 171 (No. 97,1988).

　　⑨ See Delaume, Court Intervention in Arbitral Proceedings, in Resolving Transnational Disputes Through International Arbitration, University Press of Virginia, 222(1982).

共秩序原则能被独立运用。①

由此,法院的救济力量随两个概念的改变而改变。然而,法院可以依靠其本身的行动来引起对《纽约公约》第 5 条第 2 款(b)项的运用。只有"经求助于仲裁的另一方当事人的要求",②法院方能应用《纽约公约》第 5 条第 1 款(b)项的法定诉讼程序例外。作为一个实践上的问题,如果在仲裁程序上出现一些不正当行为的话,反对承认与执行外国仲裁裁决的一方当事人可能将维护法定诉讼程序防御措施,即《纽约公约》第 5 条第 1 款(b)项。服务于不同职责的例外会产生不同的结果,因此,他们不应被交互使用。

公共秩序在涉外仲裁程序方面应继续起作用,但仅是对那些没有被包括在公约的法定诉讼程序条款之中的案件来说的。这一程序上的公共秩序防御措施只有在严重背离国家基本的程序保护标准时才能被证明有其相应道理的,而且当确认法院地国与仲裁在程序上有丝毫的差别时便不应被运用。③

3. 公共秩序与明显的漠视法律

在 Wilko v. Swan④ 案中,美国最高法院表示没有进一步阐述"在联邦法院,与明显漠视法律相比,仲裁员对法律所出的解释并不属于对错误解释作进行的司法评论。"⑤该声明产生了一个争议,即 Wilko 案是否创立了一个新的不予执行仲裁裁决的理由即"明显的漠视法律"。按照《纽约公约》中所列举的例外的排他性,拒绝给予执行的根据是否能被用到外国仲裁裁决的问题以及拒绝执行的根据中必须加进哪些内容的问题,这两个问题都应得到解决。

被认为最重要的争论点不应当是拒绝承认或执行外国仲裁裁决的基础是否能被添加到《纽约公约》所列举的行列,而是"明显的漠视法律"是否以某种方式被并入公约的条文中。⑥ 在美国,最高法院似乎已作了肯定的回复。在 Mitsubishi Motors Corp. v. Soler Chrysler-Plymouth, Inc. 案⑦中,在宣告反托拉斯声明可能涉及国际上的仲裁后,美国最高法院表示通过运用公共秩序例外,"已允许仲裁继续进行下去,它将有机会在裁决执行阶段确保反托拉斯法执行过程中已着手考虑到合法利益。"⑧换句话说,如果裁决在其执行被认为是"明显的漠视法律"的情形下被执行的话,法院将运用公共秩序例外来纠正这种不公正。⑨

尽管"明显的漠视法律"原则在 Mitsubishi 案中被列举,但是要求执行的防御措施不可能在公共秩序条款下被成功的适用。首先,在像 Mitsubishi 的案件中,双方当事人都涉

---

① Sec Comment, The Public Policy Defense to Recognition and Enforcement of Foreign Arbitral Awards, 7 Cal. lv. Int'l L. J. 228, 231-34 (1977).

② Idem. art. V(1)(b).

③ See Javier Garcfa de Enterria: The Role Public Policy in International Commercial Arbitration, 21 Law & Pol'y Int'l Bus. 414 1989—1990.

④ 346U. S. 427 (1953).

⑤ Idem, pp. 436-437.

⑥ Idem, p. 223.

⑦ 473U. S. 614.

⑧ 473U. S. 638.

⑨ See San Martine Compaũia de Navegación v. Saguenay Terminals Led., 293F. 2d 796, 801 (9ᵗʰ cir. 1961).

及仲裁,法院经常会缺乏第二次适用公共秩序标准的机会,因为大多数仲裁裁决双方当事人都会自觉地遵守。但是,即使在那些号召法院承认或执行外国仲裁裁决的案件中,当作出的裁决没有清楚有力的辩护时,"明显的漠视法律"防御措施也不能被适用。美国实践中通常是这样做的。① 其次,法院解释"明显的漠视法律"的方法显示,只有在例外情形下其适用才有正当理由。第三,有人辩称,美国法院"当治理仲裁争议的法律是外国法时,就不应当适用'明显的漠视'的判决先例,因为在外国合法的争论点的背景下,确定'明显的漠视法律'的困难对这一非法定原因的适用可能产生不良效果。"②

附:涉外仲裁裁决承认和执行中的公共秩序实例③及其评析

1995 年 12 月 22 日,Hemofarm DD、MAG 国际贸易公司与济南永宁制药股份有限公司(以下简称永宁公司)签订《济南—海慕法姆制药有限公司合资合同》,成立济南—海慕法姆制药有限公司(以下称合资公司或合资企业)。合同第 57 条就"适用法律"约定:本合同的订立、效力、解释和履行均受中国法律管辖。合同第 58 条就"争议的解决"约定:凡因执行本合同所发生的或与本合同有关的一切争议,双方应通过友好协商解决;如果协商不能解决,应提交巴黎国际商会仲裁委员会,根据该会的仲裁程序暂行规则进行仲裁。2000 年 4 月,苏拉么媒体有限公司加入合资公司,成为公司股东。后双方当事人就履行该合同发生争议,在协商未果的情况下,2004 年 9 月 3 日,Hemofarm DD、MAG 国际贸易公司、苏拉么媒体有限公司作为共同申请人向国际商会仲裁院提起仲裁申请,永宁公司提出了反请求。对此,仲裁庭最终裁决:(1)永宁公司应负担自身的法律及其他费用;(2)永宁公司应向三申请人支付损害赔偿金 6 458 708.4 美元,诉讼费用 9 509.55 美元,法律及其他费用 1 270 472.99 美元,仲裁费用 295 000 美元;(3)从永宁公司获悉本仲裁裁决之日至付款之日裁决总金额 8 033 690.94 美元依据每年 5‰的利率计算利息;(4)申请人向永宁公司移交合资公司的公章及财务章;(5)驳回永宁公司的反请求;(6)驳回其他请求与反请求。

对于申请人 Hemofarm DD、MAG 国际贸易公司、苏拉么媒体有限公司与被申请人永宁公司之间的纠纷,国际商会仲裁院经过审理最终作出了仲裁裁决。由于被申请人没有主动履行仲裁裁决,申请人依据 1958 年《纽约公约》及我国《民事诉讼法》的相关规定,于 2007 年 9 月向济南市中级人民法院提交承认及执行仲裁裁决申请书。被申请人永宁公司提出拒绝承认和执行该仲裁裁决的申请,理由:(1)仲裁裁决的内容超出了合营合同仲裁条款约定的范围,依据《纽约公约》第 5 条第 1 款(c)项,应不予承认及执行。依据中国法律,合营合同仲裁条款的范围应当限于合营各方股东之间合资项下的争议,而不包括永宁公司与合营企业之间的争议。本案仲裁庭不顾永宁公司的反对,将永宁公司与合资

---

① See Sobel v. Hertz, Warner &Co. , 469F. 2d 1211, 1214 (2d Cir. 1972).

② Kolkey, Attacking Arbitral Awards Rights of Appeal and Review in International Arbitrations, 22 Int'l Law. 693,699(1988).

③ 参见万鄂湘主编:《涉外商事海事审判指导》2009 年第 1 辑,人民法院出版社 2009 年版,第 124 - 134 页。转引自马德才编著:《仲裁法案例研究》,世界图书出版公司 2015 年版,第 240 - 242 页。

企业的争议纳入审理范围内,仲裁裁决对我国法院已经明确裁决的永宁公司与合资公司之间的争议进行了实质性审查,作出了独立认定,并依据这种认定裁决永宁公司承担巨额赔偿,甚至裁决永宁公司赔偿申请人在中国诉讼的诉讼费。(2)仲裁裁决关于永宁公司财产保全违法的认定不仅超出仲裁协议范围,更超出了当事人本次仲裁项下提交仲裁的事项,而且永宁公司未能就此得到申辩机会,依《纽约公约》第5条第1款(b)、(c)项,应不予承认和执行。(3)仲裁裁决涉及依我国法律不可仲裁的事项,根据《纽约公约》第5条第2款(a)项,理应不予承认与执行。诉讼当事人申请财产保全的权利是由我国民事诉讼法赋予的公法权利,不可仲裁。财产保全申请是否符合法律要件的裁判权,专属于人民法院,不可仲裁。(4)承认及执行该仲裁裁决违反我国公共政策,依《纽约公约》第5条第2款(b)项,应不予承认及执行。

济南市中级人民法院受理并组成合议庭审查后,以裁决内容超出仲裁协议范围、裁决事项不可仲裁、承认和执行该裁决违反我国社会公共利益为由,拟裁定不予承认及执行,并报请山东省高级人民法院审查。山东省高级人民法院经审查同意济南市中级人民法院的意见,且请示最高人民法院予以答复。

最高人民法院经审查认为 Hemofarm DD、MAG 国际贸易公司、苏拉么媒体有限公司与济南永宁公司在《济南—海慕法姆制药有限公司合资合同》中约定的仲裁条款仅约束合资合同当事人就合资事项发生的争议,不能约束永宁公司与合资公司济南—海慕法姆制药有限公司之间的租赁合同纠纷。国际商会仲裁院在仲裁 Hemofarm DD、MAG 国际贸易公司、苏拉么媒体有限公司与永宁公司合资合同纠纷案件中,对永宁公司与合资公司济宁—海慕法姆制药有限公司之间的租赁合同纠纷进行了审理和裁决,超出了合资合同约定的仲裁协议的范围。在中国有关法院就永宁公司与合资公司济南—海慕法姆制药有限公司之间的租赁合同纠纷裁定对合资公司的财产进行保全并作出判决的情况下,国际商会仲裁院再对济南永宁公司与合资公司济南—海慕法姆制药有限公司之间的租赁合同纠纷进行审理并裁决,侵犯了中国的司法主权和中国法院的司法管辖权,违背了中国的公共秩序。依据《纽约公约》第5条第1款(c)项和第2款(b)项之规定,应拒绝承认和执行国际商会仲裁院第 13464/MS/JB/JEM 号仲裁裁决。

评析:本案是一起合资合同纠纷案。双方当事人就履行该合同发生争议,在协商未果的情况下,2004 年 9 月 3 日,Hemofarm DD、MAG 国际贸易公司、苏拉么媒体有限公司作为共同申请人以合资合同中的仲裁条款向国际商会仲裁院提起仲裁申请,永宁公司提出了反请求。国际商会仲裁院受理了该案并组建仲裁庭,且仲裁庭经过审理作出了最终裁决。由于被申请人永宁公司没有主动履行仲裁裁决,申请人遂依据1958年《纽约公约》及我国《民事诉讼法》的相关规定,于 2007 年 9 月向济南市中级人民法院提交承认及执行仲裁裁决申请书。济南市中级人民法院受理并组成合议庭审查后,以裁决内容超出仲裁协议范围、裁决事项不可仲裁、承认和执行该裁决违反我国社会公共利益为由,拟裁定不予承认及执行,并报请山东省高级人民法院审查。山东省高级人民法院经审查同意济南市中级人民法院的意见,且请示最高人民法院予以答复。最高人民法院经审查认为,国际商会仲裁院的裁决超出了合资合同约定的仲裁协议的范围及违背了中国的公共秩序,因此依据《纽约公约》第5条第1款(c)项和第2款(b)项之规定,应拒绝承认和执行国际商会仲裁院第 13464/MS/JB/JEM 号仲裁裁决。那么,人民法院拒绝承认和执行国际商会仲裁院第 13464/MS/JB/JEM 号仲裁裁决是否正确呢? 分析如下:

（一）法律依据正确

我国《民事诉讼法》第 283 条规定,国外仲裁机构的裁决,需要中华人民共和国人民法院承认和执行的,应当由当事人直接向被执行人住所地或者其财产所在地的中级人民法院申请,人民法院应当依照中华人民共和国缔结或者参加的国际条约,或者按照互惠原则办理。我国于 1986 年加入《纽约公约》,为了执行该公约,我国最高人民法院 1987 年发出的《关于执行我国加入〈承认及执行外国仲裁裁决公约〉的通知》,对适用公约作了具体规定。因此,我国法院承认和执行该公约其他缔约国境内作出的仲裁裁决的主要法律依据是 1958 年的《纽约公约》,在具体的执行方式、期限等方面,则由我国《民事诉讼法》的规定进行调整。此外,我国最高人民法院以司法解释的形式,充实了承认与执行外国仲裁裁决的法律制度体系。[①] 本案中,对国际商会仲裁院裁决的审查,无论是济南市中级人民法院、山东省高级人民法院,还是最高人民法院均依据的是《纽约公约》。所以,本案审查的法律依据是正确的。

（二）程序合法

对申请人的申请,济南市中级人民法院受理并组成合议庭审查后,以裁决内容超出仲裁协议范围、裁决事项不可仲裁、承认和执行该裁决违反我国社会公共利益为由,拟裁定不予承认及执行,并报请山东省高级人民法院审查。山东省高级人民法院经审查同意济南市中级人民法院的意见,且请示最高人民法院予以答复。最高人民法院经审查认为,国际商会仲裁院的裁决超出了合资合同约定的仲裁协议的范围及违背了中国的公共秩序,应拒绝承认和执行。这符合我国法院拒绝执行涉外仲裁裁决的报告制度,具体而言:我国法院在裁定不予执行中国涉外仲裁机构裁决和拒绝执行外国仲裁裁决时,作出此项裁定的法院必须严格依照我国《民事诉讼法》及缔结或参加的有关国际公约的规定行事,并且自 1995 年 8 月 28 日起,执行最高人民法院规定的报告制度。[②] 据此,凡一方当事人向人民法院申请执行外国仲裁机构的裁决,如果人民法院经审理后认为申请承认与执行的外国仲裁裁决不符合我国参加的国际公约的规定或者不符合互惠原则的,在裁定不予执行或者拒绝承认与执行之前,必须报请本辖区所属高级人民法院同意不予执行或者拒绝承认与执行,应将其审查意见报最高人民法院。待最高人民法院答复后,方可裁定不予执行或者拒绝承认与执行。可见,本案中,济南市中级人民法院受理并组成合议庭审查后,拟裁定不予承认及执行,并报请山东省高级人民法院审查,山东省高级人民法院经审查同意济南市中级人民法院的意见,且请示最高人民法院予以了答复,其程序合法当然毋庸置疑。

（三）理由充分

本案中,对国际商会仲裁院作出的仲裁裁决,济南市中级人民法院拟裁定不予承认及执行的理由:裁决内容超出仲裁协议范围、裁决事项不可仲裁、承认和执行该裁决违反我

---

① 马德才主编:《国际私法》,厦门大学出版社 2013 年版,第 355 - 356 页。
② 马德才主编:《国际私法》,厦门大学出版社 2013 年版,第 356 - 357 页。

国社会公共利益;山东省高级人民法院同意济南市中级人民法院的意见及理由;最高人民法院裁定拒绝承认和执行的理由为裁决超出了合资合同约定的仲裁协议的范围及违背了中国的公共秩序。上述理由看似不同,实际是相同的,因为最高人民法院将裁决事项不可仲裁并入公共秩序中。具体言之:①

1. 裁决超出了合资合同约定的仲裁协议的范围

Hemofarm DD、MAG 国际贸易公司、苏拉么媒体有限公司与济南永宁公司签订的《济南—海慕法姆制药有限公司合资合同》第 57 条就"适用法律"约定:本合同的订立、效力、解释和履行均受中国法律管辖。合同第 58 条就"争议的解决"约定:凡因执行本合同所发生的或与本合同有关的一切争议,双方应通过友好协商解决;如果协商不能解决,应提交巴黎国际商会仲裁委员会,根据该会的仲裁程序暂行规则进行仲裁。可见,该仲裁条款仅约束合资合同当事人就合资事项发生的争议,不能约束永宁公司与合资公司之间的租赁合同纠纷。因为,依据中国法,合资合同的签约主体是中外投资者,合同中的仲裁条款也仅能约束各投资主体;合资公司既不是合资合同的签约主体,也不是仲裁条款的签约主体,涉及合资公司的争议,应不受仲裁条款的约束。然而,国际商会仲裁院在仲裁 Hemofarm DD、MAG 国际贸易公司、苏拉么媒体有限公司与永宁公司合资合同纠纷案件中,对永宁公司与合资公司之间的租赁合同纠纷进行了审理和裁决,显然超出了合资合同约定的仲裁协议的范围。因此,依据《纽约公约》第 5 条第 1 款(c)项②之规定,应拒绝承认和执行国际商会仲裁院第 13464/MS/JB/JEM 号仲裁裁决。

2. 裁决违背了我国的公共秩序

在我国有关法院就永宁公司与合资公司之间的租赁合同纠纷裁定对合资公司的财产进行保全并作出判决的情况下,国际商会仲裁院再对永宁公司与合资公司之间的租赁合同纠纷进行审理并裁决,侵犯了我国的司法主权和我国法院的司法管辖权。具体包括以下方面:(1) 仲裁裁决对永宁公司向人民法院申请财产保全的合法性进行了审理和认定,侵害了人民法院对当事人财产保全申请的审查权;(2) 仲裁裁决认定永宁公司就土地租赁诉讼向人民法院起诉合资公司违反了仲裁条款,不仅否定了人民法院对诉讼管辖权异议的审查权,也直接否定了人民法院对土地租赁诉讼的管辖权;(3) 仲裁裁决对永宁公司与合资公司之间的租赁关系进行了独立审查,而依据我国法律以及人民法院已经作出的管辖异议裁定,永宁公司与合资公司之间的租赁关系纠纷应由我国法院管辖,且济南市中级人民法院已就此作出了审理;(4) 仲裁裁决永宁公司向三申请人赔偿在我国法院进行诉讼的费用,侵害了人民法院对诉讼费用负担问题的决定权。而且,本案仲裁裁决否定了人民法院生效判决、裁定的既判力,同样损害了我国的司法主权。包括以下方面:① 在永

---

① 万鄂湘主编:《涉外商事海事审判指导》2009 年第 1 辑,人民法院出版社 2009 年版,第 124 页、第 130 - 134 页。

② 《纽约公约》第 5 条第 1 款(c)项规定:"被请求承认或执行裁决的主管机关只有在作为裁决执行对象的当事人提出有关下列情况的证明的时候,才可以根据该当事人的请求,拒绝承认和执行该项裁决:……(3)裁决涉及仲裁协议所未曾提到的,或者不包括在仲裁协议规定之内的争执;或者裁决内含有对仲裁协议范围以外事项的决定;但是,对于仲裁协议范围以内的事项的决定,如果可以和对于仲裁协议范围以外的事项的决定分开,则该部分的决定仍然可以承认和执行。"

宁公司诉合资公司的第一起财产租赁诉讼中,永宁公司向人民法院提起了财产保全申请,济南市中级人民法院审查认为永宁公司的申请符合法律规定,但是仲裁裁决却认定永宁公司提起财产保全申请没有任何法律和商业上的正当性;② 人民法院依据永宁公司申请作出了财产保全裁定,而仲裁裁决却认定对我国法院在诉讼中作出的财产保全裁定的执行是造成合资公司失败直至最终停止运营的最直接、最迅速的原因,实际上否定了人民法院财产保全裁定的合法性和正当性;③ 对于永宁公司和合资公司之间的前两起财产租赁诉讼,合资公司均提出了管辖权异议,人民法院已裁定驳回了异议,仲裁庭对永宁公司是否有权向人民法院起诉合资公司又进行独立审查,尽管最终未作出与人民法院生效裁定相矛盾的认定,但是仍然挑战了人民法院生效裁定的既判力;④ 对于永宁公司与合资公司之间的土地租赁诉讼,人民法院认定永宁公司的起诉符合法律规定并立案审理,在合资公司并未提出管辖权异议的情况下,人民法院已作出了生效判决,但仲裁裁决认为永宁公司向人民法院提起土地租赁诉讼违反了仲裁条款,该争议应提交仲裁解决,否定了人民法院就土地租赁诉讼所作生效判决的既判力;⑤ 在永宁公司与合资公司之间的四起诉讼中,人民法院已就诉讼费用的负担作出了判决,仲裁裁决却裁令永宁公司赔偿三申请人有关诉讼费用,同样否定了人民法院生效判决的既判力。侵犯我国的司法主权和我国法院的司法管辖权也就意味着违背了我国的公共秩序,因此,依据《纽约公约》第 5 条第 2 款(b)项①之规定,应拒绝承认和执行国际商会仲裁院第 13464/MS/JB/JEM 号仲裁裁决。

综上,本案的法律依据正确、程序合法及理由充分,人民法院拒绝承认和执行国际商会仲裁院第 13464/MS/JB/JEM 号仲裁裁决是正确的。②

当然,值得一提的是,公共秩序在承认和执行涉外仲裁裁决中的适用是较为严格的,法院一般并不轻易援用公共秩序来拒绝承认和执行涉外仲裁裁决,其表现在:实践中,我国法院存在不支持外国仲裁裁决当事人公共秩序抗辩的诸多实例。例如,ED&F 曼氏(香港)有限公司申请承认和执行伦敦糖业协会仲裁裁决案、伊藤忠石油(香港)有限公司申请承认和执行在英国作出的仲裁裁决案、GRD Minproc 有限公司申请承认并执行瑞典斯德哥尔摩商会仲裁院仲裁裁决案。③

第七节　申请撤销和不予执行涉外仲裁裁决

一、申请撤销和不予执行涉外仲裁裁决的理由

正如国内仲裁裁决的撤销和不予执行有其理由一样,涉外仲裁裁决在一定的情形下

---

① 《纽约公约》第 5 条第 2 款(b)项规定:"被请求承认或执行裁决的主管机关只有在作为裁决执行对象的当事人提出有关下列情况的证明的时候,才可以根据该当事人的请求,拒绝承认和执行该项裁决:……(2) 承认或执行该项裁决将与这个国家的公共政策相抵触。"

② 马德才编著:《仲裁法案例研究》,世界图书出版公司 2015 年版,第 242 - 246 页。

③ 参见马德才著:《国际私法中的公共秩序研究》,法律出版社 2010 年版,第 234 - 238 页。

也可撤销和不予执行,对此,我国《仲裁法》第 70 条和第 71 条作了规定。其中,《仲裁法》第 70 条规定:"当事人提出证据证明涉外仲裁裁决有《民事诉讼法》第 260 条(注:现为第 274 条)第 1 款规定的情形之一的,经人民法院组成合议庭审查核实,裁定撤销。"《仲裁法》第 71 条规定:"当事人提出证据证明涉外仲裁裁决有《民事诉讼法》第 260 条(注:现为第 274 条)第 1 款规定的情形之一的,经人民法院组成合议庭审查核实,裁定不予执行。"根据《民事诉讼法》第 274 条第 1 款的规定,当事人申请撤销和不予执行涉外仲裁裁决有以下几个方面的理由:

(一)当事人在合同中没有订立仲裁条款或者事后没有达成书面仲裁协议

根据《仲裁法》第 4 条、第 5 条和第 21 条的规定,涉外仲裁必须以仲裁协议为前提,没有仲裁协议,仲裁机构就不能受理涉外仲裁纠纷案件,仲裁庭就无权审理案件并作出裁决,也就没有涉外仲裁,而根据《仲裁法》第 16 条第 1 款的规定,仲裁协议包括合同中订立的仲裁条款或者纠纷发生前后达成的书面仲裁协议,因此当事人在合同中没有订有仲裁条款或者事后没有达成仲裁协议的,即使仲裁机构受理了涉外仲裁纠纷案件,仲裁庭审理了案件并作出了裁决,当事人也有权申请人民法院撤销或不予执行该涉外仲裁裁决。所以,当事人在合同中没有订有仲裁条款或者事后没有达成书面仲裁协议的自然也就成为申请撤销和不予执行涉外仲裁裁决的法定情形之一。

(二)被申请人没有得到指定仲裁员或者进行仲裁程序的通知,或者由于其他不属于被申请人的原因未能陈述意见

为了保障当事人的权利,确保涉外仲裁的公正性,仲裁委员会和仲裁庭在行使职权时必须严守程序公正或正当程序原则。如果被申请人没有得到指定仲裁员或者进行仲裁程序的通知,或者被剥夺而没有获得陈述意见的机会,则既侵犯了被申请人的权利,也影响涉外仲裁裁决的公正性,被申请人当然有权申请法院予以撤销或不予执行。该项撤销和不予执行理由的内容比较明确,是对当事人仲裁程序性权利的保障,也是《纽约公约》和《示范法》所确立的原则。[①]

(三)仲裁庭的组成或者仲裁的程序与仲裁规则不符

当事人自愿原则,又称当事人意思自治原则,是仲裁法的首要基本原则,是整个仲裁制度赖以存在和发展的基石。其表现多种多样,其中,仲裁庭采取何种组成形式和仲裁庭由哪个或哪些仲裁员组成以及仲裁庭采取何种审理方式等仲裁程序问题,当事人都有权决定。[②] 亦即仲裁庭的组成形式和仲裁员的选任以及仲裁程序都必须按照当事人的意愿进行,否则难以体现当事人的意愿。但是,当事人的意思自治也并非毫无限制,它应当与仲裁地国家的仲裁法或者仲裁机构的仲裁规则的规定相符合,而且仲裁程序不得违反正当程序原则。因此,仲裁程序的开始、仲裁文件的送达、证据的取得方式及质证、裁决作出的期限、裁决的形式要件等,都必须严格遵循仲裁法和仲裁机构仲裁规则的规定。如果仲裁庭的组成和仲裁程序与仲裁法和仲裁机构仲裁规则的规定不符,例如仲裁庭由当事人不同意的仲裁员组成、仲裁员应当回避而未回避、当事人未经合法通知即做缺席裁决等,

---

① 参见马德才主编:《仲裁法》,厦门大学出版社 2014 年版,第 197 页。
② 参见马德才主编:《仲裁法》,厦门大学出版社 2014 年版,第 30-31 页。

就很难保证仲裁裁决的公正性,此时当事人当然可以依据《仲裁法》第 70 条和第 71 条及《民事诉讼法》第 274 条的规定申请撤销或不予执行涉外仲裁裁决。

(四) 裁决的事项不属于仲裁协议的范围或者仲裁机构无权仲裁

仲裁庭的仲裁管辖权是当事人的仲裁协议授予的,这就意味着仲裁庭只能就仲裁协议中所约定的争议事项进行审理并作出裁决,而不能就不属于仲裁协议范围的争议事项进行审理并作出裁决。如果裁决的事项不属于仲裁协议的范围,由于仲裁庭就该事项并未获得当事人的授权,因此仲裁庭的此项裁决当属无效裁决,而涉外仲裁裁决得以执行的前提是仲裁该裁决是有效的,那么如果裁决的事项不属于仲裁协议的范围,当事人即可申请撤销或不予执行该涉外仲裁裁决,所以裁决的事项不属于仲裁协议的范围就成为申请撤销或不予执行涉外仲裁裁决的法定情形之一。

裁决的事项除了属于仲裁协议的范围之外,根据《仲裁法》第 17 条的规定,还必须属于法定可仲裁的范围,对此《仲裁法》第 2 条和第 3 条从积极和消极两个层面作了规定,即第 2 条规定:"平等主体的公民、法人和其他组织之间发生的合同纠纷和其他财产权益纠纷,可以仲裁。"第 3 条规定:"下列纠纷不能仲裁:(一)婚姻、收养、监护、扶养、继承纠纷;(二)依法应当由行政机关处理的行政争议。"如果裁决的事项不属于法定可仲裁的范围,即使属于仲裁协议的范围,仲裁机构也无权仲裁,即使作出裁决,也属无效裁决,当然就没有执行力,当事人就可以申请撤销或不予执行该涉外仲裁裁决,所以仲裁机构无权仲裁也成为申请撤销或不予执行涉外仲裁裁决的法定情形之一。

二、申请撤销和不予执行涉外仲裁裁决的程序

(一) 当事人提出申请

根据《仲裁法》第 70 条的规定,在提出证据证明涉外仲裁裁决有《民事诉讼法》第 274 条第 1 款规定的情形之一的,即当事人在合同中没有订有仲裁条款或者事后没有达成书面仲裁协议的、被申请人没有得到指定仲裁员或者进行仲裁程序的通知或者由于其他不属于被申请人的原因未能陈述意见的、仲裁庭的组成或者仲裁的程序与仲裁规则不符的、裁决的事项不属于仲裁协议的范围或者仲裁机构无权仲裁的,当事人有权向人民法院提出撤销涉外仲裁裁决的申请。可见,申请撤销涉外仲裁裁决的主体仅限于当事人,既包括仲裁申请人,也包括仲裁被申请人。至于当事人申请撤销涉外仲裁裁决对象的"人民法院",《仲裁法》没有作明确规定,不过《仲裁法》第 58 条规定了当事人申请撤销国内仲裁裁决对象的"人民法院"是"仲裁委员会所在地的中级人民法院",而《仲裁法》第 65 条又规定:"涉外经济贸易、运输和海事中发生的纠纷的仲裁,适用本章规定。本章没有规定的,适用本法其他有关规定。"据此可知,当事人申请撤销涉外仲裁裁决对象的"人民法院"也应是"仲裁委员会所在地的中级人民法院"。

根据《仲裁法》第 71 条的规定,在提出证据证明涉外仲裁裁决有《民事诉讼法》第 274 条第 1 款规定的情形之一的,即当事人在合同中没有订有仲裁条款或者事后没有达成书面仲裁协议的、被申请人没有得到指定仲裁员或者进行仲裁程序的通知或者由于其他不属于被申请人的原因未能陈述意见的、仲裁庭的组成或者仲裁的程序与仲裁规则不符的、裁决的事项不属于仲裁协议的范围或者仲裁机构无权仲裁的,被申请人有权向人民法院

提出不予执行涉外仲裁裁决的申请。可见,申请不予执行涉外仲裁裁决的主体仅限于当事人之一的被申请人,即被执行人。至于被执行人申请不予执行涉外仲裁裁决对象的"人民法院",《仲裁法》没有明确规定,不过《仲裁法解释》第29条规定:"当事人申请执行仲裁裁决案件,由被执行人住所地或者被执行的财产所在地的中级人民法院管辖。"因此,被执行人只能向执行法院提出不予执行仲裁裁决的申请,据此可知,被执行人申请不予执行涉外仲裁裁决对象的"人民法院"应是"被执行人住所地或者被执行财产所在地的中级人民法院"。不过,被执行人是向被执行人住所地的中级人民法院提出申请还是向被执行财产所在地的中级人民法院提出申请,取决于仲裁裁决申请执行人在启动执行程序时对上述法院的选择:如果申请执行人向被执行人住所地的中级人民法院提出申请,那么被执行人申请不予执行涉外仲裁裁决对象的人民法院就是被执行人住所地的中级人民法院;如果申请执行人向被执行财产所在地的中级人民法院提出申请,那么被执行人申请不予执行涉外仲裁裁决对象的人民法院就是被执行财产所在地的中级人民法院。然而,如果申请执行人分别向被执行人住所地的中级人民法院和被执行财产所在地的中级人民法院提出申请,那么被执行人申请不予执行涉外仲裁裁决对象的人民法院就是最先接受申请的人民法院。

(二)人民法院审查

根据《仲裁法》第70条和第71条的规定,人民法院对当事人撤销涉外仲裁裁决和被执行人不予执行涉外仲裁裁决的申请,应当组成合议庭进行审查。《民事诉讼法解释》第541条规定:"人民法院强制执行涉外仲裁机构的仲裁裁决时,被执行人以有民事诉讼法第二百七十四条第一款规定的情形为由提出抗辩的,人民法院应当对被执行人的抗辩进行审查,并根据审查结果裁定执行或者不予执行。"根据《民事诉讼法》第274条第1款的规定,人民法院对当事人撤销涉外仲裁裁决和被执行人不予执行涉外仲裁裁决申请的审查只有程序上的审查一种形式,区别于人民法院对当事人撤销国内仲裁裁决和被执行人不予执行国内仲裁裁决申请的审查既有程序上的审查也有实体上的审查两种形式。同时,根据《仲裁法》第70条和第71条的规定,人民法院要对当事人和被执行人提供的证据进行审查核实,主要是通过对当事人和被执行人所提供的证据进行审查核实,一般并不直接调查仲裁庭在仲裁活动中是否存在《民事诉讼法》第274条第1款所列举的4种撤销和不予执行涉外仲裁裁决的法定事由。

(三)人民法院作出裁定

人民法院对申请撤销或不予执行的涉外仲裁裁决,经组成合议庭审查核实后,如果认为该涉外仲裁裁决符合法定撤销或不予执行情形时,应作出撤销或不予执行涉外仲裁裁决的裁定,不过人民法院在裁定撤销或不予执行涉外仲裁裁决之前,应当根据我国涉外仲裁中的报告制度①逐级呈报至最高人民法院;如果认为该涉外仲裁裁决不符合法律规定的撤销或不予执行的情形时,应当驳回当事人或被执行人的申请。

如果人民法院对涉外仲裁裁决作出撤销或不予执行的裁定时,那么当事人之间的纠纷如何解决呢? 根据《仲裁法》第9条第2款和《民事诉讼法》第275条的规定,涉外仲裁

---

① 关于我国涉外仲裁报告制度参见本章第八节。

裁决被人民法院依法裁定撤销或不予执行的,当事人可以就该纠纷根据双方达成的书面仲裁协议重新申请仲裁,也可以向人民法院起诉。

三、申请撤销和不予执行涉外仲裁裁决的法律后果

(一) 申请撤销涉外仲裁裁决的法律后果

1. 撤销涉外仲裁裁决

根据《仲裁法》第 70 条的规定,人民法院组成合议庭在对当事人的撤销涉外裁决申请经过充分审查后,认为涉外仲裁裁决具有《民事诉讼法》第 274 条第 1 款规定的情形之一或该条第 2 款规定的情形时,或者仲裁庭拒绝按照人民法院的要求进行重新仲裁,人民法院经过所属辖区高级人民法院报最高人民法院同意,应当裁定撤销涉外仲裁裁决。当然,根据《仲裁法解释》第 19 条的规定,当事人以仲裁裁决事项超出仲裁协议范围为由申请撤销涉外仲裁裁决,经审查属实的,人民法院应当撤销涉外仲裁裁决中的超裁部分。但超裁部分与其他裁决事项不可分的,人民法院应当撤销涉外仲裁裁决。不过,同样地,人民法院在裁定撤销涉外仲裁裁决之前,人民法院应当经过所属辖区高级人民法院报最高人民法院同意。撤销涉外仲裁裁决的裁定一经作出,就立即发生法律效力,对此,最高人民法院发布的《关于人民法院裁定撤销仲裁裁决或驳回当事人申请后当事人能否上诉问题的批复》、《关于当事人对人民法院撤销仲裁裁决的裁定不服申请再审人民法院是否受理问题的批复》以及《关于人民检察院对撤销仲裁裁决的民事裁定提出抗诉人民法院应否受理问题的批复》明确规定,该裁定不能上诉、申请再审和提出抗诉。同时,根据《仲裁法》第 9 条第 2 款和《民事诉讼法》第 275 条的规定,对于已撤销的全部或部分涉外仲裁裁决所涉争议事项,当事人就该纠纷可以根据双方重新达成的仲裁协议申请仲裁,也可以直接向人民法院起诉。

2. 驳回撤销涉外仲裁裁决的申请

根据《仲裁法》第 70 条的规定,人民法院组成合议庭在对当事人的撤销涉外裁决申请经过充分审查后,认为涉外仲裁裁决不具有《民事诉讼法》第 274 条第 1 款规定的情形之一时,或者仲裁庭按照人民法院的要求重新仲裁,弥补了原涉外仲裁裁决的缺陷,人民法院应当裁定驳回撤销涉外仲裁裁决的申请。该裁定一经作出,立即发生法律效力,且根据最高人民法院发布的《关于人民法院裁定撤销仲裁裁决或驳回当事人申请后当事人能否上诉问题的批复》及《关于当事人对人民法院撤销仲裁裁决的裁定不服申请再审人民法院是否受理问题的批复》的规定,对于该裁定,当事人不得上诉和申请再审。

3. 通知仲裁庭重新仲裁并裁定中止撤销程序

根据最高人民法院发布的《关于人民法院撤销涉外仲裁裁决有关事项的通知》的规定,在涉外撤销程序中,受理申请涉外撤销裁决的人民法院如认为应予通知原仲裁庭重新仲裁的,应在受理申请后 30 日内报其所属的高级人民法院,该高级人民法院如同意通知原仲裁庭重新仲裁的,应在 15 日内报最高人民法院同意,通知原仲裁庭在一定期限内重新仲裁,并裁定中止涉外撤销程序。当然,如果原仲裁庭拒绝重新仲裁的,人民法院就应当裁定恢复涉外撤销程序。

4. 中止执行程序

对于已经生效的涉外仲裁裁决,如果一方当事人申请执行,而另一方当事人则申请撤销,根据《仲裁法》第 64 条的规定,人民法院一旦受理涉外仲裁裁决的申请,就应当裁定中止执行。之后,是终结执行程序还是恢复执行程序,则要看人民法院是裁定撤销涉外裁决还是裁定驳回涉外撤销申请:如人民法院裁定撤销涉外裁决,则应当裁定终结执行;如人民法院裁定驳回涉外撤销申请,则应当裁定恢复执行。

(二) 申请不予执行涉外仲裁裁决的法律后果

1. 裁定不予执行

根据《仲裁法》第 71 条的规定,人民法院组成合议庭在对当事人的不予执行涉外裁决申请经过充分审查后,认为涉外仲裁裁决具有《民事诉讼法》第 274 条第 1 款规定的情形之一或该条第 2 款规定的情形时,人民法院经过所属辖区高级人民法院报最高人民法院同意,应当裁定不予执行涉外仲裁裁决。[①] 不予执行涉外仲裁裁决的裁定一经作出,就立即发生法律效力,对此,最高人民法院《关于当事人因对不予执行仲裁裁决的裁定不服而申请再审人民法院不予受理的批复》规定,当事人对涉外仲裁裁决被裁定不予执行不服而申请再审的,没有法律依据,法院不予受理。同时,根据《民事诉讼法》第 275 条的规定,涉外仲裁裁决被人民法院裁定不予执行的,当事人可以根据双方达成的书面仲裁协议重新申请仲裁,也可以向人民法院起诉。

2. 驳回不予执行涉外仲裁裁决的申请

根据《仲裁法》第 71 条的规定,人民法院组成合议庭在对当事人的不予执行涉外裁决申请经过充分审查后,认为涉外仲裁裁决不具有《民事诉讼法》第 274 条第 1 款规定的情形之一或该条第 2 款规定的情形时,人民法院应当驳回不予执行涉外仲裁裁决的申请。同样地,驳回不予执行涉外仲裁裁决申请的裁定一经作出,就立即发生法律效力。

第八节　我国涉外仲裁报告制度及其主要内容

所谓涉外仲裁报告制度,是指人民法院在受理涉外争议之前,以及在撤销或不予执行我国涉外仲裁裁决、拒绝承认与执行外国仲裁裁决之前,须将其审查意见报告所属辖区的高级人民法院,如果高级人民法院也同意下级人民法院的做法,则须报最高人民法院批准。在最高人民法院未作答复之前,有关下级人民法院暂不予受理相关起诉或不发出撤销仲裁裁决、不予执行仲裁裁决的裁定。[②] 该报告制度缘于为了确保涉外仲裁裁决执行案件的质量,鼓励当事人选择仲裁,支持我国涉外仲裁的发展,维护仲裁当事人的合法权益。[③] 该报告制度的建构由最高人民法院发布的三项有关文件所建构:一是最高人民法院于 1995 年 8 月 28 日发布的《关于处理与涉外仲裁及仲裁事项有关问题的通知》;二是

[①] 参见最高人民法院《关于人民法院处理与涉外仲裁及外国仲裁事项有关问题的通知》的规定。

[②] 黄进等著:《仲裁法学》,中国政法大学出版社 2008 年版,第 193 - 194 页。

[③] 参见黄进等著:《仲裁法学》,中国政法大学出版社 2008 年版,第 194 - 195 页。

最高人民法院于 1998 年 4 月 23 日发布的《关于人民法院撤销涉外仲裁裁决有关事项的通知》；三是最高人民法院于 1998 年 10 月 21 日发布的《关于承认和执行外国仲裁裁决收费及审查期限问题的规定》。根据上述三个文件，我国涉外仲裁报告制度的主要内容包括以下几个方面：

一、关于涉外仲裁协议

凡起诉到人民法院的涉外、涉港澳和涉台经济、海事海商纠纷案件，如果当事人在合同中订有仲裁条款或者事后达成仲裁协议，人民法院认为该仲裁条款或者仲裁协议无效、失效或者内容不明确无法执行的，在决定受理一方当事人起诉之前，必须报请本辖区所属高级人民法院进行审查；如果高级人民法院同意受理，应将其审查意见报最高人民法院。在最高人民法院未作答复前，可暂不予受理。

二、关于不予执行我国涉外仲裁裁决

凡一方当事人向人民法院申请执行我国涉外仲裁机构裁决，如果人民法院认为我国涉外仲裁机构裁决具有《民事诉讼法》第 274 条第 1 款情形之一的，在裁定不予执行之前，必须报请本辖区所属高级人民法院进行审查；如果高级人民法院同意不予执行，应将其审查意见报最高人民法院。待最高人民法院答复后，方可裁定不予执行。

三、关于承认与执行外国仲裁裁决

凡一方当事人向人民法院申请承认和执行外国仲裁机构的裁决，如果人民法院认为申请承认和执行的外国仲裁裁决不符合我国参加的国际公约的规定或者不符合互惠原则的，在裁定拒绝承认和执行之前，必须报请本辖区所属高级人民法院进行审查；如果高级人民法院同意拒绝承认和执行，应将其审查意见报最高人民法院。待最高人民法院答复后，方可裁定拒绝承认和执行。

四、关于撤销涉外仲裁裁决

凡一方当事人按照《仲裁法》第 70 条的规定向人民法院申请撤销涉外仲裁裁决，如果人民法院经审查认为涉外仲裁裁决具有《民事诉讼法》第 274 条第 1 款规定的情形之一的，在裁定撤销裁决或通知仲裁庭重新仲裁之前，须报请本辖区所属高级人民法院进行审查。如果高级人民法院同意撤销裁决或通知仲裁庭重新仲裁，应将其审查意见报最高人民法院。待最高人民法院答复后，方可裁定撤销裁决或通知仲裁庭重新仲裁。受理申请撤销涉外仲裁裁决的人民法院如认为应予撤销裁决或通知仲裁庭重新仲裁的，应在受理申请后 30 日内报其所属的高级人民法院，该高级人民法院如同意撤销裁决或通知仲裁庭重新仲裁的，应在 15 日内报最高人民法院。只有等最高人民法院答复后，才可裁定撤销仲裁裁决或通知仲裁庭重新仲裁。

【司法考试真题链接】

1. 下列哪些机构是国际性的常设仲裁机构？（2002 年司法考试真题）

    A. 美国仲裁协会

    B. 香港国际仲裁中心

    C. 国际商会仲裁院

    D. 解决投资争端国际中心

2. 中国公司与新加坡公司协议将其货物买卖纠纷提交设在中国某直辖市的仲裁委员会仲裁。经审理，仲裁庭裁决中国公司败诉。中国公司试图通过法院撤销该仲裁裁决。据此，下列选项中哪一项是正确的？（2005 年司法考试真题）

    A. 中国公司可以向该市高级人民法院提出撤销仲裁裁决的申请

    B. 人民法院可依"裁决所根据的证据不充分"这一理由撤销该裁决

    C. 如有权受理该撤销仲裁裁决请求的法院做出了驳回该请求的裁定，中国公司可以对该裁定提起上诉

    D. 受理该请求的法院在裁定撤销该仲裁裁决前须报上一级人民法院审查

3. 我国 g 公司与荷兰 h 公司正就签订一项商务合同进行谈判。针对该合同可能产生的争议，h 公司提出，如发生争议应尽量协商调解解决，协商不成再提请仲裁或进行诉讼。在决定如何回应此方案之前，g 公司向其律师请教。该律师关于涉外民商事纠纷调解的下列哪一表述是错误的？（2006 年司法考试真题）

    A. 调解是有第三人介入的争议解决方式

    B. 当事人双方在调解人的斡旋下达成的和解协议不具有强制执行的效力

    C. 在涉外仲裁程序中进行的调解，仲裁庭无须先行确定双方当事人对调解的一致同意即可直接主持调解

    D. 在涉外诉讼中，法官也可以对有关纠纷进行调解

4. 关于我国涉外仲裁法律规则，下列哪些表述不符合我国《仲裁法》的规定？（2006 年司法考试真题）

    A. 只要是有关当事人可以自由处分的权利的纠纷，就可以通过仲裁解决

    B. 如果当事人有协议约定，仲裁案件可以不开庭审理

    C. 仲裁庭在中国内地进行仲裁时，无权对当事人就仲裁协议有效性提出的异议作出决定

    D. 由三人组成仲裁庭审理的案件，裁决有可能根据一个仲裁员的意见作出

5. 中国 A 公司与德国 B 公司因双方合同中仲裁条款的效力问题在我国涉诉。双方在合同中约定仲裁机构为位于巴黎的国际商会仲裁院，仲裁地为斯德哥尔摩，但对该仲裁条款应适用的法律未作约定。依我国现行司法解释，我国法院审查该仲裁条款效力时，应适用下列哪国的法律？（2007 年司法考试真题）

    A. 瑞典的法律

  B. 法国的法律

  C. 中国的法律

  D. 德国的法律

6. 我国甲公司与瑞士乙公司订立仲裁协议,约定由某地仲裁机构仲裁,但约定的仲裁机构名称不准确。根据最高人民法院关于适用《中华人民共和国仲裁法》的解释,下列哪些选项是正确的?(2007 年司法考试真题)

  A. 仲裁机构名称不准确,但能确定具体的仲裁机构的,应认定选定了仲裁机构

  B. 如仲裁协议约定的仲裁地仅有一个仲裁机构,该仲裁机构应视为约定的仲裁机构

  C. 如仲裁协议约定的仲裁地有两个仲裁机构,成立较早的仲裁机构应视为约定的仲裁机构

  D. 仲裁协议仅约定纠纷适用的仲裁规则的,不得视为约定了仲裁机构

7. 关于仲裁裁决的撤销,根据我国现行法律,下列哪一选项是正确的?(2008 年司法考试真题)

  A. 我国法院可根据我国法律撤销一项外国仲裁裁决

  B. 我国法院撤销涉外仲裁裁决的法定理由之一是裁决事项超出仲裁协议范围

  C. 撤销涉外仲裁裁决的法定理由和撤销国内仲裁裁决的法定理由相同

  D. 对法院作出的不予执行仲裁裁决的裁定,当事人无权上诉

8. 上海甲公司作为卖方和澳门乙公司订立了一项钢材购销合同,约定有关合同的争议在中国内地仲裁。乙公司在内地和澳门均有营业机构。双方发生争议后,仲裁庭裁决乙公司对甲公司进行赔偿。乙公司未在规定的期限内履行仲裁裁决。关于甲公司对此采取的做法,下列哪些选项是正确的?(2008 年司法考试真题)

  A. 向内地有管辖权的中级人民法院申请执行该仲裁裁决

  B. 向澳门特别行政区中级法院申请执行该仲裁裁决

  C. 分别向内地有管辖权的中级人民法院和澳门特别行政区中级法院申请执行仲裁裁决

  D. 向澳门特别行政区初级法院申请执行该仲裁裁决

9. 某国甲公司与中国乙公司订立买卖合同,概括性地约定有关争议由"中国贸仲"仲裁,也可以向法院起诉。后双方因违约责任产生争议。关于该争议的解决,依我国相关法律规定,下列哪一选项是正确的?(2009 年司法考试真题)

  A. 违约责任不属于可仲裁的范围

  B. 应认定合同已确定了仲裁机构

  C. 仲裁协议因约定不明而在任何情况下无效

  D. 如某国甲公司不服仲裁机构对仲裁协议效力作出的决定,向我国法院申请确认协议效力,我国法院可以受理

10. 中国和甲国均为《承认与执行外国仲裁裁决公约》缔约国。现甲国某申请人向中国法院申请承认和执行在甲国作出的一项仲裁裁决。对此,下列哪一选项是正确的?(2010 年司法考试真题)

A. 我国应对该裁决的承认与执行适用公约,因为该申请人具有公约缔约国国籍

B. 有关中国投资者与甲国政府间投资争端的仲裁裁决不适用公约

C. 中国有义务承认公约缔约国所有仲裁裁决的效力

D. 被执行人为中国法人的,应由该法人营业所所在地法院管辖

11. 澳门甲公司与内地乙公司的合同争议由内地一仲裁机构审理,甲公司最终胜诉。乙公司在广东、上海和澳门均有财产。基于这些事实,下列哪些选项是正确的?(2010年司法考试真题)

A. 甲公司可分别向广东和上海有管辖权的法院申请执行

B. 只有国务院港澳办提供的名单内的仲裁机构作出的裁决才能被澳门法院认可与执行

C. 甲公司分别向内地和澳门法院申请执行的,内地法院应先行执行清偿

D. 两地法院执行财产总额不得超过依裁决和法律规定所确定的数额

12. 中国 A 公司与甲国 B 公司签订货物买卖合同,约定合同争议提交中国 C 仲裁委员会仲裁,仲裁地在中国,但对仲裁条款应适用的法律未作约定。后因货物质量问题双方发生纠纷,中国 A 公司依仲裁条款向 C 仲裁委提起仲裁,但 B 公司主张仲裁条款无效。根据我国相关法律规定,关于本案仲裁条款的效力审查问题,下列哪些判断是正确的?(2012年司法考试真题)

A. 对本案仲裁条款的效力,C 仲裁委无权认定,只有中国法院有权审查

B. 对本案仲裁条款的效力,如 A 公司请求 C 仲裁委作出决定,B 公司请求中国法院作出裁定的,由中国法院裁定

C. 对本案仲裁条款效力的审查,应适用中国法

D. 对本案仲裁条款效力的审查,应适用甲国法

13. 法国某公司依 1958 年联合国《承认与执行外国仲裁裁决公约》,请求中国法院承认与执行一项国际商会国际仲裁院的裁决。依据该公约及中国相关司法解释,下列哪一表述是正确的?(2013年司法考试真题)

A. 法院应依职权主动审查该仲裁过程中是否存在仲裁程序与仲裁协议不符的情况

B. 该公约第 5 条规定的拒绝承认与执行外国仲裁裁决的理由是穷尽性的

C. 如该裁决内含有对仲裁协议范围以外事项的决定,法院应拒绝承认执行该裁决

D. 如该裁决所解决的争议属于侵权性质,法院应拒绝承认执行该裁决

14. 中国甲公司与外国乙公司在合同中约定,合同争议提交中国国际经济贸易仲裁委员会仲裁,仲裁地在北京。双方未约定仲裁规则及仲裁协议适用的法律。对此,下列哪些选项是正确的?(2014年司法考试真题)

A. 如当事人对仲裁协议效力有争议,提请所选仲裁机构解决的,应在首次开庭前书面提出

B. 如当事人将仲裁协议效力的争议诉至中国法院,应适用中国法

C. 如仲裁协议有效,应适用中国国际经济贸易仲裁委员会的仲裁规则仲裁

D. 如仲裁协议有效,仲裁中申请人可申请更改仲裁请求,仲裁庭不能拒绝

15. 2015 年 3 月,甲国公民杰夫欲向中国法院申请承认并执行一项在甲国境内作出的仲裁裁决。中国与甲国均为《承认与执行外国仲裁裁决公约》成员国。关于该裁决的承认和执行,下列哪一选项是正确的?(2015 年司法考试真题)

A. 杰夫应通过甲国法院向被执行人住所地或其财产所在地的中级人民法院申请

B. 如该裁决系临时仲裁庭作出的裁决,人民法院不应承认与执行

C. 如承认和执行申请被裁定驳回,杰夫可向人民法院起诉

D. 如杰夫仅申请承认而未同时申请执行该裁决,人民法院可以对是否执行一并作出裁定

第九章　仲裁时效和仲裁费用

当事人签订了有效仲裁协议,如果发生了仲裁协议中约定的争议事项,当事人即可向约定的仲裁机构申请仲裁,在符合其他申请仲裁的条件下,仲裁机构应当受理。但是,这实际上隐含着一个条件,即当事人申请仲裁是在仲裁时效期间内,没有超过仲裁时效期间。否则,仲裁机构不应受理。所以,本章首先对仲裁时效的诸多问题如仲裁时效的概念、特征、种类、期间、开始、中止、中断等进行阐述。又由于当事人申请仲裁应当按照规定交纳仲裁费用,是各国通行的做法,因此本章对仲裁费用的一些问题如仲裁费用的概念、种类、收费标准、预交和分担、缓交和免交等予以阐释。

第一节　仲裁时效

一、仲裁时效的概念和特征

(一) 仲裁时效的概念

所谓仲裁时效,是指当事人向仲裁机构请求仲裁的法定期限,当事人如果在法定时效期限内不申请仲裁的,就丧失了通过仲裁方式解决纠纷、保护其合法权益的权利。对此,《仲裁法》第74条规定:"法律对仲裁时效有规定的,适用该规定。法律对仲裁时效没有规定的,适用诉讼时效的规定。"这表明,《仲裁法》并没有对仲裁时效作出具体规定,而只是作了原则性规定。我国有些法律明确规定了仲裁时效,例如《合同法》第129条规定:"因国际货物买卖合同和技术进出口合同争议提起诉讼或者申请仲裁的期限为4年,自当事人知道或者应当知道其权利受到侵犯之日起计算。因其他合同争议提起诉讼或者申请仲裁的期限,依照有关法律的规定。"所以,因国际货物买卖合同和技术进出口合同争议申请仲裁的时效期间即为4年。而有些法律对仲裁时效没有规定但却对诉讼时效作了规定,例如《中华人民共和国环境保护法》(以下简称《环境保护法》)第66条规定:"提起环境损害赔偿诉讼的时效期间为三年,从当事人知道或者应当知道其受到损害时起计算。"《中华人民共和国拍卖法》(以下简称《拍卖法》)第61条第3款规定:"因拍卖标的存在瑕疵未声明的,请求赔偿的诉讼时效期间为一年,自当事人知道或者应当知道权利受到损害之日起计算。"该法同条第4款规定:"因拍卖标的存在缺陷造成人身、财产损害请求赔偿的诉讼时效期间,适用《中华人民共和国产品质量法》和其他法律的有关规定。"此时,上述法律所规定的争议如果当事人申请仲裁的仲裁时效期间,则按照《仲裁法》第74条的规定适用这些法律有关诉讼时效的规定。

从有关国内立法和国际立法情况来看,仲裁大都倾向于和诉讼适用同样的时效制度。

例如,1996年《英国时效法》第12条第5项、第13条第1项规定:"时效法和适用于诉讼程序一样适用于仲裁程序。"1978年《联合国海上货物运输公约》(简称《汉堡规则》)第20条第1款规定:"按照本公约有关货物运输的任何诉讼,如果在两年内没有提出司法或仲裁程序,即失去时效。"显然,该公约明确规定两年时效适用于诉讼和仲裁。《统一提单的若干法律规定的国际公约》(简称《海牙规则》)第3条第6款规定:"除非从货物交付之日或应付之日起一年内提出诉讼,承运人和船舶在任何情况下都免除对灭失或损害所负的一切责任。"该规定虽未言明此时效是否适应于仲裁,但一般认为此时效也适用于仲裁。①实际上,《中华人民共和国海商法》(以下简称《海商法》)第13章规定的不同情况下的从1年到3年的时效期间可以理解为诉讼时效也可以理解为仲裁时效。

(二)仲裁时效的特征

1. 仲裁时效是消灭时效

仲裁时效的期间届满将会导致一定的法律后果,即仲裁权利人就丧失了其仲裁权利的胜诉权,亦即仲裁权利人如果超过仲裁时效申请仲裁的,仲裁机构受理后查明无中止、中断、延长事由的,应驳回权利人的仲裁请求。但是,仲裁权利人的实体权利并不因仲裁时效的期间届满而消灭,也就是说仲裁时效期间届满后,仲裁义务人自愿履行义务的,不受仲裁时效的限制,仲裁权利人仍然有权受领。

2. 仲裁时效是事件

仲裁时效的法律后果是因为一定的事实状态持续经过法定期间而当然发生,并不以当事人的意志为转移,所以仲裁时效属于事件而非行为。

3. 仲裁时效具有强制性

法律关于仲裁时效的规定属于强制性规定,不得由当事人以自由意志加以排除,仲裁时效期间也不得由当事人通过协议予以延长或缩减,仲裁时效利益不得由当事人预先予以抛弃。

二、仲裁时效的种类与期间

《民法通则》第7章专门规定了诉讼时效的问题,且按照诉讼时效适用范围的不同,诉讼时效可以分为一般诉讼时效和特别诉讼时效。根据《仲裁法》第74条的规定,比照《民法通则》第7章的规定,仲裁时效也可分为一般仲裁时效和特别仲裁时效两大类。

(一)一般仲裁时效

一般仲裁时效,又称普通仲裁时效,是指除法律另有特别规定外可以普遍适用于各种民商事纠纷法律关系的仲裁时效。可见,一般仲裁时效的适用范围十分广泛。根据《民法通则》第135条的规定,一般仲裁时效的期间为2年,自知道或者应当知道权利被侵害时起计算。

(二)特别仲裁时效

特别仲裁时效,又称特殊仲裁时效,是指法律规定仅适用于某些特定民商事法律关系的仲裁时效。这类仲裁时效的期间或比一般仲裁时效的期间要短,或比一般仲裁时效的

① 参见江伟主编:《仲裁法》,中国人民大学出版社2012年版,第201页。

期间要长,因此它又可分为短期仲裁时效和长期仲裁时效。需要注意的是,在适用效力顺序方面,特别仲裁时效应优于一般仲裁时效,也就是说,对于某一民商事法律关系,有特别仲裁时效规定的应适用该特别时效,没有特别仲裁时效规定的才适用一般仲裁时效。这是特别法优于一般法的原则在仲裁时效制度上的体现。根据法律对仲裁时效期间长短不同的规定,特别仲裁时效又可以分为以下三种:

1. 短期仲裁时效

短期仲裁时效,是指仲裁时效不满 2 年的时效。根据《民法通则》第 136 条的规定,下列纠纷适用 1 年短期仲裁时效期间:(1) 身体受到伤害要求赔偿的;(2) 出售质量不合格的商品未声明的;(3) 延付或者拒付租金的;(4) 寄存财物被丢失或者损毁的。另外,《拍卖法》第 61 条第 3 款规定因拍卖标的存在瑕疵未声明的,请求赔偿的仲裁时效期间也为 1 年。

2. 长期仲裁时效

长期仲裁时效,是指仲裁时效期间在 2 年以上 20 年以下的仲裁时效。长期仲裁时效的期间,比一般仲裁时效长(即超过 2 年,不含 2 年),又比最长仲裁时效短(即不满 20 年,不含 20 年)。长期仲裁时效一般只规定在单行法中,例如《合同法》第 129 条规定,因国际货物买卖合同和技术进出口合同争议申请仲裁的期限为 4 年。又如,《环境保护法》第 66 条规定的因环境污染损害赔偿申请仲裁的时效期间为 3 年。

3. 最长仲裁时效

最长仲裁时效,是指仲裁时效中期间最长的仲裁时效。根据《民法通则》第 137 条的规定,最长仲裁时效为 20 年,其期间从权利被侵害之日起算。不过,有特殊情况的,仲裁时效期间可以延长。

三、仲裁时效的开始、中止、中断和延长

(一) 仲裁时效的开始

仲裁时效的开始,是指仲裁时效期间的起算时间点。仲裁时效的开始意味着当事人可以向仲裁机构申请仲裁,要求义务人履行义务。根据《民法通则》第 137 条的规定,仲裁时效期间从知道或者应当知道权利被侵害时起计算,不过从权利被侵害之日起超过 20 年的不予保护。具体情形有以下几种:(1) 有履行期限的请求权,从履行期限届满时起算;(2) 无履行期限的请求权,从权利人可行使权利时起算;(3) 不作为的义务,从义务人违反义务而作为时开始计算;(4) 侵权行为之债,从损害发生或权利人应当知道损害发生时起算。

但是,有些特殊仲裁时效,其起算时间点由专门法作出相应的规定,例如《海商法》第 257 条规定,就海上货物运输向承运人要求赔偿的请求权,仲裁时效期间为 1 年,自承运人交付或者应当交付货物之日起计算;第 263 条规定,有关共同海损分摊的请求权,仲裁时效期间为 1 年,自理算结束之日起计算等。

(二) 仲裁时效的中止

仲裁时效的中止,又称仲裁时效的暂停,是指在仲裁时效进行过程中,因不可抗力或者其他障碍等当事人意志以外的原因致使当事人无法行使仲裁请求权时,暂时停止计算

仲裁时效期间，从中止原因消除后仲裁时效继续进行。根据《民法通则》第 139 条的规定，仲裁时效中止的主要内容如下：

（1）仲裁时效的中止因法定事由而发生。引起仲裁时效中止的法定事由有两种：一是不可抗力。不可抗力指不能预见、不能避免并不能克服的客观情况，如自然灾害、战争和军事行动等。二是其他障碍。除不可抗力之外的当事人不能克服的客观情况，如权利人或义务人暂时不能确定，因而不能行使仲裁请求权的情况。

（2）仲裁时效中止的法定事由需出现在法定时间内。仲裁时效中止的法定事由需出现在仲裁时效期间的最后 6 个月内，或者虽然发生在最后 6 个月之前，但持续到最后 6 个月内。如此，才能产生中止仲裁时效的效力。

（3）仲裁时效中止的法律效果。仲裁时效的中止只是暂时停止时效期间的计算，待中止时效的原因消除后，仲裁时效期间继续计算。

（三）仲裁时效的中断

仲裁时效的中断，是指在仲裁时效进行过程中，因一方当事人提出要求或者同意履行义务、申请仲裁，致使已经经过的时效期间归于无效，待时效中断事由消除后，仲裁时效期间重新计算。根据《民法通则》第 140 条的规定，仲裁时效中断的主要内容如下：

（1）仲裁时效的中断因法定事由而发生。引起仲裁时效中断的法定事由有三种：一是权利人通过一定方式要求义务人履行义务；二是义务人同意履行义务或承诺；三是权利人申请仲裁。其中，义务人同意履行义务或承诺可以是用口头形式、书面形式明确表示承认债务的意思表示，也可以是能够证明义务人承认所负义务的推定行为，如请求延期给付、分期给付、提供担保、支付利息或租金以及债的部分履行等。《海商法》第 267 条第 1 款规定："时效因请求人提起诉讼、提交仲裁或者被请求人同意履行义务而中断。但是，请求人撤回起诉、撤回仲裁或者起诉被裁定驳回的，时效不中断。"可见，与《民法通则》有所不同的是，《海商法》对仲裁时效中断事由作了进一步限定，取消了将一方当事人提出要求作为时效中断的事由。1974 年《联合国国际货物销售时效期限公约》第 14 条对仲裁时效中断的事由也作了规定，即"一、如当事双方已同意提付仲裁，时效期限应在当事人任何一方按照仲裁协议所规定的方式或依适用于此种程序的法律开始进行仲裁程序时，停止计算。二、如无上述任何规定，仲裁程序应视为在将争执中的请求权提付仲裁的申请送达他方当事人的惯常住所或营业所之日开始；如他方无此种住所或营业所，则在送达其为人所知的最后住所或营业所之日起开始。"显然，该公约所规定的仲裁时效中断的事由包括债务人承认债务的存在、一方当事人将提交仲裁的申请送达他方当事人的惯常住所或营业所为人所知的最后住所或营业所，同时加入了债务人有营业所时，营业所所在国家法律具有重新开始原时效期间的效力这一事由。

（2）仲裁时效中断在"申请仲裁"的情形下的时间点。关于在"申请仲裁"的情形下，仲裁时效期间应从何时中断的问题，存在以下三种观点，即从当事人向仲裁机构申请仲裁之日起中断、仲裁机构受理之日起中断和申请书副本送达被申请人之日起中断。笔者赞同第一种观点，其理由如下：权利人以"申请仲裁"的方式主张权利的，由于其请求保护权利的对象为仲裁机构，因此只要仲裁申请人向仲裁机构提交仲裁申请材料，就应当认定其向仲裁机构提出了权利主张，仲裁时效中断，而无须等待仲裁机构受理之日起中断。在此方面,也可从最高人民法院于 2008 年 8 月 21 日发布的《关于审理民事案件适用诉讼时效制度若干问题的规定》第 12 条的规定中找到答案。该条明确规定:"当事人一方向人民法院提交起诉状或者口头起诉的,诉讼时效从提交起诉状或者口头起诉之日起中断。"所以,推而广之,仲裁申请人向仲裁机构申请仲裁,仲裁时效当然是从提交仲裁申请书之日起中断而非仲裁机构受理之日起中断,更非是申请书副本送达被申请人之日起中断。只有这样,才更符合仲裁时效中断制度的立法目的,也有利于保护权利人的权利。

(3) 仲裁时效中断的法律效果。仲裁时效中断的法律效果不同于仲裁时效的中止,仲裁时效中止的法律效果是仲裁时效的中止只是暂时停止时效期间的计算,待中止时效的原因消除后,仲裁时效期间继续计算。而仲裁时效中断的法律效果则是仲裁时效的中断使已经经过的时效期间统归于无效,待时效中断事由消除后,仲裁时效期间重新计算。

(四) 仲裁时效的延长

仲裁时效的延长,是指仲裁时效已经届满,当事人因特殊情况未能行使权利,仲裁机构可适当延长仲裁时效期间。当事人有特殊情况,在仲裁时效期间没有行使权利,可以请求仲裁机构延长仲裁时效期间,不过是否延长,则由仲裁机构决定。

仲裁时效的延长不同于仲裁时效的中止、中断,它只适用于仲裁时效期间已经届满的情形,其实质是仲裁机构视仲裁时效为未届满而继续对当事人的正当权利予以保护的一种措施。而且仲裁时效的延长不仅适用于一般仲裁时效和特别仲裁时效,还应同时适用最长 20 年的保护期限,而仲裁时效的中止、中断只适用于一般仲裁时效和特别仲裁时效。

第二节　仲裁费用

一、仲裁费用的概念

仲裁费用有广义、狭义之分。其中,狭义的仲裁费用,是指当事人向仲裁委员会申请仲裁,仲裁委员会依法向当事人收取并用于补偿仲裁委员会和仲裁员办理案件而支出的专门费用,包括案件受理费和案件处理费。广义的仲裁费用除了当事人向仲裁机构和仲裁员支付的费用外,还包括当事人为办理案件而支出的律师费、差旅费等费用。本书取其狭义。

当事人申请仲裁应当按照规定交纳仲裁费用,是各国通行的做法。[1] 这大概是基于以下考量:首先,仲裁作为一种服务,当事人在享受仲裁服务的时候应当向仲裁机构缴纳一定的费用;其次,仲裁机构又是民间机构,其所有的开支不由国家财政负担,为了维持仲裁机构管理和服务工作的正常运转,仲裁机构就需要在受理案件的时候向当事人收取一定数量的仲裁费用;再次,仲裁机构向当事人收取仲裁费用还有利于防止当事人滥用仲裁权,促使当事人通过自行协商的方式解决纠纷。[2] 因此,当事人申请仲裁应缴纳仲裁费

---

[1]　黄进等著:《仲裁法学》,中国政法大学出版社 2008 年版,第 200 页。
[2]　马德才主编:《仲裁法》,厦门大学出版社 2014 年版,第 220 页。

用。对此,《仲裁法》第 76 条第 1 款规定:"当事人应当按照规定交纳仲裁费用。"《仲裁委员会仲裁收费办法》第 2 条也明确规定:"当事人申请仲裁,应当按照本办法的规定向仲裁委员会交纳仲裁费用。"

二、仲裁费用的种类

依据《仲裁法》和《仲裁委员会仲裁收费办法》和我国仲裁实践来看,仲裁费用主要包括以下几个方面:①

(一) 机构费用

1. 申请仲裁费

仲裁机构在其仲裁规则中都规定有申请仲裁费,这是每一个仲裁案件的当事人都必须缴纳的费用。它的计算方式是按照争议金额的不同,适用不同的比例得出当事人应缴的申请仲裁费。一般而言,争议金额越大,收费比例就越小。对于确认之诉或者没有具体金额的,仲裁机构一般都有一个替代的计算方式。这里所说的申请仲裁费用对于案件的反请求人同样适用。在我国地方仲裁机构和贸仲委受理的国内争议案件中,申请仲裁费分为两部分,即仲裁案件受理费和仲裁案件处理费。

(1) 案件受理费。案件受理费是指仲裁委员会在受理当事人的仲裁申请时,按照规定向当事人收取的费用。根据《仲裁委员会仲裁收费办法》第 3 条的规定,案件受理费是用于给付仲裁员报酬、维持仲裁委员会正常运转的必要开支。

(2) 案件处理费。案件处理费是指仲裁委员会在审理仲裁案件中实际支出的,按照规定应当由当事人负担的各项费用。根据《仲裁委员会仲裁收费办法》第 7 条的规定,案件处理费包括以下费用:① 仲裁员因办理仲裁案件出差、开庭而支出的食宿费、交通费及其他合理费用;② 证人、鉴定人、翻译人员等因出庭而支出的食宿费、交通费、误工补贴;③ 咨询、鉴定、勘验、翻译等费用;④ 复制、送达案件材料、文书的费用;⑤ 其他应当由当事人承担的合理费用。

需要说明的是,仲裁机构收取的上述费用中实际上包含了两部分内容,即仲裁机构的案件管理费用和仲裁员办理案件的报酬,而我国仲裁机构对仲裁费却采取集中收取的办法,仲裁机构不再另行收取仲裁员报酬,因此仲裁员报酬将由仲裁机构从收取的申请仲裁费中分割出来。

2. 仲裁员的实际费用

申请仲裁费中包括了仲裁员的报酬,但仲裁员的实际费用却不包括在内。所谓仲裁员的实际费用,是指仲裁员为办理仲裁案件而要花费的交通费、差旅费等。该费用在以下两种情况下才会发生:(1) 当事人选定的仲裁员的居住地不在仲裁机构所在地即外地或外籍仲裁员,该仲裁员需到仲裁机构所在地开庭、合议等将发生的实际费用。(2) 当事人选定的仲裁员在仲裁机构所在地,但仲裁案件要到其他地方进行开庭或调查。只有在发生以上两种情形时,仲裁机构才会向当事人收取该项费用,否则就没有该项仲裁费用的支出。

---

① 参见马德才主编:《仲裁法》,厦门大学出版社 2014 年版,第 220 - 223 页。

3. 辅助费用

出于仲裁纠纷案件审理的需要,在某些情况下还会发生一些辅助办案费用,该部分费用将由当事人承担。这些费用包括翻译费、记录费、通讯费等。翻译费是经常会发生的费用,尤其是在涉外仲裁纠纷案件中当事人选定了外籍仲裁员或者聘请了外籍代理人,那么翻译工作就必不可少了。在实践中甚至会发生两个翻译在三种语言间交叉翻译的情形。

在临时仲裁中,记录费、通讯费、租开庭室费等辅助费用是必不可少的。但在机构仲裁中,这些费用支出通常由仲裁机构承担。但如果案件对于辅助事项有特殊要求,金额较大时,仲裁机构也会要求当事人承担这些额外的辅助费用。

4. 调查取证费

仲裁纠纷案件亦如民事诉讼纠纷案件一样,也是坚持谁主张谁举证,但在如当事人请求或者仲裁庭认为确有必要也会由仲裁庭进行调查取证工作。例如,《贸仲规则》第41条第1款规定:"当事人应对其申请、答辩和反请求所依据的事实提供证据加以证明,对其主张、辩论及抗辩要点提供依据。"《贸仲规则》第43条第1款规定:"仲裁庭认为必要时,可以自行调查事实,收集证据。"《贸仲规则》第44条第1款规定:"仲裁庭可以就案件中的专门问题向专家咨询或指定鉴定人进行鉴定。专家和鉴定人可以是中国或外国的机构或自然人。"如果仲裁庭进行上述工作,则必然会发生调查取证费,这部分费用应由当事人支付。

在仲裁实践中,通常会发生的调查取证费用如下:

① 检验费。在案件涉及货物品质问题,当事人争执分歧重大时,仲裁庭可能会委托一家独立的品质检验机构对货物进行检验,从而发生检验费。

② 鉴定费。仲裁中常见的鉴定有笔迹鉴定、价值鉴定(也可以称为价值评估)等。

③ 审计费。仲裁纠纷案件在涉及公司经营、财务账目问题时,通常情况是双方当事人谁也说不清或者一方当事人进行的查账另一方坚决不予认可,这时仲裁庭委托一家会计师或审计师事务所进行查账或审计则很有必要。在贸仲委受理的中外合资纠纷案件中,委托会计师或审计师进行查账是常有的事。

④ 专家费。毫无疑问,仲裁员是专家,但是并非对每一个领域的专业问题都精通,那么当仲裁纠纷案件涉及某些领域的专业问题时,仲裁庭聘请专家对该问题发表专门意见就会对仲裁纠纷案件的审理有较大帮助。被聘请的专家可以出庭向仲裁庭和当事人陈述其专家意见,也可以不出庭而出具书面的咨询意见。

(二) 当事人费用

1. 律师费

在仲裁中,当事人委托律师来帮助他主张权利是必要的,在实践中也是常见的。几乎每个仲裁案件中都有律师的参与。委托了律师,当事人自然要向律师支付律师费。律师费属于前述广义的仲裁费用范畴,是仲裁机构费用以外的重要的和主要的部分,仲裁庭会在裁决中对该费用的承担问题作出认定。

至于律师要求当事人支付多少费用,当事人如何向律师支付费用,这是律师规范调整的范畴,本书不予赘述。但是在仲裁中,作为广义的仲裁费用一部分的律师费的认定,应当把握好以下几个方面的问题：

（1）律师费应当是因该仲裁纠纷案件而发生的。只有律师代理该仲裁纠纷案件而产生的律师费，才是仲裁庭裁决的范畴。所以，当事人在仲裁中向对方当事人主张律师费时，必须向仲裁庭表明该费用仅为仲裁纠纷案件而发生。

（2）多数意见认为，律师费以实际发生为原则。当事人应当向仲裁庭提供其与律师订立的委托合同，其向律师支付律师费的票据。但是，如果当事人还未向律师支付费用，由于该项费用尚未发生，仲裁庭往往倾向于不予支持。

（3）仲裁庭会对律师费的金额进行调整。在某方当事人完全胜诉的情况下，仲裁庭也不一定会完全按照该当事人提出的律师费金额给予补偿。在此方面，仲裁庭通常会考虑该律师费金额是否合理，该金额在胜诉金额中所占的比例，有无超过一定的限制等。如果一个简单的欠款纠纷，律师仅出了庭，提交了简单代理意见，就要求争议金额百分之几的律师费，显然仲裁庭将予以调整。仲裁庭的这一权力属于自由裁量权，其依据应当是当事人即使没有任何违约也负有减少损失的义务，而不能滥用其守约方的有利地位。我国法律对仲裁庭的此项权力没有明文规定，但国外有关法律有明确的规定。例如，英国《1996年仲裁法》第65条规定：除非当事人另有约定，仲裁庭有权直接对仲裁或者仲裁程序任何一部分发生的补偿费用限定在一定金额内。

（4）关于"风险代理"律师费问题。风险代理，是指律师与其客户达成协议，约定只有在其代理的案件中该客户胜诉或者满足一定条件时，该律师可以在基本费之外获得额外胜诉律师费。风险代理这种法律服务模式在国外有着较完善的发展，如英国对此有专门法律进行规范。在英国，风险代理的范围已从最初的仅限于人身伤害、侵犯人权案件等发展到包括所有民事纠纷。

在我国，大约在20世纪90年代中期开始出现风险代理，但是至今这种服务模式并无多大发展。具体到仲裁纠纷案件中，如果仲裁庭面对着采用风险代理的胜诉方时，是否会支持胜诉方，让败诉方承担该笔风险代理律师费呢？根据我国仲裁实践情况来看，仲裁庭往往对采用这种收费方式比较反感，倾向于不予支持。其理由是该项费用金额不确定且尚未实际发生。仲裁庭的这种观点是否合理，值得商榷。因为，既然风险代理未被法律禁止，当事人自然有权约定适用该模式收费，仲裁庭应当基于诚信相信当事人必然要遵守该协议向律师支付费用，该费用则必然为胜诉方将发生的损失，而基于"原罪"的推断认定该协议是用于欺骗仲裁庭的，则在很多情况下不利于对胜诉方即守约方的保护。从国外的仲裁实践来看，国外的仲裁员对风险代理持支持态度，但仲裁庭有权对这种收费及其幅度的合理性进行评价。所以，笔者认为仲裁庭应当尊重当事人约定风险代理的权利，在对该费用的合理性进行全面审查后，支持胜诉方的这类请求。

2. 办案差旅费用

仲裁程序开始后，除非进行书面审理，否则当事人必然会有差旅费的支出。作为当事人办理案件的合理开支，在胜诉的情况下，该费用请求通常会得到仲裁庭的支持，由败诉方补偿给胜诉方。不过，该费用能够得到支持由败诉方补偿给胜诉方必须具备两个条件：一是权利人提出请求，并提供具体金额和证据；二是该费用需在一定的合理范围之内。

3. 当事人的其他费用

当事人可能在仲裁中支出的其他费用包括证人费用、专家咨询费用、调查费、单方进行的鉴定费用等。对于这些费用,只要当事人能够证明其发生是必要的和合理的,并且能提供相应的证据,也应当得到仲裁庭的支持,由败诉方承担。

三、仲裁费用的收费标准

(一)案件受理费的收费标准

根据《仲裁委员会仲裁收费办法》的规定,案件受理费是仲裁机构根据争议金额的大小,采取分段依不同比例计征的办法收取的,其收费标准是:

仲裁委员会仲裁案件受理费表

争议金额(人民币)	仲裁案件受理费(人民币)
1 000 元以下的部分	40—100 元
1 001 元至 50 000 元的部分	按 4%—5%交纳
50 001 元至 100 000 元的部分	按 3%—4%交纳
100 001 元至 200 000 元的部分	按 2%—3%交纳
200 001 元至 500 000 元的部分	按 1%—2%交纳
500 001 元至 1 000 000 元的部分	按 0.5%—1%交纳
1 000 001 元以上的部分	按 0.25%—0.5%交纳

关于案件受理费的收费标准,《仲裁委员会仲裁收费办法》第 4 条第 2 款和第 5 条又作了进一步规定。其中,第 4 条第 2 款规定:"仲裁案件受理费的具体标准由各仲裁委员会在仲裁案件受理费表规定的幅度内确定,并报仲裁委员会所在地的省、自治区、直辖市人民政府物价管理部门核准。"第 5 条规定:"仲裁案件受理费表中的争议金额,以申请人请求的数额为准;请求的数额与实际争议金额不一致的,以实际争议金额为准;申请仲裁时争议金额未确定的,由仲裁委员会根据争议所涉及权益的具体情况确定预先收取的案件受理费数额。"可见,不同仲裁委员会都有权制定自己的仲裁案件受理费的具体标准,这样不同仲裁委员会的仲裁案件受理费的具体标准并非完全相同。例如,贸仲委适用于国内争议案件的仲裁案件受理费的收费标准如下:[①]

争议金额(人民币)	案件受理费(人民币)
1 000 元以下	最低不少于 100 元
1 001 元至 50 000 元	100 元＋争议金额 1 000 元以上部分的 5%

---

① 参见《中国国际经济贸易仲裁委员会仲裁费用表(二)之案件受理费收费办法》,http://cn. cietac. org/Help/index. asp? hangye＝6,访问时间:2015 年 7 月 8 日。

(续表)

争议金额(人民币)	案件受理费(人民币)
50 001 元至 100 000 元	2 550 元＋争议金额 50 000 元以上部分的 4%
100 001 元至 200 000 元	4 550 元＋争议金额 100 000 元以上部分的 3%
200 001 元至 500 000 元	7 550 元＋争议金额 200 000 元以上部分的 2%
500 001 元至 1 000 000 元	13 550 元＋争议金额 500 000 元以上部分的 1%
1 000 001 元以上	18 550 元＋争议金额 1 000 000 元以上部分的 0.5%

(二) 案件处理费的收费标准

《仲裁委员会仲裁收费办法》第 8 条规定:"案件处理费的收费标准按照国家有关规定执行;国家没有规定的,按照合理的实际支出收取。"大多数仲裁机构的收费办法都做了与该条类似的规定,不过,贸仲委却规定了适用于国内争议案件的仲裁案件处理费的收费标准,海仲委的收费办法也明确规定了案件处理费的收费标准。其中,贸仲委适用于国内争议案件的仲裁案件处理费的收费标准为:

争议金额(人民币)	案件处理费(人民币)
200 000 元以下	最低不少于 6 000 元
200 001 元至 500 000 元	6 000 元＋争议金额 20 万元以上部分的 2%
500 001 元至 1 000 000 元	12 000 元＋争议金额 50 万元以上部分的 1.5%
100 万元至 200 万元	19 500 元＋争议金额 100 万元以上部分的 0.5%
2 000 001 元至 5 000 000 元	24 500 元＋争议金额 200 万元以上部分的 0.45%
5 000 001 元至 10 000 000 元	38 000 元＋争议金额 500 万元以上部分的 0.4%
10 000 001 元至 20 000 000 元	58 000 元＋争议金额 1 000 万元以上部分的 0.3%
20 000 001 元至 40 000 000 元	88 000 元＋争议金额 2 000 万元以上部分的 0.2%
40 000 001 元至 100 000 000 元	128 000 元＋争议金额 4 000 万元以上部分的 0.15%
100 000 001 元至 500 000 000 元	218 000 元＋争议金额 10 000 万元以上部分的 0.13%
500 000 001 元以上	738 000 元＋争议金额 50 000 万元以上部分的 0.12%

同时,贸仲委适用于国内争议案件的仲裁案件处理费收费办法规定,本仲裁费用表中的争议金额,以申请人请求的数额为准;请求的数额与实际争议金额不一致的,以实际争议金额为准。申请仲裁时争议金额未确定的或情况特殊的,由仲裁委员会根据争议所涉及权益的具体情况确定预先收取的仲裁费用数额。仲裁委员会除按照本仲裁费用表收取仲裁费外,可以按照仲裁规则的有关规定收取其他额外的合理的实际开支。[①]

海仲委案件处理费收费办法规定的案件处理费的收费标准是:

[①]　参见《中国国际经济贸易仲裁委员会仲裁费用表(二)之案件处理费收费办法》,http://cn. cietac. org/Help/index. asp? hangye＝6,访问时间:2015 年 7 月 8 日。

争议金额(人民币)	案件处理费(人民币)
20 万元以下(含 20 万元)	5 000 元
20 万元至 50 万元(含 50 万元)	5 000 元加争议金额 20 万元以上部分的 2%
50 万元至 100 万元(含 100 万元)	11 000 元加争议金额 50 万元以上部分的 1%
100 万元至 500 万元(含 500 万元)	16 000 元加争议金额 100 万元以上部分的 0.4%
500 万元至 1 000 万元(含 1 000 万)	32 000 元加争议金额 500 万元以上部分的 0.3%
1 000 万元至 2 000 万元(含 2 000 万)	47 000 元加争议金额 1 000 万元以上部分的 0.25%
2 000 万元至 4 000 万元(含 4 000 万)	72 000 元加争议金额 2 000 万元以上部分的 0.2%
4 000 万元以上	112 000 元加争议金额 4 000 万元以上部分的 0.1%

同时,海仲委案件处理费收费办法规定,本仲裁费用表中的争议金额,以申请人或反请求申请人请求的数额为准;请求的数额与实际争议金额不一致的,以实际争议金额为准。申请仲裁时争议金额未确定的或情况特殊的,由秘书处决定仲裁费用的数额。收取的仲裁费用为外币时,按本仲裁费用表的规定收取与人民币等值的外币。仲裁委员会除按照本仲裁费用表收取仲裁费外,可以按照仲裁规则的有关规定收取其他额外的合理的实际开支。[①]

(三)贸仲委有关国际或涉外争议案件和涉及香港特别行政区、澳门特别行政区及台湾地区的争议案件的收费标准[②]

与贸仲委适用于国内争议案件的仲裁费用分案件受理费和案件处理费两部分收取有所不同的是,贸仲委适用于国际或涉外争议案件和涉及香港特别行政区、澳门特别行政区及台湾地区的争议案件的仲裁费用并不分案件受理费和案件处理费收取,而是统称为仲裁费用按一定比率收取,同时收取固定的立案费。其收费标准具体为:

争议金额(人民币)	仲裁费用(人民币)
1 000 000 元以下	争议金额的 4%,最低不少于 10 000 元
1 000 000 元至 2 000 000 元	40 000 元+争议金额 1 000 000 元以上部分的 3.5%
2 000 001 元至 5 000 000 元	75 000 元+争议金额 2 000 000 元以上部分的 2.5%
5 000 001 元至 10 000 000 元	150 000 元+争议金额 5 000 000 元以上部分的 1.5%
10 000 001 元至 50 000 000 元	225 000 元+争议金额 10 000 000 元以上部分的 1%
50 000 001 元至 100 000 000 元	625 000 元+争议金额 50 000 000 元以上部分的 0.5%
100 000 001 元至 500 000 000 元	875 000 元+争议金额 100 000 000 元以上部分的 0.48%

---

① 参见《海仲委案件处理费收费办法》,http://www.cmac-sh.org/fy/feiyong.htm,访问时间:2015 年 7 月 8日。

② 参见《中国国际经济贸易仲裁委员会仲裁费用表(一)》,http://cn.cietac.org/Help/index.asp? hangye=6,访问时间:2015 年 7 月 9 日。

（续表）

争议金额（人民币）	仲裁费用（人民币）
500 000 001 元至 1 000 000 000	2 795 000 元＋争议金额 500 000 000 元以上部分的 0.47％
1 000 000 001 元至 2 000 000 000	5 145 000 元＋争议金额 1 000 000 000 元以上部分的 0.46％
2 000 000 001 元以上	9 745 000 元＋争议金额 2 000 000 000 元以上部分的 0.45％，最高不超过 15 000 000 元

　　同时，贸仲委仲裁费用表（一）规定，申请仲裁时，每案另收立案费人民币 10 000 元，其中包括仲裁申请的审查、立案、输入及使用计算机程序和归档等费用。本仲裁费用表中的争议金额，以申请人请求的数额为准；请求的数额与实际争议金额不一致的，以实际争议金额为准。申请仲裁时未确定争议金额或情况特殊的，由仲裁委员会决定仲裁费用的数额。收取的仲裁费用为外币时，按本仲裁费用表的规定收取与人民币等值的外币。仲裁委员会除按照本仲裁费用表收取仲裁费外，可以按照仲裁规则的有关规定收取其他额外的合理的实际开支。

（四）贸仲委有关贸仲委香港仲裁中心管理的仲裁案件的收费标准[①]

　　2015 年版《贸仲规则》新增了一章"第六章香港仲裁的特别规定"，与之相适应，贸仲委制定了适用于《贸仲规则》第六章规定的由仲裁委员会香港仲裁中心管理的仲裁案件收费标准的《贸仲委仲裁费用表（三）》。该仲裁费用表将仲裁费用分为案件受理费和机构管理费两类。其中，在案件受理费方面，该仲裁费用表规定了案件受理费的收费标准及用途，即"申请人向仲裁委员会香港仲裁中心提交仲裁申请时，应同时支付案件受理费港币 8 000 元整，用于对仲裁申请的审查、立案、使用计算机程序、归档及人工费用。案件受理费不予退还。"在机构管理费方面，该仲裁费用表首先规定了"机构管理费用表"，用以确定其案件处理费的收费标准，具体如下：

争议金额（人民币）	案件处理费（人民币）
500 000 元以下	16 000 元
500 001 元至 1 000 000 元	16 000 元＋争议金额 500 000 元以上部分的 0.78％
1 000 001 元至 5 000 000 元	19 900 元＋争议金额 1 000 000 元以上部分的 0.65％
5 000 001 元至 10 000 000 元	45 900 元＋争议金额 5 000 000 元以上部分的 0.38％
10 000 001 元至 20 000 000 元	64 900 元＋争议金额 10 000 000 元以上部分的 0.22％
20 000 001 元至 40 000 000 元	86 900 元＋争议金额 20 000 000 元以上部分的 0.15％
40 000 001 元至 80 000 000 元	116 900 元＋争议金额 40 000 000 元以上部分的 0.08％
80 000 001 元至 200 000 000 元	148 900 元＋争议金额 80 000 000 元以上部分的 0.052％
200 000 001 元至 400 000 000 元	211 300 元＋争议金额 200 000 000 元以上部分的 0.04％
400 000 001 元以上	291 300 元

---

　　①　参见《中国国际经济贸易仲裁委员会仲裁费用表（三）》，http://cn.cietac.org/Help/index.asp? hangye＝6，访问时间：2015 年 7 月 9 日。

其次,该仲裁费用表规定了机构管理费的组成等内容,即"机构管理费包含案件秘书的工作报酬以及使用仲裁委员会及其分会/中心开庭室的费用。在确定争议金额时,仲裁请求和仲裁反请求的金额合并计算。争议金额不能确定或情况特殊的,由仲裁委员会结合案件具体情况确定机构管理费。除按照机构管理费用表收取机构管理费外,仲裁委员会香港仲裁中心可以按照《仲裁规则》的有关规定收取其他额外的合理的实际开支,包括但不限于翻译和笔录费用以及在非仲裁委员会及其分会/中心开庭室进行开庭所产生的场地费用。收取的案件受理费、机构管理费为非港币时,仲裁委员会香港仲裁中心按照机构管理费用费表的规定收取与港币等值的外币。"

(五) 贸仲委有关金融争议仲裁费用的收费标准[①]

与贸仲委适用于国际或涉外争议案件和涉及香港特别行政区、澳门特别行政区及台湾地区的争议案件的仲裁费用并不分案件受理费和案件处理费收取一样,贸仲委适用于金融争议案件的仲裁费用也不分案件受理费和案件处理费收取,而是统称为仲裁费用按一定比例收取,同时收取固定的立案费。其收费标准具体为:

争议金额(人民币)	仲裁费用(人民币)
1 000 000 元以下	争议金额的 1%,最低不少于 5 000 元
1 000 001 元至 5 000 000 元	10 000 元＋争议金额 1 000 000 元以上部分的 0.8%
5 000 001 元至 50 000 000 元	42 000 元＋争议金额 5 000 000 元以上部分的 0.6%
50 000 001 元以上	312 000 元＋争议金额 50 000 000 元以上部分的 0.5%

同时,贸仲委金融争议仲裁费用表规定,申请仲裁时,每案另收立案费人民币 10 000元,其中包括审查、立案、输入及使用计算机程序和归档等费用。申请仲裁时未确定争议金额或情况特殊的,由仲裁委员会秘书局或仲裁委员会分会秘书处决定仲裁费用的数额。收取的仲裁费用为外币时,按本仲裁费用表的规定收取与人民币等值的外币。仲裁委员会或其分会除按照仲裁费用表收取仲裁费外,可以按照《中国国际经济贸易仲裁委员会仲裁规则》的规定收取其他额外的合理的实际开支。

四、仲裁费用的预交和分担

(一) 仲裁费用的预交

1. 案件受理费的预交

根据《仲裁委员会仲裁收费办法》第 4 条第 1 款的规定,仲裁申请人应当自收到仲裁委员会受理通知书之日起 15 日内,按照仲裁案件受理费表的规定预交案件受理费。仲裁被申请人在提出反请求的同时,应当按照仲裁案件受理费表的规定预交案件受理费。不过,《仲裁委员会仲裁收费办法》第 10 条规定了不得另行收取案件受理费的两种情况:(1)人民法院受理撤销裁决的申请后,认为可以由仲裁庭重新仲裁的,通知仲裁庭在一定期限

---

① 参见《中国国际经济贸易仲裁委员会金融争议仲裁费用表》,http://cn. cietac. org/Help/index. asp? hangye=6,访问时间:2015 年 7 月 9 日。

内重新仲裁。如果仲裁庭同意重新仲裁的,仲裁委员会不得再行收取案件受理费。(2) 仲裁庭依法对裁决书中的文字、计算错误或者仲裁庭已经裁决但在裁决书中遗漏的事项作出补正,仲裁委员会不得收费。前者的原因在于,重新仲裁所涉的仍然是当事人原来的争议事项,且当事人已经交纳过案件受理费,因此不再另行收费。重新仲裁不另行收费不仅可以减轻当事人的负担,同时也有利于督促仲裁庭提高仲裁质量。后者的原因在于,补正裁决是原仲裁审理活动的继续,当事人当然不应再次交纳案件受理费。[①] 例如,2011 年 2 月 5 日甲公司作为供方与乙公司签订一份销售 20 个集装箱芦笋的合同。合同约定:第一批 10 个集装箱到岸卸货期为 2011 年 5 月,第二批 10 个集装箱到岸卸货期为 2011 年 6 月。合同中还约定:凡由本合同引起的或与本合同有关的一切争议由中国国际经济贸易仲裁委员会根据其仲裁规则在北京仲裁。裁决是终局的,对双方都有约束力。合同签订后,乙公司依约定开出了信用证,甲公司却将应于 5 月到岸卸货的 10 个集装箱只运出一个,其余 9 个集装箱的到岸卸货期发生了延误。2013 年 3 月 11 日,乙公司在向甲公司索赔未果的情况下,根据合同中的规定,向中国国际经济贸易仲裁委员会申请仲裁,要求甲公司赔偿延误履行合同所造成的损失。仲裁庭裁决甲公司应赔偿乙公司13 900 美元并承担仲裁费。但是,仲裁庭在裁决书中却将 13 900 美元写成 13 600 美元。收到裁决书后,乙公司发现此错误并请求仲裁庭予以补正。对此,仲裁庭依法作出补正,但同时要求乙公司交纳相关费用。[②] 本案属于案件受理费的预交之第二种例外的例证。由于补正裁决是原仲裁审理活动的继续,当事人当然不应再次交纳案件受理费,所以本案仲裁庭要求乙公司交纳补正费用的做法不正确。

2. 案件处理费的预交

根据《仲裁委员会仲裁收费办法》第 7 条的规定,有关案件处理费中的证人、鉴定人、翻译人员等因出庭而支出的食宿费、交通费、误工补贴和咨询、鉴定、勘验、翻译等费用,应当由提出仲裁申请的一方当事人预付。至于其他几项费用包括仲裁员因办理仲裁案件出差、开庭而支出的食宿费、交通费及其他合理费用,复制、送达案件材料、文书的费用及其他应当由当事人承担的合理费用,《仲裁委员会仲裁收费办法》虽然未明确规定如何交纳,但是一般认为应由提出仲裁申请的一方当事人预付。

(二) 仲裁费用的分担

仲裁费用总是由一方预交或者由申请人、被申请人各半预付,但在仲裁终结时,该费用由败诉方一方承担或者按比例承担,这就涉及仲裁费用的分担问题。仲裁费用的分担通常由仲裁庭决定,且应当在仲裁裁决书中写明。对此,《仲裁法》第 54 条规定,裁决书应当写明仲裁请求、争议事实、裁决理由、裁决结果、仲裁费用的负担和裁决日期。《仲裁委员会仲裁收费办法》第 9 条第 2 款也规定:"仲裁庭应当在调解书或者裁决书中写明双方当事人最终应当支付的仲裁费用金额。"《仲裁委员会仲裁收费办法》第 9 条规定:"仲裁费用原则上由败诉的当事人承担;当事人部分胜诉、部分败诉的,由仲裁庭根据当事人各方责任大小确定其各自应当承担的仲裁费用的比例。当事人自行和解或者经仲裁庭调解结

---

① 参见马德才主编:《仲裁法》,厦门大学出版社 2014 年版,第 225 页。
② 参见马德才主编:《仲裁法》,厦门大学出版社 2014 年版,第 226 页。

案的,当事人可以协商确定各自承担的仲裁费用的比例,仲裁庭应当在调解书或者裁决书中写明双方当事人最终应当支付的仲裁费用金额。"

根据《仲裁法》和《仲裁委员会仲裁收费办法》的有关规定,确定仲裁费用的分担,有下列四项原则:①

(1) 由败诉方负担。即在案件仲裁终结时,所有费用由败诉的当事人负担,这是国际仲裁界普遍采用的原则。例如,《仲裁委员会仲裁收费办法》第9条第1款规定,仲裁费用原则上由败诉的当事人承担。当然这也并非绝对,如果仲裁庭认为仲裁费用全部由败诉方当事人承担有失公允的话,或者仲裁纠纷的起因至少可部分归于胜诉方当事人,那么仲裁庭也可以考虑让胜诉方当事人承担若干仲裁费用。

(2) 按比例分担。通常情况下,当事人部分胜诉、部分败诉的,由仲裁庭根据当事人各方责任大小确定其各自应当承担的仲裁费用的比例。对此,《仲裁委员会仲裁收费办法》第9条第1款作了明确规定。

(3) 当事人协商分担。有些仲裁案件是当事人自行和解或者经仲裁庭调解结案的,在这种情况下,当事人可以协商确定各自承担的仲裁费的比例。对此,《仲裁委员会仲裁收费办法》第9条第1款规定,当事人自行和解或者经仲裁庭调解结案的,当事人可以协商确定各自承担的仲裁费用的比例。退一步来讲,即使仲裁案件并非依和解或者调解方式结案,但是如果当事人约定了特定的仲裁费用承担方式,那么仲裁庭也应予以尊重。例如,甲公司与中国某公司有多年良好的业务关系,后来,甲公司中的一位高级职员离开了甲公司,另外成立了乙公司,并自任经理。甲公司认为,乙公司的经理利用他在甲公司工作时所掌握的与中方发展业务的诀窍,与中方发展业务,从而抢了甲公司的生意,损坏了甲公司的利益。因此,甲公司在外国法院起诉,控告乙公司,要求赔偿损失。诉讼进行了一段时间,这两个公司发现所花费用太大,遂协商同意,共同申请中国国际经济贸易仲裁委员会在北京进行调解。调解员指出,甲公司指责乙公司利用甲公司的诀窍抢了甲公司的生意,证据不足,而乙公司也确实从甲公司与中国某公司的良好业务关系中得到了一些好处。因此,双方应互谅互让,解决这次争议,然后互相协调,与中国某公司做更多更好的生意,才是上策。调解员从法律观点和业务观点两方面向双方说明问题之后,甲公司和乙公司达成和解协议,由甲公司自动放弃一部分业务的要求,即将一部分业务让给乙公司,同时由乙公司支付甲公司一笔合理的款项,而且双方约定各自承担一半的仲裁费,全部解决争议。据此,甲公司撤回在外国法院进行的诉讼案,全案圆满结束。② 本案属于当事人协商分担仲裁费用的例证。由于本案是当事人自行和解结案的,在这种情况下,当事人可以协商确定各自承担的仲裁费的比例,对此仲裁庭也予以了尊重。

(4) 特殊情况下由申请人负担。除上述三种情形外,特殊情况下仲裁费用将由申请人负担。在实践中,申请人负担仲裁费用的特殊情况主要有两种:① 申请人经书面通知,无正当理由不到庭或者未经仲裁庭许可中途退庭,可以视为撤回仲裁申请,案件受理费和处理费不予退回。对此,《仲裁委员会仲裁收费办法》第11条作了明确规定。由于此种情

① 参见黄进等著:《仲裁法学》,中国政法大学出版社2008年版,第202页。
② 参见马德才主编:《仲裁法》,厦门大学出版社2014年版,第227页。

况出现之前,仲裁申请人就已经预交了仲裁费用,因此仲裁费用不予退回即表明这些费用由申请人承担。② 仲裁庭组成后,申请人撤回仲裁申请或者当事人自行达成和解协议并撤回仲裁申请的,应当根据实际情况酌情退回部分案件受理费。对此,《仲裁委员会仲裁收费办法》第12条第2款作了明确规定。显然,未退回的仲裁费用自然就由申请人承担了。

五、仲裁费用的缓交和免交

(一) 仲裁费用的缓交

《仲裁委员会仲裁收费办法》第6条对案件受理费的缓交作了明确规定,即"当事人预交案件受理费确有困难的,由当事人提出申请,经仲裁委员会批准,可以缓交。当事人在本办法第四条第一款规定的期限内不预交案件受理费,又不提出缓交申请的,视为撤回仲裁申请。"缓交仲裁费用的规定,有利于保障经济上确有困难的当事人行使正当的仲裁权利,可有效避免其因为交不起仲裁费用而使其合法权益得不到保护。不过,仲裁费用的缓交并非是无条件的,而是须具备一定的条件,这些条件根据《仲裁委员会仲裁收费办法》第6条的规定包括:(1) 当事人预交案件受理费确有困难;(2) 当事人应向仲裁委员会提出缓交申请;(3) 经仲裁委员会批准。如果当事人既未在规定的期限内预交案件受理费,也没有提出缓交申请的,视为撤回仲裁申请。而且,允许缓交的仲裁费用仅限于仲裁案件受理费而不包括案件处理费,因为案件处理费随时需要支出,当事人若不预交,就可能影响仲裁程序的顺利进行。

(二) 仲裁费用的免交

由于仲裁委员会是民间性组织,其办理仲裁案件并无直接的国家财政支持,且仲裁费用的收取只是为维持仲裁委员会管理和服务工作的正常运转所必须,而非以营利性为目的,因此《仲裁委员会仲裁收费办法》及各仲裁委员会的仲裁规则和收费办法中均没有免收仲裁费用的规定。尽管仲裁实践中可能存在个别情况下免收仲裁费用的情况,但总体上,对于仲裁中是否应实施仲裁费用救助或法律援助,是有争议的。①

【司法考试真题链接】

1. 吉林市甲公司与长春市乙公司发生服装买卖合同纠纷,由北京仲裁委员会进行仲裁,双方当事人约定并请求仲裁庭在裁决书中不要写明下列事项。对此请求,下列哪些事项仲裁庭可以准许?(2006年司法考试真题)

A. 仲裁请求
B. 争议事实
C. 裁决理由
D. 仲裁费用

---

① 参见黄进等著:《仲裁法学》,中国政法大学出版社2008版,第203页。

附录　仲裁法相关法律法规

本附录提供了仲裁法相关法律法规，读者可通过微信"扫一扫"相应的二维码阅读。

附录一　中华人民共和国仲裁法

附录二　最高人民法院关于适用《中华人民共和国仲裁法》若干问题的解释

附录三　中华人民共和国民事诉讼法（节选）

附录四　最高人民法院关于适用《中华人民共和国民事诉讼法》的解释（节选）

附录五　承认及执行外国仲裁裁决公约（1958年纽约公约）

参考文献

一、著作类

1. 韩德培. 国际私法[M]. 武汉：武汉大学出版社，1989.
2. 黄进等. 仲裁法学[M]. 北京：中国政法大学出版社，2008.
3. 黄进. 国际私法（第二版）[M]. 北京：法律出版社，2005.
4. 宋连斌. 国际商事仲裁管辖权研究[M]. 北京：法律出版社，2000.
5. 宋连斌. 仲裁法[M]. 武汉：武汉大学出版社，2010.
6. 江伟. 仲裁法[M]. 北京：中国人民大学出版社，2009年、2012.
7. 蒋新苗. 仲裁法实例说[M]. 长沙：湖南人民出版社，2003.
8. 韩健. 现代国际商事仲裁的理论与实践（修订版）[M]. 北京：法律出版社，2000.
9. 张斌生. 仲裁法新论[M]. 厦门：厦门大学出版社，2010.
10. 赵生祥. 海峡两岸商务仲裁制度比较研究[M]. 北京：法律出版社，2010.
11. 王生长. 仲裁与调解相结合的理论与实务[M]. 北京：法律出版社，2001.
12. 沈德咏、万鄂湘. 最高人民法院仲裁法司法解释的理解与适用[M]. 北京：人民法院出版社，2007.
13. 万鄂湘. 涉外商事海事审判指导2009年第1辑[M]. 北京：人民法院出版社，2009.
14. 谢石松. 商事仲裁法学[M]. 北京：高等教育出版社，2003.
15. 陈治东. 国际商事仲裁法[M]. 北京：法律出版社，1998.
16. 邓瑞平等. 国际商事仲裁法学[M]. 北京：法律出版社，2010.
17. 赵健. 国际商事仲裁的司法监督[M]. 北京：法律出版社，1999.
18. 朱克鹏. 国际商事仲裁的法律适用[M]. 北京：法律出版社，1999.
19. 宋航. 国际商事仲裁裁决的承认与执行[M]. 北京：法律出版社，2000.
20. 赵秀文. 国际商事仲裁及其适用法律研究[M]. 北京：北京大学出版，2002.
21. 赵秀文. 国际商事仲裁法[M]. 北京：中国人民大学出版社，2004.
22. 赵秀文. 国际商事仲裁案例评析[M]. 北京：中国法制出版社，1999.
23. 王红松. 铸造公信力[M]. 北京：法律出版社，2010.
24. 宋朝武. 中国仲裁制度：问题与对策[M]. 北京：经济日报出版社，2002.
25. 宋朝武. 仲裁法学[M]. 北京：北京大学出版社，2013.
26. 杨荣新. 仲裁法学案例教程[M]. 北京：知识产权出版社，2004.
27. 蔡虹等. 仲裁法学（第二版）[M]. 北京：北京大学出版社，2011.
28. 杨秀清等. 仲裁法学[M]. 厦门：厦门大学出版社，2007.

29. 汪祖兴. 中国仲裁制度的境遇及改革要略[M]. 北京:法律出版社,2010.

30. 乔欣. 比较商事仲裁[M]. 北京:法律出版社,2004.

31. 康明. 商事仲裁服务研究[M]. 北京:法律出版社,2005.

32. 丁建忠. 外国仲裁法实践[M]. 北京:中国对外经济贸易出版社,1992.

33. 石育斌. 国际商事仲裁研究(总论篇)[M]. 上海:华东理工出版社,2004.

34. 李政等. 仲裁法学[M]. 北京:中国政法大学出版社,2009.

35. 谭兵. 中国仲裁制度的改革与完善[M]. 北京:人民出版社,2005.

36. 谭兵. 中国仲裁制度研究[M]. 北京:法律出版社,1995.

37. 胡康生. 中华人民共和国仲裁法全书[M]. 北京:法律出版社,1995.

38. 河山、肖水. 仲裁法概要[M]. 北京:中国法制出版社,1995.

39. 于喜富. 国际商事仲裁的司法监督与协助——兼论中国的立法与司法实践[M]. 北京:知识产权出版社,2006.

40. 李双元、谢石松. 国际民事诉讼法概论(第二版)[M]. 武汉:武汉大学出版社,2001.

41. 江必新.〈中华人民共和国民事诉讼法〉修改条文解读与应用[M]. 北京:法律出版社,2012.

42. 王娣等. 民事诉讼法[M]. 北京:高等教育出版社,2013.

43. 赵万一. 商法(第二版)[M]. 北京:中国人民大学出版社,2006.

44. 杨树明. 国际私法[M]. 北京:中国政法大学出版社,2000.

45. 中国国际经济贸易仲裁委员会. 中国国际经济贸易仲裁裁决书选编(2003—2006)(上册)[M]. 北京:法律出版社,2009.

46. 马德才. 国际私法中的公共秩序研究[M]. 北京:法律出版社,2010.

47. 马德才. 国际私法[M]. 厦门:厦门大学出版社,2013.

48. 马德才. 仲裁法[M]. 厦门:厦门大学出版社,2014.

49. 马德才. 仲裁法案例研究[M]. 北京:世界图书出版公司,2015.

50. 韩德培、李双元. 国际私法教学参考资料(上、下册)[M]. 武汉:武汉大学出版社,1991.

51. 宋连斌、林一飞编:国际商事仲裁资料选编[M]. 武汉:武汉出版社,2001.

52. 杨良宜等. 仲裁法——从1996年英国仲裁法到国际商务仲裁[M]. 北京:法律出版社,2006.

53. [英]艾伦·雷德芬、马丁·亨特等. 国际商事仲裁法律与实践(第四版)[M]. 林一飞、宋连斌译,北京:北京大学出版社,2005.

54. Lalive, Transnational (or Truly International) Public Policy and International Arbitration[M], ICCA Congress Series No. 3, Kluwer Law and Taxation Publishers, 1986.

55. Van den Berg, The New York Arbitration Convention of 1958:Toward a Uniform Judicial Interpretation[M], Kluwer Law and Taxation Publishers, 1981.

56. J. Lew, Applicable Law in International Commercial Arbitration E[M],

Oceana Publications，1978.

57. Alan kedfern & Martin Hunter，Law and Practice of International Commercial Arbitration[M]，Sweet & Maxwell (2rd ed. 1991).

58. Böckstiegel，P. Sanders ed，Public Policy and Arbitrability，in International Council for Commercial Arbitration，Comparative Arbitration Practice and Public Policy in Arbitration[M]，Kluwer Law and Taxation Publishers (No. 2,1986).

59. Delaume，Court Intervention in Arbitral Proceedings，in Resolving Transnational Disputes Through International Arbitration[M]，University Press of Virginia，1982.

二、论文类

1. 黄进、马德才.国际商事争议可仲裁范围的扩展趋势之探析——兼评我国有关规定[J].法学评论,2007.3.

2. 宋连斌、彭丽明.中国商事仲裁年度观察(2013)[J].北京仲裁,2013.83.

3. 肖永平、朱克鹏.论强制性规则与公共政策对国际商事仲裁的影响[J].国际贸易问题,1997.9.

4. 韩健.国际商事仲裁的实体法的选择[J].武汉大学学报(社科版),1991.5.

5. 赵秀文.论非内国仲裁[J].国际经济法论丛(第6卷),2002.

6. 赖来焜.仲裁判断之救济程序(上)[J].仲裁,2006.78.

7. 杜新丽.论外国仲裁裁决在我国的承认与执行[J].比较法研究,2005.4.

8. 杜志华等.仲裁实体法的"直接适用方法"探析[J].法学评论,2005.4.

9. 杜焕芳.论国际商事仲裁裁决的撤销制度[J].民商法论丛,2003.28.

10. 陈治东、沈伟.国际商事仲裁裁决承认与执行的国际化趋势[J].中国法学,1998.2.

11. 张宪初.外国商事仲裁裁决司法审查中"公共政策"理论与实践的新发展[J].中国仲裁咨询,2005.1.

12. 马育红."友好仲裁"制度在我国的借鉴与完善[J].法学杂志,2010.1.

13. 樊堃.仲裁的全球本土化——国际标准和本土文化的挣扎[J].北京仲裁,第86辑.

14. 芮安牟著,陈宛宁、张然译.迈向有竞争力和符合成本效益的争议解决制度[J].北京仲裁,第86辑.

15. 胡诗雪.国际货物贸易争议实体问题之法律适用——对CIETAC1996—2006仲裁实例的经验研究[J].北京仲裁,2014.1.

16. 陈敏.仲裁员的行为规范[J].仲裁与法律通讯,1994.3.

17. 余剑.试析枉法仲裁罪[J].上海仲裁,2006.2.

18. 戚燕方.仲裁实体法初论——兼论非国内规则的适用[J].中外法学,1998.2.

19. 张潇剑.强行法在国际商事仲裁中的适用[J].现代法学,2006.1.

20. 张潇剑.论国际商事仲裁中的公共政策[J].中国国际法年刊(2002/2003).

21. 张利民.国际仲裁裁决执行的公共政策[C].中国国际私法学会,2005年年会论文集.

　　22. 江保国. 国际商事仲裁中的国际公共政策的识别和适用[J]. 仲裁研究,第十五辑.

　　23. 朱伟东. 国际商事仲裁裁决承认和执行中的公共政策问题[J]. 河北法学,2007.5.

　　24. 周成新. 美国法院适用 1958 年〈纽约公约〉公共政策抗辩条款的实践[J]. 法学评论,1992.5.

　　25. 张维. 中国海事仲裁委香港仲裁中心成立[N]. 法制日报,2014 - 11 - 19.

　　26. 初北平. 一部面向海事仲裁未来的新规则[N]. 法制日报,2014 - 11 - 25.

　　27. 马德才等. 完善我国仲裁法之对策[C]. 湖南文理学院学报,2003.3.

　　28. 马德才. 论国际商事仲裁中争议事项的可仲裁性问题[C]. 江西财经大学学报,2000.3.

　　29. 马德才. 论国际商事仲裁协议[C]. 西北大学学报(哲社版),1997.

　　30. 马德才等.〈纽约公约〉中的公共政策三题[J]. 河北法学,2009.7.

　　31. 马德才.〈纽约公约〉中的公共政策性质之辨[J]. 法学杂志,2010.4.

　　32. 马德才.〈纽约公约〉中的公共政策性质探析[J]. 商事仲裁,2010.7,法律出版社 2010 年版.

　　33. MaDecai, Comparing Chinese Mainland Arbitration Law with Taiwan's and Drawing Lessons from it[J], China Legal Science 2008.2.

　　34. F. A. Mann, England Rejects Delocalized Contracts and Arbitration[J], 33 I. C. L. Q. 1984.

　　35. F. Eisemann, The Court of Arbitration: Outline of lts Changes from Inception to the Present Day, in 60 Years of ICC Arbitrtion-A Look at the Fufure[J], ICC publication No. 412 1984.

　　36. Javier Garcfa de Enterria: The Role of Public Policy in International Commercial Arbitration[J], 21 Law & Pol'y Int'l Bus. 1989—1990.

　　37. Smedresman, Conflict of Laws in International Commercial Arbitration: A Survey of Recent Developments[J], 7 Cal. W. Int'l L. J. 1977.

　　38. Mclaughlin & Genevro, Enforcement of Arbitral Awards Under the New York Convention-Practice in U. S. Courts[J], 3 Int'L Tax & Bus. Law. 1986.

　　39. J. González Soria, La Intervención Judicial en el Arbitraje. Recrsos Jurisdiccionales y Ejecución Judocoal del Laudo Arbitral, Cámera1 de Comercio e Industria de Madrid 1988. 97.

　　40. Comment, The Public Policy Defense to Recognition and Enforcement of Foreign Arbitral Awards[J], 7 Cal. lv. Int'l L. J. 1977.

　　41. Kolkey, Attacking Arbitral Awards Rights of Appeal and Review in International Arbitrations[J], 22 Int'l Law. 1988.